테디노트의 랭체인을 활용한
RAG 비법노트
기본편

8단계 RAG 파이프라인으로 LLM 성능을 끌어올리는 RAG 기본부터 실제 챗봇 제작까지

테디노트의 랭체인을 활용한 RAG 비법노트 기본편

초판 1쇄 발행 2025년 5월 30일
초판 2쇄 발행 2025년 7월 14일

지은이 이경록(테디노트)
펴낸이 전정아
편집 강민철 **디자인 및 조판** nu:n

펴낸곳 리코멘드
등록일자 2022년 10월 13일 **등록번호** 제 2025-000082호
주소 경기도 고양시 일산동구 경의로 33
전화 0505-055-1013 **팩스** 0505-130-1013
이메일 master@rdbook.co.kr
홈페이지 www.rdbook.co.kr
페이스북 www.facebook.com/rdbookkr
블로그 blog.naver.com/rdbookkr
인스타그램 www.instagram.com/recommendbookkr

Copyright ⓒ 2025 by 이경록 All rights reserved.
Printed & published in Korea by 리코멘드
ISBN 979-11-94084-16-7 93000

* 책값은 뒤표지에 있습니다.
* 이 책은 저작권법에 따라 보호를 받는 저작물이므로 무단 전재와 복제를 금지합니다.
  이 책의 내용 전부 또는 일부를 이용하려면 반드시 저작권자와 리코멘드의 동의를 받아야 합니다.
* 잘못 인쇄되거나 제본된 책은 서점에서 바꿔 드립니다.

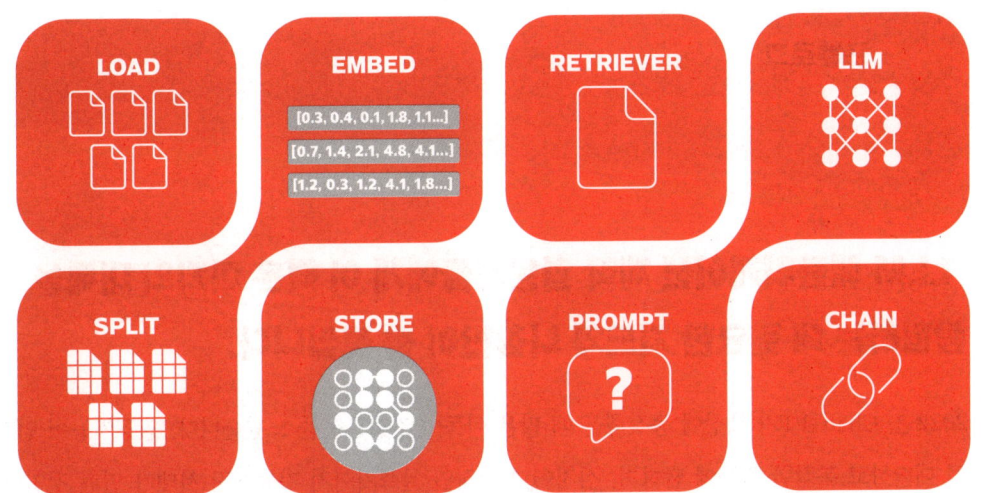

**8단계 RAG 파이프라인으로 LLM 성능을 끌어올리는
RAG 기본부터 실제 챗봇 제작까지**

테디노트의 랭체인을 활용한

RAG 비법노트
기본편

이경록(테디노트) 지음

Re:commend

프롤로그

"LLM 애플리케이션 제작 입문자들에게 이 책은 미지의 대륙을 탐험하는 데 필요한 지도와 나침반이 될 것입니다."

2022년, ChatGPT가 세상에 등장했을 때 많은 이들이 경이로움을 느꼈습니다. 인공지능이 인간처럼 대화하고 복잡한 질문에 답하며, 심지어 창의적인 글쓰기까지 가능해진 시대가 열린 것입니다. 마치 인류가 오랫동안 꿈꿔 온 '생각하는 기계'가 현실이 된 듯했습니다. 하지만 열광의 시간이 지나고, 대형 언어 모델(LLM; Large Language Model)의 한계도 점차 명확해졌습니다. 학습된 데이터 이후의 정보는 알지 못하고, 때로는 그럴듯하지만 사실이 아닌 환각(hallucination) 현상을 보이며, 복잡한 추론이 필요한 전문 영역에서는 한계를 드러내기도 했습니다. 기술의 축복과 저주는 언제나 함께 오는 법입니다.

이런 상황에서 등장한 RAG(Retrieval-Augmented Generation)는 마치 안개 낀 바다에서 등대를 발견한 것과 같았습니다. RAG는 대형 언어 모델에 외부 지식을 효과적으로 연결하는 가교 역할을 함으로써 AI의 지식을 확장하고 응답의 정확성을 높이는 혁신적인 접근 방식이었습니다. 마치 AI에게 거대한 디지털 도서관의 열쇠를 건네주는 것과 같았습니다. 처음 RAG의 개념을 접했을 때 LLM이 산업에 적용할 때 가지고 있는 한계점을 돌파하는 기술적 패러다임의 전환임을 직감했습니다.

『테디노트의 랭체인을 활용한 RAG 비법노트』 시리즈는 이러한 혁신적인 기술을 쉽게 이해하고 실제로 구현하고자 하는 사람들을 위해 기획되었습니다. 총 세 권으로 구성된 이 시리즈는 RAG의 기초부터 고급 응용까지 그리고 복잡한 RAG 시스템의 시각적 설계와 더불어 랭그래프까지 망라합니다.

1권 〈기본편〉에서는 LangChain을 활용한 RAG의 기본 개념부터 실제 챗봇 구현에 이르는 과정을 8단계로 나누어 설명합니다. 2권 〈심화편〉에서는 고급 RAG 기법, 에이전트, 서비스 배포 등의 고급 기술을 통해 더 정교한 AI 시스템을 구축하는 방법을 다룹니다. 마지막으로 3권 〈랭그래프편〉에서는 복잡한 RAG와 에이전트 기반 프로젝트를 설계하고 구현하는 방법을 배웁니다.

이 1권 〈기본편〉에서는 특별히 LangChain이라는 프레임워크에 초점을 맞췄습니다. LangChain이 등장하면서 RAG 구현은 더욱 접근성이 높아졌습니다. 마치 복잡한 레고 블록들이 체계적으로 정리되어 누구나 원하는 건축물을 쉽게 만들 수 있게 된 것과 같았습니다. 복잡한 인공지능 시스템을 구현하기 위해 수천 줄의 코드를 작성하던 시대는 가고, 몇 줄의 파이썬 코드만으로도 강력한 AI 애플리케이션을 만들 수 있게 된 것입니다.

하지만 RAG에 대한 정보는 파편화되어 있었습니다. 깃허브의 코드 저장소, 기술 블로그의 튜토리얼, 학술 논문 등 여러 곳에 흩어져 있는 지식을 통합하여 배우기는 쉽지 않았습니다. 특히 한국어로 된 체계적인 자료는 더욱 찾기 어려웠습니다. 이러한 상황에서 저는 한 가지 결심을 하게 되었습니다. 내가 RAG를 탐구하면서 얻은 지식과 경험을 다른 이들과 공유하고, 그 과정에서 더 많은 사람들이 AI의 가능성을 탐색할 수 있도록 돕자는 것이었습니다.

이 책은 그런 여정의 시작입니다. 『테디노트의 랭체인을 활용한 RAG 비법노트』의 〈기본편〉은 단순한 기술 가이드에서 더 나아가 RAG의 개념부터 실제 구현까지, 8단계에 걸쳐 체계적으로 배울 수 있도록 구성되었습니다. 마치 지도와 나침반을 들고 미지의 대륙을 탐험하는 것처럼 여러분은 이 책을 통해 RAG의 세계를 한 걸음씩 탐색하게 될 것입니다. LangChain을 기반으로 하는 실용적인 접근 방식을 통해 여러분은 처음에는 복잡해 보이는 RAG 시스템을 직접 구축하고 실험해 볼 수 있을 것입니다. 그리고 그 과정에서 얻은 통찰과 경험은 여러분만의 소중한 자산이 될 것입니다.

이 책이 여러분의 여정에 든든한 길잡이가 되길 바랍니다. 때로는 기술적 도전으로 좌절할 수도 있고, 생각하지 못한 오류로 막막할 때도 있을 것입니다. 하지만 그 모든 과정이 여러분을 RAG의 마스터로 성장시키는 소중한 경험이 될 것임을 확신합니다. 자, 이제 함께 RAG의 세계로 첫 발을 내딛어 봅시다.

테디노트 드림

추천사

"이 한 권으로 완벽합니다. 다만 한 번만 읽지 말고 계속 반복해서 읽어 보면 어느덧 LangChain 활용의 정상에 서 있을 것입니다."

사실 나는 테디노트 이경록 저자의 추종 팬입니다. 2020년 텐서플로 개발자 자격증 시험이 나왔을 때부터 저자의 강의를 들었습니다. 친절하고 천천히 설명하면서 핵심만 쏙쏙 머리에 넣어 주는 최고의 강의였습니다. 그때부터 이경록 저자의 책을 보고 유튜브 강의를 듣고 있습니다. 물론 그의 패스트캠퍼스 강의도 듣고 있고, 매달 열리는 주주총회에서 Dify, MCP(Model Context Protocol) 등 최신 트렌드 기술 이야기도 듣고 있습니다.

나는 마라톤을 좋아해서 마라톤을 연습하는 동안에도 이경록 저자의 강의를 듣고 또 듣습니다. 새로운 것을 알고 싶은 내 욕심도 있지만, 새로운 분야로 안내하는 친절함과 자기완성적인 콘텐츠 때문입니다.

그러한 경험과 기대를 가지고 이번에 새롭게 출간한다는 『테디노트의 랭체인을 활용한 RAG 비법노트』를 미리 보았습니다. 패스트캠퍼스에서 강의하고 있는 내용을 기반으로 집필했다고 해서 강의에서 흘려들었던 내용, 이해가 어려웠던 내용, 잊어버린 내용 위주로 보면 좋겠다는 생각으로 보기 시작했는데, 웬걸! 완벽합니다. LangChain의 구석구석을 빼곡히 상세하게 설명해 주며, 개념과 원리로 시작해서 이해하기 쉬운 예시, 직접 따라해 보며 결과를 통해 한번 더 익힐 수 있도록 구성한 친절함은 RAG를 익히기에 충분하다 못해 충만합니다.

1권 〈기본편〉은 8단계로 익히는 RAG 기본부터 실제 챗봇 제작까지, 2권 〈심화편〉은 고급 RAG, 에이전트, 배포 등으로 더 정교한 AI 시스템을 구축하는 방법, 3권 〈랭그래프편〉은 복잡한 RAG와 에이전트 기반 프로젝트를 설계하고 구현하는 방법으로 구성되어 있습니다. 어느 하나 버릴 게 없습니다. '완벽'이라는 단어는 이럴 때 쓰는 것입니다.

『테디노트의 랭체인을 활용한 RAG 비법노트』 시리즈는 LangChain의 알파이자 오메가입니다. 이 시리즈로 배웠다면 더 배울 것이 없다고 할 정도로 상세히 많은 내용을 다루고 있습니다. 취업을 준비하든, 기업에서 AI 구현을 시작하든, AI의 실체를 알고 싶은 모든 분들에게 이 책을 권합니다.

장동인_ KAIST 김재철 AI 대학원 책임교수 및 AIBB LAB 대표

"이 책은 '생존 키트'입니다. 저자의 시간과 노하우를 오롯이 담아낸 이 노트를 너무 쉽게 얻게 되어 미안한 마음까지 듭니다."

이경록 대표님의 새 책 『테디노트의 랭체인을 활용한 RAG 비법노트』 추천사를 맡게 되어 큰 영광입니다. 저는 이 대표님의 지인이자, RAG 온라인 강의를 직접 수강한 제자이기도 합니다.

생성형 AI 프로젝트를 진행하다 보면 방대한 개념과 복잡한 워크플로에 금세 압도되기 마련입니다. 저 역시 수많은 실험과 시행착오를 거치며 헤매던 순간이 있었습니다. 하지만 이경록 대표님의 강의와 비법노트는 그 모든 좌절을 한순간에 해소해 주었습니다.

이 책은 '생존 키트'입니다. 특히 LangChain을 기반으로 한 RAG(Retrieval-Augmented Generation) 전략과 현장 중심의 팁들은 이론과 실습 사이의 간극을 메워 줍니다. 빠르게 변화하는 개념을 단시간에 체득할 수 있을 뿐 아니라 바로 현업에 적용 가능한 예제를 통해 실질적인 성과를 얻을 수 있습니다. 저자의 시간과 노하우를 오롯이 담아낸 이 노트를 너무 쉽게 얻게 되어 미안한 마음까지 듭니다.

LLM 관련 서적이 이미 많이 출간되어 있지만 저는 자신 있게 말씀드리고 싶습니다. 이 시리즈가 '끝'입니다. 이보다 더 완벽할 순 없기에 감히 '끝'이라고 말씀드리고 싶습니다. 더 이상 고민하지 말고 『테디노트의 랭체인을 활용한 RAG 비법노트』 시리즈 1권 〈기본편〉, 2권 〈심화편〉, 3권 〈랭그래프편〉으로 RAG 학습을 시작해 보세요. RAG의 기초부터 심화 활용법까지 완벽하게 마스터할 수 있어 '끝'을 경험할 수 있을 것입니다.

제가 프롬프트 엔지니어링을 RAG에 접목시켜 성과를 낼 수 있었던 것은 바로 이경록 대표님이라는 든든한 멘토가 있었기 때문입니다. 독자 여러분께서도 이 책을 통해 같은 든든함과 확신을 얻었으면 좋겠습니다.

강수진_ 더 프롬프트 컴퍼니 대표

독자들의 찬사

테디노트의 랭체인LangChain 노트
URL https://wikidocs.net/book/14314

"시작이 어려웠던 모두에게 최고의 선택이 될 것입니다."

가장 큰 장점은 명확함입니다. 랭체인을 처음 접하는 사람이라도 어려움 없이 기초 개념부터 하나씩 쌓아갈 수 있도록 구조적으로 설계되어 있습니다. 탄탄한 이론 설명과 함께 실습 중심으로 구성된 덕분에 책을 따라가다 보면 어느새 작동 가능한 애플리케이션이 내 손에서 만들어지고 있었습니다. 예시 하나하나가 실용적인 디테일도 포함하고 있어 '실제로 이렇게까지 활용 가능한 내용이구나'라는 인상을 받았습니다. GitHub의 오픈소스 저장소와 연계된 튜토리얼이 함께 제공되기 때문에 책의 내용을 바로 실습하고 더 나아가 나만의 프로젝트로 확장할 수 있다는 점이 정말 좋았습니다.

김재호_ 수원대학교 대학원 컴퓨터학과

"독보적 한국형 예시로 이해가 쏙쏙 되었고 빠르게 성장할 수 있었습니다."

나의 첫 RAG는 테디와 함께였습니다. RAG의 'R'자도 모르던 내가 Ollama 기반의 나만의 챗봇을 만들 수 있었습니다. RAG를 배운 게 회사 생활에 큰 도움이 되었고요. 무엇보다 '독보적인 한국형 예시'가 가득해 이해가 쏙쏙 되었고 빠르게 성장할 수 있었습니다.

박정기_ JCH SYSTEMS / AI 선임 연구원 / n8n Korea 앰버서더

"복잡한 설명 없이 step by step 따라하기로! 정말 매력적입니다. 사실입니다."

비개발자인 제가 LLM을 직접 다룰 수 있게 되었습니다. 복잡한 설명 없이 step by step 따라하기로 너무 쉽게 설명되어 있어서 누구나 AI를 활용해 볼 수 있다는 점이 정말 매력적입니다. 사실입니다.

신정호 수석_ 입소스코리아 / 데이터사이언스

"책이 아니라 나침반을 사는 겁니다."

AI 리터러시가 영어만큼 중요해진 오늘날, 개발자와 실무자를 위한 단순한 기술서 이상으로 RAG와 에이전트에 관심 있는 모든 이들에게 "무엇을(Know What), 어떻게(Know How), 왜 해야 하는지(Know Why)를 체계적으로 안내하는 실전 지침서"입니다.

오주영_ 프리랜서

"LangChain 입문에 있어서 바이블 같은 책"

폐쇄형소스 모델부터 오픈소스 모델 사용뿐만 아니라 벡터DB, 에이전트, RAG, 랭그래프 등 메인 스트림의 기술들을 다양한 예제로 쉽게 알려 주기 때문에 배우기 쉬웠고 덕분에 회사의 RAG 관련 프로젝트에 도움이 많이 되었습니다. 처음 랭체인에 입문한다면 강력히 추천합니다.

정광원_ 주식회사 스튜디오엠 개발팀 팀장

"더이상 랭체인이 무엇인지, 어떻게 개발해야 하는지 찾지 않게 되었습니다."

더이상 랭체인이 무엇인지, 랭체인을 이용해 어떻게 개발해야 하는지, 나아가서는 AI 개발은 어떻게 해야 되는지 찾지 않게 되었습니다. 책을 보고 내가 생각하는 것에 맞춰서 내용을 적용하면 됩니다.

조영준_ 에스티이지

"코드를 따라 가다 보니 어느새 랭체인 마스터가 되었습니다."

'혼공러'를 위한 맞춤형 구성으로, 기초 개념인 프롬프트부터 에이전트, 랭그래프까지 체계적으로 다루고 있어 처음 접하는 사람에게 안성맞춤이었습니다. 특히 다양한 실무형 사례가 수록되어 있어서 실제 서비스처럼 느껴지는 예제들도 경험할 수 있었습니다. 랭체인을 처음 공부한다면 강력히 추천합니다!

허수영_ 윈드케어

코드 리뷰어들의 후기

2023년, 회사에서 Azure OpenAI API를 활용해 RAG를 구현하는 PoC 과제를 수행하며 처음으로 LangChain을 접하게 되었습니다. 당시 관련 자료 대부분이 영문으로 제공되어 어려움이 있었지만, '테디노트' 블로그를 통해 LangChain의 개념을 이해하고 정립할 수 있었고 덕분에 프로젝트 또한 성공적으로 마무리할 수 있었습니다. 『테디노트의 랭체인을 활용한 RAG 비법노트』 시리즈는 '테디노트' 블로그 콘텐츠를 바탕으로, LangChain의 초기 구조부터 최근 발표된 LCEL까지의 변화와 발전 과정을 체계적으로 정리한 자료입니다. 실습 중심으로 개념 학습은 물론, 실제 프로젝트에 곧바로 적용할 수 있는 실전형 가이드입니다. 특히 LangSmith와 같은 최신 도구까지 반영되어 있어 그 가치는 더 큽니다. 리뷰어 입장에서 확인해야 할 항목이 많아 시간과 노력이 필요했지만 그만큼 내용이 알차고 충실합니다. 믿고 참고할 수 있는 한글 자료가 드문 만큼 이 책은 매우 유용하고 가치 있는 참고서로 자신 있게 추천드립니다.

전창원_ LG CNS

AI와 LangChain을 접한 지 얼마 되지 않은 시점에서 궁금한 내용을 검색할 때마다 항상 '테디노트' 블로그가 검색되었습니다. 블로그에 잘 정리된 설명과 실습 덕분에 어려운 개념도 쉽게 이해할 수 있었고, 낯설고 생소한 AI 분야를 공부하는 데 큰 도움을 받았습니다. 그런 블로그가 책으로 출간된다는 소식을 들으니 감회가 새롭습니다. 전공자가 아닌 제가 감히 리뷰를 해도 될지 고민했지만, 저와 비슷하게 다른 분야의 업무를 하면서 AI 분야 필요성을 느껴 배움을 시작하는 독자들에게 조금이라도 도움이 되고자 하는 마음으로 진행했습니다. 실습 중심의 구성과 친절한 설명 덕분에 누구든 부담 없이 시작할 수 있을 것입니다.

김무상_ 삼성전자

『테디노트의 랭체인을 활용한 RAG 비법노트』는 LLM을 뛰어놀게 하는 아름다운 코드입니다. 리뷰를 거듭할수록 저자의 피와 땀이 얼마나 이 코드에 스며들었는지 느낄 수 있었습니다. LLM의 등장은 세상을 바꿔 왔고, 앞으로 더 많은 것을 바꿀 것입니다. 더 많은 사람들이 이 책과 함께 LLM과 마음껏 뛰어놀기를 바랍니다.

김정욱_ 브레인크루

다운로드 및 문의

예제 파일 다운로드

- 예제 파일은 본문 52쪽에서 git 명령어로 다운로드할 수 있습니다. 예제 파일을 가져올 폴더 위치를 지정한 후 다음 명령어를 입력하세요.

```
git clone https://github.com/teddylee777/langchain-kr.git
```

- 저자 깃허브에 접속하면 예제 파일을 직접 다운로드할 수 있습니다.

  URL https://github.com/teddylee777/langchain-kr

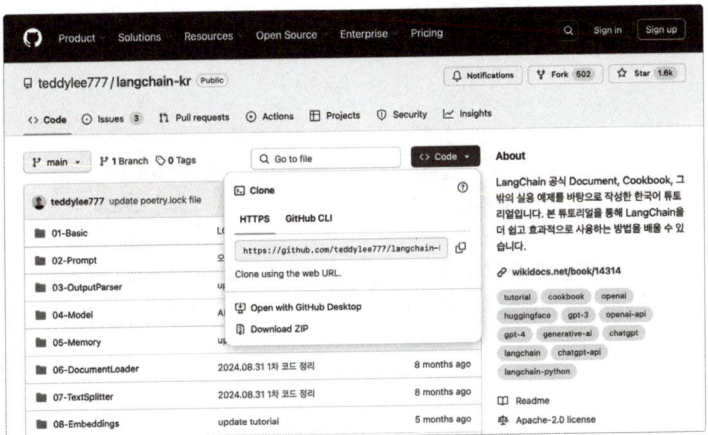

저자 문의 안내

저자의 블로그와 유튜브 채널 등을 통해 AI 관련 정보를 만나 보세요. 또한 책에 대한 문의 및 소통도 할 수 있습니다.

- **링크드인**: https://www.linkedin.com/in/teddy-lee
- **블로그**: https://teddylee777.github.io
- **유튜브**: https://www.youtube.com/c/@teddynote
- **랭체인 한국어 튜토리얼**: https://wikidocs.net/book/14314
- **이메일**: teddylee777@gmail.com

이 책의 구성

8단계 RAG 기본 흐름에 따른 PART별 구성

- **PART 01**에서는 LLM과 RAG의 기본 개념을 익히고 실습 환경을 구성한 후, LangChain에서 체인을 구성하기 위한 주요 LCEL 문법을 연습합니다.

- **PART 02~05**에 걸쳐 RAG의 8단계를 구성하는 데 필요한 기술을 하나하나 실습해 보며 연습합니다.

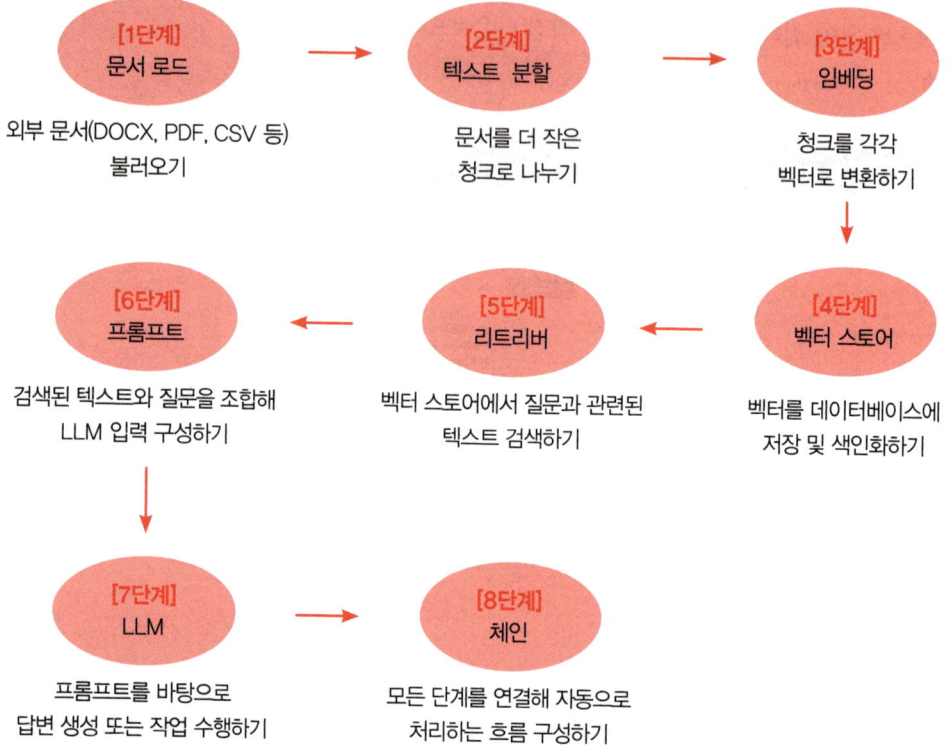

- **PART 06**에서는 앞서 배운 내용을 토대로 Streamlit을 이용해 실제 챗봇 웹 앱 프로젝트를 만들어 봅니다.

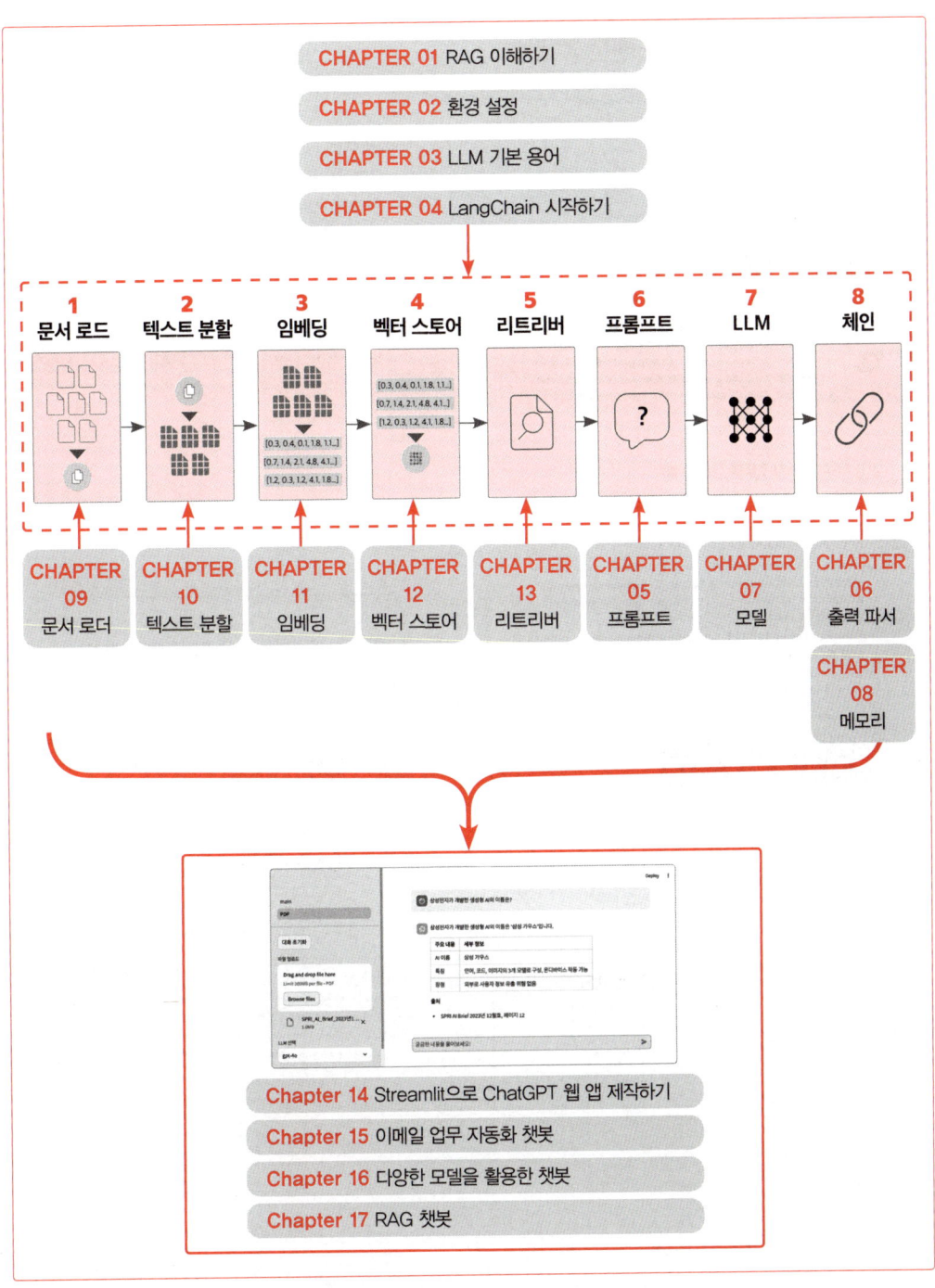

이 책의 구성

학습 효율에 따른 이 책의 세부 구성

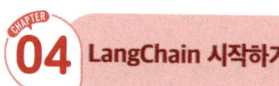

이 책은 17개의 CHAPTER로 이루어져 있습니다. RAG를 구현하는 8단계의 각 기술을 반복해서 학습하므로, 처음에는 CHAPTER 순서대로 학습하되 이후에는 필요한 부분만 찾아 복습하고 책의 예제를 자신의 필요에 맞게 변용해 보세요.

본격적인 학습에 앞서 각 CHAPTER에서 진행할 내용과 학습 흐름을 제시합니다.

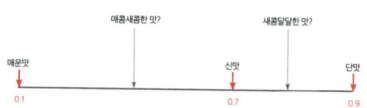

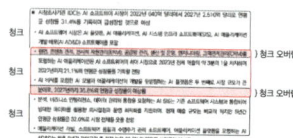

RAG의 개념을 도해로 상세하게 풀이했습니다. 세부적인 구현 과정을 머릿속에 먼저 그려 놓은 상태에서 실습을 시작해 보세요.

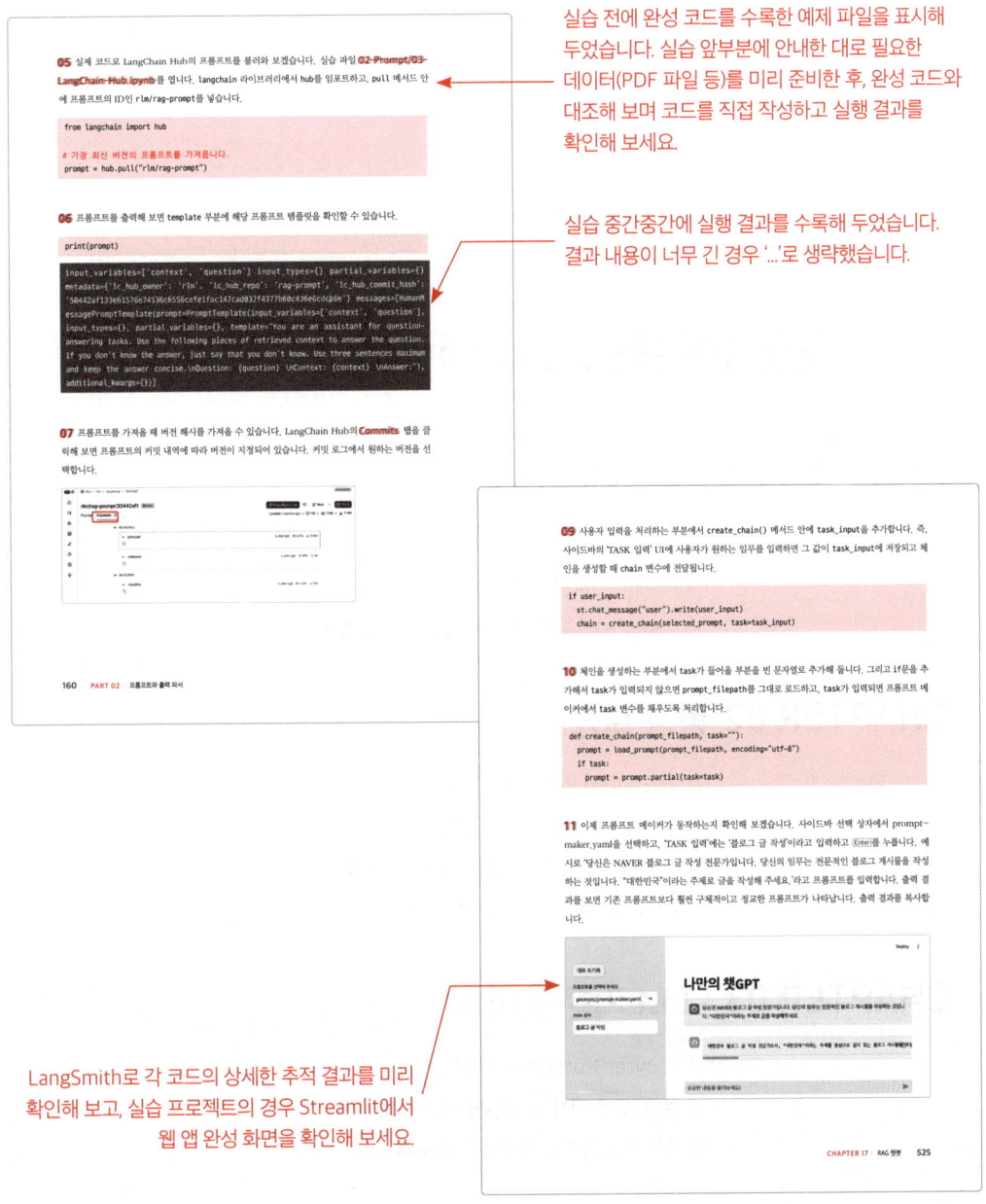

실습 전에 완성 코드를 수록한 예제 파일을 표시해 두었습니다. 실습 앞부분에 안내한 대로 필요한 데이터(PDF 파일 등)를 미리 준비한 후, 완성 코드와 대조해 보며 코드를 직접 작성하고 실행 결과를 확인해 보세요.

실습 중간중간에 실행 결과를 수록해 두었습니다. 결과 내용이 너무 긴 경우 '…'로 생략했습니다.

LangSmith로 각 코드의 상세한 추적 결과를 미리 확인해 보고, 실습 프로젝트의 경우 Streamlit에서 웹 앱 완성 화면을 확인해 보세요.

이 책의 구성 **015**

목차

프롤로그 004

추천사 006

독자들의 찬사 008

코드 리뷰어들의 후기 010

다운로드 및 문의 011

이 책의 구성 012

PART 01 처음 만나는 LangChain

CHAPTER 01 RAG 이해하기 024

01 RAG를 사용해야 하는 이유 024

02 RAG의 기막힌 능력 028

03 LangChain을 이용한 RAG 시스템 구축 032

CHAPTER 02 환경 설정 043

01 윈도우에서 환경 설치 043

02 MacOS에서 환경 설치 060

03 OpenAI API 키 발급 및 설정하기 066

04 LangSmith 키 발급 및 설정하기 074

CHAPTER 03 LLM 기본 용어 077

01 Jupyter Notebook 사용법 077

02 토큰, 토큰 계산기, 모델별 토큰 비용 081

03 모델의 입출력과 컨텍스트 윈도우 085

CHAPTER 04 LangChain 시작하기 088

01 ChatOpenAI 주요 매개변수와 출력 088
02 LangSmith로 GPT 추론 내용 추적하기 095
03 멀티모달 모델로 이미지를 인식하여 답변 출력하기 098
04 프롬프트 템플릿 활용하기 103
05 LCEL로 체인 생성하기 104
06 출력 파서를 체인에 연결하기 108
07 batch() 함수로 일괄 처리하기 112
08 비동기 호출 방법 114
09 Runnable로 병렬 체인 구성하기 116
10 값을 전달해 주는 RunnablePassthrough 119
11 병렬로 Runnable을 실행하는 RunnableParallel 122
12 함수를 실행하는 RunnableLambda와 itemgetter 125

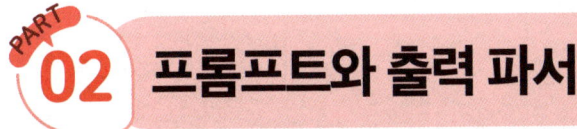

PART 02 프롬프트와 출력 파서

CHAPTER 05 프롬프트 130

01 프롬프트 템플릿 만들기 130
02 부분 변수 활용하기 135
03 YAML 파일로부터 프롬프트 템플릿 로드하기 138
04 ChatPromptTemplate 140
05 MessagesPlaceholder 143
06 퓨샷 프롬프트 146
07 예제 선택기 150
08 FewShotChatMessagePromptTemplate 153
09 목적에 맞는 예제 선택기 156
10 LangChain Hub에서 프롬프트 공유하기 158

CHAPTER 06 출력 파서 163

- 01 PydanticOutputParser 165
- 02 with_structured_output() 바인딩 172
- 03 LangSmith에서 출력 파서의 흐름 확인하기 174
- 04 쉼표로 구분된 리스트 출력 파서 177
- 05 구조화된 출력 파서 179
- 06 JSON 형식 출력 파서 182
- 07 Pandas 데이터프레임 출력 파서 185
- 08 날짜 형식 출력 파서 189
- 09 열거형 출력 파서 192

PART 03 모델과 메모리

CHAPTER 07 모델 196

- 01 RAG에서 LLM의 역할과 모델의 종류 196
- 02 다양한 LLM 활용 방법과 API 키 가져오기 197
- 03 LLM 답변 캐싱하기 201
- 04 직렬화와 역직렬화로 모델 저장 및 로드하기 205
- 05 GPT 모델의 토큰 사용량 확인하기 211
- 06 Google Generative AI 모델 213
- 07 Hugging Face Inference API 활용하기 219
- 08 Dedicated Inference Endpoint로 원격 호스팅하기 224
- 09 Hugging Face 로컬 모델 다운로드 받아 추론하기 228
- 10 Ollama 설치 및 Modelfile 설정하기 230
- 11 Ollama 모델 생성하고 ChatOllama 활용하기 232
- 12 GPT4All로 로컬 모델 실행하기 238

CHAPTER 08 메모리 240

01 대화 버퍼 메모리 241
02 대화 버퍼 윈도우 메모리 247
03 대화 토큰 버퍼 메모리 249
04 대화 엔티티 메모리 250
05 대화 지식 그래프 메모리 253
06 대화 요약 메모리 255
07 벡터 스토어 검색 메모리 260
08 LCEL 체인에 메모리 추가하기 262
09 SQLite에 대화 내용 저장하기 267
10 휘발성 메모리로 일반 변수에 대화 내용 저장하기 272

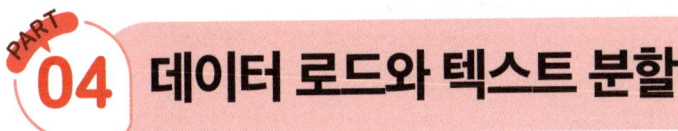

PART 04 데이터 로드와 텍스트 분할

CHAPTER 09 문서 로더 276

01 문서 로더의 구조 이해하기 276
02 PDF 로더 281
03 HWP 로더 284
04 CSV 로더와 데이터프레임 로더 285
05 WebBaseLoader 292
06 DirectoryLoader 295
07 UpstageDocumentParseLoader 298
08 LlamaParse 299

목차

CHAPTER 10 텍스트 분할 305

- 01 문자 단위로 분할하기 306
- 02 문자 단위로 재귀적으로 분할하기 309
- 03 토큰 단위로 분할하기 311
- 04 의미 단위로 분할하기 319
- 05 코드 분할하기 324
- 06 마크다운 헤더로 분할하기 325
- 07 HTML 헤더로 분할하기 331
- 08 JSON 단위로 분할하기 335

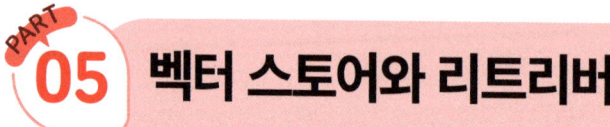

PART 05 벡터 스토어와 리트리버

CHAPTER 11 임베딩 340

- 01 OpenAIEmbeddings 342
- 02 CacheBackedEmbeddings 346
- 03 HuggingFaceEmbeddings 350
- 04 UpstageEmbeddings 360
- 05 OllamaEmbeddings 363

CHAPTER 12 벡터 스토어 366

- 01 Chroma 366
- 02 FAISS 383
- 03 Pinecone 393

CHAPTER 13 리트리버 405

- **01** 벡터 스토어 기반 리트리버 407
- **02** 문서 압축기 412
- **03** 앙상블 리트리버 418
- **04** 긴 문맥 재정렬 422
- **05** 부모 문서 리트리버 428
- **06** 다중 쿼리 생성 리트리버 432
- **07** 다중 벡터 스토어 리트리버 438
- **08** 셀프 쿼리 리트리버 453
- **09** 시간 가중 벡터 스토어 리트리버 460

PART 06 LangChain 실습

CHAPTER 14 Streamlit으로 ChatGPT 웹 앱 제작하기 466

- **01** 기본적인 웹 앱 형태 만들기 466
- **02** 웹 앱에 체인 생성하기 470
- **03** 프롬프트 타입 선택 기능 추가하기 474

CHAPTER 15 이메일 업무 자동화 챗봇 478

- **01** 이메일 내용으로부터 구조화된 정보 추출하기 478
- **02** SerpAPI를 정보 검색에 활용하기 481
- **03** 구조화된 답변을 다음 체인의 입력으로 추가하기 485
- **04** 이메일의 주요 정보 및 검색 정보 기반 요약 보고서 챗봇 488

목차

CHAPTER 16 다양한 모델을 활용한 챗봇 495

01 별도의 파이썬 파일로 기능 분리하기 495
02 GPT 대신 Deepseek 모델 사용하기 497
03 Ollama 모델을 사용한 RAG 499
04 멀티모달 모델을 활용한 이미지 인식 기반 챗봇 504

CHAPTER 17 RAG 챗봇 509

01 PDF 문서 기반 질의응답 RAG 만들기 509
02 프롬프트를 개선해 주는 프롬프트 메이커 515
03 페이지 분할 후 파일 업로드 기능 추가하기 520
04 PDF 기반 QA 챗봇 만들기 527
05 LangSmith 추적, 다양한 LLM을 RAG에 적용하기 532
06 프롬프트에 출처 표시하고 표 기능 추가하기 534

에필로그 537
찾아보기 539

PART 01

처음 만나는 LangChain

LangChain(랭체인)은 언어 모델을 활용해 다양한 애플리케이션을 개발할 수 있는 프레임워크를 말합니다. 우리가 이 책에서 다룰 RAG도 이 프레임워크를 기반으로 만들 수 있습니다. 이번 PART에서는 LangChain과 RAG가 무엇인지에 대해 개략적으로 알아보고 환경 설정 방법을 실습해 보겠습니다.

CHAPTER 01 RAG 이해하기

학습목표

RAG(Retrieval-Augmented Generation)는 문서 로드, 검색, 답변 생성의 투명한 과정을 통해 할루시네이션 현상을 줄이고, 최신 정보와 신뢰할 수 있는 외부 데이터를 활용해 응답 정확도를 대폭 향상시킴으로써 GPT 모델의 한계를 극복하기 위한 기술입니다. RAG는 프롬프트 엔지니어링이나 파인 튜닝보다 구현이 용이하여 실용적이며, 사용자가 원하는 대로 데이터베이스와 모델을 커스터마이즈할 수 있어 특정 도메인에 특화된 챗봇을 제작할 수 있는 강력한 도구입니다. 그러한 RAG를 사용해야 하는 이유에 관해 알아보겠습니다.

01 RAG를 사용해야 하는 이유

ChatGPT는 2022년 11월 등장하자마자 순식간에 많은 사용자를 확보했습니다. 2023년 11월에는 GPTs 스토어가 출시되어 GPT의 기능을 플러그인으로 제작하고 배포할 수 있게 되었고, 여러 고급 기능이 보완되면서 사용자들은 단순히 질문하고 답변받는 것에서 더 나아가 전문적인 영역까지 ChatGPT를 적극적으로 활용하기 시작했습니다. 이러한 과정에서 점차 다음과 같은 문제점들이 드러나기 시작했습니다.

1. ChatGPT는 최신 정보가 학습되어 있지 않습니다.
2. 개인이나 회사의 내부 데이터가 학습되어 있지 않아, 특정 도메인(개인 정보, 회사 내부 정보)에 대한 질문에는 기대하는 답변을 얻을 수 없습니다.
3. ChatGPT에 개인이나 회사 정보를 담은 문서를 업로드하면 보안상 문제가 될 수 있습니다.
4. 문서의 양이 많아질수록 할루시네이션 현상이 발생하기 쉽습니다.

ChatGPT의 한계를 보완하기 위해 주목받은 RAG

RAG는 ChatGPT의 한계를 보완하기 위해 주목받기 시작한 기술입니다. **RAG란 Retrieval-Augmented Generation**의 줄임말로, 검색(Retrieval), 증강(Augmented), 생성(Generation)이라는 의미를 담고 있으며, **거대 언어 모델**(LLM; Large Language Model)이 외

부의 신뢰할 수 있는 지식 데이터베이스를 참조하여 최적화된 응답을 생성하는 기술입니다.

RAG의 다양한 방법론을 활용하여 지속적으로 업그레이드하면 ChatGPT만 사용했을 때 50점 수준이었던 답변의 품질을 80점, 90점대로 끌어올릴 수 있습니다. 적절한 RAG를 적용하면 앞서 언급된 문제점들을 다음과 같이 개선할 수 있습니다.

1. 최신 정보를 기반으로 답변할 수 있으며, LLM이 정보를 찾을 수 없는 경우 '검색' 기능을 활용해 답변을 제공할 수 있습니다.
2. 회사 내부에 데이터베이스를 구현함으로써 개인이나 회사의 내부 데이터를 참고하여 GPT가 답변할 수 있습니다.
3. 문서를 내부 데이터베이스에 저장하고 지속적으로 데이터를 축적할 수 있으며, 저장된 데이터베이스에서 원하는 정보를 검색한 후 이를 바탕으로 답변을 생성할 수 있습니다.
4. 저장된 데이터베이스에서 답변의 출처를 역으로 검색하고 검증하는 방식으로 할루시네이션 현상을 줄일 수 있습니다.

따라서 RAG를 사용하면 GPT가 사전 학습한 내용뿐 아니라 새롭게 축적되는 데이터베이스를 기반으로도 답변할 수 있어, 사용자는 데이터베이스만 업데이트하면 더 높은 품질의 최신 답변을 얻을 수 있습니다. 결과적으로 개인 맞춤형 챗봇이나 회사 내부 데이터에 특화된 챗봇과 같이 특정 도메인에 최적화된 챗봇을 자유롭게 생성할 수 있습니다.

이해를 돕기 위해 예시를 들어 보겠습니다. RAG를 사용하기 전 ChatGPT에게 다음과 같이 질문해 보았습니다.

"서울특별시에 사는 테디 아버지 이름이 뭐야?"

ChatGPT는 이러한 개인적인 질문을 받으면 굉장히 황당할 겁니다. 테디가 누구인지, 그의 아버지 이름이 뭔지 어떻게 알겠냐고요. 이런 경우 모른다고 답하거나 답변하는 과정에서 잘못된 정보를 생성(할루시네이션)할 가능성이 높습니다. 하지만 다음과 같은 가족관계증명서를 GPT에게 주면 어떻게 될까요? GPT는 자료를 참고해서 테디 아버지 이름은 '폴'이라고 정확한 답변을 제공할 수 있을 것입니다.

이처럼 RAG는 GPT가 사전 학습된 지식에만 의존하지 않고 참고할 만한 자료를 주면 그것을 토대로 답변하기 때문에 훨씬 더 정확합니다. 쉽게 말해 사전 학습된 GPT에 정보 검색 기능을 추가한 것이죠. 검색 대상은 문서와 인터넷은 물론 다양한 도메인일 수도 있습니다.

따라서 우리가 할 일은 이러한 다양한 정보 검색 기술을 활용해서 RAG 시스템을 점점 고도화하는 것입니다. RAG가 발전할수록 답변의 정교함도 높아집니다. 예를 들어 관련된 모든 문서를 GPT에 제공하는 대신 핵심 정보만 요약해서 전달하면 훨씬 더 효율적으로 참고할 수 있겠죠. 이처럼 GPT가 참고할 데이터를 잘 정제하면 RAG 시스템의 성능을 높일 수 있습니다.

커스터마이즈가 어려운 ChatGPT 내장 RAG 시스템

ChatGPT를 어느 정도 사용해 본 사용자라면 자신도 모르게 RAG를 경험해 봤을 것입니다. 다음과 같이 ChatGPT에 문서를 업로드하고 질문하면 이를 기반으로 그럴듯한 답변을 제공하는데, 이는 ChatGPT에 내장된 자체 RAG 시스템 때문입니다. 하지만 이렇게 생성된 답변이 실제로 정확한 정보인지 확인하기는 어렵습니다.

다음과 같이 한국 경제 전망에 대한 보고서 PDF 문서를 ChatGPT에 업로드하고, 특정 내용을 알려 달라고 요청해 보겠습니다. 보고서의 주요 내용을 그럴듯하게 답변하는데, 이 답변이 정말 해당 보고서에서 가져온 내용인지, 아니면 ChatGPT가 학습한 내용으로 적당히 둘러댄 답변인지 어떻게 분간할 수 있을까요?

> **KDI경제전망_2023하반기.pdf** ← 업로드한 문서
> PDF
>
> 이 문서에 대한 내용을 알려줘. 한글로 작성해줘
>
> 〈 2/2 〉

이 문서는 한국개발연구원(KDI)에서 발간한 2023년 하반기 경제전망 보고서입니다. 이 보고서는 국내외 경제 동향을 분석하고 중단기 경제 전망을 제공하며, 경제 전망에 대한 불확실성 요인과 대책을 연구하여 정부의 경제 정책 수립과 기업의 경영, 학계의 연구 활동에 도움을 주기 위해 작성되었습니다.

보고서의 주요 내용은 다음과 같습니다:

1. 현재의 경제 상황과 내년의 경제 전망을 다루며, 고금리 기조의 영향, 수출 회복세, 내수 둔화, 물가 상황, 취업자 수 변화 등에 대해 다룹니다.
2. 2024년 국내경제 전망에서는 완만한 회복세를 예측하며, 성장률, 소비자 물가, 취업자 수, 경상수지 등 다양한 경제 지표에 대해 예측합니다.
3. 재정정책, 통화정책, 금융정책 등의 정책 방향을 제시합니다.
4. 위험 요인으로는 국제유가 변동, 중국의 경제 상황 변화 등 대외 불확실성이 높은 점을 지적하며, 이에 대한 대응 방안을 모색합니다.

이 보고서는 정부 및 기업의 정책 결정에 중요한 정보를 제공하며, 경제 상황에 대한 깊은 이해와 미래 전망에 대한 지침을 담고 있습니다.

문서 내용에 대해 더 자세히 알아보고자 세부 내용을 선택하여 다시 질문하고, 반드시 문서의 내용을 바탕으로 답변해 달라고 요청했습니다. 그러나 ChatGPT는 해당 내용에 대한 구체적인 데이터를 제공하지 않는다는 이상한 답변을 내놓았습니다. 문서에 분명히 해당 내용이 있음에도 ChatGPT가 관련 정보를 찾지 못하는 현상이 발생했습니다.

> 3/4분기 유로존의 전체 및 청년실업률을 알려줘. 문서의 내용을 바탕으로 알려줘.
>
> 〈 2/2 〉
>
> 보고서에서는 유로존의 전체 및 청년 실업률에 대한 구체적인 데이터를 제공하지 않습니다. 이 문서는 한국의 경제 상황과 전망에 초점을 맞추고 있어, 유로존의 실업률과 같은 특정 국제 경제 지표에 대한 세부 수치는 포함되어 있지 않습니다. 유로존의 실업률 정보가 필요하시다면, 유럽연합 통계국(Eurostat)의 공식 웹사이트에서 최신 데이터를 찾으실 수 있을 것입니다.

일반적으로 ChatGPT에 문서를 입력하고 질문하면 답변이 잘 나온다고 생각하지만, 실제로는 조금만 더 구체적으로 질문하면 문서의 내용과 전혀 다른 답변이 나오는 할루시네이션이 발생하기도 합니다.

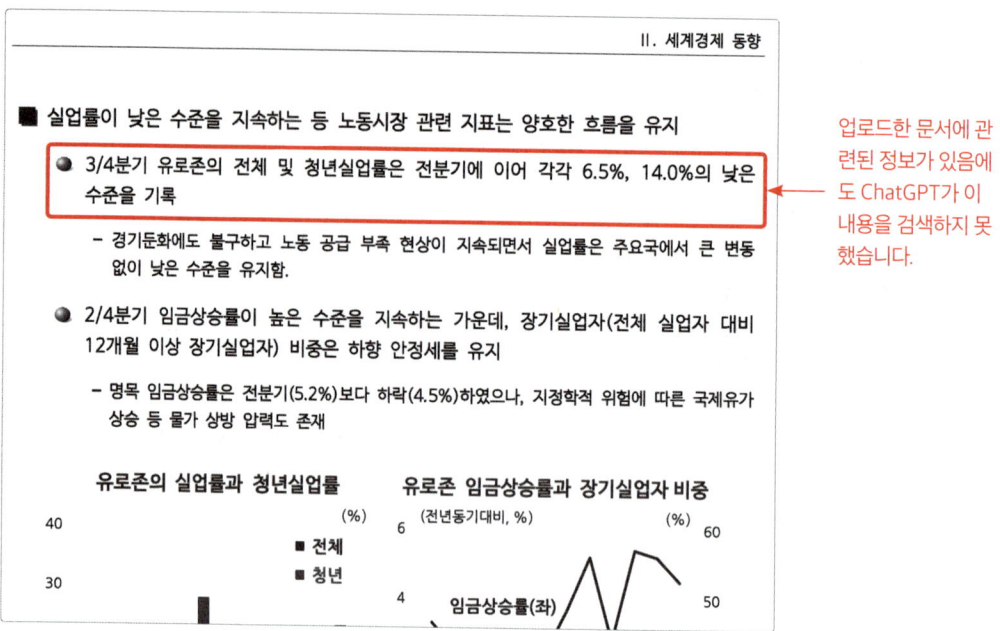

ChatGPT에서 RAG가 작동하는 과정은 OpenAI에서 공개하고 있지 않아 사용자가 이를 직접 제어할 수는 없습니다. 따라서 문서를 ChatGPT가 최대한 잘 검색할 수 있는 형태로 변경하는 것이 현재로서는 최선의 방법입니다. 예를 들어 자주 하는 질문을 FAQ로 만들거나 PDF, DOCX, HWP 등의 문서를 마크다운 형식으로 작성하는 방식이 있습니다. 하지만 모든 문서를 이렇게 변경하는 것은 많은 시간과 노력이 필요한 작업이라 현실적으로 어렵습니다. 이러한 한계를 극복하기 위해 우리는 LangChain을 이용해 RAG 시스템을 직접 구축해 볼 것입니다.

02 RAG의 기막힌 능력

RAG는 장점이 큰 기술이지만 LLM을 처음 접하는 사람들이 RAG 도입을 주저하는 이유는 주로 복잡해 보이는 용어와 기술적 장벽 때문인 것 같습니다. 그러나 기본 원리만 이해한다면 RAG는 생각보다 어려운 기술이 아닙니다.

플러그인처럼 교체하는 방식의 쉬운 구현

다음은 언어 모델의 성능 향상을 위한 각 기술의 난이도를 비교한 그래프입니다. 가장 오른쪽에 있는 완전 파인 튜닝(Full Fine-Tuning)은 다소 전문적인 영역이기 때문에 개인이 수행하기에는 어려울 수 있습니다. PEFT(Parameter-Efficient Fine-Tuning) 역시 파인 튜닝의 한 종류이지만, 충분한 시간과 노력을 들인다면 개인적으로 시도해 볼 수 있는 수준입니다.

RAG는 코드 작성이 필요 없는 프롬프트 엔지니어링과 비교해도 구현 난이도가 그리 높지 않은데, 이는 앞으로 학습할 8단계(34~41쪽 참조)의 세부 모듈을 플러그인처럼 교체하는 방식으로 구현할 수 있기 때문입니다.

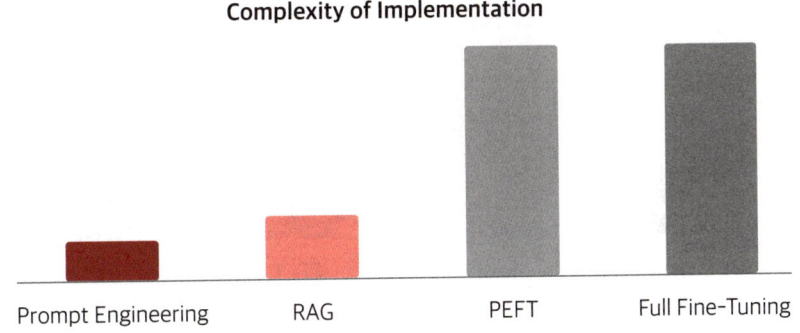

최신 정보를 기반으로 답변

그래프를 보면 RAG가 최신 정보에 대한 답변에서도 월등히 뛰어난 성능을 보여 주고 있습니다. 이는 사용자가 직접 원하는 최신의 문서를 데이터베이스에 넣어 업데이트할 수 있기 때문입니다.

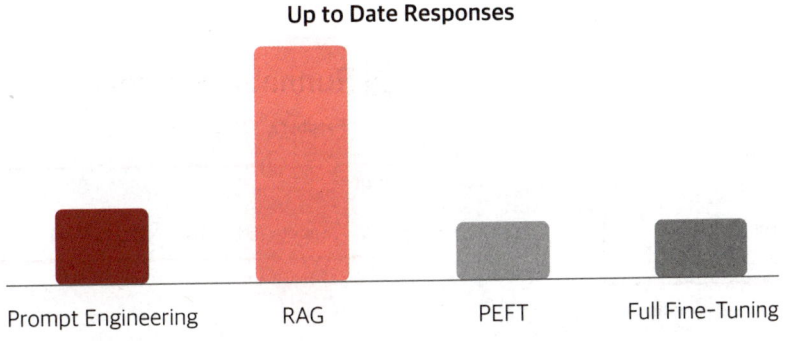

답변 과정을 투명하게 확인 및 해석 가능

RAG는 전 과정을 모니터링하고 추적할 수 있으며, 각 단계를 상세히 분석하고 조정할 수 있습니다. 이는 모든 과정을 사용자가 직접 설계하기 때문에 답변을 해석하는 과정에서도 잘 나온 답변은 왜 잘 나왔는지, 제대로 된 답변을 얻지 못했다면 그 이유는 무엇인지를 직접 확인할 수 있기 때문입니다. 다음 그래프에서도 볼 수 있듯이, RAG는 답변의 투명성과 해석 능력 측면에서 압도적인 성능을 보여 주고 있습니다.

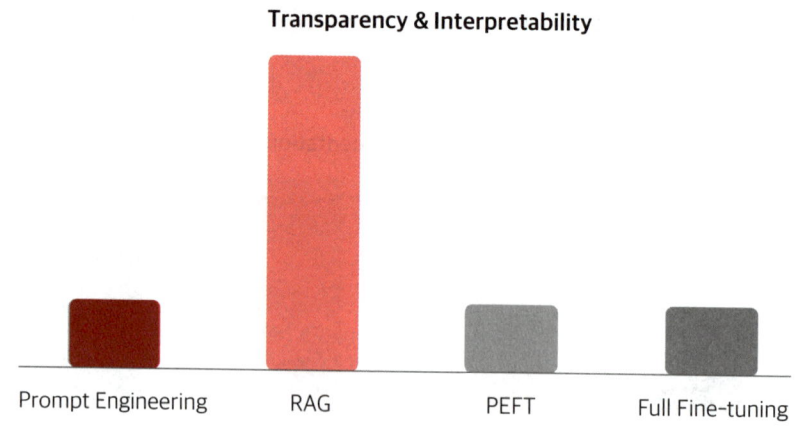

실제 예시를 통해 답변 추적 과정을 확인해 보겠습니다. LLM의 동작 과정을 추적하는 도구인 LangSmith에서 '삼성전자에서 자체 개발한 AI의 이름은?'이라고 질문을 던지면 왼쪽 추적 과정에서 답변 도출까지의 세부 과정, 소요 시간, 토큰 수 등을 확인할 수 있습니다. 이는 간단한 예시이지만, 추후 더 복잡한 설계를 진행한다고 해도 이러한 과정을 더욱 심도 있게 분석할 수 있습니다.

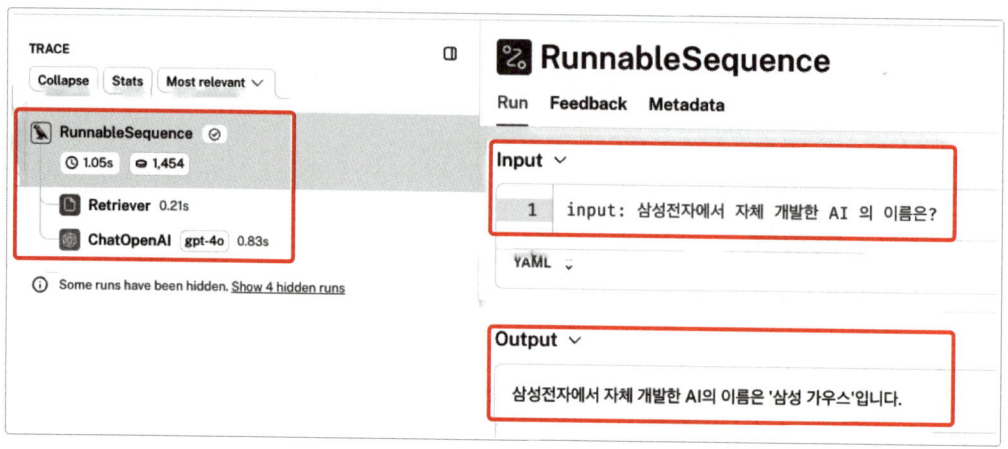

실제로 **Retriever**를 클릭하면 질문(query)이 입력되었을 때 어떤 문서(DOCUMENTS)의 어느 구절에서 관련 내용을 검색했는지를 다음과 같이 상세하게 확인할 수 있습니다.

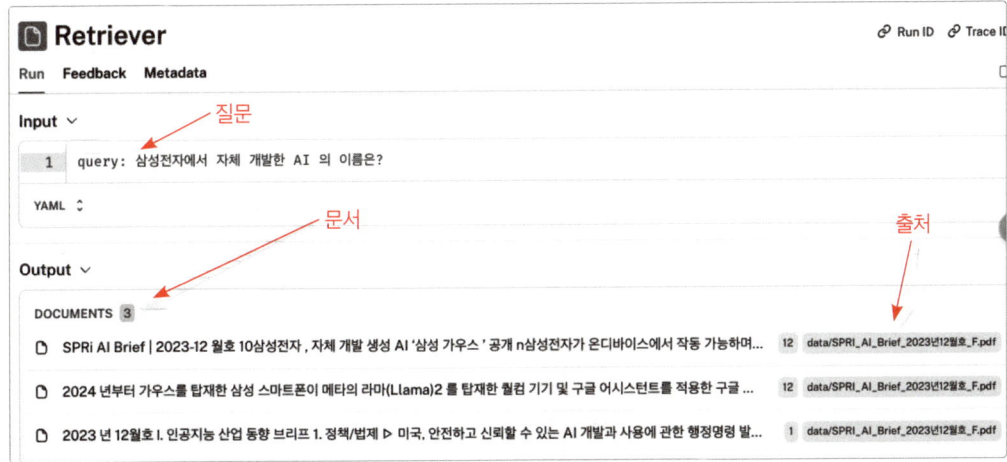

또한 해당 문서들을 각각 클릭해서 열어 보면 실제 텍스트 내용까지도 확인할 수 있습니다. 이렇게 세부 과정을 확인하면 답변이 잘 나오지 않았을 경우 그 원인을 추적하여 결과를 개선할 수 있습니다.

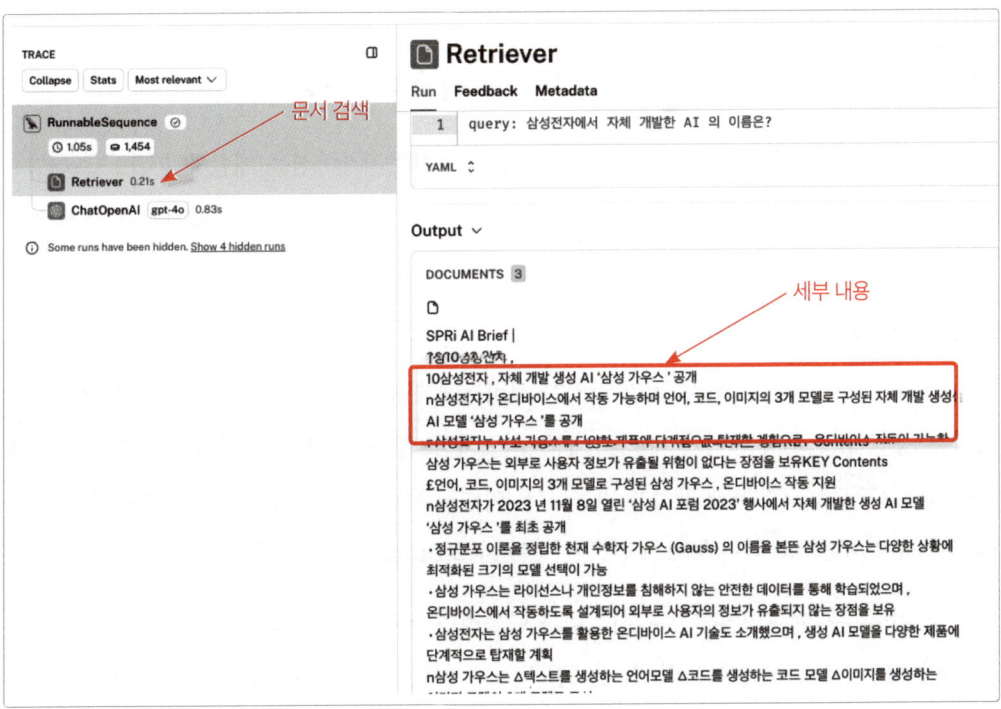

할루시네이션 감소

RAG는 LLM의 대표적 부작용인 할루시네이션을 감소시키는 데도 효과적입니다. 유효한 정보만을 기반으로 답변을 도출하도록 강제하거나, 주어진 문서에서만 답변의 출처를 찾도록 하는 방식으로 오류를 줄일 수 있기 때문입니다. 다음 그래프를 보면 할루시네이션 방지에 있어 RAG가 가장 큰 영향을 미치는 것을 확인할 수 있습니다.

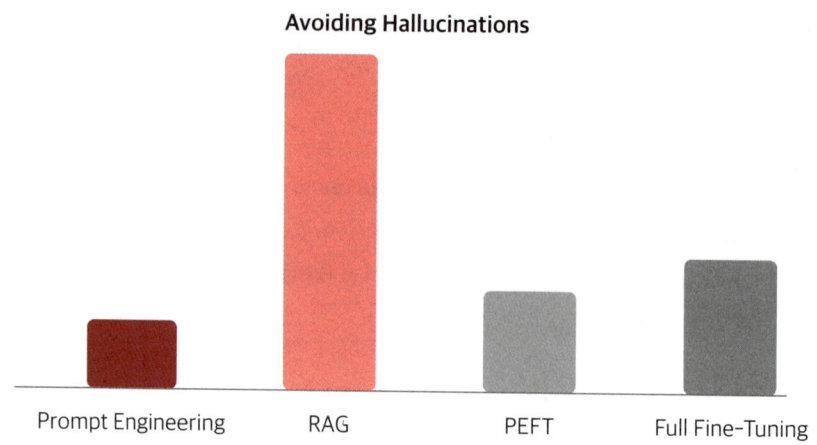

(03) LangChain을 이용한 RAG 시스템 구축

LangChain(랭체인)은 대규모 언어 모델로 구동되는 애플리케이션을 개발하기 위한 프레임워크입니다. 즉, GPT와 같은 언어 모델과 우리가 만들고자 하는 서비스나 프로세스를 쉽게 연결해 주는 도구입니다.

ChatGPT는 **GPT**라는 언어 모델을 기반으로 한 대화형 AI 플랫폼입니다. 우리는 이 똑똑한 GPT를 채팅만 하는 데 그치지 않고, 다양한 서비스에 활용합니다. 예를 들면 여행 서비스를 운영하는 경우 GPT로 자동 여행 계획을 세워 주는 서비스를 만들거나, 차량 렌트 서비스를 운영하는 경우 GPT로 고객 응대 챗봇을 만듭니다. 이렇게 똑똑한 GPT의 두뇌를 원하는 작업 흐름에 접목하여 체인으로 엮는 형태로 만드는 것이 바로 LangChain입니다.

GPT로 어떤 문서에 기반한 Q&A 시스템을 만들려면 문서를 그냥 넣기만 해서는 안 되고, 문서 안에 있는 텍스트를 읽어들일 수 있게끔 별도로 작업을 해 주어야 하는데, LangChain으로는 이런 작업을 너무 쉽게 할 수 있습니다. 또한 어떤 동작을 파이썬 코드로 처음부터 끝까지 작성하려면 시간이 굉장히 오래 걸리지만, LangChain에서는 코드 한두 줄로 편리하게 구현할 수 있습니다.

일단 LangChain만 배워 두면 어떤 데이터베이스를 쓸지, 어떤 임베더(텍스트 같은 정보를 연산 가능한 수치로 변환해 주는 도구)를 쓸지, 어떤 종류의 문서를 업로드할지 등만 결정해서 가져다 쓰면 되니 데이터베이스 전문 개발사들도 LangChain을 도입하기 위해 노력하고 있고, LangChain을 도입하는 분야와 그 산업의 크기는 점점 더 커지고 있습니다.

LLM을 이용해 서비스를 개발한다고 하면 LangSmith, LangGraph, LangServe 등의 도구도 필요합니다. 이 모든 것을 통합한 LangChain 생태계를 앞으로 하나하나 구현해 보겠습니다.

LangChain으로 구현할 RAG 시스템 전체 프로세스

ChatGPT는 자체 RAG 시스템을 통해 답변을 제공하지만, 더 나은 답변을 위해 세부 알고리즘을 조정할 수 없다는 문제가 있습니다. 이제 우리는 LangChain을 통해 RAG의 모든 세부 프로세스를 한 땀 한 땀 구현할 것입니다. 한마디로 '튜닝'을 하는 것이죠. 우리가 원하는 형태의 답변을 얻을 때까지 각 과정을 투명하게 개선하고, 그 방법론을 체계적으로 정립해 놓으면 다양한 비즈니스 환경에서도 얼마든지 활용 가능한 수준의 성능에 도달할 수 있습니다.

다음은 RAG 시스템의 전체 프로세스입니다. 이 그림이 처음에는 복잡해 보일 수 있지만, 각 세부 과정을 하나씩 익혀 나가면 어렵지 않게 이해할 수 있습니다.

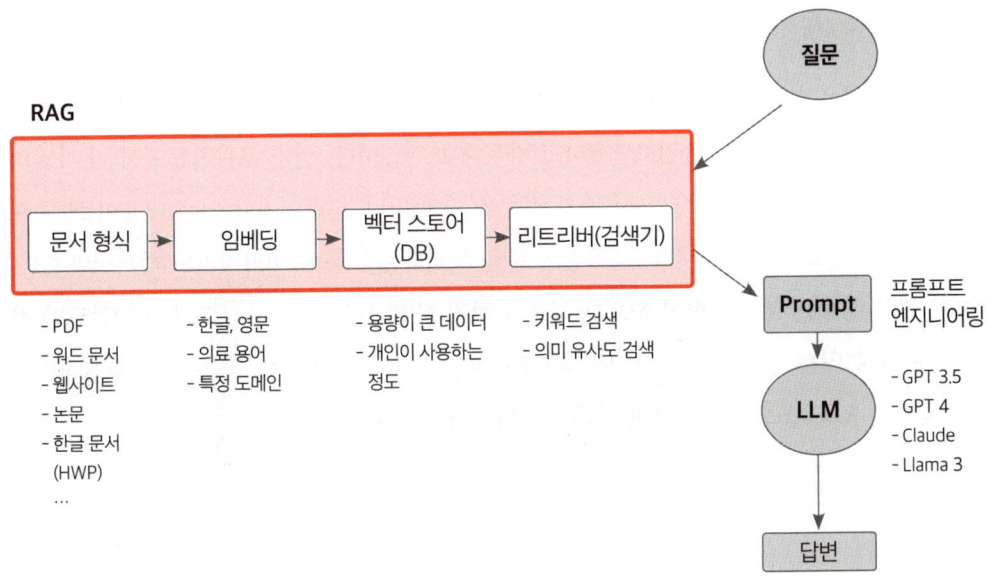

RAG 프로세스의 사전 단계 이해하기

RAG를 쓰는 목적을 이해하기 위해 GPT로 질문을 해서 답변을 받는 과정을 살펴봅시다. 먼저 사용자가 GPT에 "삼성전자가 신규 개발한 AI가 뭐야?" 같은 질문을 입력합니다. 사용자의 질문이 프롬프트에 들어오면 LLM에 전달되어 답변을 출력합니다. 이때 GPT는 아무런 참고할 만한 정보를 따로 받지 않았기 때문에 사전 학습된 내용만으로 답변을 줄 수밖에 없습니다. 만약 GPT가 현재 상황과 다른 오래된 정보만 알고 있다면 답변에서 할루시네이션이 일어나기 십상입니다.

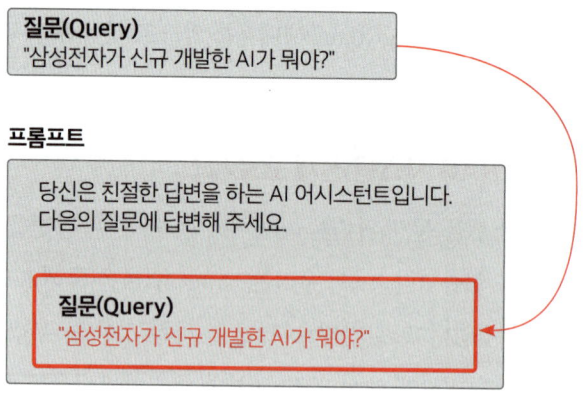

반면 RAG에서는 미리 참고할 정보(가령 PDF, CSV 등)를 데이터베이스나 문서 형태로 저장해 둡니다. 사용자가 질문을 입력하면 리트리버(retriever)가 해당 질문과 유사성이 높은 문서를 데이터베이스에서 찾아 반환하고, 이를 프롬프트에 포함하여 LLM이 컨텍스트(context)에서 필요한 내용을 검색해서 답변을 생성하도록 돕습니다.

그렇다면 참고할 정보를 어떻게 가져올까요? 가령 '인공지능 산업의 최신 동향'이라는 23페이지 분량의 보고서 PDF 파일을 업로드했다고 가정해 보겠습니다. 만약 프롬프트에서 이 파일의 모든 정보를 한 번에 참고한다면, 사용자가 질문을 할 때마다 23페이지나 되는 내용이 모두 프롬프트 입력으로 들어가 버립니다. 그러면 질문을 처리하는 비용이 비싸지기도 하거니와 GPT에 너무 많은 정보를 제공한 탓에 중요한 정보를 찾지 못할 수도 있습니다. 그래서 업로드한 정보에서 관련성 있는 정보만 골라서 리트리버(retriever, 검색기)에 전달하는 것이 효율적입니다. 이 과정이 RAG 프로세스의 사전 단계에 해당합니다.

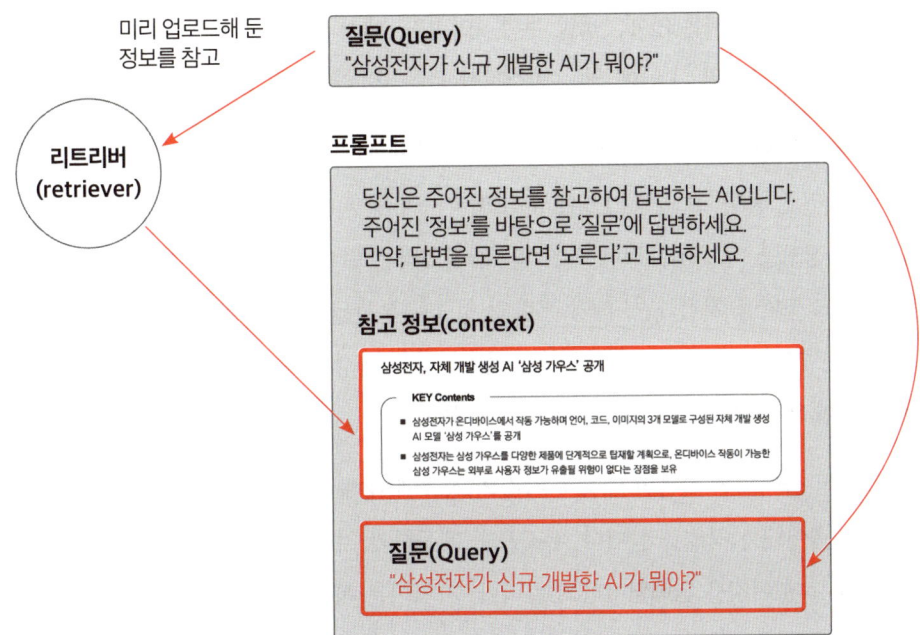

사전 단계에서는 데이터 소스를 벡터 스토어로 사용하여 **문서 로드-텍스트 분할-임베딩-저장**이라는 네 단계를 진행합니다.

- **1단계 | 문서 로드(Document Load)**: 외부 데이터 소스에서 필요한 문서를 불러와서 초기 처리를 합니다. 이것은 마치 학생이 공부하기 전에 책장에서 필요한 책을 여러 권 챙겨 오는 과정과 같습니다.

- **2단계 | 텍스트 분할(Text Split)**: 로드된 문서를 처리 가능한 작은 단위인 청크(chunk)로 분할합니다. 두꺼운 책을 주제별로 나누어 Part나 Chapter로 구분하는 것과 유사합니다.

- **3단계 | 임베딩(Embedding)**: 분할된 청크를 벡터 형태로 변환하여 문서의 의미를 수치화합니다. 자연어를 컴퓨터가 이해할 수 있는 수치로 변경하는 과정입니다.

- **4단계 | 벡터 스토어 저장**: 임베딩된 청크를 데이터베이스에 저장합니다. 임베딩된 벡터들을 데이터베이스에 저장합니다. 이는 요약된 키워드를 색인으로 뽑아서 나중에 빠르게 찾을 수 있게 정리해 두는 과정입니다.

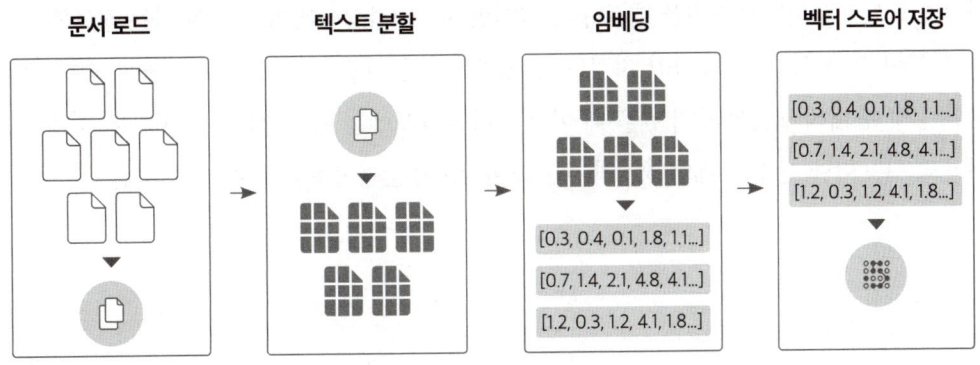

먼저 **문서 로드** 단계에서는 PDF, 엑셀, 논문, 이미지, 데이터베이스 등 문서를 로드합니다. 가령 PDF 파일을 로드하면 그 안에 있는 텍스트를 긁어 오는 작업을 합니다.

그다음은 **텍스트 분할**입니다. '삼성전자가 신규 개발한 AI가 뭐야?'라는 질문에 답하려면 '인공지능 산업의 최신 동향' 보고서 PDF에서 18페이지의 일부 내용만 가져와서 답변하면 됩니다. 이처럼 전체 정보를 다 프롬프트에 쓰지 않고, **청크**라는 단위로 내용을 분할합니다. 토큰 수를 기준으로 청크 크기를 지정하면, 해당 분량의 청크로 분할됩니다. 가령 청크 크기를 1,000토큰으로 잡고, 한 페이지에 청크가 세 개 정도 들어간다고 가정해 보겠습니다. 그러면 23페이지의 보고서 내용이 69개의 청크로 분할되어 저장됩니다.

사용자 질문이 들어오면 질문의 내용과 각각의 청크에 대해 유사도 계산을 해서 가장 관련성이 높은 청크를 뽑아내는 작업을 합니다. 유사도를 계산하기 위해 각 청크의 값을 수학적인 표현으로 바꿔야 하는데 이것을 **임베딩**이라고 합니다. 자연어는 복잡하고 다양한 의미를 내포하고 있는데, 임베딩을 통해 텍스트를 정량화된 숫자 값으로 변환하면 컴퓨터가 문서의 내용과 의미를 더 잘 이해해서 처리할 수 있습니다.

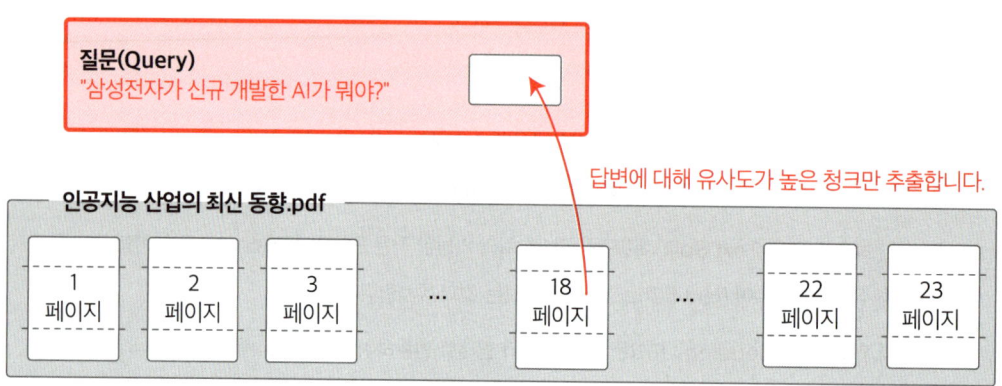

전체 정보를 청크 단위로 나눕니다.

쉬운 예를 들어 임베딩을 설명해 보겠습니다. '매운맛', '신맛', '단맛'이라는 정보를 임베딩해서 각각 0.1, 0.7, 0.9와 같은 값을 매깁니다. 그러면 사용자가 '새콤달달한 맛'이라는 정보를 입력하면, '신맛'과 '단맛' 사이의 중간 지점인 0.8이라는 값을 매길 수 있습니다. 이렇게 되면 '새콤달달한 맛'에 대해 질문이 들어 왔을 때 이미 주어진 정보에는 이와 정확히 일치하는 표현이 없더라도 '신맛'이나 '단맛'에 대한 청크가 질문과 유사도가 높다고 판단할 수 있습니다.

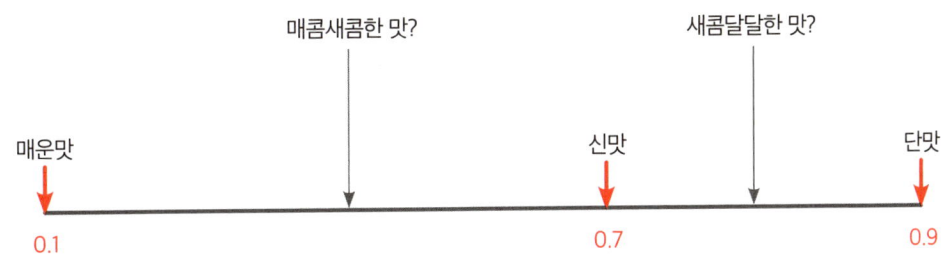

'인공지능 산업의 최신 동향' 같은 복잡하고 풍부한 텍스트의 정보는 하나의 숫자 표현으로 나타낼 수 없습니다. 그래서 여러 숫자의 좌표 집합인 벡터(vector)로 표현합니다. 우리가 사용할 OpenAI의 임베딩의 벡터는 1536차원입니다. 이 말은, 한 단어든 문장이든 단락이든 이를 나타내는 벡터 값에 1,536개의 숫자가 들어간다는 뜻입니다. 알고리즘에 따라 임베딩한 벡터 값의 개수가 달라지는데, 표현이 풍부할수록 정교하게 유사도를 비교할 수 있겠지만 그 대신 리소스를 더 많이 소모합니다.

앞서 청크 크기를 기준으로 정보를 몇 개의 토큰 단위로 나눌지 정한다고 설명했는데요. 보통 분할된 청크 끝부분에서 맥락이 이어질 수 있도록 일부를 겹쳐서 분할합니다. 이를 **청크 오버랩**(chunk overlap)이라고 합니다.

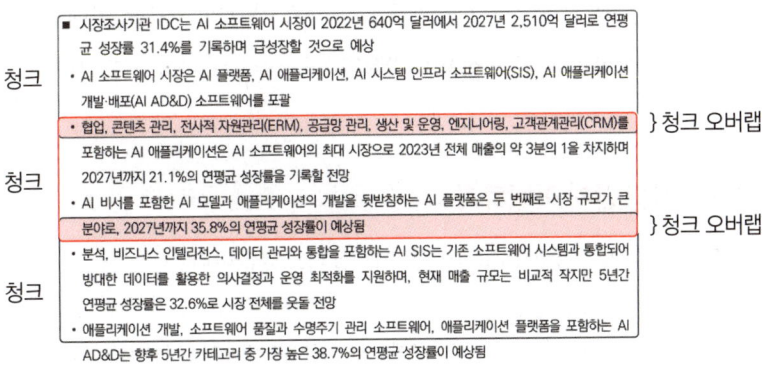

청크의 벡터 값으로 유사도 계산을 하는 예시를 보여 드리겠습니다. 다음과 같이 세 개의 단락(청크)이 있고, '시장조사기관 IDC가 예측한 AI 소프트웨어 시장의 연평균 성장률은 어떻게 되나요?'라는 사용자 질문이 들어오면 각 단락과 질문이 임베딩되어 벡터 값이 매겨집니다. 그러면 벡터 값을 이루는 숫자 사이의 차이(거리)를 계산할 수 있어 질문의 벡터 값과 가장 거리가 가까운(즉, 가장 유사한) 단락이 프롬프트의 컨텍스트로 전달됩니다.

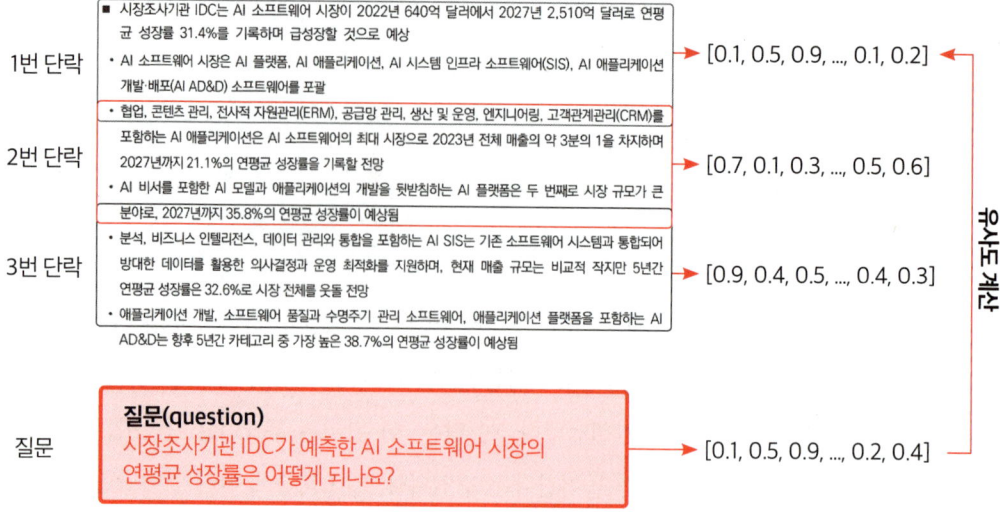

LLM의 질문과 답변을 처리할 때와 마찬가지로 임베딩할 때도 비용이 발생합니다. 물론 답변에 소요되는 것보다는 부담이 덜하지만, 프로그램을 실행할 때마다 매번 임베딩을 한다면 계속 비용이 발생하는 셈입니다. 그래서 각 청크에 임베딩된 값을 **벡터 스토어**(vector store)에 저장해 두고, 데이터베이스에 검색어로 쿼리를 요청할 때마다 가져올 수 있게 합니다.

이처럼 문서를 로드해서 텍스트를 청크 단위로 분할하고 각각의 청크를 임베딩해서 유사도 계산을 위한 벡터 값을 저장하는 과정을 **전처리 과정**(pre-process)이라고 합니다.

RAG 프로세스의 실행 단계 이해하기

이번에는 사전 단계 이후의 실행(runtime) 단계를 살펴보겠습니다.

- **5단계 | 리트리버**: 질문이 주어지면, 이와 관련된 벡터를 벡터 데이터베이스에서 검색합니다. 질문에 가장 잘 맞는 책의 Chapter를 찾는 것과 유사합니다.
- **6단계 | 프롬프트**: 검색된 정보를 바탕으로 언어 모델을 위한 질문을 구성합니다. 이는 정보를 바탕으로 어떻게 질문할지 결정하는 과정입니다.
- **7단계 | LLM**: 구성된 프롬프트를 사용하여 언어 모델이 답변을 생성합니다. 즉, 수집된 정보를 바탕으로 과제나 보고서를 작성하는 학생과 같습니다.
- **8단계 | 체인 생성**: 이전의 모든 과정을 하나의 파이프라인으로 묶어 주는 체인(chain)을 생성합니다.

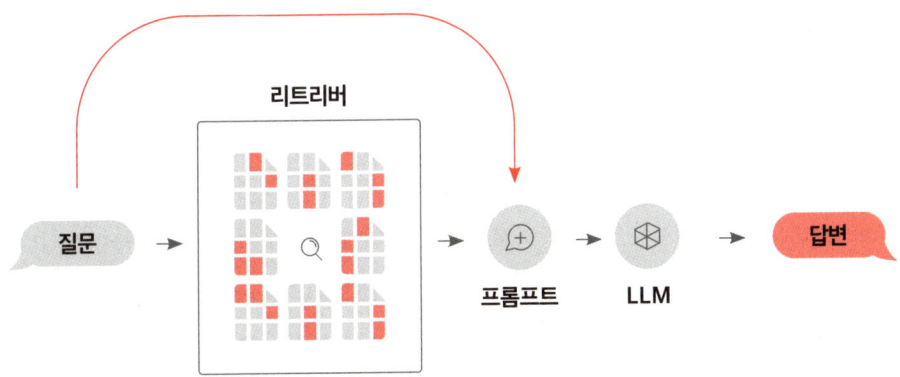

다섯 번째 **리트리버**(retriever) 단계는 벡터 데이터베이스에서 사용자 질문과 관련된 문서를 검색하는 핵심 과정입니다. 사용자가 질문을 입력하면 이를 임베딩 단계와 동일한 방식으로 벡터로 변환합니다. 이렇게 변환된 질문 벡터는 미리 준비된 데이터베이스의 문서 벡터들과 비교되어 유사성이 계산됩니다. 코사인 유사성(cosine similarity)이나 MMR(Max Marginal Relevance) 같은 알고리즘이 이 비교 과정에서 활용되며, 이를 통해 질문과 가장 관련이 깊은 단락들을 선별해 냅니다. 이때 k 값을 설정하여 선택할 청크의 수를 조절할 수 있습니다. 이렇게 찾아 낸 문서의 내용과 메타데이터는 다음 단계인 프롬프트 생성으로 넘어갑니다.

리트리버의 성능은 전체 시스템의 응답 품질과 직결됩니다. 관련성 높은 정보를 정확히 찾아내야 유용한 답변이 가능하기 때문입니다. 또한 효율적인 검색 알고리즘을 활용해 전체 응답 시간을 단축시켜 사용자 경험을 개선하는 것도 중요한데, 필요한 정보만 추출하는 과정은 시스템 자원의 사용을 최적화하고 불필요한 데이터 처리를 최소화할 수 있어 전체 시스템의 효율성을 높이는 데 중요한 역할을 합니다.

여섯 번째 **프롬프트** 단계는 리트리버가 검색해 온 문서들을 바탕으로 언어 모델이 사용할 질문이나 명령을 만드는 과정입니다. 여러 문서에서 가져온 정보들은 다양한 관점이나 내용을 담고 있을 수 있는데, 이 단계에서 이런 정보들을 하나로 통합하고 언어 모델이 특정 컨텍스트 안에서 제대로 작동하도록 안내하는 역할을 합니다. 잘 구성된 프롬프트는 모델이 더 정확하고 관련성 높은 답변을 만들어 낼 수 있는 중요한 토대가 됩니다.

일곱 번째 **LLM**(Large Language Model) 단계에서는 앞서 구성된 프롬프트를 입력으로 받아 대규모 언어 모델을 통해 실제 응답을 생성합니다. 이 과정에서 언어 모델의 능력을 최대한 활용하여 사용자 질문에 대한 정확하고 자연스러운 답변이 만들어집니다. 이 단계는 앞선 모든 과정의 결과물을 실제 사용자가 이해할 수 있는 형태로 변환하는 최종 관문이라 할 수 있습니다.

마지막으로 **체인 생성** 단계는 LCEL(LangChain Expression Language) 문법을 활용해 앞서 설명한 일곱 단계를 하나로 묶어 완전한 RAG 파이프라인으로 조립하는 단계입니다. 체인의 구조를 좀 더 구체적으로 살펴보겠습니다. 다음 그림을 봐 주세요. 사용자 질문은 두 갈래로 나뉘어 처리됩니다. 하나는 리트리버로 전달되어 필요한 정보를 검색하는 데 쓰이고, 하나는 RunnablePassthrough() 메서드를 통해 바로 프롬프트의 질문(question)으로 들어갑니다. 리트리버에 전달된 질문은 임베딩 표현으로 변환되어 벡터 스토어의 데이터베이스와 유사도 계산을 해서 가장 관련성이 높은 단락을 뽑아냅니다. 이렇게 선정한 k개의 단락은 프롬프트의 컨텍스트(context)로 전달되어 최종 응답 생성의 근거 자료로 활용됩니다.

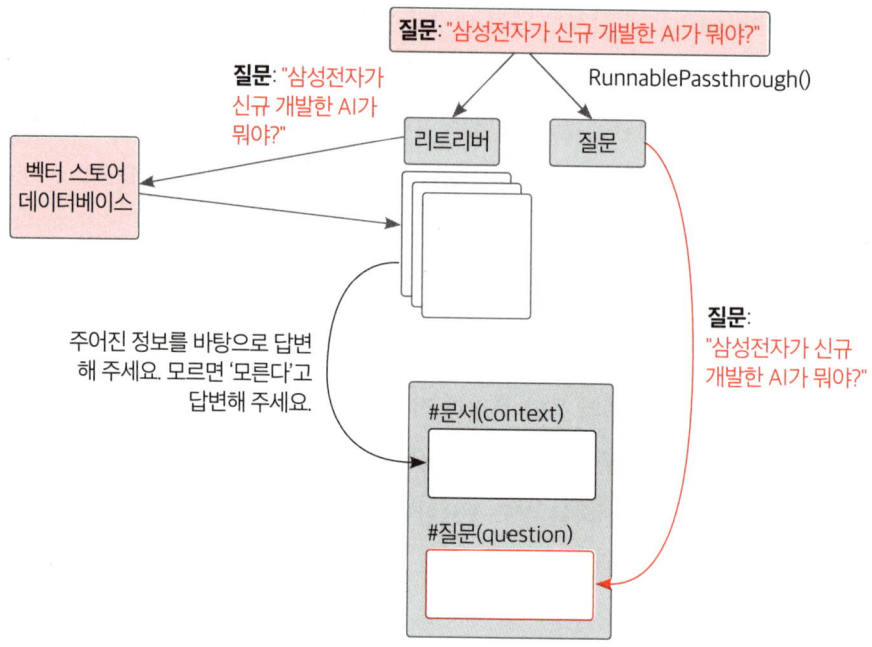

체인 생성과 질의를 코드로 간단히 나타내면 다음과 같습니다.

```
chain = (
{"context": retriever, "question": RunnablePassthrough()}
| prompt | llm | StrOutputParser()
...
question = "삼성전자가 신규 개발한 AI의 이름은?"
response = chain.invoke(question)
print(response)
```

직접 커스터마이즈한 RAG의 높은 성능

다음은 OpenAI 데브 데이(Dev Day) 프레젠테이션에서 공개된 내용의 일부입니다. AI로부터 좋은 답변을 얻기 위해서는 프롬프트 엔지니어링만으로는 성능을 올리는 데 한계가 있습니다. GPT는 전 세계 사람들이 사용하는 모델이기 때문에 평균적으로 답변을 잘하게끔 설계된 범용 모델입니다. 이러한 GPT 모델에 RAG를 활용해 컨텍스트를 더 최적화하면 문맥을 보완하여 더 구체적인 답변을 얻을 수 있으며, 여기에 파인 튜닝(미세 조정)을 더하면 원래 모델이 가진 잠재력을 최고 수준으로 끌어올려 상세한 답변을 얻음과 동시에 할루시네이션 현상도 줄일 수 있습니다.

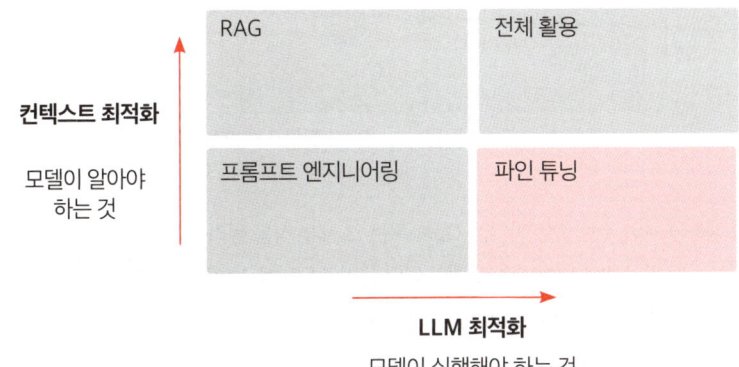

다음 그래프는 RAG에 다양한 기법을 적용하는 것에 따라 성능이 점진적으로 향상되는 수치를 보여 줍니다. 가장 기본적인 방법만 사용했을 때 45%였던 정확도는 추가적인 기법들의 적용에 따라 65%, 85%까지 향상되었고, 프롬프트 엔지니어링까지 더해져 최종적으로 98%의 정확도를 달성했습니다. 우리가 지금까지 사용해 온 ChatGPT의 실제 능력치가 45% 수준에 불과했다는 사실이 놀랍지 않나요?

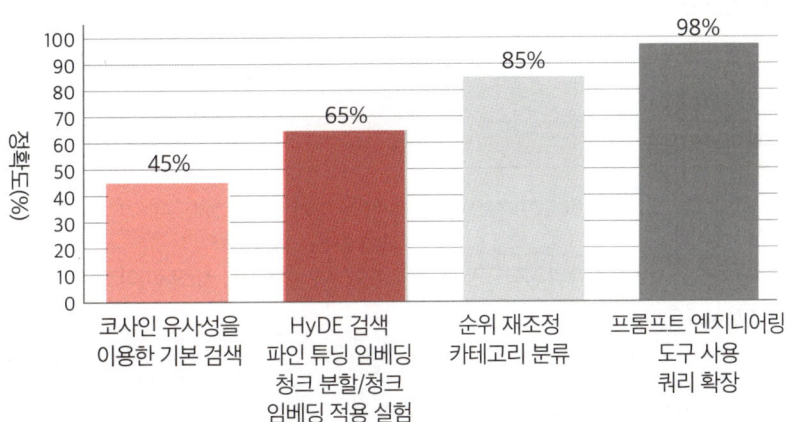

RAG의 성능을 보여 주는 또 다른 결과도 있습니다. 정확도가 69% 수준이었던 모델을 다양한 튜닝 과정을 통해 84%까지 향상시켰음을 보여 주는 그래프입니다.

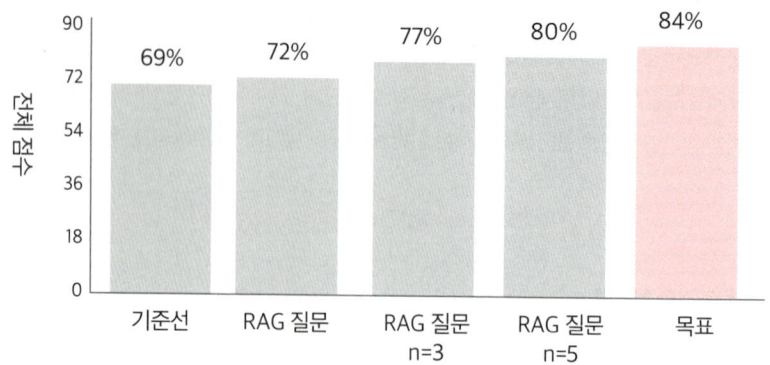

이렇게 뛰어난 성능을 보여 주는 RAG이지만, OpenAI는 그 세부 작동 원리를 거의 공개하지 않고 있습니다. 이로 인해 사용자는 늘 의문일 수밖에 없습니다. 모델이 어떤 근거로 답변을 잘했는지, 못했는지 그 이유를 알 수 없으니까요. 하지만 다음 표에서 보듯이, RAG를 직접 커스터마이즈하면 데이터베이스와 모델, 세부 조정 크기 등을 사용자가 원하는 대로 설정할 수 있습니다.

세부	OpenAI RAG	커스터마이즈 RAG
LLM 모델	gpt-4-1106-preview	gpt-4-1106-preview
벡터 데이터베이스	비공개	milvus
임베딩 모델	비공개	BAAI/bge-base-en
청크 크기	비공개	1000
청크 중복	비공개	40
top-k	비공개	5
에이전트 사용	사용	사용

출처: https://thenewstack.io/openai-rag-vs-your-customized-rag-which-one-is-better

또한 OpenAI의 RAG를 사용했을 때의 정확도가 36점이었던 것에 비해, 직접 커스터마이즈한 RAG는 약 41점으로 더 높은 성능을 보여 주었다는 연구 결과도 있습니다.

CHAPTER 02 환경 설정

학습 목표 LangChain과 RAG 실습을 위해 환경을 구성하겠습니다. 먼저 코드와 모델의 잦은 업데이트에 대응하기 위해 깃(Git)으로 버전을 관리하여 항상 최신 코드로 실습할 수 있는 환경을 설정합니다. 다음으로 OpenAI API 키를 발급받아 실습 파일과 연동하고, LangSmith를 활용하여 LLM과 체인의 실행 과정을 추적해 데이터베이스에 기록함으로써 복잡한 RAG 파이프라인을 효과적으로 모니터링하고 관리하겠습니다.

01 윈도우에서 환경 설치

첫 번째로 윈도우 환경에서 실습 코드 구현과 파이썬, VS Code의 설치 및 설정 방법을 살펴보겠습니다.

깃 설치하기

LangChain과 RAG 관련 실습 코드는 지속적으로 업데이트되고 있습니다. LangChain의 빈번한 업데이트로 인해 기존 코드들이 레거시(더 이상 지원되지 않거나 지원이 종료된 코드)가 되는 경우가 많아, 패키지 업데이트 후에는 실행되지 않을 수 있습니다. 또한 LangChain이 지원하는 다양한 모델들도 업데이트에 따라 지원이 중단되거나, 새로운 모델이 아직 반영되지 않은 경우도 많습니다. 이에 대응하기 위해 이 책에서는 코드 변경을 추적하고 버전을 관리해 주는 시스템인 깃을 설치하여 항상 최신 코드로 실습할 수 있도록 하겠습니다.

01 설치 파일을 다운로드하기 위해 다음 웹사이트에 접속합니다. 윈도우용 깃 설치 파일을 다운로드하기 위해 Standalone Installer의 **64-bit Git for Windows Setup.**을 클릭합니다.

URL https://git-scm.com/downloads/win

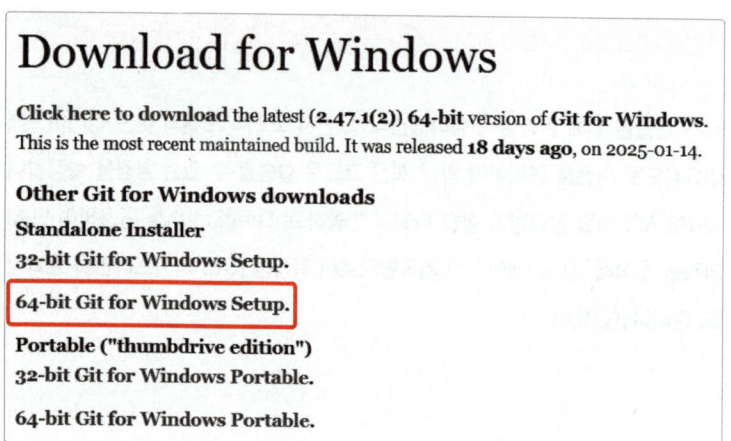

02 다운로드한 파일을 클릭하면 설치 시작 창이 나타납니다. Next 버튼을 클릭합니다.

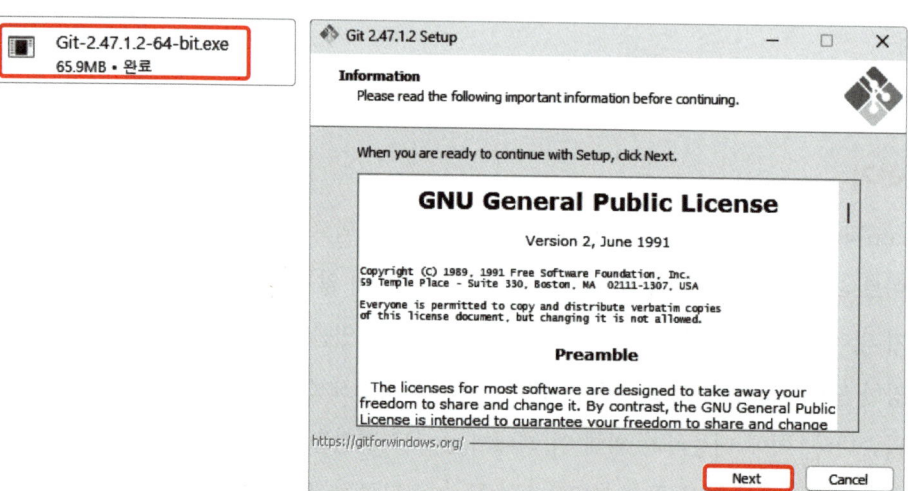

03 깃이 설치될 폴더를 지정합니다. 다른 폴더로 변경하고 싶으면 **Browse** 버튼을 클릭해도 되지만 여기서는 기본 폴더에 설치합니다. **Next** 버튼을 클릭합니다.

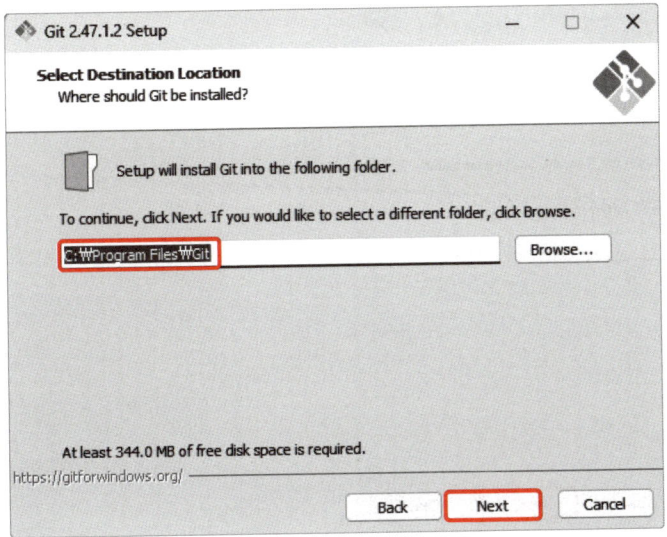

04 설치 과정에서 가장 중요한 화면입니다. 바탕화면에 아이콘을 추가할 **Additional icons**를 체크하고 **(NEW!) Add a Git Bash Profile to Windows Terminal**에 체크한 다음 **Next** 버튼을 클릭합니다.

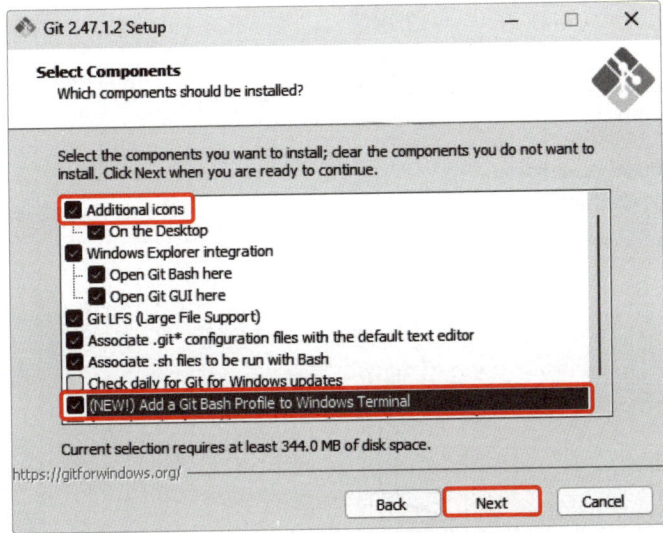

CHAPTER 02 | 환경 설정 **045**

05 깃을 설치할 때 시작 메뉴에 표시할 폴더 이름을 지정합니다. **Git**이라는 기본값을 그대로 사용하기로 하고 **Next** 버튼을 클릭합니다.

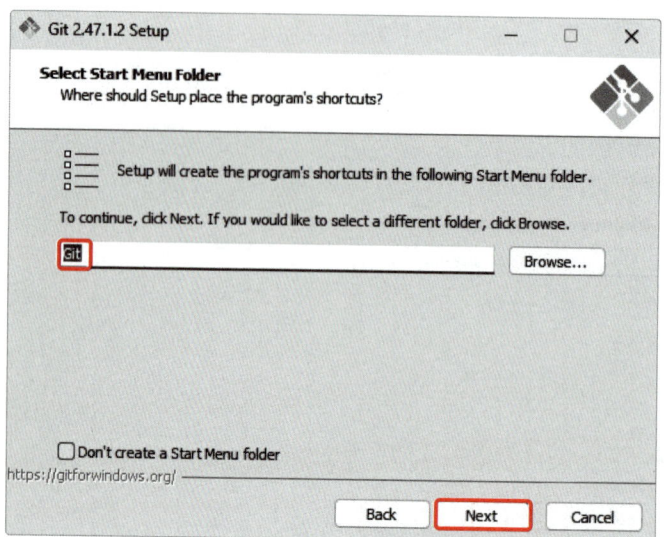

06 이후에도 많은 선택 창이 나타나는데 그대로 **Next** 버튼을 계속 클릭해 기본 설정으로 설치를 진행합니다. 드디어 설치를 진행한다는 화면이 나옵니다. **Install** 버튼을 클릭한 후 설치가 진행되는 동안 잠시 기다립니다.

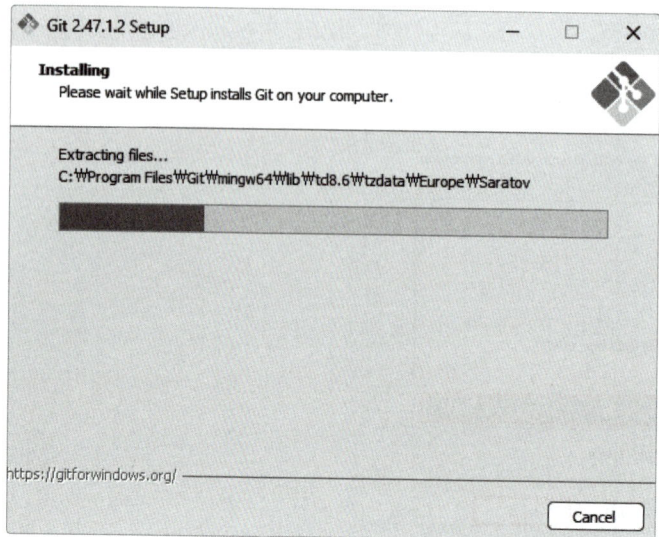

07 설치 과정에서 마지막 화면입니다. 릴리스 노트는 보지 않아도 되니 **View Release Notes**에 체크 표시를 해제한 후 **Finish** 버튼을 클릭합니다.

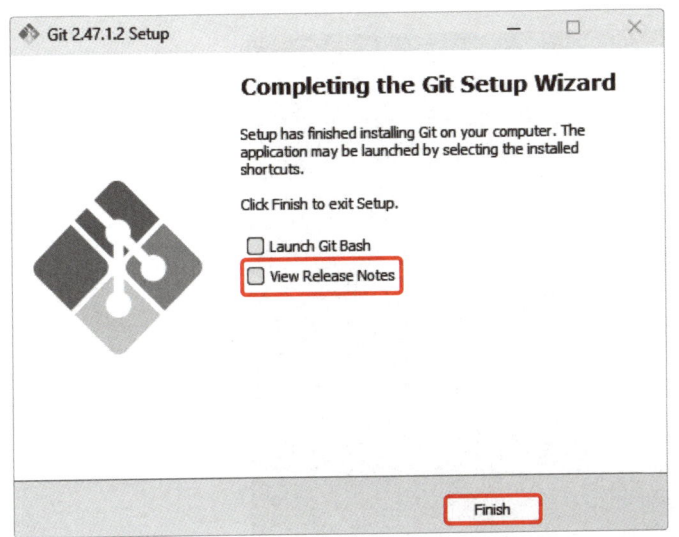

08 설치 과정을 모두 마쳤으니 이제 프로그램을 실행할 차례입니다. 윈도우 시작 메뉴 아이콘 오른쪽 검색어 입력란에 **Powershell**을 입력해 나오는 **Windows Powershell**을 오른쪽 마우스로 클릭하고 **관리자 권한으로 실행**을 클릭합니다.

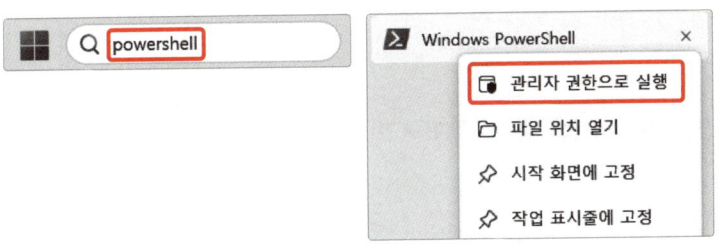

09 파워셸이 관리자 권한으로 실행되었습니다.

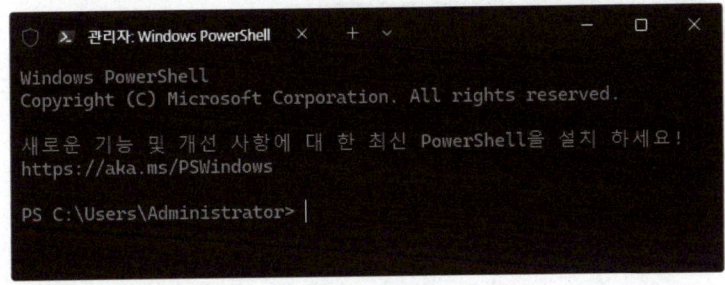

10 명령어 git을 입력하여 출력이 정상적으로 실행되는지 확인합니다.

```
PS C:\Users\Administrator> git
```

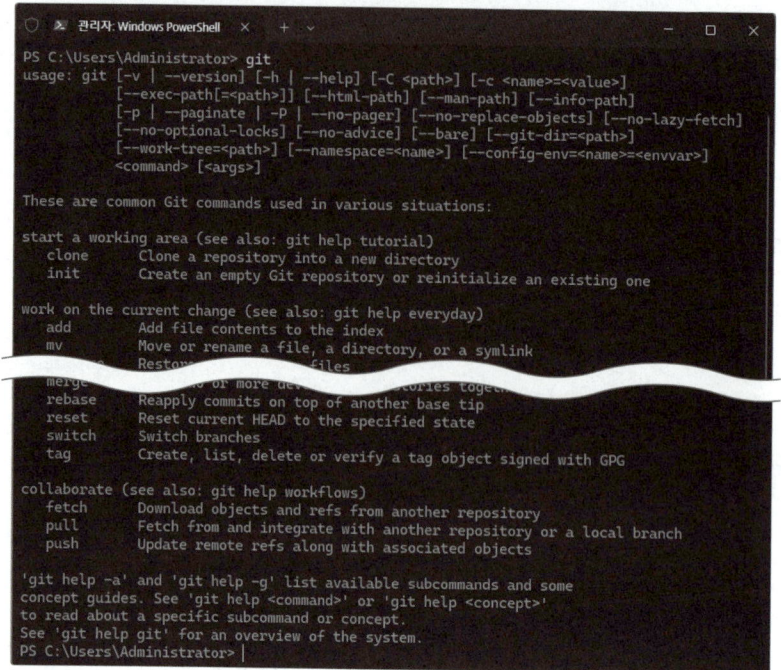

pyenv 설치하기

pyenv는 파이썬의 여러 버전을 골라서 선택할 수 있도록 도와주는 도구입니다. 파워셸에 이어서 설치해 보겠습니다.

01 명령어 cls를 입력해 앞서 확인한 내용을 모두 지웁니다.

```
PS C:\Users\Administrator> cls
```

🐾 실습 중 지저분한 코드를 정리하고 싶다면 언제든지 이 명령어를 사용하세요.

02 다음과 같이 명령어를 입력하여 pyenv를 깃에서 복제해서 가져옵니다.

```
PS C:\Users\Administrator> git clone https://github.com/pyenv-win/pyenv-win.git "$env:USERPROFILE\.pyenv"
```

```
PS C:\Users\Administrator> git clone https://github.com/pyenv-win/pyenv-win.git "$env:USERPROFILE\.pyenv"
Cloning into 'C:\Users\Administrator\.pyenv'...
remote: Enumerating objects: 3398, done.
remote: Counting objects: 100% (563/563), done.
remote: Compressing objects: 100% (139/139), done.
remote: Total 3398 (delta 485), reused 425 (delta 424), pack-reused 2835 (from 4)
Receiving objects: 100% (3398/3398), 3.72 MiB | 16.63 MiB/s, done.
Resolving deltas: 100% (2182/2182), done.
PS C:\Users\Administrator>
```

🐾 코드를 복사한 후 붙여 넣을 때는 Ctrl+V를 사용해도 되지만 파워셀에서는 오른쪽 마우스 버튼으로도 붙여 넣을 수 있습니다.

03 명령어 세 개를 각각 연속해서 입력하여 환경 변수를 추가합니다.

```
PS C:\Users\Administrator> [System.Environment]::SetEnvironmentVariable('PYENV', $env:USERPROFILE + "\.pyenv\pyenv-win\", "User")
PS C:\Users\Administrator> [System.Environment]::SetEnvironmentVariable('PYENV_ROOT', $env:USERPROFILE + "\.pyenv\pyenv-win\", "User")
PS C:\Users\Administrator> [System.Environment]::SetEnvironmentVariable('PYENV_HOME', $env:USERPROFILE + "\.pyenv\pyenv-win\", "User")
```

04 다음 명령어를 이어서 입력합니다.

```
PS C:\Users\Administrator> [System.Environment]::SetEnvironmentVariable('PATH', $env:USERPROFILE + "\.pyenv\pyenv-win\bin;" + $env:USERPROFILE + "\.pyenv\pyenv-win\shims;" + [System.Environment]::GetEnvironmentVariable('PATH', "User"), "User")
```

🐾 위 명령어는 다음 URL에 접속해서 해당 코드를 복사한 후 터미널에 붙여 넣으세요.

URL https://teddynote.com/10-RAG비법노트/환경 설정 (Windows)

05 pyenv 설치가 완료되었습니다. 명령어 **pyenv**를 입력하여 정상적으로 실행되는지 확인합니다.

```
PS C:\Users\Administrator> pyenv
pyenv 3.1.1

Usage: pyenv <command> [<args>]

Some useful pyenv commands are:
    commands      List all available pyenv commands
    duplicate     Creates a duplicate python environment
    local         Set or show the local application-specific Python version
    latest        Print the latest installed or known version with the given prefix
    global        Set or show the global Python version
...
```

😺 빨간색 글자로 표시된 오류가 발생할 경우에는 파워셸을 종료한 후 관리자 권한으로 다시 실행해 보세요. 또는 명령어 Set-ExecutionPolicy RemoteSigned -Scope CurrentUser -Force를 입력해도 됩니다.

파이썬 설치하기

이 책은 파이썬 3.11 버전에 맞춰 실습이 구성되어 있습니다. 따라서 파워셸을 통해 파이썬 3.11 버전을 설치해 보겠습니다.

01 다음과 같이 명령어를 입력해 파이썬 3.11 버전을 불러옵니다.

```
PS C:\Users\Administrator> pyenv install 3.11
:: [Info] ::   Mirror: https://www.python.org/ftp/python
:: [Info] ::   Mirror: https://downloads.python.org/pypy/versions.json
:: [Info] ::   Mirror: https://api.github.com/repos/oracle/graalpython/releases
:: [Downloading] :: 3.11.9 ...
:: [Downloading] ::   From    https://www.python.org/ftp/python/3.11.9/python-3.11.9-amd64.exe
:: [Downloading] ::   To      C:\Users\Administrator\.pyenv\pyenv-win\install_cache\python-3.11.9-amd64.exe
:: [Installing] :: 3.11.9 ...
:: [Info] :: completed! 3.11.9
```

😺 시간이 조금 걸릴 수 있으니 기다려 주세요.

02 파이썬 3.11 버전을 전역으로 설정하기 위해 다음과 같이 명령어를 입력합니다.

```
PS C:\Users\Administrator> pyenv global 3.11
```

03 이제 다음과 같이 명령어를 입력하여 파이썬 3.11 버전이 잘 설치되어 있는지 확인합니다. 다음과 같이 버전이 출력되어야 제대로 설치된 것입니다.

```
PS C:\Users\Administrator> python --version
Python 3.11.9
```

Poetry 설치하기

Poetry는 파이썬 패키지 관리 도구입니다. LangChain을 사용할 때 굉장히 많은 파이썬 패키지를 설치해야 하는데, 각 패키지의 성격에 따라 버전을 맞춰 줘야 하는 경우가 있습니다. 이런 관계를 의존성이라고 합니다. 따라서 설치한 모든 패키지들이 서로 충돌이 일어나지 않게끔 의존성 문제를 해결한 Poetry를 제작하여 배포해 드립니다.

01 다음과 같이 명령어를 입력해 Poetry를 설치합니다.

```
PS C:\Users\Administrator> pip3 install poetry==1.8.5
...
Installing collected packages: trove-classifiers, fastjsonschema, distlib, zipp,
urllib3, tomlkit, shellingham, rapidfuzz, pywin32-ctypes, pyproject-hooks, poetry-core,
platformdirs, pkginfo, packaging, msgpack, more-itertools, installer, idna, filelock,
crashtest, colorama, charset-normalizer, certifi, backports.tarfile, virtualenv,
requests, jaraco.functools, jaraco.context, jaraco.classes, importlib_metadata, dulwich,
cleo, build, requests-toolbelt, keyring, cachecontrol, poetry
Successfully installed backports.tarfile-1.2.0 build-1.2.2.post1 cachecontrol-0.14.2
certifi-2025.1.31 charset-normalizer-3.4.1 ...
```

실습 코드 다운로드하기

학습에 필요한 실습 코드를 다운로드할 경로는 모든 컴퓨터에 기본으로 있는 Documents 폴더를 사용하겠습니다.

01 다음과 같이 명령어를 입력해 Documents 폴더로 이동합니다.

```
PS C:\Users\Administrator> cd ~/Documents
PS C:\Users\Administrator\Documents>
```

02 다음 링크를 입력해 실습 코드를 깃에서 가져옵니다. 깃의 장점은 올라와 있는 실습 코드가 업데이트되어도 최신 버전으로 받아올 수 있다는 겁니다.

```
PS C:\Users\Administrator\Documents> git clone https://github.com/teddylee777/langchain-kr.git
Cloning into 'langchain-kr'...
remote: Enumerating objects: 2275, done.
remote: Counting objects: 100% (663/663), done.
remote: Compressing objects: 100% (152/152), done.
remote: Total 2275 (delta 578), reused 512 (delta 511), pack-reused 1612 (from 3)
Receiving objects: 100% (2275/2275), 39.28 MiB | 17.61 MiB/s, done.
Resolving deltas: 100% (1206/1206), done.
```

03 Documents 폴더 안에 langchain-kr이라는 폴더가 생성됩니다. langchain-kr 폴더로 이동해 보겠습니다. cd는 change directory라는 의미입니다.

```
PS C:\Users\Administrator\Documents> cd langchain-kr
PS C:\Users\Administrator\Documents\langchain-kr>
```

🐾 langchain-kr 폴더로 이동한 후 ls 명령을 입력하면 해당 폴더에 있는 목록을 확인할 수 있습니다.

파이썬 가상 환경 생성 및 패키지 설치하기

이제 파이썬 가상 환경을 생성하고 파이썬 패키지를 설치해 보겠습니다.

01 다음과 같이 명령어를 입력합니다. 출력 결과를 보면 파이썬 3.11 버전의 가상 환경이 잘 만들어졌습니다. 이곳이 바로 우리가 파이썬 패키지를 설치할 장소입니다. 현재는 아무것도 설치되어 있지 않습니다.

```
PS C:\Users\Administrator\Documents\langchain-kr> poetry shell
```

02 파이썬 패키지를 최신 버전으로 일괄 업데이트하려면 다음 명령어를 입력하면 됩니다.

```
(langchain-kr-py3.11) C:\Users\Administrator\Documents\langchain-kr> poetry update
...
  - Installing streamlit (1.41.1)
  - Installing unstructured (0.10.19)
  - Installing wikipedia (1.4.0)

Writing lock file
```

🐾 설치할 패키지가 워낙 많기 때문에 시간이 조금 걸릴 수 있습니다.

03 다음 명령어를 입력해 설치된 패키지를 확인합니다.

```
(langchain-kr-py3.11) C:\Users\Administrator\Documents\langchain-kr> pip list
```

VS Code 설치하기

Visual Studio Code(비주얼 스튜디오 코드, 이하 VS Code)는 코딩할 때 사용하는 편집기 프로그램입니다. 개발자들이 프로그래밍할 때 널리 사용하는 것으로, 코드 에디터라고도 합니다.

01 설치 파일을 다운로드하기 위해 다음 웹사이트에 접속합니다. 윈도우용 설치 파일을 클릭해 다운로드합니다.

URL https://code.visualstudio.com/download

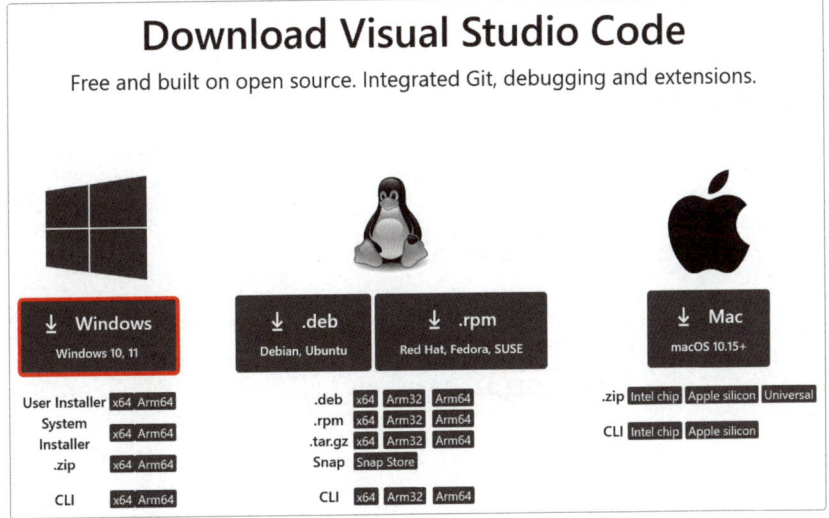

02 내려받은 설치 파일을 클릭해 실행합니다.

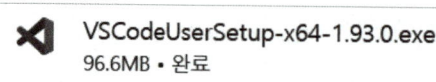

03 처음 나타나는 설치 대화상자에서 **동의합니다**를 선택하고 **다음** 버튼을 클릭합니다.

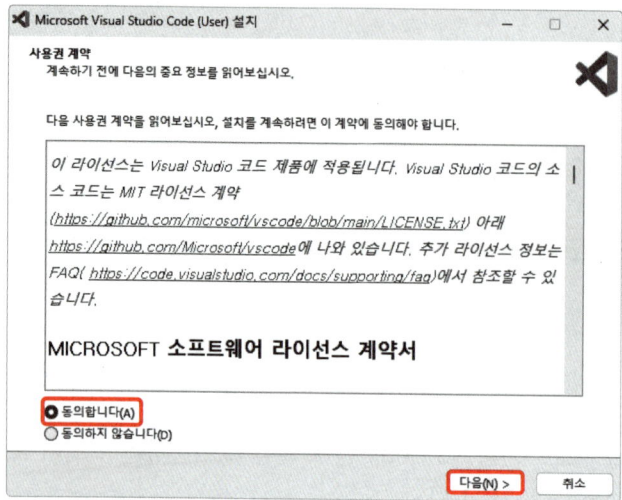

04 설치 위치를 선택하는 대화상자가 나오면 기본 폴더를 그대로 두고 **다음** 버튼을 클릭합니다.

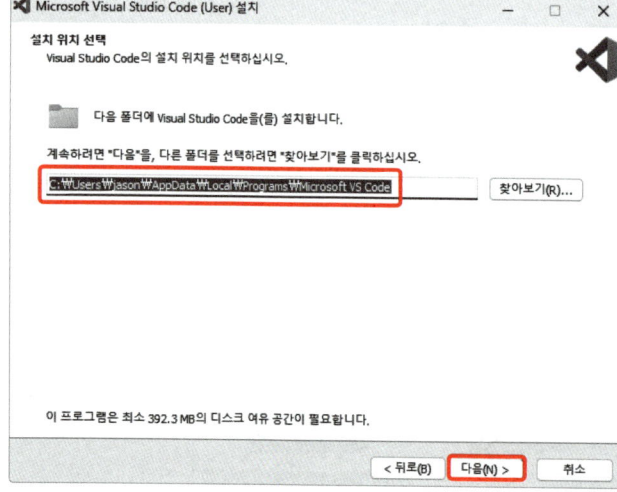

05 VS Code 실행 시 시작 메뉴 중 어느 폴더에서 프로그램 바로가기를 찾을지 지정할 수 있습니다. 여기서는 기본 이름 그대로 사용하므로 **다음** 버튼을 클릭합니다.

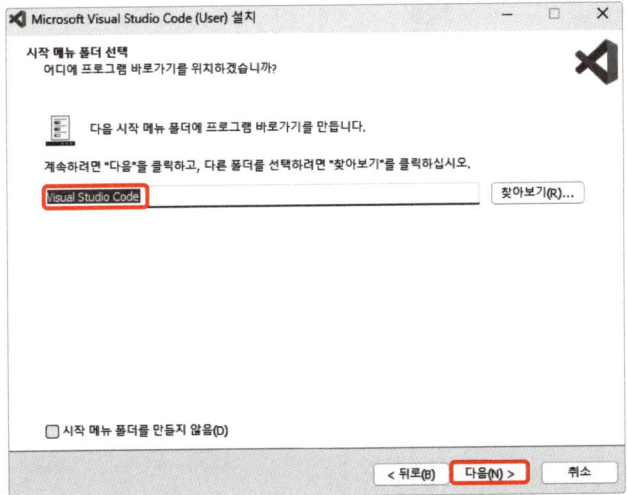

06 바탕 화면에 바로가기 만들기에 체크한 후 **다음** 버튼을 클릭합니다.

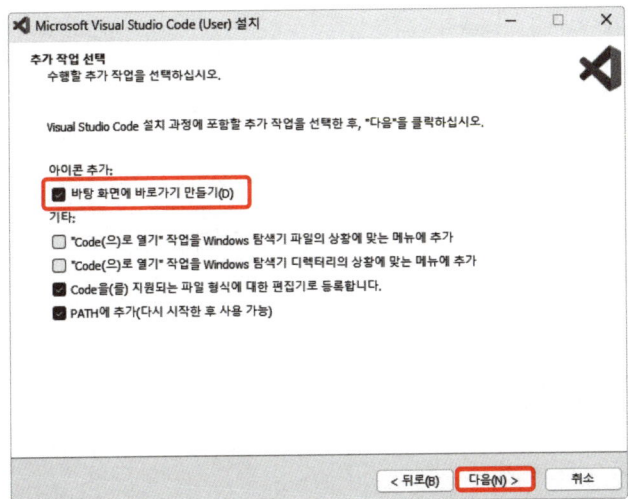

07 설치 준비가 되었다는 화면에서 **설치** 버튼을 클릭합니다. 설치가 진행되는 동안 잠시 기다립니다.

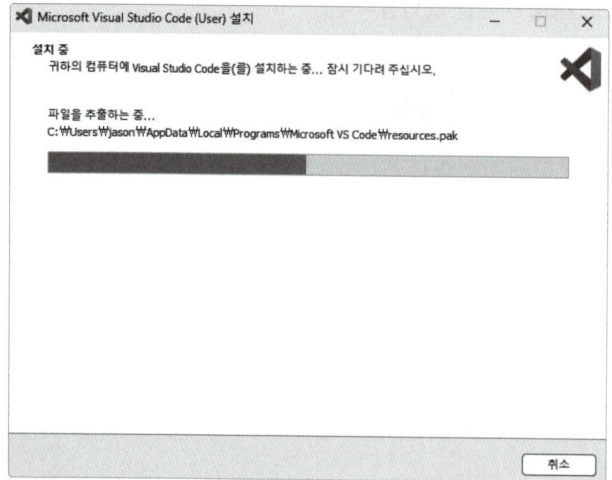

08 VS Code 설치가 완료되었습니다. **종료** 버튼을 클릭합니다.

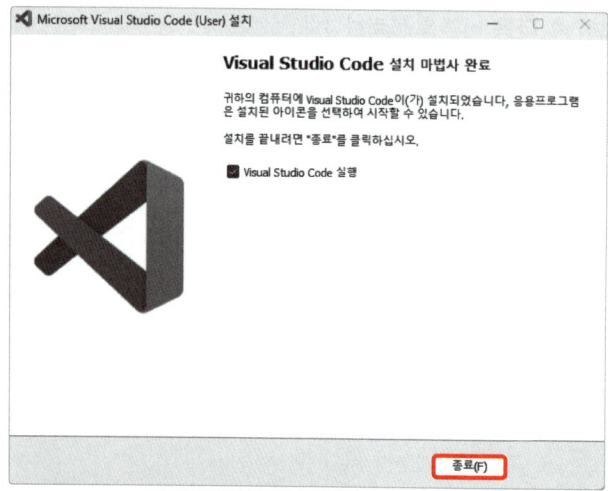

09 바로 앞 단계에서 **Visual Studio Code 실행**에 체크 표시했으므로 곧바로 VS Code가 실행됩니다. **File - Open Folder**를 선택한 후 앞서 다운로드한 실습 코드인 **Documents - langchain-kr** 폴더를 선택해 열어 줍니다.

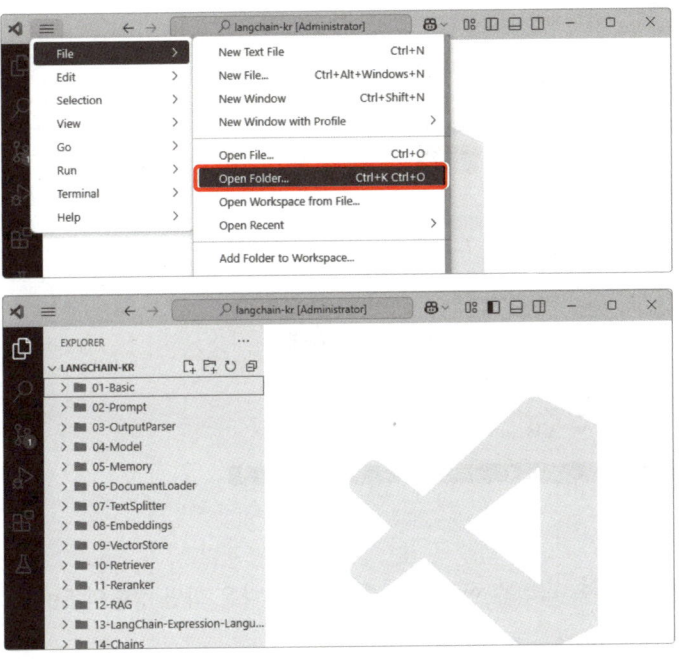

10 다양한 보조 기능들을 검색해서 추가로 설치해 보겠습니다. 왼쪽 도구 바에 있는 **Extensions** 아이콘을 클릭한 후 검색어 입력란에 **python**을 입력합니다. 첫 번째로 나오는 확장 프로그램(마이크로소프트 개발)을 선택하고 **install** 버튼을 클릭해 설치합니다.

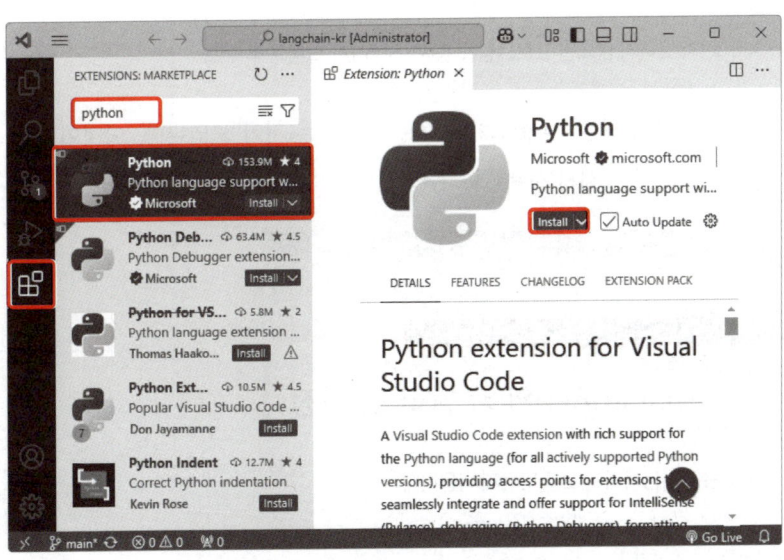

11 이번에는 검색어 입력란에 **jupyter**라고 입력합니다. 첫 번째로 나오는 확장 프로그램을 선택하고 **install** 버튼을 클릭해 설치합니다.

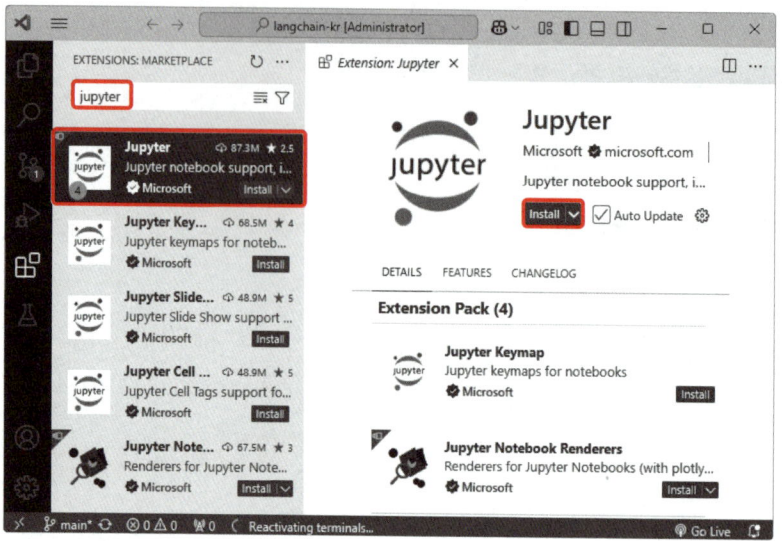

12 VS Code에서 **Explorer** 아이콘을 클릭해 아무 실습 파일을 연 다음 화면 상단의 **Select Kernel**을 클릭해 **Python Environments**를 선택합니다.

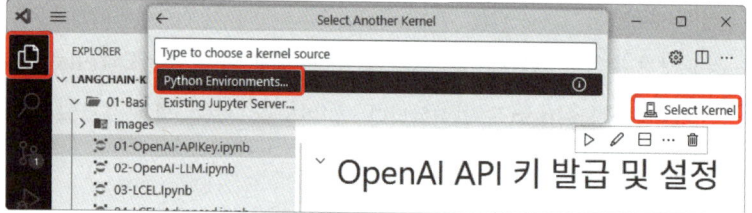

😺 창 오른쪽 상단에 Select Kernel이 보이지 않으면 프로그램을 종료한 후 다시 실행해 주세요.

13 그럼 메뉴 아래에 우리가 앞서 생성한 **langchain-kr**로 시작하는 것이 보입니다. 이것이 앞으로 사용할 파이썬 가상 환경입니다. 클릭해서 선택합니다.

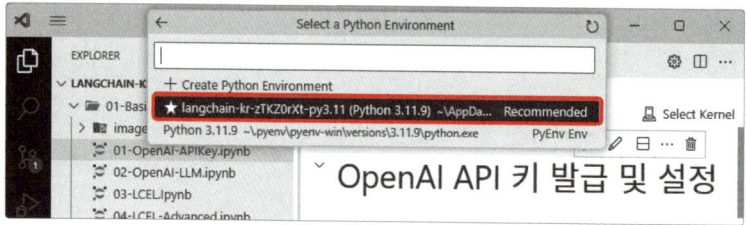

😺 langchain-kr~ 뒤로 나오는 내용은 사용자마다 모두 다르게 나옵니다.

14 커널이 활성화되었습니다.

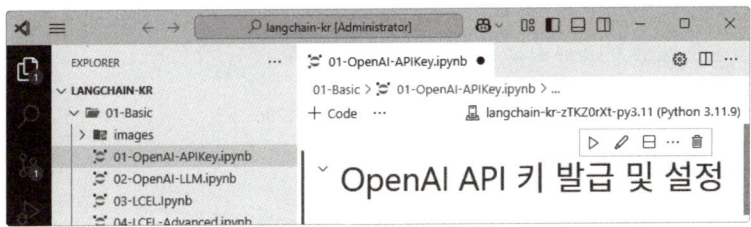

15 그 밖에도 VS Code에는 실습 중에 유용하게 쓸 수 있는 확장 프로그램(Extensions)이 몇 가지 있습니다. 다음 확장 프로그램을 검색해서 설치해 보세요.

- **Black Formatter**: 소스 코드의 포매팅을 자동으로 완성해 줍니다.
- **Excel Viewer**: 엑셀 파일을 VS Code에서 바로 열어 볼 수 있습니다.
- **Korean Language Pack for Visual Studio Code**: VS Code의 표시 언어를 한국어로 나타냅니다.
  이 책에서는 이 확장 프로그램을 설치하지 않고 영문 표시 그대로 실습할 예정입니다.
- **vscode-pdf**: PDF 파일을 VS Code에서 바로 열어 볼 수 있습니다.

VS Code 사용자 설정하기

마지막으로 사용자 설정을 해 볼 텐데, 이것을 설정해 놓으면 VS Code를 오류 없이 편리하게 실습할 수 있습니다. 여기서 제공되는 파일은 저자의 경험으로 설정해 놓은 것이므로, 각자의 취향에 따라 얼마든지 변경해 사용할 수 있습니다.

01 Ctrl+Shift+P(MacOS인 경우는 cmd+Shift+P)를 눌러 커맨드 팔레트를 엽니다. 여기서 **user settings**를 입력합니다. **Preferences: Open User Settings (JSON)**을 선택합니다.

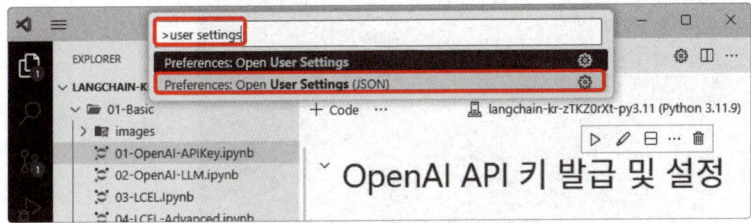

🐾 커맨드 팔레트는 앞으로도 자주 열어야 하므로 단축키를 외워 두면 좋습니다.

02 여기에 있는 내용을 전부 지운 후 아래 링크에 있는 코드를 복사해서 붙여 넣습니다. 그런 다음 **File - Save**(Ctrl+S)를 선택해 저장합니다. 에디터 관련, 터미널, 깃, 마크다운 등 미리 설정해 두면 편리한 내용이므로 이는 추후 취향에 맞게 변경해서 사용하세요.

URL https://gist.github.com/teddylee777/e9d9845fabfd3379dfcd7ffbc37d1286

(02) MacOS에서 환경 설치

이번에는 MacOS 사용자를 위한 환경을 설정하겠습니다. MacOS의 환경 설정은 터미널을 여는 것으로부터 시작합니다. VS Code 설치 및 설정 방법은 윈도우와 동일합니다.

Homebrew 설치하기

제일 먼저 HomeBrew를 설치합니다. Homebrew는 MacOS에서 소프트웨어 패키지를 간편하게 설치하고 업데이트하며, 제거를 도와주는 소프트웨어 패키지 관리 애플리케이션입니다.

01 오른쪽 상단에 돋보기 모양(스폿라이트)을 클릭하거나 cmd+space를 누르고 'Terminal'이라고 입력합니다.

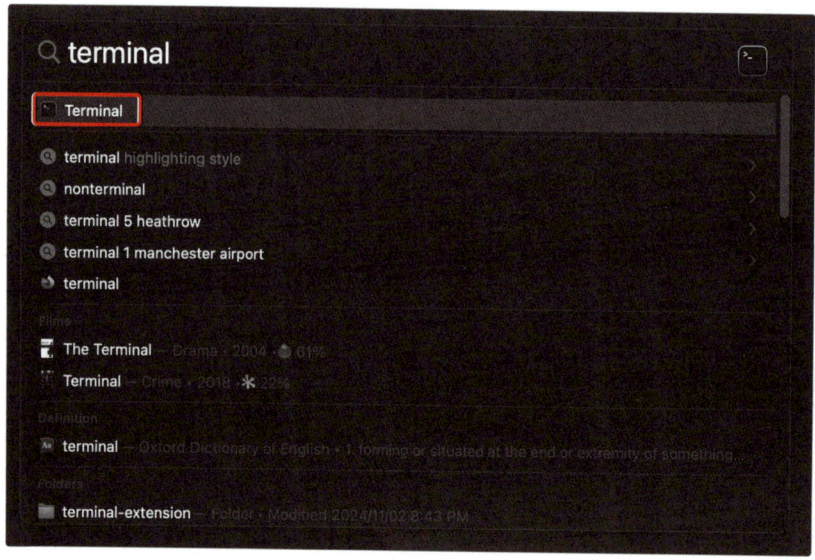

02 터미널을 열었으면 이제 **brew** 명령어를 입력해 Homebrew를 설치합니다.

```
brew
```

```
                            teddynote
Last login: Sun Dec  1 19:38:03 on console
teddynote@teddy-MacBook-Pro ~ % brew
Example usage:
  brew search TEXT|/REGEX/
  brew info [FORMULA|CASK...]
  brew install FORMULA|CASK...
  brew update
  brew upgrade [FORMULA|CASK...]
  brew uninstall FORMULA|CASK...
  brew list [FORMULA|CASK...]

Troubleshooting:
  brew config
  brew doctor
  brew install --verbose --debug FORMULA|CASK
```

🐾 실행된 터미널에서 brew라는 명령어를 입력했을 때 brew~로 시작되는 뭔가가 여러 개 나오면 이미 Homebrew가 설치되어 있는 상태이므로 이후 Homebrew 설치 과정은 생략해도 됩니다.

03 터미널에서 다음 명령어를 실행합니다.

```
/bin/bash -c "$(curl -fsSL https://raw.githubusercontent.com/Homebrew/install/HEAD/install.sh)"
```

04 비밀번호를 입력합니다. 여러분이 맥에 로그인할 때 쓰는 비밀번호를 입력하면 됩니다.

```
Further help:
  brew commands
  brew help [COMMAND]
  man brew
  https://docs.brew.sh
teddynote@teddy         -MacBook-Pro ~ % /bin/bash -c "$(curl -fsSL https://raw.githubusercontent
.com/Homebrew/install/HEAD/install.sh)"
==> Checking for `sudo` access (which may request your password)...
Password:
```

05 return 을 눌러 확인하면 Homebrew 설치가 완료된 것을 확인할 수 있습니다.

```
                            teddynote
==> Installation successful!

==> Homebrew has enabled anonymous aggregate formulae and cask analytics.
Read the analytics documentation (and how to opt-out) here:
  https://docs.brew.sh/Analytics
No analytics data has been sent yet (nor will any be during this install run).

==> Homebrew is run entirely by unpaid volunteers. Please consider donating:
  https://github.com/Homebrew/brew#donations

==> Next steps:
- Run brew help to get started
- Further documentation:
    https://docs.brew.sh

teddynote@teddy-MacBook-Pro ~ %
```

🐾 clear 명령어를 사용하면 화면을 깨끗하게 정리할 수 있습니다.

06 다음은 사용자 이름을 확인할 차례입니다. 사용자 이름은 지금 현재의 맥에 로그인한 계정명입니다. 다음 명령어를 입력한 후 `return`을 누르면 내가 쓰고 있는 계정명을 확인할 수 있습니다.

```
whoami
```

```
teddynote@teddy-MacBook-Pro ~ % whoami
teddynote
teddynote@teddy-MacBook-Pro ~ %
```

07 여기까지 진행했다면 앞서 설치한 Homebrew의 위치를 확인해야 합니다. 다음 명령어를 입력하고 `return`을 입력하면 brew의 위치(/usr/local/bin/brew)를 확인할 수 있습니다.

```
which brew
```

```
teddynote@teddy-MacBook-Pro ~ % which brew
/usr/local/bin/brew
teddynote@teddy-MacBook-Pro ~ %
```

🐾 계정명과 brew가 실행되고 있는 위치는 잘 기억해 두어야 합니다.

08 계정명과 brew를 다음과 같이 조합해서 명령어를 입력합니다. 보통 다음 두 경로 중 한 군데에 brew가 설치되어 있습니다. 여러분의 상황에 따라 경로는 다를 수 있습니다.

```
/usr/local/bin/brew shellenv
/opt/homebrew/bin/brew shellenv
```

09 이제 이 명령어를 복사해서 입력해야 합니다. 다음 예시에서는 brew가 설치된 경로에 따라 둘 중 하나를 선택해서 작성해야 하며, [홈]이라는 부분에 우리가 방금 확인했던 계정명을 입력해야 함에 주의하세요.

```
echo 'eval "$(/usr/local/bin/brew shellenv)"' >> /Users/[홈]/.zprofile
echo 'eval "$(/opt/homebrew/bin/brew shellenv)"' >> /Users/[홈]/.zprofile
```

10 xcode가 설치되었는지 확인합니다. 대부분 설치되어 있지만 다음 명령어를 입력해서 확인합니다.

```
xcode-select --install
```

깃 설치 확인 및 실습 코드 다운로드하기

01 다음 명령어를 입력해서 깃이 설치되었는지 확인합니다.

```
git
```

02 깃이 설치되어 있지 않다면 다음 명령어로 깃을 설치합니다.

```
brew install git
```

03 설치된 깃의 버전을 확인합니다.

```
git --version
```

04 깃을 설치했다면 실습 코드를 다운로드할 차례입니다. 다음 명령어를 입력해서 Documents 폴더로 이동합니다.

```
cd Documents
```

05 다음의 깃 명령어를 사용하여 실습 코드를 다운로드합니다.

```
git clone https://github.com/teddylee777/langchain-kr.git
```

06 실습 코드를 다운로드한 폴더로 이동합니다.

```
cd langchain-kr
```

pyenv 설치하기

01 brew를 통해 pyenv를 설치합니다.

```
brew update
brew install pyenv
```

02 다음 명령어로 환경 변수를 설정합니다.

```
echo 'export PYENV_ROOT="$HOME/.pyenv"' >> ~/.zshrc
echo '[[ -d $PYENV_ROOT/bin ]] && export PATH="$PYENV_ROOT/bin:$PATH"' >> ~/.zshrc
echo 'eval "$(pyenv init -)"' >> ~/.zshrc
```

🐾 pyenv는 파이썬의 버전을 선택해서 실행할 수 있게 도와주는 도구입니다.

03 이제 터미널 셸을 재시작합니다.

```
exec "$SHELL"
```

파이썬 설치하기

01 다음 명령어로 3.11 버전의 파이썬을 설치합니다.

```
pyenv install 3.11
```

02 파이썬을 전역적으로 사용할 수 있도록 설정합니다.

```
pyenv global 3.11
exec zsh
```

03 파이썬 버전을 확인합니다.

```
python --version
```

poetry 설치하기

LangChain을 배우면 파이썬의 다양한 기능을 사용해야 하므로 굉장히 많은 파이썬 패키지를 설치하게 됩니다. 그런데 여러 패키지를 설치할 경우에 가장 크게 나타나는 문제 중 하나가 패키지 충돌입니다. 이때 poetry를 사용하면 패키지 충돌을 막고 의존성 문제까지 적절하게 관리할 수 있습니다. 즉, poetry를 통해서 파이썬의 어떤 특정 버전을 설정할 수 있는 것입니다.

01 먼저 poetry를 설치합니다.

```
pip3 install poetry==1.8.5
```

02 다운로드한 폴더로 이동합니다.

```
cd ~/Documents/langchain-kr
```

03 파이썬의 가상 환경을 설정합니다.

```
poetry shell
```

04 langchain-kr-py3.11이라는 파이썬 가상 환경이 만들어졌습니다. 이 공간은 우리가 프로젝트를 하기 위한 별도의 공간입니다. 그래서 필요한 패키지들은 이 가상 환경에 전부 설치할 예정입니다.

```
langchain-kr — poetry shell ▸ zsh — 86×10
Writing lock file
teddynote@teddynote-MacBook-Air langchain-kr % poetry shell
Creating virtualenv langchain-kr-Vm8v4LfR-py3.11 in /Users/teddynote/Library/Caches
/pypoetry/virtualenvs
Spawning shell within /Users/teddynote/Library/Caches/pypoetry/virtualenvs/langchai
n-kr-Vm8v4LfR-py3.11
teddynote@teddynote-MacBook-Air langchain-kr % emulate bash -c '. /Users/teddynote
Library/Caches/pypoetry/virtualenvs/langchain-kr-Vm8v4LfR-py3.11/bin/activate'
(langchain-kr-py3.11) teddynote@teddy-MacBook-Air langchain-kr %
```

05 이제 패키지를 일괄 업데이트합니다. 다음 명령어 한 줄이면 됩니다.

```
poetry update
```

06 드디어 끝났습니다. 이렇게 많은 패키지들이 문제없이 설치되었습니다. 마지막으로 `pip list`라는 명령어로 설치된 패키지 목록을 확인합니다. 앞으로 LangChain을 실습하면서 사용할 패키지들이 출력됩니다.

```
pip list
```

🐾 VS Code 설치 및 설정 방법은 53쪽을 참고하세요.

(03) OpenAI API 키 발급 및 설정하기

이제 OpenAI API 키를 발급받아 이것을 실습 파일에서 사용할 수 있도록 설정하는 방법을 알아보겠습니다.

01 OpenAI API 웹사이트에 접속합니다. OpenAI API 키를 발급받기 위해서는 회원 가입이 필요합니다. 오른쪽 상단에 **Sign up** 버튼을 클릭해 회원 가입을 한 후 **Log in** 버튼을 클릭해 로그인합니다.

URL https://platform.openai.com/docs/overview

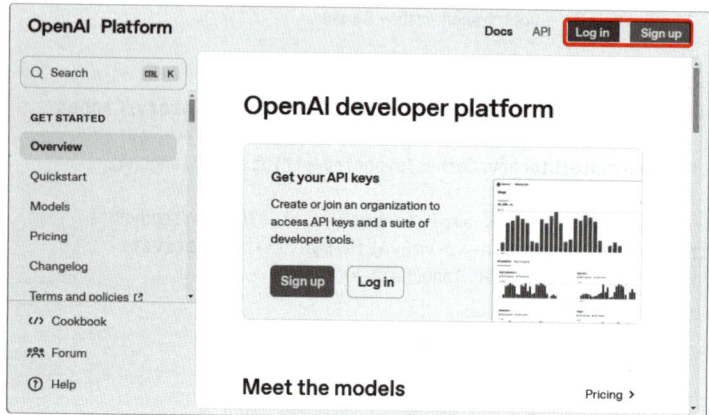

🐾 Sign up을 하는 과정에도 이후 내용을 설정할 수 있으나 여기서는 로그인 후 설정을 진행하는 것으로 설명하겠습니다.

02 오른쪽 상단의 톱니바퀴 모양의 **Settings**를 클릭해 설정으로 이동합니다.

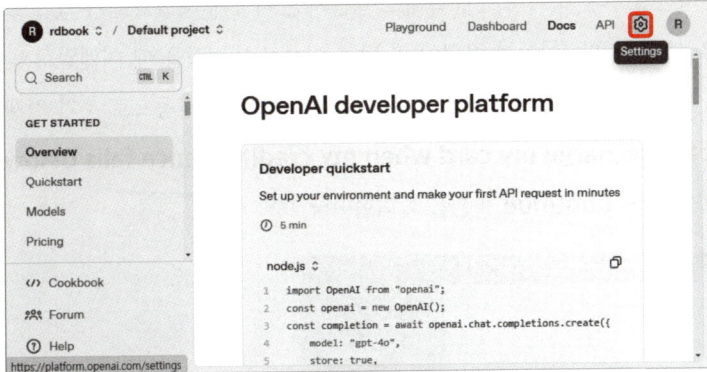

03 왼쪽 메뉴바에서 **Billing**을 클릭해 금액을 설정해 보겠습니다. **Add payment details** 버튼을 클릭합니다.

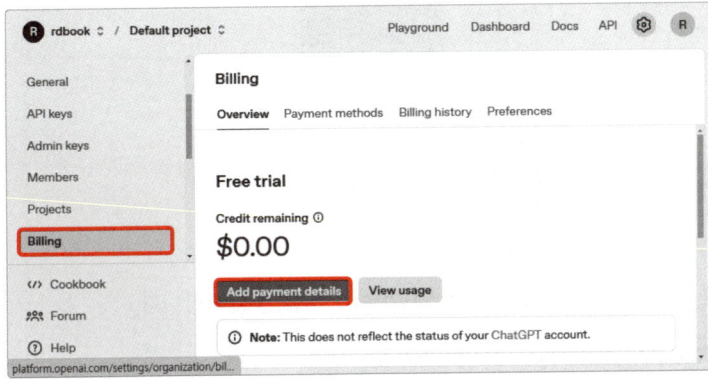

04 처음이라면 카드 설정부터 해야 합니다. 카드 정보를 입력한 후 **Continue** 버튼을 클릭합니다.

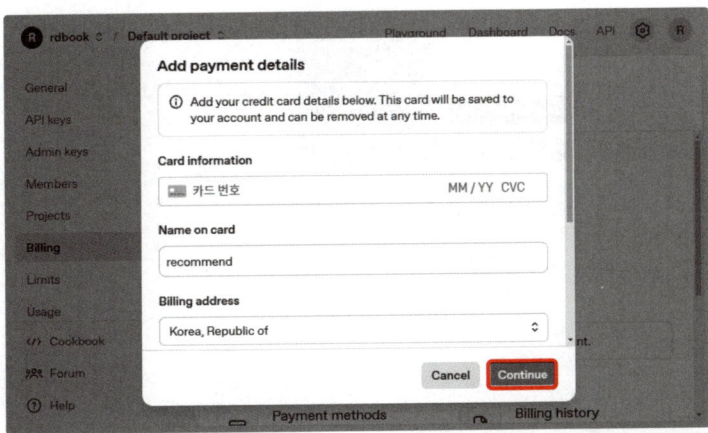

05 사용할 만큼의 금액을 미화(달러)로 입력합니다. 금액은 5달러부터 입력 가능합니다. 앞으로 실습할 때마다 등록된 금액에서 차감됩니다. 넉넉하게 등록해도 괜찮지만 나중에 재설정할 수 있으므로 지금은 부담 없이 10달러로 설정합니다. 이어서 금액이 몇 달러 이하로 내려갔을 때 이메일로 받아볼 것인지, 추가하는 금액은 몇 달러로 할 것인지를 입력합니다. 다만, 지금은 자동으로 추가 결제되지 않도록 **Yes, automatically recharge my card when my credit balance falls below a threshold** 옵션을 비활성화합니다. **Continue** 버튼을 클릭합니다.

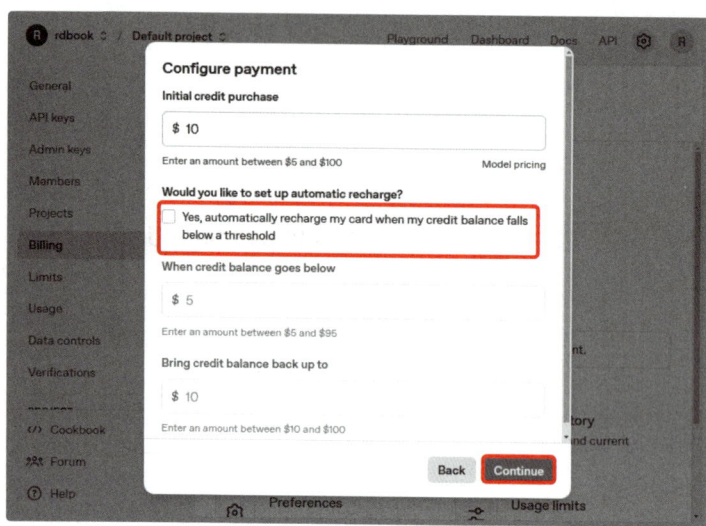

06 세금까지 포함한 금액을 확인하고 맞으면 **Confirm payment** 버튼을 클릭합니다.

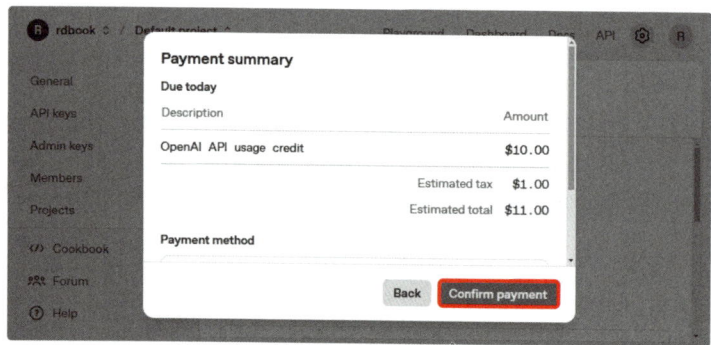

07 설정이 완료되었습니다.

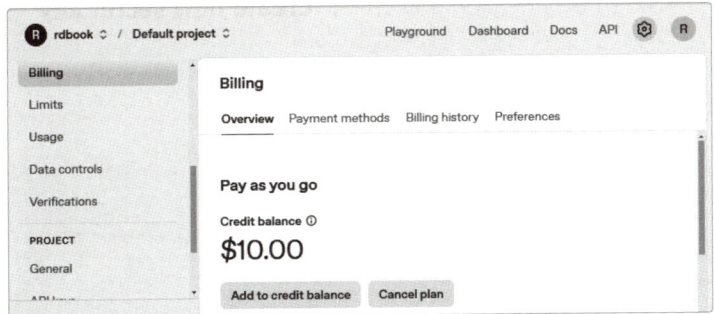

😺 앞에서 자동 추가 결제를 선택했다면 Cancel plan 버튼을 클릭해 OpenAI API 키 사용을 해지할 수 있습니다.

08 이제 등록한 신용카드는 Payment methods에서 확인할 수 있습니다. 앞으로 신용카드가 등록된 상태에서 금액을 변경하려면 **Add payment method** 버튼을 클릭하면 됩니다.

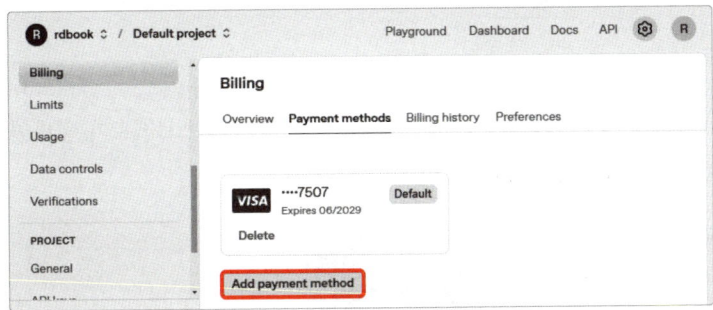

09 신용카드를 등록할 때 자동 추가 결제 옵션을 활성화했다면 왼쪽 메뉴바에서 **Limits**를 선택해 월간 사용 한도를 설정할 수도 있습니다. **Enable Budget Limit**에는 월간 사용 한도를 지정합니다. 이 금액에 도달하면 더 이상 과금하지 않고 API는 사용을 멈추므로 과도한 요금이 청구되는 것을 방지할 수 있습니다. **Set a Budget Alert**에는 이메일이 발송되는 요금을 지정할 수 있습니다. 설정한 금액에 도달하면 이메일이 발송됩니다.

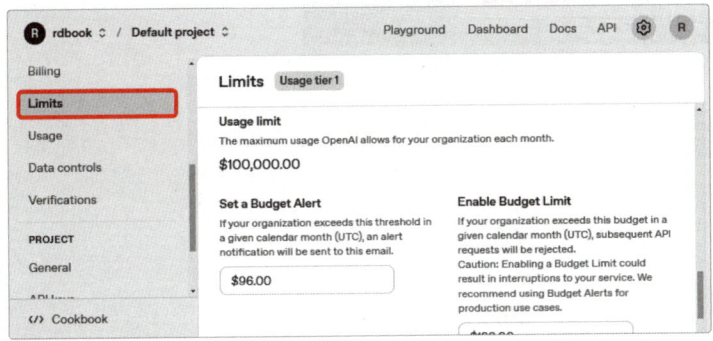

10 이제 OpenAI API 키를 발급받아 보겠습니다. 왼쪽 메뉴바에서 **API Keys**를 선택합니다. 또는 API Key 관리 메뉴로 접속하는 아래 링크로 바로 들어가도 됩니다. **Create new secret key** 버튼을 클릭합니다.

`URL` https://platform.openai.com/settings/organization/api-keys

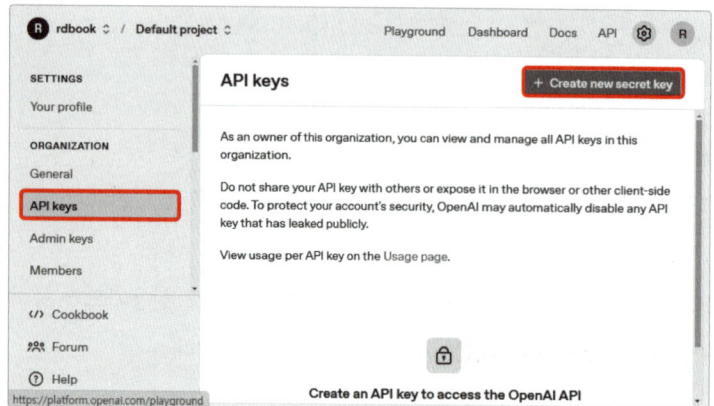

11 Name에 이름을, Project에 프로젝트 이름을 입력합니다. 별도로 생성한 프로젝트가 없다면 **Default project**를 선택하고 **Create secret key** 버튼을 클릭합니다.

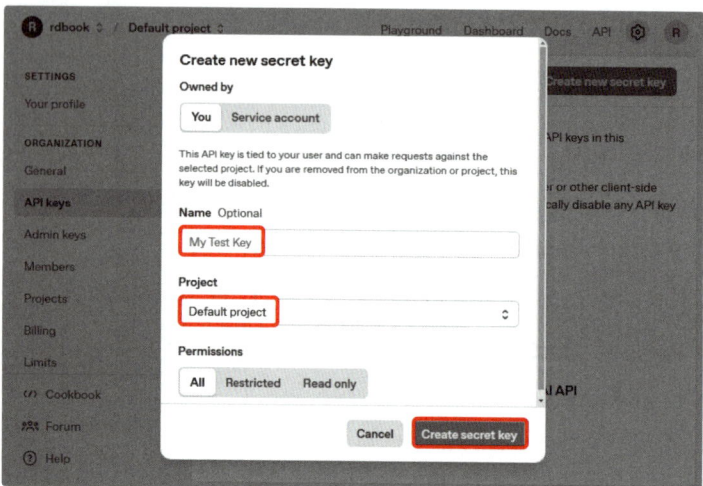

12 **Copy** 버튼을 클릭해 API 키를 복사합니다. **Done** 버튼을 클릭합니다.

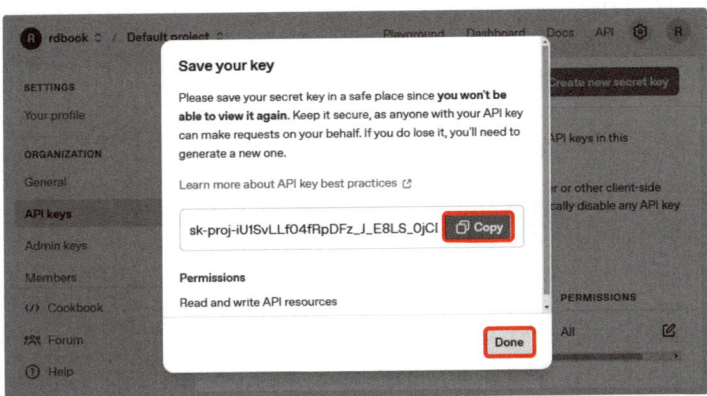

😿 API 키는 유출되면 다른 사람이 내 API 키를 사용할 수 있으며, 이에 대한 결제는 내 신용카드로 결제됩니다. 그러므로 API 키는 절대 타인에게 공유하면 안 되고, 안전한 곳에 보관해야 합니다.

13 API 키를 복사했으면 VS Code를 실행합니다. **File - Open Folder**를 선택하고 앞서 불러왔던 **Documents - langchain-kr** 폴더를 엽니다. Explorer 창에 나타난 목록 아래쪽에 .env_sample 파일을 복사(Ctrl+C), 붙여넣기(Ctrl+V)해 복사본 .env_sample copy가 생성되면 마우스 오른쪽 버튼을 클릭해 **Rename**(이름 바꾸기)을 선택합니다.

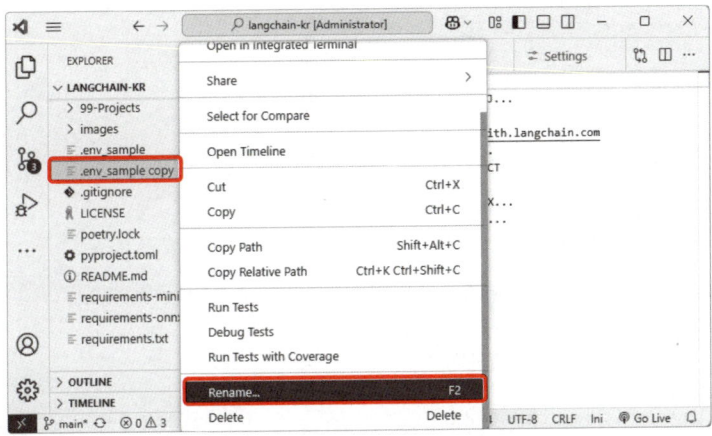

14 파일 이름을 .env로 변경합니다. .env 파일에는 다양한 예제들이 있는데, 지금은 사용하지 않을 거라서 첫 번째 줄만 남기고 모두 삭제합니다.

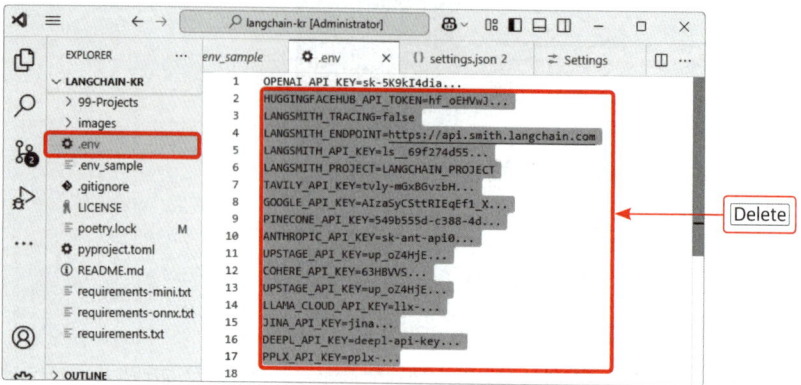

15 앞서 발급받은 OpenAI API 키를 복사한 후 첫 번째 줄 OPENAI_API_KEY= 뒤에 붙여 넣어 연결해 주면 실습 환경이 완성됩니다.

```
OPENAI_API_KEY=sk-proj-...
```

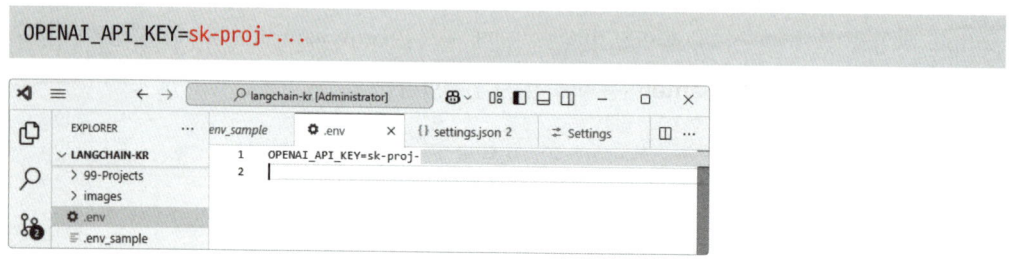

16 File - Save를 선택해 파일을 저장합니다.

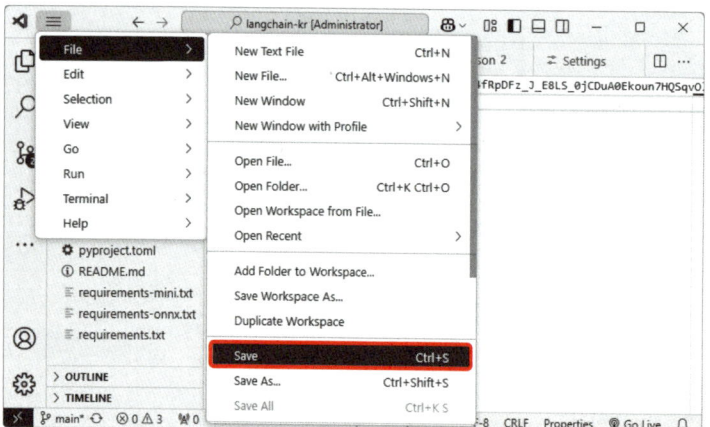

🐾 파일을 저장할 때 맥은 Cmd + S, 윈도우는 Ctrl + S를 눌러도 됩니다. .env 탭에 동그라미 표시가 있으면 아직 파일이 저장되지 않았다는 뜻입니다. 동그라미 표시가 x로 바뀌면 저장된 것이니 종료하기 전에 반드시 확인해 주세요.

17 이제 `load_dotenv` 파일을 실행해 API 키가 잘 설정되었는지 확인해 보겠습니다. Explorer 창에서 **01-Basic** 폴더의 **01-OpenAI-APIKey.ipynb**를 선택하고 **Execute cell**을 클릭해 load_dotenv()를 실행합니다. True로 나오면 잘 실행된 것입니다. 바로 아래 블록의 코드 셀도 실행해 보세요. API 키가 출력되면 잘 실행된 것입니다.

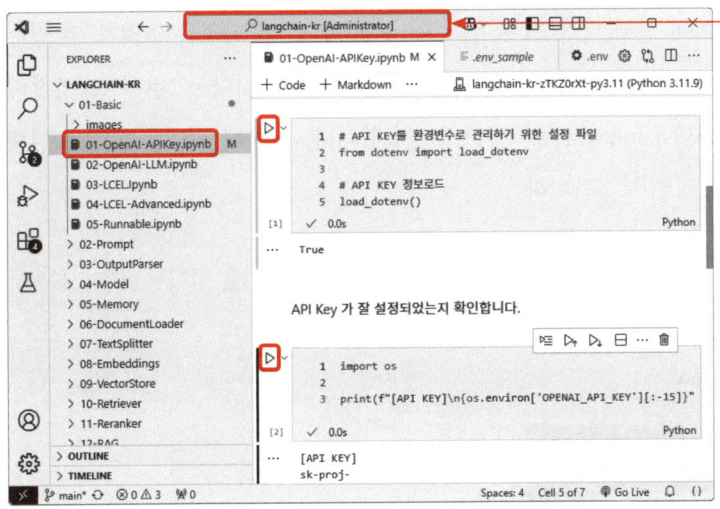

커널이 활성화되어 있지 않다면 58쪽을 참조해 활성화해 주세요.

🐾 Execute cell을 클릭하는 대신 Ctrl + Enter (실행 후 현재 블록에서 멈춤) 혹은 Shift + Enter (실행 후 다음 블록으로 이동)를 눌러 실행할 수도 있습니다.

🐻 pip 설치 명령어와 모듈 설치하기

간혹 Jupyter Notebook에서 코드 실습을 하다가 오류가 발생하는 경우가 있습니다. 그중 모듈이 없다는 뜻인 'no module named' 오류가 발생하면 그 모듈명을 복사해서 pip install 명령어와 함께 입력하여 설치해 주면 대체로 문제가 해결됩니다. pip install은 외부 라이브러리를 설치할 때 사용되는 명령어입니다. pip 명령어 앞에 느낌표가 붙어 있는 이유는 '이것이 파이썬 코드가 아닌 실행 명령어'라는 뜻을 가지고 있기 때문입니다. 설치가 잘못되거나 큰 문제가 발생하지 않으니 언제든지 설치한 후 필요하면 수정하거나 재설치할 수 있습니다.

(04) LangSmith 키 발급 및 설정하기

LangSmith는 LangChain 팀에서 개발한 플랫폼으로, LLM과 체인을 쉽게 개발, 평가, 모니터링할 수 있도록 도와주는 도구입니다. 간단히 말해 코드를 실행할 때 코드의 실행 과정을 추적해 주는 시스템이라고 생각하면 쉽습니다. 우리가 LLM을 사용해서 어떤 질의를 하고 답변을 받는 과정이 데이터베이스에 전부 다 남기 때문에 LangSmith로 이 과정을 추적할 수 있는 것입니다. 나중에 RAG 시스템을 만들면 파이프라인이 점점 복잡해집니다. 그런데 그 복잡해지는 과정을 하나씩 추적하려면 LangSmith가 반드시 필요합니다. 이번에는 다음 실습을 위해 LangSmith 키를 발급하고 설정해 보겠습니다.

01 먼저 다음 주소로 접속합니다. 여러 옵션 중 하나를 선택해서 회원 가입을 합니다. 여기서는 구글 계정으로 가입했습니다.

URL https://smith.langchain.com

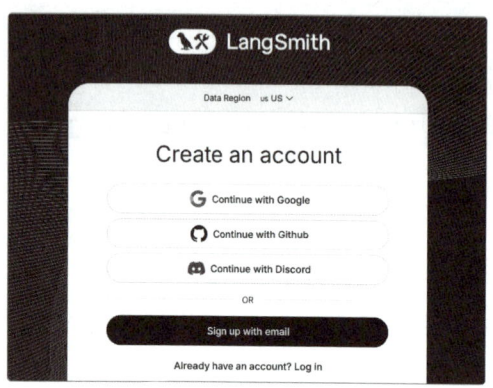

02 다음과 같은 화면이 나오면 왼쪽 메뉴 하단에 톱니바퀴 모양의 **Settings** 아이콘을 클릭합니다.

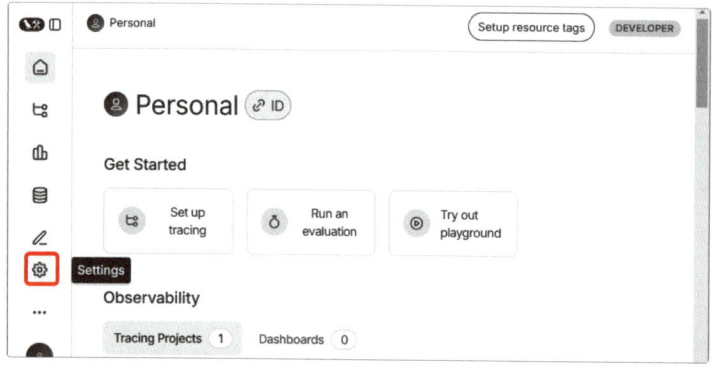

🐾 가입 후 위와 같은 화면이 아닌 다른 설정 화면이 나오면 아래쪽으로 스크롤바를 내려 *skip for now*를 선택해 주세요.

03 API 키를 발급받을 수 있는 화면입니다. 오른쪽 상단에서 **Create API Key**를 눌러서 API 키를 생성합니다.

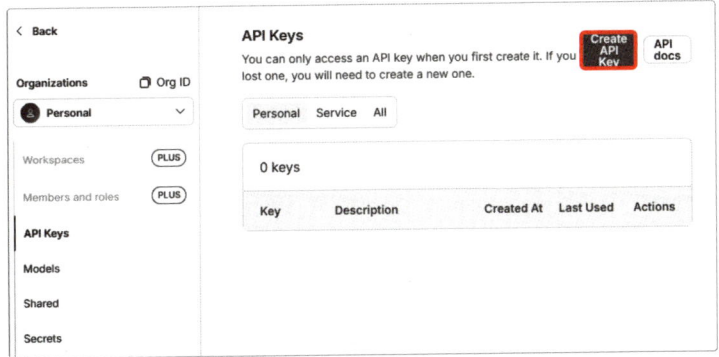

04 Description란에 원하는 이름을 적으면 됩니다. 이름을 입력했다면 **Create API Key** 버튼을 클릭해 API 키를 생성합니다.

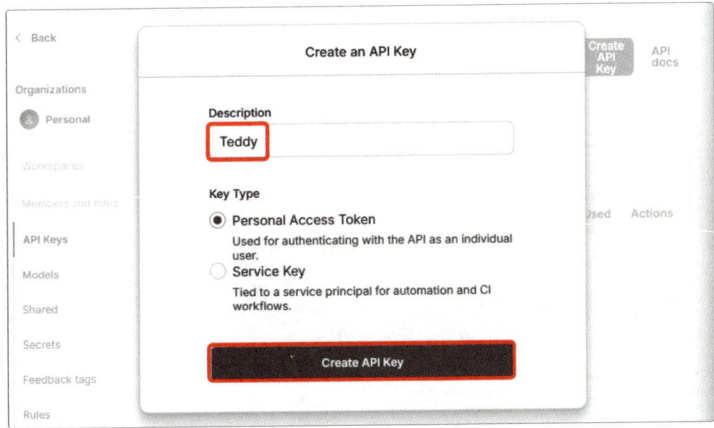

05 다음처럼 API 키가 생성되었습니다. **Copy** 버튼을 클릭해 키를 복사합니다.

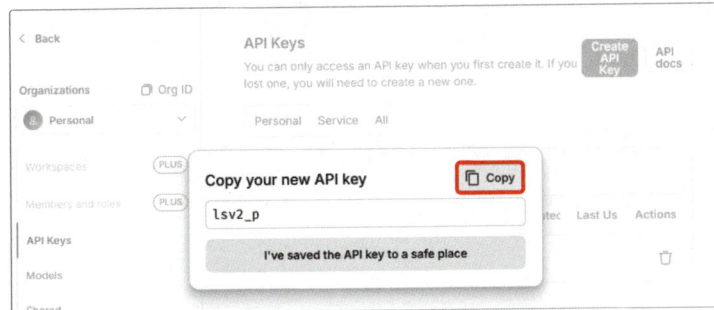

🐾 계속 강조하지만 이 API 키도 외부로 유출되면 안 되며 본인이 잘 보관하고 있어야 합니다.

06 VS Code로 돌아와 **.env** 파일을 엽니다. 2행에 LangSmith의 API 키를 붙여 넣습니다.

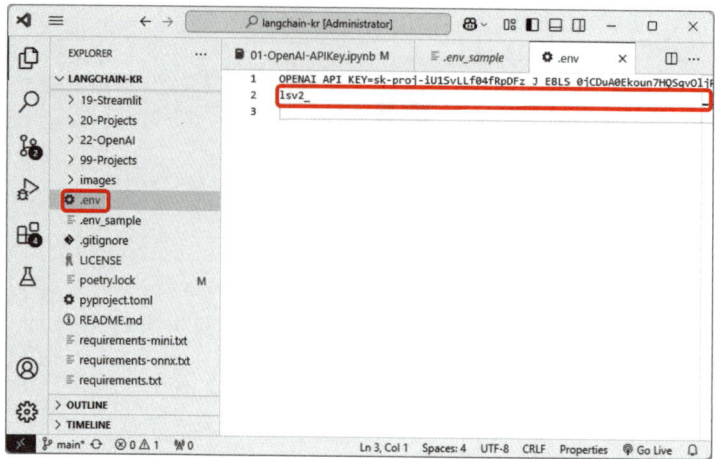

07 **.env_sample**의 3~6행 코드를 모두 복사한 후 앞서 작성한 **.env**의 3행에 붙여 넣습니다. 그리고 LangChain 추적을 위해서 다음과 같이 내용을 변경합니다. 그런 다음 **File - Save**로 파일을 저장해 기본 설정을 마칩니다.

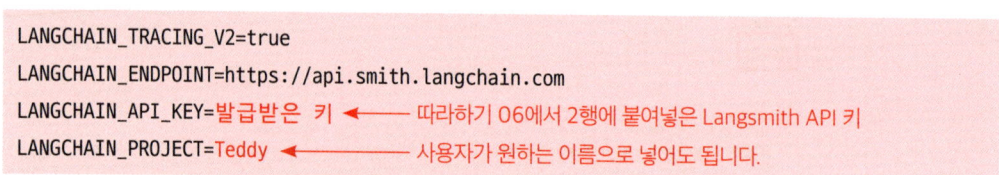

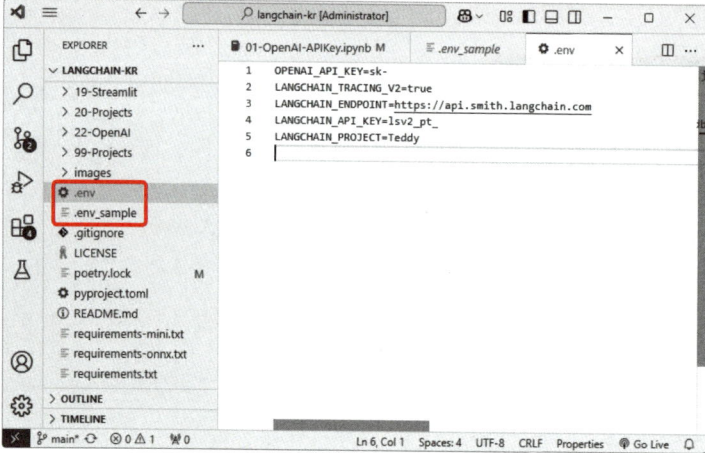

CHAPTER 03 LLM 기본 용어

본격적으로 LangChain을 배우기에 앞서 코드를 입력하고 결과를 바로 확인할 Jupyter Notebook 사용법을 알아보고 이 책을 읽어 나가는 데 꼭 필요한 LLM 기본 용어들을 살펴보겠습니다.

01 Jupyter Notebook 사용법

Jupyter Notebook은 데이터를 분석하거나 코드를 실행하는 데 사용되는 인터랙티브 개발 환경입니다. 사용자는 코드와 함께 텍스트, 이미지, 수식 등을 추가할 수 있어, 결과를 바로 확인하고 설명을 덧붙일 수 있습니다. Jupyter Notebook 파일은 .ipynb 확장자를 가지고 있습니다. 우선 Jupyter Notebook을 처음 사용하는 사용자를 위해 간단하게 메뉴를 훑어 보겠습니다.

01 VS Code를 실행하고 실습 파일을 불러옵니다. Explorer 창에서 **01-Basic/01-OpenAI-APIKey.ipynb** 파일을 엽니다. 노트북은 코드 셀과 마크다운 셀이 있으며, 코드 셀은 실제로 코드를 실행할 수 있고, 마크다운 셀은 설명을 위한 텍스트를 입력하는 셀입니다.

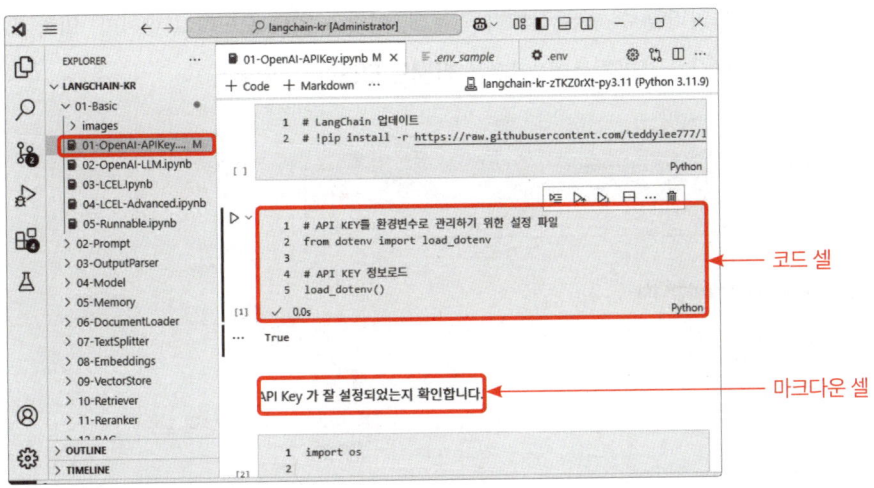

02 새로운 셀을 삽입하고자 하는 위치로 마우스 포인터를 가져가 **+Code**를 클릭합니다.

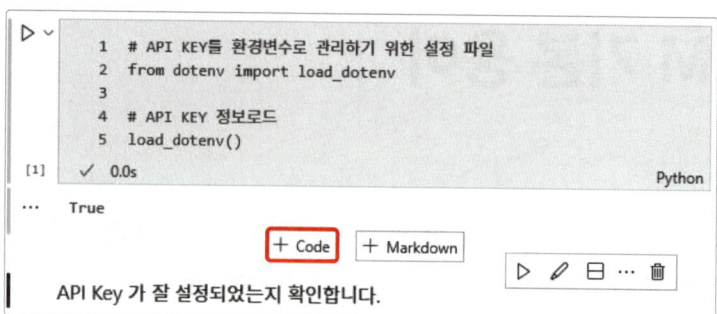

03 코드 셀이 추가됩니다. 셀을 삭제하려면 셀 오른쪽의 휴지통 아이콘을 클릭합니다. 혹은 D를 두 번 눌러서 삭제할 수도 있습니다. Z를 누르면 삭제한 셀이 다시 복구됩니다. Z는 앞의 작업을 되돌리는 단축키입니다.

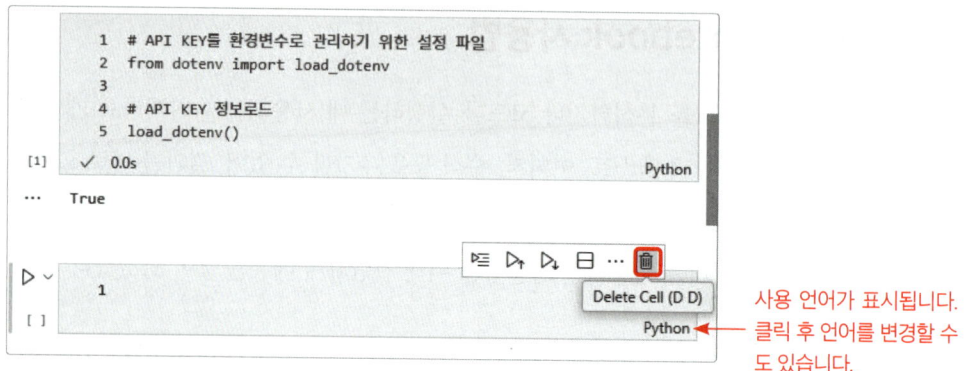

04 Jupyter Notebook의 작업 상태는 입력 모드와 커맨드 모드로 나뉩니다. 셀을 선택하면 커서가 깜빡거려서 코드나 텍스트를 입력할 수 있는 상태가 되는데, 이것을 **입력 모드**라고 합니다. 입력 모드에서 ESC를 누르면 입력 커서가 사라지는데, 이것을 **커맨드 모드**라고 합니다.

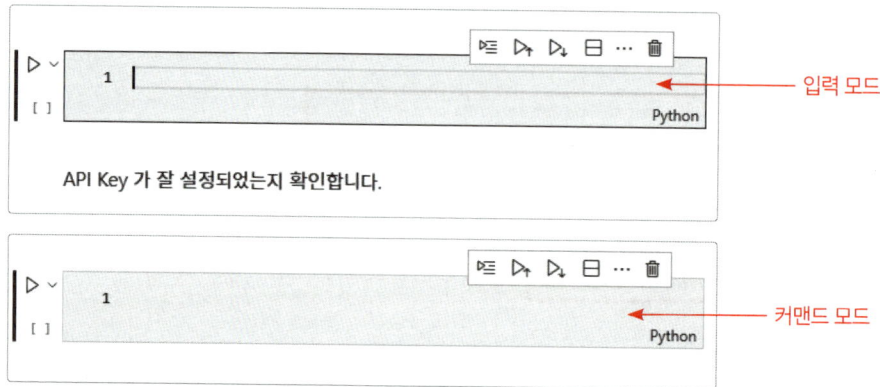

05 커맨드 모드에서는 위아래 방향키를 움직여서 다른 셀을 선택할 수 있습니다. 셀 왼쪽에 파란색으로 표시된 것이 선택된 셀입니다. Ⓐ를 누르면 위쪽에 셀이 추가되고, Ⓑ를 누르면 아래쪽에 셀이 추가됩니다.

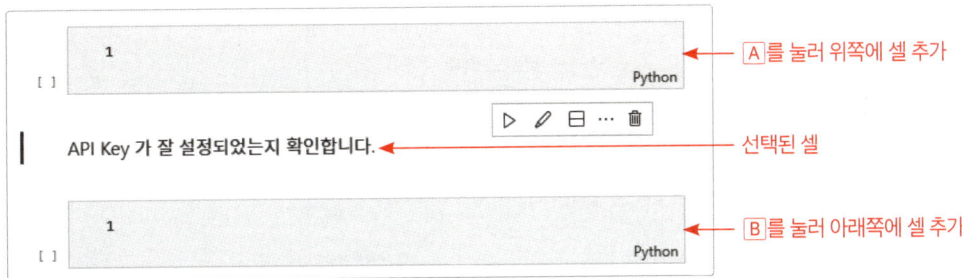

06 이번에는 마크다운 셀을 추가해 보겠습니다. 셀을 추가하고자 하는 위치로 마우스 포인터를 가져가 **+Markdown**을 클릭합니다. 추가된 셀에 임의의 텍스트를 입력한 후 Shift+Enter를 누르면 텍스트가 깔끔하게 표시됩니다. 마크다운 셀을 수정하려면 Enter를 누르면 됩니다.

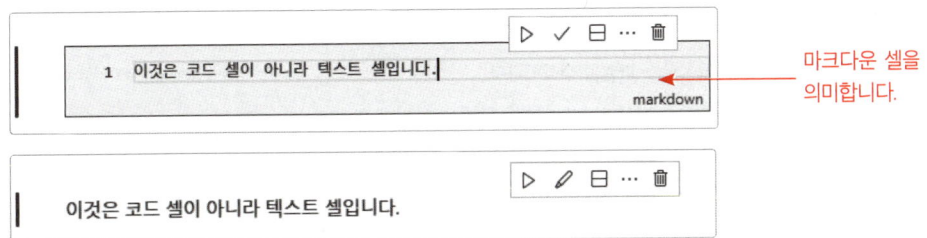

🐾 코드 셀을 마크다운 셀로 변경하려면 ESC를 눌러 커맨드 모드로 들어간 상태에서 Ⓜ을 누릅니다. 반대로 마크다운 셀을 코드 셀로 변경하려면 Ⓨ를 누릅니다.

07 텍스트 셀에서는 마크다운 문법을 사용하는데, 마크다운 문법을 통해 헤더, 리스트, 번호, 링크, 볼드체 등 다양한 서식을 적용할 수 있습니다.

- 텍스트를 별표(*) 두 개로 묶으면 **볼드체**, 별표(*) 하나로 묶으면 **이탤릭체**, 물결(~) 두 개로 묶으면 **취소선** 서식이 적용됩니다.
- **코드**는 역따옴표(`)로 감싸서 코드 스타일로 지정할 수 있습니다.
- **리스트**는 하이픈(-)을 사용하고, **번호 매기기**는 숫자와 점을 사용해 서식을 적용합니다.
- **링크**는 [표시할 이름](링크) 형식으로 작성할 수 있습니다.
- **헤더**는 #을 사용해 크기를 지정하며, # 하나는 가장 큰 헤더, ##은 그다음 크기의 헤더를 나타냅니다.

마크다운 문법은 문서 작성뿐만 아니라 GPT 같은 AI 모델이 더 잘 이해하는 문서를 만드는 데도 유용하게 사용됩니다. 일반 텍스트에서는 AI가 서식을 인식하지 못하지만, 마크다운 문법을 사용하면 볼드체나 헤더 등을 명확하게 구분할 수 있습니다.

08 코드 셀에서 왼쪽의 실행 아이콘을 클릭하거나 Shift+Enter를 클릭하면 코드가 실행됩니다. 실행 결과 왼쪽의 ⋯ 아이콘을 클릭하고 **Clear Cell Outputs**를 선택하면 출력이 삭제됩니다.

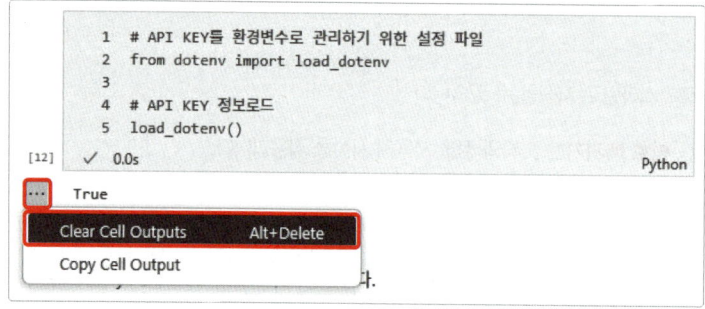

09 Notebook의 모든 출력을 삭제하려면 코드 창 상단의 **Clear All Outputs**를 클릭합니다. **Restart**를 클릭하면 코드의 실행 상태를 초기화합니다.

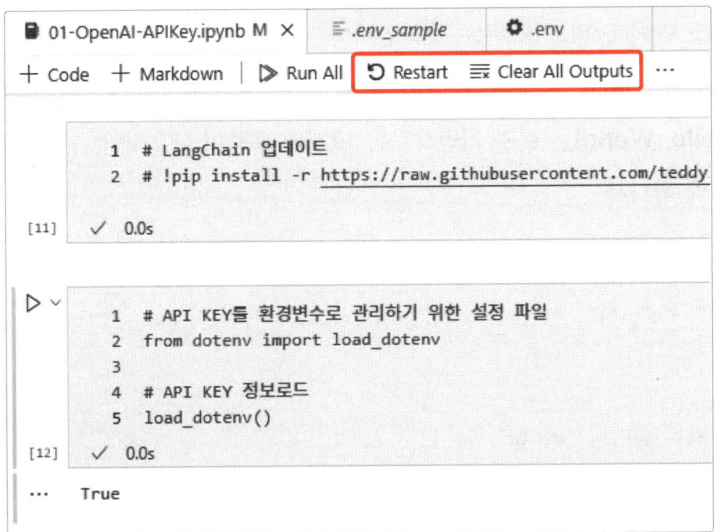

🐾 흔히 초보자들이 하는 실수 중에 출력값이 남아 있을 때 다시 실행하지 않고 계속 작업하려는 경우가 있습니다. 프로그램을 껐다가 다시 켜거나 Restart를 클릭하면 출력값은 남아 있지만, 실행된 상태는 초기화되므로 모든 코드 셀을 처음부터 다시 실행해야 제대로 동작합니다.

02 토큰, 토큰 계산기, 모델별 토큰 비용

토큰(token)은 자연어 처리에서 텍스트를 처리하기 위해 나눈 작은 단위(단어, 서브워드, 문자 등)입니다. 텍스트를 토큰으로 나누는 과정을 **토큰화**(tokenize)라고 부릅니다. 간단히 말해서, 주어진 문장을 토큰화 과정을 통해 여러 개의 토큰으로 나누는 것입니다. 토큰은 단어나 문장을 더 작은 단위로 쪼개는 개념입니다.

ChatGPT에 질문을 던지면 모델은 가장 확률이 높은 단어들을 예측해 나가며 문장을 만들어 내는데, 이때 단어가 아닌 더 작은 단위인 토큰을 조합해서 텍스트를 생성합니다.

토큰화 방식

토큰화는 문자 기반 토큰화와 단어 기반 토큰화 두 가지 방법으로 나뉩니다.

문자 기반 토큰화는 텍스트를 개별 문자로 쪼개어 각 문자를 하나의 토큰으로 취급하는 방식입니다. 예를 들어 **hello**라는 단어가 주어졌을 때 문자 하나하나를 토큰으로 나누게 됩니다. **hello**는 5개의 문자로 이루어져 있으므로 5개의 토큰이 생성됩니다.

단어 기반 토큰화는 텍스트를 단어 단위로 나누는 방식입니다. 이 방식을 적용하면 **Hello, World!**라는 문장이 주어졌을 때, **Hello**, 콤마(**,**), **World**, 느낌표(**!**)로 나누어져 총 4개의 토큰이 생성됩니다. 그러므로 **Hello, World!**는 문자 기반으로는 12개의 토큰이 나오지만, 단어 기반으로는 4개의 토큰만 나오게 됩니다.

문자 기반 토큰화

`"Hello, world!"` → `["H", "e", "l", "l", "o", ",", "w", "o", "r", "l", "d", "!"]`

단어 기반 토큰화

`"Hello, world!"` → `["Hello", ",", "world", "!"]`

이 차이는 LLM의 텍스트 생성에 큰 영향을 끼칩니다. LLM은 먼저 나올 토큰을 생성하면 그 다음 나올 토큰을 확률적으로 계산하여 생성하는 로직을 가지고 있습니다. 따라서 문자 기반 토큰화와 단어 기반 토큰화를 비교하면 문자 기반 토큰화의 토큰이 많기 때문에 틀린 토큰을 생성할 가능성이 높습니다.

예를 들어, 12개의 토큰을 예측할 때와 4개의 토큰을 예측할 때, 당연히 12개의 토큰 중에서 틀릴 확률이 훨씬 더 높습니다. 만약 중간에 글자 하나라도 틀리면 완전히 알아볼 수 없는 단어나 문장이 되어 버릴 수도 있습니다. 따라서 문자 기반 토큰화는 예측을 더 많이 해야 하므로 비용상 비효율적일 뿐만 아니라 틀릴 확률도 높습니다. 반면 단어 기반 토큰화는 그에 비해 틀릴 확률이 낮지만 이 역시 잘 사용하지는 않습니다. 왜냐하면 이 방식을 사용하려면 모든 단어를 저장한 '단어 사전'을 만들어야 하는데, 한 단어에서 나올 수 있는 모든 형태를 다 가지고 있어야 하므로 비효율적이기 때문입니다.

이를 보완하기 위한 방법으로 단어 전체를 토큰화하는 대신 서브워드를 활용하는 **서브워드 기반 토큰화**가 있습니다. 서브워드(subword)란 단어보다 작은 단위로, 접두사, 접미사, 어근 등이 해당됩니다. 대표적인 방법인 **바이트 페어 인코딩**(BPE; Byte Pair Encoding)은 단어를 처음에 문자 단위로 분해한 후, 자주 등장하는 문자 쌍을 결합해 더 큰 서브워드로 만드는 방식입니다.

예를 들어 BPE 알고리즘은 토큰을 만들 때 **unhappiness**라는 단어를 **un**과 **happiness**, 2개의 토큰으로 분리합니다. 이를 위해 단어를 작은 단위로 쪼갠 후, 자주 등장하는 단위를 빈도에 따라 묶어 나갑니다. 처음에는 **u, n, h, a** 등의 문자 단위로 나눈 뒤, **un, nh, ha** 등으로 각 문자 쌍을 묶어 빈도 수를 계산하고, 자주 함께 등장하는 단어 쌍을 하나의 토큰으로 결합합니다. 그래서 빈도가 높은 **un**이 하나의 토큰으로 합쳐지고, **happiness** 같은 단어도 빈도가 높으므로 하나의 토큰으로 처리됩니다.

이처럼 단어와 문자 사이에 서브워드라는 중간 단위를 만들어서 두 가지 토큰화 방식의 장단점을 보완했습니다. 한글의 경우 토큰화로 나눠진 단위가 음절이 아닌 자모 수준에서 구분되기도 하므로 글자 수 기준으로 정확히 나누기 어려운 부분이 있습니다. 이것도 서브워드 기반 토큰화를 적용했기 때문이라고 보면 됩니다.

토큰은 모델이 텍스트를 이해하고 처리하는 데 매우 중요한 역할을 합니다. 텍스트를 처리할 때 단어나 문장을 그대로 사용하는 것이 아니라, 이를 분절하여 토큰 단위로 나눈 후 숫자로 변환하는 과정을 거칩니다. 이 숫자 변환은 좌표계 형식으로 표현됩니다. 이를 **임베딩 벡터**(embedding vector)라고 부릅니다. 임베딩 벡터는 글자 수나 단어 단위가 아니라 토큰 단위로 이루어집니다. 예를 들어 **machine**이라는 단어를 처리할 때, 이를 토큰화하면 **ma**와 **chine**으로 나눌 수 있습니다. 그런 다음 **ma**와 **chine** 각각을 숫자로 변환합니다. 이 과정을 통해 텍스트가 모델에서 처리될 수 있게 되는 것입니다. 하지만 이 과정을 사용자가 직접 코딩하거나 알고리즘을 짤 필요는 없고, 이런 것이 있다 정도만 이해하고 넘어가도 충분합니다.

단어 기반 토큰화

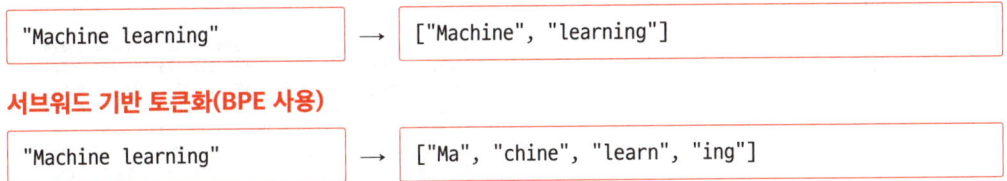

서브워드 기반 토큰화(BPE 사용)

토큰 사용량 계산하기

토큰은 사용량에 따라 비용을 정하는 기준이 됩니다. 예를 들어 GPT 모델에서는 입력과 출력 모두 토큰 수 계산에 포함됩니다. 사용자가 입력한 텍스트와 시스템의 답변까지 모두 토큰으로 계산되며, 이때 사용되는 토큰화 방식에 따라 비용이 달라질 수 있습니다.

같은 의미의 텍스트를 대상으로 했을 때 한글은 영어보다 토큰을 좀 더 소모합니다. 예를 들어 **안녕하세요**는 3개의 토큰으로 처리되지만, 영어의 **hello**는 하나의 토큰만 사용됩니다. GPT 3.5 터보 모델에서 한글과 영어의 토큰 사용량을 비교하면 한글은 73개의 토큰을 사용한 반면,

영어는 49개의 토큰만 사용했습니다. 그러나 GPT 4.0과 같은 최신 모델에서는 한글의 토큰 사용량이 최적화되어 한글 문장의 토큰 수가 줄어들었고 영어와의 차이도 크게 감소했습니다. 최신 모델에서는 한글을 그대로 사용해도 큰 비용 차이가 없습니다.

Tiktokenizer(https://tiktokenizer.vercel.app)는 OpenAI 모델에서 사용하는 토큰을 계산하고 시각화하는 도구로, 입력된 텍스트를 토큰화하여 얼마나 많은 토큰이 사용되는지를 정확히 보여 줍니다. 사용자는 텍스트의 복잡도와 길이를 쉽게 파악할 수 있으며, 특히 GPT 모델을 사용할 때 토큰 사용량에 따른 비용을 예측하는 데 유용합니다. 주요 기능으로는 텍스트를 개별 토큰으로 분리하여 분석하는 토큰화, 텍스트 내에서 사용된 총 토큰 수 계산, 토큰 수에 따른 예상 비용 계산, 입력된 텍스트를 시각적으로 표시해 각 토큰이 어떻게 나뉘는지 확인할 수 있는 시각화 기능이 있습니다.

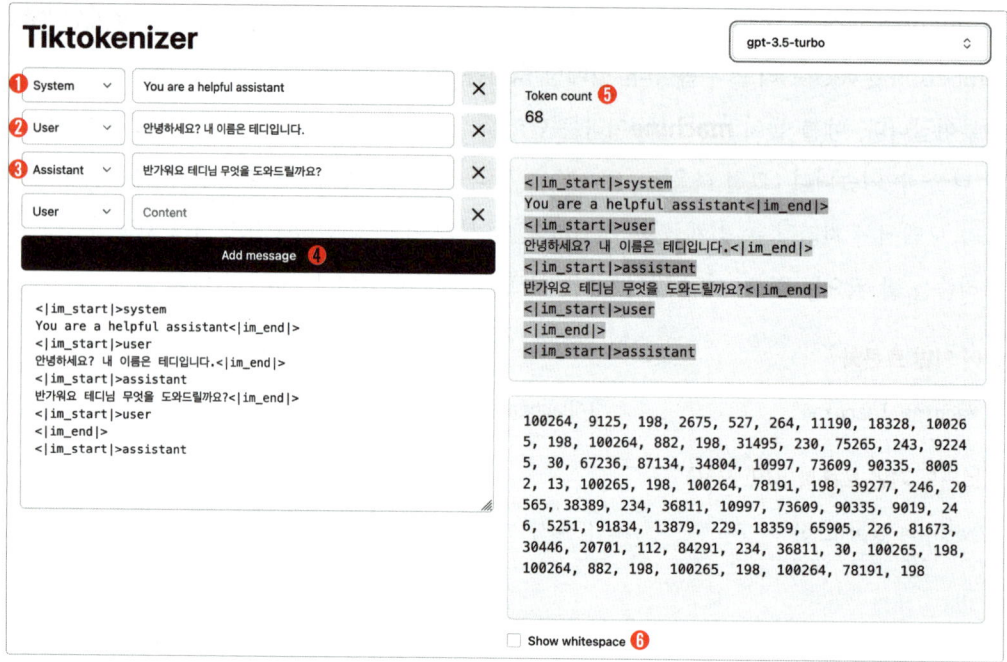

❶ **System**: GPT 모델이 내부적으로 사용하는 설정이나 사전 설정된 시스템 프롬프트입니다. 이를 통해 모델이 기본적인 컨텍스트를 이해하게 됩니다.

❷ **User**: 사용자가 입력하는 질문이나 요청을 나타냅니다. 여기서 입력된 텍스트는 토큰화되어 모델에서 처리됩니다. 사용자는 이 부분에 질문이나 명령을 작성할 수 있습니다.

❸ **Assistant**: GPT 모델이 생성하는 응답을 나타냅니다. 사용자의 질문이나 요청에 대해 AI가

답변을 생성하는 부분이며, 이 답변 또한 토큰화되어 처리됩니다. 시스템 프롬프트와 사용자 입력을 기반으로 모델이 문맥을 이해하고 적절한 응답을 제공합니다.

❹ **Add message**: 추가 메시지를 입력할 수 있는 기능입니다. 대화를 이어가거나 추가 정보를 입력하고 싶을 때 이 버튼을 사용하여 새로운 메시지를 추가할 수 있습니다.

❺ **Token Count**: 현재 입력된 텍스트가 몇 개의 토큰으로 나누어졌는지를 보여 줍니다. 이 기능은 토큰 수를 실시간으로 계산하여, 모델이 처리할 수 있는 최대 토큰 수(컨텍스트 길이)에 얼마나 가까워졌는지 확인하는 데 유용합니다.

❻ **Show Whitespace**: 이 옵션을 활성화하면 공백이 어떻게 토큰으로 계산되는지를 시각적으로 확인할 수 있습니다. 공백도 하나의 토큰으로 처리되므로 토큰 사용량을 정확히 파악하는 데 도움이 됩니다.

03 모델의 입출력과 컨텍스트 윈도우

이번에는 모델의 과금 체계나 동작 방식과 깊은 관련이 있는 컨텍스트 윈도우와 최대 토큰에 관해 살펴보겠습니다.

컨텍스트 윈도우(context window)란 모델이 한 번에 처리하고 이해할 수 있는 전체 텍스트의 문맥 범위를 의미합니다. 다시 말해 GPT 모델이 긴 텍스트를 처리하는 동안 특정 순간에 모델이 주의를 기울이고 있는 텍스트의 부분을 가리킵니다.

LLM이 한 번에 처리할 수 있는 입력과 출력의 총합 토큰 수를 **컨텍스트 길이**(context length)라고 합니다. 모델마다 컨텍스트 윈도우에 제한이 있기 때문에 우리가 입력 데이터를 넣거나 모델의 출력을 받을 때 제약이 있습니다. GPT-3.5와 GPT-4 모델은 긴 텍스트를 다룰 수 있도록 설계되었으며, 일반적으로 수천 개의 토큰을 한 번에 처리할 수 있습니다.

- GPT-3.5의 컨텍스트 길이: 약 16k토큰
- GPT-4의 컨텍스트 길이: 모델의 버전에 따라 다르지만, 기본 버전은 8,192토큰, 확장 버전은 최대 32,768 토큰까지 처리할 수 있습니다.

`max_tokens`는 모델이 생성할 수 있는 최대 출력 토큰 수를 지정하는 매개변수입니다. 이는 모델이 응답으로 생성할 수 있는 최대 텍스트 길이를 결정합니다. 사용자가 `max_tokens` 값을 설정하

면 모델은 지정된 수의 토큰까지 출력을 생성합니다. 컨텍스트 길이가 모델이 입력과 출력을 모두 포함해 처리할 수 있는 총 토큰 수를 뜻한다면 max_tokens는 출력되는 토큰의 최대 수를 의미합니다.

예를 들어 GPT-4 모델에서 컨텍스트 길이가 128k개인 경우 입력과 출력을 합쳐서 128k개까지 처리할 수 있다는 뜻입니다. 그러나 모델이 한 번에 내놓을 수 있는 최대 답변 길이는 4,096개의 토큰으로 제한되므로 출력이 길어질수록 입력으로 넣을 수 있는 텍스트의 양이 줄어듭니다. 그래서 GPT-4 모델은 긴 문서를 다룰 수 있지만 max_tokens의 출력 길이 제한 때문에 답변의 길이는 토큰 4,096개 이상을 넘길 수 없습니다.

🐾 4,096개의 토큰은 대략 한글 1,350자 정도 되는 길이이며, 워드 문서 한 장에 500자 정도 기입한다고 계산했을 때 약 세 장에 조금 못 미치는 분량입니다.

그래서 보고서처럼 매우 긴 텍스트는 한 번에 작성하지 못하며, 중간에 답변이 멈추면 '계속 생성하기(Continue Generation)' 기능을 사용해 이어서 답변을 생성해야 합니다.

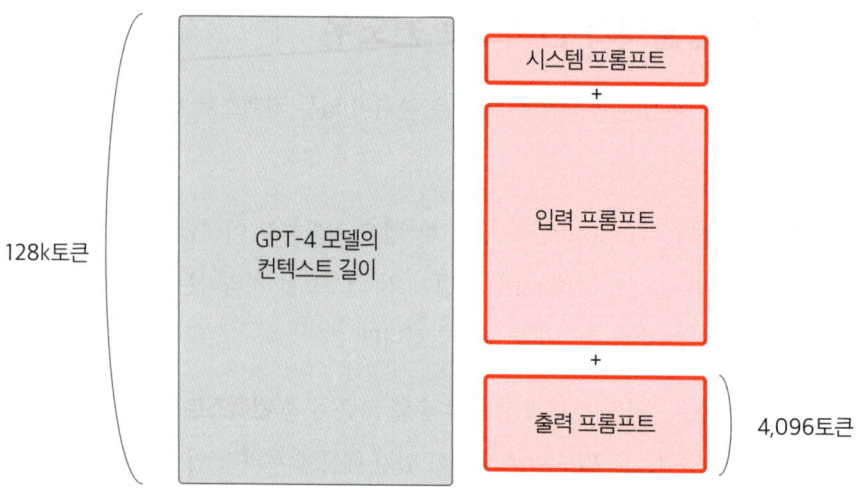

또한 입력과 출력에 따른 비용 차이도 있습니다. 입력 토큰에 비해 출력 토큰의 비용이 3배 더 비쌉니다. 예를 들어, 입력 비용이 5달러라면, 출력 비용은 15달러입니다. 따라서 요약이나 질의 응답처럼 입력이 많고 답변이 간단한 작업은 상대적으로 저렴하지만, 기획안 작성이나 마케팅 시안 작성 같은 출력이 길어지는 작업은 비용이 많이 들 수밖에 없습니다.

또한 GPT 모델은 시스템 프롬프트와 사용자 프롬프트로부터 입력을 받습니다. 시스템 프롬프트는 모델이 내부적으로 사용하는 설정 토큰을 포함하며, 사용자 프롬프트는 사용자가 입력하는 질문입니다. 여기에 RAG 시스템 같은 기능을 추가하면 문서나 참고 자료도 입력으로 추가될 수 있습니다.

입력되는 문서의 양이 많을수록 토큰 비용이 증가하며, 특히 GPT 모델을 API로 사용할 때는 추가 비용이 발생할 수 있으므로 입력 텍스트의 양을 신중하게 결정해야 합니다. 컨텍스트 윈도우가 커졌다고 해도 RAG 시스템이 불필요한 것은 아닙니다. 책 한 권을 통째로 입력하기보다는 필요한 부분만 발췌해 사용하는 것이 비용과 성능 면에서 더 효율적입니다.

또한 대화형 AI 시스템에서는 대화 이력이 쌓여 입력 토큰이 늘어나기 때문에 중요한 내용만 요약하거나 핵심 정보를 추려서 사용해 비용을 절감할 수 있습니다. GPT-4 모델은 출력 토큰이 4,096개로 제한되지만, 입력 토큰의 양은 충분히 넉넉하므로 방대한 정보를 다룰 때는 RAG 시스템을 활용해 효율적으로 처리하는 것이 중요합니다.

CHAPTER 04 LangChain 시작하기

학습목표 LangChain의 기본 문법과 활용법을 간단히 살펴보겠습니다. ChatOpenAI의 주요 매개변수와 스트리밍 출력, LangSmith를 활용한 GPT 추론 과정 추적, 멀티모달 모델 활용 방법을 다루며, LCEL(LangChain Expression Language)을 이용해 체인을 생성하고 병렬 실행 체인을 구성하는 과정을 익힙니다. 데이터 흐름 관리와 커스터마이즈, invoke(), batch() 등 함수의 사용법을 배우고, 프롬프트 템플릿과 모델 결합을 통해 사용자 정의 체인을 작성하는 방법도 학습합니다.

(01) ChatOpenAI 주요 매개변수와 출력

ChatOpenAI는 OpenAI 사의 채팅 전용 LLM입니다. ChatGPT를 가져와서 사용할 때 설정할 수 있는 매개변수는 굉장히 다양합니다. 그중에서 우리는 다음과 같은 대표적인 매개변수를 가져와 사용하겠습니다.

- **temperature**: 샘플링 온도를 뜻하며, 답변을 얼마나 창의적으로 할 것인지를 지정합니다. 0과 2 사이의 값을 선택합니다. 0.8~1과 같이 높은 값을 지정하면 출력을 더 무작위하게 만들고, 0.2와 같은 낮은 값은 출력을 더 집중되고 결정론적으로 만듭니다. 따라서 문서 기반과 같이 정확한 답변을 요구할 때는 값을 0이나 0에 가깝게 설정하는 것이 좋습니다.
- **max_tokens**: 최대 토큰 수를 말합니다. 값을 지정하지 않으면 모델에서 허용된 최대 토큰 수까지 허용되지만, 최대 생성할 토큰의 개수를 제한할 때 설정합니다.
- **model_name**: 적용 가능한 모델 리스트로, 하나를 선택하여 사용합니다. 매개변수 값으로는 gpt-3.5-turbo, gpt-4-turbo, gpt-4o 등을 입력합니다.

URL https://platform.openai.com/docs/models

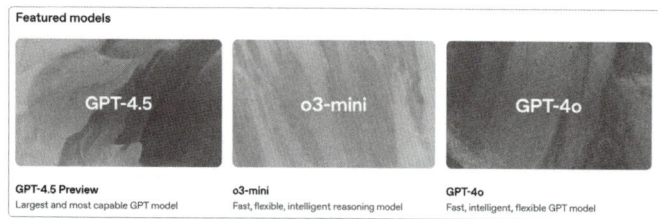

주요 매개변수를 invoke() 함수로 응답 출력하기

01 VS Code에서 예제 폴더를 열고 **01-Basic** 폴더의 **02-OpenAI-LLM.ipynb** 파일을 엽니다. 상단의 **Run All** 버튼을 클릭해서 전체 코드를 실행합니다.

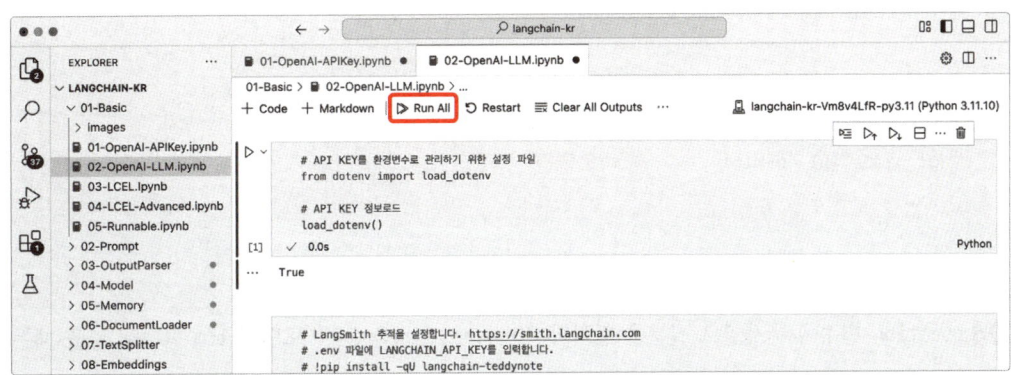

02 실습 코드의 `langchain_teddynote`는 실습용으로 만든 패키지입니다. 혹시 `langchain_teddynote` 패키지가 설치되어 있지 않다면 3행의 `!pip install -qU langchain-teddynote` 주석을 해제하고 다시 코드 셀을 실행해 보세요.

```
# LangSmith 추적을 설정합니다. https://smith.langchain.com
# .env 파일에 LANGCHAIN_API_KEY를 입력합니다.
# !pip install -qU langchain-teddynote
from langchain_teddynote import logging

# 프로젝트 이름을 입력합니다.
logging.langsmith("CH01-Basic")
```

```
LangSmith 추적을 시작합니다.
[프로젝트명]
CH01-Basic
```

🐾 이 부분을 실행해도 'LangSmith 추적을 시작합니다.'라는 결과가 나오지 않는다면 LangSmith API 키가 설정되지 않았다는 뜻이므로 74쪽을 참고해 다시 설정해 보세요.

03 다음 코드 셀을 보면 OpenAI에서 제공하는 GPT 모델을 쉽게 쓸 수 있게 만든 langchain_openai 패키지가 있습니다. llm 변수의 ChatOpenAI 다음 괄호 안에 temperature, model_name, max_tokens 같은 설정 값을 넣을 수 있습니다. 여기서는 그대로 두고 넘어가겠습니다.

```
from langchain_openai import ChatOpenAI

llm = ChatOpenAI(             # 객체 생성
    temperature=0.1,          # 창의성 (0.0 ~ 2.0)
    model_name="gpt-4o-mini", # 모델명
)
```

04 question 변수에 문자열로 질문을 입력합니다. question을 GPT 모델의 llm 변수에 넣을 때는 항상 invoke() 함수를 씁니다.

```
question = "대한민국의 수도는 어디인가요?"   # 질의 내용

print(f"[답변]: {llm.invoke(question)}")   # 질의
```

05 코드 셀을 실행하면 다음과 같은 답변을 출력합니다. 답변은 ChatGPT 채팅 창과 달리 답변 텍스트 말고도 response_metadata처럼 답변을 받기까지의 추가 정보도 표시됩니다. 가령 completion_tokens는 답변에 사용된 토큰 수, prompt_tokens는 프롬프트 입력 토큰 수, total_tokens는 전체 토큰 수를 나타냅니다.

```
[답변]: content='대한민국의 수도는 서울입니다.' additional_kwargs={'refusal': None} response_metadata={'token_usage': {'completion_tokens': 8, 'prompt_tokens': 16, 'total_tokens': 24, 'completion_tokens_details': {'audio_tokens': None, 'reasoning_tokens': 0}, 'prompt_tokens_details': {'audio_tokens': None, 'cached_tokens': 0}}, 'model_name': 'gpt-4o-mini-2024-07-18', 'system_fingerprint': 'fp_482c22a7bc', 'finish_reason': 'stop', 'logprobs': None} id='run-d358303f-8d58-4a1d-b389-c1a1d85fafb3-0' usage_metadata={'input_tokens': 16, 'output_tokens': 8, 'total_tokens': 24, 'input_token_details': {'cache_read': 0}, 'output_token_details': {'reasoning': 0}}
```

전체 토큰 수 / 답변에 사용된 토큰 수 / 프롬프트 입력 토큰 수

06 이번에는 question 변수에 넣은 질문을 response 변수에 넣고 실행해 보겠습니다. 그러면 출력 결과가 AIMessage 객체로 반환되어, 보다 구조화된 형태로 관리할 수 있습니다.

```
question = "대한민국의 수도는 어디인가요?"        # 질의 내용

response = llm.invoke(question)                  # 질의
response
```

```
AIMessage(content='대한민국의 수도는 서울입니다.', additional_kwargs={'refusal': None},
response_metadata={'token_usage': {'completion_tokens': 8, 'prompt_tokens': 16, 'total_
tokens': 24, 'completion_tokens_details': {'audio_tokens': None, 'reasoning_tokens':
0}, 'prompt_tokens_details': {'audio_tokens': None, 'cached_tokens': 0}}, 'model_
name': 'gpt-4o-mini-2024-07-18', 'system_fingerprint': 'fp_482c22a7bc', 'finish_reason':
'stop', 'logprobs': None}, id='run-2e9ed7ff-9d35-4bf2-8c1d-d78fe6af036e-0', usage_
metadata={'input_tokens': 16, 'output_tokens': 8, 'total_tokens': 24, 'input_token_
details': {'cache_read': 0}, 'output_token_details': {'reasoning': 0}})
```

07 만약 response에서 응답 텍스트만 출력하고 싶다면 AIMessage 객체에서 content 속성에 접근합니다.

```
response.content
```

```
'대한민국의 수도는 서울입니다.'
```

08 마찬가지로 response의 메타데이터만 출력하려면 다음과 같은 코드를 실행합니다.

```
response.response_metadata
```

```
{'token_usage': {'completion_tokens': 8,
  'prompt_tokens': 16,
  'total_tokens': 24,
  'completion_tokens_details': {'audio_tokens': None, 'reasoning_tokens': 0},
  'prompt_tokens_details': {'audio_tokens': None, 'cached_tokens': 0}},
 'model_name': 'gpt-4o-mini-2024-07-18',
 'system_fingerprint': 'fp_482c22a7bc',
 'finish_reason': 'stop',
 'logprobs': None}
```

09 메타데이터 중에서도 token_usage 값만 출력하려면 다음과 같은 코드를 실행합니다. 이런 방식으로 답변마다 실질적으로 얼마나 토큰이 쓰였는지 추적할 수 있습니다.

```
response.response_metadata["token_usage"]
```

```
{'completion_tokens': 8,
 'prompt_tokens': 16,
 'total_tokens': 24,
 'completion_tokens_details': {'audio_tokens': None, 'reasoning_tokens': 0},
 'prompt_tokens_details': {'audio_tokens': None, 'cached_tokens': 0}}
```

😺 여기서도 세부 내용에 더 접근해 보려면 response.response_metadata["token_usage"]["total_tokens"] 같은 식으로 코드 뒤에 키 값을 추가하면 됩니다.

logprob 활성화하기

logprob(로그 프러버빌리티)란 주어진 GPT 모델의 토큰 확률 로그 값입니다. 즉 모델이 토큰을 예측할 확률을 나타냅니다. logprob는 확률 토큰 값에 자연 로그를 씌워서 변환한 값입니다. logprob 값이 0에 가까울수록 확률이 높다는 뜻이며, 확률이 낮을수록 음수로 나타납니다.

01 llm_with_logprob 변수에 ChatOpenAI 객체를 생성하고, bind() 함수를 이용해 logprobs를 활성화합니다.

```
# 객체 생성
llm_with_logprob = ChatOpenAI(
    temperature=0.1,              # 창의성 (0.0 ~ 2.0)
    max_tokens=2048,              # 최대 토큰 수
    model_name="gpt-4o-mini",     # 모델명
).bind(logprobs=True)
```

02 llm_with_logprob 값을 invoke() 함수로 출력해 보겠습니다. 각 토큰별로 바이트가 표시되고, 각 토큰의 확률 값이 logprob로 표시됩니다.

```
question = "대한민국의 수도는 어디인가요?"        # 질의 내용

response = llm_with_logprob.invoke(question)    # 질의
response.response_metadata
```

```
{'token_usage': {'completion_tokens': 8,
  'prompt_tokens': 16,
  'total_tokens': 24,
  'completion_tokens_details': {'audio_tokens': None, 'reasoning_tokens': 0},
  'prompt_tokens_details': {'audio_tokens': None, 'cached_tokens': 0}},
 'model_name': 'gpt-4o-mini-2024-07-18',
 'system_fingerprint': 'fp_482c22a7bc',
 'finish_reason': 'stop',
 'logprobs': {'content': [{'token': '대한',
    'bytes': [235, 140, 128, 237, 149, 156],
    'logprob': -3.0113732e-05,
    'top_logprobs': []},
   {'token': '민국',
    'bytes': [235, 175, 188, 234, 181, 173],
    'logprob': -5.5122365e-07,
    'top_logprobs': []},
   ...
    'bytes': [236, 158, 133, 235, 139, 136, 235, 139, 164],
    'logprob': -0.0015140274,
    'top_logprobs': []},
   {'token': '.', 'bytes': [46], 'logprob': 0.0, 'top_logprobs': []}],
   'refusal': None}}
```

stream() 함수로 스트리밍 출력하기

ChatGPT로 질문을 입력하면 전체 응답이 완성된 뒤에 한 번에 출력되지 않고, 타자로 입력해서 나타내듯이 실시간으로 응답 텍스트가 출력되는 것을 볼 수 있습니다. 이처럼 하나의 토큰 단위로 출력해 주는 기능을 **스트리밍 출력**이라고 합니다.

01 앞서 llm 객체를 지정해 답변을 출력했는데, 이번에는 llm 객체의 stream() 함수를 answer 변수에 담고, token.content 단위로 반복문을 실행해 출력해 보면 토큰 단위로 응답 결과가 출력됩니다.

```python
# 스트림 방식으로 질의. answer에 스트리밍 답변의 결과를 받습니다.
answer = llm.stream("대한민국의 아름다운 관광지 10곳과 주소를 알려주세요!")

# 스트리밍 방식으로 각 토큰을 출력(실시간 출력)
for token in answer:
    print(token.content, end="", flush=True)
```

```
대한민국에는 아름다운 관광지가 많이 있습니다. 아래는 추천하는 10곳과 그 주소입니다.

1. **경복궁**
   - 주소: 서울특별시 종로구 사직로 161

2. **제주도**
   - 주소: 제주특별자치도 제주시
...
```

02 앞의 결과는 토큰을 하나씩 생성해서 이어 붙이는 방식으로 출력했을 뿐이며, 이 상태로는 재활용할 수 없습니다. 이번에는 final_answer라는 변수를 추가하고 빈 문자열을 할당합니다. 그런 다음 반복문 안에서 token.content를 final_answer 문자열에 이어 붙여 보겠습니다.

```python
answer = llm.stream("대한민국의 아름다운 관광지 10곳과 주소를 알려주세요!")

final_answer = ""
for token in answer:
    final_answer += token.content
```

03 코드 셀을 추가하고 print 함수로 final_answer를 출력하면 저장된 응답이 출력됩니다.

```python
print(final_answer)
```

```
대한민국에는 아름다운 관광지가 많이 있습니다. 아래는 그 중 10곳과 그 주소입니다:
1. **경복궁**
- 주소: 서울특별시 종로구 사직로 161
2. **제주도**
- 주소: 제주특별자치도 제주시
3. **부산 해운대**
- 주소: 부산광역시 해운대구 해운대해변로 140 ...
```

04 반복문으로 스트리밍 출력을 구현하는 대신에 다음과 같이 패키지에서 stream_response를 가져와서 간단하게 구현할 수 있습니다.

```python
from langchain_teddynote.messages import stream_response

# 스트림 방식으로 질의. answer에 스트리밍 답변의 결과를 받습니다.
answer = llm.stream("대한민국의 아름다운 관광지 10곳과 주소를 알려주세요!")
stream_response(answer)
```

05 이 상태로는 출력 결과가 저장되지 않고 그냥 출력만 됩니다. 답변을 재활용할 수 있도록 다음과 같이 코드를 수정해서 실행해 보세요. final_answer2 변수에 최종 답변이 담겨서 언제든지 그대로 출력할 수 있습니다.

```python
answer = llm.stream("대한민국의 아름다운 관광지 10곳과 주소를 알려주세요!")
final_answer2 = stream_response(answer, return_output=True)
print(final_answer2)
```

(02) LangSmith로 GPT 추론 내용 추적하기

이번에는 앞서 LLM으로 질문하고 답변을 생성한 결과물을 LangSmith에서 추적해 보겠습니다.

01 LangSmith 웹사이트(smith.langchain.com)에 접속해 로그인합니다. 왼쪽 메뉴 바에서 **Tracing projects**를 클릭합니다. 앞서 설정해 둔 **CH01-Basic** 프로젝트를 클릭합니다.

URL https://smith.langchain.com

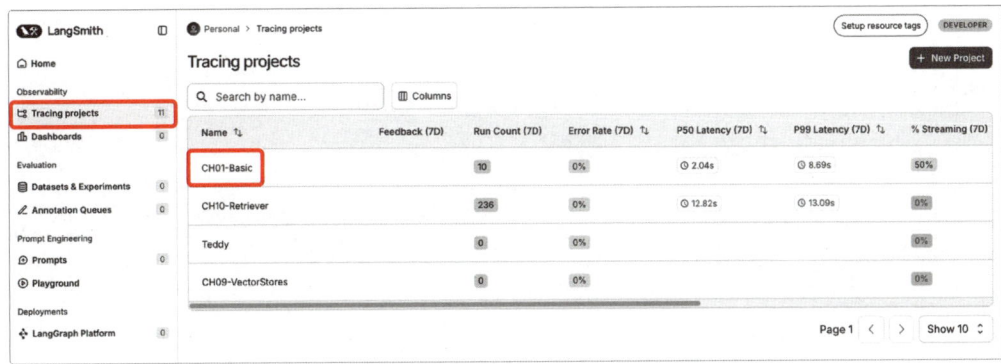

02 앞서 실행했던 내용이 목록으로 나타납니다. 가장 최근에 했던 작업을 선택해 보겠습니다.

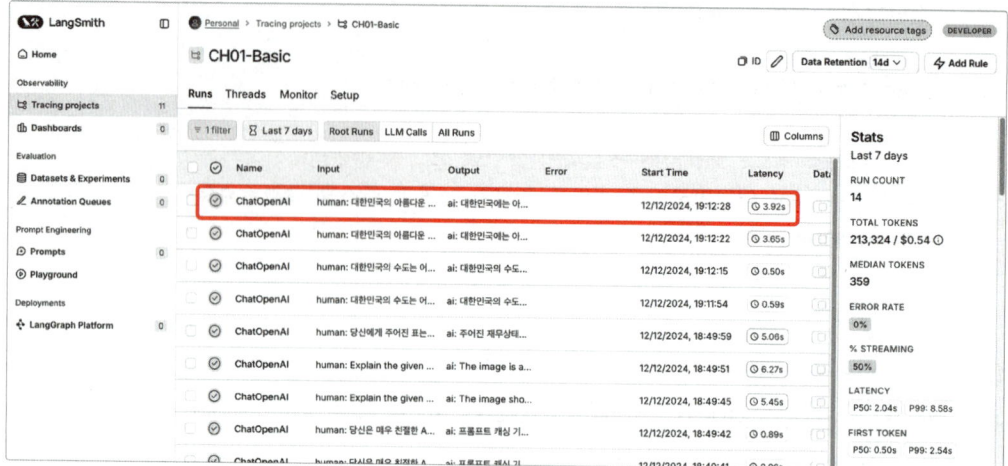

03 앞서 실행한 내용의 모델명, 토큰 수와 사용 금액, 입력 프롬프트와 출력 결과도 확인할 수 있습니다.

04 **Metadata** 탭을 보면 모델 이름이나 사용한 플랫폼 등 여러 정보가 기록되어 있습니다. 추후 LangSmith를 통해 서비스 단계에서 사람들이 질의 응답을 하면서 어떤 입력을 주고 출력을 받았는지 추적하고 각종 메타데이터 정보도 수집할 수 있습니다. 또한 개발을 하다가 오류가 발생한 경우 어느 단계에서 문제가 발생했는지 찾을 때도 매우 편리합니다.

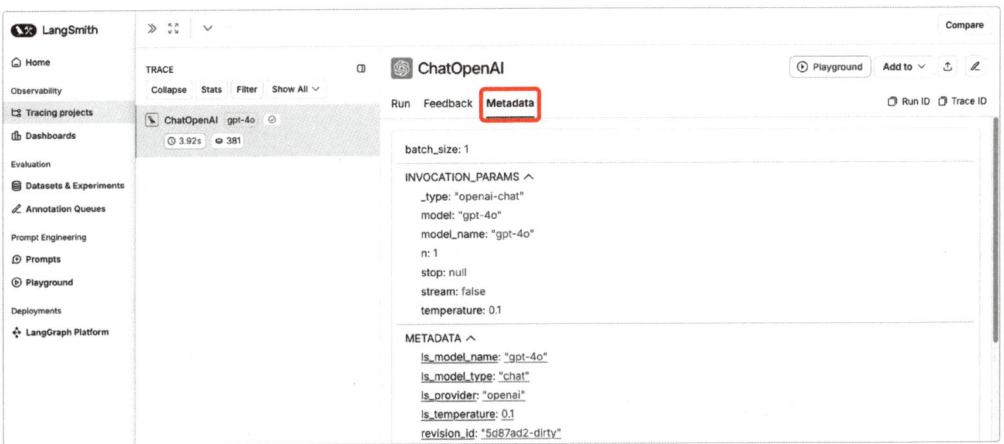

05 앞서 02-OpenAI-LLM.ipynb 실습 파일의 다음 코드를 통해서 LangSmith 추적을 활성화했습니다.

```
from langchain_teddynote import logging

logging.langsmith("CH01-Basic")    # 프로젝트 이름을 입력
```

06 때로는 LangSmith 추적을 원하지 않을 때도 있습니다. 이때는 set_enable 값을 False로 수정하고 실행합니다. 이제 이후에 실행한 질의 응답에 대해서는 LangSmith가 추적하지 않습니다. VS Code에서 **Restart**를 클릭해서 초기화한 후 코드 셀을 재실행하고 새로 질의 응답을 해 보세요. 그런 다음 LangSmith 웹사이트의 **Tracing projects**를 확인하면 아무 변화가 없는 것을 알 수 있습니다.

```
logging.langsmith("CH01-Basic", set_enable=False)
```

```
LangSmith 추적을 하지 않습니다.
```

07 LangSmith 추적을 다시 활성화하려면 set_enable 값을 True로 변경해서 실행합니다. 앞으로 LangChain을 이용할 때는 LangSmith 추적을 활성화해서 필요할 때마다 확인해 보는 습관을 가지는 게 좋습니다.

```
logging.langsmith("CH01-Basic", set_enable=True)
```

(03) 멀티모달 모델로 이미지를 인식하여 답변 출력하기

멀티모달(Multimodal) 기능은 텍스트뿐만 아니라 이미지, 음성 등 다양한 형태의 데이터를 입력이나 출력으로 처리하는 기술입니다. GPT-4o 모델을 사용해서 이미지를 인식시키고 그에 대한 텍스트를 작성하는 방법을 실습해 보겠습니다. 또한 시스템 프롬프트와 사용자 프롬프트를 직접 지정하는 방법도 실습해 보겠습니다.

멀티모달 기능 활용하기

실습 파일의 langchain_teddynote.models 라이브러리에 MultiModal이라는 클래스를 이용해서 쉽게 이미지를 인식하고 텍스트를 출력할 수 있게 준비해 두었습니다.

01 실습 파일 **01-Basic/02-OpenAI-LLM.ipynb**를 엽니다. 먼저 langchain_teddynote 패키지에서 MultiModal 기능을 임포트합니다. llm 객체를 생성해서 MultiModal 클래스를 정의했습니다. 이번에는 창의성을 나타내는 temperature를 0.1로 지정해 보겠습니다. 그리고 멀티모달 기능을 사용하기 위해 모델명은 gpt-4o로 지정합니다.

```
from langchain_teddynote.models import MultiModal

llm = ChatOpenAI(          # 객체 생성
    temperature=0.1,       # 창의성(0.0 ~ 2.0)
    model_name="gpt-4o",   # 모델명
)

multimodal_llm = MultiModal(llm) # 멀티모달 객체 생성
```

02 임의로 웹상에 있는 샘플 이미지(표를 나타낸 JPG 파일)의 경로를 `IMAGE_URL`에 할당합니다. 그리고 stream_response() 함수로 출력해 보겠습니다.

```
# 샘플 이미지 주소(웹사이트로부터 바로 인식)
IMAGE_URL = "https://t3.ftcdn.net/jpg/03/77/33/96/360_F_377339633_Rtv9I77sSmSNcev8bEcnVx
THrXB4nRJ5.jpg"

# 이미지 파일로부터 질의
answer = multimodal_llm.stream(IMAGE_URL)
# 스트리밍 방식으로 각 토큰을 출력(실시간 출력)
stream_response(answer)
```

03 코드 셀을 실행하면 샘플 이미지와 함께 이미지 속 표에 대한 설명이 출력됩니다. 이미지의 해상도가 그리 높지 않은 데도 정확하게 표 내용을 인식했습니다. 필요하다면 출력된 텍스트를 바탕으로 내용을 분석하도록 요청할 수도 있을 것입니다.

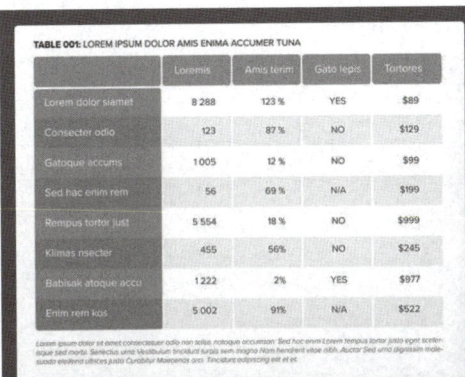

이 이미지는 표 형식으로 구성된 데이터 테이블입니다. 표의 제목은 "TABLE 001: LOREM IPSUM DOLOR AMIS ENIMA ACCUMER TUNA"입니다. 표는 다섯 개의 열로 구성되어 있으며, 각 열의 제목은 "Loremis", "Amis terim", "Gáto lepis", "Tortores"입니다.

각 행에는 다양한 데이터가 포함되어 있습니다. 예를 들어, 첫 번째 행은 "Lorem dolor siamet"이며, 그에 해당하는 값은 "8 288", "123 %", "YES", "$89"입니다. 다른 행들도 유사한 형식으로 데이터가 나열되어 있습니다.

표 아래에는 작은 글씨로 "Lorem ipsum" 문구가 포함된 설명 텍스트가 있습니다.

🐾 물론 이미지 해상도가 높을수록 이미지 속 내용을 더욱 잘 인식합니다.

04 이번에는 로컬에 있는 이미지도 입력해 보겠습니다. 실습 파일 **01-Basic/images** 폴더에서 sample-image.png 파일의 경로를 IMAGE_PATH_FROM_FILE에 할당합니다. 이미지 파일을 스트리밍 방식으로 출력해 보겠습니다.

```python
# 로컬 PC에 저장되어 있는 이미지의 경로 입력
IMAGE_PATH_FROM_FILE = "./images/sample-image.png"

# 이미지 파일로부터 질의(스트림 방식)
answer = multimodal_llm.stream(IMAGE_PATH_FROM_FILE)
# 스트리밍 방식으로 각 토큰을 출력(실시간 출력)
stream_response(answer)
```

🐾 이미지 경로 맨 앞에 있는 마침표(.)는 현재 실습 파일의 위치인 상대 경로를 나타냅니다. 필요하다면 C:/Users/사용자이름/Documents/langchain-kr/images/sample-image.png처럼 절대 경로로 지정해도 됩니다.

05 코드 셀을 실행하면 이미지와 함께 설명이 출력됩니다.

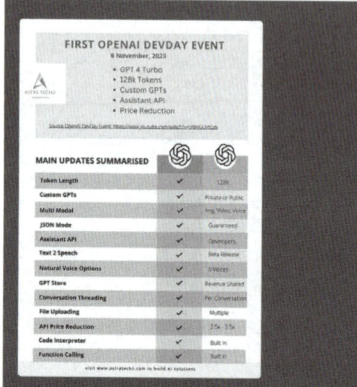

이미지는 "FIRST OPENAI DEVDAY EVENT"라는 제목의 포스터입니다. 날짜는 2023년 11월 6일로 표시되어 있습니다. 주요 업데이트 사항으로는 GPT 4 Turbo, 128k 토큰, 커스텀 GPTs, Assistant API, 가격 인하 등이 나열되어 있습니다.

포스터의 하단에는 주요 업데이트 요약이 표로 정리되어 있습니다. 각 항목과 그에 대한 설명은 다음과 같습니다:

- Token Length: 128K
- Custom GPTs: Private or Public
- Multi Modal: 이미지, 비디오, 음성
- JSON Mode: 보장됨
- Assistant API: 개발자용
- Text 2 Speech: 베타 릴리스
- Natural Voice Options: 6가지 음성

```
- GPT Store: 수익 공유
- Conversation Threading: 대화별
- File Uploading: 다중
- API Price Reduction: 2.5배 - 3.5배
- Code Interpreter: 내장됨
- Function Calling: 내장됨

포스터의 왼쪽 상단에는 "ASTRA TECHZ" 로고가 있으며, 하단에는 웹사이트 주소 "www.
astratechz.com"이 있습니다.
```

시스템 프롬프트와 사용자 프롬프트 지정하기

실습에 활용된 MultiModal 클래스에는 이미 시스템 프롬프트와 사용자 프롬프트를 간략하게 정의해 두었습니다. 여기서 시스템 프롬프트는 AI가 특정한 방식으로 반응하도록 지침을 설정하여 응답 스타일이나 목적, 제한 사항을 정의하며, 사용자 프롬프트는 AI에게 특정 질문이나 명령을 입력하는 것으로 AI에게 작업을 지시하는 역할을 합니다.

시스템 프롬프트와 사용자 프롬프트 역시 자신의 필요에 따라 사용자가 직접 설정할 수 있습니다. 시스템 프롬프트는 전역 설정이 적용되므로 모델의 역할을 나타내는 페르소나를 지정하고, 사용자 프롬프트에서는 재무제표 정리나 해석처럼 구체적인 작업을 쓰는 것이 좋습니다.

01 실습 파일에서 시스템 프롬프트(system_prompt)와 사용자 프롬프트(user_prompt)의 예시를 다음과 같이 작성했습니다. 지정한 프롬프트로 원하는 결과가 나오지 않는다면 원하는 답변이 나올 때까지 실험해 보며 변경하면 됩니다. 그런 다음 multimodal_llm_with_prompt에 멀티모달을 생성해서 llm 객체와 system_prompt, user_prompt를 지정합니다.

```
system_prompt = """당신은 표(재무제표)를 해석하는 금융 AI 어시스턴트입니다.
당신의 임무는 주어진 테이블 형식의 재무제표를 바탕으로 흥미로운 사실을 정리하여 친절하게
답변하는 것입니다."""

user_prompt = """당신에게 주어진 표는 회사의 재무제표입니다. 흥미로운 사실을 정리하여 답
변하세요."""

# 멀티모달 객체 생성
multimodal_llm_with_prompt = MultiModal(
    llm, system_prompt=system_prompt, user_prompt=user_prompt
)
```

02 재무제표 이미지의 경로를 입력하고 스트리밍 방식으로 출력합니다.

```
# 로컬 PC에 저장되어 있는 이미지의 경로 입력
IMAGE_PATH_FROM_FILE = "https://storage.googleapis.com/static.fastcampus.co.kr/prod/uploads/202212/080345-661/kwon-01.png"

# 이미지 파일로부터 질의(스트림 방식)
answer = multimodal_llm_with_prompt.stream(IMAGE_PATH_FROM_FILE)

# 스트리밍 방식으로 각 토큰을 출력(실시간 출력)
stream_response(answer)
```

03 재무제표 이미지와 지시에 따른 출력 결과가 나타납니다. 프롬프트를 잘 입력해 두면 이미지 속 텍스트를 인식하는 데 그치지 않고 투자자를 위한 기업 분석도 가능합니다.

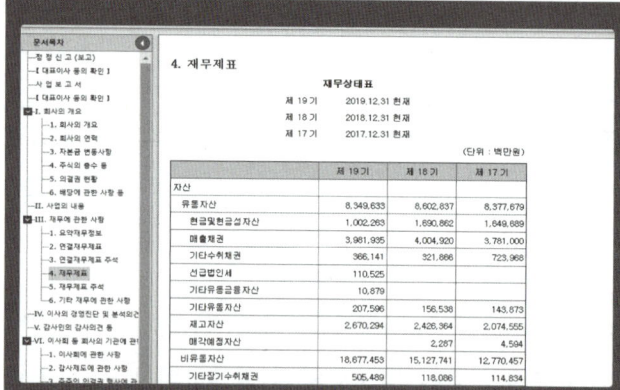

주어진 재무제표에서 몇 가지 흥미로운 사실을 정리해 보겠습니다.

1. **유동자산의 변화**:
   - 제 19기(2019년)에는 유동자산이 8,349,633백만 원으로, 제 18기(2018년) 8,602,837백만 원 대비 감소했습니다.
   - 현금 및 현금성 자산이 크게 감소하여 1,002,263백만 원으로 줄어들었습니다.

2. **매출채권**:
   - 매출채권은 제 18기 4,004,920백만 원에서 제 19기 3,981,935백만 원으로 소폭 감소했습니다.

3. **기타수취채권**:
   - 기타수취채권은 제 18기 321,866백만 원에서 제 19기 366,141백만 원으로 증가했습니다.

```
4. **비유동자산의 증가**:
   - 비유동자산은 제 18기 15,127,741백만 원에서 제 19기 18,677,453백만 원으로 크게 증가
했습니다.
   - 특히, 재고자산이 2,670,294백만 원으로 증가한 점이 눈에 띕니다.

5. **기타장기수취채권**:
   - 기타장기수취채권은 제 18기 118,086백만 원에서 제 19기 505,489백만 원으로 크게 증가
했습니다.

이러한 변화들은 회사의 자산 구조와 재무 상태에 중요한 영향을 미칠 수 있습니다. 특히 비유
동자산의 증가와 현금성 자산의 감소는 주목할 만한 변화입니다.
```

04 프롬프트 템플릿 활용하기

프롬프트(prompt)란 LLM에게 하는 질문 및 지시 사항과 원하는 출력 답변의 형태를 지정하는 것을 말합니다. **프롬프트 템플릿**(prompt template)이란 LangChain에서 모델에 제공할 프롬프트의 구조를 미리 정의하고, 사용자가 입력한 변수를 이용해 프롬프트 문자열을 만드는 틀입니다. ChatGPT를 사용할 때처럼 문자열로 일일이 프롬프트를 작성할 수도 있겠지만, 프롬프트 템플릿을 이용하면 일관된 형식을 유지하면서도 효율적으로 다양한 요청을 처리하고 실수를 줄일 수 있어 안정적인 출력 결과를 얻을 수 있습니다.

01 실습 파일 **01-Basic/03-LCEL.ipynb**를 엽니다. 먼저 API 키를 불러오겠습니다. 그리고 LangSmith 추적도 설정합니다.

```python
# API KEY를 환경 변수로 관리하기 위한 설정 파일
from dotenv import load_dotenv

# API KEY 정보 로드
load_dotenv()

# LangSmith 추적을 설정합니다. https://smith.langchain.com
from langchain_teddynote import logging

# 프로젝트 이름을 입력합니다.
logging.langsmith("CH01-Basic")
```

02 langchain_core.prompts 패키지에서 PromptTemplate을 임포트합니다. template 변수를 문자열로 정의하는데, 여기서 중괄호로 묶은 {country}가 입력 변수입니다. 입력 변수는 사용자가 질문(쿼리)에 입력하는 값에 따라 달라지는 값입니다. from_template 메서드에서 template에 할당한 문자열을 인자로 전달해서 템플릿으로 만듭니다.

```
from langchain_core.prompts import PromptTemplate

template = "{country}의 수도는 어디인가요?"    # template 정의

# from_template 메서드를 이용하여 PromptTemplate 객체 생성
prompt_template = PromptTemplate.from_template(template)
prompt_template
```

03 코드 셀을 실행하면 input_variables에 사용자 입력 변수인 country가 들어가 있습니다. input_variables는 변수를 리스트로 정의합니다. template에는 앞서 작성해 둔 프롬프트 템플릿이 지정되어 있습니다. 이렇게 하면 '대한민국의 수도는 어디인가요?', '미국의 수도는 어디인가요?'처럼 일일이 문자열을 다 작성할 필요 없이 나라 이름에 해당하는 변수만 치환하면 되므로 편리합니다.

```
PromptTemplate(input_variables=['country'], input_types={}, partial_variables={}, template='{country}의 수도는 어디인가요?')
```

05 LCEL로 체인 생성하기

이번에는 **LCEL**(LangChain Expression Language)에 대해 알아보겠습니다. 먼저 프롬프트에서 출력으로 이어지는 흐름을 나타낸 다음 그림을 살펴보겠습니다.

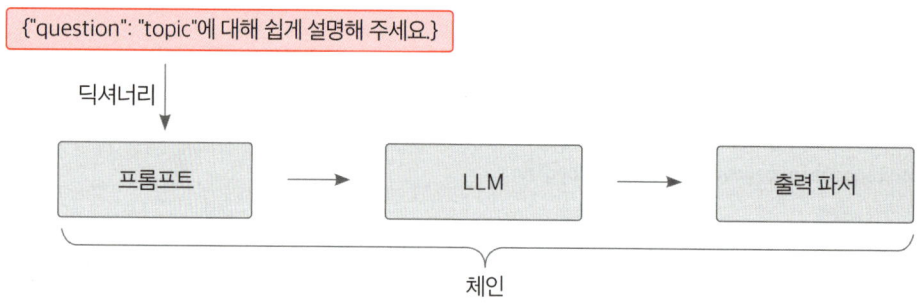

프롬프트는 템플릿을 기반으로 작동하는데, 여기에는 사용자의 질문을 담은 입력 변수가 포함됩니다. 가령 '{country}의 수도는 어디인가요?'라는 템플릿에서 사용자가 입력 변수 {country}에 '대한민국'을 넣으면 '대한민국의 수도는 어디인가요?'라는 프롬프트가 완성됩니다. 이 프롬프트를 LLM으로 전달하도록 연결하는 파이프라인을 **체인**(chain)이라고 합니다. 예를 들어 문서 파일을 열어 검색하고, 검색 결과를 추출하여 모델에서 출력하는 등의 복잡한 체인도 구성할 수 있습니다.

LCEL이란 여러 구성 요소를 하나의 체인으로 엮어 주는 표현을 나타냅니다. 체인은 다음과 같은 방식으로 표현합니다. 각 요소 사이에는 **파이프 연산자**(|)를 입력해 구분합니다.

```
chain = prompt | model | output_parser
```

invoke() 함수로 출력하기

좀 더 구체적인 예를 살펴보겠습니다. 다음 프롬프트 템플릿(prompt)에서 입력 변수 {topic}에 사용자 입력을 받으면 model의 ChatOpenAI() 메서드로 전달되는 구조입니다. invoke() 함수는 호출 시 파이썬 딕셔너리 형태(키: 값)로 입력값을 전달합니다.

01 01-Basic/03-LCEL.ipynb를 열어 봅니다. 다음 코드를 작성합니다. prompt에서 model로 전달하는 순서로 파이프 연산자를 연결했습니다.

```
from langchain_openai import ChatOpenAI

# prompt를 PromptTemplate 객체로 생성
prompt = PromptTemplate.from_template("{topic}에 대해 쉽게 설명해주세요.")

model = ChatOpenAI()

chain = prompt | model
```

02 input 변수에 딕셔너리 형태로 {topic}과 그에 대한 입력값을 할당하고 invoke() 함수로 답변을 출력합니다.

```
# input 딕셔너리에 주제를 '인공지능 모델의 학습 원리'로 설정
input = {"topic": "인공지능 모델의 학습 원리"}

# invoke 메서드를 사용하여 input을 전달해서 AI 모델이 생성한 메시지를 반환
chain.invoke(input)
```

```
AIMessage(content='인공지능 모델의 학습 원리는 데이터를 입력으로 받아서 패턴을 학습하는 과정입니다. 모델은 입력된 데이터를 분석하여 패턴을 찾아내고, 이 패턴을 바탕으로 새로운 데이터를 예측하거나 분류할 수 있습니다.\n\n이 과정은 크게 입력층, 은닉층, 출력층으로 구성된 신경망을 사용하여 이루어집니다. 입력층에서는 데이터가 모델로 입력되고, 은닉층에서는 입력된 데이터를 처리하여 중요한 패턴을 추출합니다. 마지막으로 출력층에서는 모델이 예측한 결과를 출력합니다.\n\n모델은 입력된 데이터와 예측 결과의 차이를 최소화하는 방향으로 학습을 진행하며, 이를 위해 가중치와 편향을 조절하면서 모델을 최적화시킵니다. 이렇게 학습된 모델은 새로운 데이터에 대해 정확한 예측을 할 수 있게 됩니다.', additional_kwargs={'refusal': None}, response_metadata={'token_usage': {'completion_tokens': 313, 'prompt_tokens': 33, 'total_tokens': 346, 'completion_tokens_details': {'audio_tokens': None, 'reasoning_tokens': 0}, 'prompt_tokens_details': {'audio_tokens': None, 'cached_tokens': 0}}, 'model_name': 'gpt-3.5-turbo-0125', 'system_fingerprint': None, 'finish_reason': 'stop', 'logprobs': None}, id='run-6e3e3870-72b9-4226-b0a7-d905f161899d-0', usage_metadata={'input_tokens': 33, 'output_tokens': 313, 'total_tokens': 346, 'input_token_details': {'cache_read': 0}, 'output_token_details': {'reasoning': 0}})
```

03 invoke() 함수 대신 스트리밍 출력을 하려면 다음과 같이 작성합니다.

```
from langchain_teddynote.messages import stream_response
answer = chain.stream(input)        # 스트리밍 출력을 위한 요청
stream_response(answer)              # 스트리밍 출력
```

04 프롬프트 템플릿 변수는 여러 개로 적을 수도 있습니다. 가령 앞서 작성했던 프롬프트 템플릿 코드에 {how} 변수를 추가하고 코드 셀을 실행해 보겠습니다.

```
from langchain_openai import ChatOpenAI

# prompt를 PromptTemplate 객체로 생성
prompt = PromptTemplate.from_template("{topic}에 대해 쉽게 {how} 설명해주세요.")

model = ChatOpenAI()

chain = prompt | model
```

🐾 프롬프트 템플릿을 갱신할 경우 코드를 수정하고 꼭 체인을 정의한 부분의 코드 셀을 다시 실행해야 합니다.

05 아직 {how} 변수를 입력하지 않았으므로 이 상태로 코드를 출력한다면 오류가 날 것입니다. input 객체에 {how} 변수에 대한 입력값을 딕셔너리 형태로 지정하고 invoke() 함수를 실행합니다. 이처럼 프롬프트 템플릿에 정의하는 변수에 따라서 프롬프트의 결과물이 달라집니다.

```
# input 딕셔너리에 주제를 '인공지능 모델의 학습 원리'으로 설정
input = {"topic": "인공지능 모델의 학습 원리", "how": "5살짜리도 이해하기 쉽게"}

chain.invoke(input)
```

```
AIMessage(content='인공지능 모델이란 컴퓨터 프로그램이에요. 이 프로그램은 데이터를 가지고 학습을 해서 문제를 해결할 수 있어요. 예를 들어, 고양이 사진을 보여주면서 "이게 무슨 동물인지 알려줘"라고 물으면, 인공지능 모델은 이 사진이 고양이라고 맞추게끔 학습을 해요. 이런 식으로 계속 학습을 하면서 더 정확하게 문제를 해결할 수 있게 되는 거예요.', additional_kwargs={'refusal': None}, response_metadata={'token_usage': {'completion_tokens': 174, 'prompt_tokens': 48, 'total_tokens': 222, 'completion_tokens_details': {'audio_tokens': None, 'reasoning_tokens': 0}, 'prompt_tokens_details': {'audio_tokens': None, 'cached_tokens': 0}}, 'model_name': 'gpt-3.5-turbo-0125', 'system_fingerprint': None, 'finish_reason': 'stop', 'logprobs': None}, id='run-d4d5d2bc-a697-40d3-b30b-5cb2252ab74c-0', usage_metadata={'input_tokens': 48, 'output_tokens': 174, 'total_tokens': 222, 'input_token_details': {'cache_read': 0}, 'output_token_details': {'reasoning': 0}})
```

06 출력 파서를 체인에 연결하기

출력 파서 StrOutputParser는 LLM이 생성한 출력 결과를 필요에 맞게 가공하고 구조화하는 단계입니다. 출력 텍스트를 분석하여 특정 데이터 혹은 패턴을 추출하거나 사용자의 의도에 맞게 답변을 다듬는 역할을 합니다.

> 🐾 파싱(Parsing)이란 '분석하다', '구문을 해석하다'라는 뜻을 가진 단어로, 컴퓨터가 데이터를 이해하고 활용할 수 있도록 변환하는 과정입니다. LLM이 생성한 답변에는 단순한 텍스트뿐만 아니라 메타데이터와 같은 추가 정보도 있는데, 출력 파서는 이런 정보를 파싱해서 LLM의 응답에서 핵심 내용을 추출하고 문자열로 변환합니다. AI 답변의 파싱 결과를 이용해 데이터를 원하는 형식으로 정리하거나 특정 패턴을 찾아낼 수도 있습니다.

출력 파서를 이용해 문자열로 답변 출력하기

이전 실습(**01-Basic/03-LCEL.ipynb**)에서 생성한 답변은 AIMessage 객체에 감싸져 있으며, content(답변 텍스트)와 response_metadata(토큰 수, 모델명 등)와 같은 정보가 모두 포함되어 있습니다. 출력 파서를 이용해 답변을 문자열 형식으로 출력해 보겠습니다.

01 실습 편의를 위해 이전 실습(**01-Basic/03-LCEL.ipynb**)에서 프롬프트 템플릿에 추가했던 {how} 변수를 제거하고 {topic} 변수만 남기겠습니다.

```python
from langchain_openai import ChatOpenAI

# prompt를 PromptTemplate 객체로 생성
prompt = PromptTemplate.from_template("{topic}에 대해 쉽게 설명해주세요.")

model = ChatOpenAI()

# input 딕셔너리에 주제를 '인공지능 모델의 학습 원리'로 설정
input = {"topic": "인공지능 모델의 학습 원리"}
```

02 LangChain에서 LLM의 응답을 문자열로 변환하는 파서인 StrOutputParser를 임포트합니다. StrOutputParser 객체를 생성합니다.

```python
from langchain_core.output_parsers import StrOutputParser

output_parser = StrOutputParser()
```

03 체인에 출력 파서(output_parser)를 추가합니다. 이제 프롬프트에 내용을 입력하면 LLM으로 전달되고, LLM이 생성한 답변은 출력 파서가 해석(파싱)합니다.

```
# 프롬프트, 모델, 출력 파서를 연결하여 처리 체인을 구성
chain = prompt | model | output_parser
```

04 invoke() 함수로 답변을 출력해 보겠습니다. 문자열로 된 답변을 얻을 수 있습니다.

```
# chain 객체의 invoke 메서드를 사용하여 input을 전달
input = {"topic": "인공지능 모델의 학습 원리"}
chain.invoke(input)
```

'인공지능 모델의 학습 원리는 데이터를 활용하여 모델이 패턴을 학습하고 결정을 내리는 과정입니다. 먼저, 모델은 데이터를 입력받아 특정한 패턴을 찾아내기 위한 가중치를 조정하고, 이를 통해 예측을 수행합니다. 이때, 모델은 예측 결과와 실제 결과 간의 차이를 최소화하는 방향으로 학습을 진행하며, 이를 통해 더 나은 성능을 발휘할 수 있도록 개선됩니다. 이러한 과정을 반복하면서 모델은 더 정확한 예측을 수행할 수 있게 되는 것입니다.'

프롬프트 템플릿 변경해서 적용하기

프롬프트 템플릿을 변경해서 출력 파서에 연결해 보겠습니다. 이번 실습에서 프롬프트 내용은 얼마든지 변경해서 테스트해 볼 수 있으며, model_name 같은 정보도 변경해 볼 수 있습니다. 마지막으로 프롬프트 템플릿을 LangSmith에서 확인하는 방법도 살펴보겠습니다.

01 프롬프트 템플릿을 다음과 같이 지정하고 출력 파서를 추가해 체인을 구성합니다. 이번에는 모델을 gpt-4-turbo로 지정했습니다. 여기서 {question}이 입력 변수이며, 출력할 답변의 양식을 '영어 회화:'와 '한글 해석:'으로 나눠서 지정해 두었습니다.

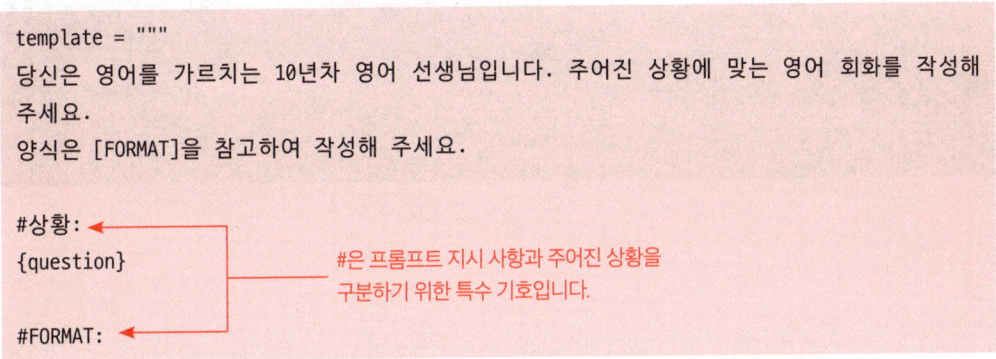

```
template = """
당신은 영어를 가르치는 10년차 영어 선생님입니다. 주어진 상황에 맞는 영어 회화를 작성해 주세요.
양식은 [FORMAT]을 참고하여 작성해 주세요.

#상황:
{question}

#FORMAT:
```

#은 프롬프트 지시 사항과 주어진 상황을 구분하기 위한 특수 기호입니다.

```
- 영어 회화:
- 한글 해석:
"""
```

🐾 앞에서 프롬프트를 보기 좋게 작성하기 위해 줄 바꿈을 적용했습니다. 이처럼 파이썬에서 문자열을 여러 줄에 걸쳐 적으려면 큰따옴표 세 개(""")로 문자열을 묶어 줍니다. 그리고 프롬프트에서 변수를 지정하는 용도가 아니라 문자열로 중괄호를 쓰고 싶으면 중괄호를 두 개씩 사용합니다.

02 프롬프트를 생성하고 모델과 출력 파서를 초기화합니다. 여기서도 프롬프트, LLM, 출력 파서를 연결해서 체인을 구성했습니다.

```python
# 프롬프트 템플릿을 이용하여 프롬프트를 생성
prompt = PromptTemplate.from_template(template)

# ChatOpenAI 모델을 초기화
model = ChatOpenAI(model_name="gpt-4-turbo")

# 문자열 출력 파서를 초기화
output_parser = StrOutputParser()

chain = prompt | model | output_parser      # 체인을 구성
```

03 완성된 체인을 invoke() 함수로 출력해 보겠습니다. 프롬프트 템플릿에서 지정한 양식대로 답변이 출력됩니다. 이처럼 프롬프트 템플릿을 활용하면 질문과 답변에서 바뀌는 부분만 변수로 지정해 두고, 나머지 부분은 정해진 형식에 따라 생성할 수 있습니다.

```python
print(chain.invoke({"question": "저는 식당에 가서 음식을 주문하고 싶어요"}))
```

```
- 영어 회화:
  Person: "Hello, I'd like to see the menu, please."
  Waiter: "Of course, here you go."
  Person: "I'd like the grilled salmon with a side of vegetables, please."
  Waiter: "Would you like anything to drink?"
  Person: "Yes, could I have a glass of white wine?" ...
```

```
- 한글 해석:
손님: "안녕하세요, 메뉴판 좀 볼 수 있을까요?"
웨이터: "물론이죠, 여기 있습니다."
손님: "구운 연어와 야채 사이드를 주문할게요."
웨이터: "음료는 필요하신가요?"
손님: "네, 화이트 와인 한 잔 주세요." ...
```

04 이번에는 {question} 변수를 "미국에서 피자 주문"으로 바꿔 보겠습니다. 이전 실습에서 사용해 본 langchain_teddynote 기능을 이용하면 손쉽게 스트리밍 출력도 할 수 있습니다.

```
from langchain_teddynote.messages import stream_response

# 스트리밍 출력을 위한 요청
answer = chain.stream({"question": "미국에서 피자 주문"})
stream_response(answer)   # 스트리밍 출력
```

05 LangSmith 웹사이트에 접속해서 **CH01-Basic**을 선택하면 앞에서 실행했던 작업의 프롬프트와 토큰 수 등을 확인할 수 있습니다. 앞으로도 체인 과정에서 이해되지 않는 부분이 있다면 LangSmith의 내역을 확인해 보기 바랍니다.

URL https://smith.langchain.com

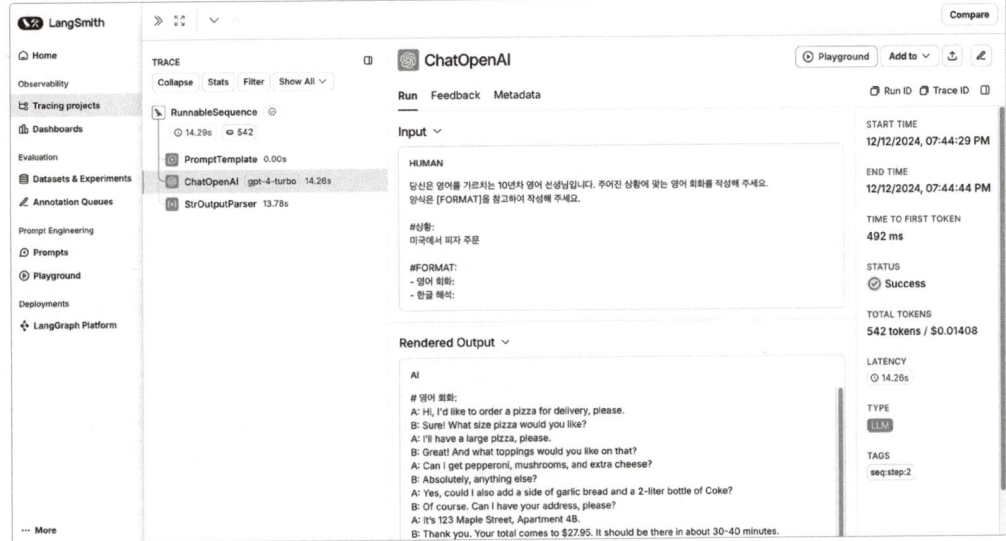

(07) batch() 함수로 일괄 처리하기

Runnable은 LangChain에서 프롬프트 템플릿, LLM 호출기, 출력 파서 등 다양한 컴포넌트를 연결하고 실행하는 방식을 표준화한 공통 인터페이스입니다. 여기서 말하는 **컴포넌트**란 입력을 구성하는 프롬프트 템플릿, 언어 모델을 호출하는 LLM 래퍼, 모델의 응답을 처리하는 출력 파서 등 체인을 구성하는 기능 단위를 의미합니다.

Runnable 프로토콜을 사용하면 사용자 정의 체인을 쉽게 만들 수 있습니다. Runnable 프로토콜은 대부분의 컴포넌트에 구현되어 있으며, 표준화된 인터페이스를 제공해 사용자의 요구에 맞게 체인을 호출할 수 있습니다. **Runnable 표준 인터페이스**에는 다음과 같은 것들이 있습니다.

- **stream()**: 응답의 청크를 스트리밍합니다.
- **invoke()**: 입력에 대해 체인을 호출합니다.
- **batch()**: 여러 작업을 그룹으로 묶어서 일괄 처리하는 방식입니다. 여러 개의 딕셔너리로 이루어진 리스트를 인자로 받아 각 딕셔너리에서 특정 키 값으로 사용합니다.

01 실습 파일 **01-Basic/04-LCEL-Advanced.ipynb**를 연 뒤 환경 변수를 호출하고 LangSmith 추적도 시작합니다.

```python
# API KEY를 환경 변수로 관리하기 위한 설정 파일
from dotenv import load_dotenv

load_dotenv()    # API KEY 정보 로드

# LangSmith 추적을 설정합니다. https://smith.langchain.com
from langchain_teddynote import logging

logging.langsmith("CH01-Basic")    # 프로젝트 이름을 입력
```

02 입력 변수 {topic}에 대한 간단한 프롬프트를 작성했습니다. 프롬프트와 LLM과 출력 파서의 체인을 구성했습니다.

```python
from langchain_openai import ChatOpenAI
from langchain_core.prompts import PromptTemplate
from langchain_core.output_parsers import StrOutputParser

# ChatOpenAI 모델을 인스턴스화
model = ChatOpenAI()
# 주어진 토픽에 대한 설명을 요청하는 프롬프트 템플릿을 생성
prompt = PromptTemplate.from_template("{topic}에 대하여 3문장으로 설명해줘.")
# 프롬프트와 모델을 연결하여 대화 체인을 생성
chain = prompt | model | StrOutputParser()   # ← 답변을 문자열 형식으로 출력하도록 강제합니다.
```

03 입력 변수 {topic}에 ChatGPT와 Instagram을 넣으려고 합니다. batch() 함수로 각각 따로 호출해서 답변을 얻는 대신 배치 단위로 묶어 한 번에 처리해 보겠습니다. ChatGPT와 Instagram에 대한 답변이 리스트 형식으로 출력됩니다.

```python
# 주어진 토픽 리스트를 batch 처리하는 함수 호출
chain.batch([{"topic": "ChatGPT"}, {"topic": "Instagram"}])
```

```
['ChatGPT는 인공지능 챗봇으로 자연어 처리 기술을 이용해 사용자와 대화할 수 있습니다. 사용자의 질문에 대답하거나 대화를 이어가는 등 다양한 상황에서 활용됩니다. ChatGPT는 텍스트 기반으로 작동하며, 대화를 통해 정보를 제공하고 사용자의 요청에 대응합니다.',
 'Instagram은 사진과 동영상을 공유하고 소셜 네트워크를 통해 커뮤니케이션을 할 수 있는 앱이다. 사용자들은 팔로우, 좋아요, 댓글 등을 통해 서로 소통하며 콘텐츠를 공유한다. 또한 인스타그램 스토리 기능을 통해 임시적인 콘텐츠를 업로드할 수도 있다.']
```

04 필요하다면 배치 처리 결과를 answer에 저장하고, 인덱스 번호를 붙여 답변을 따로 출력할 수도 있습니다.

```python
answer = chain.batch([{"topic": "ChatGPT"}, {"topic": "Instagram"}])
answer[0]
```

```
'ChatGPT는 인공지능 챗봇으로, 자연어 처리 기술을 활용하여 대화를 진행합니다. 사용자의 질문에 대답하거나 대화를 이어나가며 다양한 주제에 대해 정보를 제공합니다. ChatGPT는 학습을 통해 점차적으로 더 ...
```

05 이번에는 배치 단위로 다섯 개의 질문을 처리해 보려고 합니다. `batch()` 함수의 동작 방식을 설정하는 `config` 매개변수를 추가했습니다. 동시에 처리할 최대 작업 수를 뜻하는 `max_concurrency` 값을 3으로 지정하면 동시에 세 개씩 처리하는 식으로 작업을 나눠서 처리합니다.

```
chain.batch(
  [
    {"topic": "ChatGPT"},
    {"topic": "Instagram"},
    {"topic": "멀티모달"},
    {"topic": "프로그래밍"},
    {"topic": "머신러닝"},
  ],
  config={"max_concurrency": 3},
)
```

08 비동기 호출 방법

이번에는 **비동기 스트림**(asynchronous stream)에 대해서 알아보겠습니다. **비동기**(asynchronous)는 **동기**(synchronous)와 대비되는 개념으로, 컴퓨터 프로그래밍에서 매우 중요하게 활용됩니다.

동기 방식과 비동기 방식의 차이를 커피숍의 예시로 설명해 드리겠습니다. 동기 방식은 한 번에 하나의 작업만 처리하는 방식입니다. 커피숍에서 커피를 주문하고 나서 커피가 나올 때까지 아무것도 하지 않은 채 기다리는 것이 동기 방식입니다. 반면 비동기 방식은 작업을 요청한 후 그 작업이 완료되기를 기다리면서 다른 작업을 수행하는 방식입니다. 커피를 주문해 놓고 커피가 나올 때까지 책을 읽거나 친구와 이야기를 나누다가 커피 준비 완료 알림을 받고 찾으러 가는 것이 비동기 방식입니다.

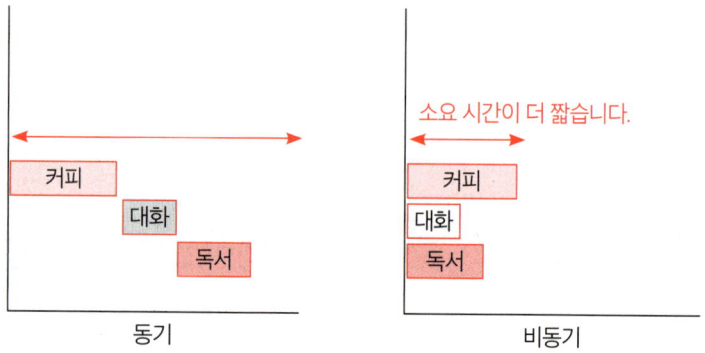

프로그래밍에서 비동기 처리는 프로그램의 효율성과 사용자 경험을 크게 향상시키는 핵심 기술입니다. 특정 작업이 실행되는 동안에도 프로그램을 멈추지 않고 다른 작업을 계속 처리할 수 있게 해 줍니다. 가장 대표적인 예로 웹 서버를 들 수 있는데, 비동기 처리 덕분에 하나의 요청이 처리되는 동안에도 다른 사용자들의 요청을 동시에 처리할 수 있습니다.

비동기 메서드의 가장 큰 장점은 시스템 자원을 효율적으로 활용할 수 있다는 점입니다. 어떤 작업의 응답을 기다리는 동안에도 다른 작업을 처리할 수 있어 전체적인 처리량이 늘어나고 응답 시간도 단축됩니다. 사용자 입장에서도 한 작업이 백그라운드에서 처리되는 동안 다른 활동을 자유롭게 할 수 있어 애플리케이션의 사용성이 더욱 좋아집니다.

이러한 비동기 방식은 ChatGPT를 활용한 서비스 구현에도 적용할 수 있습니다. 우리는 서비스를 만들 때 한두 명이 아니라 여러 사람이 사용할 것을 염두에 두고 만듭니다. 특히 특정 시간대에 많은 사용자가 몰리기 마련인데, 비동기 처리가 없다면 한 사용자의 요청이 처리되는 동안 다른 사용자들은 기다려야 하는 심각한 문제가 발생할 수 있습니다.

async stream: 비동기 스트림

astream() 함수는 비동기 스트림을 생성하여 특정 주제의 메시지를 비동기적으로 처리합니다. 이 함수는 비동기 for 반복문(async for)을 활용해 스트림으로부터 메시지를 하나씩 순차적으로 가져옵니다. 가져온 메시지는 print() 함수를 통해 즉시 화면에 표시하는데, 이때 메시지의 실제 내용은 s.content를 통해 접근할 수 있습니다.

출력과 관련된 두 가지 중요한 설정이 있습니다. end=""는 각 메시지를 출력한 후 자동 줄바꿈을 하지 않도록 하는 설명이며, flush=True는 출력 버퍼를 즉시 비워 메시지가 지체 없이 화면에 나타나도록 합니다.

```
# 비동기 스트림을 사용하여 'YouTube' 주제의 메시지를 처리
async for token in chain.astream({"topic": "YouTube"}):

    # 메시지 내용을 출력. 줄바꿈 없이 바로 출력하고 버퍼를 비움
    print(token, end="", flush=True)
```

비동기 스트림을 사용할 때는 async 키워드를 앞에 붙입니다.

😺 여기서 버퍼는 데이터를 임시로 보관하는 저장 공간입니다. print() 함수의 경우 출력할 내용이 먼저 이 버퍼에 저장되고, 특정 조건이 충족되면 저장된 내용이 한꺼번에 화면에 출력되는 방식으로 작동합니다. 보통 print() 함수는 두 가지 경우에 버퍼의 내용을 출력하는데, 하나는 버퍼가 가득 찼을 때이고, 다른 하나는 줄바꿈이 발생했을 때입니다.

async invoke: 비동기 호출

ainvoke() 함수는 작업을 비동기적으로 처리하는 함수입니다. 이 함수를 호출할 때는 딕셔너리 형태의 인자를 전달하는데, 여기서는 topic이라는 키에 NVDA(엔비디아의 주식 티커)라는 값을 담아 전달합니다. 이런 방식으로 ainvoke() 함수는 특정 토픽에 대한 처리를 비동기적으로 요청하는 데 사용될 수 있습니다.

```
# 비동기 체인 객체의 ainvoke 메서드를 호출하여 'NVDA' 토픽을 처리
my_process = chain.ainvoke({"topic": "NVDA"})

await my_process
```

비동기 작업이 완료될 때까지 프로그램이 계속 진행되지 않도록 await 키워드를 앞에 붙입니다.

async batch: 비동기 배치

abatch() 함수는 여러 작업을 한꺼번에 비동기적으로 처리하는 일괄 처리 함수입니다. 이 예시에서는 chain 객체가 제공하는 abatch() 함수를 활용해 topic과 관련된 여러 작업들을 동시에 비동기 방식으로 처리하고 있습니다.

```
# 주어진 주제에 대해 비동기적으로 일괄 처리
my_abatch_process = chain.abatch(
    [{"topic": "YouTube"}, {"topic": "Instagram"}, {"topic": "Facebook"}]
)

await my_abatch_process    # 비동기 일괄 처리 프로세스가 완료될 때까지 대기
```

(09) Runnable로 병렬 체인 구성하기

LCEL의 병렬 처리 기능에 대해 알아보겠습니다. 먼저 병렬 처리의 기반이 되는 Runnable(실행 가능한 객체)에 대해 알아볼 필요가 있습니다. LangChain 공식 문서에 따르면 Runnable이란 사용자가 원하는 형태의 체인을 쉽게 만들 수 있도록 지원하는 실행 가능한 프로토콜이라고 설명하고 있습니다.

이전에 우리가 chain = prompt | model | StrOutputParser() 형태로 체인을 구성했던 것을

기억할 텐데요. 이때 사용된 각각의 요소(모듈)들, prompt, model, StrOutputParser()는 모두 Runnable 프로토콜을 가지고 있습니다. 이 요소들을 연결해 만든 chain 자체도 Runnable입니다. 이렇게 여러 Runnable 체인을 병렬적으로 동시에 실행하는 것을 **RunnableParallel**이라고 합니다.

이번 실습에서는 이러한 병렬 처리의 실제 활용 예시를 다뤄 보겠습니다. 사용자가 나라 이름을 입력하면 해당 국가의 수도를 찾는 작업과 면적을 구하는 작업을 동시에 처리하는 방법을 살펴보고, 이어서 여러 작업을 배치(batch) 형태로 병렬 처리하는 방법도 알아보겠습니다.

01 RunnableParallel 클래스를 활용해 두 가지 작업을 동시에 처리(병렬 실행)해 보겠습니다. 먼저 langchain_core.runnables 모듈에서 RunnableParallel 클래스를 가져옵니다. 그리고 ChatPromptTemplate의 from_template 메서드를 활용해 두 개의 독립적인 체인(chain1, chain2)을 생성합니다. 이 체인들은 주어진 country 변수를 사용해 각각 다른 정보를 조회합니다.

첫 번째 체인(chain1)은 국가의 수도를 찾는 작업을 수행합니다. PromptTemplate에 '{country}의 수도는 어디야?'라는 질문을 정의하는데, 여기서 {country}는 사용자가 입력할 나라 이름이 들어갈 변수입니다. 이후 이 체인의 출력은 StrOutputParser를 통해 문자열 형식으로 변환됩니다. 두 번째 체인(chain2)도 비슷한 형태이며, 질문만 '{country}의 면적은 얼마야?'로 바뀌었습니다.

```
from langchain_core.runnables import RunnableParallel

chain1 = (         # {country}의 수도를 물어보는 체인을 생성
  PromptTemplate.from_template("{country}의 수도는 어디야?")
  | model
  | StrOutputParser()
)

chain2 = (         # {country}의 면적을 물어보는 체인을 생성
  PromptTemplate.from_template("{country}의 면적은 얼마야?")
  | model
  | StrOutputParser()
)
```

체인의 프롬프트와 모델, 출력 파서는 각각 파이프 연산자(|)를 통해 연결됩니다.

02 두 체인을 병렬로 실행하기 위해 RunnableParallel 클래스를 사용합니다. 두 체인의 실행 결과를 구분해서 받기 위해 각각의 체인에 고유한 키를 할당합니다. chain1은 capital이라는 키에, chain2는 area라는 키에 넣습니다. 이렇게 설정하면 실행 결과를 받을 때 각 키를 통해 원하는 정보에 쉽게 접근할 수 있습니다. 예를 들어 capital 키를 통해 수도 정보를, area 키를 통해 면적 정보를 확인하는 식입니다. 두 체인을 combined라는 하나의 객체로 통합하면 두 작업이 동시에 병렬로 처리되면서도 각각의 결과는 독립적으로 관리할 수 있습니다.

```python
# 앞에서 만든 두 개 체인을 동시에 생성하는 병렬 실행 체인을 생성
combined = RunnableParallel(capital=chain1, area=chain2)
```

03 chain1 객체의 invoke() 메서드를 호출하여 대한민국의 수도를 조회하겠습니다. 이때 country라는 키에 '대한민국'이라는 값을 가진 딕셔너리를 전달하면 chain1은 '대한민국의 수도는 어디야?'라는 질문을 생성하고 모델은 이에 대한 답변을 반환할 것입니다.

```python
chain1.invoke({"country": "대한민국"})    # chain1을 실행
```

```
'대한민국의 수도는 서울입니다.'
```

04 이번에는 chain2.invoke()를 호출합니다. country 키에 다른 국가인 '미국'을 전달합니다.

```python
chain2.invoke({"country": "미국"})    # chain2를 실행
```

```
'미국의 면적은 약 9,826,675 km²입니다.'
```

05 combined 객체의 invoke() 메서드는 주어진 country에 대한 처리를 수행합니다. '대한민국'이라는 값을 invoke() 메서드에 전달하여 실행합니다.

```python
combined.invoke({"country": "대한민국"})    # 병렬 실행 체인을 실행
```

```
{'capital': '대한민국의 수도는 서울입니다.', 'area': '대한민국의 총 면적은 약 100,363 km²입니다.'}
```

06 배치 처리를 통해 여러 데이터를 한 번에 입력하고, 그에 대한 답변을 한꺼번에 받을 수 있습니다. chain1.batch() 함수는 여러 개의 딕셔너리를 포함하는 리스트를 인자로 받아, 각 딕셔너리에 있는 키에 해당하는 값을 처리합니다. 첫 번째 배치에서는 '대한민국'이 입력되어 두 개의 체인이 동시에 실행됩니다. 그다음에는 '미국'이 입력되어 두 개의 체인이 다시 동시에 실행됩니다.

```
chain1.batch([{"country": "대한민국"}, {"country": "미국"}])
```

```
['한국의 수도는 서울입니다.', '미국의 수도는 워싱턴 D.C.입니다.']
```

07 이와 유사하게 chain2.batch() 함수에서도 배치 처리를 수행하면 대한민국과 미국에 대한 면적 정보가 출력됩니다.

```
chain2.batch([{"country": "대한민국"}, {"country": "미국"}])
```

```
['대한민국의 총 면적은 약 100,363 제곱킬로미터입니다.', '미국의 면적은 약 9,833,520 km² 입니다.']
```

08 combined.batch() 함수로 주어진 데이터를 배치로 처리합니다. 수도와 면적 정보가 각각 두 나라에 대해 동시에 처리됩니다.

```
combined.batch([{"country": "대한민국"}, {"country": "미국"}])
```

```
[{'capital': '대한민국의 수도는 서울입니다.', 'area': '대한민국의 면적은 약 100,363km²입니다.'},
 {'capital': '미국의 수도는 워싱턴 D.C.입니다.', 'area': '미국의 면적은 약 9,834만 제곱킬로미터입니다.'}]
```

(10) 값을 전달해 주는 RunnablePassthrough

데이터를 효과적으로 전달하는 방법 중 하나인 **RunnablePassthrough**에 대해서 살펴보겠습니다. 프롬프트의 변수를 입력할 때는 기본적으로 키-값 쌍의 딕셔너리 형식을 사용해야 합니다. 변수가 하나일 때는 값만 입력하는 것도 가능하지만, 일관성을 위해 키와 값을 모두 명시하는 것이 좋습니다.

그런데 개발을 하다 보면 딕셔너리 형식 대신 단순히 숫자만 입력하는 등 더 간단한 방식으로 데이터를 전달하고 싶을 때가 있습니다. 이럴 때 RunnablePassthrough를 사용합니다. RunnablePassthrough 객체는 입력받은 값을 별도의 변환이나 처리 없이 그대로 다음 단계로 전달합니다. 특히 RunnablePassthrough.assign()은 기존 입력 딕셔너리의 데이터를 수정하거나 확장하는 데 유용합니다. 이때 기존 데이터는 그대로 유지되고, 새로운 데이터를 추가하거나 변형된 데이터를 함께 결합하여 반환합니다. 즉, 입력값과 계산된 값이 모두 포함된 최종 결과를 얻게 되는 것이죠. 여기서 중요한 점은 RunnablePassthrough.assign()을 사용하면 입력값을 그대로 유지하면서도 추가로 값을 계산하거나 변형된 데이터를 결합할 수 있다는 것입니다.

01 실습 파일 **01-Basic/05-Runnable.ipynb**를 열어 봅니다. 환경 변수를 설정하고 LangSmith 추적을 활성화합니다.

```
from dotenv import load_dotenv      # .env 파일을 읽어서 환경 변수로 설정
from langchain_teddynote import logging

load_dotenv()           # 토큰 정보 로드
logging.langsmith("CH01-Basic")     # 프로젝트 이름을 입력
```

🐾 앞으로는 환경 변수 및 LangSmith 추적 관련 코드 설명은 편의상 생략하겠습니다. 이후 실습에서도 해당 코드 셀을 실행한 다음에 실습을 진행해 주세요.

02 먼저 프롬프트 템플릿을 작성하고 체인을 만들었습니다. 프롬프트 템플릿에서 {num}이라는 입력 변수가 들어가 있습니다. 사용자가 값을 입력하면 '입력한 숫자의 10배는?'이라는 질문이 완성되어 ChatOpenAI 모델에 전달되고, 모델이 해당 질문에 대한 답변을 반환하는 구조입니다.

```
from langchain_core.prompts import PromptTemplate
from langchain_openai import ChatOpenAI

# prompt와 llm을 생성
prompt = PromptTemplate.from_template("{num}의 10배는?")
llm = ChatOpenAI(temperature=0)

chain = prompt | llm        # chain을 생성
```

03 chain을 invoke() 메서드로 실행합니다. num 변수의 값으로 5를 지정했습니다. 항상 입력 데이터의 타입은 키와 값의 쌍으로 구성된 딕셔너리여야 합니다. 답변에 '50입니다.'가 출력되는 것을 알 수 있습니다.

```
chain.invoke({"num": 5}) # chain을 실행
```

```
AIMessage(content='50입니다.', additional_kwargs={'refusal': None}, response_
metadata={'token_usage': {'completion_tokens': 3, 'prompt_tokens': 16, 'total_tokens':
19, 'completion_tokens_details': {'audio_tokens': None, 'reasoning_tokens': 0}, 'prompt_
tokens_details': {'audio_tokens': None, 'cached_tokens': 0}}, 'model_name': 'gpt-3.5-
turbo-0125', 'system_fingerprint': None, 'finish_reason': 'stop', 'logprobs': None},
id='run-5b2c2af0-d581-4336-81c6-eebd53391dad-0', usage_metadata={'input_tokens': 16,
'output_tokens': 3, 'total_tokens': 19, 'input_token_details': {'cache_read': 0},
'output_token_details': {'reasoning': 0}})
```

04 RunnablePassthrough을 사용해 num 변수에 10을 입력하고 invoke() 메서드로 출력해 보겠습니다. 입력받은 값을 그대로 출력합니다.

```
from langchain_core.runnables import RunnablePassthrough

RunnablePassthrough().invoke({"num": 10})
```

```
{'num': 10}
```

05 RunnablePassthrough로 체인을 구성해 보겠습니다. 기존 방식에서는 프롬프트에 값을 전달할 때 항상 딕셔너리 형식으로 전달해야 했습니다. RunnablePassthrough를 사용하면 사용자는 키 값을 따로 기억할 필요 없이 단순히 값만 전달해도 자동으로 딕셔너리 형태로 변환되어 결과를 얻을 수 있습니다. 여기서는 10이라는 값만 입력해도 RunnablePassthrough를 통해 {"num": 10}으로 변환되어 프롬프트에 전달됩니다.

```
runnable_chain = {"num": RunnablePassthrough()} | prompt | ChatOpenAI()
```
입력된 데이터를 딕셔너리 형태로 자동 변환해 줍니다.

```
runnable_chain.invoke(10)
```

```
AIMessage(content=' 100입니다.', additional_kwargs={'refusal': None}, response_
metadata={'token_usage': {'completion_tokens': 3, 'prompt_tokens': 16, 'total_tokens':
19, 'completion_tokens_details': {'audio_tokens': None, 'reasoning_tokens': 0}, 'prompt_
tokens_details': {'audio_tokens': None, 'cached_tokens': 0}}, 'model_name': 'gpt-3.5-
turbo-0125', 'system_fingerprint': None, 'finish_reason': 'stop', 'logprobs': None},
id='run-632a0271-747f-42de-9579-071902e3e675-0', usage_metadata={'input_tokens': 16,
'output_tokens': 3, 'total_tokens': 19, 'input_token_details': {'cache_read': 0},
'output_token_details': {'reasoning': 0}})
```

06 RunnablePassthrough()를 사용하여 단순히 입력값을 그대로 전달해 보겠습니다. 여기서는 {"num": 1}이라는 딕셔너리가 입력되고, 입력된 값이 그대로 출력됩니다.

```
RunnablePassthrough().invoke({"num": 1})
```

```
{'num': 1}
```

07 RunnablePassthrough.assign()은 입력된 값의 키-값 쌍과 새롭게 할당된 키-값 쌍을 결합하는 기능입니다. {"num": 1}이라는 딕셔너리를 입력값으로 받았고, assign() 메서드로 새로운 키인 new_num을 정의했습니다. new_num은 lambda x: x["num"] * 3에 의해 계산됩니다.

```
# 입력 키: num, 할당(assign) 키: new_num
(RunnablePassthrough.assign(new_num=lambda x: x["num"] * 3)).invoke({"num": 1})
```

```
{'num': 1, 'new_num': 3}
```

(11) 병렬로 Runnable을 실행하는 RunnableParallel

RunnableParallel은 여러 Runnable 객체를 병렬로 실행해 줍니다. 키-값 구조로 여러 개의 Runnable을 설정하고, 최종적으로 각 키 값을 결과로 반환합니다.

01 RunnableParallel 인스턴스를 생성하고 passed, extra, modified 키에 따라 병렬 처리를 하려고 합니다. passed 키에는 RunnablePassthrough()가 연결되어 있어 입력값을 그대로 통과시켜 반환합니다. extra 키에서는 RunnablePassthrough.assign()이 사용되어 mult라는 새로운 키를 생성하고 num에 3을 곱한 결과를 추가합니다. 기존 입력값과 새로 계산된 값을 모두 결합해 반환합니다. modified 키에는 람다 함수가 할당되어 입력값의 num에 1을 더합니다.

```
from langchain_core.runnables import RunnableParallel

# RunnableParallel 인스턴스를 생성
runnable = RunnableParallel(
  # RunnablePassthrough 인스턴스를 passed 키워드 인자로 전달
  passed = RunnablePassthrough(),
  # extra 키워드 인자로 RunnablePassthrough.assign을 사용하여, mult 람다 함수를 할당
  extra = RunnablePassthrough.assign(mult=lambda x: x["num"] * 3),
  # modified 키워드 인자로 람다 함수를 전달
  modified = lambda x: x["num"] + 1,
)
```

02 invoke() 메서드에서 num 변수의 값을 1로 입력해 결과를 출력하면 각각의 처리 방식에 따라 세 가지 키에 대응되는 결과가 생성됩니다. passed 키는 입력된 값을 그대로 반환하고, extra 키는 3을 곱한 mult 값을 함께 반환하며, modified 키는 1을 더하는 간단한 수학 연산을 통해 값을 반환합니다.

```
# runnable에 {'num': 1} 딕셔너리를 입력으로 전달하고 invoke 메서드를 호출
runnable.invoke({"num": 1})
```

```
{'passed': {'num': 1}, 'extra': {'num': 1, 'mult': 3}, 'modified': 2}
```

03 체인에도 RunnableParallel을 적용할 수 있습니다. 이전 실습에서는 체인에 값을 넣기 위해 {country: "대한민국"} 같은 딕셔너리 형태로 입력해야 했지만, 이번에는 RunnablePassthrough를 사용해 '대한민국'처럼 단순한 값을 입력하면 자동으로 딕셔너리인 {country: "대한민국"} 형태로 변환됩니다. 이 값은 프롬프트 템플릿의 {country}에 치환되어 모델에서 답변을 받습니다.

```
chain1 = (
    {"country": RunnablePassthrough()}
    | PromptTemplate.from_template("{country}의 수도는?")
    | ChatOpenAI()
)
chain2 = (
    {"country": RunnablePassthrough()}
    | PromptTemplate.from_template("{country}의 면적은?")
    | ChatOpenAI()
)

combined_chain = RunnableParallel(capital=chain1, area=chain2)
combined_chain.invoke("대한민국")
```

```
{'capital': AIMessage(content='서울특별시입니다.', additional_kwargs={'refusal': None},
response_metadata={'token_usage': {'completion_tokens': 10, 'prompt_tokens': 19, 'total_
tokens': 29, 'completion_tokens_details': {'audio_tokens': None, 'reasoning_tokens':
0}, 'prompt_tokens_details': {'audio_tokens': None, 'cached_tokens': 0}}, 'model_name':
'gpt-3.5-turbo-0125', 'system_fingerprint': None, 'finish_reason': 'stop', 'logprobs':
None}, id='run-d8233ab7-749e-4c3d-af11-e45d1ad1b895-0', usage_metadata={'input_tokens':
19, 'output_tokens': 10, 'total_tokens': 29, 'input_token_details': {'cache_read': 0},
'output_token_details': {'reasoning': 0}}),
 'area': AIMessage(content='대한민국의 총 면적은 약 100,363km² 입니다.', additional_
kwargs={'refusal': None}, response_metadata={'token_usage': {'completion_tokens': 25,
'prompt_tokens': 20, 'total_tokens': 45, 'completion_tokens_details': {'audio_tokens':
None, 'reasoning_tokens': 0}, 'prompt_tokens_details': {'audio_tokens': None, 'cached_
tokens': 0}}, 'model_name': 'gpt-3.5-turbo-0125', 'system_fingerprint': None, 'finish_
reason': 'stop', 'logprobs': None}, id='run-f9d6cbb1-9891-456f-953b-812672e803be-0',
usage_metadata={'input_tokens': 20, 'output_tokens': 25, 'total_tokens': 45, 'input_
token_details': {'cache_read': 0}, 'output_token_details': {'reasoning': 0}})}
```

(12) 함수를 실행하는 RunnableLambda와 itemgetter

RunnableLambda는 사용자 정의 함수를 매핑하여 프롬프트를 입력하기 전에 실행하고, 그 결과를 프롬프트에 전달하는 Runnable 객체입니다. 이를 통해 파이썬으로 구현한 로직이나 API 호출 등을 함수로 감싸서 먼저 실행한 후 그 결과값을 프롬프트 입력으로 활용할 수 있습니다. 이 구조에서는 RunnableLambda와 RunnablePassthrough를 통해 사용자 정의 함수와 입력값을 유연하게 처리할 수 있습니다.

01 RunnableLambda를 사용하여 사용자 정의 함수를 매핑할 수 있습니다. get_today() 함수는 datetime.today().strftime("%b-%d")를 사용해 오늘 날짜를 '월-일' 형식으로 반환합니다.

```python
from langchain_core.output_parsers import StrOutputParser
from langchain_core.prompts import PromptTemplate
from langchain_openai import ChatOpenAI
from datetime import datetime

def get_today(a):           # 오늘 날짜 가져오기
    return datetime.today().strftime("%b-%d")

get_today(None)             # 오늘 날짜 출력
```

```
'Oct-23'
```

🐾 get_today() 함수에 a라는 매개변수를 지정했지만 실제로는 사용되지 않으므로 제거해도 문제는 없습니다. RunnableLambda는 invoke() 함수로 호출할 때 입력값을 함수에 전달하는데 매개변수가 없으면 오류가 발생할 수 있기 때문에 임의로 매개변수를 지정했습니다.

02 RunnableLambda와 RunnablePassthrough를 사용해 간단한 체인을 구성해 보겠습니다. get_today() 함수는 RunnableLambda로 감싸져서 체인에 사용됩니다. get_today() 함수를 호출해 오늘 날짜를 가져와 RunnableLambda를 통해 today 변수에 전달합니다. n 변수는 RunnablePassthrough를 사용하여 사용자가 입력한 값을 그대로 전달합니다.

```
from langchain_core.runnables import RunnableLambda, RunnablePassthrough

prompt = PromptTemplate.from_template(        # prompt와 llm을 생성
  "{today}가 생일인 유명인 {n}명을 나열하세요. 생년월일을 표기해 주세요."
)
llm = ChatOpenAI(temperature=0, model_name="gpt-4o")

chain = (          # 체인을 생성
  {"today": RunnableLambda(get_today), "n": RunnablePassthrough()}
  | prompt
  | llm
  | StrOutputParser()
)
```

03 사용자가 숫자 3을 입력하면, {"today": get_today(), "n": 3}이라는 형태로 프롬프트에 전달되고, 프롬프트는 '오늘이 생일인 유명인 3명을 나열하라'는 요청을 모델에 전달하여 이에 맞춰 답변을 반환합니다.

```
print(chain.invoke(3))
```

```
10월 23일이 생일인 유명인 세 명을 소개하겠습니다.

1. 라이언 레이놀즈 (Ryan Reynolds) - 1976년 10월 23일
2. 에밀리 블런트 (Emilia Clarke) - 1986년 10월 23일
3. 펠리시아 데이 (Felicia Day) - 1979년 10월 23일

이들은 각각 영화, TV, 그리고 다양한 엔터테인먼트 분야에서 활동하고 있는 유명인들입니다.
```

04 **itemgetter**는 딕셔너리에서 특정 키에 해당하는 값을 추출합니다. 이번에는 itemgetter 와 RunnableLambda를 사용해 두 개의 문장의 길이를 계산하고 그 값을 OpenAI 모델에 전달하는 체인을 만들어 보겠습니다. length_function() 함수는 입력된 문자열의 길이(개수)를 반환하고, _multiple_length_function() 함수는 두 개의 문자열의 길이를 곱합니다. multiple_length_function() 함수는 딕셔너리에서 text1과 text2 값을 반환합니다.

```python
from operator import itemgetter
from langchain_core.prompts import ChatPromptTemplate
from langchain_core.runnables import RunnableLambda
from langchain_openai import ChatOpenAI

def length_function(text):         # 문장의 길이를 반환하는 함수
    return len(text)

# 두 문장의 길이를 곱한 값을 반환하는 함
def _multiple_length_function(text1, text2):
    return len(text1) * len(text2)

# 두 문장의 길이를 곱한 값을 반환하는 함수
def multiple_length_function(_dict):
    return _multiple_length_function(_dict["text1"], _dict["text2"])
```

🐾 _multiple_length_function() 함수는 두 개의 값을 받는데, RunnableLambda는 매개변수를 하나만 받을 수 있으므로 이 함수를 직접 사용할 수 없습니다. 그래서 multiple_length_function() 함수에서 딕셔너리 형태로 두 값을 묶어 하나의 매개변수로 받기 위해 두 함수를 구분했습니다.

05 프롬프트 템플릿과 모델을 생성합니다. 프롬프트 템플릿에서 {a}와 {b}는 나중에 계산된 값으로 치환됩니다.

```python
prompt = ChatPromptTemplate.from_template("{a} + {b}는 무엇인가요?")
model = ChatOpenAI()
```

06 입력값을 처리하고 프롬프트를 모델에 전달하는 체인을 작성합니다. a 키에 할당된 부분에서 itemgetter("word1")는 딕셔너리에서 word1 값(문자열 길이 5)을 추출해 RunnableLambda를 통해 length_function() 함수에 전달합니다. b 키에 할당된 부분에서 "hello"와 "world"를 추출해 RunnableLambda로 multiple_length_function() 함수에 전달하며, 두 문자열의 길이를 곱한 값인 25를 계산합니다. 그런 다음 체인에서 prompt와 model을 연결합니다. a와 b에 계산된 값들이 각각 프롬프트의 {a}와 {b}로 치환됩니다.

```
chain1 = prompt | model

chain = (
  {
    "a": itemgetter("word1") | RunnableLambda(length_function),
    "b": {"text1": itemgetter("word1"), "text2": itemgetter("word2")}
    | RunnableLambda(multiple_length_function),
  }
  | prompt
  | model
)
```

07 최종적으로 생성된 프롬프트 '5 + 25는 무엇인가요?'의 답변을 출력합니다.

```
chain.invoke({"word1": "hello", "word2": "world"})
```

```
AIMessage(content='5 + 25 는 30입니다.' ...
```

PART 02

프롬프트와 출력 파서

LLM 프롬프트는 AI 모델이 사용자의 의도를 정확히 파악하고 원하는 결과물을 만들어 내기 위한 입력 텍스트입니다. 프롬프트는 단순한 질문이나 명령뿐만 아니라, 모델의 행동을 제어하고 응답의 일관성을 유지하면서 복잡한 작업을 수행하는 데 필요한 상세 지침을 담고 있습니다. 출력 파서는 RAG에서 가져온 비정형 데이터를 구조화해 LLM이 효율적으로 처리할 수 있게 하고, 생성된 응답을 후속 작업에 적합한 형태로 바꿔 줍니다. PART 02에서는 이러한 프롬프트와 출력 파서를 통해 모델에게 잘 질문하고 원하는 형식으로 답변받는 방법을 알아보겠습니다.

CHAPTER 05 프롬프트

프롬프트 단계는 리트리버(retriever)에서 검색된 문서들을 바탕으로 언어 모델이 사용할 질문이나 명령을 생성하는 과정입니다. 이 단계에서는 검색된 문서에서 가장 적합한 정보를 추출하고, 여러 문서의 다양한 관점을 하나로 통합해 모델이 이를 잘 활용할 수 있게 함으로써 결국 사용자 질문에 최적화된 답변을 이끌어 내는 것이 목적입니다.

LLM 프롬프트 템플릿은 AI 모델과의 상호작용을 표준화하고 효율적으로 만들어 주는 구조화된 텍스트 형식입니다. 사전에 정의된 이 템플릿은 모델에게 전달할 지시 사항, 컨텍스트, 제약 조건 등을 담고 있으며, 변수를 포함하여 다양한 입력 값에 대해 일관된 출력을 생성합니다.

이 과정을 통해 언어 모델은 사용자 질문에 대해 최적화된 방식으로 응답을 생성하며, 시스템 전체의 성능과 사용자 만족도에 직접적인 영향을 미칩니다. 프롬프트가 잘 구성되어 있지 않으면, 모델이 비효율적으로 작동할 수 있으며, 결과적으로 사용자의 요구에 부응하지 못하는 응답을 생성할 가능성이 큽니다.

(01) 프롬프트 템플릿 만들기

프롬프트 템플릿의 구조는 지시 사항(Instruction), 사용자가 입력한 질문(Question), 검색된 정보인 문맥(Context)으로 구성됩니다. 프롬프트 템플릿의 예시는 다음과 같습니다.

```
당신은 질문-답변(Question-Answer) Task를 수행하는 AI 어시스턴트입니다.
검색된 문맥(context)을 사용하여 질문(question)에 답하세요.
만약, 문맥(context)으로부터 답을 찾을 수 없다면 '모른다'고 말하세요.
```

```
한국어로 대답하세요.

#Question:
{이곳에 사용자가 입력한 질문이 삽입됩니다}

#Context:
{이곳에 검색된 정보가 삽입됩니다}
```

프롬프트 템플릿을 만드는 방법으로는 from_template() 메서드를 사용하여 PromptTemplate 객체를 생성하는 방법과 PromptTemplate 객체 생성과 동시에 프롬프트를 생성하는 방법이 있습니다.

01 실습 파일 **02-Prompt/01-PromptTemplate.ipynb**를 열고 환경 변수를 불러온 다음 LangSmith 추적도 설정합니다. 이번에는 LangSmith 프로젝트 이름을 CH02-Prompt로 입력하겠습니다.

```
from dotenv import load_dotenv
from langchain_teddynote import logging

load_dotenv()
logging.langsmith("CH02-Prompt")   # 프로젝트 이름을 입력
```

02 llm 객체를 선언해서 가져오겠습니다.

```
from langchain_openai import ChatOpenAI

llm = ChatOpenAI()
```

03 템플릿 문자열 안에 변수를 넣고, 나중에 실행할 때 필요한 값을 채워 넣어 완성된 프롬프트를 LLM에 전달하는 구조를 만들어 보려고 합니다. 프롬프트 템플릿의 변수는 {country}와 같이 중괄호로 감싸진 부분입니다. from_template() 메서드를 호출해서 PromptTemplate 객체를 생성합니다. 실행 결과를 보면 input_variables에 우리가 채워야 할 변수가 명시되어 있으며, template의 키 값으로 문자열 형태의 템플릿이 표시되어 있습니다.

```python
from langchain_core.prompts import PromptTemplate

# template 정의. {country}는 변수로, 이후에 값이 들어갈 자리를 의미
template = "{country}의 수도는 어디인가요?"

# from_template 메서드를 이용하여 PromptTemplate 객체 생성
prompt = PromptTemplate.from_template(template)
prompt
```

```
PromptTemplate(input_variables=['country'], input_types={}, partial_variables={}, template='{country}의 수도는 어디인가요?')
```

04 프롬프트 템플릿을 LLM에 전달하려면 반드시 변수에 값을 넣어야 합니다. 작업 중간에 결과를 확인하고 싶다면 format() 메서드로 변수에 값을 넣어 볼 수 있습니다. 여기서는 country 변수에 '대한민국'이라는 값을 넣습니다. 이렇게 하면 템플릿이 채워져서 '대한민국의 수도는 어디인가요?'라는 완성된 프롬프트 문장이 생성됩니다.

```python
# prompt 생성. format 메서드를 이용하여 변수에 값을 넣어줌
prompt = prompt.format(country="대한민국")
prompt
```

```
'대한민국의 수도는 어디인가요?'
```

05 이번에는 프롬프트 템플릿과 LLM을 체인으로 연결해 보겠습니다. 이 경우에는 따로 변수를 미리 채워 줄 필요가 없으며, 나중에 invoke() 메서드를 호출하는 시점에 변수를 입력하면 됩니다.

```python
template = "{country}의 수도는 어디인가요?"        # template 정의

# from_template 메서드를 이용하여 PromptTemplate 객체 생성
prompt = PromptTemplate.from_template(template)

chain = prompt | llm      # chain 생성

# country 변수에 입력된 값이 자동으로 치환되어 수행됨
chain.invoke("대한민국").content
```

```
'대한민국의 수도는 서울입니다.'
```

06 PromptTemplate 객체를 생성하는 또 다른 방식으로, 템플릿 문자열을 정의한 후 Prompt Template 객체를 생성할 때 template과 input_variables를 직접 지정합니다. 여기서는 input_variables에 country 변수를 넣었기 때문에 나중에 이 변수가 제대로 전달되지 않으면 오류를 발생시켜 변수가 누락되거나 잘못된 이름으로 전달되는 실수를 방지할 수 있습니다.

```python
template = "{country}의 수도는 어디인가요?"        # template 정의

# PromptTemplate 객체를 활용하여 prompt_template 생성
prompt = PromptTemplate(
  template=template,
  input_variables=["country"],
)

prompt
```

```
PromptTemplate(input_variables=['country'], input_types={}, partial_variables={},
template='{country}의 수도는 어디인가요?')
```

🐾 저는 from_template() 방식을 주로 사용하지만, 객체 생성 방식이 더 직관적으로 느껴지면 그 방식을 사용해도 무방합니다. PromptTemplate 객체를 생성할 때는 partial_variables를 활용해 일부 변수를 미리 채워 둘 수 있어, 다양한 상황에 더 유연하게 대응할 수 있습니다.

07 country 변수에 '대한민국'을 넣으면 프롬프트 템플릿이 완성되어 출력됩니다.

```python
prompt.format(country="대한민국")
```

```
'대한민국의 수도는 어디인가요?'
```

08 partial_variables는 보통 두 개 이상의 변수를 처리하는 경우 일부 변수를 미리 확정지을 필요가 있을 때 유용합니다. template 변수에 country1과 country2라는 두 개의 변수를 포함해 정의하는 경우를 생각해 봅시다. PromptTemplate 객체를 생성할 때 원래라면 country1과 country2 변수를 모두 채워야 하지만, input_variables에 하나만 정의하고 나머지 하나는 partial_variables로 미리 값을 지정해 줍니다. partial_variables로 country2에 '미국'을 넣으면, country2는 이미 '미국'으로 채워진 상태가 됩니다.

```python
template = "{country1}과 {country2}의 수도는 각각 어디인가요?"    # template 정의

# PromptTemplate 객체를 활용하여 prompt_template 생성
prompt = PromptTemplate(
    template=template,
    input_variables=["country1"],
    partial_variables={
        "country2": "미국"    # dictionary 형태로 partial_variables를 전달
    },
)

prompt
```

이후 country1에만 값을 넣으면 해당 값이 채워져 문제 없이 동작합니다.

```
PromptTemplate(input_variables=['country1'], input_types={}, partial_variables={'country2': '미국'}, template='{country1}과 {country2}의 수도는 각각 어디인가요?')
```

09 이 코드를 실행하면 country1에 '대한민국'이 채워지면서 최종적으로 템플릿이 완성됩니다. country2는 이미 partial_variables로 '미국'으로 설정되어 있습니다.

```python
prompt.format(country1="대한민국")
```

```
'대한민국과 미국의 수도는 각각 어디인가요?'
```

10 partial() 메서드를 사용하면 템플릿의 일부 변수를 미리 채워 둘 수 있습니다. 예를 들어 country2에 '캐나다'를 미리 채워 주는 코드를 실행하면, 템플릿은 country1 변수만 남게 됩니다. 이 방식은 두 개의 변수가 있을 때, 하나는 미리 확정하고 나머지 하나만 나중에 입력받는 데 유용합니다.

```python
prompt_partial = prompt.partial(country2="캐나다")
prompt_partial
```

```
PromptTemplate(input_variables=['country1'], input_types={}, partial_variables={'country2': '캐나다'}, template='{country1}과 {country2}의 수도는 각각 어디인가요?')
```

변수가 일부만 채워져 'country1과 캐나다의 수도는 각각 어디인가요?'로 지정된 상태입니다.

11 format() 메서드를 사용하여 남은 country1 변수에 '대한민국'을 채워 넣으면, 최종적으로 '대한민국과 캐나다의 수도는 각각 어디인가요?'라는 프롬프트 문장이 완성됩니다.

```
prompt_partial.format(country1="대한민국")
```

```
'대한민국과 캐나다의 수도는 각각 어디인가요?'
```

12 먼저 partial()로 미리 country2에 '캐나다' 값을 채워 둔 템플릿을 LLM과 연결하여 체인을 생성합니다. 그런 다음 남은 변수인 country1에 값을 입력해 invoke() 메서드를 실행합니다.

```
chain = prompt_partial | llm

chain.invoke("대한민국").content
```

```
'대한민국의 수도는 서울이고, 캐나다의 수도는 오타와입니다.'
```

13 partial()로 설정된 값도 새로운 값으로 대체될 수 있습니다. 체인에서 invoke() 메서드로 country1에 '대한민국', country2에 '호주' 값을 넣어 보겠습니다. 기존에 partial()로 채워졌던 '캐나다'가 '호주'로 덮어씌워집니다.

```
chain.invoke({"country1": "대한민국", "country2": "호주"}).content
```

```
'대한민국의 수도는 서울이며, 호주의 수도는 캔버라입니다.'
```

(02) 부분 변수 활용하기

부분 변수는 주로 함수를 사용하여 프롬프트의 일부를 미리 설정하는 것입니다. 예를 들어, 날짜나 시간처럼 항상 동일한 방식으로 처리해야 하는 변수가 있을 때 유용합니다. 만약 항상 현재 날짜를 표시해야 하는 프롬프트가 있다고 가정해 봅시다. 이 경우 날짜를 프롬프트에 하드코딩하거나, 매번 다른 입력 변수와 함께 전달하는 것은 번거로울 수 있습니다. 이럴 때 현재 날짜를 자동으로 반환하는 함수를 사용하여 프롬프트의 일부를 미리 설정하면 매우 편리합니다.

01 다음 코드는 현재 날짜를 출력하는 간단한 예시입니다. datetime 모듈의 now() 메서드를 사용해 현재 날짜와 시간을 가져옵니다. 이를 strftime("%B %d") 포맷으로 변환하여 월과 일을 출력합니다. 예를 들어, 6월 19일이면 "June 19"라는 형식으로 날짜가 출력됩니다.

```python
from datetime import datetime

datetime.now().strftime("%B %d")   # 오늘 날짜를 출력
```

02 현재 날짜를 반환하는 get_today() 함수를 정의합니다. datetime.now().strftime("%B %d")를 사용하여 현재 날짜를 가져오고, 이 함수를 통해 언제든지 호출할 수 있도록 만들었습니다. 이 함수는 입력 값이 없고 단순히 호출할 때마다 현재 날짜를 반환하기 때문에 프롬프트에 날짜를 하드코딩하지 않고 동적으로 값을 넣을 수 있습니다.

```python
def get_today():  # 날짜를 반환하는 함수 정의
    return datetime.now().strftime("%B %d")
```

03 프롬프트 템플릿에는 today와 n이라는 변수가 포함되어 있으며, '오늘의 날짜는 {today}입니다. 오늘이 생일인 유명인 {n}명을 나열해 주세요.'라는 형식의 프롬프트를 생성합니다. 여기서 중요한 부분은 input_variables로 n 변수를 지정하고, partial_variables로 today 변수를 처리한다는 것입니다. partial_variables는 get_today() 함수를 사용하여 {today} 자리에 자동으로 오늘 날짜가 들어가도록 설정합니다.

```python
prompt = PromptTemplate(
    template="오늘의 날짜는 {today}입니다. 오늘이 생일인 유명인 {n}명을 나열해 주세요. 생년월일을 표기해주세요.",
    input_variables=["n"],
    partial_variables={
        "today": get_today   # dictionary 형태로 partial_variables를 전달
    },
)
```

사용자가 {today}에 값을 일일이 넣지 않아도 함수가 자동으로 값을 채워 줍니다.

04 프롬프트를 생성해 보겠습니다. format() 메서드로 n에 3을 넣고 today는 partial_variables에서 설정된 get_today() 함수에 의해 자동으로 오늘 날짜로 채워집니다.

```
prompt.format(n=3)
```

```
'오늘의 날짜는 October 24 입니다. 오늘이 생일인 유명인 3명을 나열해 주세요. 생년월일을 
표기해주세요.'
```

05 prompt와 llm을 연결하여 체인을 생성합니다. invoke() 메서드에서 3을 지정하면 get_today() 함수를 통해 현재 날짜도 자동으로 채워집니다. LLM은 프롬프트 템플릿에 따라 세 명의 유명인을 나열하며, 그들의 생년월일도 함께 표기합니다.

```
chain = prompt | llm
print(chain.invoke(3).content)    # 체인을 실행한 후 결과를 확인합니다.
```

```
1. Drake (1986년 10월 24일)
2. PewDiePie (1989년 10월 24일)
3. Kevin Kline (1947년 10월 24일)
```

06 필요에 따라 미리 설정해 둔 변수에 다른 값을 넣어 유연하게 바꿀 수도 있습니다. 여기서는 {today} 변수의 값을 강제로 변경해 보겠습니다. {"today": "Jan 02", "n": 3}이라는 값을 전달하면, partial_variables로 설정된 get_today()의 값이 덮어쓰여 {today}가 '1월 2일'로 변경되고 그에 따른 프롬프트가 출력됩니다. 만약 {today} 값을 전달하지 않으면, 기본적으로 get_today() 함수가 호출되어 자동으로 오늘 날짜가 채워집니다.

```
print(chain.invoke({"today": "Jan 02", "n": 3}).content)
```

```
1. Kate Bosworth - 1983년 1월 2일
2. Taye Diggs - 1971년 1월 2일
3. Dax Shepard - 1975년 1월 2일
```

03 YAML 파일로부터 프롬프트 템플릿 로드하기

프롬프트 템플릿을 사용할 때 프롬프트가 길어지면 소스 코드 내의 문자열이 너무 길어져서 관리하기가 힘듭니다. 이런 경우 프롬프트를 YAML 파일에 별도로 저장하면 쉽게 관리하고 수정할 수 있습니다.

01 VS Code의 탐색 창에 **02-Prompt/prompts** 폴더를 열면 두 개의 예시 파일이 준비되어 있습니다. **fruit_color.yaml** 파일을 보면 YAML 형식으로 작성된 프롬프트가 보일 겁니다. 왼쪽에는 키 값이 있고, 템플릿에는 실제 프롬프트가 들어갑니다. input_variables를 정의해서 입력 변수가 무엇인지 설정할 수 있고, 프롬프트 템플릿에는 변수 부분을 중괄호로 묶어 주면 됩니다. _type 부분에는 반드시 prompt를 넣어야 합니다.

```
_type: "prompt"
template: "{fruit}의 색깔이 뭐야?"
input_variables: ["fruit"]
```

02 prompt 타입을 활용해 fruit_color.yaml 파일에서 프롬프트를 불러오겠습니다. langchain_core.prompts 모듈의 load_prompt() 함수를 사용해 파일 경로를 지정하면 프롬프트 템플릿을 불러올 수 있습니다.

```
from langchain_core.prompts import load_prompt
prompt = load_prompt("prompts/fruit_color.yaml", encoding="utf-8")
prompt
```

```
PromptTemplate(input_variables=['fruit'], input_types={}, partial_variables={}, template='{fruit}의 색깔이 뭐야?')
```

 윈도우 인코딩 오류

윈도우 사용자 중 일부는 인코딩 문제로 오류가 발생할 수 있습니다. 일반적으로 utf-8 인코딩을 사용하면 문제없이 실행되지만, 파일이 cp949로 저장되어 있는 경우 utf-8로 불러올 때 오류가 발생할 수 있습니다.
이런 경우에는 encoding="cp949"로 변경해서 다시 시도해 보세요. 하지만 가능하면 파일을 utf-8로 저장하는 것이 더 범용적으로 사용하기 좋습니다.

```
from langchain_teddynote.prompts import load_prompt
load_prompt("prompts/fruit_color.yaml", encoding="utf-8")
```

03 fruit_color.yaml 파일을 불러와 프롬프트 템플릿의 변수 fruit에 '사과'를 넣은 출력 결과를 확인할 수 있습니다.

```
prompt.format(fruit="사과")
```

```
'사과의 색깔이 뭐야?'
```

04 이번에는 **02-Prompts/prompts/capital.yaml**에서 좀 더 긴 프롬프트 템플릿 예시를 살펴보겠습니다. YAML 포맷에서는 내용을 원래 한 줄로 작성해야 하지만, 파이프 연산자(|)를 사용하면 다음 줄로 이어서 작성할 수 있습니다. 들여쓰기는 두 칸으로 맞춰서 작성하면 됩니다.

```
_type: "prompt"
template: |
  {country}의 수도에 대해서 알려주세요.
  수도의 특징을 다음의 양식에 맞게 정리해 주세요.
  300자 내외로 작성해 주세요.
  한글로 작성해 주세요.
  ----
  [양식]
  1. 면적
  2. 인구
  3. 역사적 장소
  4. 특산품
     #Answer:
input_variables: ["country"]
```

05 capital.yaml 파일을 불러와 country 변수에 '대한민국'을 입력하면, 대한민국의 수도에 대한 설명이 출력됩니다.

```
prompt2 = load_prompt("prompts/capital.yaml")
print(prompt2.format(country="대한민국"))
```

```
대한민국의 수도에 대해서 알려주세요.
수도의 특징을 다음의 양식에 맞게 정리해 주세요.
300자 내외로 작성해 주세요.
한글로 작성해 주세요.
...
#Answer:
```

06 이 프롬프트 템플릿을 모델과 연결해 체인을 구성하고 스트리밍 출력해 보겠습니다.

```
from langchain_core.output_parsers import StrOutputParser
from langchain_teddynote.messages import stream_response

chain = prompt2 | ChatOpenAI(model_name="gpt-4o", temperature=0) | StrOutputParser()

answer = chain.stream({"country": "대한민국"})
stream_response(answer)
```

```
1. 면적: 대한민국의 수도인 서울특별시는 약 605.21 제곱킬로미터의 면적을 가지고 있습니다.
이는 전국에서 가장 큰 도시 중 하나로, 다양한 행정구역과 자연경관을 포함하고 있습니다.
2. 인구: 서울의 인구는 약 950만 명으로, 대한민국에서 가장 인구가 많은 도시입니다. 다양한
문화와 경제 활동의 중심지로서 많은 사람들이 거주하고 있습니다.
3. 역사적 장소: 서울에는 경복궁, 창덕궁, 덕수궁 등 조선시대의 궁궐들이 있으며, 이외에도
한양도성, 종묘 등 유네스코 세계문화유산으로 지정된 역사적 장소들이 많습니다.
4. 특산품: 서울은 전통과 현대가 조화를 이루는 도시로, 한복, 한지, 전통주 등이 특산품으로
유명합니다. 또한, 다양한 현대 패션과 기술 제품들도 서울을 대표하는 상품입니다.
```

(04) ChatPromptTemplate

이번에는 ChatPromptTemplate에 대해 알아보겠습니다. 대화형 챗봇과 같이 상호작용하는 시스템에서는 **ChatPromptTemplate**을 사용하면 프롬프트 템플릿보다 더 자연스럽고 좋은 답변을 얻을 수 있습니다.

그 이유는 ChatPromptTemplate이 '대화'에 중점을 두기 때문입니다. 일반 프롬프트 템플릿은 주로 '이렇게 해 줘'처럼 일방적인 지시 사항을 하나만 전달합니다. 반면 ChatPromptTemplate은 AI와 사용자가 대화를 주고받는 형식으로 프롬프트를 구성하므로 더 유연하고 자연스러운 결과를 내놓습니다. 그래서 앞으로는 ChatPromptTemplate을 자주 사용할 것입니다.

ChatPromptTemplate의 메시지는 튜플(tuple) 형식으로 구성합니다. (role, message) 형태로 구성하여 리스트로 생성할 수 있습니다. 역할(role)에는 system, human, ai가 있으며 메시지를 구성할 때는 이 셋 중에 하나는 반드시 넣어야 합니다.

- **system**: 시스템 설정 메시지입니다. 주로 전역 설정과 관련된 프롬프트이며, 대화 전체에 적용되는 설정입니다. AI의 역할이나 페르소나를 지정할 수 있습니다. 예를 들어 '재무 컨설턴트'라는 페르소나를 지정하고 재무와 관련된 컨설팅을 하도록 임무를 지정하는 식입니다.

- **human**: 사용자가 입력하는 메시지입니다. AI는 사용자의 질문, 요청, 의견 등을 바탕으로 적절한 응답을 제공합니다. 예를 들어 사용자가 '재무 컨설턴트로서 제 개인 재정을 분석하고 조언을 해 주실 수 있을까요?'라고 입력하면, AI는 이에 대한 답변을 생성합니다. 또한 여러 개의 human 메시지를 포함할 수도 있어 대화의 흐름을 더욱 자연스럽게 구성할 수 있습니다.

- **ai**: AI의 응답 메시지를 의미하며, 이전 대화 내용을 기반으로 생성된 답변을 포함합니다. 예를 들어 AI가 '네, 가능합니다. 먼저 월별 수입과 지출을 알려주시면 재정 상태를 분석하고 적절한 조언을 드리겠습니다.'라고 답변하면, 이후 대화에서도 이 맥락을 유지하면서 추가적인 분석과 조언을 제공할 수 있습니다. AI 메시지를 포함하면 대화의 연속성이 유지되어 사용자가 더욱 자연스럽게 AI와 상호작용할 수 있습니다.

이러한 방식으로 ChatPromptTemplate을 사용하면 대화형 시스템에서 메시지를 순차적으로 구성하고, 사용자와 AI 간의 대화를 템플릿화할 수 있습니다.

01 ChatPromptTemplate 클래스를 가져옵니다. {country}라는 변수를 활용한 프롬프트를 정의했습니다. 출력 결과의 messages를 보면 프롬프트 템플릿처럼 단순히 하나의 질문만 담고 있는 게 아니라, HumanMessagePromptTemplate 같은 메시지 구조를 담고 있어서 대화 메시지를 주고받을 수 있게 템플릿을 정의할 수 있습니다.

```
from langchain_core.prompts import ChatPromptTemplate

chat_prompt = ChatPromptTemplate.from_template("{country}의 수도는 어디인가요?")
chat_prompt
```

```
ChatPromptTemplate(input_variables=['country'], input_types={}, partial_variables={}, messages=[HumanMessagePromptTemplate(prompt=PromptTemplate(input_variables=['country'], input_types={}, partial_variables={}, template='{country}의 수도는 어디인가요?'), additional_kwargs={})])
```

02 ChatPromptTemplate의 메시지 구조를 더 잘 이해하기 위해 country 변수에 '대한민국'을 넣고 format() 메서드로 출력해 보겠습니다. Human이라는 역할이 자동으로 설정되었고, 메시지에는 '대한민국의 수도는 어디인가요?'라는 질문이 생성됩니다.

```
chat_prompt.format(country="대한민국")
```

```
'Human: 대한민국의 수도는 어디인가요?'
```

03 이번에는 메시지 형식으로 system, human, ai 역할을 사용한 프롬프트를 생성해 보겠습니다. from_message() 메서드 안에 메시지를 튜플 형식으로 넣습니다. system 역할에는 name이라는 변수로 대화 중 AI의 이름을 동적으로 설정합니다. 그런 다음 사용자가 "반가워요!"라고 입력하면 AI는 "안녕하세요! 무엇을 도와드릴까요?"라고 답변하는 식으로 채팅이 이어지게 설정되어 있습니다. human 역할에는 사용자 입력을 받는 user_input 변수가 사용되어, 나중에 사용자가 질문하는 내용을 대화 맥락에 맞게 반영할 수 있습니다.

```python
from langchain_core.prompts import ChatPromptTemplate

chat_template = ChatPromptTemplate.from_messages(
    [
        ("system", "당신은 친절한 AI 어시스턴트입니다. 당신의 이름은 {name}입니다."),
        ("human", "반가워요!"),
        ("ai", "안녕하세요! 무엇을 도와드릴까요?"),
        ("human", "{user_input}"),
    ]
)
```

04 format_messages() 메서드에 필요한 변수 값을 넣으면 템플릿 안에 있는 변수가 실제 값으로 치환되어 최종 메시지가 생성됩니다. format_messages() 메서드의 name 변수에 '테디'라는 값을 넣고, user_input에는 '당신의 이름은 무엇입니까?'를 넣었습니다. 출력 결과를 보면 변수에 실제 값이 치환되어 완성된 메시지를 확인할 수 있습니다.

```python
messages = chat_template.format_messages(
    name="테디", user_input="당신의 이름은 무엇입니까?"
)
messages
```

```
[SystemMessage(content='당신은 친절한 AI 어시스턴트입니다. 당신의 이름은 테디 입니다.', 
additional_kwargs={}, response_metadata={}),
 HumanMessage(content='반가워요!', additional_kwargs={}, response_metadata={}),
 AIMessage(content='안녕하세요! 무엇을 도와드릴까요?', additional_kwargs={}, response_
metadata={}),
 HumanMessage(content='당신의 이름은 무엇입니까?', additional_kwargs={}, response_
metadata={})]
```

05 생성된 메시지를 LLM에 전달하여 답변을 받을 수 있습니다. human 메시지에서 '당신의 이름은 무엇입니까?'에 해당하는 답변이 출력되었습니다.

```
from langchain_openai import ChatOpenAI

llm = ChatOpenAI()
llm.invoke(messages).content
```

```
'제 이름은 테디입니다. 어떻게 도와드릴까요?'
```

06 LLM과 `ChatPromptTemplate`을 체인으로 묶어 사용할 수도 있습니다.

```
chain = chat_template | llm

chain.invoke({"name": "Teddy", "user_input": "당신의 이름은 무엇입니까?"}).content
```

```
'제 이름은 Teddy입니다. 저랑 함께 이야기 나누어 보세요!'
```

05 MessagesPlaceholder

MessagesPlaceholder는 대화에서 아직 확정된 메시지는 아니지만 나중에 채워질 메시지를 채우기 위해 임시로 확보한 자리를 말합니다. 챗봇을 만들 때 대화를 주고받으며 그 내용을 기록하고자 할 때 `MessagesPlaceholder`가 자주 사용됩니다. 대화는 진행 중에 계속 쌓이지만, 모든 대화 내용이 확정되기 전이므로 `MessagesPlaceholder`에 저장해 두었다가 나중에 대화 기록을 분석하거나 다른 질문에 활용할 수 있습니다.

01 ChatPromptTemplate을 사용해 AI 어시스턴트의 역할을 정의하고, 대화를 요약하는 기능을 구현합니다. MessagesPlaceholder는 conversation이라는 이름으로 대화의 자리를 미리 확보해 두고, 나중에 그 내용을 채울 수 있게 설정해 둔 부분입니다. human 메시지에서 대화 내용을 {word_count} 변수로 설정한 단어 수에 맞게 요약하도록 지시합니다.

```
from langchain_core.output_parsers import StrOutputParser
from langchain_core.prompts import ChatPromptTemplate, MessagesPlaceholder

chat_prompt = ChatPromptTemplate.from_messages(
  [
    (
      "system",
      "당신은 요약 전문 AI 어시스턴트입니다. 당신의 임무는 주요 키워드로 대화를 요약하는 것입니다.",
    ),
    MessagesPlaceholder(variable_name="conversation"),
    ("human", "지금까지의 대화를 {word_count} 단어로 요약합니다."),
  ]
)
chat_prompt
```

02 chat_prompt에 format() 메서드를 써서 conversation과 word_count 변수에 각각 값을 채웁니다. word_count에 5를 입력하면 '지금까지의 대화를 5단어로 요약합니다'라는 메시지가 완성됩니다. conversation에는 리스트 형식으로 여러 대화를 묶어서 넣어 주면 이 내용이 MessagesPlaceholder 자리에 치환됩니다.

```
formatted_chat_prompt = chat_prompt.format(
  word_count=5,
  conversation=[
    ("human", "안녕하세요! 저는 오늘 새로 입사한 테디입니다. 만나서 반갑습니다."),
    ("ai", "반가워요! 앞으로 잘 부탁드립니다."),
  ],
)

print(formatted_chat_prompt)
```

```
System: 당신은 요약 전문 AI 어시스턴트입니다. 당신의 임무는 주요 키워드로 대화를 요약하는 것입니다.
Human: 안녕하세요! 저는 오늘 새로 입사한 테디 입니다. 만나서 반갑습니다.
AI: 반가워요! 앞으로 잘 부탁 드립니다.
Human: 지금까지의 대화를 5 단어로 요약합니다.
```

03 이번에도 chat_prompt와 LLM을 연결해 체인을 생성합니다.

```python
from langchain_openai import ChatOpenAI

llm = ChatOpenAI()

chain = chat_prompt | llm | StrOutputParser()    # 체인 생성
```

04 ChatPromptTemplate을 포맷해서 생성했지만 그 자체로는 아직 완성된 상태가 아닙니다. word_count와 conversation이라는 두 개의 입력 변수를 모두 채워야만 정상적으로 동작합니다. invoke() 함수를 사용해 체인을 호출할 때 word_count에 5를 입력하고, conversation에 대화 내용을 리스트로 제공하면 이 값들이 MessagesPlaceholder에 채워집니다. 체인을 실행하면 요약된 메시지를 확인할 수 있습니다.

```python
chain.invoke(    # 체인 실행 및 결과 확인
  {
    "word_count": 5,
    "conversation": [
      (
        "human",
        "안녕하세요! 저는 오늘 새로 입사한 테디입니다. 만나서 반갑습니다.",
      ),
      ("ai", "반가워요! 앞으로 잘 부탁드립니다."),
    ],
  }
)
```

```
'새로 입사한 테디, 반가워요!'
```

05 LangSmith에서 추적 결과를 살펴보겠습니다. MESSAGES 부분에 `MessagesPlaceholder`에 넣은 대화 내용을 확인할 수 있으며 그에 따른 출력 결과도 잘 나타나 있습니다.

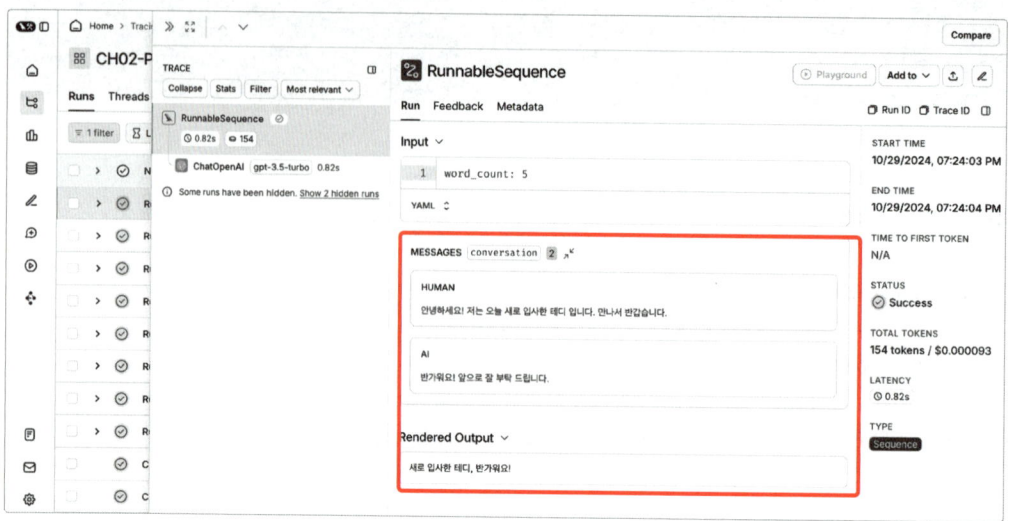

06 퓨샷 프롬프트

GPT는 예시를 참고해 답변을 잘 따라하는 성향이 있기 때문에 예시를 제공하여 답변 형식을 미리 알려 주면 더 나은 결과를 얻을 수 있습니다. **퓨샷 기법**(FewShotPromptTemplate)은 복잡한 문맥이나 질문에 대한 답변을 처리할 때 효과적입니다.

퓨샷 기법은 기본적으로 **원샷**(One-shot)과 **퓨샷**(Few-shot)을 포함합니다. 원샷은 하나의 답변 예시를, 퓨샷은 두 개 이상의 예시를 제공하는 방식입니다. 예를 들어 신입사원에게 기획안을 작성하라고 요청할 때 직접 설명하는 것보다 작성된 기획안을 보여 주며 이를 참고하게 하는 방식이 더 효과적입니다.

이번에는 `FewShotPromptTemplate`을 활용해 사용자가 입력한 새로운 질문을 기존 예제와 결합하여 최종 프롬프트를 생성해 보겠습니다.

01 실습 파일 `02-Prompt/02-FewShotTemplates.ipynb`를 열고 환경 변수를 불러온 다음 LangSmith 추적도 설정합니다. 여기서는 다섯 개의 예시를 포함한 `FewShotPromptTemplate`을 설정해 GPT가 답변 형식을 학습할 수 있게 합니다.

예시 중 '스티브 잡스와 아인슈타인 중 누가 더 오래 살았나요?'라는 질문에 답변하려면 추가 질문이 필요합니다. 예를 들어, '스티브 잡스는 몇 살에 사망했나요?'와 '아인슈타인은 몇 살에 사망했나요?' 라는 질문이 있어야 올바른 답변을 도출할 수 있습니다. 이처럼 복잡한 질문을 논리적으로 답변하는 과정을 answer 부분에 키와 값의 쌍으로 구성된 딕셔너리 구조로 형식화했습니다.

```python
from langchain_core.prompts.few_shot import FewShotPromptTemplate
from langchain_core.prompts import PromptTemplate
from langchain_core.output_parsers import StrOutputParser
from langchain_teddynote import logging
from dotenv import load_dotenv

logging.langsmith("CH02-Prompt")
load_dotenv()

examples = [
  {
    "question": "스티브 잡스와 아인슈타인 중 누가 더 오래 살았나요?",
    "answer": """이 질문에 추가 질문이 필요한가요: 예.
            추가 질문: 스티브 잡스는 몇 살에 사망했나요?
            중간 답변: 스티브 잡스는 56세에 사망했습니다.
            추가 질문: 아인슈타인은 몇 살에 사망했나요?
            중간 답변: 아인슈타인은 76세에 사망했습니다.
            최종 답변은: 아인슈타인
            """,
  },
  ...
]
```

02 PromptTemplate으로 질문과 답변을 포함하는 템플릿을 정의합니다. 템플릿에서 {question}과 {answer}는 나중에 채울 변수입니다. examples 리스트의 첫 번째 예시(0번째 인덱스)를 선택해 템플릿에 채워 넣습니다. format() 메서드로 examples[0] 딕셔너리의 키-값 쌍을 각각 question과 answer 변수에 전달하여 완성된 질문과 답변을 출력합니다.

```python
example_prompt = PromptTemplate.from_template(
  "Question:\n{question}\nAnswer:\n{answer}"
)

print(example_prompt.format(**examples[0]))
```

```
Question:
스티브 잡스와 아인슈타인 중 누가 더 오래 살았나요?
Answer:
이 질문에 추가 질문이 필요한가요: 예.
추가 질문: 스티브 잡스는 몇 살에 사망했나요?
중간 답변: 스티브 잡스는 56세에 사망했습니다.
추가 질문: 아인슈타인은 몇 살에 사망했나요?
중간 답변: 아인슈타인은 76세에 사망했습니다.
최종 답변은: 아인슈타인
```

🐾 examples 딕셔너리 앞에 붙은 **는 딕셔너리 언패킹이라고 하며, 딕셔너리의 키-값을 하나씩 꺼내서 함수의 인자로 넘기기 위해 사용합니다.

03 FewShotPromptTemplate을 사용하여 예제를 바탕으로 질문에 답할 수 있는 최종 프롬프트를 생성합니다. 지금 작성된 딕셔너리는 question에 질문이, answer에 답변이 들어가는 구조입니다. 사용자가 새로운 질문을 하면, 프롬프트는 여러 예시와 함께 그 흐름을 참고해 GPT가 답변을 생성하도록 도와줍니다. 'Google이 창립된 연도에 Bill Gates의 나이는 몇 살인가요?'라는 질문을 넣으면, 예시와 함께 최종 질문이 포함된 프롬프트가 완성되어 GPT가 답변을 제공합니다.

```python
prompt = FewShotPromptTemplate(
    examples=examples,
    example_prompt=example_prompt,
    suffix="Question:\n{question}\nAnswer:",
    input_variables=["question"],
)

question = "Google이 창립된 연도에 Bill Gates의 나이는 몇 살인가요?"
final_prompt = prompt.format(question=question)
print(final_prompt)
```

```
Question:
스티브 잡스와 아인슈타인 중 누가 더 오래 살았나요?
Answer:
...

Question:
Google이 창립된 연도에 Bill Gates의 나이는 몇 살인가요?
Answer:
```

04 최종적으로 완성된 final_prompt를 LLM에 넣어서 실행해 보겠습니다. invoke() 메서드를 통해 모델에 전달하고 결과를 스트리밍 방식으로 출력하면 우리가 작성한 형식대로 답변이 반환됩니다.

```python
from langchain_openai import ChatOpenAI
from langchain_teddynote.messages import stream_response

llm = ChatOpenAI()         # 객체 생성

answer = llm.stream(final_prompt)
stream_response(answer)    # 결과 출력
```

```
이 질문에 추가 질문이 필요한가요: 예.
추가 질문: Google이 창립된 연도는 언제인가요?
중간 답변: Google은 1998년에 창립되었습니다.
추가 질문: Bill Gates는 1998년에 몇 살이었나요?
중간 답변: Bill Gates는 1998년에 43세였습니다.
최종 답변은: 43세
```

05 다음은 FewShotPromptTemplate과 LLM, StrOutputParser를 연결해 체인을 만들고, 동적으로 질문을 입력받아 답변을 출력하는 구조입니다. 이렇게 추론해서 답변하는 기법을 도입하면 할루시네이션 현상을 줄이고 더 정확한 답변을 얻는 데도 도움이 됩니다.

```python
prompt = FewShotPromptTemplate(
    examples=examples,
    example_prompt=example_prompt,
    suffix="Question:\n{question}\nAnswer:",
    input_variables=["question"],
)

chain = prompt | llm | StrOutputParser()   # 체인 생성

answer = chain.stream(    # 결과 출력
    {"question": "Google이 창립된 연도에 Bill Gates의 나이는 몇 살인가요?"}
)
stream_response(answer)
```

07 예제 선택기

앞서 퓨샷 예제를 사용해서 좋은 답변을 얻었지만, 모든 예시가 프롬프트에 그대로 들어가면서 그만큼 비용도 많이 발생합니다. 특히 로컬 모델이나 무료 모델을 사용할 때는 컨텍스트 길이가 짧아서 프롬프트가 길어질수록 답변의 길이가 짧아지는 문제가 생깁니다. 이번에는 **예제 선택기**(example selector)에 대해 알아보겠습니다. 예제 선택기는 질문과 유사한 예시만 선택해 프롬프트에 넣는 방식입니다.

이번 실습에서는 주로 두 가지 예제 선택기가 사용됩니다. SemanticSimilarityExampleSelector는 입력된 질문과 의미가 가장 유사한 예시를 선택하는 데 사용됩니다. 예시가 정의된 examples 목록에서 질문과 가장 유사한 예시를 찾아 프롬프트에 넣습니다. 한편 MaxMarginalRelevanceExampleSelector는 유사도뿐만 아니라 예시의 다양성까지 고려하여 선택하는 방식입니다.

01 OpenAIEmbeddings는 질문이나 텍스트를 벡터로 변환하기 위해 임베딩을 생성하는 클래스입니다. Chroma는 벡터 스토어 데이터베이스이며, 예제를 저장해 두고 사용자의 질문이 들어오면 저장된 예시와 유사도 계산을 통해 가장 적합한 예제를 선택합니다. k라는 매개변수를 통해 선택할 예시의 개수를 지정할 수 있는데, k=1로 선택할 예시의 개수를 1개로 설정합니다.

```python
from langchain_core.example_selectors import (
    MaxMarginalRelevanceExampleSelector,
    SemanticSimilarityExampleSelector,
)
from langchain_openai import OpenAIEmbeddings
from langchain_chroma import Chroma

# Vector DB 생성 (저장소 이름, 임베딩 클래스)
chroma = Chroma("example_selector", OpenAIEmbeddings())

example_selector = SemanticSimilarityExampleSelector.from_examples(
    examples,              # 선택 가능한 예시 목록
    OpenAIEmbeddings(),    # 임베딩 클래스
    Chroma,                # 벡터 스토어
    k=1,                   # 생성할 예시의 수
)
```

🐾 임베딩(embedding)이란 문장 간 유사성을 수학적으로 계산하기 위한 방법으로, 문장을 수치로 변환해 거리를 계산합니다. 두 문장이 유사할수록 임베딩된 값이 가까워집니다.

02 example_selector에 select_examples() 메서드를 사용해 질문과 의미적으로 가장 유사한 하나의 예시를 선택해서 selected_examples에 저장합니다. 'Google이 창립된 연도에 Bill Gates의 나이는 몇 살인가요?'라는 질문을 정의하고 선택된 예시에서 질문과 답변을 출력합니다. 결과를 보면 질문으로 'Google이 창립된 연도에 Bill Gates의 나이는 몇 살인가요?'가 사용되었고, 이에 대한 유사한 예시로 네이버 창립과 관련된 정보가 선택되었습니다.

```
selected_examples = example_selector.select_examples({"question": question})

question = "Google이 창립된 연도에 Bill Gates의 나이는 몇 살인가요?"
print(f"입력에 가장 유사한 예시:\n{question}\n")
for example in selected_examples:
    print(f'question:\n{example["question"]}')
    print(f'answer:\n{example["answer"]}')
```

```
입력에 가장 유사한 예시:
Google이 창립된 연도에 Bill Gates의 나이는 몇 살인가요?

question:
네이버의 창립자는 언제 태어났나요?
answer:
...
중간 답변: 이해진은 1967년 6월 22일에 태어났습니다.
최종 답변은: 1967년 6월 22일
```

03 선택된 예시를 FewShotPromptTemplate에 포함시켜 example_selector를 통해 자동으로 선택된 예시를 기반으로 프롬프트를 생성합니다. 사용자가 질문을 입력하면 그 질문과 의미상 가장 유사한 예시를 선택하고, 이를 프롬프트에 포함하여 최종적으로 질문-답변 형식의 템플릿을 완성합니다.

```
prompt = FewShotPromptTemplate(
    example_selector=example_selector,
    example_prompt=example_prompt,
    suffix="Question:\n{question}\nAnswer:",
    input_variables=["question"],
)

question = "Google이 창립된 연도에 Bill Gates의 나이는 몇 살인가요?"
example_selector_prompt = prompt.format(question=question)
print(example_selector_prompt)
```

04 프롬프트 예시를 구성하고 LLM과 연결해 질문에 대한 답변을 출력해 보겠습니다.

```
prompt = FewShotPromptTemplate(
  example_selector=example_selector,
  example_prompt=example_prompt,
  suffix="Question:\n{question}\nAnswer:",
  input_variables=["question"],
)

chain = prompt | llm     # 체인 생성

answer = chain.stream(    # 결과 출력
  {"question": "Google이 창립된 연도에 Bill Gates의 나이는 몇 살인가요?"}
)
stream_response(answer)
```

```
Google이 창립된 연도는 1998년입니다. Bill Gates는 1998년에 43세였습니다.
```

 MMR 알고리즘

MMR(Maximal Marginal Relevance) 알고리즘은 정보 검색과 문서 요약을 할 때, 다양성과 관련성을 모두 고려하여 결과를 선택하는 방법입니다. MMR 알고리즘의 목표는 비슷한 내용이 반복되지 않도록 하면서도(다양성) 사용자가 찾고 있는 질문과 가장 잘 맞는(관련성) 정보를 제공하는 것입니다.

- **관련성(relevance)**: 사용자가 입력한 검색어나 주제와 문서가 얼마나 잘 맞는지를 평가하는 기준입니다. 문서가 사용자의 검색 내용과 얼마나 잘 일치하는지에 따라 점수를 매기고, 그 점수가 높은 문서가 먼저 선택됩니다.
- **다양성(diversity)**: 이미 선택된 문서와 다른 새로운 문서 간의 유사성을 계산해서, 이미 선택된 문서와 비슷한 내용의 문서는 다시 선택되지 않도록 합니다.

MMR 알고리즘은 레스토랑에서 메뉴를 선택하는 상황을 비유할 수 있습니다. 레스토랑에 가서 메뉴를 고르는데, 자신의 취향과 메뉴의 다양성을 모두 고려해야 합니다. 여러분은 피자를 좋아하지만, 피자만 먹기보다는 다른 종류의 요리도 시도해 보고 싶습니다. MMR 알고리즘은 여러분이 선택할 수 있는 메뉴 항목(문서)들 중에서 여러분의 취향(쿼리의 관련성)과 다른 이미 선택한 메뉴 항목들과의 차별성(문서 간의 다양성)을 고려하여 최적의 선택을 하도록 합니다.

MMR 알고리즘의 첫 번째 단계에서는 가장 관련성 높은 항목을 선택합니다. 이후의 각 단계에서는 현재 선택된 항목들과 관련성은 높으면서도 가장 차별화된 항목을 찾아 선택합니다. 이는 λ(람다) 값에 의해 조절되며, λ 값이 클수록 관련성을 중시하고, 작을수록 다양성을 더 중시합니다.

알고리즘의 수식 MMR 알고리즘은 다음과 같은 수식으로 정의됩니다.

$$\text{MMR} = \arg\max_{D_i \in R \setminus S} \left[\lambda \cdot \text{Sim1}(D_i, Q) - (1 - \lambda) \cdot \max_{D_j \in S} \text{Sim2}(D_i, D_j) \right]$$

D_i는 선택 가능한 문서, R은 검색 결과 집합, S는 이미 선택된 문서 집합, Q는 사용자 쿼리, Sim1은 문서와 쿼리 사이의 유사성 함수, Sim2는 문서 간의 유사성 함수, λ는 관련성과 다양성 사이의 균형을 조정하는 매개변수입니다.

MMR 알고리즘은 다양한 분야에 활용됩니다. 검색 엔진에서 사용자의 쿼리에 대해 관련성 높은 결과를 제공하면서도 중복을 최소화해 다양한 정보를 함께 보여 줄 수 있습니다. 대량의 문서 집합을 처리할 때 중복되는 내용을 줄이면서도 중요한 핵심 정보를 추출하여 요약할 수 있습니다. 또한 추천 시스템에서도 사용자에게 관련성 높은 아이템을 제공하면서도 서로 다른 유형의 추천을 통해 선택의 폭을 넓혀 줍니다.

MMR 알고리즘은 앞으로도 계속 사용될 개념이므로 이번에 간단하게 이해하고 넘어가면 좋습니다. 만약 여러분이 예제 선택기에서 MMR 알고리즘을 사용하고 싶다면, 코드에서 MMR 예제 선택기로 변경하고 나머지 코드는 동일하게 실행하면 됩니다.

08 FewShotChatMessagePromptTemplate

FewShotChatMessagePromptTemplate은 이전에 사용했던 FewShotPromptTemplate과 매우 비슷하지만, ChatMessage라는 요소가 추가되었습니다. 여기서는 회의록 작성, 요약, 문장 교정을 하는 세 가지 전문가 역할을 기반으로 한 예시로 다뤄 보겠습니다.

01 examples에 세 가지 예시를 정의합니다. 첫 번째는 회의록 작성 전문가가 주어진 회의 정보를 바탕으로 회의록을 작성하는 내용이고, 두 번째는 요약 전문가가 긴 문서를 요약하는 예시, 세 번째는 문장 교정 전문가가 문장을 교정하는 예시입니다. 각 예시는 지시 사항(instruction), 입력(input), 답변(answer)으로 구성되어 특정 작업을 수행하도록 되어 있습니다.

```
examples = [
  {
    "instruction": "당신은 회의록 작성 전문가 입니다...",
    "input": "2023년 12월 25일, XYZ 회사의 마케팅 전략 회의가 오후 3시에 시작되었다...",
    "answer": """...""",
  },
  {
    "instruction": "당신은 요약 전문가 입니다. 다음 주어진 정보를 바탕으로 내용을 요약해 주세요",
    "input": "이 문서는 '지속 가능한 도시 개발을 위한 전략'에 대한 20페이지 분량...",
    "answer": """문서 요약: 지속 가능한 도시 개발을 위한 전략 보고서...""",
```

```
  },
  {
    "instruction": "당신은 문장 교정 전문가 입니다. 다음 주어진 문장을 교정해 주세요",
    "input": "우리 회사는 새로운 마케팅 전략을 도입하려고 한다...",
    "answer": "본 회사는 새로운 마케팅 전략을 도입함으로써, ...",
  },
]
```

02 프롬프트 템플릿을 설정합니다. SemanticSimilarityExampleSelector로 앞에서 정의한 예시 목록(examples)에서 주어진 질문과 가장 유사한 예시를 선택합니다. 이때 examples에서 정의한 키와 값은 이곳 템플릿에 들어가는 키와 값과 동일해야 합니다.

```python
from langchain_core.prompts import ChatPromptTemplate, FewShotChatMessagePromptTemplate
from langchain_core.example_selectors import (
    SemanticSimilarityExampleSelector,
)
from langchain_openai import OpenAIEmbeddings
from langchain_chroma import Chroma

chroma = Chroma("fewshot_chat", OpenAIEmbeddings())

example_prompt = ChatPromptTemplate.from_messages(
    [
        ("human", "{instruction}:\n{input}"),
        ("ai", "{answer}"),
    ]
)

example_selector = SemanticSimilarityExampleSelector.from_examples(
    examples, OpenAIEmbeddings(), chroma, k=1,
)

few_shot_prompt = FewShotChatMessagePromptTemplate(
    example_selector=example_selector,
    example_prompt=example_prompt,
)
```

03 앞의 예시 프롬프트를 정의하면서 사용자 입력(human)에 instruction과 input 변수를 지정했습니다. 두 변수를 question 객체에 넣고 SemanticSimilarityExampleSelector로 question과 유사한 '회의록 작성 전문가' 예시를 선택해 answer를 출력합니다.

```
question = {
  "instruction": "회의록을 작성해 주세요",
  "input": "2023년 12월 26일, ABC 기술 회사의 제품 개발 팀은 새로운 모바일 애플리케이션 프로젝트에 대한 주간 진행 상황 회의를 가졌다. 이 회의에는 프로젝트 매니저인 최현수, 주요 개발자인 황지연, UI/UX 디자이너인 김태영이 참석했다. 회의의 주요 목적은 프로젝트의 현재 진행 상황을 검토하고, 다가오는 마일스톤에 대한 계획을 수립하는 것이었다. 각 팀원은 자신의 작업 영역에 대한 업데이트를 제공했고, 팀은 다음 주까지의 목표를 설정했다.",
}

example_selector.select_examples(question)
```

```
[{'answer': '\n회의록: XYZ 회사 마케팅 전략 회의\n일시: 2023년 12월 25일\n장소: XYZ 회사 회의실\n참석자: 김수진 (마케팅 팀장), …',
  'input': '2023년 12월 25일, XYZ 회사의 마케팅 전략 회의가 오후 3시에 시작되었다. 회의에는 마케팅 팀장인 김수진, …',
  'instruction': '당신은 회의록 작성 전문가 입니다. 주어진 정보를 바탕으로 회의록을 작성해 주세요'}]
```

04 final_prompt로 프롬프트 템플릿을 생성합니다. system의 역할로 '유용한 어시스턴트'라는 메시지를 설정합니다. few_shot_prompt는 앞에서 정의한 FewShotChatMessagePromptTemplate으로 사용자의 질문(human)과 instruction 및 input에 입력한 값이 전달됩니다.

```
final_prompt = ChatPromptTemplate.from_messages(
  [
    (
      "system",
      "You are a helpful assistant.",
    ),
    few_shot_prompt,
    ("human", "{instruction}\n{input}"),
  ]
)
```

05 프롬프트 예시를 구성하고 LLM과 연결해 질문에 대한 답변을 출력합니다. 예시의 양식에 맞게 회의록을 잘 작성한 것을 확인할 수 있습니다.

```
chain = final_prompt | llm              # 체인 생성

answer = chain.stream(question)         # 실행 및 결과 출력
stream_response(answer)
```

```
회의록: ABC 기술 회사 제품 개발 팀 주간 진행 상황 회의
일시: 2023년 12월 26일
장소: ABC 기술 회사 회의실
참석자: 최현수 (프로젝트 매니저), 황지연 (주요 개발자), 김태영 (UI/UX 디자이너)
...
```

(09) 목적에 맞는 예제 선택기

이전 실습에서 살펴본 example_selector에는 유사도 검색에서 문제가 있습니다. 바로 직전에 다룬 실습 예제를 예로 들자면, 예시와 답변의 유사도를 계산할 때 instruction과 input을 합산해서 고려합니다. 그래서 instruction만 사용하여 검색했을 때 instruction으로 따졌을 때는 유사하지 않은 예시임에도 input 값과 비슷하면 유사한 예시로 판단하는 경우가 생깁니다. 가령 instruction에서 회의록 작성을 요청했는데, input 값이 비슷한 문장 교정 결과를 내놓을 수도 있는 거죠. 이를 해결하기 위해 커스텀 유사도 계산을 수행하는 별도의 커스텀 예제 선택기 클래스 CustomExampleSelector를 정의해 langchain_teddynote 패키지 안에 구현해 놓았습니다.

01 커스텀 예제 선택기인 CustomExampleSelector를 임포트합니다. 이전 예제에서 example_selector를 쓴 부분을 custom_selector로 바꿔 줍니다.

```
from langchain_teddynote.prompts import CustomExampleSelector

# 커스텀 예제 선택기 생성
custom_selector = CustomExampleSelector(examples, OpenAIEmbeddings())

# 커스텀 예제 선택기를 사용했을 때 결과
custom_selector.select_examples({"instruction": "다음 문장으로 회의록을 작성해 주세요"})
```

02 custom_selector를 example_selector에 넣었습니다. 이렇게 되면 input 값은 고려하지 않고 사용자가 입력한 instruction의 값만 보고 예시의 유사도를 계산할 수 있습니다.

```
example_prompt = ChatPromptTemplate.from_messages(
    [
        ("human", "{instruction}:\n{input}"),
        ("ai", "{answer}"),
    ]
)

custom_fewshot_prompt = FewShotChatMessagePromptTemplate(
    example_selector=custom_selector,    # 커스텀 예제 선택기 사용
    example_prompt=example_prompt,        # 예제 프롬프트 사용
)

custom_prompt = ChatPromptTemplate.from_messages(
    [
        (
            "system",
            "You are a helpful assistant.",
        ),
        few_shot_prompt,
        ("human", "{instruction}\n{input}"),
    ]
)
```

03 체인을 생성하고 실행하면 회의록을 작성해 줍니다. question의 instruction에 문서 요약이나 문장 교정 같은 다른 지시 사항을 넣고 실험해 보세요.

```
chain = custom_prompt | llm    # 체인을 생성

question = {
    "instruction": "회의록을 작성해 주세요",
    "input": "2023년 12월 26일, ABC 기술 회사의 제품 개발 팀은 새로운 모바일 애플리케이션 프로젝트에 대한 주간 진행 상황 회의를 가졌다...",
}

stream_response(chain.stream(question))    # 실행 및 결과 출력
```

10 LangChain Hub에서 프롬프트 공유하기

프롬프트를 잘 작성하는 것은 LLM으로부터 좋은 답변을 얻는 지름길입니다. LangChain Hub 프롬프트 공유 페이지로, 사용자들은 자신이 작성한 프롬프트를 업로드하거나 다른 사용자가 만든 프롬프트를 간편하게 다운로드해 활용할 수 있습니다.

01 LangSmith 웹사이트의 LangChain Hub 페이지(https://smith.langchain.com/hub)에 접속합니다. LangSmith에 회원 가입을 하고 API 키를 발급받았다면, 검색 창에서 필요한 내용을 검색해서 원하는 프롬프트를 골라 사용할 수 있습니다.

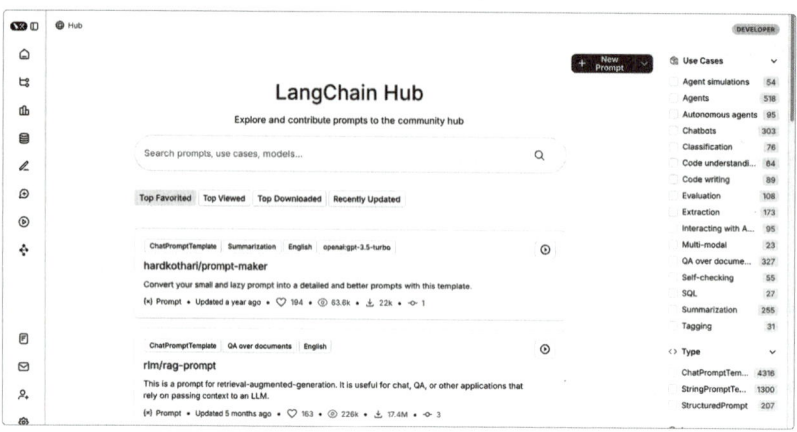

02 LangChain Hub 화면 오른쪽을 보면 유스케이스별로 카테고리가 잘 정리되어 있습니다. 예를 들어 요약을 위한 프롬프트가 필요하다면 **Summarization**을 클릭합니다. 검색 창 바로 아래에 **Top Viewed**나 **Top Downloaded**를 클릭하여 쉽게 찾을 수 있습니다.

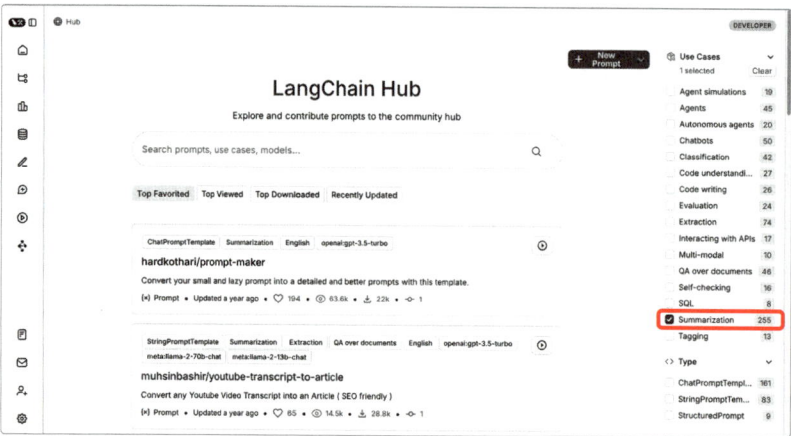

03 카테고리 중 **QA Over documents**를 클릭해 체크합니다. 필터에서 **Top Viewed**를 클릭하면 LangChain의 공식 계정인 rlm이라는 사용자가 작성한 프롬프트를 볼 수 있습니다. 여기서는 **rlm/rag-prompt**를 클릭해 보겠습니다.

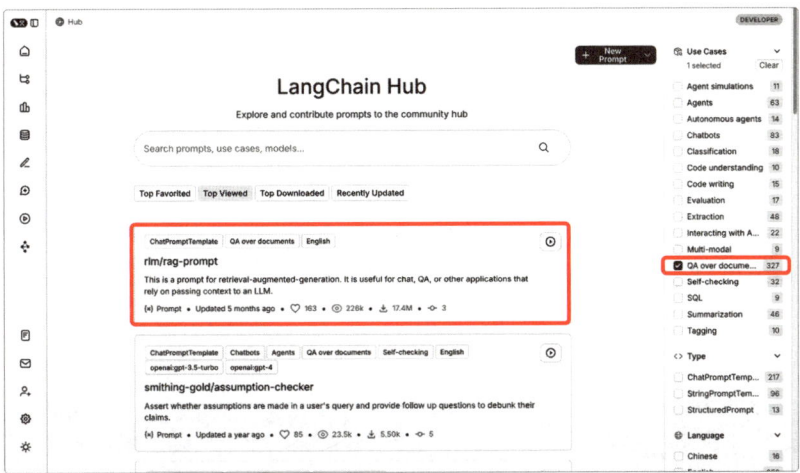

🐾 rlm이 등록한 프롬프트는 LangChain 공식 튜토리얼에 등록되어 있어 사람들이 쉽게 써 볼 수 있기 때문에 다운로드 수가 높고 유용하긴 하지만, 한편으로는 매우 평균적인 프롬프트라는 단점도 있습니다. 그래서 rlm 말고 그다음 순위에 있는 다른 사용자가 작성한 프롬프트도 사용해 보기를 추천합니다.

04 프롬프트 페이지에서 프롬프트를 직접 복사해서 넣을 수도 있습니다. 하지만 LangChain Hub를 통해 `pull` 명령어로 프롬프트를 쉽게 가져올 수 있습니다. 상단에 표시된 ID 값(여기서는 `rlm/rag-prompt`)을 기억해 두면 해당 프롬프트를 자동으로 불러올 수 있습니다.

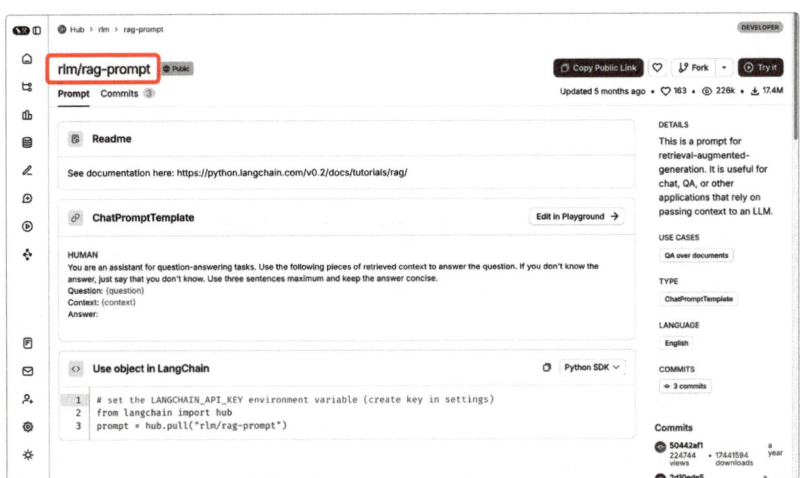

05 실제 코드로 LangChain Hub의 프롬프트를 불러와 보겠습니다. 실습 파일 **02-Prompt/03-LangChain-Hub.ipynb**를 엽니다. langchain 라이브러리에서 hub를 임포트하고, pull 메서드 안에 프롬프트의 ID인 rlm/rag-prompt를 넣습니다.

```
from langchain import hub

# 가장 최신 버전의 프롬프트를 가져옵니다.
prompt = hub.pull("rlm/rag-prompt")
```

06 프롬프트를 출력해 보면 template 부분에 해당 프롬프트 템플릿을 확인할 수 있습니다.

```
print(prompt)
```

```
input_variables=['context', 'question'] input_types={} partial_variables={} metadata={'lc_hub_owner': 'rlm', 'lc_hub_repo': 'rag-prompt', 'lc_hub_commit_hash': '50442af133e61576e74536c6556cefe1fac147cad032f4377b60c436e6cdcb6e'} messages=[HumanMessagePromptTemplate(prompt=PromptTemplate(input_variables=['context', 'question'], input_types={}, partial_variables={}, template="You are an assistant for question-answering tasks. Use the following pieces of retrieved context to answer the question. If you don't know the answer, just say that you don't know. Use three sentences maximum and keep the answer concise.\nQuestion: {question} \nContext: {context} \nAnswer:"), additional_kwargs={})]
```

07 프롬프트를 가져올 때 버전 해시를 가져올 수 있습니다. LangChain Hub의 **Commits** 탭을 클릭해 보면 프롬프트의 커밋 내역에 따라 버전이 지정되어 있습니다. 커밋 로그에서 원하는 버전을 선택합니다.

08 상단에 표시된 해시 코드를 복사해서 가져올 수도 있습니다.

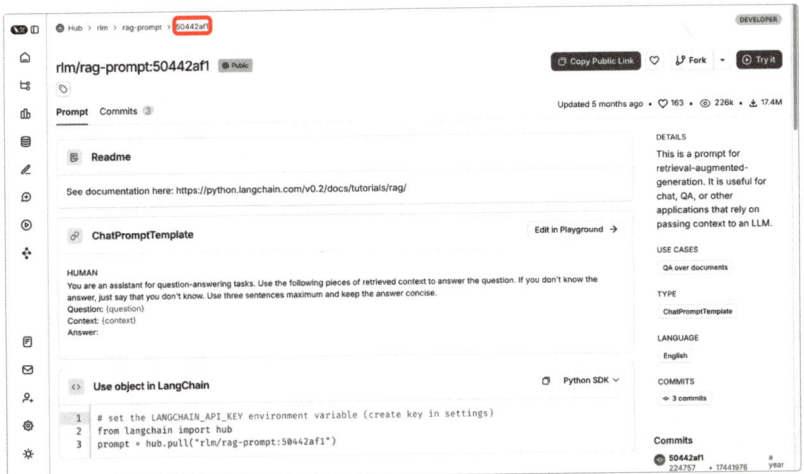

```
prompt = hub.pull("rlm/rag-prompt:50442af1")
prompt
```

09 이번에는 자신의 프롬프트를 LangChain Hub에 등록하는 방법도 알아보겠습니다. 작성한 프롬프트를 LangChain Hub에 업로드하면 다른 프로젝트에도 쉽게 가져와 사용할 수 있습니다. 다음과 같이 간단한 요약 프롬프트를 작성해 보겠습니다.

```
from langchain.prompts import ChatPromptTemplate

prompt = ChatPromptTemplate.from_template(
    "주어진 내용을 바탕으로 다음 문장을 요약하세요. 답변은 반드시 한글로 작성하세요\n\nCONTEXT: {context}\n\nSUMMARY:"
)
prompt
```

10 push 메서드 안에 자신의 LangChain ID를 입력하고 프롬프트 저장소 이름을 지정합니다. 프롬프트를 업로드할 수 있습니다.

```
from langchain import hub

hub.push("teddynote/simple-summary-korean", prompt)    # 프롬프트를 허브에 업로드
```

🐾 한번 등록된 저장소 이름은 삭제하거나 바꾸기 어려우므로 신중히 결정해야 합니다.

11 출력 결과 링크를 클릭하면 LangChain Hub에서 자신의 프롬프트를 확인할 수 있습니다.

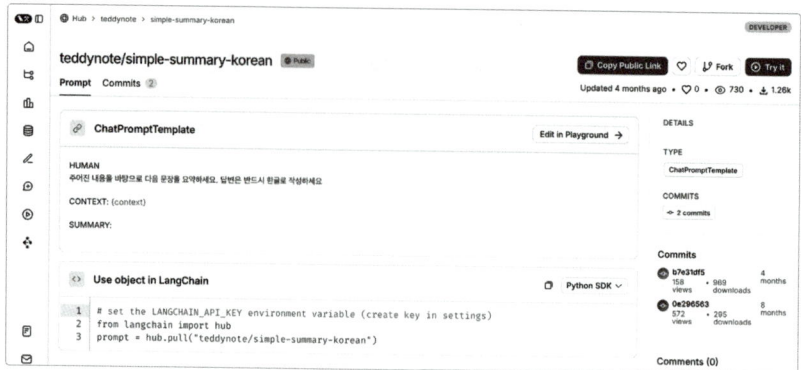

😺 만약 자신의 프롬프트를 공개하고 싶지 않다면 화면 상단 왼쪽에 Make Private 버튼을 클릭합니다. 이 경우 외부에서 내 프롬프트를 검색할 수 없고, 키가 등록된 작성자 자신만 쓸 수 있습니다.

CHAPTER 06 출력 파서

LangChain의 출력 파서는 언어 모델(LLM)의 출력값을 더 유용하고 구조화된 형태로 해석해서 변환(파싱)하는 중요한 컴포넌트로, LLM 기반 애플리케이션 개발에 있어 매우 중요한 도구입니다. 다양한 종류의 출력 데이터를 파싱하고 처리하는 방법에 대해 알아보겠습니다.

출력 파서(Output Parser)는 LLM의 출력값을 구조화된 형식으로 변환하고 답변에서 우리가 원하는 정보만 뽑아낼 때 유용하게 사용되는 도구입니다. 주로 LangChain 프레임워크에서 다양한 종류의 출력 데이터를 파싱하고 처리하는 데 활용됩니다.

실제 애플리케이션을 개발하다 보면 LLM의 답변을 우리가 원하는 형태로 받아야 하는 경우가 있는데, 출력 파서를 사용하면 LLM의 응답을 구조화된 데이터로 받거나 원하는 정보를 손쉽게 추출하는 것이 가능합니다. 반면 출력 파서를 사용하지 않으면 자유 형식의 텍스트 출력을 수동으로 해석하고 필요한 정보를 추출해야 하므로 자동화가 어렵습니다. 실제 예시를 살펴보겠습니다. 다음은 출력 파서를 사용하지 않고 '이메일에서 주요 내용을 추출해 주세요'라는 지시에 대한 답변 결과입니다.

```
**중요 내용 추출:**
1. **발신자:** 김철수 (chulsoo.kim@bikecorporation.me)
2. **수신자:** 이은채 (eunchae@teddyinternational.me)
3. **제목:** "ZENESIS" 자전거 유통 협력 및 미팅 일정 제안
4. **요청 사항:**
   - ZENESIS 모델의 상세한 브로슈어 요청 (기술 사양, 배터리 성능, 디자인 정보 포함)
5. **미팅 제안:**
   - 날짜: 다음 주 화요일 (1월 15일)
   - 시간: 오전 10시
   - 장소: 귀사 사무실
6. **발신자 정보:**
   - 김철수, 상무이사, 바이크코퍼레이션
```

출력 파서 없이 그냥 답변을 받을 때는 다음과 같은 문제가 있습니다. 여기서는 발신자, 수신자, 제목 등을 잘 답변했지만, 우리가 원하는 핵심 내용이 빠져 있을 수 있습니다. 또한 이메일 안에서 주요 내용을 요약해 달라고 요청하거나, 날짜를 연-월-일 형식으로 지정해 맞춘다든지, 발신자 정보에서 인적 정보를 그냥 나열하지 않고 '김철수(상무이사, 바이크코퍼레이션)'처럼 구체적인 형식을 적용해야 할 수도 있습니다.

앞의 출력 결과는 모두 텍스트 단락입니다. 그래서 발신자나 수신자 이메일 정보처럼 특정 내용만 정확히 추출하기도 어렵습니다. 정보를 쉽게 추출하기 위해 글의 양식을 바꿔 버리면 새로운 로직으로 다시 추출해야 하는 문제도 생깁니다.

그리고 내용 항목이 일정한 순서대로 출력될지도 확신할 수 없습니다. 물론 퓨샷 프롬프트를 활용해서 어느 정도 정형화된 결과를 강제할 수는 있지만, 데이터베이스에 저장하기 용이할 만큼 우리가 원하는 형식으로 정보를 추출하기는 쉽지 않습니다.

그런데 출력 파서를 활용하면 다음과 같이 JSON 형식으로 구조화된 답변을 얻을 수 있습니다. JSON은 파이썬의 딕셔너리처럼 왼쪽은 키(key), 오른쪽은 값(value)으로 구성된 항목이 쌍으로 묶여진 형식입니다.

```
{
  "person": "김철수",
  "email": "chulsoo.kim@bikecorporation.me",
  "subject": "\"ZENESIS\" 자전거 유통 협력 및 미팅 일정 제안",
  "summary": "바이크코퍼레이션의 김철수 상무가 테디인터내셔널의 이은채 대리에게 신규 자전거 'ZENESIS' 모델에 대한 브로슈어 요청과 기술 사양, 배터리 성능, 디자인 정보 요청. 또한, 협력 논의를 위해 1월 15일 오전 10시에 미팅 제안.",
  "date": "1월 15일 오전 10시"
}
```

출력 파서를 이용한 답변 결과에서는 보낸 사람의 이름은 person, 보낸 사람의 이메일 주소는 email, 이런 식으로 주요 정보를 사전에 정의하게 됩니다. 여기서 보낸 사람, 이메일 주소, 날짜 형식처럼 사전에 정의된 양식을 **스키마**(schema)라고 합니다. 그런 다음에 출력 파서가 정형화된 형태로 답변을 내놓으면 나중에 파이썬으로 원하는 키를 조회해서 그에 해당하는 값을 쉽게 추출할 수 있습니다.

출력 파서의 주요 특징을 다시 정리하면 다음과 같습니다.

- **다양성**: LangChain은 많은 종류의 출력 파서를 제공해 다양한 변환 방식에 대응할 수 있습니다.
- **스트리밍 지원**: 여러 출력 파서가 스트리밍을 지원해 실시간 데이터 처리가 가능합니다.
- **확장성**: 확장 가능한 인터페이스를 제공해 최소한의 모듈에서 복잡한 모듈까지 필요한 기능을 확장할 수 있습니다.

출력 파서의 이점은 다음과 같습니다.

- **구조화**: LLM의 자유 형식 텍스트 출력을 구조화된 데이터로 변환해 정보를 체계적으로 관리할 수 있습니다.
- **일관성**: 출력 형식을 일관되게 유지하여 후속 처리나 데이터 조회가 쉽고 효율적입니다.
- **유연성**: JSON, 리스트, 딕셔너리 등 다양한 출력 형식으로 변환 가능하여 유연성을 제공합니다.

이처럼 LangChain의 출력 파서를 통해 개발자는 LLM의 출력을 효과적으로 활용하고 구조화된 데이터로 변환하여 다양한 애플리케이션에서 유연하게 활용할 수 있습니다.

01 PydanticOutputParser

Pydantic은 파이썬에서 데이터 유효성을 검사하고, 데이터를 구조화된 형식으로 관리하는 데 유용한 라이브러리입니다. **유효성 검사**(validation)란 코드를 실행할 때 데이터가 정해진 조건이나 형식에 맞는지 확인하여 잘못된 값이 입력되지 않도록 하는 도구입니다. 파이썬은 변수에 특정 데이터 타입을 강제하지 않아 형식 검사에서 유연하지만, 이로 인해 의도치 않은 데이터 형식이 들어올 수 있는 문제가 발생할 수 있습니다. 유효성 검사는 이러한 오류를 방지하고 필요한 경고나 오류 메시지를 통해 잘못된 데이터 입력을 막아 줍니다.

PydanticOutputParser는 언어 모델의 출력을 구조화된 정보로 변환하는 데 도움을 주는 클래스입니다. `PydanticOutputParser` 클래스는 단순 텍스트 응답 대신 언어 모델의 출력을 특정 데이터 모델에 맞게 변환하여 정보를 더 쉽게 처리하고 활용할 수 있습니다.

`PydanticOutputParser`에는 주로 두 가지 핵심 메서드가 구현되어야 합니다. 이 두 개의 함수 정도는 공통으로 쓰는 것이므로 지금 당장 외워 두면 나중에 요긴하게 쓸 수 있습니다.

- **get_format_instructions()**: 언어 모델이 출력해야 할 정보의 형식을 정의하는 지침을 제공합니다. 예를 들어, 언어 모델이 출력해야 할 데이터 필드와 그 형태를 설명하는 지침을 문자열로 반환할 수 있습니다. 이 지침은 언어 모델이 출력을 구조화하고 특정 데이터 모델에 맞게 변환하는 데 매우 중요합니다.

- **parse()**: 언어 모델의 출력(문자열로 가정)을 받아 이를 특정 구조로 분석하고 변환합니다. Pydantic과 같은 도구를 사용하여 입력된 문자열을 사전 정의된 스키마에 따라 검증하고, 해당 스키마를 따르는 데이터 구조로 변환합니다.

01 실습 파일 **03-OutputParser/01-PydanticOuputParser.ipynb**를 엽니다. 스트리밍 답변을 받기 위해서 stream_response 모듈을 가져오겠습니다. llm에는 ChatOpenAI를 가져오고 gpt-4o 모델을 적용해서 객체를 생성했습니다.

```
from langchain_teddynote.messages import stream_response
from langchain_openai import ChatOpenAI
from langchain_core.output_parsers import PydanticOutputParser
from pydantic import BaseModel, Field
from langchain_teddynote import logging
from dotenv import load_dotenv

load_dotenv()
logging.langsmith("CH03-OutputParser")

llm = ChatOpenAI(temperature=0, model_name="gpt-4o")
```

02 email_conversation에 이메일 예시를 추가합니다.

```
email_conversation = """From: 김철수 (chulsoo.kim@bikecorporation.me)
To: 이은채 (eunchae@teddyinternational.me)
Subject: "ZENESIS" 자전거 유통 협력 및 미팅 일정 제안

안녕하세요, 이은채 대리님,

저는 바이크코퍼레이션의 김철수 상무입니다. ... 다음 주 화요일(1월 15일) 오전 10시에 미팅을 제안합니다. 귀사 사무실에서 만나 이야기를 나눌 수 있을까요?
...
김철수
상무이사
바이크코퍼레이션
"""
```

03 먼저 출력 파서를 쓰지 않고 답변을 받아 보겠습니다. PromptTemplate.from_template 안에 지시 사항(프롬프트 템플릿)이 들어가는데, 여기에 이메일 내용인 {email_conversation} 변수를 선언했습니다. 그런 다음 LLM에 요청해서 답변을 스트리밍 출력합니다.

```
from itertools import chain
from langchain_core.prompts import PromptTemplate

prompt = PromptTemplate.from_template(
    "다음의 이메일 내용 중 중요한 내용을 추출해 주세요.\n\n{email_conversation}"
)

llm = ChatOpenAI(temperature=0, model_name="gpt-4o")

chain = prompt | llm

answer = chain.stream({"email_conversation": email_conversation})

output = stream_response(answer, return_output=True)
```

04 출력 결과를 보면 답변이 문자열 형식으로 나옵니다. 그런데 만약 보낸 사람의 이름이나 이메일을 답변 결과에 포함하고 싶다면 프롬프트에 따로 지시를 추가하거나 재요청을 해야 합니다. 게다가 문자열로 된 출력 결과에서 보낸 사람과 같은 특정한 항목을 꺼내오기가 까다롭습니다.

```
이메일의 중요한 내용은 다음과 같습니다:

1. 김철수 상무가 바이크코퍼레이션을 대표하여 이은채 대리에게 연락.
2. "ZENESIS" 자전거에 대한 상세한 브로슈어 요청 (기술 사양, 배터리 성능, 디자인 정보 포함).
3. 유통 전략과 마케팅 계획을 구체화하기 위한 정보 필요.
4. 협력 가능성 논의를 위한 미팅 제안: 다음 주 화요일(1월 15일) 오전 10시, 귀사 사무실에서.
```

05 Pydantic 스타일로 정의된 EmailSummary 클래스를 정의하여 이메일의 정보를 파싱해 보겠습니다. 이메일에서 person, email, subject, summary, date라는 클래스 변수를 선언해 해당 정보를 추출하려고 합니다. 이 변수는 필요에 따라 자유롭게 수정하거나 추가할 수 있습니다. 그리고 각 변수에 Field를 대입하는데, 그 안에 description은 텍스트 형태의 답변에서 주요 정보를 추출하기 위한 설명입니다. LLM이 이 설명을 보고 필요한 정보를 추출하므로, 설명은 정확하고 명확하게 작성해야 합니다.

```
class EmailSummary(BaseModel):
    person: str = Field(description="메일을 보낸 사람")
    email: str = Field(description="메일을 보낸 사람의 이메일 주소")
    subject: str = Field(description="메일 제목")
    summary: str = Field(description="메일 본문을 요약한 텍스트")
    date: str = Field(description="메일 본문에 언급된 미팅 날짜와 시간")
```

> EmailSummary 클래스가 Pydantic의 BaseModel 기능을 상속받습니다.

06 PydanticOutputParser를 가져오는데 pydantic_object에서 앞서 정의한 클래스의 이름(EmailSummary)을 넣습니다. 이렇게 parser가 완성되었습니다.

```
parser = PydanticOutputParser(pydantic_object=EmailSummary)
```

07 출력 파서의 두 가지 메서드 중 llm이 출력해야 할 정보의 형식을 보여 주는 get_format_instructions()를 출력해 봅니다. 출력 결과는 프롬프트의 입력으로 들어갈 내용입니다.

```
print(parser.get_format_instructions())
```

```
The output should be formatted as a JSON instance that conforms to the JSON schema below.

As an example, for the schema {"properties": {"foo": {"title": "Foo", "description": "a list of strings", "type": "array", "items": {"type": "string"}}}, "required": ["foo"]}
the object {"foo": ["bar", "baz"]} is a well-formatted instance of the schema. The object {"properties": {"foo": ["bar", "baz"]}} is not well-formatted.

Here is the output schema:
```
```
```

```
{"properties": {"person": {"description": "메일을 보낸 사람", "title": "Person",
"type": "string"}, "email": {"description": "메일을 보낸 사람의 이메일 주소", "title":
"Email", "type": "string"}, "subject": {"description": "메일 제목", "title": "Subject",
"type": "string"}, "summary": {"description": "메일 본문을 요약한 텍스트", "title":
"Summary", "type": "string"}, "date": {"description": "메일 본문에 언급된 미팅 날짜와
시간", "title": "Date", "type": "string"}}, "required": ["person", "email", "subject",
"summary", "date"]}
...
```

08 프롬프트 템플릿을 작성합니다. 세 개의 변수가 있는데, question은 사용자의 요청 사항이 들어가고, email_conversation에는 이메일의 원문이 들어가며, format에는 앞서 get_format_instructions()로 출력한 정보가 들어갑니다.

```
prompt = PromptTemplate.from_template(
  """
You are a helpful assistant. Please answer the following questions in KOREAN.

QUESTION:
{question}

EMAIL CONVERSATION:
{email_conversation}

FORMAT:
{format}
  """
)
```

09 question과 email_conversation은 나중에 입력받을 예정이므로, 부분 변수로 format만 채우고 실행해 보겠습니다. 앞서 get_format_instructions()로 출력했던 내용이 반영되었음을 확인할 수 있습니다.

```
prompt = prompt.partial(format=parser.get_format_instructions())
prompt
```

```
PromptTemplate(input_variables=['email_conversation', 'question'], input_types={},
partial_variables={'format': 'The output should be formatted as a JSON instance that
conforms to the JSON schema below.\n\nAs an example, for the schema {"properties":
{"foo": {"title": "Foo", "description": "a list of strings", "type": "array", "items":
{"type": "string"}}}, "required": ["foo"]}\nthe object {"foo": ["bar", "baz"]} is
a well-formatted instance of the schema. The object {"properties": {"foo": ["bar",
"baz"]}} is not well-formatted.\n\nHere is the output schema:\n```\n{"properties":
{"person": {"description": "메일을 보낸 사람", "title": "Person", "type": "string"},
"email": {"description": "메일을 보낸 사람의 이메일 주소", "title": "Email", "type":
"string"}, "subject": {"description": "메일 제목", "title": "Subject", "type":
"string"}, "summary": {"description": "메일 본문을 요약한 텍스트", "title": "Summary",
"type": "string"}, "date": {"description": "메일 본문에 언급된 미팅 날짜와 시간",
"title": "Date", "type": "string"}}, "required": ["person", "email", "subject",
"summary", "date"]}\n```'}, template='\nYou are a helpful assistant. Please answer the
following questions in KOREAN.\n\nQUESTION:\n{question}\n\nEMAIL CONVERSATION:\n{email_
conversation}\n\nFORMAT:\n{format}\n')
```

10 프롬프트와 LLM 체인을 생성합니다. chain.stream()으로 체인을 실행할 때 email_conversation과 question의 값을 전달합니다. question에는 상세한 프롬프트 대신 주요 내용을 추출해 달라는 간단한 요청만 담고 있지만, 이미 format에서 필요한 추출 항목을 상세하게 정의했기 때문에 정확하고 일관된 답변을 얻을 수 있습니다.

```
chain = prompt | llm

response = chain.stream(
  {
    "email_conversation": email_conversation,
    "question": "이메일 내용 중 주요 내용을 추출해 주세요.",
  }
)

output = stream_response(response, return_output=True)
```

11 응답(response)을 출력해 보면 JSON 형식으로 person, email, subject, summary, date를 정의된 대로 가져왔습니다.

```
json
{
  "person": "김철수",
  "email": "chulsoo.kim@bikecorporation.me",
  "subject": "\"ZENESIS\" 자전거 유통 협력 및 미팅 일정 제안",
  "summary": "김철수 상무는 바이크코퍼레이션에서 ZENESIS 자전거의 브로슈어를 요청하며, 기술 사양, 배터리 성능, 디자인 정보가 필요하다고 언급했습니다. 또한, 협력 가능성을 논의하기 위해 1월 15일 화요일 오전 10시에 미팅을 제안했습니다.",
  "date": "1월 15일 화요일 오전 10시"
}
```

12 output 출력값을 보면 딕셔너리 형태처럼 생겼지만 문자열 타입입니다. 출력값의 각 항목을 정교하게 가공하려면 객체 타입으로 변환해야 하는데 이때 parser를 사용하여 결과를 파싱하고 EmailSummary 객체로 만들어 줍니다.

```
structured_output = parser.parse(output)
print(structured_output)
```

```
EmailSummary(person='김철수', email='chulsoo.kim@bikecorporation.me', subject='"ZENESIS" 자전거 유통 협력 및 미팅 일정 제안', summary='김철수 상무는 바이크코퍼레이션에서 ZENESIS 자전거의 브로슈어를 요청하며, 기술 사양, 배터리 성능, 디자인 정보가 필요하다고 언급했습니다. 또한, 협력 가능성을 논의하기 위해 1월 15일 화요일 오전 10시에 미팅을 제안했습니다.', date='1월 15일 화요일 오전 10시')
```

13 이처럼 출력값이 객체 타입이 되면 정형화된 데이터에서 키 값만 지정해서 원하는 정보를 쉽게 뽑아낼 수 있습니다.

```
structured_output.person
```

```
'김철수'
```

14 앞서 프롬프트와 LLM을 묶어서 체인을 구성했습니다. 출력 파서 자체를 체인에 추가할 수도 있습니다. 이 상태에서 체인을 실행해 결과를 출력하면 결과값 자체가 객체로 변환됩니다. 이제 필요한 정보만 손쉽게 추출하여 추가 작업에 활용하기에 편리해집니다.

```
chain = prompt | llm | parser

response = chain.invoke(
    {
        "email_conversation": email_conversation,
        "question": "이메일 내용 중 주요 내용을 추출해 주세요.",
    }
)

response
```

```
EmailSummary(person='김철수', email='chulsoo.kim@bikecorporation.me', subject='"ZENESIS" 자전거 유통 협력 및 미팅 일정 제안', summary='김철수 상무는 바이크코퍼레이션에서 ZENESIS 자전거의 브로슈어를 요청하며, 기술 사양, 배터리 성능, 디자인 정보가 필요하다고 언급했습니다. 또한, 유통 전략과 마케팅 계획을 구체화하기 위해 1월 15일 화요일 오전 10시에 미팅을 제안했습니다.', date='1월 15일 화요일 오전 10시')
```

(02) with_structured_output() 바인딩

앞서 `PydanticOutputParser`를 통해서 출력 파서를 추가하고 그다음에 구조화된 답변을 받는 방법까지 알아봤습니다. 이번에는 체인에 구조화된 출력을 추가하는 방법을 좀 다른 방식으로 접근해 보겠습니다. LLM에 `with_structured_output()`이라는 함수를 사용해서 출력 파서를 추가하면 출력을 Pydantic 객체로 변환할 수 있습니다.

01 언어 모델 ChatOpenAI 객체를 생성하고 이를 llm 변수에 할당합니다. 그리고 invoke() 메서드로 모델에 질문을 입력하면 답변이 출력됩니다. 이 답변은 구조화된 답변이 아닙니다.

```
llm = ChatOpenAI(
    temperature=0, model_name="gpt-4o"
)

llm.invoke("대한민국의 수도는 뭐야?")
```

```
AIMessage(content='대한민국의 수도는 서울입니다.', additional_kwargs={'refusal': None}, response_metadata={'token_usage': {'completion_tokens': 8, 'prompt_tokens': 15, 'total_tokens': 23, 'completion_tokens_details': {'audio_tokens': None, 'reasoning_tokens': 0}, 'prompt_tokens_details': {'audio_tokens': None, 'cached_tokens': 0}}, 'model_name': 'gpt-4o-2024-08-06', 'system_fingerprint': 'fp_45cf54deae', 'finish_reason': 'stop', 'logprobs': None}, id='run-2996f331-81dc-4bfa-a1a3-9e05c4e30203-0', usage_metadata={'input_tokens': 15, 'output_tokens': 8, 'total_tokens': 23, 'input_token_details': {'cache_read': 0}, 'output_token_details': {'reasoning': 0}})
```

02 우리가 원하는 건 llm_with_structured 객체에 이메일 본문(email_conversation) 내용을 전달해서 EmailSummary에 정의된 대로 구조화된 답변을 받는 것입니다. ChatOpenAI 객체에 with_structured_output() 메서드를 붙여서 EmailSummary 클래스를 형식대로 답변하도록 강제합니다. llm 변수 이름도 llm_with_structured로 변경합니다.

```
llm_with_structured = ChatOpenAI(
    temperature=0, model_name="gpt-4o"
).with_structured_output(EmailSummary)
```

03 llm_with_structured를 invoke() 메서드로 출력하면 answer 객체에 구조화된 답변이 담깁니다. 그래서 person으로 접근하면 보낸 사람 이름만 출력됩니다. 이처럼 프롬프트에서 복잡하게 요구 사항을 일일이 적는 대신 Pydantic의 BaseModel 클래스를 상속받은 클래스(여기서는 EmailSummary)를 넣어 주기만 하면 여기에 맞춰서 내용을 추출해 줍니다.

```
answer = llm_with_structured.invoke(email_conversation)
answer.person
```

```
'김철수'
```

🐾 한 가지 아쉬운 점으로 with_structured_output() 함수는 stream() 기능을 지원하지 않습니다.

(03) LangSmith에서 출력 파서의 흐름 확인하기

RAG 시스템을 만들면서 구조화된 답변이 제대로 나오지 않는 경우가 생길 수 있습니다. 그럴 때는 다른 곳을 찾기보다는 LangSmith를 열어서 입력값과 출력값이 잘 들어갔는지 확인하는 게 좋습니다. 특히 프로그램이 복잡해질수록 프롬프트 입력이 제대로 들어갔는지, LLM에 잘 입력되었는지, 형식이 잘 정의되었는지를 검증하는 것이 중요합니다. 이번에는 LangSmith에서 출력 파서가 어떤 식으로 동작하는지 확인해 보겠습니다.

01 LangSmith에 접속한 후 Projects에서 **CH03-OutputParser**를 선택합니다. 이전에 Pydantic OutputParser로 답변을 출력한 작업 내역을 확인할 수 있습니다. 왼쪽 메뉴에서 **ChatOpenAI**를 선택하면 LLM에서 입력된 결과를 확인할 수 있어 편리합니다. Input 내역을 보면 HUMAN에는 프롬프트 지시 사항이 들어가 있고, QUESTION에는 질문, EMAIL CONVERSATION에는 이메일 내용이 있습니다.

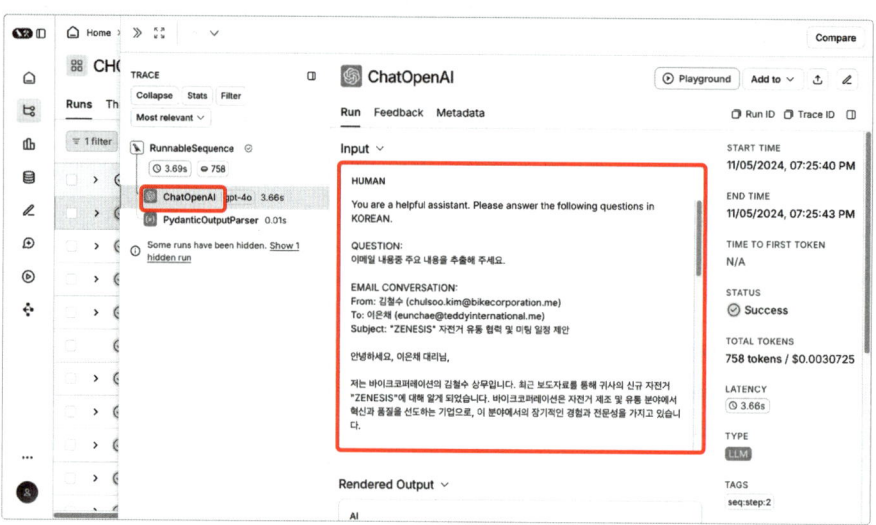

02 HUMAN 항목에서 스크롤을 내리면 FORMAT에 get_format_instructions()로 호출한 내용도 들어가 있는 것을 볼 수 있습니다.

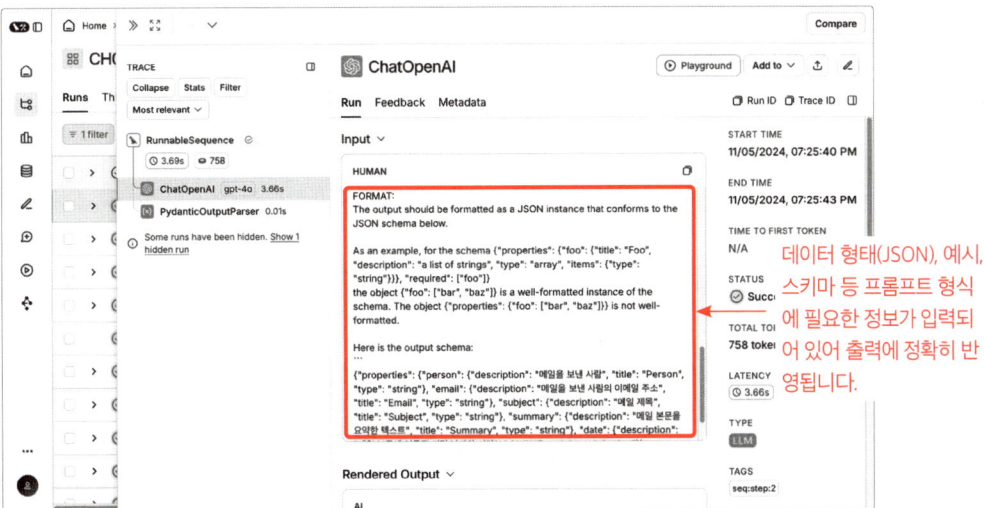

03 LangSmith 왼쪽 메뉴에서 **PydanticOutputParser**를 클릭합니다. PydanticOutputParser는 문자열 형식의 답변(Input)을 받아서 구조화된 객체(Rendered Output)로 변환해 주는데, 여기서 받은 입력값과 출력값도 확인할 수 있습니다.

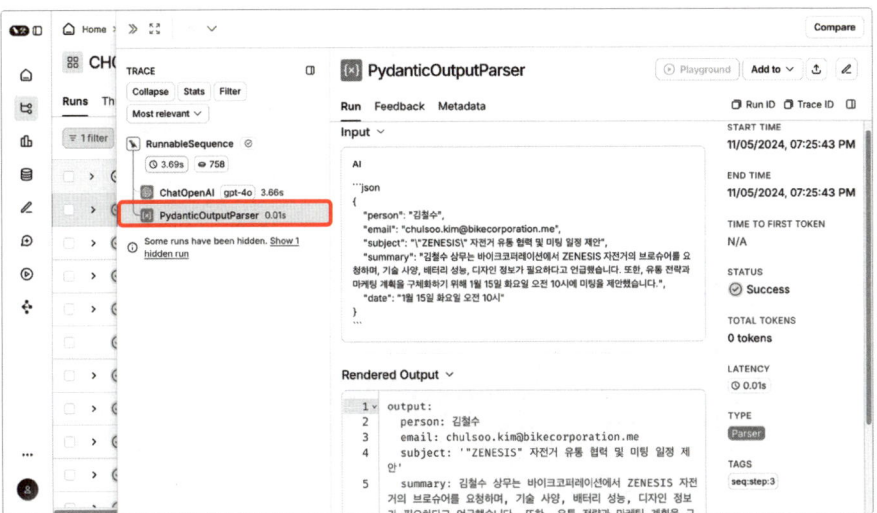

04 이번에는 `with_structured_output()`을 모델에 추가하여 이메일 요약 형식을 붙여 실습한 결과를 확인해 보겠습니다. **ChatOpenAI**를 클릭하고 Input을 보면 `email_conversation`에 이메일 내용을 넣는 입력값이 나타납니다. Output을 보면 `EmailSummary` 객체 형식으로 변환된 출력값이 나타납니다. 이처럼 결과물 자체가 객체 형식으로 변환된 이유는 LLM에 Pydantic으로 정의한 `EamilSummary` 클래스의 구조를 `with_structured_output()`으로 넣었기 때문입니다.

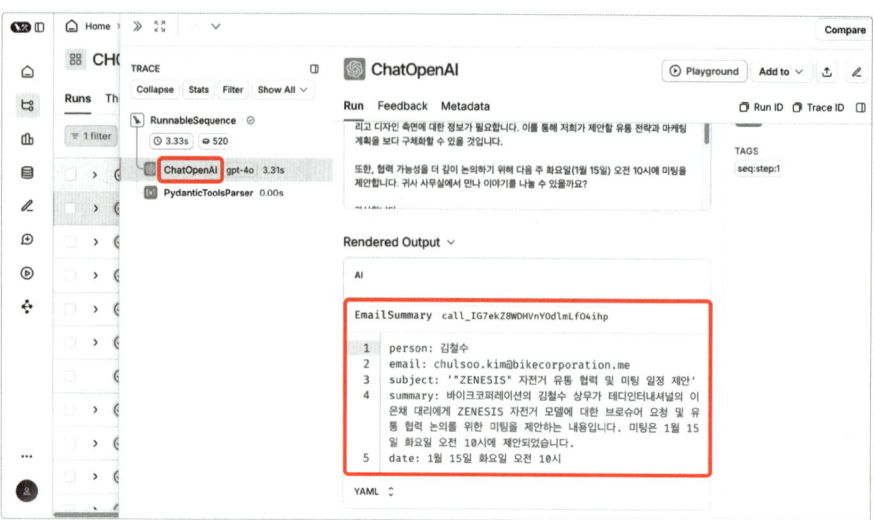

05 왼쪽 메뉴의 **PydanticToolsParser**의 Output을 봐도 결과가 동일합니다. LLM에서 받은 객체 형식의 출력값을 그대로 파싱한 결과입니다. 이런 식으로 구조화된 답변을 확인할 수 있습니다.

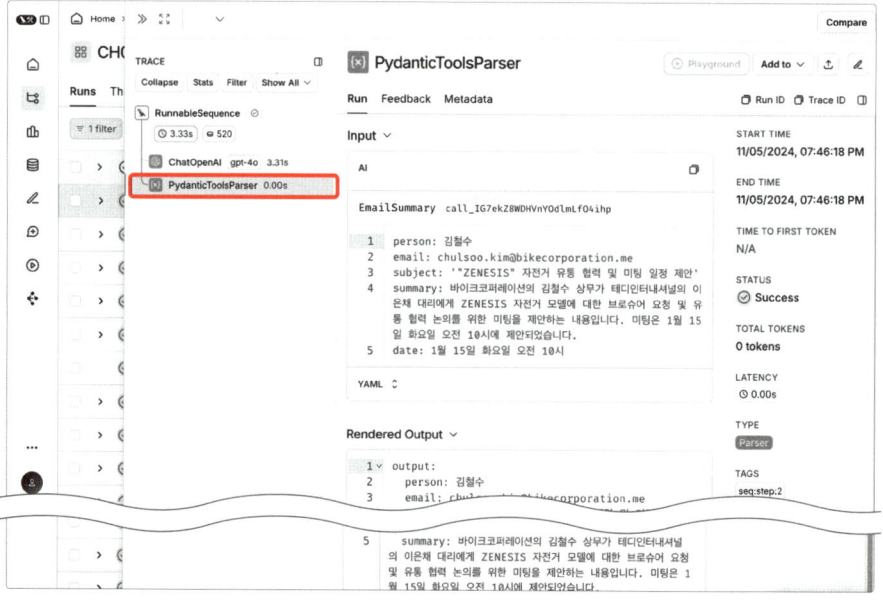

04 쉼표로 구분된 리스트 출력 파서

쉼표로 구분된 리스트 출력 파서(CommaSeparatedListOutputParser)는 쉼표로 구분된 항목을 리스트 형식으로 처리하는 출력 파서입니다. 예를 들어, **CSV**(Comma Separated Values) 파일은 쉼표로 구분된 데이터로 이루어져 있습니다. 이 파서를 사용하면, 요청된 정보를 문자열이 아닌 정형화된 리스트 형태로 제공할 수 있어 후처리 작업이 용이합니다. 리스트 형식은 인덱스를 통해 필요한 데이터에 쉽게 접근할 수 있으므로, 여러 개의 데이터 포인트나 항목을 나열할 때 정보를 효과적으로 정리하고 전달할 수 있습니다.

01 실습 파일 **03-OutputParser/02-CommaSeparatedListOutputParser.ipynb**를 엽니다. langchain_core 라이브러리에서 CommaSeparatedListOutputParser를 임포트합니다.

```python
from langchain_core.output_parsers import CommaSeparatedListOutputParser
from langchain_core.prompts import PromptTemplate
from langchain_openai import ChatOpenAI
from dotenv import load_dotenv
from langchain_teddynote import logging

load_dotenv()
logging.langsmith("CH03-OutputParser")
```

02 CommaSeparatedListOutputParser를 초기화하고 output_parser 변수에 저장합니다. get_format_instructions()는 CommaSeparatedListOutputParser의 출력 데이터가 일관된 형식을 유지하도록 반환할 데이터(output_parser)가 어떤 형식이어야 하는지 알려 주는 지침을 가져옵니다.

```python
output_parser = CommaSeparatedListOutputParser()

format_instructions = output_parser.get_format_instructions()
```

03 format_instructions를 출력해 보면 응답은 CSV 형식으로 나와야 한다는 간단한 지침과 예시를 확인할 수 있습니다. 지침은 답변이 쉼표로 구분된 값의 리스트가 되어야 한다는 내용이며, 간단한 예시도 있습니다. 이 부분은 나중에 프롬프트에 들어갈 내용이기도 합니다.

```python
print(format_instructions)
```

```
Your response should be a list of comma separated values, eg: `foo, bar, baz` or
`foo,bar,baz`
```

04 프롬프트 템플릿을 가져오는데, 그 안에 template, input_variables, partial_variables를 넣어 줍니다. template에는 어떠한 다섯 가지 항목(subject)을 나열하고 줄바꿈한 후 출력 형식 지침(format_instructions)을 표시하라는 내용으로써, 여기서 입력 변수 subject와 format_instructions는 반드시 채워야 하는 부분입니다. 그런데 input_variables의 subject는 아직 채우지 않고 질문을 입력할 때 채울 수 있게 두며, format_instructions는 partial_variables를 통해 즉시 채워집니다.

```
prompt = PromptTemplate(
  template="List five {subject}.\n{format_instructions}",
  input_variables=["subject"],
  partial_variables={"format_instructions": format_instructions},
)
```

05 모델을 설정하고, 체인을 구성합니다. 체인은 프롬프트, 모델, 출력 파서를 연결한 구조입니다.

```
model = ChatOpenAI(temperature=0)

chain = prompt | model | output_parser
```

06 체인을 실행합니다. invoke()로 입력 변수 subject의 값을 채워 준 상태에서 결과를 받아 보면 리스트 형식의 답변을 확인할 수 있습니다. 만약 결과를 문자열로 받는다면 여러 구분 기호(쉼표, 대시, 마침표 등)가 중구난방으로 쓰여 데이터를 정확히 구분해 추출하기 어려울 것입니다. 이렇게 CommaSeparatedListOutputParser를 이용해 리스트 형식으로 데이터를 받으면 파이썬의 리스트 문법을 활용해 데이터에 접근하거나 조작하기 편리합니다.

```
answer = chain.invoke({"subject": "대한민국 관광명소"})
answer
```

```
['경복궁', '남산타워', '부산 해운대해수욕장', '제주도 성산일출봉', '경주 불국사temples']
```

07 chain.stream()을 사용하여 대한민국 관광명소를 스트리밍 방식으로 출력해 보겠습니다. 단, 이처럼 출력 파서를 스트리밍 출력하면 토큰 단위로 별개의 리스트가 되어 구분되므로 활용성이 떨어진다는 점도 참고하면 좋겠습니다.

```
for s in chain.stream({"subject": "대한민국 관광명소"}):
    print(s)
```

```
['경복궁']
['남산타워']
['부산 해운대해수욕장']
['제주도 성산일출봉']
['경주 불국사temples']
```

(05) 구조화된 출력 파서

구조화된 출력 파서(StructuredOutputParser)는 LLM에 대한 답변을 딕셔너리 형식으로 정의하고, 키와 값의 쌍으로 여러 필드를 반환하는 데이터 구조화에 유용합니다. Pydantic/JSON 파서는 원하는 대로 답변을 얻는 데 있어서 더 강력하다는 평가를 받지만, StructuredOutputParser는 GPT나 Claude 모델보다 인텔리전스가 낮은 로컬 모델에 더 적합할 수 있습니다. 로컬 모델에서는 원하는 형식으로 데이터가 잘 나오지 않는 경우가 많기 때문에 이 파서를 이용하면 좀 더 안정적인 출력 형식을 얻을 수 있습니다.

01 실습 파일 **03-OutputParser/03-StructuredOutputParser.ipynb**를 엽니다. StructuredOutputParser를 임포트합니다.

```
from langchain.output_parsers import ResponseSchema, StructuredOutputParser
from langchain_core.prompts import PromptTemplate
from langchain_openai import ChatOpenAI
from dotenv import load_dotenv
from langchain_teddynote import logging

load_dotenv()
logging.langsmith("CH03-OutputParser")
```

02 ResponseSchema 클래스를 사용하여 사용자의 질문에 대한 답변과 사용된 소스(웹사이트)에 대한 설명을 포함하는 응답 스키마를 정의합니다. name 속성은 응답 구조에서 각 항목의 키 이름을 지정합니다. answer 키는 질문에 대한 답변을 담도록 정의되며, 이에 대한 설명은 description에 작성됩니다. 마찬가지로, source 키는 질문에 답하기 위해 사용된 출처와 웹사이트 주소를 담도록 정의되며, 이를 description에서 명시하고 있습니다.

```
response_schemas = [
  ResponseSchema(name="answer", description="사용자의 질문에 대한 답변"),
  ResponseSchema(
    name="source",
    description="사용자의 질문에 답하기 위해 사용된 '출처', '웹사이트 주소'이어야 합니다.",
  ),
]
```

🐾 로컬 모델에서는 인텔리전스가 부족할 수 있기 때문에 description의 내용을 영어로 작성하는 게 낫습니다.

03 response_schemas를 사용하여 StructuredOutputParser를 초기화하고, 정의된 응답 스키마에 따라 출력을 구조화합니다. answer와 source라는 두 항목을 포함한 형식화된 출력값이 생성됩니다.

```
output_parser = StructuredOutputParser.from_response_schemas(response_schemas)
```

04 output_parser에 get_format_instructions() 메서드를 호출하여 출력 형식에 대한 response_schemas의 지침을 표시합니다.

```
print(output_parser.get_format_instructions())
```

```
The output should be a markdown code snippet formatted in the following schema, including the leading and trailing "```json" and "```":

```json
{
  "answer": string  // 사용자의 질문에 대한 답변
  "source": string  // 사용자의 질문에 답하기 위해 사용된 `출처`, `웹사이트 주소`이어야 합니다.
}
```
```

05 이제 응답이 어떻게 포맷되어야 하는지에 대한 지시 사항이 포함된 문자열(schemas)을 받게 되며, 정의된 스키마를 프롬프트에 삽입합니다. output_parser에서 출력 형식 지시 사항을 가져와 format_instructions에 저장합니다. 이 지시 사항은 응답이 JSON 형식으로 구성되어야 한다는 안내를 포함합니다. 질문에 대한 답변을 만들 때 사용하는 형식인 PromptTemplate 객체를 생성하여 prompt 변수에 저장합니다. 그래서 template에는 답변 형식 format_instructions, 사용자의 질문 question 변수가 포함됩니다.

```
format_instructions = output_parser.get_format_instructions()
prompt = PromptTemplate(
  template="answer the users question as best as possible.\n{format_instructions}\n{question}",
  ...
```

06 PromptTemplate 객체에서 input_variables는 입력 변수로 question을 지정하여, 템플릿 내 {question} 위치에 사용자의 질문이 삽입되도록 설정합니다. 그래서 템플릿이 실행 시점에 외부에서 전달된 질문을 받아 동적으로 완성될 수 있습니다. 부분 변수인 partial_variables는 템플릿에서 format_instructions 변수에 미리 정의된 값을 자동으로 채워 넣습니다.

```
  ...
  input_variables=["question"],
  partial_variables={"format_instructions": format_instructions},
)
```

07 ChatOpenAI 모델을 가져오고 프롬프트, 모델, 출력 파서를 연결해 체인을 구성합니다.

```
model = ChatOpenAI(temperature=0)  # ChatOpenAI 모델 초기화
chain = prompt | model | output_parser  # 프롬프트, 모델, 출력 파서를 연결
```

08 질문을 입력해 체인의 출력 결과를 확인합니다. 앞서 ResponseSchema에서 정의한 대로 답변과 이를 참고한 웹사이트 출처가 딕셔너리 형식으로 표시됩니다.

```
chain.invoke({"question": "대한민국의 수도는 어디인가요?"})
```

```
{'answer': '서울', 'source': 'https://ko.wikipedia.org/wiki/%EC%84%9C%EC%9A%B8'}
```

06 JSON 형식 출력 파서

JSON 형식 출력 파서(JsonOutputParser)는 LLM이 데이터를 조회하고 결과를 도출할 때 답변으로 단순한 문자열이 아니라 지정된 스키마에 맞게 JSON 형식으로 데이터를 반환해 줍니다. LLM이 데이터를 정확하고 효율적으로 처리하여 사용자가 원하는 형태의 JSON을 생성하기 위해서는 모델의 용량이 충분히 커야 합니다. 예를 들어, llama-70B 모델(매개변수 개수 700억)은 llama-8B 모델(매개변수 개수 80억)보다 더 큰 용량을 가지고 있어 보다 복잡한 데이터를 처리하는 데 유리합니다. 그래서 용량이 작은 모델에서는 JsonOutputParser를 쓸 때 오류가 발생할 수 있습니다.

 JSON

JSON(JavaScript Object Notation)은 데이터를 저장하고 구조적으로 전달하기 위해 사용되는 **데이터 교환 포맷**입니다. 텍스트 기반으로 이루어져 있어 데이터 용량이 적고, 파싱과 전송 속도가 빠른 가벼운 형태이므로 웹 개발에서 서버와 클라이언트 간의 통신을 위해 널리 사용됩니다.

JSON 데이터는 파이썬의 딕셔너리처럼 키와 값의 쌍으로 이루어져 있습니다. 여기서 키는 문자열이고, 값은 다양한 데이터 유형일 수 있습니다. JSON은 두 가지 기본 구조를 가집니다.

- **객체**: 중괄호 {}로 둘러싸인 키-값 쌍의 집합입니다. 각 키는 콜론(:)을 사용하여 해당하는 값과 연결되며, 여러 키-값 쌍은 쉼표(,)로 구분됩니다.
- **배열**: 대괄호 []로 둘러싸인 값의 순서 있는 목록입니다. 배열 내의 값은 쉼표(,)로 구분됩니다.

```json
{
  "name": "John Doe",
  "age": 30,
  "is_student": false,
  "skills": ["Java", "Python", "JavaScript"],
  "address": {
    "street": "123 Main St",
    "city": "Anytown"
  }
}
```

01 실습 파일 **03-OutputParser/04-JsonOutputParser.ipynb**를 엽니다. JsonOutputParser를 임포트하고 ChatOpenAI 객체를 생성합니다.

```
from langchain_core.prompts import ChatPromptTemplate
from langchain_core.output_parsers import JsonOutputParser
from langchain_openai import ChatOpenAI
from pydantic import BaseModel, Field
from langchain_teddynote import logging
from dotenv import load_dotenv

load_dotenv()
logging.langsmith("CH03-OutputParser")

model = ChatOpenAI(temperature=0, model_name="gpt-4o")
```

02 Pydantic의 BaseModel을 상속받아 Topic이라는 클래스를 정의합니다. description 키에는 주제에 대한 간단한 설명을 넣고, hashtags 키에는 해시태그 형식의 키워드(2개 이상)를 넣도록 지시해서 출력 구조를 정의했습니다.

```
class Topic(BaseModel):    # 원하는 데이터 구조를 정의
    description: str = Field(description="주제에 대한 간결한 설명")
    hashtags: str = Field(description="해시태그 형식의 키워드(2개 이상)")
```

03 question 변수에 '지구 온난화의 심각성에 대해 알려주세요.'라는 질문을 저장합니다. JsonOutputParser를 사용하여 주어진 Topic 클래스 구조에 맞게 데이터가 파싱되도록 파서를 설정합니다. parser에 get_format_instructions()를 호출하여 프롬프트 템플릿에 지시 사항을 주입합니다. 출력 결과를 보면 예시와 스키마를 담은 지침을 확인할 수 있습니다.

```
question = "지구 온난화의 심각성에 대해 알려주세요."

parser = JsonOutputParser(pydantic_object=Topic)
print(parser.get_format_instructions())
```

```
The output should be formatted as a JSON instance that conforms to the JSON schema below.

As an example, for the schema {"properties": {"foo": {"title": "Foo", "description": "a
```

```
list of strings", "type": "array", "items": {"type": "string"}}}, "required": ["foo"]}
the object {"foo": ["bar", "baz"]} is a well-formatted instance of the schema. The
object {"properties": {"foo": ["bar", "baz"]}} is not well-formatted.

Here is the output schema:
```
{"properties": {"description": {"description": "주제에 대한 간결한 설명", "title": "Description", "type": "string"}, "hashtags": {"description": "해시태그 형식의 키워드(2개 이상)", "title": "Hashtags", "type": "string"}}, "required": ["description", "hashtags"]}
```
```

04 ChatPromptTemplate로 prompt 템플릿을 설정합니다. 사용자 메시지의 `format_instructions`에는 지침이 들어가고, `question`에 사용자 입력이 들어갑니다. `prompt.partial()`에 `format_instructions`를 미리 채워 줍니다. 체인을 생성한 후 호출할 때 question 값을 넣어 answer를 생성합니다.

```
prompt = ChatPromptTemplate.from_messages(
    [
        ("system", "당신은 친절한 AI 어시스턴트 입니다. 질문에 간결하게 답변하세요."),
        ("user", "#Format: {format_instructions}\n\n#Question: {question}"),
    ]
)

prompt = prompt.partial(format_instructions=parser.get_format_instructions())

chain = prompt | model | parser      # 체인을 구성

answer = chain.invoke({"question": question})      # 체인을 호출
```

05 답변은 description과 hashtags 키와 값으로 구성된 딕셔너리 형식이므로, answer에서 원하는 키를 지정하면 해당하는 값만 출력할 수 있습니다.

```
answer["description"]
```

```
'지구 온난화는 지구의 평균 기온이 상승하는 현상으로, 이는 주로 인간 활동에 의해 발생하는 온실가스 배출 증가로 인해 발생합니다. 이로 인해 극지방의 빙하가 녹고 해수면이 상승하며, 기후 패턴이 변화하여 극단적인 기상 현상이 빈번해지고 있습니다.'
```

(07) Pandas 데이터프레임 출력 파서

Pandas는 파이썬에서 엑셀이나 CSV 데이터를 불러와 정제, 변환, 분석 등 구조화된 데이터를 처리하는 도구입니다. Pandas에서는 행과 열로 구성된 2차원 데이터 구조인 데이터프레임(DataFrame)으로 데이터를 처리합니다. **Pandas 데이터프레임 출력 파서**(PandasDataFrame OutputParser)는 임의의 Pandas 데이터프레임에서 데이터를 추출하고 이를 형식화된 딕셔너리 형태로 조회하며 연산 결과를 반환할 수도 있습니다.

01 실습 파일 **03-OutputParser/05-PandasDataFrameOutputParser.ipynb**를 엽니다. 파이썬에서 데이터 구조를 보기 좋게 출력하기 위해 pprint 모듈, 변수, 함수 인자, 반환값 등의 데이터 타입을 명확하게 정의하는 typing 모듈을 비롯해 PandasDataFrameOutputParser와 그 외 필요한 모듈을 임포트합니다.

```python
import pprint
from typing import Any, Dict

import pandas as pd
from langchain.output_parsers import PandasDataFrameOutputParser
from langchain_core.prompts import PromptTemplate
from langchain_openai import ChatOpenAI
from langchain_teddynote import logging
from dotenv import load_dotenv

load_dotenv()
logging.langsmith("CH03-OutputParser")
```

02 ChatOpenAI 모델을 생성하고 초기화합니다. 이번에는 gpt-3.5-turbo 모델을 사용합니다. gpt-4와 같은 상위 모델도 있지만, 이 실습에서는 gpt-3.5-turbo 모델이 더 안정적으로 작동합니다.

```python
model = ChatOpenAI(temperature=0, model_name="gpt-3.5-turbo")
```

03 `format_parser_output()` 함수는 파서 출력을 사전 형식으로 변환하고 출력 형식을 지정하는 데 사용됩니다. 출력을 깔끔하게 정리해 주는 용도라고 보면 됩니다.

```python
def format_parser_output(parser_output: Dict[str, Any]) -> None:
    for key in parser_output.keys():
        parser_output[key] = parser_output[key].to_dict()
    return pprint.PrettyPrinter(width=4, compact=True).pprint(parser_output)
```

04 pandas의 `pd.read_csv()` 함수를 사용하여 titanic.csv 파일을 읽어 데이터 프레임을 생성하고, 이를 `df` 변수에 할당합니다. `df.head()`를 통해 데이터를 미리 볼 수 있으며, 엑셀 시트처럼 생긴 데이터 프레임이 출력됩니다.

```python
df = pd.read_csv("./data/titanic.csv")
df.head()
```

	PassengerId	Survived	Pclass	Name	Sex	Age	SibSp	Parch	Ticket	Fare	Cabin	Embarked
0	1	0	3	Braund, Mr. Owen Harris	male	22.0	1	0	A/5 21171	7.2500	NaN	S
1	2	1	1	Cumings, Mrs. John Bradley (Florence Briggs Th...	female	38.0	1	0	PC 17599	71.2833	C85	C
2	3	1	3	Heikkinen, Miss. Laina	female	26.0	0	0	STON/O2. 3101282	7.9250	NaN	S
3	4	1	1	Futrelle, Mrs. Jacques Heath (Lily May Peel)	female	35.0	1	0	113803	53.1000	C123	S
4	5	0	3	Allen, Mr. William Henry	male	35.0	0	0	373450	8.0500	NaN	S

05 `PandasDataFrameOutputParser`를 사용하여 앞서 불러온 `df`에 대한 파서를 정의해 프롬프트 템플릿에 지시 사항을 주입합니다. `get_format_instructions()`로 파서의 지시 사항을 출력해 보면, 행과 열을 조회하는 규칙 방식이나 데이터프레임의 열 이름 등을 알 수 있습니다.

```python
parser = PandasDataFrameOutputParser(dataframe=df)

print(parser.get_format_instructions())
```

```
The output should be formatted as a string as the operation, followed by a colon,
followed by the column or row to be queried on, followed by optional array parameters.
1. The column names are limited to the possible columns below.
2. Arrays must either be a comma-separated list of numbers formatted as [1,3,5], or it
must be in range of numbers formatted as [0..4].
...
As an example, for the formats:
1. String "column:num_legs" is a well-formatted instance which gets the column num_legs,
where num_legs is a possible column.
2. String "row:1" is a well-formatted instance which gets row 1.
...
Here are the possible columns:
```
PassengerId, Survived, Pclass, Name, Sex, Age, SibSp, Parch, Ticket, Fare, Cabin,
Embarked
```
```

06 이제 파서를 사용해 특정 열의 값을 조회해 보겠습니다. 여기서는 'Age column을 조회해 주세요.'라는 질문(question)을 하려고 합니다. 프롬프트 템플릿에 format_instructions와 question 변수를 포함하여 쿼리를 보낼 수 있습니다. 체인을 생성하여 쿼리를 실행하고, `format_parser_output()`을 통해 결과를 출력합니다. 출력 결과를 보면 행 번호와 나이 값이 출력되며, 중간에 nan은 빈 값을 말합니다.

```
df_query = "Age column을 조회해 주세요."

prompt = PromptTemplate(
    template="Answer the user query.\n{format_instructions}\n{question}\n",
    input_variables=["question"],  # 입력 변수 설정
    partial_variables={
        "format_instructions": parser.get_format_instructions()
    },  # 부분 변수 설정
)

chain = prompt | model | parser

parser_output = chain.invoke({"question": df_query})

format_parser_output(parser_output)
```

```
{'Age': {0: 22.0,
         1: 38.0,
         2: 26.0,
         3: 35.0,
         ...
         17: nan,
         18: 31.0,
         19: nan}}
```

07 이번에는 'Retrieve the first row.'라는 쿼리를 체인에 전달하여 데이터프레임의 첫 번째 행을 조회합니다.

```
df_query = "Retrieve the first row."
parser_output = chain.invoke({"question": df_query})
format_parser_output(parser_output)
```

08 특정 열에서 일부 행의 평균을 검색해 볼 수도 있습니다. df["Age"]에 head()를 붙이면 처음 다섯 개 행을 가져오며, 여기에 평균을 구하는 mean()을 붙입니다. 즉, Age 열 0~4번째 행의 평균 나이를 구할 수 있습니다.

```
df["Age"].head().mean()    # row 0~4의 평균 나이를 구합니다.
```
```
31.2
```

09 'Retrieve the average of the Ages from row 0 to 4.' 질문을 입력하여 0번째에서 4번째 행까지 나이 열의 평균을 계산하는 쿼리를 요청합니다.

```
df_query = "Retrieve the average of the Ages from row 0 to 4."
parser_output = chain.invoke({"question": df_query})
print(parser_output)
```
```
{'mean': 31.2}
```

10 마지막으로 요금(Fare)에 대한 평균 가격을 산정하는 예시입니다. 'Calculate average `Fare` rate.'라는 질문을 통해 요금의 전체 평균을 계산합니다. 데이터프레임의 Fare 열에서 직접 평균을 계산한 결과와 동일한 결과가 나옵니다.

```
df_query = "Calculate average `Fare` rate."
parser_output = chain.invoke({"question": df_query})
print(parser_output)
```

```
{'mean': 22.19937}
```

11 Pandas 문법인 mean()을 이용해 평균을 검증해도 같은 값이 나옴을 확인할 수 있습니다.

```
df["Fare"].mean()
```

```
22.19937
```

(08) 날짜 형식 출력 파서

날짜 형식 출력 파서(DatetimeOutputParser)는 LLM의 출력을 datetime 형식으로 파싱하는 데 사용할 수 있습니다. 파이썬에서는 시간을 특정 형식으로 강제하여 표현할 때 사용되는 코드 형식이 있습니다. 예를 들어 %Y는 네 자리 연도를 의미합니다. 이를 적용하면 2024라는 형식으로 연도가 출력됩니다. %y는 두 자리 연도를 나타내며, 24와 같이 연도의 마지막 두 자리만 출력합니다. %m은 두 자리 월을 의미하여 1월은 01로 출력되며, %d는 두 자리 일을 나타내어 04처럼 표시됩니다. 그래서 날짜 형식 %Y-%m-%d를 사용하면, 현재 날짜가 2024년 7월 4일일 때 2024-07-04로 출력됩니다.

🐾 실습 파일에 파이썬 코드 형식을 표로 정리해 두었으니 참고하기 바랍니다.

01 실습 파일 **03-OutputParser/06-DatetimeOutputParser.ipynb**를 엽니다. 환경 변수를 불러오고, LangSmith 로그 추적을 활성화합니다. 필요한 모듈을 미리 임포트합니다.

```python
from langchain.output_parsers import DatetimeOutputParser
from langchain.prompts import PromptTemplate
from langchain_openai import ChatOpenAI
from langchain_teddynote import logging
from dotenv import load_dotenv

load_dotenv()
logging.langsmith("CH03-OutputParser")
```

02 DatetimeOutputParser 객체를 생성합니다. 이어서 %Y-%m-%d(연도-월-일) 날짜 출력 형식을 설정합니다.

```python
output_parser = DatetimeOutputParser()
output_parser.format = "%Y-%m-%d"
```

03 output_parser 객체에 설정된 날짜 및 시간 형식에 대한 지시 사항을 출력해 보겠습니다. 지시 사항에도 날짜 형식과 예시를 확인할 수 있습니다.

```python
print(output_parser.get_format_instructions())
```

```
Write a datetime string that matches the following pattern: '%Y-%m-%d'.

Examples: 2005-01-06, 1735-09-26, 0621-01-03

Return ONLY this string, no other words!
```

04 사용자 질문에 대한 답변 템플릿을 설정하고 이를 PromptTemplate 객체로 생성합니다. partial_variables 매개변수에는 format_instructions라는 변수를 먼저 전달합니다. question은 체인을 호출한 후 입력될 예정입니다.

```
template = """Answer the users question:

#Format Instructions:
{format_instructions}

#Question:
{question}

#Answer:"""

prompt = PromptTemplate.from_template(
  template,
  partial_variables={
    "format_instructions": output_parser.get_format_instructions()
  },     # 지침을 템플릿에 적용
)

prompt   # 프롬프트 내용을 출력
```

05 체인을 생성하고, 호출할 때 'Google이 창업한 연도'를 질문으로 넣습니다.

```
chain = prompt | ChatOpenAI() | output_parser

output = chain.invoke({"question": "Google이 창업한 연도"})
```

06 결과가 앞서 지정한 날짜 형식(%Y-%m-%d)에 맞춰 출력됩니다.

```
output.strftime("%Y-%m-%d")        # 결과를 문자열로 변환
```

```
'1998-09-04'
```

09 열거형 출력 파서

Enum(enumeration)이란 열거형이라고도 부르며, 동등한 레벨에 있는 데이터들을 하나의 구조로 묶어 표현하는 방식입니다. LangChain의 **열거형 출력 파서**(EnumOutputParser)는 언어 모델의 출력을 미리 정의된 열거형 값 중 하나로 파싱하는 도구입니다. LLM에게 정해진 선택지를 미리 전달하고 그중에서 하나를 골라서 답변할 수 있게 하므로 출력 데이터의 일관성을 유지하고 예측 가능성을 높일 수 있습니다. EnumOutputParser를 사용하려면 미리 정의된 Enum 값을 설정하고 해당 값을 기준으로 문자열 출력을 파싱합니다.

이번 실습에서는 '다음의 물체(object)는 어떤 색깔인가요?'라는 질문을 했을 때 '빨간색', '파란색', '초록색' 중 하나의 답변을 하는 프롬프트를 만들어 보겠습니다.

01 실습 파일 **03-OutputParser/07-EnumOutputParser.ipynb**를 엽니다. EnumOutputParser를 비롯해 필요한 모듈을 미리 임포트합니다.

```
from enum import Enum
from langchain.output_parsers.enum import EnumOutputParser
from langchain.prompts import PromptTemplate
from langchain_openai import ChatOpenAI
from langchain_teddynote import logging
from dotenv import load_dotenv

load_dotenv()
logging.langsmith("CH03-OutputParser")
```

02 열거형으로 데이터를 표현할 때 열거형 값들이 서로 동등한 관계여야 합니다. 예를 들어, '빨간색', '초록색', '파란색' 같은 동등한 레벨의 데이터라면 열거형으로 정의할 수 있습니다. 여기서 Enum 클래스를 사용하여 열거형인 Colors라는 클래스를 새로 정의합니다. Colors 클래스 안에 RED, GREEN, BLUE라는 각 항목을 열거형으로 정의하고, 각 값에 한글로 설명을 추가했습니다.

```
class Colors(Enum):
    RED = "빨간색"
    GREEN = "초록색"
    BLUE = "파란색"
```

03 Colors 클래스를 정의해 놓으면 열거형 항목에 접근해서 값을 출력할 수도 있습니다.

```
Colors.RED        # 빨간색 항목에 접근하기
```

```
<Colors.RED: '빨간색'>
```

04 EnumOutputParser 클래스를 사용해 parser 인스턴스를 생성합니다. enum=Colors는 앞에서 정의한 열거형 클래스 Colors를 EnumOutputParser에 전달하여, Colors에 정의된 값들을 기준으로 파싱하도록 설정합니다. 파서의 지시 사항을 출력해 보면 '빨간색', '초록색', '파란색' 중에 하나가 선택되어야 한다는 내용이 나옵니다. 즉, 이 부분이 프롬프트 입력에 들어가며, LLM이 이 중 하나를 선택해서 답변합니다.

```
parser = EnumOutputParser(enum=Colors)     # EnumOutputParser 인스턴스 생성
parser.get_format_instructions()
```

```
'Select one of the following options: 빨간색, 초록색, 파란색'
```

05 프롬프트 템플릿에는 '다음의 물체는 어떤 색깔인가요?'라는 질문을 입력하는데, 변수 object에는 사용자가 지정할 물체 이름을 넣고 instructions에는 파서에서 정의된 지시 사항이 들어갑니다. 여기서 부분 변수로 get_format_instructions()를 통해 가져온 답변 형식 instructions의 내용을 먼저 채워 둡니다. 그런 다음 체인을 생성합니다.

```
prompt = PromptTemplate.from_template(
  """다음의 물체는 어떤 색깔인가요?

Object: {object}

Instructions: {instructions}"""
).partial(instructions=parser.get_format_instructions())

chain = prompt | ChatOpenAI() | parser
```

06 체인을 실행하면서 `object` 값으로 '하늘'을 넣어 특정 객체의 색깔을 물어보는 질문을 던지고, 이에 맞는 답변을 열거형 값으로 받도록 합니다. Colors 클래스의 세 항목 중 하나인 BLUE를 객체 형식으로 출력합니다.

```
response = chain.invoke({"object": "하늘"})
print(response)
```

```
Colors.BLUE
```

07 `response`의 타입을 출력해 보면 타입이 문자열이 아니라 Colors 클래스의 인스턴스임을 알 수 있습니다.

```
type(response)
```

```
<enum 'Colors'>
```

08 `response.value`를 사용해 실제 출력되는 값을 확인할 수 있습니다. 이처럼 답변을 정형화된 객체 형식으로 출력하면 정해진 선택지 안에서 필요한 값만 쉽게 꺼내 쓸 수 있습니다.

```
response.value
```

```
'파란색'
```

PART 03

모델과 메모리

LLM은 방대한 데이터를 학습하여 텍스트 기반 자연어 처리 작업을 수행합니다. 일반적으로 챗봇은 사용자 입력을 이해하고 응답하지만 대화 내용은 기억하지 못합니다. 메모리 기능을 사용하면 이전 대화를 기록하고 참고하여 보다 일관된 대화를 이어갈 수 있습니다. 이번에는 다양한 LLM을 살펴보고, 대화를 기억하는 메모리 기능의 원리와 유형, 적절한 선택 방법을 알아보겠습니다.

CHAPTER 07 모델

학습목표 LLM은 대규모 데이터를 학습하여 텍스트 기반의 다양한 작업을 수행하는 언어 모델입니다. 입력받은 텍스트를 이해하고 이를 기반으로 예측, 생성, 요약, 번역 등의 작업을 수행하며, 자연어 처리의 중심 역할을 합니다. 이번에는 오픈소스 모델과 상용 모델(GPT, Gemini 등)을 활용하는 다양한 방법을 알아보겠습니다.

(01) RAG에서 LLM의 역할과 모델의 종류

LLM은 RAG 시스템에서 두뇌 역할을 하는 핵심 구성 요소입니다. 사용자의 질문이나 요청에 대한 답변을 생성할 때 GPT 모델을 활용하여 추론을 진행하는데, 지금까지의 실습에서는 주로 OpenAI의 GPT 3.5나 GPT 4 버전을 사용해 왔습니다.

앞서 살펴본 것처럼 RAG 파이프라인은 총 8단계로 구성되어 있습니다. 1단계 문서 로드, 2단계 텍스트 분할, 3단계 임베딩, 4단계 벡터 스토어 저장은 사전 처리 작업에 해당하고, 5단계 리트리버의 문서 검색, 6단계 프롬프트 생성, 7단계 LLM 답변 생성, 8단계 체인 생성은 후반 작업입니다. 이 중 7단계가 검색된 문서와 프롬프트가 결합되어 GPT 모델에 전달되는 과정입니다. 만약 오픈소스 모델을 비롯해 다른 모델을 사용하고자 한다면 RAG 시스템의 전체 구조는 그대로 유지하면서 GPT 모델만 교체하면 됩니다.

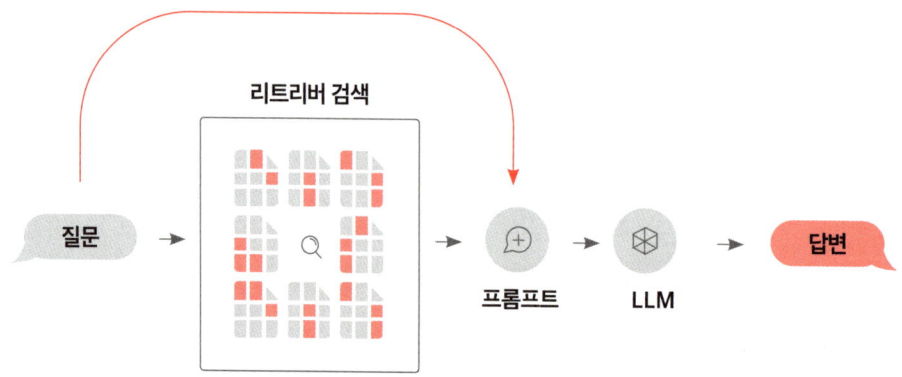

GPT 외에도 Anthropic의 Claude, 구글의 Gemini, Hugging Face의 오픈소스 LLM 등 다양한 모델을 사용할 수 있습니다.

LLM을 교체하는 주된 이유는 비용과 성능, 사용 편의성, 보안 문제입니다. 가령 GPT-4는 답변 수준이 높고 성능이 우수하지만 유료이므로 추론이 많아질수록 과금 부담이 커질 수 있습니다. GPT 모델은 클라우드 기반 서비스로 사용자의 입력 데이터가 외부 서버로 전송되어 처리되므로 개인 정보나 회사 데이터 같은 민감한 정보가 유출될 우려가 있습니다.

반면, Llama 같은 무료 모델을 활용할 경우 비용 부담이 낮습니다. 오픈소스 모델은 로컬 환경에서 사용이 가능해 데이터가 외부로 전송되지 않아 보안 측면에서 유리합니다. 하지만 오픈소스 모델의 성능은 상대적으로 떨어질 수 있습니다. LLM마다 입력으로 받을 수 있는 토큰 제한량이 달라 입력할 수 있는 정보의 양 또한 제한됩니다. 따라서 GPT처럼 큰 입력(128K)을 허용하는 모델은 보다 풍부하고 세부적인 맥락을 처리할 수 있지만, 오픈소스 모델은 상대적으로 적은 정보(4,096개로 제한)를 입력받아야 하므로 답변의 질에 영향을 줄 수 있습니다.

오픈소스 모델을 쓰려면 모델 파일의 다운로드 및 구동을 위한 적절한 환경 설정이 필요합니다. 노트북과 같은 일반적인 CPU 환경에서 실행 속도가 느릴 수 있어 GPU가 필요하며, 고성능 장비가 없을 경우에는 GPU 호스팅 자원을 지원하는 클라우드 서비스를 이용해 무료 모델을 올려서 RAG 시스템에 적용할 수 있습니다. 이 경우 사용한 시간에 따라 과금되는 방식을 선택할 수 있습니다.

사용량이 많지 않다면 GPT-4나 GPT-3.5가 상대적으로 간편하고 비용 대비 효율적인 선택일 수 있지만, 사용량이 많거나 동시 접속자가 많은 경우에는 오픈소스 모델을 클라우드 GPU 인스턴스에 배포하여 활용하는 것이 더 나은 선택일 수 있습니다.

(02) 다양한 LLM 활용 방법과 API 키 가져오기

GPT를 비롯해 Claude, Cohere, Upstage, LogicKor 같은 모델을 사용하려면 각 서비스에서 사용자 고유의 API 키를 발급받아야 합니다. OpenAI의 GPT 같은 경우 실습에 사용할 GPT 키를 사전에 발급해 두었으니 진행하는 데 문제는 없습니다. 환경 변수를 관리하는 .env 파일에 API 키 값을 미리 입력해 저장한 다음, LLM에서 환경 변수 정보를 로드해야 합니다.

```
from dotenv import load_dotenv
from langchain_teddynote import logging

load_dotenv()
logging.langsmith("CH04-Models")
```

> 🐾 VS Code에서 .env 파일의 값을 변경한 뒤에 프로그램을 실행하려면 상단의 Restart 버튼을 클릭하고 코드를 다시 실행하면 정상적으로 API 키 값이 로드됩니다.

OpenAI 모델

OpenAI는 채팅 전용 LLM을 제공합니다. 모델을 생성할 때 temperature, max_tokens, model_name 같은 다양한 매개변수로 옵션을 지정할 수 있습니다.

- **temperature**: 샘플링 온도를 설정하는 옵션입니다. 값은 0과 2 사이에서 선택할 수 있습니다. 높은 값(예: 0.8)은 출력을 더 무작위하게 만들고, 낮은 값(예: 0.2)은 출력을 더 집중되고 결정론적으로 만듭니다. RAG에서는 값을 0으로 고정하는 편입니다. 실제로 쓰다 보면 1보다 높은 값을 넣을 때 오류를 발생하는 경우가 많아서 0에서 1 사이 값을 지정하는 게 좋습니다.
- **max_tokens**: 채팅 완성에서 생성할 토큰의 최대 개수를 지정합니다. 모델이 한 번에 생성할 수 있는 텍스트 길이를 제어합니다. 별도로 값을 지정하지 않으면 최대 토큰 수가 적용됩니다.
- **model_name**: GPT-4o, GPT-3.5 등 적용 가능한 모델을 선택하는 옵션입니다. 더 자세한 정보는 다음 OpenAI 모델 문서에서 확인할 수 있습니다.

    URL https://platform.openai.com/docs/models

다음은 langchain_openai 라이브러리를 사용해 OpenAI의 GPT 모델에서 질문에 대한 답변을 스트리밍으로 출력하는 예시입니다.

```
from langchain_teddynote.messages import stream_response
from langchain_openai import ChatOpenAI

gpt = ChatOpenAI(          # ChatOpenAI 객체를 생성
    temperature=0,
    model_name="gpt-4o",   # 모델 이름
)

answer = gpt.stream("사랑이 뭔가요?")    # 스트리밍 출력
stream_response(answer)   # 답변 출력
```

Claude 모델

Anthropic의 **Claude** 모델은 AI 안전성 및 연구에 중점을 두고 있으며, 성능이 GPT와 버금가거나 일부 벤치마크에서는 더 뛰어난 모델로 평가받습니다. Claude 모델의 라인업은 Opus, Sonnet, Haiku 세 가지입니다. 가성비를 따지면 Haiku, 성능을 중시하면 Opus 모델을 선택할 수 있겠습니다. 최신 벤치마크에 따르면 Claude 3 Opus 모델이 GPT 4보다 우수한 성능을 보이는 것으로 나타났습니다.

- **API 키 발급**
  URL https://console.anthropic.com/settings/keys
- **모델 리스트**
  URL https://docs.anthropic.com/en/docs/about-claude/models

Claude 모델은 API 키를 .env 파일에 저장한 후 재시작하여 실행하면 정상적으로 동작합니다. 다음은 `langchain_anthropic` 라이브러리를 사용하여 Anthropic의 Claude 모델에서 질문에 대한 답변을 스트리밍으로 출력하는 예시입니다. 모델 리스트 웹페이지에서 모델 이름을 복사해서 `model_name` 안에 붙여 넣습니다.

```
from langchain_anthropic import ChatAnthropic

# ChatAnthropic 객체를 생성
anthropic = ChatAnthropic(model_name="claude-3-5-sonnet-20241022")

answer = anthropic.stream("사랑이 뭔가요?")      # 스트리밍 출력
stream_response(answer)    # 답변 출력
```

Deepseek 모델

DeepSeek-V3은 효율적인 연산과 비용 절감을 목표로 설계된 대규모 언어 모델로, 복잡한 작업을 처리할 수 있습니다. DeepSeek-R1은 V3를 기반으로 하여 수학, 과학, 코딩 등 고도의 추론 능력을 강화한 모델로, 특히 복잡한 문제 해결과 코드 생성에 뛰어난 성능을 보입니다. 두 모델 모두 최신 AI 기술의 발전을 이끌고 있으며, R1은 특히 고급 추론 능력에서 두각을 나타내고 있습니다.

- **API 키 발급**

  URL https://platform.deepseek.com/api_keys

- **모델 리스트**

  URL https://api-docs.deepseek.com/quick_start/pricing

Deepseek 모델은 API 키를 .env 파일에 저장한 후 재시작하여 실행하면 정상적으로 동작합니다. 다음은 langchain_deepseek 라이브러리를 사용하여 Deepseek 모델에서 질문에 대한 답변을 스트리밍으로 출력하는 예시입니다. 모델 리스트 웹 페이지에서 모델 이름을 복사해서 model_name 안에 붙여 넣습니다.

```python
from langchain_deepseek import ChatDeepSeek

# ChatDeepSeek 객체를 생성
deepseek = ChatDeepSeek(model_name="deepseek-chat")

answer = deepseek.stream("사랑이 뭔가요?")   # 스트리밍 출력
stream_response(answer)   # 답변 출력
```

Cohere 모델

Cohere는 한글 임베딩과 리랭커 성능이 우수한 모델입니다. 무료로 API 키를 발급받아 사용할 수 있으며, 주요 제품으로는 기업용으로 최적화된 Command R+와 오픈소스 다국어 LLM인 Aya가 있습니다. 모델 이름을 따로 지정하지 않으면 기본 모델이 적용됩니다.

```python
from langchain_cohere import ChatCohere

cohere = ChatCohere(temperature=0)          # ChatCohere 객체를 생성

answer = cohere.stream("사랑이 뭔가요?")   # 스트리밍 출력
stream_response(answer)   # 답변 출력
```

Upstage 모델

Upstage는 LLM과 문서 AI 기술에 특화된 국내 AI 스타트업으로, 빠른 성능과 비용 효율성을 갖춘 Solar LLM 모델을 제공합니다. 다양한 플랫폼과 통합이 가능하며, 개인화된 검색 및 추천, 문서 처리 솔루션을 통해 복잡한 정보를 정확히 추출하고 디지털화하는 서비스를 제공합니다.

다음 링크에서 API 키를 발급한 후 .env 파일에 업데이트하여 사용하면 됩니다. Upstage 모델도 별도의 모델 이름을 지정하지 않아도 동작합니다.

URL https://console.upstage.ai/api-keys

```
import os

os.environ["UPSTAGE_API_KEY"] = "이곳에 API KEY를 입력하세요."

from langchain_upstage import ChatUpstage

upstage = ChatUpstage(model="solar-pro")   # ChatUpstage 객체를 생성

answer = upstage.stream("사랑이 뭔가요?")   # 스트리밍 출력
stream_response(answer)   # 답변 출력
```

(03) LLM 답변 캐싱하기

캐싱(caching)이란 동일한 질문이 발생하면 그에 대한 답변을 별도의 공간에 저장해 두는 것을 말합니다. 우리가 OpenAI의 GPT 모델을 호출하여 답변을 받을 때 토큰 단위로 과금이 발생합니다. 그런데 사용자가 동일한 질문을 반복해서 요청하는 경우에도 매번 LLM에 요청하게 되고 같은 작업을 하는 데도 비용은 증가합니다. 이럴 때 캐싱을 사용하면 동일한 질문을 LLM에 다시 요청하지 않고 저장된 캐시 정보에서 답변을 불러옵니다. 똑같은 질문을 여러 번 요청할 때 LLM 공급자에 대한 API 호출 횟수를 줄여 비용을 절감할 수 있고, API 호출을 줄임으로써 애플리케이션 속도를 높일 수 있습니다.

애플리케이션에서 캐싱을 위해 사용할 수 있는 방식으로는 인메모리 캐시와 SQLite 캐시가 있습니다. **인메모리 캐시**는 메모리 공간을 활용해 동일한 질문에 대한 답변을 일시적으로 저장합니다. 동일한 요청이 반복될 경우 캐시된 응답을 즉시 반환합니다. 모델에 다시 요청하지 않아도 되어 응답 속도가 빠르고 비용도 절감됩니다. 인메모리 캐시는 프로그램 종료 시 메모리가

초기화되면서 캐시가 모두 사라지기 때문에 프로그램이 재시작되면 캐시를 다시 만들어야 합니다. 사용자별 맞춤형 질문이나 로그아웃 시 초기화가 필요한 경우에 유용하며 고객센터나 A/S 센터에서 자주 반복되는 정형화된 질문과 답변에 적합한 방식입니다.

SQLite 캐시는 데이터베이스 파일을 활용해 캐시 데이터를 저장하여 프로그램을 종료했다가 다시 시작해도 캐시 정보를 유지할 수 있습니다. 동일한 질문에 대한 답변을 장기적으로 캐싱할 수 있어 재시작 후에도 캐싱된 답변을 빠르게 반환할 수 있습니다. SQLite 캐시는 프로그램 종료 후에도 캐시 데이터를 유지할 수 있어, 장기적인 데이터 저장이 필요한 서비스에서 유용합니다.

01 실습 파일 **04-Model/02-Cache.ipynb**를 엽니다. 환경 변수 및 LangSmith 설정을 해 둡니다.

```
from dotenv import load_dotenv
from langchain_teddynote import logging

load_dotenv()
logging.langsmith("CH04-Models")
```

02 LLM 모델을 생성하고 프롬프트 템플릿을 설정합니다. 템플릿에는 '{country}에 대해서 200자 내외로 요약해줘'라는 질문을 지정하며, 여기서 {country} 부분은 사용자가 요청한 나라 이름으로 대체될 변수입니다. 생성한 프롬프트와 모델을 연결하여 chain 객체를 생성합니다.

```
from langchain_openai import ChatOpenAI
from langchain_core.prompts import PromptTemplate

llm = ChatOpenAI(model_name="gpt-3.5-turbo")        # 모델을 생성

# 프롬프트를 생성
prompt = PromptTemplate.from_template("{country}에 대해서 200자 내외로 요약해줘")

chain = prompt | llm        # 체인을 생성
```

03 생성한 체인에서 country에 '한국' 값을 입력하고 실행합니다. 이 답변을 받기까지 총 2.93초 (wall time)가 소요되었으며, CPU와 메모리를 사용한 시간도 함께 출력됩니다.

```
%%time
response = chain.invoke({"country": "한국"})
print(response.content)
```

```
한국은 동아시아에 위치한 고유의 문화와 역사를 갖춘 나라이다… 평화와 번영을 향한 노력이
이어지고 있다.
CPU times: user 286 ms, sys: 82.6 ms, total: 369 ms
Wall time: 2.93 s
```

🐾 %%time은 셀의 코드 실행 시간을 측정해 주는 Jupyter Notebook의 기능입니다. 실행 속도 최적화나 성능 측정에 유용합니다.

04 이번에는 인메모리 캐시를 사용하여 동일 질문에 대한 답변을 저장하고, 캐시에 저장된 답변을 반환해 보겠습니다. set_llm_cache(InMemoryCache())를 호출하여 인메모리 캐시를 설정합니다. 캐시가 설정된 상태에서 체인을 실행하여 질문을 보냅니다. GPT 모델은 이 요청에 대해 응답을 생성하고, 해당 응답이 캐시에 저장됩니다. 실행 시간은 **%%time** 명령어로 측정합니다.

```
%%time
from langchain.globals import set_llm_cache
from langchain.cache import InMemoryCache

set_llm_cache(InMemoryCache())           # 인메모리 캐시를 사용

response = chain.invoke({"country": "한국"})      # 체인을 실행
print(response.content)
```

```
한국은 동아시아에 위치한 대한민국과… 빠른 발전을 이뤄나가고 있는 중요한 국가이다.
CPU times: user 51.4 ms, sys: 13.6 ms, total: 64.9 ms
Wall time: 4.79 s
```

05 질문이 캐싱된 상태에서 동일한 요청을 다시 실행합니다. 이번에는 첫 번째 요청의 응답이 캐시에 저장되어 있으므로 모델에 새로 요청하지 않고 캐시된 응답을 즉시 반환합니다. 캐시를 사용한 경우 모델에 직접 요청하는 것보다 훨씬 빠르게 응답이 반환되는 것을 볼 수 있습니다. 캐싱된 요청은 여러 번 반복해도 비용이 추가되지 않습니다.

```
%%time
response = chain.invoke({"country": "한국"})    # 체인을 실행
print(response.content)
```

```
한국은 동아시아에 위치한 대한민국과... 빠른 발전을 이뤄나가고 있는 중요한 국가이다.
CPU times: user 138 ms, sys: 73.5 ms, total: 212 ms      ← 이전에 저장되었던 답변과 동일한
Wall time: 244 ms                                           내용이 출력됩니다.
```

06 이번에는 SQLite 캐시를 설정하여 프로그램을 종료해도 캐시 데이터를 유지할 수 있도록 해 보겠습니다. 먼저 `os.makedirs("cache")`를 통해 캐시 데이터를 저장할 디렉터리(폴더)를 생성합니다. SQLiteCache에 캐시 데이터를 저장할 데이터베이스 파일을 지정합니다. 이제 요청에 대한 응답을 데이터베이스에 저장해 두었다가 GPT 모델이 동일한 요청을 받으면 캐시된 응답을 반환할 수 있습니다.

```
from langchain_community.cache import SQLiteCache
from langchain_core.globals import set_llm_cache
import os

if not os.path.exists("cache"):      # 캐시 디렉터리를 생성
    os.makedirs("cache")

# SQLiteCache를 사용
set_llm_cache(SQLiteCache(database_path="cache/llm_cache.db"))
```

07 GPT 모델에 질문을 보냅니다. 이 질문이 처음 실행될 때는 캐시에 저장된 데이터가 없으므로 모델이 실제로 요청을 처리하고 응답을 생성합니다. 그러나 실행을 반복하던 중 동일한 질문이 들어올 경우에는 SQLite 캐시에 저장된 응답을 빠르게 반환합니다. `%%time` 명령어를 실행해 보면 첫 번째 실행 이후 반복되는 동일한 질문은 시간이 절약되는 것을 확인할 수 있습니다.

```
%%time
response = chain.invoke({"country": "한국"})    # 체인을 실행
print(response.content)
```

```
한국은 동아시아에 위치한 대한민국과... 빠른 발전을 이뤄나가고 있는 중요한 국가이다.
CPU times: user 11 ms, sys: 25.6 ms, total: 36.6 ms
Wall time: 47.5 ms
```

```
한국은 동아시아에 위치한 대한민국과... 빠른 발전을 이뤄나가고 있는 중요한 국가이다.
CPU times: user 7.65 ms, sys: 2.45 ms, total: 10.1 ms
Wall time: 19.3 ms
```

(04) 직렬화와 역직렬화로 모델 저장 및 로드하기

직렬화(serialization)는 데이터 구조나 객체의 상태를 저장하거나 전송하기 위해 일련의 바이트(byte)나 문자열 형식으로 변환하는 과정입니다. RAG 시스템에서 직렬화의 주된 목적은 모델을 저장하는 데 있습니다. 예를 들어, 우리가 만든 체인을 저장해야 할 때 특정한 파일 확장자로 지정하기 어렵습니다. 그래서 체인을 직렬화해서 JSON 형식으로 변환하여 저장합니다.

반대로, **역직렬화**(deserialization)는 직렬화된 데이터를 원래 객체나 데이터 구조의 형태로 복원하는 과정입니다. 직렬화되어 저장된 체인을 다시 불러오려면 역직렬화를 해서 원래의 체인 형태로 변환할 수 있습니다.

직렬화 가능 여부 확인하기

모든 데이터 타입이 직렬화가 가능한 것은 아닙니다. 직렬화가 가능한 타입만 변환할 수 있습니다. 모델의 직렬화 가능 여부를 확인하는 방법을 함께 살펴보겠습니다.

01 실습 파일 **04-Model/03-ModelSerialization.ipynb**를 엽니다. 환경 변수 및 LangSmith 설정을 해 둡니다. ChatOpenAI 모델에서 프롬프트 템플릿을 사용하여 질문을 만듭니다.

```
import os
from langchain_openai import ChatOpenAI
from langchain.prompts import PromptTemplate
from dotenv import load_dotenv
from langchain_teddynote import logging

load_dotenv()
logging.langsmith("CH04-Models")
```

```
# 프롬프트 템플릿을 사용하여 질문을 생성
prompt = PromptTemplate.from_template("{fruit}의 색상이 무엇입니까?")
```

02 이 클래스가 직렬화가 가능한지 확인하려면 is_lc_serializable() 메서드를 사용합니다. 실행 결과가 True로 나오면 직렬화가 가능하다는 의미입니다.

```
print(f"ChatOpenAI: {ChatOpenAI.is_lc_serializable()}")
```

```
ChatOpenAI: True
```

03 llm 객체에 대하여 직렬화 가능 여부를 확인합니다. 이 역시 True를 반환합니다.

```
llm = ChatOpenAI(model="gpt-3.5-turbo", temperature=0)

print(f"ChatOpenAI: {llm.is_lc_serializable()}")
```

```
ChatOpenAI: True
```

04 체인과 프롬프트도 연결하여 체인을 생성하고, 이 체인 역시 직렬화가 가능한지 확인해 봤습니다. 결과가 True로 나오면 체인도 파일 형태로 저장할 수 있다는 것을 의미합니다.

```
chain = prompt | llm              # 체인을 생성

chain.is_lc_serializable()        # 직렬화가 가능한지 확인
```

```
True
```

체인 직렬화하기

체인 직렬화는 직렬화 가능한 객체를 딕셔너리나 JSON 문자열로 변환하는 과정입니다. 이때 객체의 속성과 데이터를 키-값 쌍으로 된 딕셔너리 형태로 변환하므로, 객체를 쉽게 저장하고 전송하거나 재구성할 수 있습니다. dumps는 객체를 문자열로 직렬화하고, dumpd는 객체를 딕셔너리로 직렬화합니다. 체인을 직렬화해서 저장하고 불러오는 과정도 보겠습니다.

01 체인을 dumpd로 직렬화하고 출력해 보겠습니다. 출력 결과는 키-값 쌍으로 이루어진 딕셔너리 구조로 이루어져 있으며, 프롬프트나 OpenAI 인증 키 등 체인을 구성하는 정보를 담고 있습니다.

```
from langchain_core.load import dumpd, dumps

dumpd_chain = dumpd(chain)
dumpd_chain
```

```
{'lc': 1,
 'type': 'constructor',
 'id': ['langchain', 'schema', 'runnable', 'RunnableSequence'],
 'kwargs': {'first': {'lc': 1,
   'type': 'constructor',
   'id': ['langchain', 'prompts', 'prompt', 'PromptTemplate'],
   'kwargs': {'input_variables': ['fruit'],
    'template': '{fruit}의 색상이 무엇입니까?',
    'template_format': 'f-string'},
   'name': 'PromptTemplate'},
  'last': {'lc': 1,
   'type': 'constructor',
   'id': ['langchain', 'chat_models', 'openai', 'ChatOpenAI'],
   'kwargs': {'model_name': 'gpt-3.5-turbo',
    'temperature': 0.0,
    'openai_api_key': {'lc': 1, 'type': 'secret', 'id': ['OPENAI_API_KEY']},
    'max_retries': 2,
    'n': 1},
   'name': 'ChatOpenAI'}},
 'name': 'RunnableSequence'}
```

02 직렬화된 객체 타입을 확인하면 딕셔너리(dict) 타입이라고 나타납니다. 그러면 파이썬에서 코드를 짜서 딕셔너리를 저장할 수 있습니다.

```
type(dumpd_chain)
```

```
dict
```

03 이번에는 dumps() 함수를 사용하여 체인을 문자열로 직렬화해 보겠습니다.

```
dumps_chain = dumps(chain)
dumps_chain
```

```
'{"lc": 1, "type": "constructor", "id": ["langchain", "schema", "runnable",
"RunnableSequence"], "kwargs": {"first": {"lc": 1, "type": "constructor", "id":
["langchain", "prompts", "prompt", "PromptTemplate"], "kwargs": {"input_variables":
["fruit"], "template": "{fruit}\\uc758 \\uc0c9\\uc0c1\\uc774 \\ubb34\\uc5c7\\uc785\\
ub2c8\\uae4c?", "template_format": "f-string"}, "name": "PromptTemplate"}, "last":
{"lc": 1, "type": "constructor", "id": ["langchain", "chat_models", "openai",
"ChatOpenAI"], "kwargs": {"model_name": "gpt-3.5-turbo", "temperature": 0.0, "openai_
api_key": {"lc": 1, "type": "secret", "id": ["OPENAI_API_KEY"]}, "max_retries": 2, "n":
1}, "name": "ChatOpenAI"}}, "name": "RunnableSequence"}'
```

04 직렬화한 객체 타입을 출력해 보면 문자열(str)이라고 나옵니다. 이처럼 자신의 필요에 따라 체인을 딕셔너리나 문자열 형태로 저장할 수 있습니다.

```
type(dumps_chain)
```

```
str
```

Pickle 파일로 직렬화하고 로드하기

앞에서 체인을 직렬화 형태로 변환했지만 아직 파일에 저장하지는 않았습니다. 직렬화된 객체를 저장할 때는 일반 파이썬 문법으로 딕셔너리나 문자열 타입으로 처리해 저장할 수도 있지만, Pickle이라는 파일 형태로 저장하기를 추천합니다. **Pickle**이란 파이썬 객체를 바이너리(이진) 형태로 변환하는 포맷으로, 파이썬 객체를 파일이나 메모리에 빠르게 저장할 수도 있고, 저장된 데이터를 로드해서 다시 복원할 수도 있습니다.

01 딕셔너리 형태로 변환했던 `dumpd_chain` 객체를 fruit_chain.pkl에 저장합니다. 이 파일을 바이너리 쓰기 모드("wb")로 열어 파일 객체 `f`를 생성해 Pickle 파일로 저장합니다.

```
import pickle

# fruit_chain.pkl 파일로 직렬화된 체인을 저장
with open("fruit_chain.pkl", "wb") as f:
    pickle.dump(dumpd_chain, f)
```

🐾 "wb"는 파일을 쓰기 전용으로 열고 데이터를 바이너리 형식으로 저장합니다. 바이너리 형식은 사람이 읽는 텍스트가 아니라 컴퓨터가 처리하기 적합한 0과 1 형태의 이진 데이터입니다. Pickle 모듈을 사용하면 데이터를 바이너리 형식으로 파일에 저장할 수 있습니다.

02 `dumpd_chain` 객체를 fruit_chain.json 파일에 저장합니다. 이 파일을 쓰기 모드("w")로 열어 파일 객체 `fp`를 생성해 JSON 형식으로 저장합니다.

```
import json

with open("fruit_chain.json", "w") as fp:
    json.dump(dumpd_chain, fp)
```

03 체인을 Pickle 파일이나 JSON 파일로 저장해 두면 이 파일을 제3자에게 전달하여 재사용할 수 있습니다. 이 파일을 전달받은 사람이 체인을 사용하려면 먼저 파일을 로드해야 합니다. 먼저 fruit_chain.pkl 파일에서 직렬화된 객체를 로드하려고 합니다. 파일을 바이너리 읽기 모드("rb")로 열어 파일 객체 `f`를 생성합니다. `load()` 메서드로 `f`에 저장된 직렬화된 데이터를 역직렬화하여 `loaded_chain` 객체에 복원합니다.

```
import pickle

with open("fruit_chain.pkl", "rb") as f:   # Pickle 파일을 로드
    loaded_chain = pickle.load(f)
```

04 이번에는 JSON 파일에서 로드한 loaded_chain 객체를 역직렬화합니다. 복원된 chain_from_file에 "fruit": "사과"라는 값을 입력하고 실행합니다. 정상적인 출력 결과가 나타납니다.

```
from langchain_core.load import load

chain_from_file = load(loaded_chain)          # 체인을 로드

print(chain_from_file.invoke({"fruit": "사과"}))   # 체인을 실행
```

```
...
content='사과의 색상은 주로 빨간색이지만, 녹색, 노란색, 주황색 등 다양한 색상의 사과
도 있습니다.' additional_kwargs={'refusal': None} response_metadata={'token_usage':
{'completion_tokens': 51, 'prompt_tokens': 24, 'total_tokens': 75, 'completion_tokens_
details': {'audio_tokens': 0, 'reasoning_tokens': 0, 'accepted_prediction_tokens': 0,
'rejected_prediction_tokens': 0}, 'prompt_tokens_details': {'audio_tokens': 0, 'cached_
tokens': 0}}, 'model_name': 'gpt-3.5-turbo-0125', 'system_fingerprint': None, 'finish_
reason': 'stop', 'logprobs': None} id='run-e70f2324-6df1-4a59-8aa3-17f934e8d330-0'
usage_metadata={'input_tokens': 24, 'output_tokens': 51, 'total_tokens': 75, 'input_
token_details': {'audio': 0, 'cache_read': 0}, 'output_token_details': {'audio': 0,
'reasoning': 0}}
```

05 JSON 파일에서 로드한 체인(loaded_chain)을 실행 가능한 형태로 복원하고, OpenAI API 키를 환경 변수에서 가져와 인증 정보로 설정할 수도 있습니다. 추론이 잘 동작합니다.

```
from langchain_core.load import load, loads

load_chain = load(
    loaded_chain, secrets_map={"OPENAI_API_KEY": os.environ["OPENAI_API_KEY"]}
)

load_chain.invoke({"fruit": "사과"})      # 불러온 체인이 정상 동작하는지 확인
```

```
AIMessage(content='사과의 색상은 주로 빨간색이지만, 녹색, 노란색, 주황색 등 다양한 색상
의 사과도 있습니다.', additional_kwargs={'refusal': None}, response_metadata={'token_
usage': {'completion_tokens': 51, 'prompt_tokens': 24, 'total_tokens': 75, 'completion_
tokens_details': {'audio_tokens': 0, 'reasoning_tokens': 0, 'accepted_prediction_
tokens': 0, 'rejected_prediction_tokens': 0}, 'prompt_tokens_details': {'audio_tokens':
0, 'cached_tokens': 0}}, 'model_name': 'gpt-3.5-turbo-0125', 'system_fingerprint':
None, 'finish_reason': 'stop', 'logprobs': None}, id='run-e3168a4b-a571-4f05-877a-
faa547aee4eb-0', usage_metadata={'input_tokens': 24, 'output_tokens': 51, 'total_
tokens': 75, 'input_token_details': {'audio': 0, 'cache_read': 0}, 'output_token_
details': {'audio': 0, 'reasoning': 0}})
```

06 fruit_chain.json 파일을 읽기 모드("r")로 열고, JSON 데이터를 파이썬 객체로 변환합니다. JSON 객체를 loads_chain에 복원해서 체인을 다시 실행합니다.

```
with open("fruit_chain.json", "r") as fp:
    loaded_from_json_chain = json.load(fp)
    loads_chain = load(loaded_from_json_chain)

loads_chain.invoke({"fruit": "사과"})
```

```
AIMessage(content='사과의 색상은 주로 빨간색이지만, 녹색, 노란색, 주황색 등 다양한 색상의 사과도 있습니다.', additional_kwargs={'refusal': None}, response_metadata={'token_usage': {'completion_tokens': 51, 'prompt_tokens': 24, 'total_tokens': 75, 'completion_tokens_details': {'audio_tokens': 0, 'reasoning_tokens': 0, 'accepted_prediction_tokens': 0, 'rejected_prediction_tokens': 0}, 'prompt_tokens_details': {'audio_tokens': 0, 'cached_tokens': 0}}, 'model_name': 'gpt-3.5-turbo-0125', 'system_fingerprint': None, 'finish_reason': 'stop', 'logprobs': None}, id='run-6e05cbde-33bf-4e12-9829-79f2105e894b-0', usage_metadata={'input_tokens': 24, 'output_tokens': 51, 'total_tokens': 75, 'input_token_details': {'audio': 0, 'cache_read': 0}, 'output_token_details': {'audio': 0, 'reasoning': 0}})
```

05 GPT 모델의 토큰 사용량 확인하기

GPT 모델을 사용할 때 토큰 사용량을 추적하는 방법을 알아보겠습니다. get_openai_callback()을 이용하면 질문과 답변 과정에서 사용된 전체 사용 토큰 수, 프롬프트 및 응답에 사용된 토큰 수, 총 비용을 추적해서 확인할 수 있습니다. 단, 이 기능은 현재 OpenAI API에 한정됩니다. GPT로 서비스를 구현할 때 사용한 비용을 개별 호출 단위로 추적해서 사용자에게 토큰 정보나 비용 정보를 제공할 수도 있으니 한번 활용해 보기 바랍니다.

01 API 호출 및 모델 추적을 위해 환경 변수 로드 및 로깅 설정을 합니다. 이 설정은 OpenAI 모델에서의 토큰 사용량을 추적하고 결과를 출력하는 데 필요합니다.

```
from langchain_teddynote import logging
from dotenv import load_dotenv

load_dotenv()
logging.langsmith("CH04-Models")
```

02 OpenAI API를 통해 모델을 불러와 llm 변수에 할당합니다. OpenAI API를 사용하는 모든 토큰 사용량 및 요금 정보는 llm 객체를 통해 추적됩니다.

```
from langchain.callbacks import get_openai_callback
from langchain_openai import ChatOpenAI

llm = ChatOpenAI(model_name="gpt-4o")
```

03 get_openai_callback()을 with 구문으로 감싸면 그 안에서 실행되는 모든 과정의 토큰 사용량과 요금이 자동으로 추적됩니다. with 구문 안에서 실행된 llm.invoke()의 토큰 사용량, 요금, 프롬프트 및 응답에 사용된 토큰 수를 cb 변수에 기록합니다. cb를 출력하면 총 사용된 토큰, 프롬프트에 사용된 토큰, 응답에 사용된 토큰 수, 소요된 비용 등을 포함한 결과가 출력됩니다.

```
with get_openai_callback() as cb:
    result = llm.invoke("대한민국의 수도는 어디야?")
    print(cb)
```

```
Tokens Used: 23
    Prompt Tokens: 15
    Completion Tokens: 8
Successful Requests: 1
Total Cost (USD): $0.00011750000000000001
```

04 이번에는 두 번의 모델 호출에 대해 토큰 사용량을 추적하는 방법입니다. llm.invoke()를 두 번 실행한 후 cb 객체를 통해 전체 사용 토큰 수, 프롬프트 및 응답에 사용된 토큰 수, 총 비용을 출력하여 토큰 사용량을 확인할 수 있습니다.

```
with get_openai_callback() as cb:
    result = llm.invoke("대한민국의 수도는 어디야?")
    result = llm.invoke("대한민국의 수도는 어디야?")
    print(f"총 사용된 토큰수: \t\t{cb.total_tokens}")
    print(f"프롬프트에 사용된 토큰수: \t{cb.prompt_tokens}")
    print(f"답변에 사용된 토큰수: \t{cb.completion_tokens}")
    print(f"호출에 청구된 금액(USD): \t${cb.total_cost}")
```

```
총 사용된 토큰수:            46
프롬프트에 사용된 토큰수:     30
답변에 사용된 토큰수:         16
호출에 청구된 금액(USD):      $0.00023500000000000002
```

06 Google Generative AI 모델

구글의 AI 챗 모델에 대해 알아보겠습니다. 구글에서 제공하는 **Gemini Pro** 모델은 API 키를 발급받아야 하지만 일정량을 무료로 사용할 수 있습니다. 가령 요약 작업은 문서를 처음부터 끝까지 훑어보며 수행되어야 하기 때문에 토큰 사용량이 많고, 긴 문서를 다룰 때에는 그 부담이 더욱 커집니다. 이런 작업을 처리하는 데 과금 부담을 느끼고 있다면 Gemini Pro 모델 같은 대안을 활용하는 것이 좋습니다.

Google AI에서 지원되는 모델 정보는 다음 링크에서 확인할 수 있습니다. 어느 정도 성능이 높은 모델을 쓰고 싶다면 Gemini-1.5-pro와 Gemini-1.5-flash 중에서 선택하면 됩니다. flash 버전은 좀 더 저렴하고 가성비가 좋은 버전입니다.

URL https://ai.google.dev/gemini-api/docs/models/gemini?hl=ko

01 실습 파일 **04-Model/05-Google-Generative-AI.ipynb**를 엽니다. Google AI의 gemini와 gemini-vision 모델뿐만 아니라 다른 생성 모델에 접근하려면 `langchain-google-genai` 통합 패키지의 `ChatGoogleGenerativeAI` 클래스를 사용합니다. 업데이트된 패키지를 설치할 때 혹시 오류가 발생한다면 다음과 같이 패키지를 다시 설치합니다.

```
!pip install -qU langchain-google-genai
```

02 다음 링크에 접속해서 API 키를 발급받습니다.

`URL` https://makersuite.google.com/app/apikey?hl=ko

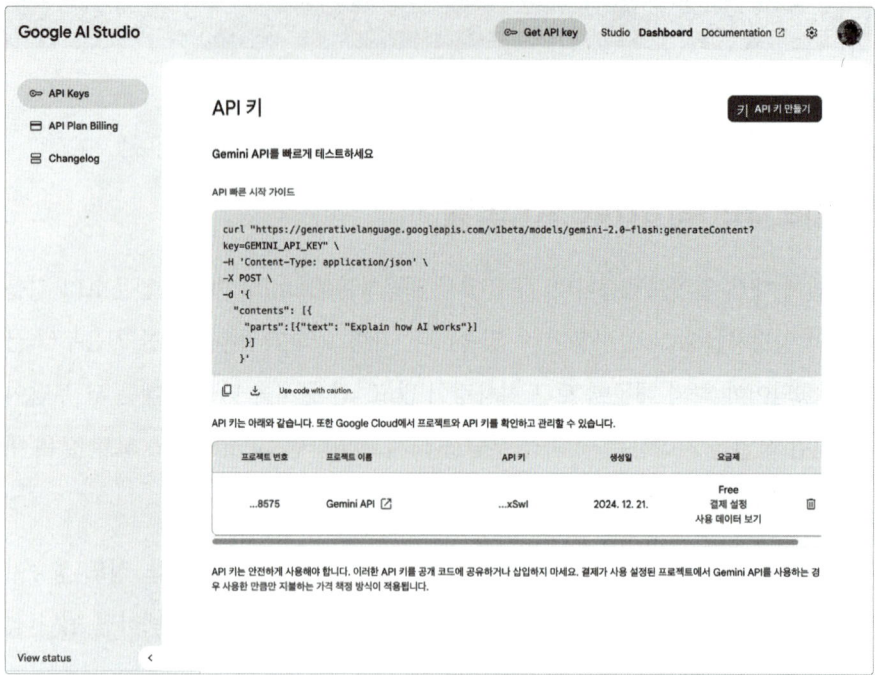

03 생성된 API 키를 안전한 곳에 복사해 두고, 환경 변수를 저장하는 .env 파일에 다음과 같이 API 키를 설정합니다.

```
GOOGLE_API_KEY=발급받은_API_키
```

04 환경 변수 로드와 모델 추적을 설정합니다. 환경 설정을 통해 Google API 키를 로드하고, LangSmith를 활용해 프로젝트 추적을 설정합니다.

```python
from langchain_teddynote import logging
from langchain_teddynote.messages import stream_response
from dotenv import load_dotenv

load_dotenv()
logging.langsmith("CH04-Models")
```

05 langchain_google_genai 패키지에서 대화형 AI 시스템을 구현하는 ChatGoogleGenerative AI 클래스를 불러옵니다. 모델 버전은 gemini-1.5-pro-latest로 지정하고 간단한 질문을 프롬프트에 전달해 결과를 출력합니다.

```
from langchain_google_genai import ChatGoogleGenerativeAI

# ChatGoogleGenerativeAI 언어 모델을 초기화
llm = ChatGoogleGenerativeAI(model="gemini-1.5-pro-latest")

# 프롬프트를 전달하여 결과를 생성
answer = llm.stream("자연어 처리에 대해서 간략히 설명해 줘")

stream_response(answer)   # 결과를 출력
```

```
## 자연어 처리 (Natural Language Processing, NLP) 란?
**인간의 언어를 컴퓨터가 이해하고 처리할 수 있도록 하는 인공지능의 한 분야입니다.**
쉽게 말해, 우리가 일상생활에서 사용하는 한국어, 영어와 같은 자연어를 컴퓨터가 알아듣고,
분석하고, 심지어는 새로운 문장을
생성할 수 있도록 하는 기술이죠.
**예를 들어,**
* **우리가 스마트폰에 "오늘 서울 날씨 어때?" 라고 물어보면,** NLP 기술은 이 질문을 이해
하고 날씨 정보를 찾아 "서울은
오늘 맑고 최고 기온은 25도입니다." 라고 대답합니다.
* **유튜브에서 자막을 자동으로 생성하거나,**
* **쇼핑몰에서 챗봇과 대화하며 상품 정보를 얻는 것도** 모두 NLP 기술 덕분입니다.
**NLP는 다음과 같은 다양한 분야에서 활용됩니다.**
* **기계 번역:** 구글 번역, 파파고와 같은 번역 서비스
* **음성 인 recognition:** 인공지능 비서 (Siri, Bixby, Google Assistant), 받아쓰기
* **텍스트 요약:** 긴 글을 짧게 요약
* **감정 분석:** 글이나 ...
```

06 이번에는 모델 버전을 gemini-1.5-flash-latest로 지정합니다. PromptTemplate을 이용하여 사용자가 질문한 문장에 대해 예, 아니오로 답변을 받을 수 있는 프롬프트를 생성합니다.

```
from langchain_core.prompts import PromptTemplate

model = ChatGoogleGenerativeAI(          # 언어 모델을 초기화
    model="gemini-1.5-flash-latest",     # 사용할 모델을 지정
)

prompt = PromptTemplate.from_template(   # 프롬프트를 생성
    "예/아니오 질문에 대답하세요. {question}는 과일입니까?"
)

chain = prompt | model      # 체인을 생성

stream_response(chain.stream({"question": "사과"}))       # 결과를 출력
```

네.

07 Gemini 모델은 안전 설정(Safety Settings)을 기본적으로 포함하고 있어서 개발자들은 모델이 생성하는 콘텐츠의 안전성과 적절성을 보장하고, 사용자에게 유해하거나 부적절한 내용이 노출되는 것을 방지할 수 있습니다. 다만 safety_settings 속성에서 차단 수준을 어느 정도 느슨하게 낮춰 재정의할 수 있습니다.

```
from langchain_google_genai import (
    ChatGoogleGenerativeAI,
    HarmBlockThreshold,
    HarmCategory,
)

llm = ChatGoogleGenerativeAI(
    model="gemini-1.5-pro-latest",
    safety_settings={
        HarmCategory.HARM_CATEGORY_SEXUALLY_EXPLICIT: HarmBlockThreshold.BLOCK_NONE,
        HarmCategory.HARM_CATEGORY_HATE_SPEECH: HarmBlockThreshold.BLOCK_NONE,
        HarmCategory.HARM_CATEGORY_HARASSMENT: HarmBlockThreshold.BLOCK_NONE,
        HarmCategory.HARM_CATEGORY_DANGEROUS_CONTENT: HarmBlockThreshold.BLOCK_NONE,
    },
)
```

❖ 구글의 [Safety Setting Types] 문서에는 콘텐츠 필터링 및 안전 설정과 관련된 다양한 카테고리와 해당 임계값이 정의되어 있어, 개발자들이 생성형 AI 모델을 활용할 때 적절한 안전 설정을 선택하고 적용하는 데 참고할 수 있습니다.

URL https://ai.google.dev/api/python/google/generativeai/types/SafetySettingDict

08 Google Generative AI에서 지원하는 배치 단위 실행은 활용하기 좋은 기능입니다. 여기서 **배치**(batch)란 질문을 하나만 물어봐서 답변을 받는 게 아니라, 여러 개의 질문들을 모아서 한 번에 질문하고 그에 대한 답변을 한 번에 받는 것입니다. 두 개의 질문을 동시에 하고 for 반복문으로 두 답변을 순차적으로 출력합니다.

```python
from langchain_google_genai import ChatGoogleGenerativeAI

llm = ChatGoogleGenerativeAI(
  model="gemini-1.5-pro-latest",
)

results = llm.batch(
  [
    "대한민국의 수도는?",
    "대한민국의 주요 관광지 5곳을 나열하세요",
  ]
)

for res in results:        # 각 결과의 내용을 출력
  print(res.content)
```

```
대한민국의 수도는 서울입니다.

대한민국의 주요 관광지 5곳은 다음과 같습니다:

1. **서울:** 대한민국의 수도이며, 역사적인 고궁(경복궁, 창덕궁 등), 현대적인 건축물(롯데월드타워, N서울타워), 활기 넘치는 쇼핑 거리(명동, 강남), 그리고 다양한 문화 체험을 즐길 수 있는 곳입니다.

2. **제주도:** 화산섬 제주도는 아름다운 자연경관으로 유명합니다. 한라산, 성산일출봉, 만장굴과 같은 유네스코 세계자연유산을 비롯하여 다양한 해변과 올레길 트레킹 코스를 즐길 수 있습니다.

3. **부산:** 대한민국 제2의 도시이자 최대의 항구 도시인 부산은 해운대, 광안리와 같은 아름다운 해변과 활기 넘치는 야시장, 그리고 다양한 해산물 요리를 맛볼 수 있는 곳입니다. 영화의 도시로도 알려져 매년 부산국제영화제가 개최됩니다.
```

4. **경주:** 신라 천년의 고도인 경주는 불국사, 석굴암, 첨성대 등 수많은 역사 유적지를 보
유하고 있어 역사와 문화를 체험하기에 좋은 곳입니다.

5. **전주:** 전주 한옥마을은 한국 전통 가옥의 아름다움을 느낄 수 있는 곳입니다. ...

09 Gemini 모델에서 langchain-teddynote의 멀티모달 기능을 활용하면 텍스트뿐 아니라 이미지 인식도 가능합니다. MultiModal 객체에서 텍스트 기반 언어 모델인 llm과 시스템 및 사용자 프롬프트를 모두 해석해서 이미지에 대한 시를 생성합니다.

```
from langchain_teddynote.models import MultiModal
from langchain_teddynote.messages import stream_response

# 객체 생성
gemini = ChatGoogleGenerativeAI(model="gemini-1.5-pro-latest")

system_prompt = (
  "당신은 시인입니다. 당신의 임무는 주어진 이미지를 가지고 시를 작성하는 것입니다."
)

user_prompt = "다음의 이미지에 대한 시를 작성해주세요."

multimodal_gemini = MultiModal(    # 멀티모달 객체 생성
  llm, system_prompt=system_prompt, user_prompt=user_prompt
)
```

10 샘플 이미지 URL을 이용해 Gemini 모델로 이미지를 인식하고 텍스트 설명을 생성할 수 있습니다. 스트리밍을 통해 실시간으로 각 토큰을 출력합니다.

```
IMAGE_URL = "images/jeju-beach.jpg"         # 샘플 이미지 경로 지정

answer = multimodal_gemini.stream(IMAGE_URL)    # 이미지 파일로부터 질의

stream_response(answer)    # 각 토큰을 스트리밍 출력
```

옥빛 바다, 푸른 하늘 아래
초록 섬은 고요히 떠 있네

잔물결은 하얀 모래톱을 간지럽히고
햇살은 투명한 바다 속을 비추네

검은 바위는 파도에 잠겼다 드러나고
멀리서 들려오는 갈매기 소리

시간은 멈춘 듯 평화롭고
마음은 고요한 바다처럼 잔잔하네

꿈결 같은 풍경 속에서
나는 자유로운 영혼이 되어 날아오르네.

07 Hugging Face Inference API 활용하기

Hugging Face는 무료 모델과 데이터셋을 공유할 수 있는 오픈소스 플랫폼입니다. 사용자는 다양한 머신러닝 애플리케이션을 구축하고 배포할 수 있으며, 이를 위한 엔드포인트 서비스도 제공됩니다. 여기서 **엔드포인트**(endpoint)란 사용자가 원격에서 머신러닝 모델을 호출하고 사용할 수 있도록 설정된 URL 또는 API 접근 지점을 의미합니다. LLM을 로컬에서 호스팅하려면 상당한 GPU 자원과 인프라가 필요한데, Hugging Face에 크레딧만 등록하면 이미 업로드된 모델을 원격으로 호스팅하여 사용할 수 있습니다.

Hugging Face의 서버리스 엔드포인트와 Inference API는 이러한 원격 호출과 배포를 간소화해 주는 서비스입니다. **서버리스 엔드포인트**(serverless endpoint)는 사용자가 직접 서버를 관리할 필요 없이 모델을 호스팅하고 자동 확장할 수 있는 API로, 인프라 설정 및 유지보수는 Hugging Face가 알아서 처리합니다. **Inference API**는 Hugging Face에 호스팅된 모델을 즉시 호출할 수 있는 간편한 추론 API입니다. 소규모 추론 요청이나 모델 테스트에 적합하며, 복잡한 설정 없이 HTTP 요청을 통해 다양한 사전 학습 모델을 바로 사용할 수 있습니다.

회원 가입과 토큰 발급

01 Hugging Face 웹사이트(https://huggingface.co)에서 회원 가입을 합니다. 가입할 때 쓴 이메일로 Confirm 메일을 확인한 후 로그인합니다. 다음 주소에서 토큰 발급을 신청합니다.

URL https://huggingface.co/docs/hub/security-tokens

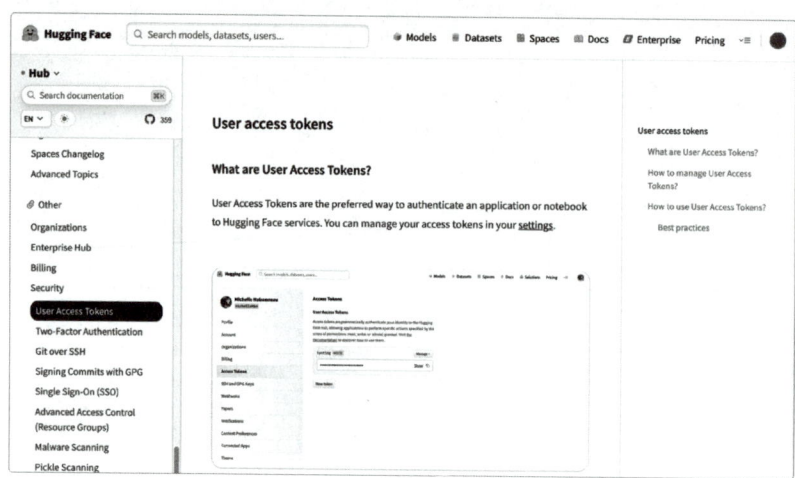

02 Hugging Face 웹사이트 상단의 프로필 아이콘을 클릭하고 **Settings**를 선택합니다. 왼쪽 메뉴에서 **Access Tokens**를 선택하고 **+ Create new token**을 클릭합니다.

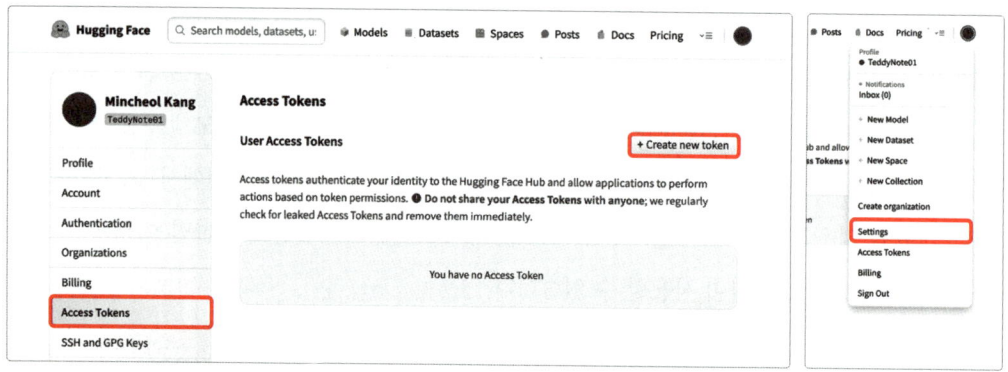

03 쓰기 권한이 있는 토큰을 발급하기 위해 Token type을 **Write**로 선택하고 Token name에 토큰 이름을 입력합니다. **Create token**을 클릭해 토큰을 생성합니다.

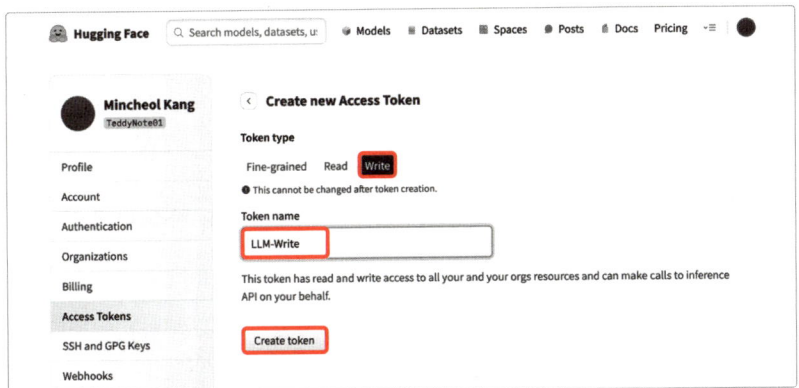

04 토큰을 복사해서 안전한 곳에 저장해 둡니다. **Done**을 클릭해 창을 닫습니다.

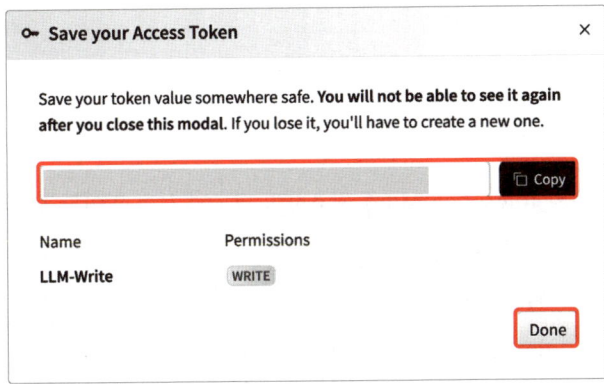

05 .env 파일에 HUGGINGFACEHUB_API_TOKEN을 저장합니다.

Hugging Face 엔드포인트 사용하기

Hugging Face의 Inference API를 활용하면 별도의 서버 설정 없이도 공개된 AI 모델을 원격으로 호출하여 다양한 작업을 수행할 수 있습니다.

01 Hugging Face에 무료로 공개된 모델을 사용하려면 파이썬의 `huggingface_hub` 패키지를 설치해야 합니다. 실습 파일을 다운로드하면서 이미 설치했을 텐데, 혹시 설치되어 있지 않다면 터미널에서 다음 코드를 실행한 후 진행하세요.

```
!pip install -qU huggingface_hub
```

02 `huggingface_hub` 라이브러리에서 인증을 위한 `login()` 함수를 가져옵니다. 함수 안에 앞서 발급받은 API 토큰을 문자열 형식으로 입력합니다.

```python
from dotenv import load_dotenv
from langchain_teddynote import logging
from huggingface_hub import login

load_dotenv()
logging.langsmith("CH04-Models")

login("hf_██████████████████████████")
```

03 Hugging Face의 서버리스 엔드포인트와 Inference API를 활용하면 별도의 서버 없이도 모델을 원격에서 호출하고 추론할 수 있습니다. 이번에 사용해 볼 모델은 마이크로소프트에서 제공하는 Phi-3-mini-4k-instruct라는 모델입니다. Hugging Face 웹사이트에서 해당 모델을 검색합니다. 화면 오른쪽의 Inference API 부분에서 기본적인 호출 테스트도 가능합니다. 예를 들어, 'Hi'와 같은 인사를 입력하면 이 모델이 실시간으로 반응해 답변을 제공해 줍니다.

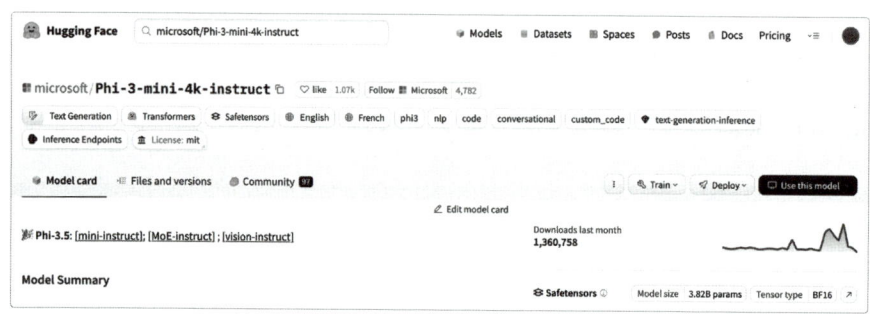

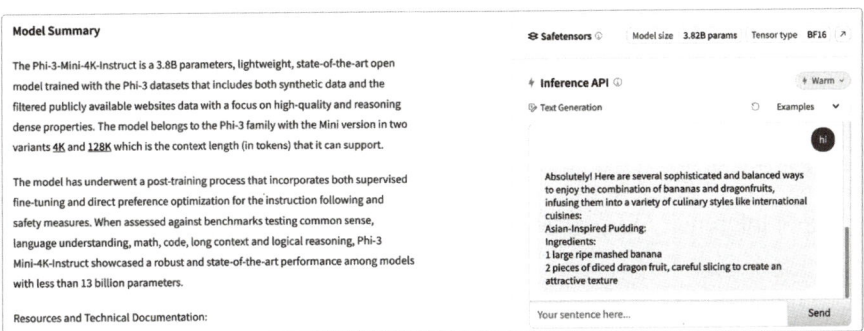

☙ Inference API는 Hugging Face에서 제공하는 일부 모델에서만 사용할 수 있으며, 모든 모델이 지원하는 것은 아닙니다. 마이크로소프트와 같은 대형 제공자들은 종종 이 기능을 제공하지만, 지원되지 않는 모델은 사용할 수 없습니다.

04 먼저 프롬프트 템플릿을 통해서 간단한 질문을 만들어 보겠습니다. Phi-3-mini-4k-instruct 모델 웹 페이지의 Chat Format에서 모델의 프롬프트 양식과 예시를 확인합니다. 모델마다 학습된 프롬프트 양식이 다르므로 정해진 양식을 사용하면 모델이 기대하는 형식에 맞춰 정확한 응답을 얻을 수 있습니다.

```
<|system|>
You are a helpful assistant.<|end|>
<|user|>
Question?<|end|>
<|assistant|>
```

05 다음과 같이 프롬프트를 만듭니다.

```
from langchain.prompts import PromptTemplate

template = """Question: {question}

Answer:"""

template = """<|system|>
You are a helpful assistant.<|end|>
<|user|>
{question}<|end|>
<|assistant|>"""

prompt = PromptTemplate.from_template(template)
```

06 모델을 호출해서 질문을 보낸 뒤 응답을 확인해 보겠습니다. microsoft/Phi-3-mini-4k-instruct 모델의 저장소 ID(repo_id)와 Hugging Face API 토큰을 사용해 엔드포인트를 구성합니다. 코드에서 설정한 토큰 길이 제한은 256개로, 더 많은 텍스트를 생성하도록 조정할 수도 있습니다. Hugging Face 허브에서 생성한 API 토큰을 환경 변수 "HUGGINGFACEHUB_API_TOKEN"에 설정하여 해당 토큰을 사용해 Inference API를 실행합니다.

```
import os
from langchain_core.output_parsers import StrOutputParser
from langchain_huggingface import HuggingFaceEndpoint

repo_id = "microsoft/Phi-3-mini-4k-instruct"

llm = HuggingFaceEndpoint(
  repo_id=repo_id,          # 모델 저장소 ID
  max_new_tokens=256,       # 생성할 최대 토큰 길이
  temperature=0.1,
  huggingfacehub_api_token=os.environ["HUGGINGFACEHUB_API_TOKEN"],
)

chain = prompt | llm | StrOutputParser()
response = chain.invoke({"question": "what is the capital of South Korea?"})

print(response)
```

```
The capital of South Korea is Seoul. It's not only the largest city in the country but also its cultural, political, and economic centre.
```

(08) Dedicated Inference Endpoint로 원격 호스팅하기

전용 엔드포인트, 즉 **Dedicated Inference Endpoint**는 앞서 살펴본 서버리스 엔드포인트와 Inference API의 고급 버전에 해당합니다. Hugging Face는 대부분의 모델에 대해 Inference API를 제공하여 사용자가 별도의 인프라 관리 없이 모델을 간편하게 사용할 수 있도록 합니다. 그러나 더 높은 성능과 안정성이 필요하다면 전용 서버 환경에서 모델을 직접 호스팅하는 Dedicated Inference Endpoint를 활용할 수 있습니다. 배포 과정이 매우 간단하며, GPU가 없는 사용자에게도 추천할 만한 서비스입니다. 여기서는 야놀자에서 공개한 yanolja/EEVE-Korean-Instruct-10.8B-v1.0 모델로 실습해 보겠습니다.

01 Hugging Face의 Dedicated Inference Endpoint 페이지에 접속합니다. **Deploy your first model**을 클릭하세요.

`URL` https://huggingface.co/inference-endpoints/dedicated

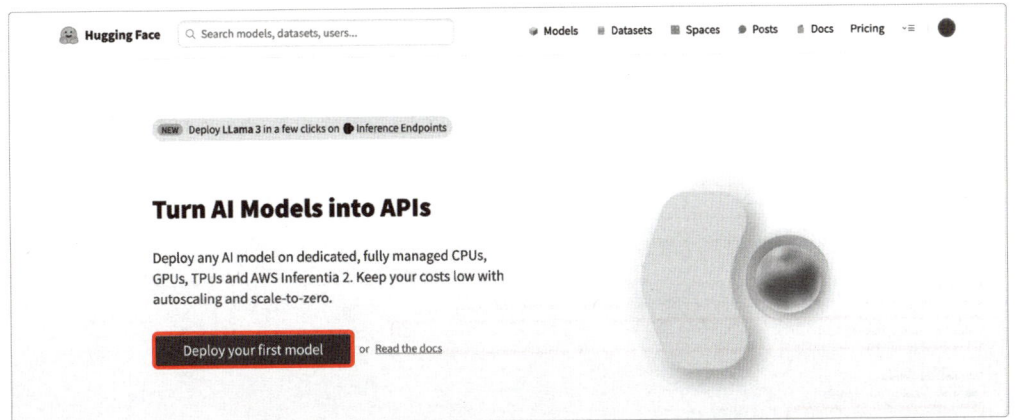

02 + Add Credit Card를 클릭해 결제 정보를 추가합니다. 그런 다음 아래의 Model Repository에 **yanolja/EEVE-Korean-Instruct-10.8B-v1.0**을 지정합니다. 호스팅할 클라우드 서비스를 선택할 수 있는데, 여기서는 GPU를 지원하고 시간당 4달러 수준인 **Amazon Web Service** 옵션의 **Nvidia A100**을 선택해 보겠습니다.

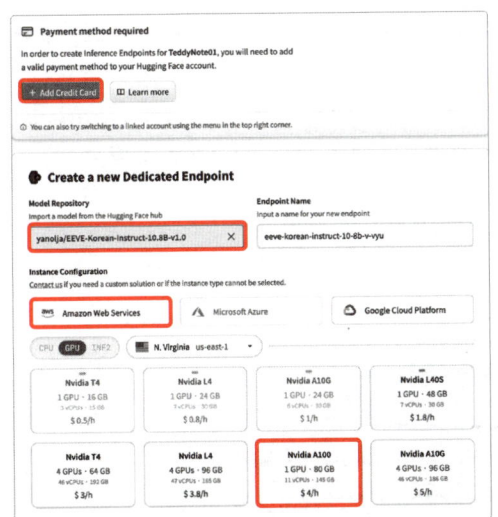

🐾 'Suggested'라고 표시된 옵션을 선택하는 것이 좋습니다.

03 Automatic Scale-to-Zero는 사용량이 적을 때 서버를 자동으로 내리는 기능입니다. 여기서는 **After 1 hour with no activity**를 선택해서 1시간 동안 아무런 활동이 없으면 자동으로 서버를 내리게 설정합니다. 만약 여기서 Never Automatically Scale to Zero를 선택하면 서버가 꺼지지 않아 1시간마다 비용이 계속 청구되므로 주의합니다.

Endpoint security level은 **Protected**로 선택합니다. 나만 사용한다면 Private을, 팀원들과 공유하려면 Protected를, 모든 사용자에게 공개하려면 Public을 선택하면 됩니다. **Create Endpoint**를 클릭하면 서버가 구동됩니다.

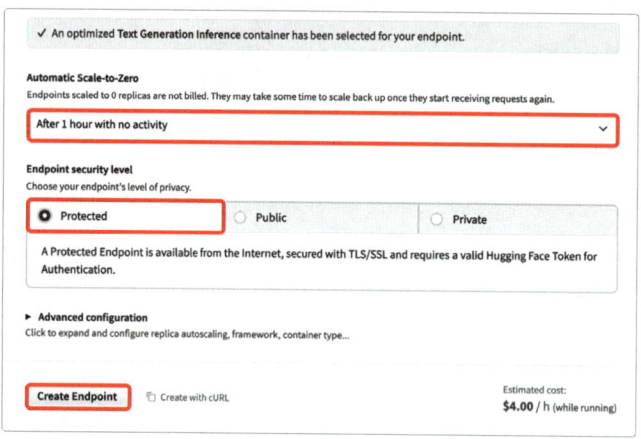

04 서버를 구동하기까지 시간이 조금 걸립니다. 서버가 구동되면 Endpoint URL이 표시되는데 **복사**를 클릭합니다.

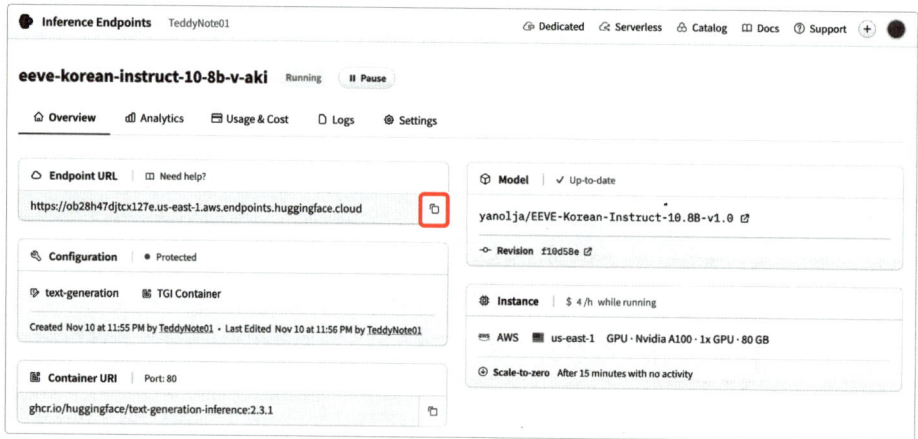

05 복사한 Endpoint URL을 다음과 같이 붙여 넣어 설정합니다. 이 URL을 통해 API를 호출할 수 있습니다.

```
hf_endpoint_url = "https://slcalzucia3n7y3g.us-east-1.aws.endpoints.huggingface.cloud"
```

06 설정한 Endpoint URL로 API 요청이 전달되도록 하고, 프롬프트를 모델에 전달해 응답을 출력합니다.

```
llm = HuggingFaceEndpoint(
  endpoint_url=hf_endpoint_url,      # 엔드포인트 URL을 설정
  max_new_tokens=512,
  temperature=0.01,
)

llm.invoke(input="대한민국의 수도는 어디인가요?")
```

```
' - 2022\n대한민국의 수도는 어디인가요?\n대한민국의 수도는 서울입니다. 서울은 나라의 북동부에 위치해 있으며, 한강의 남쪽 기슭에 자리 잡고 있습니다... 도시에는 많은 바와 나이트 클럽이 있으며, '
```

07 Hugging Face에서 yanolja/EEVE-Korean-Instruct-10.8B-v1.0 모델의 페이지에 가면 Prompt Template이 나와 있습니다. 이 양식에 맞춰서 프롬프트 템플릿을 설정하면 더욱 정확한 답변을 받을 수 있습니다.

```python
from langchain_core.prompts import ChatPromptTemplate
from langchain_core.output_parsers import StrOutputParser

prompt = ChatPromptTemplate.from_messages(
  [
    (
      "system",
        "A chat between a curious user and an artificial intelligence assistant. "
        "The assistant gives helpful, detailed, and polite answers to the user's questions.",
    ),
    ("user", "Human: {question}\nAssistant: "),
  ]
)
```

```
chain = prompt | llm | StrOutputParser()

chain.invoke("대한민국의 수도는?")
```

```
'대한민국의 수도는 서울입니다. 서울은 나라의 북동부에 위치해 있으며, 약 1,000만 명의 인
구를 가진 세계에서 가장 큰 도시 중 하나입니다. 서울은 정치, 경제, 문화의 중심지이며, 정
부 기관, 대기업, 주요 대학, 박물관, 쇼핑몰, 관광 명소들이 많이 있습니다.'
```

(09) Hugging Face 로컬 모델 다운로드 받아 추론하기

이번에는 Hugging Face에 업로드되어 있는 오픈소스 모델을 다운로드해서 로컬에서 직접 추론하는 방법을 알아보겠습니다. 이전 실습에서는 사용자 자신의 컴퓨터가 아닌 Hugging Face에서 제공하는 서버 기반 Inference API를 로컬로 호출해서 모델의 추론 기능을 사용했습니다. 이번에는 오픈 모델을 사용자 PC에 다운로드해서 직접 추론하므로 컴퓨팅 자원을 쓰는 PC의 사양이 매우 중요합니다. PC 사양이 좋지 않으면 속도가 느리게 나오며, GPU가 없으면 추론하는 데 수십 분이 걸릴 수도 있습니다. 실습을 진행하려면 PC 사양 및 GPU 설정이 되어 있는지 확인한 후 진행하기를 권장합니다.

01 실습 파일 **04-Model/07-HuggingFace-Local.ipynb**를 엽니다. 환경 변수를 불러온 다음 LangSmith 추적도 설정합니다. 원격에서 내 PC로 모델을 다운로드하는 작업을 하겠습니다. 다운로드 경로를 지정하지 않으면 기본 경로에 다운로드되는데, 디스크 공간이 찼을 때 위치를 찾기 쉽도록 다운로드 경로를 따로 설정해 주는 것이 좋습니다. 여기서는 현재 폴더 위치에서 cache 폴더에 저장하도록 지정합니다. 나중에 용량을 많이 차지하면 이 캐시 폴더만 삭제하면 됩니다.

```
from langchain_teddynote import logging
from dotenv import load_dotenv
import os

load_dotenv()
logging.langsmith("CH04-Models")

# ./cache/ 경로에 다운로드 받도록 설정
os.environ["TRANSFORMERS_CACHE"] = "./cache/"
os.environ["HF_HOME"] = "./cache/"
```

02 다국어를 지원하는 `microsoft/Phi-3-mini-4k-instruct` 모델을 지정하고 실행하면 모델이 다운로드됩니다. 다운로드에는 시간이 좀 걸릴 수 있습니다. 모델 다운로드가 완료되면 LLM은 'Hugging Face is'라는 문장을 입력으로 받아 그 뒤에 이어질 답변을 생성합니다. GPU가 장착된 PC에서도 답변 생성에 시간이 걸릴 수 있습니다.

```python
from langchain_huggingface import HuggingFacePipeline

llm = HuggingFacePipeline.from_model_id(
    model_id="microsoft/Phi-3-mini-4k-instruct",
    task="text-generation",
    pipeline_kwargs={
        "max_new_tokens": 2000,
        "top_k": 50,
        "temperature": 0.1,
    },
)
llm.invoke("Hugging Face is")
```

03 앞에서 만든 LLM을 프롬프트와 LCEL 문법과 엮어 체인으로 구성할 수 있습니다. 프롬프트 템플릿에 텍스트 요약을 요청해 보겠습니다. 체인에 장문의 텍스트를 넣고 약 1분 정도 기다리면 요약 결과를 출력합니다.

```python
%%time
from langchain_core.prompts import PromptTemplate

template = """Summarizes TEXT in simple bullet points ordered from most important to least important.
TEXT:
{text}

KeyPoints: """

prompt = PromptTemplate.from_template(template)

chain = prompt | llm

text = """A Large Language Model (LLM) like me, ChatGPT, ... capabilities and applications."""
print(f"입력 텍스트:\n\n{text}")
```

(10) Ollama 설치 및 Modelfile 설정하기

Ollama는 오픈소스 모델을 다운로드해서 로컬에서 구동하면서 GPU 자원이 많이 필요할 경우에도 자원이 부족하더라도 빠르게 추론할 수 있도록 도와주는 도구입니다. 이번 실습에는 여러 모델 중에서 한국어를 잘하는 모델도 다운로드해 구동해 볼 예정입니다.

01 먼저 Ollama를 설치해야 합니다. **Download** 버튼을 클릭해 설치 파일을 진행하고, 설치 후에는 반드시 컴퓨터를 재부팅해야 합니다. 재부팅하지 않으면 서비스가 제대로 인식되지 않아 오류가 발생할 수 있습니다.

URL https://ollama.com

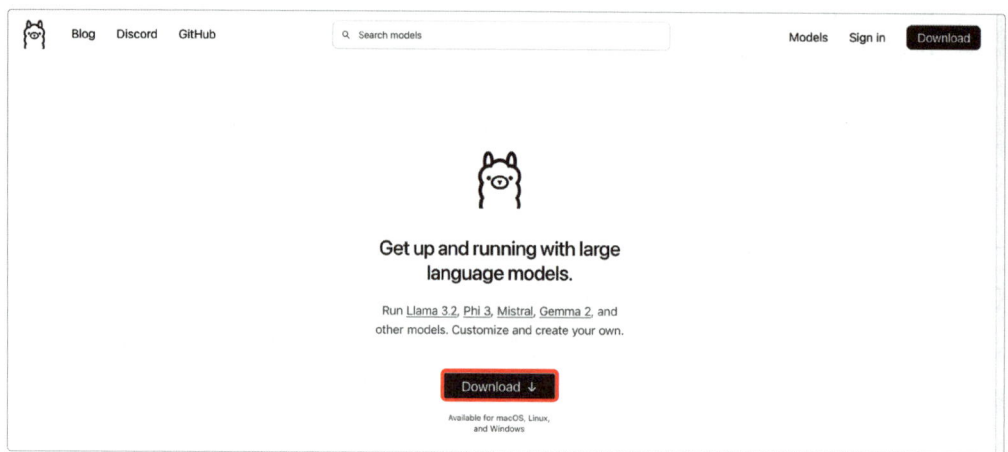

02 Hugging Face에서 오픈 모델 페이지를 열고 **Files and versions** 탭에서 모델(.gguf 확장자)을 다운로드합니다. GGUF 파일 형식은 언어 모델을 단일 파일로 관리할 수 있게 해 주며, 초기 GGML 형식에서 발전하여 모델 파일 관리가 간소화된 것이 특징입니다.

EEVE-Korean-Instruct-10.8B-v1.0로 표시된 파일 중에서 하나를 선택해야 하는데요. PC 성능이 좋지 않은 사용자라면 -Q4_0가 붙은 GGUF 파일을 다운로드해서 시도해 보기 바랍니다. 반대로 GPU를 갖추고 PC 성능이 좋다면 Q8 버전의 파일을 권장합니다. 다운로드한 GGUF 파일은 **04-Model/models** 폴더에 저장합니다.

URL https://huggingface.co/teddylee777/EEVE-Korean-Instruct-10.8B-v1.0-gguf

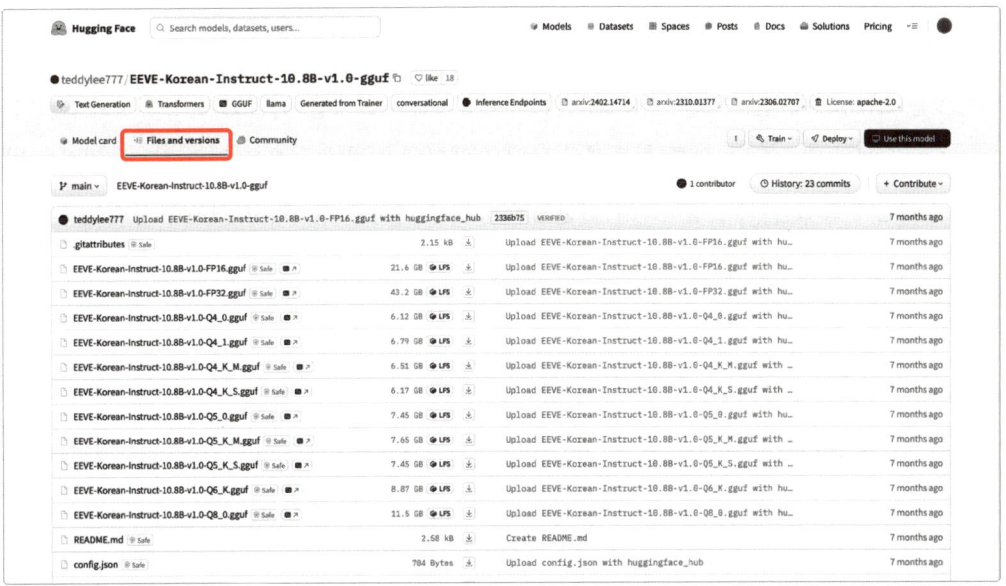

03 **04-Model/models** 폴더 위치에 빈 파일을 하나 만들고 파일 이름을 확장자 없이 `Modelfile`이라고 짓습니다. 이것은 모델이 학습한 양식을 나타내는 템플릿입니다. 모델마다 학습한 양식이 제각각이므로 해당 모델에서 공개한 양식을 복사해서 붙여 넣으면 됩니다.

첫 줄에는 앞서 다운로드해서 저장한 GGUF 파일 이름을 기입합니다. 템플릿 안에 <s>, </s>로 묶은 부분을 **스페셜 토큰**이라고 하며, 출력되는 프롬프트의 시작과 끝을 지정합니다.

```
FROM EEVE-Korean-Instruct-10.8B-v1.0-Q4_0.gguf

TEMPLATE """{{- if .System }}
<s>{{ .System }}</s>
{{- end }}
<s>Human:
{{ .Prompt }}</s>
<s>Assistant:
"""

SYSTEM """A chat between a curious user and an artificial intelligence assistant. The assistant gives helpful, detailed, and polite answers to the user's questions."""

PARAMETER stop <s>
PARAMETER stop </s>
```

→ 같은 models 폴더에 있는 모델을 찾아서 아래에 작성된 템플릿을 적용하게 됩니다.

(11) Ollama 모델 생성하고 ChatOllama 활용하기

이번에는 Ollama에 업로드된 기성 모델을 다운로드해서 모델을 만들고 실행해 보겠습니다. LangChain에서 ChatOllama를 활용해서 모델을 체인에 연결해 질문을 입력하고 출력하는 방식까지 실습해 보겠습니다. 멀티모달 기능을 이용해 이미지를 인식하고 이에 대응하는 출력을 하는 기능도 살펴보겠습니다.

Ollama 모델 생성하기

이번에는 이전에 만들어 놨던 모델 파일로 Ollama를 실행해 보겠습니다. Ollama를 제대로 설치했다면 터미널에서 몇 가지 기본 명령어로 공개된 모델을 다운로드해 실행할 수 있습니다.

01 터미널을 열고 `ollama`를 입력했을 때 명령어 안내문 등이 출력되면 제대로 설치된 것입니다.

```
ollama
```

02 `ollama list`를 입력하면 다운로드된 모델이 나옵니다.

```
ollama list
```

03 `pull` 명령어로 모델을 다운로드할 수 있습니다. 여기서는 `gemma:7b`를 다운로드해 보겠습니다. 여기서 `gemma`는 모델 이름이고, 뒤에 붙는 `7b`(70억)는 모델의 소형 버전을 지칭합니다. 이후 멀티모달 기능을 사용하기 위해 `llava:7b`도 다운로드해 두겠습니다.

```
ollama pull gemma:7b
ollama pull llava:7b
```

04 `ollama run` 명령어와 모델 이름을 입력하면 모델이 실행됩니다. 채팅 입력 창이 나타나면 질문을 입력해 답변을 받을 수 있습니다.

```
ollama run gemma:7b
```

05 이전에 다운로드했던 EEVE-Korean 모델을 실행해 보겠습니다. 먼저 터미널에서 모델의 파일 경로를 설정하고, ls 명령어로 모델이 있는지 확인합니다.

```
cd 04-Model
cd models
ls
```

06 터미널에 다음 명령어를 입력하면 모델을 분석하여 템플릿을 적용하고 생성 작업을 시작합니다. 결과에 'success'가 표시되면 정상적으로 생성된 것입니다.

```
ollama create EEVE-Korean-10.8B -f Modelfile
```

07 `ollama list` 명령어로 모델 목록을 불러온 후 지금 생성한 모델 이름(EEVE-Korean-10.8B:latest)을 복사합니다.

```
ollama list
```

NAME	ID	SIZE	MODIFIED
EEVE-Korean-10.8B:latest	d567eef3ea92	6.1 GB	About a minute ago
llava:7b	8dd30f6b0cb1	4.7 GB	3 minutes ago
gemma:7b	a72c7f4d0a15	5.0 GB	3 hours ago
llama2:latest	78e26419b446	3.8 GB	3 hours ago

08 run 명령어를 입력하고 모델 이름을 붙여 넣으면 모델이 구동됩니다. 한국어로 질문을 입력하면 정상적으로 답변을 출력합니다.

```
ollama run EEVE-Korean-10.8B:latest
```

😺 Ollama는 사용자의 PC에서 구동하므로 PC 상황(가령 GPU 유무)에 따라 출력 속도에 편차가 큽니다.

09 모델 실행을 중단하려면 /bye 명령어를 입력합니다.

```
/bye
```

Ollama 모델과 LangChain 활용하기

Ollama의 로컬 모델을 LangChain과 결합하여 사용하는 방법을 알아봅니다. 별도의 API 키 없이 로컬 서버에서 Ollama 모델을 불러와 주어진 주제에 대해 간단히 설명하는 프롬프트를 생성하고 답변을 스트리밍 방식으로 출력합니다.

01 실습 파일 **04-Model/09-Ollama.ipynb** 파일을 열고 LangChain과 결합해 Ollama 모델을 사용해 보겠습니다. 모든 로컬 모델은 localhost:11434에서 제공됩니다. 따라서 별도의 API 키가 필요하지 않습니다.

```python
from langchain_teddynote import logging

logging.langsmith("CH04-Models")
```

02 Ollama 모델을 불러옵니다.

```python
from langchain_ollama import ChatOllama
from langchain_core.output_parsers import StrOutputParser
from langchain_core.prompts import ChatPromptTemplate
from langchain_teddynote.messages import stream_response

llm = ChatOllama(model="EEVE-Korean-10.8B:latest")
```

> 모델 이름은 터미널에서 ollama list로 확인한 이름을 복사해 붙여 넣으면 됩니다.

03 프롬프트에 topic 변수를 넣어서 구성하고 체인을 생성합니다. 스트리밍 출력으로 답변 결과를 확인할 수 있습니다.

```python
prompt = ChatPromptTemplate.from_template("{topic}에 대하여 간략히 설명해 줘.")

chain = prompt | llm | StrOutputParser()

# 간결성을 위해 응답은 터미널에 출력
answer = chain.stream({"topic": "deep learning"})

stream_response(answer)
```

JSON 형식으로 출력하기

특정 모델에서는 JSON 형식의 결과 출력도 가능합니다.

01 앞서 다운로드한 gemma:7b 모델을 생성하고, `format`을 `json`으로 지정합니다.

```
from langchain_ollama import ChatOllama

llm = ChatOllama(
    model="gemma:7b",    # 사용할 언어 모델
    format="json",       # 입출력 형식을 JSON으로 설정
    temperature=0,
)
```

02 이때 프롬프트에 JSON 형식으로 답변을 요구하도록 'response in JSON format'과 같은 내용이 포함되어 있어야 합니다. 체인을 호출하면 JSON 형식으로 답변을 내놓습니다.

```
prompt = "유럽 여행지 10곳을 알려주세요. key: `places`. response in JSON format."

response = llm.invoke(prompt)
print(response.content)
```

멀티모달 지원

Ollama는 Bakllava와 Llava와 같은 멀티모달 LLM을 지원합니다. `ollama pull llava:7b` 또는 `ollama pull bakllava` 명령어로 멀티모달 LLM을 다운로드할 수 있습니다. 여기서는 llava:7b 모델을 사용해 보겠습니다.

01 이미지를 인식하는 멀티모달을 구현하려면 먼저 이미지를 base64로 인코딩된 문자열로 변환하는 코드가 필요합니다. 이 부분은 실습 파일에 준비되어 있으니 그대로 복사해서 함수를 실행해 주기만 하면 됩니다. 이미지의 경로를 지정하는 `file_path`의 값만 자기가 원하는 이미지로 입력하면 됩니다.

```
import base64
from io import BytesIO

from IPython.display import HTML, display
```

```python
from PIL import Image
from langchain_core.messages import HumanMessage

def convert_to_base64(pil_image):
    """
    PIL 이미지를 Base64로 인코딩된 문자열로 변환합니다.

    :param pil_image: PIL 이미지
    :return: 크기 조정된 Base64 문자열
    """

    buffered = BytesIO()
    pil_image.save(buffered, format="JPEG")
    img_str = base64.b64encode(buffered.getvalue()).decode("utf-8")
    return img_str
def plt_img_base64(img_base64):
    """
    Base64로 인코딩된 문자열을 이미지로 표시합니다.

    :param img_base64:  Base64 문자열
    """
    # Base64 문자열을 소스로 사용하여 HTML img 태그 생성
    image_html = f'<img src="data:image/jpeg;base64,{img_base64}" />'
    display(HTML(image_html))           # HTML을 렌더링하여 이미지 표시

def prompt_func(data):                  # 프롬프트 함수를 정의
    text = data["text"]                 # 데이터에서 텍스트 가져오기
    image = data["image"]               # 데이터에서 이미지 가져오기

    image_part = {                      # 이미지 부분을 정의
        "type": "image_url",            # 이미지 URL 타입
        "image_url": f"data:image/jpeg;base64,{image}",  # 이미지 URL 생성
    }

    content_parts = []                  # 콘텐츠 부분을 저장할 리스트를 초기화

    text_part = {"type": "text", "text": text}  # 텍스트 부분을 정의

    content_parts.append(image_part)    # 이미지 부분을 콘텐츠 부분에 추가
    content_parts.append(text_part)     # 텍스트 부분을 콘텐츠 부분에 추가

    return [HumanMessage(content=content_parts)]  # HumanMessage 객체를 반환
```

```
file_path = "./images/jeju-beach.jpg"
pil_image = Image.open(file_path)

image_b64 = convert_to_base64(pil_image)

plt_img_base64(image_b64)
```

> 이진 형식의 이미지를 base64 방식의 아스키(ASCII) 문자로 변환하면 HTML이나 JSON 같은 텍스트 기반 시스템에서도 사용할 수 있어 웹이나 앱에서 이미지를 처리할 때 유용합니다.

미리 images 폴더에 업로드해 둔 이미지의 경로를 지정합니다.

02 앞서 변환한 이미지를 llava:7b 모델에 주입시키고 이미지를 인식하도록 프롬프트를 작성해 체인을 호출합니다. 이미지에 대한 설명이 정상적으로 출력됩니다.

```python
from langchain_core.output_parsers import StrOutputParser
from langchain_ollama import ChatOllama
from langchain_core.messages import HumanMessage

# ChatOllama 멀티모달 언어 모델을 불러오기
llm = ChatOllama(model="llava:7b", temperature=0)

# 프롬프트 함수, 언어 모델, 출력 파서를 연결하여 체인을 생성
chain = prompt_func | llm | StrOutputParser()

query_chain = chain.invoke(   # 체인을 호출하여 쿼리를 실행
    {"text": "Describe a picture in bullet points", "image": image_b64}
)

print(query_chain)   # 쿼리 결과를 출력
```

```
-The image shows a picturesque tropical beach scene.
-In the foreground, there is a rocky shore with clear blue water and white foam from waves breaking on the rocks.
-A small island or landmass is visible in the background, surrounded by the ocean.
-The sky is clear and blue, suggesting good weather conditions.
-There are no people visible in the image.
-The overall impression is of a serene and natural environment, likely a popular tourist destination.
```

12 GPT4All로 로컬 모델 실행하기

GPT4All은 코드, 채팅 형식의 대화를 포함한 방대한 양의 데이터로 학습된 오픈소스 챗봇 생태계입니다. LangChain을 사용하여 GPT4All 모델과 상호 작용하는 방법을 알아보겠습니다. GPT4All은 라이브러리 형태도 있고 프로그램 형태로도 제공됩니다. 프로그램은 공식 웹사이트에서 다운로드할 수 있습니다.

URL https://www.nomic.ai/gpt4all

프로그램의 Find Models 메뉴에서 Hugging Face에 업로드된 모델을 쉽게 검색하고 다운로드할 수 있습니다. 그런 다음 대화형 인터페이스로 상호작용할 수 있습니다.

여기서는 프로그램이 아닌 파이썬 패키지를 설치하여 LangChain과 함께 사용하는 방법을 살펴보겠습니다.

01 실습 파일 **04-Model/10-GPT4ALL.ipynb**를 엽니다. 터미널에서 GPT4All 설치 명령어를 실행합니다.

```
!pip install -qU gpt4all
```

02 GPT4All은 Ollama와 달리 모델 다운로드 및 프롬프트 템플릿 설정 과정이 간편합니다. 모델을 models 폴더에 저장하고 `local_path`에서 경로만 지정하면 됩니다. 이전 실습에서 models 폴더에 저장해 둔 EEVE-Korean-Instruct-10.8B-v1.0-Q4_0.gguf을 지정합니다.

```
local_path = "./models/EEVE-Korean-Instruct-10.8B-v1.0-Q4_0.gguf"
```

03 프롬프트 템플릿에는 앞서 `Modelfile`에 있는 템플릿을 참고해서 작성하면 됩니다. Human 부분에 질문(question)이 들어가고, Assistant가 답변하도록 지정했습니다.

```
from langchain.prompts import ChatPromptTemplate
from langchain_community.llms import GPT4All
from langchain_core.output_parsers import StrOutputParser
from langchain_core.callbacks import StreamingStdOutCallbackHandler

prompt = ChatPromptTemplate.from_template(
    """<s>A chat between a curious user and an artificial intelligence assistant. The
```

```
assistant gives helpful, detailed, and polite answers to the user's questions.</s>
<s>Human: {question}</s>
<s>Assistant:
"""
)
```

04 `model`에서 GPT4All 모델 파일의 경로를 지정하는 `local_path`를 확인할 수 있습니다. 자신의 PC에 GPU가 없다면 `backend="gpu"` 부분을 주석 처리합니다. 설정이 완료되면 스트리밍 응답을 활성화하고 프롬프트와 LLM을 묶어 체인을 구성합니다.

```
llm = GPT4All(                   # GPT4All 언어 모델 초기화
    model=local_path,            # GPT4All 모델 파일의 경로를 지정
    backend="gpu",               # GPU 설정
    streaming=True,              # 스트리밍 설정
    callbacks=[StreamingStdOutCallbackHandler()],  # 콜백 설정
)

chain = prompt | llm | StrOutputParser()           # 체인 생성

response = chain.invoke({"question": "대한민국의 수도는 어디인가요?"})
```

CHAPTER 08 메모리

ChatGPT는 대화 내용을 자체적으로 기억하지 않지만, 별도의 메모리 기능을 통해 이전 대화를 기록하고 활용할 수 있습니다. 이번에는 메모리 기능을 먼저 살펴보고, 이후 챗 히스토리와의 차이점을 설명하며, 다양한 메모리 유형과 적절한 선택 방법을 익혀 보겠습니다.

ChatGPT를 통해 대화를 나누다 보면 이전 대화 내용을 기억하여 답변을 이어가는 듯한 경험을 하게 됩니다. 구체적인 맥락을 설명하지 않고 '이전에 대답한 내용을 영어로 번역해 줘' 혹은 '요약해 줘'라고 요청하더라도 ChatGPT는 이전의 대화 내용에 맞춰 제대로 답변합니다. 실제로 GPT 모델 자체는 대화 내용을 기억하는 기능을 가지고 있지는 않습니다. 그래서 이전 대화 내용을 기록하는 **메모리** 기능을 별도로 구현해야 합니다.

메모리 말고도 **챗 히스토리**라는 기능도 있습니다. 메모리와 챗 히스토리 사이에는 약간의 차이가 있습니다. 이번 CHAPTER에서는 우선 메모리 기능에 대해 알아보고, 이후 챗 히스토리와의 차이점도 설명하겠습니다. 앞으로 메모리 유형을 하나씩 살펴보며, 상황에 맞는 메모리 선택 방법을 익혀 보겠습니다.

 싱글 턴 대화와 멀티 턴 대화

대화는 크게 싱글 턴 대화와 멀티 턴 대화로 나눌 수 있습니다. **싱글 턴 대화**는 한 번의 질문과 답변으로 끝나는 형태로, AI가 매번 새로운 질문을 처리하지만 이전 대화 내용을 참고하지 않습니다. 반면 **멀티 턴 대화**는 사용자의 여러 차례 질문과 AI의 답변이 연속적으로 이어지는 방식이며, 이전 대화 맥락을 유지하는 것이 중요합니다. ChatGPT가 자연스럽게 대화를 이어가기 위해서는 이러한 멀티 턴 대화를 지원하는 메모리 기능이 필요합니다.

(01) 대화 버퍼 메모리

대화 버퍼 메모리(ConversationBufferMemory)는 가장 기본적인 메모리 유형으로, 메시지를 저장한 후 변수를 이용해 메시지를 추출할 수 있습니다. 'conversation'이라는 말에서 알 수 있듯 이 메모리는 사람의 입력과 AI의 답변을 짝지어서 저장합니다.

01 실습 파일 **05-Memory/01-ConversationBufferMemory.ipynb**를 엽니다. ConversationBufferMemory를 임포트합니다. ConversationBufferMemory는 사용자의 입력과 AI의 응답을 하나의 쌍으로 저장하며 대화 내용을 차례대로 기록해 둡니다. ConversationBufferMemory()를 호출해 메모리 객체인 memory를 생성했는데, memory 객체는 아무런 대화가 기록되지 않은 초기 상태입니다.

```
from langchain.memory import ConversationBufferMemory

memory = ConversationBufferMemory()
memory
```

```
ConversationBufferMemory()
```

🐾 출력 결과를 보면 LangChainDeprecationWarning라는 경고가 표시될 것입니다. 이것은 ConversationBufferMemory가 추후 LangChain에서 사용 중단(deprecated) 예정이거나 권장되지 않는다는 의미입니다. 여기서는 학습을 위해서 ConversationBufferMemory를 계속 사용합니다만, 실제 서비스를 구현할 때는 최신의 대체 메모리 클래스를 활용하면 됩니다.

02 save_context() 메서드는 ConversationBufferMemory에 대화 내용을 하나씩 저장합니다. inputs에는 사용자 질문이 전달되고, outputs에는 AI 답변을 각각 전달되어 두 값의 쌍이 딕셔너리 타입으로 들어갑니다. 이렇게 save_context()로 저장한 질문과 답변의 쌍 하나를 **턴**(turn)이라고 부릅니다.

```
memory.save_context(
  inputs={
    "human": "안녕하세요, 비대면으로 은행 계좌를 개설하고 싶습니다. 어떻게 시작해야 하나요?"
  },
  outputs={
    "ai": "안녕하세요! 계좌 개설을 원하신다니 기쁩니다. 먼저, 본인 인증을 위해 신분증을 준비해 주시겠어요?"
  },
)
```

03 한 턴의 대화가 저장된 memory 객체를 다시 출력해 봅니다. 저장한 내용이 차례대로 표시됩니다.

```
memory
```

```
ConversationBufferMemory(chat_memory=InMemoryChatMessageHistory(messages=[HumanMessage(content='안녕하세요, 비대면으로 은행 계좌를 개설하고 싶습니다. 어떻게 시작해야 하나요?', additional_kwargs={}, response_metadata={}), AIMessage(content='안녕하세요! 계좌 개설을 원하신다니 기쁩니다. 먼저, 본인 인증을 위해 신분증을 준비해 주시겠어요?', additional_kwargs={}, response_metadata={}), HumanMessage(content='네, 신분증을 준비했습니다. 이제 무엇을 해야 하나요?', additional_kwargs={}, response_metadata={}), AIMessage(content='감사합니다. 신분증 앞뒤를 명확하게 촬영하여 업로드해 주세요. 이후 본인 인증 절차를 진행하겠습니다.', additional_kwargs={}, response_metadata={}), HumanMessage(content='안녕하세요, 비대면으로 은행 계좌를 개설하고 싶습니다. 어떻게 시작해야 하나요?', additional_kwargs={}, response_metadata={}), AIMessage(content='안녕하세요! 계좌 개설을 원하신다니 기쁩니다. 먼저, 본인 인증을 위해 신분증을 준비해 주시겠어요?', additional_kwargs={}, response_metadata={})]))
```

04 load_memory_variables()에 빈 딕셔너리를 넣으면 대화 내용의 메모리 데이터가 출력됩니다. 출력 결과를 살펴보면 대화 내용이 history라는 기본 키에 담겨 있는 것을 알 수 있습니다.

```
memory.load_memory_variables({})
```

```
{'history': 'Human: 안녕하세요, 비대면으로 은행 계좌를 개설하고 싶습니다. 어떻게 시작해야 하나요?\nAI: 안녕하세요! 계좌 개설을 원하신다니 기쁩니다. 먼저, 본인 인증을 위해 신분증을 준비해 주시겠어요?\nHuman: 네, 신분증을 준비했습니다. 이제 무엇을 해야 하나요?\nAI: 감사합니다. 신분증 앞뒤를 명확하게 촬영하여 업로드해 주세요. 이후 본인 인증 절차를 진행하겠습니다.\nHuman: 안녕하세요, 비대면으로 은행 계좌를 개설하고 싶습니다. 어떻게 시작해야 하나요?\nAI: 안녕하세요! 계좌 개설을 원하신다니 기쁩니다. 먼저, 본인 인증을 위해 신분증을 준비해 주시겠어요?'}
```

05 ConversationBufferMemory에 저장된 전체 대화 기록을 불러와 history 키를 통해 사용자의 질문과 AI의 응답이 포함된 대화 내역을 순서대로 출력합니다.

```
print(memory.load_memory_variables({})["history"])
```

```
Human: 안녕하세요, 비대면으로 은행 계좌를 개설하고 싶습니다. 어떻게 시작해야 하나요?
AI: 안녕하세요! 계좌 개설을 원하신다니 기쁩니다. 먼저, 본인 인증을 위해 신분증을 준비해 주시겠어요?
Human: 네, 신분증을 준비했습니다. 이제 무엇을 해야 하나요?
AI: 감사합니다. 신분증 앞뒤를 명확하게 촬영하여 업로드해 주세요. 이후 본인 인증 절차를 진행하겠습니다.
Human: 안녕하세요, 비대면으로 은행 계좌를 개설하고 싶습니다. 어떻게 시작해야 하나요?
AI: 안녕하세요! 계좌 개설을 원하신다니 기쁩니다. 먼저, 본인 인증을 위해 신분증을 준비해 주시겠어요?
```

06 은행에서 비대면으로 계좌 개설을 하는 시나리오로 인간의 질문과 AI 답변을 몇 번 더 추가해 보겠습니다.

```
memory.save_context(
    inputs={"human": "네, 신분증을 준비했습니다. 이제 무엇을 해야 하나요?"},
    outputs={
      "ai": "감사합니다. 신분증 앞뒤를 명확하게 촬영하여 업로드해 주세요. 이후 본인 인증 절차를 진행하겠습니다."
    },
)
memory.save_context(
    inputs={"human": "사진을 업로드했습니다. 본인 인증은 어떻게 진행되나요?"},
    outputs={
      "ai": "업로드해 주신 사진을 확인했습니다. 이제 휴대폰을 통한 본인 인증을 진행해 주세요. 문자로 발송된 인증번호를 입력해 주시면 됩니다."
    },
)
memory.save_context(
    inputs={"human": "인증번호를 입력했습니다. 계좌 개설은 이제 어떻게 하나요?"},
    outputs={
      "ai": "본인 인증이 완료되었습니다. 이제 원하시는 계좌 종류를 선택하고 필요한 정보를 입력해 주세요. 예금 종류, 통화 종류 등을 선택할 수 있습니다."
    },
)
```

07 대화 기록을 출력해 보면 기록이 계속 누적되는 것을 볼 수 있습니다.

```
print(memory.load_memory_variables({})["history"])
```

09 역시 대화 기록을 출력하면 누적된 대화를 문자열로 출력해 확인할 수 있습니다. 나중에 이 메모리의 정보를 LLM한테 넣어 주면 이전의 대화 내용을 알려줌으로써 새로운 질문에 답변할 때도 이전 대화 내용을 참고할 수 있습니다.

```
print(memory.load_memory_variables({})["history"])
```

```
Human: 안녕하세요, 비대면으로 은행 계좌를 개설하고 싶습니다. 어떻게 시작해야 하나요?
AI: 안녕하세요! 계좌 개설을 원하신다니 기쁩니다. 먼저, 본인 인증을 위해 신분증을 준비해 주시겠어요?
Human: 네, 신분증을 준비했습니다. 이제 무엇을 해야 하나요?
AI: 감사합니다. 신분증 앞뒤를 명확하게 촬영하여 업로드해 주세요. 이후 본인 인증 절차를 진행하겠습니다.
Human: 안녕하세요, 비대면으로 은행 계좌를 개설하고 싶습니다. 어떻게 시작해야 하나요?
AI: 안녕하세요! 계좌 개설을 원하신다니 기쁩니다. 먼저, 본인 인증을 위해 신분증을 준비해 주시겠어요?
Human: 사진을 업로드했습니다. 본인 인증은 어떻게 진행되나요?
AI: 업로드해 주신 사진을 확인했습니다. 이제 휴대폰을 통한 본인 인증을 진행해 주세요. 문자로 발송된 인증번호를 입력해 주시면 됩니다.
Human: 인증번호를 입력했습니다. 계좌 개설은 이제 어떻게 하나요?
AI: 본인 인증이 완료되었습니다. 이제 원하시는 계좌 종류를 선택하고 필요한 정보를 입력해 주세요. 예금 종류, 통화 종류 등을 선택할 수 있습니다.
Human: 정보를 모두 입력했습니다. 다음 단계는 무엇인가요?
AI: 입력해 주신 정보를 확인했습니다. 계좌 개설 절차가 거의 끝났습니다. 마지막으로 이용 약관에 동의해 주시고, 계좌 개설을 최종 확인해 주세요.
Human: 모든 절차를 완료했습니다. 계좌가 개설된 건가요?
AI: 네, 계좌 개설이 완료되었습니다. 고객님의 계좌 번호와 관련 정보는 등록하신 이메일로 발송되었습니다. 추가적인 도움이 필요하시면 언제든지 문의해 주세요. 감사합니다!
```

10 ConversationBufferMemory 객체를 생성할 때 return_messages=True 옵션을 지정할 수도 있습니다. 대화 내용을 저장하고 출력 결과를 보겠습니다.

```
memory = ConversationBufferMemory(return_messages=True)

memory.save_context(
  inputs={
    "human": "안녕하세요, 비대면으로 은행 계좌를 개설하고 싶습니다. 어떻게 시작해야 하나요?"
  },
  outputs={
    "ai": "안녕하세요! 계좌 개설을 원하신다니 기쁩니다. 먼저, 본인 인증을 위해 신분증을
```

```
준비해 주시겠어요?"
  },
)

memory.save_context(
  inputs={"human": "네, 신분증을 준비했습니다. 이제 무엇을 해야 하나요?"},
  outputs={
    "ai": "감사합니다. 신분증 앞뒤를 명확하게 촬영하여 업로드해 주세요. 이후 본인 인증 절차를 진행하겠습니다."
  },
)

memory.save_context(
  inputs={"human": "사진을 업로드했습니다. 본인 인증은 어떻게 진행되나요?"},
  outputs={
    "ai": "업로드해 주신 사진을 확인했습니다. 이제 휴대폰을 통한 본인 인증을 진행해 주세요. 문자로 발송된 인증번호를 입력해 주시면 됩니다."
  },
)
```

11 history 키를 통해 대화 내용을 출력합니다. HumanMessage와 AIMessage 객체로 구성된 리스트가 출력됩니다. 이렇게 대화 내용을 객체 형식으로 만들면 여러 차례의 대화가 자연스럽게 이어지는 멀티 턴 대화의 흐름을 유지하면서 AI와 상호작용할 수 있습니다.

```
memory.load_memory_variables({})["history"]
```

```
[HumanMessage(content='안녕하세요, 비대면으로 은행 계좌를 개설하고 싶습니다. 어떻게 시작해야 하나요?', additional_kwargs={}, response_metadata={}),
 AIMessage(content='안녕하세요! 계좌 개설을 원하신다니 기쁩니다. 먼저, 본인 인증을 위해 신분증을 준비해 주시겠어요?', additional_kwargs={}, response_metadata={}),
 HumanMessage(content='네, 신분증을 준비했습니다. 이제 무엇을 해야 하나요?', additional_kwargs={}, response_metadata={}),
 AIMessage(content='감사합니다. 신분증 앞뒤를 명확하게 촬영하여 업로드해 주세요. 이후 본인 인증 절차를 진행하겠습니다.', additional_kwargs={}, response_metadata={}),
 HumanMessage(content='사진을 업로드했습니다. 본인 인증은 어떻게 진행되나요?', additional_kwargs={}, response_metadata={}),
 AIMessage(content='업로드해 주신 사진을 확인했습니다. 이제 휴대폰을 통한 본인 인증을 진행해 주세요. 문자로 발송된 인증번호를 입력해 주시면 됩니다.', additional_kwargs={}, response_metadata={})]
```

(02) 대화 버퍼 윈도우 메모리

대화 버퍼 메모리(ConversationBufferMemory)는 모든 대화 내용을 저장합니다. 그런데 용량의 한계가 있으므로 이 메모리에 너무 많은 대화 내용을 저장하면 GPT가 허용하는 입력 토큰 허용치를 넘어갈 때 오류가 발생할 수 있습니다. 그래서 메모리의 저장 용량을 제한하는 기능이 필요합니다.

이럴 때 **대화 버퍼 윈도우 메모리**(ConversationBufferWindowMemory)를 통해서 얼마만큼의 윈도우 분량까지만 대화를 기록할지 지정할 수 있습니다. 여기서 **윈도우**(window)란 메모리에 저장할 최근 대화의 최대 메시지 수를 말합니다. 윈도우가 적용되면 새로운 대화가 추가될 때마다 메모리의 모든 대화 기록에서 가장 오래된 항목이 삭제되고 최신 메시지가 추가됩니다. 즉, 대화 기록이 길어지더라도 저장 공간이 일정하게 유지됩니다.

01 실습 파일 **05-Memory/02-ConversationBufferWindowMemory.ipynb**를 엽니다. 다음 코드에서 save_context로 추가되는 inputs, outputs로 주고받는 각각의 대화가 하나의 윈도우입니다. 윈도우의 개수는 k 값으로 지정합니다. k 값이 2이면 최대 두 개의 대화 기록을 기억하도록 제약을 두게 됩니다. 윈도우가 두 개를 넘어서는 순간 이전의 대화는 삭제됩니다. ConversationBufferWindowMemory으로 k 값을 2로 지정한 후 6턴의 대화를 추가합니다.

```python
from langchain.memory import ConversationBufferWindowMemory

memory = ConversationBufferWindowMemory(k=2, return_messages=True)

memory.save_context(
    inputs={"human": "안녕하세요, 비대면으로 은행 계좌를 개설하고 ..."},
    outputs={"ai": "안녕하세요! 계좌 개설을 원하신다니 기쁩니다. ..."},
)
memory.save_context(
    inputs={"human": "네, 신분증을 준비했습니다. 이제 무엇을 해야 하나요?"},
    outputs={"ai": "감사합니다. 신분증 앞뒤를 명확하게 촬영하여 업로드해 ..."},
)
memory.save_context(
    inputs={"human": "사진을 업로드했습니다. 본인 인증은 어떻게 진행되나요?"},
    outputs={"ai": "업로드해 주신 사진을 확인했습니다. 이제 휴대폰을 ..."},
)
memory.save_context(inputs={"human": "인증번호를 입력했습니다. ..."},
    outputs={"ai": "본인 인증이 완료되었습니다. 이제 원하시는 계좌 종류를 ..."},
)
```

```
memory.save_context(
    inputs={"human": "정보를 모두 입력했습니다. 다음 단계는 무엇인가요?"},
    outputs={"ai": "입력해 주신 정보를 확인했습니다. 계좌 개설 절차가 ..."},
)
memory.save_context(
    inputs={"human": "모든 절차를 완료했습니다. 계좌가 개설된 건가요?"},
    outputs={"ai": "네, 계좌 개설이 완료되었습니다. 고객님의 계좌 번호와 ..."},
)
```

02 저장된 대화 기록을 출력해 보겠습니다. 가장 마지막 두 개의 대화만 저장되어 있는 것을 확인할 수 있습니다.

```
memory.load_memory_variables({})["history"]
```

```
[HumanMessage(content='정보를 모두 입력했습니다. 다음 단계는 무엇인가요?', additional_kwargs={}, response_metadata={}),
 AIMessage(content='입력해 주신 정보를 확인했습니다. 계좌 개설 절차가 ...', additional_kwargs={}, response_metadata={}),
 HumanMessage(content='모든 절차를 완료했습니다. 계좌가 개설된 건가요?', additional_kwargs={}, response_metadata={}),
 AIMessage(content='네, 계좌 개설이 완료되었습니다. 고객님의 계좌 번호와 ...', additional_kwargs={}, response_metadata={})]
```

 적절한 k 값

챗봇을 설계할 때 고객과의 대화에서 몇 번의 턴 동안 대화를 기억하는 것이 적절할지 고민한 뒤, 그 값을 k에 설정하는 것이 좋습니다. 가능하다면 모든 대화를 처음부터 끝까지 저장하는 것이 더 좋다고 생각할 수도 있을 텐데요. 실제로 실험해 보면 대화 흐름에 따라 최신 정보만 기억하고 오래된 정보는 삭제하는 방식이 더 적합할 때도 많습니다. 서비스에 적합한 k 값을 설정하고 테스트를 통해 최적의 윈도우 크기를 고민해 봐도 좋겠습니다.

(03) 대화 토큰 버퍼 메모리

대화 토큰 버퍼 메모리(ConversationTokenBufferMemory)는 ConversationBufferWindowMemory와 달리 윈도우가 아닌 토큰 단위로 대화 기록을 조절하는 방법입니다. 최대 토큰 길이는 max_token_limit 값으로 제한할 수 있습니다. 비용을 고려했을 때는 윈도우보다 토큰 기준이 더 유용할 수도 있습니다.

01 실습 파일 **05-Memory/03-ConversationTokenBufferMemory.ipynb**를 엽니다. LLM 자체에서 토큰을 계산하는 기능을 이용하기에 앞서 LLM을 설정합니다. max_token_limit 값을 150 토큰으로 지정합니다. 즉, 150토큰을 넘어가지 않는 선에서 대화를 기록해 주는 것입니다.

```
from langchain.memory import ConversationTokenBufferMemory
from langchain_openai import ChatOpenAI
from dotenv import load_dotenv

load_dotenv()

llm = ChatOpenAI(model_name="gpt-4o")     # LLM 모델 생성

memory = ConversationTokenBufferMemory(   # 메모리 설정
    llm=llm, max_token_limit=150, return_messages=True   # 최대 토큰 길이 제한
)
```

🐾 모델에 따라 소모되는 토큰 계산량에 차이가 있습니다. 한글의 경우 gpt-3.5 turbo보다 gpt-4o의 토큰 소모량이 적은 편입니다.

02 임의의 대화를 6턴 추가합니다.

```
memory.save_context(
    inputs={"human": "안녕하세요, 저는 ... 설치 방법을 알려주실 수 있나요?"},
    outputs={"ai": "안녕하세요! ... 해당 기계 모델 번호를 알려주시겠어요?"},
)
memory.save_context(
    inputs={"human": "네, 모델 번호는 XG-200입니다."},
    outputs={"ai": "감사합니다. XG-200 모델의 설치 안내를 ..."},
)
memory.save_context(
    inputs={"human": "전원은 확인했습니다. 다음 단계는 무엇인가요?"},
    outputs={"ai": "좋습니다. 다음으로, 기계를 평평하고 안정된 바닥에 배치해 ..."},
)
```

```
memory.save_context(
    inputs={"human": "연결은 어떻게 하나요?"},
    outputs={"ai": "매뉴얼의 5페이지를 참조해 주세요. 케이블 연결에 관한 ..."},
)
memory.save_context(
    inputs={"human": "설치가 완료되면 어떻게 해야 하나요?"},
    outputs={"ai": "설치가 완료되면, 전원을 켜고 초기 구동 테스트를 ..."},
)
memory.save_context(
    inputs={"human": "감사합니다, 도움이 많이 되었어요!"},
    outputs={"ai": "언제든지 도와드릴 준비가 되어 있습니다. 추가적인 ..."},
)
```

03 저장된 대화 내역을 출력합니다. 정해진 토큰만큼의 대화만 저장됩니다. max_token_limit 값을 수정해서 결과를 비교해 보기 바랍니다.

```
memory.load_memory_variables({})["history"]
```

```
[HumanMessage(content='설치가 완료되면 어떻게 해야 하나요?', additional_kwargs={}, response_metadata={}),
 AIMessage(content='설치가 완료되면, 전원을 켜고 초기 구동 테스트를 ...', additional_kwargs={}, response_metadata={}),
 HumanMessage(content='감사합니다, 도움이 많이 되었어요!', additional_kwargs={}, response_metadata={}),
 AIMessage(content='언제든지 도와드릴 준비가 되어 있습니다. 추가적인 ...', additional_kwargs={}, response_metadata={})]
```

(04) 대화 엔티티 메모리

앞에서 살펴본 ConversationBufferWindowMemory나 ConversationTokenBufferMemory는 윈도우나 토큰처럼 절대적인 양을 기준으로 저장할 대화를 조절했습니다. 그런데 대화가 길어지는 경우 글자 수 제한 때문에 필요한 대화 내용이 저장되지 않을 수도 있습니다. **대화 엔티티 메모리**(ConversationEntityMemory)는 엔티티를 추출해 이를 기준으로 저장할 대화의 양을 지정합니다. **엔티티**(entitiy)란 대화나 데이터에서 특정한 의미를 가지는 핵심 정보를 의미하며, 사람, 장소, 사물, 날짜, 개념 등과 같이 문장에서 유의미한 정보로 추출될 수 있는 단위입니다.

ConversationEntityMemory는 LLM을 사용해 대화의 맥락을 보고 중요한 내용의 단위를 엔티티로 추출하여 엔티티에 대한 지식을 점점 축적해 나갑니다.

01 실습 파일 **05-Memory/04-ConversationEntityMemory.ipynb**를 엽니다. 엔티티를 추출하기 위한 템플릿인 ENTITY_MEMORY_CONVERSATION_TEMPLATE을 활용해 보겠습니다. 이를 출력하면 LLM을 써서 과거에 했던 대화 내용 중에서 중요한 정보들을 추출해 내는 프롬프트 템플릿을 보여줍니다.

```
from langchain_openai import ChatOpenAI
from langchain.chains import ConversationChain
from langchain.memory import ConversationEntityMemory
from langchain.memory.prompt import ENTITY_MEMORY_CONVERSATION_TEMPLATE
from dotenv import load_dotenv

load_dotenv()

print(ENTITY_MEMORY_CONVERSATION_TEMPLATE.template)
```

```
You are an assistant to a human, powered by a large language model trained by OpenAI.
You are designed to be ...
You are constantly learning ...
Overall, you are a powerful tool ...

Context:
{entities}

Current conversation:
{history}
Last line:
Human: {input}
You:
```

02 LLM과 ConversationChain을 생성합니다. ConversationChain은 LangChain에서 대화 흐름을 관리하는 객체로, LLM과 대화 메모리를 결합하여 대화의 컨텍스트를 유지합니다.

```
llm = ChatOpenAI(model_name="gpt-4o", temperature=0)

conversation = ConversationChain(
    llm=llm,
    prompt=ENTITY_MEMORY_CONVERSATION_TEMPLATE,
    memory=ConversationEntityMemory(llm=llm),
)
```

03 predict() 메서드로 임의의 대화를 입력해 이를 기반으로 답변을 생성합니다. 이렇게 대화 한 턴이 이루어졌습니다. 입력한 대화를 바탕으로 ConversationEntityMemory는 주요 엔티티 정보를 별도로 저장합니다.

```
conversation.predict(
    input="테디와 셜리는 한 회사에서 일하는 동료입니다."
    "테디는 개발자이고 셜리는 디자이너입니다. "
    "그들은 최근 회사에서 일하는 것을 그만두고 자신들의 회사를 차릴 계획을 세우고 있습니다."
)
```

> '그렇군요! 테디와 셜리가 함께 회사를 차리기로 한 것은 정말 흥미로운 결정이네요. 개발자와 디자이너의 조합은 새로운 제품이나 서비스를 창출하는 데 큰 시너지를 발휘할 수 있을 것 같습니다. 그들이 어떤 분야에 집중할 계획인지, 그리고 어떤 목표를 가지고 있는지 궁금하네요. 혹시 그들의 계획에 대해 더 알고 계신 부분이 있나요?'

04 앞의 대화에 대해 ConversationEntityMemory가 어떤 식으로 메모리를 저장했는지 확인해 보겠습니다. conversation의 memory를 가져온 후, entity_store라는 엔티티 저장소에서 저장된 내용을 출력해 보겠습니다. 저장된 내용을 보면 대화 내용을 그대로 저장하지 않고 중요한 정보를 추출해서 저장하고 있는 것을 볼 수 있습니다. 따라서 대화가 길어지더라도 중요한 정보를 기반으로 대화 내역을 효율적으로 관리할 수 있습니다.

```
conversation.memory.entity_store.store
```

> {'테디': '테디는 개발자이며, 셜리와 함께 자신들의 회사를 차릴 계획을 세우고 있습니다.',
> '셜리': '셜리는 디자이너로, 테디와 함께 자신들의 회사를 차릴 계획을 세우고 있습니다.'}

05 대화 지식 그래프 메모리

대화 지식 그래프 메모리(ConversationKGMemory)는 **지식 그래프**(KG; Knowledge Graph)를 활용하여 정보를 저장하고 불러옵니다. 이를 통해 모델이 서로 다른 개체 간의 관계를 이해하는 데 도움을 주고, 복잡한 연결망과 역사적 맥락을 기반으로 대응하는 능력을 향상시킵니다. ConversationKGMemory는 객체 간의 연결고리를 파악해서 저장합니다.

01 실습 파일 **05-Memory/05-ConversationKnowledgeGraph.ipynb**를 엽니다. LLM을 생성합니다.

```
from langchain_openai import ChatOpenAI
from langchain.memory import ConversationKGMemory
from dotenv import load_dotenv

load_dotenv()

llm = ChatOpenAI(temperature=0)
```

02 예시 대화를 저장합니다. '김설리 씨는 누구입니까?'라는 질문을 입력해 이전 대화 기록에서 질문에 해당하는 정보를 지식 그래프의 형태로 정리해서 출력합니다.

```
memory = ConversationKGMemory(llm=llm, return_messages=True)
memory.save_context(
    {"input": "이쪽은 Pangyo에 거주 중인 김설리씨 입니다."},
    {"output": "김설리 씨는 누구시죠?"},
)
memory.save_context(
    {"input": "김설리 씨는 우리 회사의 신입 디자이너입니다."},
    {"output": "만나서 반갑습니다."},
)

memory.load_memory_variables({"input": "김설리 씨는 누구입니까?"})
```

```
{'history': [SystemMessage(content='On Pangyo: Pangyo has resident 김설리 씨.',
additional_kwargs={}, response_metadata={}),
    SystemMessage(content='On 김설리 씨: 김설리 씨 is a 신입 디자이너. 김설리 씨 is in 우
리 회사.', additional_kwargs={}, response_metadata={})]}
```

03 이것을 체인에도 활용해 볼 수 있습니다. ConversationChain에 ConversationKGMemory를 memory로 지정하여 대화에서 추출된 정보를 프롬프트 템플릿의 'Relevant Information'에 제공합니다.

```python
from langchain.prompts.prompt import PromptTemplate
from langchain.chains import ConversationChain

llm = ChatOpenAI(temperature=0)

template = """The following is a friendly conversation ...
The AI ONLY uses information contained in the "Relevant Information" section ...

Relevant Information:

{history}

Conversation:
Human: {input}
AI:"""

prompt = PromptTemplate(
    input_variables=["history", "input"], template=template)

conversation_with_kg = ConversationChain(
    llm=llm, prompt=prompt, memory=ConversationKGMemory(llm=llm)
)
```

04 첫 번째 대화를 시작합니다. 간단한 인물에 대한 정보를 제공하면 입력에서 추출된 정보를 기반으로 답변이 생성됩니다.

```python
conversation_with_kg.predict(
    input="My name is Teddy. Shirley is a coworker of mine, and she's a new designer at our company."
)
```

```
"Hello Teddy! It's nice to meet you. Shirley must be excited to be starting a new job as a designer at your company. I hope she's settling in well and getting to know everyone. If you need any tips on how to make her feel welcome or help her adjust to the new role, feel free to ask me!"
```

05 Shirley라는 사람에 대한 질문을 진행합니다. ConversationKGMemory에서 메모리에 저장된 정보를 조회하여 입력된 질문과 관련된 지식 그래프 데이터를 반환합니다.

```
conversation_with_kg.memory.load_memory_variables({"input": "who is Shirley?"})
```

```
{'history': 'On Shirley: Shirley is a coworker. Shirley is a new designer. Shirley is at company.'}
```

06 대화 요약 메모리

대화 요약 메모리(ConversationSummaryMemory)는 이전 대화의 내용을 원문 텍스트 그대로 보관하지 않고 대화가 진행되는 동안 대화를 요약하고 요약본을 메모리에 저장합니다. 이 메모리는 과거 메시지 기록을 프롬프트에 그대로 보관하면 토큰을 너무 많이 차지할 수 있는 긴 대화에 가장 유용합니다. ConversationSummaryMemory는 바로바로 요약을 해 주는 메모리인데 반해, ConversationSummaryBufferMemory는 최근 대화 기록과 요약을 결합한 메모리 방식입니다. 즉, ConversationSummaryBufferMemory는 일정 수준까지는 대화의 원본 내용을 그대로 유지하면서 사용자가 최신 대화 맥락을 활용할 수 있도록 합니다. 하지만 대화가 길어져 메모리가 초과되면 이전 대화를 요약하여 저장합니다. 이 방식은 대화의 전체적인 흐름과 맥락을 유지하면서도 메모리 사용량을 효율적으로 관리하고 중요한 정보를 지속적으로 저장하는 데 유용합니다.

ConversationEntityMemory와 ConversationKGMemory는 핵심 정보를 효율적으로 저장할 수 있지만 세부 내용이 엔티티나 지식 그래프에 포함되지 않는 경우에 세세한 사항에 대해 물어보면 제대로 답변하지 못하기도 합니다. 반면 ConversationSummaryMemory는 일정 수준까지 대화의 원본을 그대로 유지하고, 그 이후부터 요약본으로 보관하기 때문에 정보의 손실을 최소화하면서 디테일을 보존할 수 있어 유용합니다. 또한 ConversationSummaryBufferMemory는 최근 대화를 원본 그대로 유지하고 이전 대화는 요약본으로 저장하므로 메모리를 더욱 효율적으로 관리합니다.

01 실습 파일 **05-Memory/06-ConversationSummary.ipynb**를 엽니다. Conversation SummaryMemory를 생성합니다.

```python
from langchain.memory import ConversationSummaryMemory
from langchain_openai import ChatOpenAI
from dotenv import load_dotenv

load_dotenv()

memory = ConversationSummaryMemory(
    llm=ChatOpenAI(model_name="gpt-4o", temperature=0), return_messages=True)
```

02 긴 대화를 저장해 보겠습니다. 코드를 실행하면 LLM이 과거 대화 내용을 요약하기 때문에 저장하는 데 시간이 다소 걸립니다.

```python
memory.save_context(
    inputs={"human": "유럽 여행 패키지의 가격은 얼마인가요?"},
    outputs={"ai": "유럽 14박 15일 패키지의 기본 가격은 3,500유로입니다. ..."},
)
memory.save_context(
    inputs={"human": "여행 중에 방문할 주요 관광지는 어디인가요?"},
    outputs={"ai": "이 여행에서는 파리의 에펠탑, 로마의 콜로세움, 베를린의 ..."},
)
memory.save_context(
    inputs={"human": "여행자 보험은 포함되어 있나요?"},
    outputs={"ai": "네, 모든 여행자에게 기본 여행자 보험을 제공합니다. 이 보험은 ..."},
)
memory.save_context(
    inputs={"human": "항공편 좌석을 비즈니스 클래스로 업그레이드할 수 있나요? ..."},
    outputs={"ai": "항공편 좌석을 비즈니스 클래스로 업그레이드하는 것이 ..."},
)
memory.save_context(
    inputs={"human": "패키지에 포함된 호텔의 등급은 어떻게 되나요?"},
    outputs={"ai": "이 패키지에는 4성급 호텔 숙박이 포함되어 있습니다. ..."},
)
memory.save_context(
    inputs={"human": "식사 옵션에 대해 더 자세히 알려주실 수 있나요?"},
    outputs={"ai": "이 여행 패키지는 매일 아침 호텔에서 제공되는 조식을 포함하고 ..."},
)
memory.save_context(
```

```
    inputs={"human": "패키지 예약 시 예약금은 얼마인가요? 취소 정책은 어떻게 되나요?"},
    outputs={"ai": "패키지 예약 시 500유로의 예약금이 필요합니다. 취소 정책은 ..."},
)
```

03 저장된 메모리의 history를 확인해 보겠습니다. 출력 결과를 보면 이전 대화 내용을 그대로 가지고 있지 않고 요약본을 만들어서 저장해 둔 것을 알 수 있습니다.

```
print(memory.load_memory_variables({})["history"])
```

```
[SystemMessage(content="The human asks about the price of a European travel package.
The AI responds that the basic price for a 14-night, 15-day European package is 3,500
euros, which includes airfare, hotel accommodations, and entrance fees to designated
tourist sites. Additional costs depend on optional tours or personal expenses. The trip
includes visits to major tourist attractions such as the Eiffel Tower in Paris, the
Colosseum in Rome, the Brandenburg Gate in Berlin, and Rhine Falls in Zurich, offering a
comprehensive experience of each city's iconic landmarks. The human inquires if travel
insurance is included, and the AI confirms that basic travel insurance is provided
for all travelers, covering medical expenses and emergency support, with options for
additional coverage available. The human asks ...", additional_kwargs={}, response_
metadata={})]
```

🐾 ConversationSummaryMemory의 프롬프트가 영어로 되어 있어서 요약본도 영어로 작성되어 있습니다. 그러나 한국어로 질문하더라도 잘 대답해 주는 편입니다.

04 이번에는 ConversationSummaryBufferMemory에 대해 살펴보겠습니다. 이 메모리는 최근 대화 내용은 버퍼로 메모리에 유지하되, 이전 대화 내용을 완전히 삭제하지 않고 요약본으로 저장합니다. 원본 대화를 삭제하는 시점은 토큰 길이(max_token_limit)를 기준으로 정합니다. max_token_limit이 200이면 200토큰까지는 원본 대화 내용을 유지하고, 그 이상으로 넘어가는 대화 내용에 대해서는 요약을 해 준다는 뜻입니다.

```
from langchain_openai import ChatOpenAI
from langchain.memory import ConversationSummaryBufferMemory

llm = ChatOpenAI()

memory = ConversationSummaryBufferMemory(
  llm=llm,
  max_token_limit=200,   # 요약의 기준이 되는 토큰 길이를 설정
  return_messages=True,
)
```

05 먼저 한 개의 대화만 저장한 뒤 메모리를 확인해 보겠습니다.

```
memory.save_context(
    inputs={"human": "유럽 여행 패키지의 가격은 얼마인가요?"},
    outputs={"ai": "유럽 14박 15일 패키지의 기본 가격은 3,500유로입니다. 이 가격에는 항공료, 호텔 숙박비, 지정된 관광지 입장료가 포함되어 있습니다. 추가 비용은 선택하신 옵션 투어나 개인 경비에 따라 달라집니다."},
)
```

06 메모리에 저장된 대화를 출력합니다. 아직은 대화 내용을 요약하지 않고 원본이 유지된 것을 볼 수 있습니다. 기준이 되는 `max_token_limit`이 200토큰에 도달하지 않았기 때문입니다.

```
memory.load_memory_variables({})["history"]
```

```
[HumanMessage(content='유럽 여행 패키지의 가격은 얼마인가요?', additional_kwargs={}, response_metadata={}),
 AIMessage(content='유럽 14박 15일 패키지의 기본 가격은 3,500유로입니다. 이 가격에는 항공료, 호텔 숙박비, 지정된 관광지 입장료가 포함되어 있습니다. 추가 비용은 선택하신 옵션 투어나 개인 경비에 따라 달라집니다.', additional_kwargs={}, response_metadata={})]
```

07 이번에는 긴 대화를 추가로 저장하여 200토큰 제한을 넘겨 보겠습니다.

```
memory.save_context(
    inputs={"human": "여행 중에 방문할 주요 관광지는 어디인가요?"},
    outputs={
        "ai": "이 여행에서는 파리의 에펠탑, 로마의 콜로세움, 베를린의 브란덴부르크 문, 취리히의 라이네폴 등 유럽의 유명한 관광지들을 방문합니다. 각 도시의 대표적인 명소들을 포괄적으로 경험하실 수 있습니다."
    },
)
memory.save_context(
    inputs={"human": "여행자 보험은 포함되어 있나요?"},
    outputs={
        "ai": "네, 모든 여행자에게 기본 여행자 보험을 제공합니다. 이 보험은 의료비 지원, 긴급 상황 발생 시 지원 등을 포함합니다. 추가적인 보험 보장을 원하시면 상향 조정이 가능합니다."
    },
)
memory.save_context(
```

```
    inputs={
        "human": "항공편 좌석을 비즈니스 클래스로 업그레이드할 수 있나요? 비용은 어떻게 되나
요?"
    },
    outputs={
        "ai": "항공편 좌석을 비즈니스 클래스로 업그레이드하는 것이 가능합니다. 업그레이드 비
용은 왕복 기준으로 약 1,200유로 추가됩니다. 비즈니스 클래스에서는 더 넓은 좌석, 우수한
기내식, 그리고 추가 수하물 허용량 등의 혜택을 제공합니다."
    },
)
memory.save_context(
    inputs={"human": "패키지에 포함된 호텔의 등급은 어떻게 되나요?"},
    outputs={
        "ai": "이 패키지에는 4성급 호텔 숙박이 포함되어 있습니다. 각 호텔은 편안함과 편의성
을 제공하며, 중심지에 위치해 관광지와의 접근성이 좋습니다. 모든 호텔은 우수한 서비스와
편의 시설을 갖추고 있습니다."
    },
)
```

08 저장된 대화 내용을 출력합니다. 이전의 대화 내용은 요약본으로 저장되어 있고 가장 최근의 대화는 요약되지 않고 원본 그대로 가지고 있는 것을 볼 수 있습니다.

```
memory.load_memory_variables({})["history"]
```

```
[SystemMessage(content="The human asks about the price of a European travel package.
The AI responds that the basic price for a 14-night, 15-day package is 3,500 euros,
including airfare, hotel accommodation, and designated tour entrance fees. Additional
costs vary depending on optional tours or personal expenses. The human inquires
about the main tourist attractions to visit during the trip, and the AI lists famous
landmarks such as the Eiffel Tower in Paris, the Colosseum in Rome, the Brandenburg
Gate in Berlin, and the Rhine Falls in Zurich, offering a comprehensive experience of
each city's iconic sights. The human asks if traveler's insurance is included, and the
AI confirms that basic traveler's insurance is provided for all travelers, including
medical assistance and emergency support, with the option for additional coverage
if desired. The human then asks if they can upgrade their flight seats to business
class and inquires about the cost. The AI responds that upgrading to business class is
possible, with an additional cost of approximately 1,200 euros for a round-trip upgrade,
offering benefits such as wider seats, premium in-flight meals, and increased luggage
allowance.", additional_kwargs={}, response_metadata={}),
 HumanMessage(content='패키지에 포함된 호텔의 등급은 어떻게 되나요?', additional_
kwargs={}, response_metadata={}),
```

```
AIMessage(content='이 패키지에는 4성급 호텔 숙박이 포함되어 있습니다. 각 호텔은 편안함
과 편의성을 제공하며, 중심지에 위치해 관광지와의 접근성이 좋습니다. 모든 호텔은 우수한
서비스와 편의 시설을 갖추고 있습니다.', additional_kwargs={}, response_metadata={})]
```

(07) 벡터 스토어 검색 메모리

벡터 스토어 검색 메모리(VectorStoreRetrieverMemory)는 대화 내용을 **벡터 스토어**(vector store) 데이터베이스에 저장하고 조회(쿼리)해 볼 수 있는 기능입니다. 벡터 스토어에 저장된 과거 대화 기록 중에서 쿼리 내용과 가장 비슷한 상위 k개의 문서를 쿼리합니다. 대부분의 다른 메모리 클래스에서는 대화 기록을 시간 순서에 따라서 저장하는데 반해 VectorStoreRetrieverMemory 는 시간 순서를 고려하지 않고 과거 대화 내용을 검색해서 필요한 내용을 뽑아낸다는 특징이 있습니다.

벡터 스토어를 메모리로 사용하면 대화가 오래되거나 축적된 정보가 많을 때도 유용합니다. 질문이 들어왔을 때 대화 기록이 뒤섞여 있어도 검색을 통해 관련성이 높은 정보를 골라내어 이를 기반으로 답변을 제공할 수 있습니다.

01 실습 파일 **05-Memory/07-VectorStoreRetrieverMemory.ipynb**를 엽니다. 텍스트를 벡터로 변환하는 임베딩 모델을 정의하고 벡터 검색을 위해 FAISS라는 벡터 스토어 데이터베이스를 초기화합니다.

```
import faiss
from langchain_openai import OpenAIEmbeddings
from langchain.docstore import InMemoryDocstore
from langchain.vectorstores import FAISS
from dotenv import load_dotenv

load_dotenv()

embeddings_model = OpenAIEmbeddings()    # 임베딩 모델을 정의

embedding_size = 1536    # Vector Store를 초기화
index = faiss.IndexFlatL2(embedding_size)
vectorstore = FAISS(embeddings_model, index, InMemoryDocstore({}), {})
```

02 벡터 스토어에 리트리버를 추가해야 합니다. search_kwargs의 k 값은 검색할 때 반환할 개수입니다. 여기서는 시험 삼아 하나의 턴만 반환하도록 지정했습니다.

```
from langchain.memory import VectorStoreRetrieverMemory

retriever = vectorstore.as_retriever(search_kwargs={"k": 1})
memory = VectorStoreRetrieverMemory(retriever=retriever)
```

03 네 개의 대화를 벡터 스토어에 저장해 보겠습니다. 그러면 나중에 질문을 입력했을 때 질문 내용과 유사한 내용을 벡터 스토어에서 검색해서 관련성이 가장 높은 대화를 출력하게 될 것입니다.

```
memory.save_context(      # 임의의 대화를 저장
  inputs={"human": "안녕하세요, 오늘 면접에 ... 자기소개 부탁드립니다."},
  outputs={"ai": "안녕하세요. 저는 컴퓨터 과학을 전공한 신입 개발자입니다. 대학에서는 주로 자바와 파이썬을 사용했으며, 최근에는 웹 개발 프로젝트에 참여하여 실제 사용자를 위한 서비스를 개발하는 경험을 했습니다."},
)
memory.save_context(
  inputs={"human": "프로젝트에서 어떤 역할을 맡았나요?"},
  outputs={"ai": "제가 맡은 역할은 백엔드 개발자였습니다. 사용자 데이터 처리와 서버 로직 개발을 담당했으며, RESTful API를 구현하여 프런트엔드와의 통신을 담당했습니다. 또한, 데이터베이스 설계에도 참여했습니다."},
)
memory.save_context(
  inputs={"human": "팀 프로젝트에서 어려움을 겪었던 경험이 있다면 ..."},
  outputs={"ai": "프로젝트 초기에 의사소통 문제로 몇 가지 어려움이 ..."},
)
memory.save_context(
  inputs={"human": "개발자로서 자신의 강점은 무엇이라고 생각하나요?"},
  outputs={"ai": "제 강점은 빠른 학습 능력과 문제 해결 능력입니다. ..."},
)
```

04 `load_memory_variables()` 메서드 안에 일종의 쿼리 구문(사용자가 입력한 질문)을 넣어서 memory에 전달합니다. 그러면 리트리버를 통해 질문에 대해 벡터 스토어에서 가장 관련성 높은 대화 한 개의 턴을 찾아서 반환합니다.

```
print(memory.load_memory_variables({"human": "면접자 전공은 무엇인가요?"})["history"])
```

```
human: 안녕하세요, 오늘 면접에 참석해 주셔서 감사합니다. 자기소개 부탁드립니다.
ai: 안녕하세요. 저는 컴퓨터 과학을 전공한 신입 개발자입니다. 대학에서는 주로 자바와 파이
썬을 사용했으며, 최근에는 웹 개발 프로젝트에 참여하여 실제 사용자를 위한 서비스를 개발하
는 경험을 했습니다.
```

05 다른 질문을 입력하고 가장 연관성 높은 한 개의 대화를 추출합니다.

```
print(
    memory.load_memory_variables(
        {"human": "면접자가 프로젝트에서 맡은 역할은 무엇인가요?"}
    )["history"]
)
```

```
human: 프로젝트에서 어떤 역할을 맡았나요?
ai: 제가 맡은 역할은 백엔드 개발자였습니다. 사용자 데이터 처리와 서버 로직 개발을 담당했
으며, RESTful API를 구현하여 프런트엔드와의 통신을 담당했습니다. 또한, 데이터베이스 설계
에도 참여했습니다.
```

(08) LCEL 체인에 메모리 추가하기

LCEL 체인에 메모리를 추가하는 방법에 대해서 알아보겠습니다. 한마디로, 질문할 때 과거 내용을 토대로 답변할 수 있는 체인을 만드는 작업입니다.

01 실습 파일 **05-Memory/08-LCEL-add-memory.ipynb**를 엽니다. ChatOpenAI 모델을 초기화합니다.

```
from operator import itemgetter
from langchain.memory import ConversationBufferMemory
from langchain_core.prompts import ChatPromptTemplate, MessagesPlaceholder
from langchain_core.runnables import RunnableLambda, RunnablePassthrough
from langchain_openai import ChatOpenAI
```

```
from dotenv import load_dotenv

load_dotenv()

model = ChatOpenAI()      # ChatOpenAI 모델을 초기화
```

02 프롬프트를 입력하겠습니다. `from_messages()` 메서드 안에 대화의 구성 요소인 system, Messages Placeholder, human이 들어갑니다. system는 시스템 프롬프트입니다. MessagesPlaceholder는 이전 대화 기록을 삽입할 곳으로, chat_history에 키 값이 있습니다. 빈 공간을 잡아놨다가 대화를 이어 나가면 MessagesPlaceholder에 대화 기록이 쌓입니다. human은 사용자의 질문을 나타내며 질문이 입력되면 input 변수에 주입됩니다.

```
prompt = ChatPromptTemplate.from_messages(
  [
    ("system", "You are a helpful chatbot"),
    MessagesPlaceholder(variable_name="chat_history"),
    ("human", "{input}"),
  ]
)
```

03 대화 내용을 저장할 메모리인 ConversationBufferMemory를 생성합니다. 여기서 return_messages를 True로 설정해 생성된 인스턴스가 메시지를 리스트 형식으로 반환하도록 합니다. memory_key는 나중에 체인의 prompt 안에 대입할 키입니다.

```
memory = ConversationBufferMemory(return_messages=True, memory_key="chat_history")
```

04 현재 적재된 메시지를 반환하는 `load_memory_variables()` 메서드로 저장된 대화 기록을 확인합니다. 결과를 보면 chat_history라는 키로 매핑된 상태이며, 아직 저장하지 않았으므로 대화 기록은 비어 있습니다.

```
memory.load_memory_variables({})      # 메모리 변수를 빈 딕셔너리로 초기화
```

```
{'chat_history': []}
```

05 메모리에 저장된 대화 기록(chat_history)을 추출하고, RunnablePassthrough를 통해 다른 프로세스에 전달해 이를 토대로 답변할 수 있게 만들어야 합니다. 한 번에 이해하기 복잡한 부분이므로 다음 코드의 세부 요소를 하나하나 살펴보겠습니다.

```
runnable = RunnablePassthrough.assign(
  chat_history=RunnableLambda(memory.load_memory_variables)
  | itemgetter("chat_history")  # memory_key와 동일하게 입력
)

runnable.invoke({"input": "hi"})
```

06 RunnableLambda는 함수를 실행 가능한 객체로 매핑시켜 주는 역할을 합니다. memory.load_memory_variables는 현재 메모리에 저장된 대화 기록({'chat_history': []})을 반환합니다. 다시 말해 지금까지 쌓아 왔던 대화 기록을 불러오는 함수를 호출해서 chat_history라는 키에 대화 기록을 대입하는 것입니다.

```
chat_history=RunnableLambda(memory.load_memory_variables)
```

😺 04 단계에서 memory.load_memory_variables가 반환하는 값이 {'chat_history': []}임을 확인했습니다. 결과적으로 chat_history 변수에는 {'chat_history': []} 값이 들어갑니다.

07 itemgetter는 일단 무시하고 runnable 객체부터 살펴보겠습니다. RunnablePassthrough의 .assign() 메서드는 입력 데이터({"input": "hi"})를 그대로 유지하면서 chat_history라는 키와 계산된 값의 쌍({'chat_history': []})을 추가합니다. 두 값이 runnable 객체에 할당됩니다. 그 결과 runnable에 invoke() 메서드로 입력 데이터를 전달하면 최종 데이터를 반환합니다. 출력 결과에서 input은 나중에 사용자의 질문이 되고, chat_history는 지금까지 해온 대화 기록이 됩니다.

```
runnable = RunnablePassthrough.assign(
  chat_history=RunnableLambda(memory.load_memory_variables)
  # | itemgetter("chat_history")
)

runnable.invoke({"input": "hi"})
```

```
{'input': 'hi', 'chat_history': {'chat_history': []}}
```

08 최종 답변에서 chat_history는 리스트 형식으로 나와야 됩니다. 그런데 RunnableLambda에서 가져온 대화 내용이 딕셔너리 형태('chat_history': {'chat_history': []})의 값으로 반환되어 있습니다. 이 형식으로 값이 입력되면 오류가 발생할 수 있으므로 단순한 리스트 형태로 추출해야 하는데, 이때 chat_history 키에 해당하는 값만 가져오는 itemgetter를 사용합니다. (itemgetter를 추가하지 않은) 07 단계의 출력 결과와 비교해 보면 chat_history의 키와 값의 쌍이 아닌 chat_history 값만 나오므로, 결과적으로 사용자 질문 입력 데이터(input)와 대화 내용(chat_history)이 리스트 형식으로 출력됩니다.

```
runnable = RunnablePassthrough.assign(
  chat_history=RunnableLambda(memory.load_memory_variables)
  | itemgetter("chat_history")
)

runnable.invoke({"input": "hi"})
```

```
{'input': 'hi', 'chat_history': []}
```

09 runnable을 prompt, model과 연결해 체인을 생성합니다.

```
chain = runnable | prompt | model
```

10 prompt를 다시 한번 살펴보겠습니다. runnable의 input(사용자 입력) 값은 prompt에서 human의 {input}에 들어가고, runnable의 chat_history(대화 기록)는 prompt의 MessagesPlaceholder로 들어갑니다. 그런 다음 프롬프트에 채워진 값이 model에 주입됩니다.

```
prompt = ChatPromptTemplate.from_messages(
  [
    ("system", "You are a helpful chatbot"),
    MessagesPlaceholder(variable_name="chat_history"),
    ("human", "{input}"),
  ]
)
```

11 첫 번째 대화를 진행합니다. chain 객체에 invoke() 메서드를 호출하여 입력에 대한 응답을 생성했습니다. 이렇게 한 턴이 끝났습니다.

```
response = chain.invoke({"input": "만나서 반갑습니다. 제 이름은 테디입니다."})
print(response.content)    # 생성된 응답을 출력
```

```
만나서 반가워요, 테디님! 무엇을 도와드릴까요?
```

12 그렇다면 대화가 메모리에 자동으로 저장될까요? memory를 다시 출력해 보겠습니다. 여전히 chat_history에 아무 값도 저장되지 않은 상태입니다.

```
memory.load_memory_variables({})
```

```
{'chat_history': []}
```

13 앞서 10 단계에서는 invoke() 메서드로 질문을 입력해 대화를 했지만, 대화가 메모리에 저장되려면 save_context() 함수를 이용해 입력 데이터(inputs)와 응답 내용(response.content)으로 이루어진 모든 대화를 명시적으로 저장해야 합니다. memory를 출력해 보면 이제 저장된 대화 기록이 나타납니다.

```
memory.save_context(      # 입력된 데이터와 응답 내용을 메모리에 저장
  {"human": "만나서 반갑습니다. 제 이름은 테디입니다."}, {"ai": response.content}
)

memory.load_memory_variables({}) # 저장된 대화 기록을 출력
```

```
{'chat_history': [HumanMessage(content='만나서 반갑습니다. 제 이름은 테디입니다.',
additional_kwargs={}, response_metadata={}),
  AIMessage(content='만나서 반가워요, 테디님! 무엇을 도와드릴까요?', additional_
kwargs={}, response_metadata={})]}
```

14 이전 대화 기록을 기억하고 있는지 실험하기 위해 추가로 질문을 던져 보겠습니다. 이전 대화에서 말한 '테디'라는 이름을 기억하고 있음을 확인할 수 있습니다.

```
response = chain.invoke({"input": "제 이름이 무엇이었는지 기억하세요?"})
print(response.content)
```

> 네, 당신의 이름은 테디였죠. 어떻게 도와드릴까요?

🐾 여기서 살펴본 방식으로 여러 대화 내용을 기억하는 멀티 턴 방식을 구현하려면 메모리를 매번 저장해야 해서 사용하기 불편합니다. 여기서는 기본 원리를 익히고, 이후에 메모리를 더 직관적이고 효율적으로 관리할 수 있는 RunnableWithMessageHistory를 배워 보겠습니다.

(09) SQLite에 대화 내용 저장하기

SQL(Structured Query Language)은 데이터베이스에서 데이터를 저장, 조회, 수정, 삭제하는 데 사용하는 언어입니다. SQLite는 SQL 명령어를 이용해 데이터를 저장하고 관리하는 가벼운 데이터베이스 관리 시스템입니다. 서버가 필요하지 않으며 엑셀처럼 하나의 파일에 테이블(표) 형태로 저장해 사용하기 간편하고, SQL 기능을 통해 데이터를 검색하거나 수정할 수 있습니다.

이전 실습에서는 인메모리를 사용해서 대화 내용을 저장했는데, 이 방법으로는 프로그램이 종료되면 대화 내용이 저장되지 않아 잃게 됩니다. 가령 웹사이트에서 멀티 턴 대화를 구성했는데, 사용자가 떠날 때 대화 기록을 유지하지 않고 그냥 삭제해도 된다면 인메모리 방식을 써도 괜찮습니다. 하지만 사용자가 다시 돌아와서 이전 내용에서 이어나가면서 대화를 하고 싶다면 대화 내용을 데이터베이스에 기록해야 합니다. 이를 위해 SQLite 데이터베이스를 사용해서 대화 기록을 저장하는 방법을 알아보겠습니다.

01 실습 파일 **05-Memory/09-Memory-using-SQLite.ipynb**를 엽니다. SQLAlchemy가 지원하는 모든 데이터베이스에 채팅 기록을 저장할 수 있는 `SQLChatMessageHistory` 클래스를 임포트합니다. `SQLChatMessageHistory`를 생성할 때 `session_id`에는 기본값인 `sql_history`로 지정하고, `connection`에는 데이터베이스 파일 이름을 지정합니다. `connection`은 데이터베이스 연결을 지정하는 문자열입니다. 데이터베이스를 여러 개 운용하려면 `connection`의 파일 이름만 수정하면 됩니다.

```
from langchain_community.chat_message_histories import SQLChatMessageHistory
from dotenv import load_dotenv
```

```
load_dotenv()

# SQLChatMessageHistory 객체를 생성하고 세션 ID와 데이터베이스 연결 파일을 설정
chat_message_history = SQLChatMessageHistory(
    session_id="sql_history", connection="sqlite:///sqlite.db"
)
```

🐾 여기서 **세션**이란 여러 질문과 응답이 연속된 하나의 대화 흐름이라고 이해하면 됩니다. **세션 ID**란 사용자 이름, 이메일, 채팅 ID 등과 같은 세션의 고유 식별자입니다.

02 앞의 코드를 실행하면 현재 폴더에 sqlite.db라는 파일이 새로 만들어집니다.

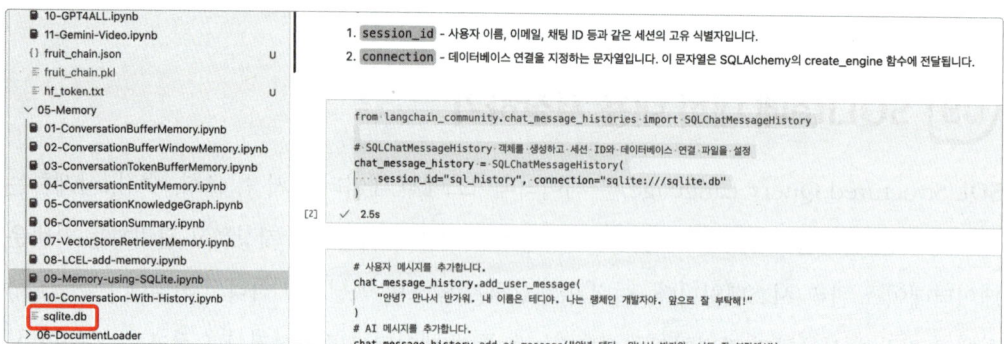

03 사용자와 AI의 메시지를 각각 추가합니다. 이 코드를 실행하면 대화 내용이 자동으로 데이터베이스에 저장됩니다.

```
# 사용자 메시지를 추가
chat_message_history.add_user_message(
    "안녕? 만나서 반가워. 내 이름은 테디야. 나는 랭체인 개발자야. 앞으로 잘 부탁해!"
)
# AI 메시지를 추가
chat_message_history.add_ai_message("안녕 테디, 만나서 반가워. 나도 잘 부탁해!")
```

04 저장된 메시지를 출력해 보면 두 개의 메시지를 확인할 수 있습니다.

```
chat_message_history.messages
```

```
[HumanMessage(content='안녕? 만나서 반가워. 내 이름은 테디야. 나는 랭체인 개발자야. 앞으로 잘 부탁해!', additional_kwargs={}, response_metadata={}),
```

```
AIMessage(content='안녕 테디, 만나서 반가워. 나도 잘 부탁해!', additional_kwargs={}, 
response_metadata={})]
```

05 sqlite.db 파일을 열어 보겠습니다. TABLES 항목에 `message_store`가 있는데, 대화 기록을 저장하기 위해 데이터베이스에 생성된 테이블(표)을 말합니다. `session_id` 컬럼에 앞에서 지정한 `sql_history`가 보이고, 사용자가 입력하고 AI가 생성한 문장이 저장된 메시지도 표시됩니다. 사용자별로 세션을 다르게 지정하고 싶으면 이 `session_id` 값만 다르게 지정하면 됩니다.

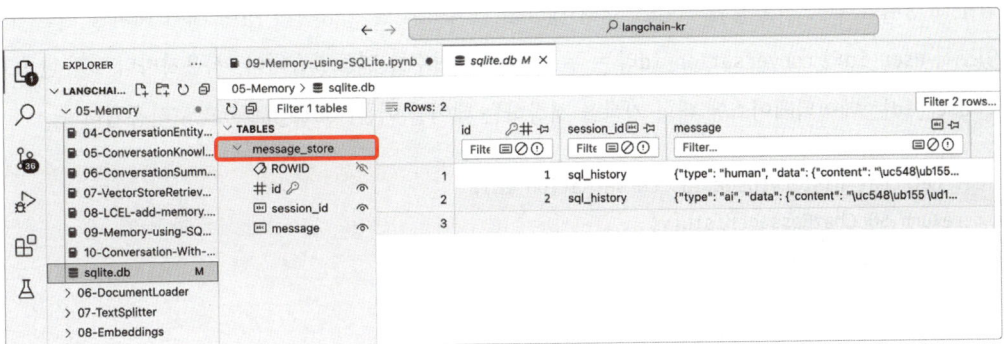

🐾 VS Code에서 .db 파일을 열어 보려면 Extensions에서 SQLite Viewer를 설치한 후 파일에서 뷰어를 선택하면 됩니다.

06 `RunnableWithMessageHistory`를 이용해 체인과 메모리를 결합한 후 SQL 메모리를 참고해서 답변하는 체인을 만들어 보겠습니다. `ChatPromptTemplate`을 보면 이전 실습 내용과 비슷한 구조입니다. 여기에 시스템 메시지, `MessagesPlaceholder`, 사람의 질문이 차례로 들어가는데, `MessagesPlaceholder`에는 SQL 데이터베이스에서 가져온 대화 내용(`chat_history`)이 들어갑니다. 이 프롬프트를 체인, 출력 파서와 결합합니다.

```
from langchain_core.prompts import (
    ChatPromptTemplate,
    MessagesPlaceholder,
)
from langchain_core.runnables.history import RunnableWithMessageHistory
from langchain_openai import ChatOpenAI
from langchain_core.output_parsers import StrOutputParser

prompt = ChatPromptTemplate.from_messages(
    [
        ("system", "You are a helpful assistant."),   # 시스템 메시지
        # 대화 기록을 위한 Placeholder
```

```
    MessagesPlaceholder(variable_name="chat_history"),
    ("human", "{question}"),  # 질문
  ]
)

chain = prompt | ChatOpenAI(model_name="gpt-4o") | StrOutputParser()
```

07 SQLite 데이터베이스를 사용하여 대화 메시지를 저장하고 불러오기 위해 get_chat_history() 함수를 정의합니다. 사용자별로 다른 대화 내용을 출력하고 한 사용자가 여러 개의 대화를 만들 수 있도록 user_id와 conversation_id라는 두 개의 매개변수를 만들었습니다. 사용자마다 고유한 ID 인 user_id는 데이터베이스에 대화 기록을 저장하는 테이블 이름(table_name)으로 사용됩니다.

```
def get_chat_history(user_id, conversation_id):
  return SQLChatMessageHistory(
    table_name=user_id,
    session_id=conversation_id,
    connection="sqlite:///sqlite.db",
  )
```

08 config_fields는 사용자와 대화 세션을 구분하기 위해 필요한 기본 정의를 제공하고, get_chat_history() 함수는 user_id와 conversation_id 등의 값을 받아 데이터베이스에서 실제 대화 기록을 처리합니다. config_fields에서 정의된 user_id와 conversation_id는 get_chat_history() 함수의 매개변수와 일대일로 대응하여 각각 테이블 이름과 세션 ID로 사용됩니다.

```
from langchain_core.runnables.utils import ConfigurableFieldSpec

config_fields = [
  ConfigurableFieldSpec(
    id="user_id",
    annotation=str,
    name="User ID",
    description="Unique identifier for a user.",
    default="",
    is_shared=True,
  ),
  ConfigurableFieldSpec(
    id="conversation_id",
    annotation=str,
```

```
        name="Conversation ID",
        description="Unique identifier for a conversation.",
        default="",
        is_shared=True,
    ),
]
```

09 RunnableWithMessageHistory는 체인과 대화 기록을 연동한 후 대화 기록을 참조하여 입력 메시지에 대한 응답을 생성합니다. 사용자가 메시지를 입력하면 입력값이 question 키에 저장되고, get_chat_history() 함수는 user_id와 conversation_id를 참고하여 해당 사용자의 이전 대화 기록을 불러옵니다. 이렇게 불러온 대화 기록은 chat_history 키를 통해 체인에 전달되며, 체인은 입력 메시지와 대화 기록을 바탕으로 적절한 응답을 생성합니다.

```
chain_with_history = RunnableWithMessageHistory(
    chain,
    get_chat_history,              # 대화 기록을 가져오는 함수를 설정
    input_messages_key="question",  # 입력 메시지의 키를 설정
    history_messages_key="chat_history",  # 대화 기록 메시지의 키를 설정
    history_factory_config=config_fields,  # 대화 기록 조회시 참고할 매개변수를 설정
)
```

10 config는 user1이라는 사용자가 conversation1이라는 대화 세션에 참여하고 있다는 정보를 나타냅니다. 이 값은 get_chat_history() 함수에서 테이블 이름(user_id)과 세션 ID(conversation_id)로 활용됩니다.

```
config = {"configurable": {"user_id": "user1", "conversation_id": "conversation1"}}
```

11 이름을 물어보겠습니다. 이전에 저장한 대화가 있다면 올바르게 답변합니다.

```
chain_with_history.invoke({"question": "안녕 반가워, 내 이름은 테디야"}, config)
```

'안녕하세요, 테디! 만나서 반가워요. 어떻게 도와드릴까요?'

12 후속 질문을 실행합니다.

```
chain_with_history.invoke({"question": "내 이름이 뭐라고?"}, config)
```

```
'당신의 이름은 테디라고 하셨습니다. 맞나요?'
```

13 이번에는 같은 user_id(user1)를 가지지만 conversion_id가 다른 값(conversation2)을 가지도록 설정합니다.

```
# config 설정
config = {"configurable": {"user_id": "user1", "conversation_id": "conversation2"}}

# 질문과 config를 전달하여 실행
chain_with_history.invoke({"question": "내 이름이 뭐라고?"}, config)
```

```
'죄송하지만, 저는 당신의 이름을 알 수 없습니다. 하지만 도움이 필요하시면 언제든지 말씀해 주세요!'
```

(10) 휘발성 메모리로 일반 변수에 대화 내용 저장하기

이번에는 RunnableWithMessageHistory를 활용하여 이전 대화를 기억하면서 대화 맥락을 유지하는 체인을 생성하는 더 쉬운 방법을 살펴보겠습니다. 인메모리 방식을 사용해 대화 기록을 임시로 관리하며, SQL 방식보다 간단합니다. 대화 기록은 사용자가 대화를 진행하는 동안만 유지하며, 세션이 종료되면 사라지는 휘발성 저장 방식입니다.

01 실습 파일 **05-Memory/10-Conversation-With-History.ipynb**를 엽니다. 프롬프트를 정의하고 체인을 생성합니다.

```
from langchain_core.prompts import ChatPromptTemplate, MessagesPlaceholder
from langchain_community.chat_message_histories import ChatMessageHistory
from langchain_core.chat_history import BaseChatMessageHistory
from langchain_core.runnables.history import RunnableWithMessageHistory
from langchain_openai import ChatOpenAI
from langchain_core.output_parsers import StrOutputParser
from langchain_teddynote import logging
from dotenv import import load_dotenv
```

```
logging.langsmith("CH05-Memory")
load_dotenv()

prompt = ChatPromptTemplate.from_messages(
    [
        (
            "system",
            "당신은 Question-Answering 챗봇입니다. 주어진 질문에 대한 답변을 제공해 주세요.",
        ),
        # 대화 기록용 key인 chat_history는 가급적 변경 없이 사용하세요!
        MessagesPlaceholder(variable_name="chat_history"),
        ("human", "#Question:\n{question}"),  # 사용자 입력을 변수로 사용
    ]
)

llm = ChatOpenAI(model_name="gpt-4o")

chain = prompt | llm | StrOutputParser()
```

02 이번에는 대화 기록을 저장할 store라는 딕셔너리 변수를 만들겠습니다. 변수이므로 프로그램이 종료되면 사라지는 휘발성 메모리입니다. 대화 기록을 관리하는 get_session_history() 함수를 정의합니다. 함수가 호출되면 전달받은 세션 ID를 출력합니다. 세션 ID가 store 딕셔너리에 존재하는지 확인해서 해당 세션 ID가 존재하지 않으면 새로운 ChatMessageHistory 객체를 생성하고 이를 store에 저장합니다. 세션 ID가 이미 존재하는 경우에는 기존에 저장된 대화 기록을 반환합니다.

```
store = {}      # 세션 기록을 저장할 딕셔너리

# 세션 ID를 기반으로 세션 기록을 가져오는 함수
def get_session_history(session_ids):
    print(f"[대화 세션ID]: {session_ids}")
    if session_ids not in store:    # 세션 ID가 store에 없는 경우
        # 새로운 ChatMessageHistory 객체를 생성하여 store에 저장
        store[session_ids] = ChatMessageHistory()
    return store[session_ids]       # 해당 세션 ID에 대한 세션 기록 반환
```

03 체인과 대화 기록을 연결하는 RunnableWithMessageHistory를 설정합니다. 사용자의 입력 메시지는 question 변수로 전달되며, 대화 기록은 chat_history 키로 관리됩니다.

```python
chain_with_history = RunnableWithMessageHistory(
    chain,
    get_session_history,        # 세션 기록을 가져오는 함수
    input_messages_key="question",        # 사용자의 질문이 템플릿 변수에 들어갈 키
    history_messages_key="chat_history",  # 기록 메시지의 키
)
```

04 configurable에 abc123이라는 세션 ID를 넣고 질문을 입력합니다. 결과를 출력하면 새로운 대화 세션이 하나 열립니다. 이후 동일한 세션 ID로 대화를 이어가면 이전 기록이 저장되어 있어 AI는 맥락을 이해하고 적절한 응답을 제공합니다.

```python
chain_with_history.invoke(
    {"question": "나의 이름은 테디입니다."},         # 질문 입력
    config={"configurable": {"session_id": "abc123"}},  # 세션 ID 기준으로 대화 기록
)
```

```
[대화 세션ID]: abc123
'안녕하세요, 테디님! 무엇을 도와드릴까요?'
```

05 이번에는 세션 ID를 abc1234로 바꿔서 대화를 해 보겠습니다. 저장된 이전 대화가 없으므로 제대로 된 답변을 할 수 없습니다. 이처럼 세션 ID를 사용하여 대화 내용을 구분하고 관리할 수 있습니다.

```python
chain_with_history.invoke(
    {"question": "내 이름이 뭐라고?"},              # 질문 입력
    config={"configurable": {"session_id": "abc1234"}}, # 세션 ID 기준으로 대화 기록
)
```

```
[대화 세션ID]: abc1234
'죄송하지만, 저는 당신의 이름을 알 수 없습니다.'
```

PART 04

데이터 로드와 텍스트 분할

문서 로더는 다양한 파일 형식에서 데이터를 읽어들여 처리 가능한 형태로 변환합니다. 이를 커스터마이즈하면 특정한 데이터 구조나 요구 사항에 맞게 활용할 수 있습니다. 텍스트 분할은 RAG 전처리 과정에서 중요한 단계로, 문서를 작은 단위로 나누어 모델의 입력 제한을 극복하고 답변의 품질을 향상시킵니다. 최적의 분할 방식을 찾기 위해 여러 차례 실험이 필요합니다.

CHAPTER 09 문서 로더

학습목표 문서 로더는 다양한 파일 형식으로 데이터를 읽어들이고 이를 추출 및 변환하여 처리 가능한 상태로 만드는 도구입니다. 문서 로더를 커스터마이즈하여 특정 데이터 구조나 요구 사항에 맞게 활용하는 방법을 살펴보겠습니다.

(01) 문서 로더의 구조 이해하기

문서 로더(document loader)는 앞에서 설명한 RAG 시스템의 8단계 중 첫 번째 단계로, 우리가 가진 문서(document)를 데이터베이스에 불러오는 역할을 합니다. LangChain은 다양한 로더들과 통합이 잘 이루어져 있어 PDF, 이미지, 표, JSON, HTML 등 여러 형식의 문서를 간단히 처리할 수 있습니다.

🐾 LangChain의 공식 문서에서 모든 문서 로더 목록을 확인할 수 있습니다. 다만 'Deprecated'로 표시된 문서 로더는 더 이상 지원되지 않으므로 사용하지 않는 것이 좋습니다.

URL https://python.langchain.com/v0.1/docs/integrations/document_loaders

document 객체

document란 LangChain의 기본 문서 객체입니다. 문서 로더로 다양한 형식의 문서 파일(.doc, .ppt, .pdf 등)을 불러오면 document 객체 형태로 로드됩니다. 파이썬으로 문서 로더를 사용하거나 자신만의 로더를 따로 구현하려면 반드시 문서를 document 객체로 감싸 줘야 LangChain과 호환될 수 있습니다. document 객체의 page_content에는 문서의 텍스트가 들어 있고, metadata에는 문서와 관련된 속성값을 담고 있습니다.

01 실습 파일 **06-DocumentLoader/00-Document-Loader.ipynb**를 엽니다. `page_content` 안에 문자열을 입력해 문자열이 채워진 `document` 객체를 생성합니다.

```
from langchain_core.documents import Document

document = Document(page_content="안녕하세요? 이건 랭체인의 도큐먼트입니다")
```

02 `document` 객체의 타입을 확인해 보겠습니다. 문서에서 로드한 문자열 내용은 `page_content`라는 키에 담깁니다. `metadata`는 PDF 파일의 페이지 번호나 웹 페이지의 경로와 같은 문서의 다양한 속성값을 저장해 둡니다.

```
document.__dict__
```

```
{'id': None,
 'metadata': {},
 'page_content': '안녕하세요? 이건 랭체인의 도큐먼트입니다',
 'type': 'Document'}
```

03 보통 문서 로더에서 문서를 불러오면 해당 `document` 객체에 기본적으로 메타데이터가 설정되는데, 그 밖에도 사용자가 원하는 메타데이터의 속성이 있다면 딕셔너리 타입으로 추가할 수 있습니다. 문서의 출처(source), 페이지 번호(page), 작성자(author) 같은 키를 메타데이터에 추가해 보겠습니다.

```
# 메타데이터 추가
document.metadata["source"] = "TeddyNote"
document.metadata["page"] = 1
document.metadata["author"] = "Teddy"

document.metadata          # 도큐먼트의 속성 확인
```

```
{'source': 'TeddyNote', 'page': 1, 'author': 'Teddy'}
```

문서 로더 사용해 보기

문서 로더는 여러 가지 파일에서 불러온 내용을 document 객체로 변환하는 역할을 합니다. 로더의 종류로는 **PyPDFLoader**(PDF 파일), **CSVLoader**(CSV 파일), **UnstructuredHTMLLoader**(HTML 파일), **JSONLoader**(JSON 파일), **TextLoader**(TXT 파일), **DirectoryLoader**(디렉터리) 등 문서의 형태에 따라 다양합니다.

이러한 데이터 로더는 load(), load_and_split(), lazy_load(), aload()와 같은 메서드를 이용해서 문서를 로드합니다. 문서 로더에서 가장 많이 쓰이는 load() 메서드는 문서 전체 내용을 로드해서 반환합니다. 보통 PDF 파일은 페이지 단위로 로드되는데, PDF의 각 페이지가 document 객체로 변환되어 리스트로 반환됩니다.

- **load_and_split()**: 문서 로드와 텍스트 분할 작업을 하나의 단계로 결합한 메서드입니다. 이 메서드는 문서를 로드한 뒤, 지정된 텍스트 분할기(text splitter)를 사용해 텍스트를 원하는 크기나 기준으로 나누는 작업을 자동으로 수행합니다.

- **lazy_load()**: 모든 페이지를 메모리에 즉시 로드하지 않고, 필요할 때 순차적으로 하나씩 로드합니다. 그래서 반복문이나 직접 호출을 통해 페이지별 데이터를 하나씩 처리할 수 있습니다. lazy_load() 방식은 한 페이지를 읽고 처리가 끝난 후 메모리에서 제거하며, 다시 다음 페이지를 읽는 식으로 작동하므로 대량의 문서 데이터를 처리할 때 메모리 사용량을 크게 줄일 수 있습니다.

- **aload()**: 비동기(async) 방식으로 문서를 로드합니다. 문서를 로드할 때 즉시 실행되지 않고 비동기 작업 객체를 반환하며, await 키워드를 사용해 실행할 수 있습니다.

01 문서 로더로 문서를 불러와보겠습니다. 실습 예제로 '소프트웨어정책연구소(SPRi) – 2023년 12월호'를 다운로드해 **06-DocumentLoader/data** 폴더에 넣어 둡니다.

URL https://spri.kr/posts/view/23669

02 예제 파일의 경로를 다음과 같이 FILE_PATH에 지정합니다.

```
FILE_PATH = "./data/SPRI_AI_Brief_2023년12월호_F.pdf"
```

03 PyPDFLoader로 PDF 파일을 로드해 보겠습니다. loader 객체는 PDF 문서의 텍스트를 추출하고 이를 처리 가능한 데이터 형태로 변환하는 역할을 수행하는 객체입니다.

```
from langchain_community.document_loaders import PyPDFLoader

loader = PyPDFLoader(FILE_PATH)   # 로더 설정
```

04 생성한 loader 객체에 메서드를 적용해 문서를 처리할 수 있습니다. 로드한 문서를 docs라는 변수에 담아 줍니다. docs가 담고 있는 document 객체의 개수(페이지 분량)를 출력해 보면 PDF 파일이 23페이지 분량이므로 23이 출력됩니다.

```
docs = loader.load()              # PDF 로더

len(docs)                         # 로드된 문서의 수 확인
```

```
23
```

05 docs 객체의 첫 번째 문서를 출력하려면 (앞 표지 페이지를 제외하고) docs[1]를 지정합니다. PyPDFLoader에서는 메타데이터로 source와 page가 지정되어 있습니다. source는 파일 경로이고, page는 해당 문서의 페이지 번호입니다. page_content에는 해당 페이지에 있는 본문 텍스트가 출력됩니다.

```
docs[1]        # 첫 번째 문서 확인
```

```
Document(metadata={'source': './data/SPRI_AI_Brief_2023년12월호_F.pdf', 'total_pages': 23, 'page': 1, 'page_label': '2'}, page_content='2023 년 12월호\n I. 인공지능 산업 동향 브리프\n 1. 정책/법제 \n ▹ 미국, 안전하고 신뢰할 수 있는 AI 개발과 사용에 관한 행정명령 발표 ························· 1\n ▹ G7, 히로시마 AI 프로세스를 통해 AI 기업 대상 국제 행동강령에 합의························· 2\n ▹ 영국 AI 안전성 정상회의에 참가한 28개국, AI 위험에 공동 대응 선언························· 3\n ▹ 미국 법원, 예술가들이 생성 AI 기업에 제기한 저작권 소송 기각························· 4\n ▹ 미국 연방거래위원회 , 저작권청에 소비자 보호와 경쟁 측면의 AI 의견서 제출················ 5\n ▹ EU AI 법 3자 협상, 기반모델 규제 관련 견해차로 난항...
```

06 LangChain의 텍스트 분할기 중 하나인 RecursiveCharacterTextSplitter를 써 보겠습니다. 청크 크기는 200으로 하고 오버랩 없이 `text_splitter`를 설정합니다. 그런 다음 파일 경로 및 로더를 지정하고 문서를 분할합니다. 여기서 `load_and_split()` 메서드를 사용하면 해당 PDF 파일을 23페이지 단위로 로드하면서 동시에 200자 단위의 청크로 겹침 없이 나눕니다.

```python
from langchain_text_splitters import RecursiveCharacterTextSplitter

# 문자열 분할기 설정
text_splitter = RecursiveCharacterTextSplitter(chunk_size=200, chunk_overlap=0)

# 예제 파일 경로
FILE_PATH = "./data/SPRI_AI_Brief_2023년12월호_F.pdf"

# 로더 설정
loader = PyPDFLoader(FILE_PATH)

# 문서 분할
split_docs = loader.load_and_split(text_splitter=text_splitter)
```

07 청크 단위로 나눠진 문서의 수를 출력해 보면 페이지 수보다 훨씬 많은 값이 나와 문서가 더 잘게 쪼개졌음을 알 수 있습니다. 또한 분할된 문서도 리스트 형식이므로 페이지 번호처럼 번호를 매겨 내용을 출력할 수 있습니다.

```python
print(f"문서의 길이: {len(split_docs)}")   # 로드된 문서의 수 확인

split_docs[10]                              # 첫 번째 문서 확인
```

```
문서의 길이: 174

Document(metadata={'source': './data/SPRI_AI_Brief_2023년12월호_F.pdf', 'page': 1},
page_content='Ⅱ. 주요 행사\n    ▷CES 2024 ... 19')
```

08 `lazy_load()` 메서드는 처음에 실행할 때는 아무 동작도 하지 않지만, 반복문이나 직접 호출을 통해 페이지별 데이터를 하나씩 처리할 수 있습니다.

```
loader.lazy_load()

for doc in loader.lazy_load():
    print(doc.metadata)
```

```
{'source': './data/SPRI_AI_Brief_2023년12월호_F.pdf', 'page': 0}
{'source': './data/SPRI_AI_Brief_2023년12월호_F.pdf', 'page': 1}
{'source': './data/SPRI_AI_Brief_2023년12월호_F.pdf', 'page': 2}
...
{'source': './data/SPRI_AI_Brief_2023년12월호_F.pdf', 'page': 22}
```

09 `aload()` 메서드는 비동기(asynchronous) 방식으로 문서를 로드합니다. 아직 문서를 실제로 로드하지 않았으며 실행을 대기하는 상태입니다.

```
adocs = loader.aload()
```

10 `adocs`에 저장된 비동기 작업을 실제로 실행합니다.

```
await adocs
```

(02) PDF 로더

PDF 로더를 활용하면 PDF 파일의 내용을 효율적으로 텍스트로 변환하거나 분리하여 다양한 작업에 활용할 수 있습니다. PDF 로더로는 **PDFMiner**, **PDFPlumber**, **PyPDFium2**, **PyMuPDF** 등 여러 가지가 있지만, `load()`와 `load_and_split()` 같은 주요 메서드의 사용 방식은 모두 동일합니다. 다만 성능이나 메타데이터 처리 방식에서 로더마다 차이가 있습니다.

01 실습 파일 **06-DocumentLoader/01-PDF-Loader.ipynb**를 엽니다. PyPDFLoader를 사용해서 PDF 파일에서 텍스트를 추출해 보겠습니다. 이번에도 **SPRI_AI_Brief_2023년12월호_F.pdf** 파일을 대상으로 로드를 진행해 보겠습니다. 해당 PDF 파일을 다운로드하고 **data** 폴더에 저장했다면 다음과 같이 FILE_PATH에 경로를 지정합니다.

```
from dotenv import load_dotenv

load_dotenv()

FILE_PATH = "./data/SPRI_AI_Brief_2023년12월호_F.pdf"
```

02 터미널에서 다음 명령어를 입력해서 PDF 로더를 설치합니다.

```
!pip install -qU pypdf
```

03 PyPDFLoader를 임포트합니다. PDF 파일의 경로(FILE_PATH)를 PyPDFLoader에 전달하여 loader를 초기화합니다. 그런 다음 load() 메서드로 PDF 파일을 읽어 로드합니다. docs에는 PDF 각 페이지의 텍스트가 리스트 형태로 저장됩니다. 리스트의 항목 번호는 0부터 시작하므로 docs[10]을 지정하면 PDF의 11번째 페이지가 지정됩니다. 해당 페이지의 본문(page_content)을 300자 분량으로 출력해 보겠습니다.

```
from langchain_community.document_loaders import PyPDFLoader

loader = PyPDFLoader(FILE_PATH)          # 파일 경로 설정

docs = loader.load()                      # PDF 로더 초기화

print(docs[10].page_content[:300])        # 문서의 내용 출력
```

```
SPRi AI Brief |
2023-12 월호
8코히어 , 데이터 투명성 확보를 위한 데이터 출처 탐색기 공개
n코히어와 12개 기관이 광범위한 데이터셋에 대한 감사를 통해 원본 데이터 출처, 재라이선스
상태,
작성자 등 다양한 정보를 제공하는 '데이터 출처 탐색기 ' 플랫폼을 출시
n대화형 플랫폼을 통해 개발자는 데이터셋의 라이선스 상태를 쉽게 파악할 수 있으며 데이터셋
의 구성과 계보도 추적 가능KEY Contents
```

£데이터 출처 탐색기, 광범위한 데이터셋 정보 제공을 통해 데이터 투명성 향상
nAI 기업 코히어 (

04 PyPDFLoader는 메타데이터로 파일 경로(source)와 PDF 페이지 번호(page) 두 가지만 지원합니다.

```
show_metadata(docs)
```

```
[metadata]
['source', 'page']

[examples]
source : ./data/SPRI_AI_Brief_2023년12월호_F.pdf
page   : 0
```

 그 밖의 PDF 로더

다른 PDF 로더 역시 사용 방법이 거의 같습니다. 실습 파일 06-DocumentLoader/01-PDF-Loader.ipynb에서 실행 코드를 확인해 주세요. 여기서는 PyMuPDF, UnstructuredPDF, PyPDFium2, PDFMiner, PyPDFDirectory, PDFPlumber 등 PDF 로더의 주요한 특징을 간단히 살펴보겠습니다.

- **PyMuPDF** 로더는 ChatGPT에 통합되어 있는 PDF 로더입니다. 파일 경로, 페이지뿐만 아니라 총 페이지 수, 형식, 제목, 작성자 등 다양한 메타데이터도 지원합니다.
- **UnstructuredPDF** 로더는 마크다운이나 PDF와 같은 비구조화된 또는 반구조화된 파일 형식을 다루기 위한 공통 인터페이스를 지원합니다. 이미지만 따로 추출해서 저장하는 등 다양한 기능이 있습니다. UnstructuredPDF 로더는 내부적으로 각 텍스트를 별도의 요소(element)로 생성합니다. load() 메서드를 호출할 때 mode="elements" 옵션을 설정하면 텍스트 청크들이 서로 분리된 상태에서 별도의 document 객체로 변환됩니다.
- **PyPDFium2** 로더 역시 처리 속도가 빠르고 정확성도 높아 복잡한 구조의 PDF 파일에서도 안정적으로 텍스트를 추출할 수 있습니다.
- **PDFMiner**는 PDF 파일을 로드하여 HTML 텍스트를 생성할 수 있습니다. HTML 콘텐츠를 BeautifulSoup로 파싱하면 글꼴 크기, 페이지 번호, PDF 헤더/푸터 등에 대한 보다 구조화되고 풍부한 정보를 얻을 수 있습니다. 또한 HTML 코드 자체를 임베딩해서 LLM에 전달하면 제목이나 본문 태그를 통해 내용의 중요도를 파악하는 데 도움을 줄 수 있습니다.
- **PyPDFDirectory** 로더는 특정 파일 경로 안에 있는 여러 개의 PDF 내용을 한 번에 로드할 수 있습니다.
- **PDFPlumber** 로더는 PyMuPDF와 마찬가지로 출력 문서에 PDF와 그 페이지에 대한 자세한 메타데이터를 포함하며, 페이지당 하나의 문서를 반환합니다. 특히 PDF 안에 바운딩 박스를 지정해서 원하는 부분만 가져올 수도 있습니다.

03 HWP 로더

한글(HWP) 파일은 국내 공공기관과 기업에서 널리 사용되고 있습니다. 현재 LangChain에는 **HWP 파일**을 처리하는 로더가 기본적으로 통합되어 있지 않습니다. 이 책에서는 별도로 HWP 로더를 구현하여 제공하겠습니다. **HWP 로더**는 문서 로드 기능은 제대로 작동하지만, 아직 페이지별 분할 같은 일부 기능은 지원되지 않는 점을 참고하기 바랍니다.

01 실습 파일 **06-DocumentLoader/02-HWP-Loader.ipynb**를 엽니다. **data** 폴더의 **디지털 정부혁신 추진계획**.hwp 파일을 로드해 보겠습니다.

```
from langchain_teddynote.document_loaders import HWPLoader

# HWP Loader 객체 생성
loader = HWPLoader("./data/디지털 정부혁신 추진계획.hwp")

docs = loader.load()    # 문서 로드
```

02 로드된 문서의 내용을 확인하기 위해 첫 1000자 분량의 내용을 출력해 보겠습니다. 출력 결과를 보면 가끔 깨진 문자열이 있는데 유니코드 인코딩이 맞지 않아 발생하는 문제입니다. 아직 개선이 필요한 부분이므로 HWP 로더를 활용할 때 참고하기 바랍니다.

```
# 결과 출력
print(docs[0].page_content[:1000])
```

```
디지털 정부혁신 추진계획2019. 10. 29.        관계부처 합동순      서Ⅰ. 개요 1Ⅱ. 디지털 정부혁신 추진계획 2  1. 우선 추진과제 2     ① 선제적·통합적 대국민 서비스 혁신     ② 공공부문 마이데이터 활성화    ③ 시민참여를 위한 플랫폼 고도화     ④ 현장중심 협업을 지원하는 스마트 업무환경 구현    ⑤ 클라우드와 디지털서비스 이용 활성화    ⑥ 개방형 데이터·서비스 생태계 구축  2. 중장기 범정부 디지털 전환 로드맵 수립 4Ⅲ. 추진체계 및 일정 4[붙임] 디지털 정부혁신 우선 추진과제(상세) 8Ⅰ. 개 요□ 추진 배경ㅇ 우리나라는 국가적 초고속 정보통신망 투자와 적극적인 공공정보화 사업 추진에 힘입어 세계 최고수준의 전자정부를 구축·운영      * UN전자정부평가에서 20102014년 1위, 1618년 3위, UN공공행정상 13회 수상ㅇ 그러나, 인공지능·클라우드 중심의 디지털 전환(Digital Transformation) 시대가 도래함에 따라 기존 전자정부의 한계 표출    - 축적된 행정데이터에도 불구하고 기관간 연계·활용 미흡, 부처 단위로 단절된 서비스, 신기술 활용을 위한 제도·기반 부족   - 디지털 전환을 위한 컨트롤타워가 없고, 구체적 전략도 부재ㅇ 이에, '19.3월부터 공공부문 ICT 활용현황 및 문제점 검토에 착수하여 공공분야 디지털 전환을 위한 추진계획 마련      * 관계부처 협의 21회(행안,과기정통,기재,복지,권익위,국정원 등), 민간전문가 의견청취 10회□ 문제점 진단 및 평가ㅇ (서
```

> 비스) 국민과 최종 이용자 관점에서 서비스 혁신 미흡 - 자격이 있어도 자신이 받을 수 있는 공공서비스를 파악하기 어려워 사각지대가 발생하고, 온라인 신청 가능한 서비스도 제한적
> ○ (데이터) 기관별로 축적·보유한 데이터의 연계와 활용 부족 - A기관에서 서류를 발급받아 B기관에 제출하는 관행(연간 증명서 9.5억건 '18년 발급) 등 데이터가 국민편익 향상에 제대로 활용

(04) CSV 로더와 데이터프레임 로더

CSV(Comma-Separated Values)는 쉼표로 구분된 값을 저장하는 텍스트 파일입니다. 테이블 형태로 저장된 데이터를 파일 크기가 작고 간단한 형식으로 교환할 수 있어 데이터 분석과 처리에서 많이 사용됩니다. **CSV 파일**은 **CSVLoader**로 쉽게 로드할 수 이렇게 로드한 문서는 그대로 임베딩할 때가 있는데, CSVLoader로 그대로 로드하기보다는 XML 형식으로 데이터를 구조화하면 검색 및 처리가 쉬워집니다. XML 작업이 번거롭다면 UnstructuredCSVLoader를 대안으로 사용할 수 있습니다. Pandas를 사용한 데이터프레임 작업은 데이터 분석에 매우 유용하며, 이를 DataFrameLoader를 통해 문서로 변환하면 LLM 기반의 검색 및 처리가 가능해집니다.

CSVLoader

CSVLoader는 CSV 파일을 읽어서 각 행(row)을 하나의 문서로 변환해 줍니다. 즉, CSV 파일에 여러 개의 행이 있으면, CSVLoader는 각 행마다 하나의 document 객체를 생성합니다.

01 이번에 사용할 파일은 **06-DocumentLoader/data/titanic.csv**입니다. CSV 파일에는 총 891개의 행(row)이 있으며, 각 행은 승객에 대한 데이터를 나타냅니다.

```
PassengerId,Survived,Pclass,Name,Sex,Age,SibSp,Parch,Ticket,Fare,Cabin,Embarked
1,0,3,"Braund, Mr. Owen Harris",male,22,1,0,A/5 21171,7.25,,S
2,1,1,"Cumings, Mrs. John Bradley (Florence Briggs Thayer)",female,38,1,0,PC 17599,71.2833,C85,C
3,1,3,"Heikkinen, Miss. Laina",female,26,0,0,STON/O2. 3101282,7.925,,S
4,1,1,"Futrelle, Mrs. Jacques Heath (Lily May Peel)",female,35,1,0,113803,53.1,C123,S
5,0,3,"Allen, Mr. William Henry",male,35,0,0,373450,8.05,,S
...
```

02 실습 파일 **06-DocumentLoader/03-CSV-Loader.ipynb**를 엽니다. CSVLoader를 사용해서 titanic.csv 데이터를 로드해 보겠습니다. 로드한 데이터의 개수를 출력하면 891이 나오고, 메타 데이터를 출력하면 파일 경로(source)와 행 번호(row)를 알 수 있습니다.

```python
from langchain_community.document_loaders.csv_loader import CSVLoader

loader = CSVLoader(file_path="./data/titanic.csv")    # CSV 로더 생성

docs = loader.load()                                  # 데이터 로드

print(len(docs))
print(docs[0].metadata)
```

```
891
{'source': './data/titanic.csv', 'row': 0}
```

03 특정 행의 내용을 확인하기 위해 페이지 콘텐츠를 출력해 보겠습니다. 1번 행의 데이터를 출력해 보면 다음과 같이 나옵니다. 데이터는 이렇게 잘 로드되었지만, 아래 결과처럼 한 행의 데이터를 그대로 임베딩에 넣으면 실질적으로 검색 결과가 정확히 반환되지 않을 때가 많습니다.

```python
print(docs[1].page_content)
```

```
PassengerId: 2
Survived: 1
Pclass: 1
Name: Cumings, Mrs. John Bradley (Florence Briggs Thayer)
Sex: female
Age: 38
SibSp: 1
Parch: 0
Ticket: PC 17599
Fare: 71.2833
Cabin: C85
Embarked: C
```

04 그보다는 다음과 같이 CSVLoader 설정을 수정하기를 권장합니다. CSVLoader를 초기화할 때 파일 경로(file_path)와 csv_args를 수정할 수 있습니다. 예를 들어, 구분자를 지정하는 delimiter는 쉼표인데, 가끔 탭으로 구분된 경우 구분자를 \t로 지정합니다. quotechar는 인용 부호 문자를 지정할 수 있습니다. 또한 리스트 형식으로 컬럼을 나열한 fieldnames에서 필요한 컬럼만 골라서 가져오고 나머지 컬럼은 주석 처리할 수 있습니다.

```
loader = CSVLoader(       # CSV 파일 경로
    file_path="./data/titanic.csv",
    csv_args={
        "delimiter": ",",    # 구분자
        "quotechar": '"',    # 인용 부호 문자
        "fieldnames": [
            "Passenger ID",
            "Survival (1: Survived, 0: Died)",
            "Passenger Class",
            "Name",
            "Sex",
            "Age",
            "Number of Siblings/Spouses Aboard",
            "Number of Parents/Children Aboard",
            "Ticket Number",
            "Fare",
            "Cabin",
            "Port of Embarkation",
        ],   # 필드 이름
    },
)
```

05 데이터를 로드하고 docs에 담습니다. 1번 행의 데이터를 출력해 보겠습니다.

```
docs = loader.load()            # 데이터 로드

print(docs[1].page_content)     # 데이터 출력
```

```
Passenger ID: 1
Survival (1: Survived, 0: Died): 0
Passenger Class: 3
Name: Braund, Mr. Owen Harris
Sex: male
Age: 22
```

```
Number of Siblings/Spouses Aboard: 1
Number of Parents/Children Aboard: 0
Ticket Number: A/5 21171
Fare: 7.25
Cabin:
Port of Embarkation: S
```

06 여기서 더 나아가 데이터를 단순히 임베딩하기보다는 XML 태그로 변환하여 저장하면 검색 결과가 더 구조적으로 출력됩니다. docs의 0번 문서에는 헤더가 들어 있으므로, 먼저 1번 문서를 가져와보겠습니다. 코드에서 각 행(row)을 <row> 태그로 감싸고, 각 컬럼의 데이터를 태그로 표시합니다. 출력 결과는 각 행이 XML 태그로 변환된 형식으로 나타납니다.

```python
row = docs[1].page_content.split("\n")
row_str = "<row>"
for element in row:
    splitted_element = element.split(":")
    value = splitted_element[-1]
    col = ":".join(splitted_element[:-1])
    row_str += f"<{col}>{value.strip()}</{col}>"
row_str += "</row>"
print(row_str)
```

```
<row><Passenger ID>1</Passenger ID><Survival (1: Survived, 0: Died)>0</Survival (1: Survived, 0: Died)><Passenger Class>3</Passenger Class><Name>Braund, Mr. Owen Harris</Name><Sex>male</Sex><Age>22</Age><Number of Siblings/Spouses Aboard>1</Number of Siblings/Spouses Aboard><Number of Parents/Children Aboard>0</Number of Parents/Children Aboard><Ticket Number>A/5 21171</Ticket Number><Fare>7.25</Fare><Cabin></Cabin><Port of Embarkation>S</Port of Embarkation></row>
```

07 전체 데이터에 대해 동일한 처리를 수행하려면 다음과 같이 코드를 작성하면 됩니다. 출력한 전체 문서에서 열 단위로 잘라서 청크로 분할해 임베딩할 수도 있고, 몇 개의 열을 묶어서 청크로 만들 수도 있습니다.

```python
for doc in docs:
    row = doc.page_content.split("\n")
    row_str = "<row>"
    for element in row:
        splitted_element = element.split(":")
```

```
        value = splitted_element[-1]
        col = ":".join(splitted_element[:-1])
        row_str += f"<{col}>{value.strip()}</{col}>"
    row_str += "</row>"
    print(row_str)
```

08 `source_column` 인자를 사용하여 특정 컬럼을 문서의 출처로 지정할 수도 있습니다. 이는 CSV 파일에서 로드된 문서를 출처를 사용하여 질문에 답하는 체인에 사용할 때 유용합니다. 출력 결과를 보면 `metadata`의 `source`에 `PassengerId`가 기입되어 출처로 활용할 수 있습니다.

```
loader = CSVLoader(
  file_path="./data/titanic.csv", source_column="PassengerId"
)  # CSV 로더 설정, 파일 경로 및 소스 컬럼 지정

docs = loader.load()          # 데이터 로드

print(docs[1])                # 데이터 출력
```

```
page_content='PassengerId: 2
...
Embarked: C' metadata={'source': '2', 'row': 1}
```

UnstructuredCSVLoader

`UnstructuredCSVLoader`를 사용하여 테이블 데이터를 로드할 수 있습니다. 이전에 본 XML 형식으로 데이터를 변환하는 코드와 비교했을 때 이 방식은 의존성이 높은 라이브러리를 사용해야 하지만 번거로운 XML 변환 작업을 줄일 수 있는 장점이 있습니다.

`loader.load()`를 호출하여 CSV 데이터를 로드합니다. 로드된 데이터는 `docs` 변수에 저장됩니다. `mode="elements"`는 각 데이터 항목을 개별 요소(element)로 분리하여 로드하는 옵션입니다. `docs`는 각 행(row)을 document 객체로 처리하며, 각 document는 메타데이터와 내용을 포함합니다. `docs`의 첫 번째 문서(`docs[0]`)에서 메타데이터 키 `"text_as_html"`를 지정해 데이터를 HTML 테이블 형식으로 표현한 문자열 값을 가져옵니다. 처음 1000자의 데이터를 출력한 결과를 보면 로드된 데이터가 `<table>`, `<tr>`(행), `<td>`(열) 같은 HTML 테이블 형식으로 표현됩니다.

```
from langchain_community.document_loaders.csv_loader import UnstructuredCSVLoader
```

```
loader = UnstructuredCSVLoader(file_path="./data/titanic.csv", mode="elements")

docs = loader.load()      # 문서 로드

print(docs[0].metadata["text_as_html"][:1000])
```

```
<table border="1" class="dataframe">
  <tbody>
    <tr>
      <td>1</td>
      <td>0</td>
      <td>3</td>
      <td>Braund, Mr. Owen Harris</td>
...
      <td>1</td>
      <td>1</td>
      <td>Futrelle, Mrs. Jacques Heath (Lily May Peel)</td>
```

DataFrameLoader

파이썬 Pandas의 데이터프레임은 테이블 형태로 데이터를 저장하며, CSV 데이터를 손쉽게 읽을 수 있어 데이터 조회, 정렬 등과 같은 작업에 유용합니다.

01 `pd.read_csv()`를 사용하여 CSV 데이터를 읽어옵니다. 읽어온 데이터는 데이터프레임 형식으로 저장됩니다.

```
import pandas as pd

df = pd.read_csv("./data/titanic.csv")      # CSV 파일 읽기
```

02 `df.head()`는 데이터프레임의 첫 다섯 행을 출력합니다.

```
df.head()
```

	PassengerId	Survived	Pclass	Name	Sex	Age	SibSp	Parch	Ticket	Fare	Cabin	Embarked
0	1	0	3	Braund, Mr. Owen Harris	male	22.0	1	0	A/5 21171	7.2500	NaN	S
1	2	1	1	Cumings, Mrs. John Bradley (Florence Briggs Th...	female	38.0	1	0	PC 17599	71.2833	C85	C
2	3	1	3	Heikkinen, Miss. Laina	female	26.0	0	0	STON/O2. 3101282	7.9250	NaN	S
3	4	1	1	Futrelle, Mrs. Jacques Heath (Lily May Peel)	female	35.0	1	0	113803	53.1000	C123	S
4	5	0	3	Allen, Mr. William Henry	male	35.0	0	0	373450	8.0500	NaN	S

03 Pandas 데이터프레임을 문서 형식으로 변환하려면 `DataFrameLoader`를 사용할 수 있습니다. 데이터프레임의 특정 컬럼을 페이지 내용으로 지정하고, 나머지 컬럼을 메타데이터로 변환합니다.

```python
from langchain_community.document_loaders import DataFrameLoader

loader = DataFrameLoader(df, page_content_column="Name")

docs = loader.load()              # 문서 로드

print(docs[0].page_content)       # 데이터 출력

print(docs[0].metadata)           # 메타데이터 출력
```

```
Braund, Mr. Owen Harris
{'PassengerId': 1, 'Survived': 0, 'Pclass': 3, 'Sex': 'male', 'Age': 22.0, 'SibSp': 1,
'Parch': 0, 'Ticket': 'A/5 21171', 'Fare': 7.25, 'Cabin': nan, 'Embarked': 'S'}
```

지연 로드

큰 데이터셋을 메모리에 한 번에 로드하지 않고, 한 행씩 지연 로드 방식으로 처리할 수도 있습니다. `lazy_load()`를 사용하면 메모리에 부담을 줄이면서 데이터를 한 행씩 처리할 수 있습니다. 출력 결과는 첫 번째 행의 문서와 동일합니다.

```python
for row in loader.lazy_load():
    print(row)
```

```
    break  # 첫 행만 출력
```

```
page_content='Braund, Mr. Owen Harris' metadata={'PassengerId': 1, 'Survived': 0,
'Pclass': 3, 'Sex': 'male', 'Age': 22.0, 'SibSp': 1, 'Parch': 0, 'Ticket': 'A/5 21171',
'Fare': 7.25, 'Cabin': nan, 'Embarked': 'S'}
```

05 WebBaseLoader

WebBaseLoader는 웹페이지의 내용을 로드하는 데 사용되며, bs4(BeautifulSoup) 라이브러리를 활용해서 웹 문서를 파싱해서 정보를 크롤링하여 가져올 수 있습니다. 이번 실습에서는 네이버 뉴스 기사의 본문 내용만 추출하는 방법을 설명하겠습니다. 네이버 뉴스 기사는 구조화된 형식으로 제공되기 때문에 데이터를 크롤링하기에 비교적 쉽습니다. 네이버 뉴스 페이지의 헤드라인, 탭 메뉴, 기타 불필요한 정보들이 포함되어 있으므로, 파이썬 파서로 데이터를 가져온 뒤 원하는 본문만 필터링하는 과정이 필요합니다.

01 실습 파일 **06-DocumentLoader/07-WebBase-Loader.ipynb**를 엽니다. web_paths에는 뉴스 기사 URL을 튜플 형식으로 기입합니다. 튜플 안에 기사 URL을 쉼표로 구분해 넣으면 여러 기사를 동시에 로드할 수 있습니다.

```
import bs4
from langchain_community.document_loaders import WebBaseLoader

loader = WebBaseLoader( # 뉴스 기사 내용을 로드
    web_paths=("https://n.news.naver.com/article/437/0000378416",),
    ...
)
```

02 뉴스 기사를 확인해 보겠습니다. 웹 브라우저에서 다음 URL로 예제 웹 페이지에 접속합니다. 화면을 마우스 오른쪽 클릭해서 **검사** 혹은 **요소 검사**를 선택하면 개발자 도구가 열리면서 페이지의 HTML 구조가 나타납니다. 검사 도구의 상단 탭에서 🔍 버튼을 클릭하고 화면에서 원하는 부분에 커서를 대면 해당 영역이 강조 표시되고 클릭하면 HTML 요소가 표시됩니다. 본문 데이터를 가져오려면 본문을 감싸고 있는 div 태그를 확인하고 id 또는 class 속성 중 하나를 가져오면 됩니다. 여기서는 class를 가져오겠습니다. newsct_article_article_body를 더블 클릭해 선택하고 복사해 둡니다. 헤드라인 역시 같은 방식으로 media_end_head_title 클래스를 복사해 둡니다.

URL https://n.news.naver.com/article/437/0000378416

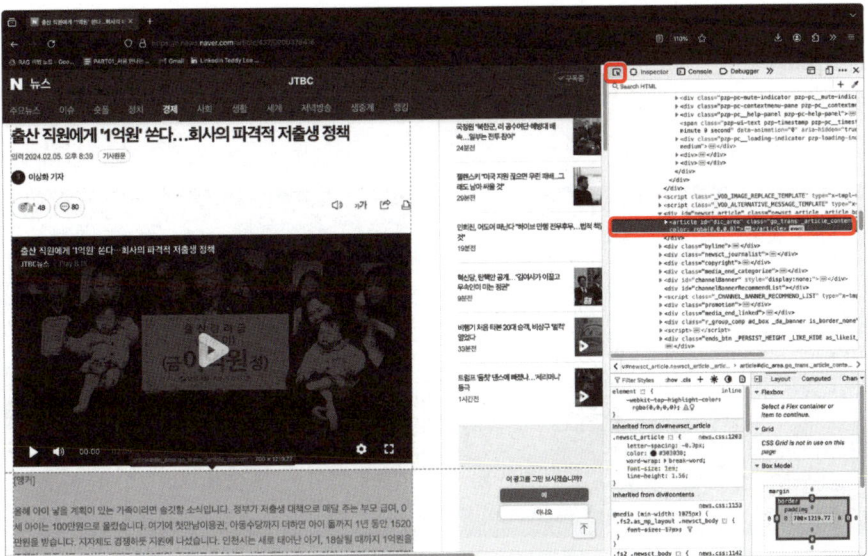

🐾 네이버 뉴스와 구조가 다른 웹 페이지를 크롤링할 때도 요소 검사로 원하는 HTML 요소를 확인해서 가져올 수 있습니다.

03 bs4.SoupStrainer는 특정한 HTML 요소만 파싱하도록 제한합니다. 뉴스 기사 중 헤드라인과 본문만 가져오도록 "div" 태그 안에 "newsct_article_article_body", "media_end_head_title" 요소만 선택해 리스트 형식으로 parse_only에 담습니다.

```
loader = WebBaseLoader( # 뉴스 기사 내용을 로드
  web_paths=("https://n.news.naver.com/article/437/0000378416",),
  bs_kwargs=dict(
    parse_only=bs4.SoupStrainer(
      "div",
        attrs={"class": ["newsct_article _article_body", "media_end_head_title"]},
    )
  ),
```

```
    header_template={
      "User_Agent": "Mozilla/5.0 (Windows NT 10.0; Win64; x64) AppleWebKit/537.36 (KHTML, 
    like Gecko) Chrome/102.0.0.0 Safari/537.36",
    },
)
```

🐾 header_template에 설정된 User_Agent는 네이버와 같은 웹사이트에서 데이터를 크롤링할 때 발생할 수 있는 경고나 차단을 방지하기 위해 사용됩니다. 위 내용을 그대로 써도 되고, ChatGPT에 질문해서 쉽게 확인할 수도 있습니다.

04 가져온 웹페이지 문서를 출력합니다. `source`에는 웹페이지 경로가 지정되어 있고, `page_content`에는 헤드라인과 본문이 있습니다.

```
docs = loader.load()
print(f"문서의 수: {len(docs)}")
docs
```

```
USER_AGENT environment variable not set, consider setting it to identify your requests.

문서의 수: 1

[Document(metadata={'source': 'https://n.news.naver.com/article/437/0000378416'}, page_
content="\n출산 직원에게 '1억원' 쏜다...회사의 파격적 저출생 정책\n\n[앵커]올해 아이
낳을 계획이 있는 가족이라면 솔깃할 소식입니다. 정부가 저출생 대책으로 매달 주는 부모 급
여, 0세 아이는 100만원으로 올렸습니다. 여기에 첫만남이용권, 아동수당까지 더하면 아이 돌
까지 1년 동안 1520만원을 받습니다. ... \n\t\t\n")]
```

05 간혹 다른 사이트에서 SSL 인증 오류가 발생하는 경우가 있습니다. 이 경우 SSL 인증 오류를 우회하기 위해 `verify` 옵션을 설정할 수 있습니다.

```
loader.requests_kwargs = {"verify": True}    # ssl 인증 우회
docs = loader.load()                          # 데이터 로드
```

🐾 SSL(Secure Sockets Layer)은 인터넷에서 데이터를 암호화하여 안전하게 주고받기 위한 보안 기술입니다. 사용자의 개인 정보나 로그인 정보 같은 중요한 데이터를 중간에서 가로채지 못하도록 보호하는 역할을 합니다. 인터넷에서 보안 연결(HTTPS)을 설정할 때 인증서에 문제가 생기면 웹사이트의 신뢰성을 확인할 수 없어 SSL 오류가 발생하고 연결이 차단될 수 있습니다.

06 여러 URL을 동시에 스크래핑하면 스크래핑 과정을 가속화할 수 있습니다. 동시 요청에는 합리적인 제한이 있으며 기본값은 초당 2회입니다. 서버에 지나친 부하를 주면 서버로부터 차단될 수 있으므로 주의해야 합니다.

```python
import nest_asyncio              # jupyter notebook에서만 실행(asyncio)

nest_asyncio.apply()
loader.requests_per_second = 1   # 초당 요청 수 설정
docs = loader.aload()            # 비동기 로드

docs                             # 결과 출력
```

07 IP 차단을 우회하기 위해 때때로 프록시를 사용할 필요가 있을 수 있습니다. 프록시를 사용하려면 로더 및 그 아래의 requests에 프록시 딕셔너리를 전달할 수 있습니다.

```python
loader = WebBaseLoader(
  "https://www.google.com/search?q=parrots",
  proxies={
    "http": "http://{username}:{password}:@proxy.service.com:6666/",
    "https": "https://{username}:{password}:@proxy.service.com:6666/",
  },      # 웹 기반 로더 초기화, 프록시 설정
)

docs = loader.load()    # 문서 로드
```

06 DirectoryLoader

`DirectoryLoader`는 디렉터리에 저장된 다양한 형식의 파일(PDF, Markdown, HTML 등)을 읽어와 `document` 객체로 변환합니다. 와일드카드 패턴을 사용하면 특정 확장자를 가진 파일들을 한꺼번에 로드하거나 이름이 비슷한 파일들을 일괄적으로 가져올 수 있습니다. 그 밖에도 파일 입출력(I/O)에 멀티스레딩을 활용해 로딩 속도를 향상시킬 수 있으며, 코드와 같은 특정 파일 유형을 파싱하기 위해 사용자 정의 로더 클래스를 사용할 수 있습니다. 이 과정에서 디코딩 오류와 같은 문제를 처리하는 방법도 살펴봅니다.

DirectoryLoader

DirectoryLoader는 PDF, HTML 등 다양한 형식의 파일 파싱을 지원합니다.

01 실습 파일 **06-DocumentLoader/11-Directory-Loader.ipynb**를 엽니다. 이번 예제에서는 glob 매개변수에서 와일드카드를 이용해 로드할 파일 형식을 마크다운(.md) 파일로 지정합니다. ../를 사용하여 상위 폴더를 기준으로 모든 하위 폴더를 탐색하여 .md 확장자를 가진 파일들을 전부 로드합니다.

```python
from langchain_community.document_loaders import DirectoryLoader

# 디렉터리 로더 초기화
loader = DirectoryLoader("../", glob="**/*.md")
docs = loader.load()        # 문서 로드
len(docs)                   # 문서 개수 계산
```

😺 파일 경로를 ./으로 지정하면 현재 폴더만 탐색합니다.

02 상위 폴더 중 첫 번째 마크다운 파일(READ.md)의 일부를 출력해 봅니다.

```python
print(docs[0].page_content[:100])
```

```
# ■ LangChain 한국어 튜토리얼

![](images/welcome.png)

 **LangChain 공식 Document, Cookbook, 그 밖의 실용 예제**를
```

03 show_progress=True를 지정하면 문서를 로드할 때 진행 상태 표시줄(progress bar)이 표시됩니다. 로드할 문서의 양이 많다면 진행 상황을 가늠할 때 편리합니다.

```python
loader = DirectoryLoader(
    "../", glob="**/*.md", show_progress=True
)                           # 디렉토리 로더 설정
docs = loader.load()        # 문서 로드
```

```
100%|██████████| 1/1 [00:00<00:00,  9.82it/s]
```

04 use_multithreading=True를 추가하면 멀티스레딩 방식으로 여러 개의 스레드를 통해 더 빨리 로드할 수 있습니다.

```
loader = DirectoryLoader(
    "../", glob="**/*.md", use_multithreading=True
)                           # 디렉토리 로더 설정
docs = loader.load()        # 문서 로드
```

loader_cls 변경하기

DirectoryLoader에서는 `loader_cls`를 지정하여 파일 형식에 따라 적합한 로더를 사용할 수 있습니다. `loader_cls`는 파일을 로드하는 방식과 파싱 방법을 결정하며, 이를 활용하면 특정 파일 형식에 최적화된 처리가 가능합니다.

01 마크다운 파일(.md)은 본질적으로 텍스트 파일이므로 로드할 때 `loader_cls`에서 TextLoader를 사용할 수 있습니다.

```
from langchain_community.document_loaders import TextLoader

# loader_cls를 TextLoader로 변경
loader = DirectoryLoader("../", glob="**/*.md", loader_cls=TextLoader)

docs = loader.load()                    # 문서 로드
print(docs[0].page_content[:100])       # 문서 페이지 내용 출력
```

02 파이썬 파일(.py)을 로드하려면 PythonLoader를 지정하는 것이 더 적합합니다.

```
from langchain_community.document_loaders import PythonLoader

# 현재 폴더(.)의 .py 파일을 모두 조회하여 PythonLoader로 로드
loader = DirectoryLoader(".", glob="**/*.py", loader_cls=PythonLoader)

docs = loader.load()     # 문서 로드
docs
```

> 여기에 커서를 놓고 쉼표를 입력한 후 Ctrl + Spacebar를 누르면 사용 가능한 로더 목록이 나타납니다.

```
[Document(metadata={'source': 'data/audio_utils.py'}, page_content='import re\nimport os\nfrom pytube import YouTube\nfrom moviepy.editor ...
```

07 UpstageDocumentParseLoader

UpstageDocumentParseLoader는 문서의 구조를 분석하여 제목, 단락, 표, 이미지 등 다양한 요소를 자동으로 인식하고 추출합니다. 또한 OCR 기능을 지원하여 이미지로 저장된 PDF 문서에서도 텍스트와 레이아웃 정보를 정밀하게 추출할 수 있습니다.

01 UpstageDocumentParseLoader를 사용하려면 먼저 .env 파일에 Upstage API 키를 등록해야 합니다. API 키는 Upstage 콘솔 웹사이트에서 발급받을 수 있습니다. 콘솔에서 로그인한 후 **Create New Key** 버튼을 클릭해서 API 키를 생성한 뒤 .env 파일에 다음 설정을 추가합니다.

`URL` https://console.upstage.ai

```
UPSTAGE_API_KEY=발급받은_API_키
```

02 실습 파일 **06-DocumentLoader/12-UpstageDocumentParseLoader.ipynb**를 엽니다. 예제는 **SPRI_AI_Brief_2023년12월호_F.pdf** 파일을 활용해 보겠습니다.

```python
from langchain_upstage import UpstageDocumentParseLoader
from langchain_teddynote import logging
from dotenv import load_dotenv

load_dotenv()
logging.langsmith("CH07-DocumentLoader")

file_path = "./data/SPRI_AI_Brief_2023년12월호_F.pdf"     # 파일 경로
```

03 UpstageDocumentParseLoader로 문서를 불러옵니다. `file_path`로 파일을 가져옵니다. `output_type`을 "text"로 설정하면 문서를 텍스트 형식으로 가져오고, `split="page"`로 지정해 텍스트를 페이지 단위로 분할할 수 있습니다. `use_ocr=True`를 설정하면 OCR 기능이 적용됩니다. 또한 페이지 상하단의 헤더나 푸터 정보를 제외하려면 `exclude=["header", "footer"]`로 설정합니다.

```python
loader = UpstageDocumentParseLoader(     # 문서 로더 설정
  file_path,
  output_format="text",
  split="page",
  ocr='auto',
```

```
)

docs = loader.load()    # 문서 로드
```

04 docs에 로드된 문서(페이지) 첫 세 개를 출력합니다.

```
for doc in docs[:3]:
    print(doc)
```

```
page_content='SPRi AI Brief 인공지능 산업의 최신 동향 2023년 12월호' metadata={'page': 1}
page_content='2023년 12월호 CONTENTS I 인공지능 산업 동향 브리프 ...' metadata={'page': 2}
page_content='I . 인공지능 산업 동향 브리프' metadata={'page': 3}
```

05 UpstageDocumentParseLoader 설정에서 output_type의 기본값은 "html"이며, HTML 형식으로 데이터를 로드하면 문서의 구조를 유지한 채 제목, 단락, 이미지, 테이블 등을 포함한 정보를 가져올 수 있습니다. 또한 문서의 분할 방식을 split="element"로 지정하면 문서를 페이지 전체가 아닌 각 요소 단위(제목, 텍스트, 이미지, 테이블 등)로 더 정교하게 분리하여 가져옵니다. 이렇게 하면 로드한 문서를 임베딩할 때 element 단위로 청크를 지정할 수 있고, 비슷한 element끼리 묶어서 처리할 수도 있습니다.

```
loader = UpstageDocumentParseLoader(
    file_path,
    output_type="html",
    split="element",
    ...
)
```

08 LlamaParse

LlamaParse는 PDF, 워드, 파워포인트, 엑셀 등 다양한 문서를 손쉽게 파싱하는 라이브러리입니다. LlamaParse는 유료 API로 제공되고 하루에 최대 1,000페이지를 무료로 처리할 수 있으며, 이를 초과하는 경우 유료 플랜을 통해 추가 용량을 확보할 수 있습니다.

LlamaParse의 좋은 기능으로는 멀티모달 처리 기능이 있습니다. 가령 PDF 파일 안에 차트나 다이어그램처럼 이미지로 된 데이터가 들어가 있어도 GPT-4o 같은 멀티모달 모델을 이용하면 이미지를 추출해서 내용을 줄글로 요약할 수 있고, 테이블 같은 데이터도 잘 파싱해서 마크다운 형식으로 변환할 수 있습니다.

LlamaParse로 파싱하기

01 LlamaParse를 이용하려면 다음 LlamaCloud 웹사이트에 접속해서 가입한 후 API 키를 발급받아야 합니다.

URL https://cloud.llamaindex.ai

발급받은 API 키는 .env 파일에 다음과 같이 LLAMA_CLOUD_API_KEY로 저장해야 합니다.

```
LLAMA_CLOUD_API_KEY=발급받은_API_키
```

02 터미널에서 다음 명령을 실행해 라이브러리를 설치합니다.

```
!pip install llama-index-core llama-parse llama-index-readers-file python-dotenv
```

03 .ipynb 파일을 사용할 경우 비동기 코드를 문제 없이 실행하도록 nest_asyncio를 적용하면 오류가 발생하지 않습니다.

```python
import os
import nest_asyncio
from dotenv import load_dotenv

load_dotenv()
nest_asyncio.apply()
```

04 LlamaParse를 사용하여 데이터를 처리할 때 result_type을 마크다운 형식으로 지정하기를 권장합니다. 동시에 작업을 수행하는 병렬 워커(num_workers)는 기본값이 4로 설정되어 있지만, 이를 늘려 분산 처리를 강화할 수도 있습니다. 언어 설정(language)에서 영어는 "en"으로, 한국어는 "ko"로 지정하면 파일에 대한 처리가 더욱 정확하게 수행됩니다.

```python
from llama_parse import LlamaParse
from llama_index.core import SimpleDirectoryReader

parser = LlamaParse(              # 파서 설정
  result_type="markdown",         # "markdown"과 "text" 사용 가능
  num_workers=8,                  # worker 수 (기본값: 4)
  verbose=True,
  language="ko",
)
```

05 PDF 파일을 파싱하려면 SimpleDirectoryReader를 사용합니다. input_files에 파싱할 파일 경로를 리스트 형식으로 지정합니다. file_extractor에서 PDF 파일에 대해 LlamaParse를 파서로 지정합니다. 파싱한 결과는 document에 저장됩니다.

```python
# SimpleDirectoryReader를 사용하여 파일 파싱
file_extractor = {".pdf": parser}

# LlamaParse로 파일 파싱
documents = SimpleDirectoryReader(
  input_files=["data/SPRI_AI_Brief_2023년12월호_F.pdf"],
  file_extractor=file_extractor,
).load_data()
```

06 document의 개수(페이지 수)를 세면 23이 출력됩니다.

```python
len(documents)    # 페이지 수 확인
```

```
23
```

07 LlamaIndex는 LangChain과 속성(attribute) 이름이 다르게 지정된 경우가 있습니다. LangChain에서 로드한 document의 내용은 page_content 안에 들어가는데, LlamaIndex는 text라고 지정되어 있습니다. 그러나 LlamaIndex에서는 다음 코드를 이용해 document를 LangChain 형태로 변환해 줍니다.

```
docs = [doc.to_langchain_format() for doc in documents]
```

08 page_content로 docs 내용을 출력해 보면 정상적으로 본문 내용이 출력됩니다.

```
print(docs[5].page_content)
```

멀티모달 모델로 파싱하기

LlamaParse는 마크다운 형식을 파싱하는 것뿐만 아니라 멀티모달 기능도 뛰어납니다. 멀티모달에 활용하는 주요 매개변수는 다음과 같습니다.

- **use_vendor_multimodal_model**: 멀티모달 모델 사용 여부를 지정합니다. True로 설정하면 외부 벤더의 멀티모달 모델을 사용합니다.

- **vendor_multimodal_model_name**: 사용할 멀티모달 모델 이름을 지정합니다. 여기서는 "openai-gpt4o"를 사용하고 있습니다. 즉, GPT-4o의 기능을 사용해서 이미지나 표를 파싱합니다.

- **vendor_multimodal_api_key**: 멀티모달 모델 API 키를 지정합니다. 환경 변수에서 OpenAI API 키를 가져옵니다.

- **result_type**: 파싱 결과의 형식을 지정합니다. "markdown"으로 설정되어 있어 결과가 마크다운 형식으로 반환됩니다.

- **language**: 파싱할 문서의 언어를 지정합니다. "ko"로 설정되어 한국어로 처리됩니다.

- **skip_diagonal_text**: 대각선 텍스트를 건너뛸지 여부를 결정합니다.

- **page_separator**: 페이지 구분자를 지정할 수 있습니다.

01 앞서 설명한 매개변수를 참고해 LlamaParse로 멀티모달 파싱을 설정합니다.

```
documents = LlamaParse(
    use_vendor_multimodal_model=True,
    vendor_multimodal_model_name="openai-gpt4o",
    vendor_multimodal_api_key=os.environ["OPENAI_API_KEY"],
    result_type="markdown",
    language="ko",
)
```

02 PDF 파일을 파싱합니다. 이번에는 멀티모달 모델을 써서 파싱을 하기 때문에 텍스트, 이미지, 차트, 다이어그램, 표 등 모든 요소를 가져옵니다.

```
parsed_docs = documents.load_data(file_path="data/SPRI_AI_Brief_2023년12월호_F.pdf")
```

03 파싱한 결과를 LangChain의 document 형태로 변환하고 일부 내용을 출력해 보겠습니다. LlamaParse에서 마크다운 형식으로 변환했던 이전 출력 결과와 비교해 보면 제목 구분이나 불렛 포인트 등이 거의 완벽하게 표시되어 있습니다.

```
docs = [doc.to_langchain_format() for doc in parsed_docs]

print(docs[18].page_content)
```

```
# 코히어, 데이터 투명성 확보를 위한 데이터 출처 탐색기 공개
## KEY Contents
- 코히어와 12개 기관이 광범위한 데이터셋에 대한 감사를 통해 원본 데이터 출처, 재라이선스 상태, 작성자 등 다양한 정보를 제공하는 '데이터 출처 탐색기' 플랫폼을 출시
- 대화형 플랫폼을 통해 개발자는 데이터셋의 라이선스 상태를 쉽게 파악할 수 있으며 데이터셋의 구성과 계보도 추적 가능
## 데이터 출처 탐색기, 광범위한 데이터셋 정보 제공을 통해 데이터 투명성 향상
- AI 기업 코히어(Cohere)가 매사추세츠 공과대(MIT), 하버드 로스쿨, 캐네기멜론대 등 12개 기관과 함께 2023년 10월 25일 '데이터 출처 탐색기(Data Provenance Explorer)' 플랫폼을 공개
...
```

04 파싱을 할 때 멀티모달에 parsing_instruction이라는 프롬프트를 넣을 수도 있습니다. 여기서 무엇을 분석하고 무엇을 추출해야 할지 명시합니다. parsing_instruction을 별도로 지정할 경우 LlamaParse 설정에도 parsing_instruction=parsing_instruction을 추가해야 합니다.

```
parsing_instruction = (
  "You are parsing a brief of AI Report. Please extract tables in markdown format."
)

parser = LlamaParse(
  use_vendor_multimodal_model=True,
  vendor_multimodal_model_name="openai-gpt4o",
  vendor_multimodal_api_key=os.environ["OPENAI_API_KEY"],
  result_type="markdown",
  language="ko",
  parsing_instruction=parsing_instruction,
)
```

05 파싱 결과를 보면 복잡한 표도 마크다운 형식으로 잘 변환한 것을 알 수 있습니다.

```
parsed_docs = parser.load_data(file_path="data/SPRI_AI_Brief_2023년12월호_F.pdf")

docs = [doc.to_langchain_format() for doc in parsed_docs]

print(docs[-2].page_content)    # 마크다운 형식으로 추출된 테이블 확인
```

```
# II. 주요 행사 일정
| 행사명 | 행사 주요 개요 |
| --- | --- |
| CES 2024 | - 미국 소비자기술 협회(CTA)가 주관하는 세계 최대 가전·IT·소비재 전시회로 5G,
AR&VR, 디지털헬스, 교통·모빌리티 등 주요 카테고리 중심으로 기업들의 최신의 기술·제품들을
전시<br>- CTA 사피로 회장은 가장 주목받는 섹터로 AI를 꼽았으며, 모든 산업을 포괄한다는 의
미에서 'AI on'을 주제로 한 이번 전시에는 500곳 이상의 한국기업 참가 예정 |
| 기간 | 장소 | 홈페이지 |
| 2024.1.9~12 | 미국, 라스베가스 | [https://www.ces.tech/](https://www.ces.tech/) |
...
```

CHAPTER 10 텍스트 분할

학습 목표

텍스트 분할은 RAG 전처리 과정에서 문서를 청크로 나누는 단계입니다. 질문과의 유사도를 기반으로 청크에서 정보를 추출하며, 크기를 적절히 조절해야 불필요한 정보 포함이나 맥락 부족을 방지할 수 있습니다. 분할 방식은 다양한 방법이 있으며, 실험을 통해 최적의 전략을 찾아야 합니다. 청크 오버랩을 활용하면 문장이 자연스럽게 이어지도록 할 수 있습니다. 텍스트 분할에 관한 다양한 방법을 살펴보겠습니다.

텍스트 분할은 문서를 효율적으로 나눠서 질문과 관련된 정보를 제공하며, 모델의 입력 제한을 극복하고 답변 품질과 검색 정확도를 높이는 핵심 단계입니다. RAG 전처리 단계에서 문서를 로드한 후 텍스트를 분할합니다. PDF 파일은 페이지 단위로 로드되지만, 페이지 전체를 그대로 문서 검색에 사용하지 않습니다. 대신 텍스트 분할기를 활용해 페이지를 잘게 나눕니다. 예를 들어, 한 페이지를 9개의 청크로 나눠 처리할 수 있습니다. 이렇게 하면 LLM의 입력 토큰 제한을 극복하고 필요한 정보만 압축해 넣을 수 있으며, 페이지 전체를 넣는 것보다 필요한 정보를 선별해 넣는 방식이 더 높은 답변 품질을 제공합니다.

청크는 질문과의 유사도를 계산해 관련성 높은 정보를 추출하는 데 사용됩니다. 잘 나뉜 청크는 질문에 적합한 정보를 효과적으로 가져오지만, 너무 넓게 나누면 유사도가 낮아지고 불필요한 정보가 포함될 수 있습니다. 이를 통해 문서의 특정 주제에 집중할 수 있으며, 리소스 최적화와 할루시네이션 감소에도 기여합니다.

문서를 분할하는 전략은 문단, 문장, 글자 수, 토큰 수 등 다양하며, 정해진 방식은 없습니다. 실험을 통해 문서와 질문에 적합한 방식을 찾아야 합니다. 또한 오버랩은 청크 사이에 일부 겹치는 부분을 만들어 문장이 잘리지 않도록 하는 설정 방법입니다.

(01) 문자 단위로 분할하기

CharacterTextSplitter는 기본적으로 "\n\n"(줄바꿈 문자 두 개)을 기준으로 글자 단위로 텍스트를 분할합니다. 즉, 텍스트에서 Enter를 두 번 눌러 문단을 구분할 수 있는데 이것을 기준으로 분할한다는 뜻입니다.

01 실습 파일 **07-TextSplitter/01-CharacterTextSplitter.ipynb**를 열어 봅니다. **data/appendix-keywords.txt** 파일을 열어 내용을 읽어들입니다. 읽어들인 내용을 file 변수에 저장합니다.

```
# data/appendix-keywords.txt 파일을 열어서 f 파일 객체 생성
with open("./data/appendix-keywords.txt") as f:
    file = f.read()  # 파일의 내용을 읽어서 file 변수에 저장
```

02 파일로부터 읽은 텍스트에서 처음 500자에 해당하는 일부 내용만 출력합니다.

```
print(file[:500])
```

```
Semantic Search

정의: 의미론적 검색은 사용자의 질의를 단순한 키워드 매칭을 넘어서 그 의미를 파악하여 관련된 결과를 반환하는 검색 방식입니다.
예시: 사용자가 "태양계 행성"이라고 검색하면, "목성", "화성" 등과 같이 관련된 행성에 대한 정보를 반환합니다.
연관키워드: 자연어 처리, 검색 알고리즘, 데이터 마이닝

Embedding

정의: 임베딩은 단어나 문장 같은 텍스트 데이터를 저차원의 연속적인 벡터로 변환하는 과정입니다. 이를 통해 컴퓨터가 텍스트를 이해하고 처리할 수 있게 합니다.
예시: "사과"라는 단어를 [0.65, -0.23, 0.17]과 같은 벡터로 표현합니다.
연관키워드: 자연어 처리, 벡터화, 딥러닝

Token

정의: 토큰은 텍스트를 더 작은 단위로 분할하는 것을 의미합니다. 이는 일반적으로 단어, 문장, 또는 구절일 수 있습니다.
예시: 문장 "나는 학교에 간다"를 "나는", "학교에", "간다"로 분할합니다.
연관키워드: 토큰화, 자연어
```

03 CharacterTextSplitter를 사용하여 텍스트의 청크 분할 방식을 설정해 보겠습니다. separator는 텍스트를 분할할 기준(구분자)으로, 기본값은 "\n\n"입니다. chunk_size와 chunk_overlap으로 청크 크기와 오버랩을 지정합니다. 즉, 글자 수를 210개까지 세어 보고 문단 구분이 있는 곳을 찾아서 하나의 청크로 나누겠다는 뜻입니다.

```
from langchain_text_splitters import CharacterTextSplitter

text_splitter = CharacterTextSplitter(
    separator="\n\n",        # 텍스트를 분할할 구분자
    chunk_size=210,          # 청크의 최대 크기(문자 수)
    chunk_overlap=0,         # 청크 간의 중복되는 문자 수
    length_function=len,     # 텍스트의 길이를 계산
)
```

보통 청크 크기와 오버랩 두 가지를 주로 지정하며, 나머지는 기본값 그대로 씁니다.

😺 구분자는 기본적으로 "/n/n"이지만, 텍스트의 구조나 형식에 따라 마침표("."), 줄바꿈("/n"), 특정 기호 등 다른 구분자를 지정할 수도 있습니다. 예를 들어 문장이 아닌, 단락이 아닌, 줄 단위로 나누고 싶다면 구분자를 "/n"으로 설정하면 됩니다.

😺 구분자가 chunk_size 내에서 발견되지 않을 경우 chunk_size를 넘겨서 청크가 분할되기도 합니다. 이 경우 출력 시 청크 크기를 넘겼다는 경고 메시지가 나타납니다. chunk_size=190으로 수정해서 결과를 확인해 보세요.

04 text_splitter를 사용하여 file 텍스트를 문서 단위로 분할합니다. 분할된 문서에서 첫 번째 청크(texts[0])의 글자 개수와 텍스트를 출력합니다.

```
texts = text_splitter.create_documents([file])    # 텍스트를 청크로 분할
print(len(texts[0].page_content))                  # 글자 개수 출력
print(texts[0])   # 분할된 문서 중 첫 번째 문서 출력
```

```
197
page_content='Semantic Search

정의: 의미론적 검색은 사용자의 질의를 단순한 키워드 매칭을 넘어서 그 의미를 파악하여 관련된 결과를 반환하는 검색 방식입니다.
예시: 사용자가 "태양계 행성"이라고 검색하면, "목성", "화성" 등과 같이 관련된 행성에 대한 정보를 반환합니다.
연관키워드: 자연어 처리, 검색 알고리즘, 데이터 마이닝

Embedding'
```

05 이번에는 텍스트를 분할할 때 각 청크에 메타데이터를 함께 전달해 보겠습니다. metadatas에서 {"document": 1}은 첫 번째 문서에서 나온 청크에 부착되고, {"document": 2}는 두 번째 문서에서 나온 청크에 부착됩니다. 텍스트를 분할하고 맨 첫 번째 document 객체를 출력합니다. 텍스트 청크의 메타데이터가 {"document": 1}로 표시되어 있습니다. 즉, 텍스트 분할기를 이용해서 문서를 나눠도 메타데이터가 잘 유지되는 것을 확인할 수 있습니다.

```python
metadatas = [
  {"document": 1},
  {"document": 2},
]  # 문서에 대한 메타데이터 리스트를 정의
documents = text_splitter.create_documents(
  [
    file,
    file,
  ],  # 분할할 텍스트 데이터를 리스트로 전달
  metadatas=metadatas,  # 각 문서에 해당하는 메타데이터를 전달
)
print(documents[0])      # 분할된 문서 중 첫 번째 문서를 출력
```

```
page_content='Semantic Search

정의: 의미론적 검색은 사용자의 질의를 단순한 키워드 매칭을 넘어서 그 의미를 파악하여 관련된 결과를 반환하는 검색 방식입니다.

예시: 사용자가 "태양계 행성"이라고 검색하면, "목성", "화성" 등과 같이 관련된 행성에 대한 정보를 반환합니다.
연관키워드: 자연어 처리, 검색 알고리즘, 데이터 마이닝

Embedding' metadata={'document': 1}
```

02 문자 단위로 재귀적으로 분할하기

RecursiveCharacterTextSplitter는 특정 문자 목록을 기준으로 텍스트를 나누며, 기본적으로 단락("\n\n")을 먼저 분할하고, 이후 문장("\n"), 단어(" "), 마지막으로 개별 문자("")까지 재귀적(recursive)으로 세분화합니다. 여기서 **재귀적**이란 설정된 청크 크기가 기준에 맞게 충분히 작아질 때까지 단락 → 문장 → 단어 → 글자 순서로 점점 더 작은 단위로 나누는 과정을 계속한다는 뜻입니다. 이 방식은 단락, 문장, 단어가 서로 밀접하게 관련된 의미를 가진 하나의 덩어리로 보고 가능한 한 이러한 단위가 끊어지지 않도록 유지합니다. 청크의 크기는 텍스트의 문자수를 기준으로 측정되며, 설정된 최대 크기를 넘지 않도록 분할됩니다.

01 실습 파일 **07-TextSplitter/02-RecursiveCharacterTextSplitter.ipynb**를 열어 봅니다. **data/appendix-keywords.txt** 파일을 열어 내용을 읽어들입니다. 읽어들인 내용을 `file` 변수에 저장합니다.

```
with open("./data/appendix-keywords.txt") as f:
    file = f.read()  # 파일의 내용을 읽어서 file 변수에 저장
```

02 파일로부터 읽은 파일의 일부 내용을 출력합니다.

```
print(file[:500])
```

```
Semantic Search

정의: 의미론적 검색은 사용자의 질의를 단순한 키워드 매칭을 넘어서 그 의미를 파악하여 관련된 결과를 반환하는 검색 방식입니다.
예시: 사용자가 "태양계 행성"이라고 검색하면, "목성", "화성" 등과 같이 관련된 행성에 대한 정보를 반환합니다.
연관키워드: 자연어 처리, 검색 알고리즘, 데이터 마이닝

Embedding

정의: 임베딩은 단어나 문장 같은 텍스트 데이터를 저차원의 연속적인 벡터로 변환하는 과정입니다. 이를 통해 컴퓨터가 텍스트를 이해하고 처리할 수 있게 합니다.
예시: "사과"라는 단어를 [0.65, -0.23, 0.17]과 같은 벡터로 표현합니다.
연관키워드: 자연어 처리, 벡터화, 딥러닝

Token
```

> 정의: 토큰은 텍스트를 더 작은 단위로 분할하는 것을 의미합니다. 이는 일반적으로 단어, 문장, 또는 구절일 수 있습니다.
> 예시: 문장 "나는 학교에 간다"를 "나는", "학교에", "간다"로 분할합니다.
> 연관키워드: 토큰화, 자연어

03 `RecursiveCharacterTextSplitter`로 텍스트를 작은 청크로 분할해 보겠습니다. 청크 크기는 250으로, 청크 오버랩은 50으로 지정합니다. 즉, 250자 분량 근처에서 문단을 자르려고 시도하고, 문단 구분이 없으면 그다음엔 문장을 자르려고 시도하고, 그다음엔 단어 단위로 자르려고 시도하고, 그래도 기준이 될 만한 구분자가 없으면 글자 단위로 자릅니다.

```python
from langchain_text_splitters import RecursiveCharacterTextSplitter

text_splitter = RecursiveCharacterTextSplitter(
    chunk_size=250,
    chunk_overlap=50,        # 청크 간의 중복되는 문자 수
    length_function=len,     # 문자열 길이를 계산하는 함수
    is_separator_regex=False, # 구분자로 정규식 사용 여부
)
```

🐾 is_separator_regex를 False로 설정하여 구분자로 정규식을 사용하지 않습니다.

04 `text_splitter`를 사용하여 `file` 텍스트를 문서 단위로 분할합니다. 분할된 문서는 `texts` 리스트에 저장됩니다. `create_documents()` 메서드는 분할된 텍스트와 함께 메타데이터가 포함된 document 객체를 반환하는 메서드입니다. 분할된 문서의 첫 번째와 두 번째 문서를 출력합니다. 두 문서 사이에 ===로 선을 삽입해 출력해서 분할 위치를 표시했습니다. 출력된 결과를 보면 250자 이내에서 'Semantic Search'와 'Embedding' 단락이 개별 청크로 분리되었습니다.

```python
texts = text_splitter.create_documents([file])
print(texts[0])      # 분할된 문서의 첫 번째 문서를 출력
print("===" * 20)
print(texts[1])      # 분할된 문서의 두 번째 문서를 출력
```

```
page_content='Semantic Search

정의: 의미론적 검색은 사용자의 질의를 단순한 키워드 매칭을 넘어서 그 의미를 파악하여 관련된 결과를 반환하는 검색 방식입니다.
예시: 사용자가 "태양계 행성"이라고 검색하면, "목성", "화성" 등과 같이 관련된 행성에 대한 정보를 반환합니다.
연관키워드: 자연어 처리, 검색 알고리즘, 데이터 마이닝
```

```
Embedding'
================================================
page_content='Embedding

정의: 임베딩은 단어나 문장 같은 텍스트 데이터를 저차원의 연속적인 벡터로 변환하는 과정입
니다. 이를 통해 컴퓨터가 텍스트를 이해하고 처리할 수 있게 합니다.
예시: "사과"라는 단어를 [0.65, -0.23, 0.17]과 같은 벡터로 표현합니다.
연관키워드: 자연어 처리, 벡터화, 딥러닝

Token'
```

05 `split_text()` 메서드는 텍스트를 분할하여 문자열 리스트로 반환합니다. `split_text()` 메서드를 사용하여 `file` 텍스트를 분할합니다.

```
text_splitter.split_text(file)[:2]
```

```
['Semantic Search\n\n정의: 의미론적 검색은 사용자의 질의를 단순한 키워드 매칭을 넘어서
그 의미를 파악하여 관련된 결과를 반환하는 검색 방식입니다.\n예시: 사용자가 "태양계 행성"
이라고 검색하면, "목성", "화성" 등과 같이 관련된 행성에 대한 정보를 반환합니다.\n연관키
워드: 자연어 처리, 검색 알고리즘, 데이터 마이닝\n\nEmbedding',
 'Embedding\n\n정의: 임베딩은 단어나 문장 같은 텍스트 데이터를 저차원의 연속적인 벡터로
변환하는 과정입니다. 이를 통해 컴퓨터가 텍스트를 이해하고 처리할 수 있게 합니다.\n예시:
"사과"라는 단어를 [0.65, -0.23, 0.17]과 같은 벡터로 표현합니다.\n연관키워드: 자연어 처
리, 벡터화, 딥러닝\n\nToken']
```

(03) 토큰 단위로 분할하기

`TokenTextSplitter`는 텍스트를 글자 수가 아닌 토큰 수를 기반으로 청크를 생성합니다. 언어 모델에는 토큰 제한이 있습니다. 텍스트를 효율적으로 분할하기 위해 **토크나이저**(tokenizer)를 활용합니다. 토크나이저는 텍스트를 토큰으로 변환하는 데 사용하는 알고리즘입니다. 토크나이저에 따라 토큰 개수를 계산하는 방식이나 청크 분할 결과가 달라지므로 모델에 입력하기 전에 적절한 토크나이저를 선택하는 것이 중요합니다.

tiktoken

tiktoken은 OpenAI에서 만든 빠른 BPE Tokenizer입니다.

01 실습 파일 **07-TextSplitter/03-TokenTextSplitter.ipynb**를 열어 봅니다. **data/appendix-keywords.txt** 파일을 열어 내용을 읽어들입니다. 읽어들인 내용을 `file` 변수에 저장합니다.

```
# data/appendix-keywords.txt 파일을 열어서 f라는 파일 객체를 생성합니다.
with open("./data/appendix-keywords.txt") as f:
    file = f.read()  # 파일의 내용을 읽어서 file 변수에 저장합니다.
```

02 `file`로부터 읽은 일부 내용을 출력합니다.

```
print(file[:500])
```

```
Semantic Search

정의: 의미론적 검색은 사용자의 질의를 단순한 키워드 매칭을 넘어서 그 의미를 파악하여 관련된 결과를 반환하는 검색 방식입니다.
예시: 사용자가 "태양계 행성"이라고 검색하면, "목성", "화성" 등과 같이 관련된 행성에 대한 정보를 반환합니다.
연관키워드: 자연어 처리, 검색 알고리즘, 데이터 마이닝

Embedding

정의: 임베딩은 단어나 문장 같은 텍스트 데이터를 저차원의 연속적인 벡터로 변환하는 과정입니다. 이를 통해 컴퓨터가 텍스트를 이해하고 처리할 수 있게 합니다.
예시: "사과"라는 단어를 [0.65, -0.23, 0.17]과 같은 벡터로 표현합니다.
연관키워드: 자연어 처리, 벡터화, 딥러닝

Token

정의: 토큰은 텍스트를 더 작은 단위로 분할하는 것을 의미합니다. 이는 일반적으로 단어, 문장, 또는 구절일 수 있습니다.
예시: 문장 "나는 학교에 간다"를 "나는", "학교에", "간다"로 분할합니다.
연관키워드: 토큰화, 자연어
```

03 CharacterTextSplitter를 사용하여 텍스트를 분할합니다. from_tiktoken_encoder() 메서드로 텍스트 분할기를 초기화합니다. 청크 크기를 300토큰으로 지정하고 청크 오버랩 없이 분할합니다.

```
from langchain_text_splitters import CharacterTextSplitter

text_splitter = CharacterTextSplitter.from_tiktoken_encoder(
    chunk_size=300,           # 토큰 수 기준 청크 크기 설정
    chunk_overlap=0,          # 청크 간 중복되는 부분이 없도록 설정
)
texts = text_splitter.split_text(file)   # file을 청크 단위로 분할
```

```
Created a chunk of size 358, which is longer than the specified 300
Created a chunk of size 315, which is longer than the specified 300
...
Created a chunk of size 329, which is longer than the specified 300
```

04 분할된 청크의 개수를 출력합니다.

```
print(len(texts))
```

```
51
```

 텍스트 분할 방식에 따른 크기 제한의 차이

CharacterTextSplitter는 텍스트를 분할한 결과가 토큰 크기 제한을 초과할 수 있지만, RecursiveCharacterTextSplitter는 재귀적으로 분할하여 항상 토큰 크기 제한 내에 텍스트가 들어오도록 처리합니다.

CharacterTextSplitter에서 from_tiktoken_encoder는 텍스트를 분할할 때 CharacterTextSplitter를 주로 사용하며, tiktoken 토크나이저는 분할된 텍스트를 병합하거나 크기를 측정하는 데 사용됩니다. 이 방식에서는 텍스트를 나누는 주체가 CharacterTextSplitter이기 때문에 최종적으로 분할된 텍스트의 크기가 tiktoken이 측정한 토큰 크기 제한보다 클 수 있습니다. 이는 병합 과정에서 토큰 제한을 엄격히 따르지 않기 때문입니다.

반면 RecursiveCharacterTextSplitter에서 from_tiktoken_encoder는 분할된 텍스트가 언어 모델에서 허용하는 토큰 크기 제한을 넘지 않도록 보장합니다. 만약 분할된 텍스트가 설정된 토큰 크기보다 크다면 재귀적으로 텍스트를 더 작은 단위로 나누어 크기 제한을 초과하지 않도록 합니다. 이 방식은 tiktoken 토크나이저를 직접 로드하여 사용하기 때문에 분할된 각 텍스트가 설정된 토큰 크기보다 작음을 확실히 보장합니다.

TokenTextSplitter

TokenTextSplitter 클래스를 사용하면 텍스트를 토큰 단위로 분할할 수 있습니다. 앞서 살펴본 방식과 달리 TokenTextSplitter는 토크나이저를 직접 사용하여 텍스트를 바로 토큰 단위로 분할합니다.

```
from langchain_text_splitters import TokenTextSplitter

text_splitter = TokenTextSplitter(
    chunk_size=300,        # 청크 크기
    chunk_overlap=0,       # 청크 간 중복
)

texts = text_splitter.split_text(file)
print(texts[0])  # 분할된 텍스트의 첫 번째 청크를 출력
```

spaCy

spaCy는 고급 자연어 처리를 위한 오픈소스 소프트웨어 라이브러리로, 자연어 처리 분야에서 널리 사용되는 강력한 프레임워크입니다. spaCy는 내부적으로 spaCy tokenizer를 사용하여 텍스트를 분할하며, 텍스트 분할 결과는 글자 수를 기준으로 크기를 측정합니다. SpacyTextSplitter는 텍스트를 분할할 때 spaCy의 토크나이저를 활용하여 단어와 문장을 이해하며, 설정된 청크 크기와 중복을 기반으로 텍스트를 나눕니다.

spaCy를 사용하려면 먼저 라이브러리를 설치하고, 필요한 언어 모델을 다운로드해야 합니다. 영어를 처리하려면 en_core_web_sm 모델을 다운로드하여 사용할 수 있습니다.

```
!pip install -qU spacy
!python -m spacy download en_core_web_sm --quiet
```

appendix-keywords.txt 파일을 열어 내용을 읽어들입니다. SpacyTextSplitter 클래스를 사용해 텍스트 분할기를 생성하고, 생성된 text_splitter 객체의 split_text() 메서드를 이용하여 file 텍스트를 분할합니다.

```
import warnings
from langchain_text_splitters import SpacyTextSplitter
```

```
# data/appendix-keywords.txt 파일을 열어서 f라는 파일 객체를 생성
with open("./data/appendix-keywords.txt") as f:
    file = f.read()  # 파일의 내용을 읽어서 file 변수에 저장

warnings.filterwarnings("ignore")          # 경고 메시지 무시

text_splitter = SpacyTextSplitter(
    chunk_size=200,      # 청크 크기 설정
    chunk_overlap=50,    # 청크 간 중복 설정
)

texts = text_splitter.split_text(file)
print(texts[0])  # 분할된 텍스트의 첫 번째 요소를 출력
```

SentenceTransformers

SentenceTransformers는 자연어 처리 분야에서 잘 알려진 라이브러리로, SentenceTransformers 모델의 토큰 윈도우에 맞게 텍스트를 청크로 분할합니다.

먼저 텍스트 파일(appendix-keywords.txt)을 읽어와 내용을 file 변수에 저장합니다. 그런 다음 시작(Start) 토큰과 종료(Stop) 토큰의 개수를 각각 한 개씩 포함하여 총 두 개로 설정합니다. 텍스트에서 총 토큰 개수를 계산할 때, 이 두 개의 토큰을 제외한 값을 출력합니다. 시작 토큰은 문장의 시작을, 종료 토큰은 문장의 끝을 나타내는 스페셜 토큰이기 때문에 계산에서 제외하는 것입니다.

그리고 split_text() 메서드를 사용해 설정된 청크 크기와 청크 간 중복 값을 기준으로 텍스트를 분할합니다. 분할된 텍스트 청크 중 두 번째 청크를 출력하여 결과를 확인해 보겠습니다.

```
from langchain_text_splitters import SentenceTransformersTokenTextSplitter

# 문장 분할기를 생성하고 청크 간 중복을 0으로 설정
splitter = SentenceTransformersTokenTextSplitter(chunk_size=200, chunk_overlap=0)

# data/appendix-keywords.txt 파일을 열어서 f라는 파일 객체를 생성
with open("./data/appendix-keywords.txt") as f:
    file = f.read()  # 파일의 내용을 읽어서 file 변수에 저장

count_start_and_stop_tokens = 2  # 시작과 종료 토큰의 개수를 2로 설정
```

```
# 텍스트의 토큰 개수에서 시작과 종료 토큰의 개수를 뺍니다.
text_token_count = splitter.count_tokens(text=file) - count_start_and_stop_tokens
print(text_token_count)  # 계산된 텍스트 토큰 개수를 출력

text_chunks = splitter.split_text(text=file)  # 텍스트를 청크로 분할
print(text_chunks[1])  # 분할된 텍스트 청크 중 두 번째 청크를 출력
```

NLTK

NLTK(Natural Language Toolkit)는 파이썬 프로그래밍 언어로 작성된 영어 자연어 처리 (NLP)를 위한 라이브러리와 프로그램 모음입니다. 텍스트 데이터의 전처리, 토큰화, 형태소 분석, 품사 태깅 등 다양한 NLP 작업을 수행할 수 있습니다. 단순히 "\n\n"으로 분할하는 대신, **NLTK tokenizers**를 기반으로 텍스트를 분할하는 데 NLTK를 사용할 수 있습니다. 청크 크기는 글자 수를 기준으로 합니다.

nltk 라이브러리는 다음의 `pip` 명령어로 설치합니다.

```
!pip install -qU nltk
```

NLTK는 기본 설치 시 모든 데이터를 포함하지 않습니다. 이는 초기 설치 크기를 줄이고, 사용자가 필요한 데이터만 선택적으로 다운로드할 수 있게 합니다. NLTK에서 사용할 데이터를 다운로드하면 '~/nltk_data'에 설치됩니다.

```
import nltk
nltk.download('punkt')
```

예시 코드는 다음과 같습니다.

```
from langchain_text_splitters import NLTKTextSplitter

# data/appendix-keywords.txt 파일을 열어서 f라는 파일 객체를 생성
with open("./data/appendix-keywords.txt") as f:
    file = f.read()  # 파일의 내용을 읽어서 file 변수에 저장

# NLTKTextSplitter 클래스를 사용하여 텍스트 분할기를 생성
```

```
text_splitter = NLTKTextSplitter(
    chunk_size=200,      # 청크 크기 설정
    chunk_overlap=0,     # 청크 간 중복 설정
)

# text_splitter를 사용하여 file 텍스트를 분할
texts = text_splitter.split_text(file)
print(texts[0])  # 분할된 텍스트의 첫 번째 요소를 출력
```

KoNLPy

영어와 같은 언어에서는 공백과 구두점을 기준으로 토큰을 분할하는 경우가 많지만, 한국어는 고유한 언어적 특성을 가지므로 영어용 토크나이저로는 효과적으로 처리할 수 없습니다. **KoNLPy**(Korean NLP in Python)는 한국어 자연어 처리를 위한 파이썬 패키지로, 한국어의 고유한 언어 구조를 처리할 수 있도록 설계되었습니다. 텍스트를 더 작고 관리하기 쉬운 단위인 토큰으로 분할하는 과정을 지원하며, 이러한 토큰은 단어, 구, 기호 등 의미 있는 요소로 구성됩니다.

KoNLPy는 한국어 처리를 위해 **Kkma**(Korean Knowledge Morpheme Analyzer)라는 형태소 분석기를 제공합니다. Kkma는 한국어 텍스트를 상세히 분석하여 문장을 단어로 분할하고, 단어를 각각의 형태소로 세분화하며, 각 토큰에 대한 품사 정보를 식별합니다. 또한 긴 텍스트를 개별 문장으로 분할할 수 있어 대규모 텍스트 처리에 매우 유용합니다.

> 🐾 Kkma는 상세한 분석으로 유명하지만, 이러한 정밀성이 처리 속도에 영향을 미칠 수 있다는 점에 유의해야 합니다. 따라서 Kkma는 신속한 텍스트 처리보다 분석적 깊이가 우선시되는 애플리케이션에 적합합니다.

KoNLPy 라이브러리는 다음 `pip` 명령어로 설치합니다.

```
!pip install -qU konlpy
```

예시 코드는 다음과 같습니다.

```
import chunk
from langchain_text_splitters import KonlpyTextSplitter

# data/appendix-keywords.txt 파일을 열어서 f라는 파일 객체를 생성
with open("./data/appendix-keywords.txt") as f:
```

```
    file = f.read()   # 파일의 내용을 읽어서 file 변수에 저장

# KonlpyTextSplitter를 사용하여 텍스트 분할기 객체를 생성
text_splitter = KonlpyTextSplitter(chunk_size=200, chunk_overlap=50)

texts = text_splitter.split_text(file)  # 한국어 문서를 문장 단위로 분할
print(texts[0])   # 분할된 문장 중 첫 번째 문장을 출력
```

Hugging Face 토크나이저

Hugging Face는 다양한 토크나이저를 제공하며, 이 중 GPT2TokenizerFast를 사용해 텍스트의 토큰 길이를 계산할 수 있습니다. 텍스트 분할은 전달된 문자열을 기준으로 이루어지며, 청크 크기는 Hugging Face 토크나이저를 통해 계산된 토큰 수를 기준으로 측정됩니다.

GPT2TokenizerFast 클래스를 사용하여 tokenizer 객체를 생성합니다. from_pretrained() 메서드를 호출하여 사전 학습된 gpt2 토크나이저 모델을 로드합니다.

```
from transformers import GPT2TokenizerFast

# GPT-2 모델의 토크나이저를 불러옵니다.
hf_tokenizer = GPT2TokenizerFast.from_pretrained("gpt2")

# data/appendix-keywords.txt 파일을 열어서 f라는 파일 객체를 생성
with open("./data/appendix-keywords.txt") as f:
    file = f.read()   # 파일의 내용을 읽어서 file 변수에 저장

text_splitter = CharacterTextSplitter.from_huggingface_tokenizer(
    # 허깅페이스 토크나이저를 사용하여 CharacterTextSplitter 객체를 생성
    hf_tokenizer,
    chunk_size=300,
    chunk_overlap=50,
)

# state_of_the_union 텍스트를 분할하여 texts 변수에 저장
texts = text_splitter.split_text(file)
print(texts[1])   # texts 리스트의 1번째 요소를 출력
```

04 의미 단위로 분할하기

일반적으로 텍스트를 분할할 때 글자 수나 토큰 수를 기준으로 나누는 방식을 많이 사용하지만, SemanticChunker는 의미적으로 유사한 문장끼리 묶습니다. 이러한 접근 방식은 토큰의 개수나 글자 수에 영향을 받지 않으므로 생성되는 청크의 크기가 일정하지 않습니다. 실제 문서에서 문단의 길이는 상황에 따라 달라질 수 있으므로, SemanticChunker의 접근 방식이 더 상식에 가까울 것 같습니다.

SemanticChunker

SemanticChunker는 LangChain의 실험적인 기능 중 하나로, 텍스트를 의미 단위로 청크 분할해 더욱 효과적으로 처리할 수 있습니다.

01 실습 파일 **07-TextSplitter/04-SemanticChunker.ipynb**를 열어 봅니다. **data/appendix-keywords.txt** 파일을 열어서 f라는 파일 객체를 생성합니다. 읽은 내용 중 일부를 출력합니다.

```python
with open("./data/appendix-keywords.txt") as f:
    file = f.read()        # 파일의 내용을 읽어서 file 변수에 저장

print(file[:350])          # 파일로부터 읽은 내용을 일부 출력
```

```
Semantic Search

정의: 의미론적 검색은 사용자의 질의를 단순한 키워드 매칭을 넘어서 그 의미를 파악하여 관련된 결과를 반환하는 검색 방식입니다.
예시: 사용자가 "태양계 행성"이라고 검색하면, "목성", "화성" 등과 같이 관련된 행성에 대한 정보를 반환합니다.
연관키워드: 자연어 처리, 검색 알고리즘, 데이터 마이닝

Embedding

정의: 임베딩은 단어나 문장 같은 텍스트 데이터를 저차원의 연속적인 벡터로 변환하는 과정입니다. 이를 통해 컴퓨터가 텍스트를 이해하고 처리할 수 있게 합니다.
예시: "사과"라는 단어를 [0.65, -0.23, 0.17]과 같은 벡터로 표현합니다.
연관키워드: 자연어 처
```

02 유사성을 판단하기 위해 OpenAIEmbeddings를 이용해 SemanticChunker를 초기화합니다. 다른 텍스트 분할기와 달리 SemanticChunker는 의미 단위로 청크를 분할하므로 청크 크기나 오버랩을 지정하지 않습니다.

```
from langchain_experimental.text_splitter import SemanticChunker
from langchain_openai.embeddings import OpenAIEmbeddings
from dotenv import load_dotenv

load_dotenv()

text_splitter = SemanticChunker(OpenAIEmbeddings())          # SemanticChunker 초기화
```

03 `text_splitter`를 사용하여 `file` 텍스트를 문서 단위로 분할합니다. 분할된 청크를 확인해 보겠습니다.

```
chunks = text_splitter.split_text(file)
print(chunks[0])         # 첫 번째 청크를 출력
```

```
Semantic Search

정의: 의미론적 검색은 사용자의 질의를 단순한 키워드 매칭을 넘어서 그 의미를 파악하여 관련된 결과를 반환하는 검색 방식입니다. 예시: 사용자가 "태양계 행성"이라고 검색하면, "목성", "화성" 등과 같이 관련된 행성에 대한 정보를 반환합니다. 연관키워드: 자연어 처리, 검색 알고리즘, 데이터 마이닝

Embedding

정의: 임베딩은 단어나 문장 같은 텍스트 데이터를 저차원의 연속적인 벡터로 변환하는 과정입니다. 이를 통해 컴퓨터가 텍스트를 이해하고 처리할 수 있게 합니다. 예시: "사과"라는 단어를 [0.65, -0.23, 0.17]과 같은 벡터로 표현합니다. 연관키워드: 자연어 처리, 벡터화, 딥러닝
...

Word2Vec

정의: Word2Vec은 단어를 벡터 공간에 매핑하여 단어 간의 의미적 관계를 나타내는 자연어 처리 기술입니다. 이는 단어의 문맥적 유사성을 기반으로 벡터를 생성합니다.
```

04 create_documents() 함수를 사용하여 청크를 document 객체로 변환합니다. 그중 첫 번째 문서를 출력해 보겠습니다.

```
docs = text_splitter.create_documents([file])
print(docs[0].page_content)   # 첫 번째 문서의 내용을 출력
```

```
Semantic Search

정의: 의미론적 검색은 사용자의 질의를 단순한 키워드 매칭을 넘어서 그 의미를 파악하여 관
련된 결과를 반환하는 검색 방식입니다. 예시: 사용자가 "태양계 행성"이라고 검색하면, "목
성", "화성" 등과 같이 관련된 행성에 대한 정보를 반환합니다. 연관키워드: 자연어 처리, 검
색 알고리즘, 데이터 마이닝

Embedding

정의: 임베딩은 단어나 문장 같은 텍스트 데이터를 저차원의 연속적인 벡터로 변환하는 과정입
니다. 이를 통해 컴퓨터가 텍스트를 이해하고 처리할 수 있게 합니다. 예시: "사과"라는 단어
를 [0.65, -0.23, 0.17]과 같은 벡터로 표현합니다. 연관키워드: 자연어 처리, 벡터화, 딥러닝
...
```

SemanticChunker의 문장 분할 기준점 설정하기

SemanticChunker는 의미가 유사한 문장들을 묶는 역할을 합니다. 세부적인 동작 방식은 다음과 같습니다. 먼저 문장 간 유사도를 계산한 뒤, 각 문장 쌍 사이의 거리로 나타냅니다. 그런 다음 계산된 거리 값들을 그래프 형태로 표현하여 문장들 간 거리가 가까운 경우와 먼 경우를 파악합니다. 문장 간 거리를 기준으로 텍스트를 나누는 지점인 분할 기준점(break point)을 지정합니다. 즉, 이 임계값을 넘는 지점에서 문장이 분리되어 하나의 청크를 이루게 됩니다.

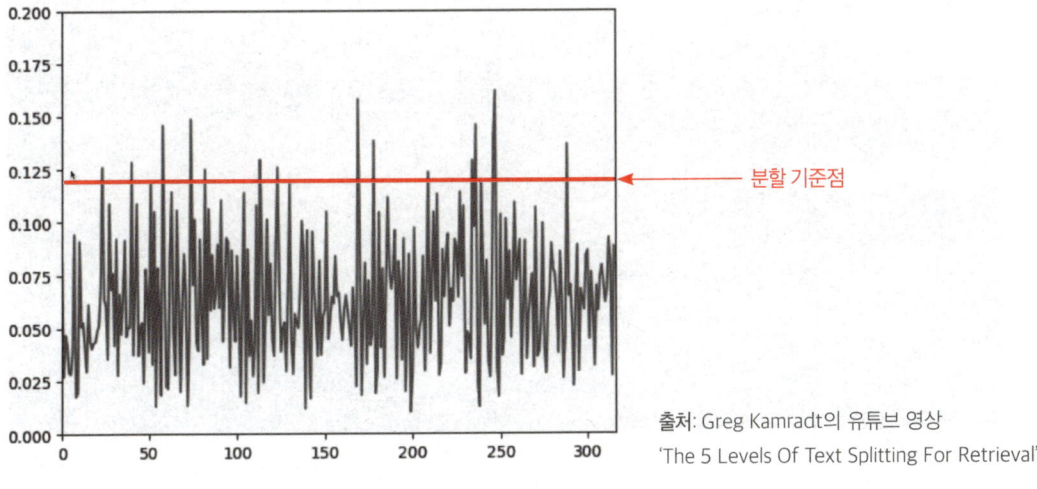

출처: Greg Kamradt의 유튜브 영상
'The 5 Levels Of Text Splitting For Retrieval'

분할 기준점의 임계값은 백분위수, 표준편차, 사분위수 범위 등으로 지정할 수 있습니다. 먼저 기본적인 분리 방식은 백분위수(percentile)입니다. 문장 간 모든 차이를 계산한 다음, 지정한 백분위수를 기준으로 분리합니다. 다음 코드에서는 `breakpoint_threshold_amount`를 70으로 지정했는데, 즉 70% 이상의 유사도를 가진 문장 간에는 청크를 나누지 않고 함께 묶습니다. 달리 말하면 유사도가 70% 미만으로 떨어지는 지점에서 청크가 분리된다는 뜻입니다.

```python
text_splitter = SemanticChunker(
    OpenAIEmbeddings(),     # SemanticChunker를 초기화
    breakpoint_threshold_type="percentile",    # 백분위수 기준
    breakpoint_threshold_amount=70,
)

docs = text_splitter.create_documents([file])
for i, doc in enumerate(docs[:5]):
    print(f"[Chunk {i}]", end="\n\n")
    print(doc.page_content)    # 분할된 문서 중 첫 번째 문서의 내용을 출력
    print("===" * 20)

print(len(docs))    # docs의 길이를 출력(27개)
```

```
[Chunk 0]
Semantic Search
정의: 의미론적 검색은 사용자의 질의를 단순한 키워드 매칭을 넘어서 그 ...

Embedding
정의: 임베딩은 단어나 문장 같은 텍스트 데이터를 저차원의 연속적인 ...
============================================================
[Chunk 1]
예시: "사과"라는 단어를 [0.65, -0.23, 0.17]과 같은 벡터로 표현합니다. ...

Token
정의: 토큰은 텍스트를 더 작은 단위로 분할하는 것을 의미합니다. ...
============================================================
[Chunk 2]
예시: 문장 "나는 학교에 간다"를 "나는", "학교에", "간다"로 분할 ...

Tokenizer
정의: 토크나이저는 텍스트 데이터를 토큰으로 분할하는 도구입니다. ...
============================================================
[Chunk 3]
예시: "I love programming."이라는 문장을 ["I", "love", "programming", "."]...
```

```
VectorStore
정의: 벡터스토어는 벡터 형식으로 변환된 데이터를 저장하는 …
=============================================================
[Chunk 4]
예시: 단어 임베딩 벡터들을 데이터베이스에 저장하여 빠르게 …

SQL
정의: SQL(Structured Query Language)은 데이터베이스에서 …
=============================================================
```

SemanticChunker에서 문장 간 유사도 값을 표준편차(standard deviation) 기준으로 청크로 나눌 수도 있습니다. 표준편차란 값들이 평균으로부터 얼마나 떨어져 있는지를 측정하는 값을 말합니다. 유사도 값들의 표준편차를 활용하여 문장 간 거리가 평균에서 유의미하게 크게 벗어난 지점을 기준으로 텍스트를 분리합니다. 다음 코드에서 breakpoint_threshold_amount를 1.25로 지정하면 문장 간 거리(유사도)가 평균에서 1.25보다 큰 지점을 청크의 분할 기준점으로 삼습니다.

```python
text_splitter = SemanticChunker(
    OpenAIEmbeddings(),   # SemanticChunker를 초기화
    breakpoint_threshold_type="standard_deviation", # 표준편차 기준
    breakpoint_threshold_amount=1.25,
)

docs = text_splitter.create_documents([file])
for i, doc in enumerate(docs[:5]):
    print(f"[Chunk {i}]", end="\n\n")
    print(doc.page_content)   # 첫 번째 문서의 내용을 출력
    print("===" * 20)

print(len(docs))   # docs의 길이를 출력(14개)
```

사분위수 범위(interquartile range)를 사용하여 청크를 분할할 수도 있습니다. 사분위수 범위는 데이터 분포에서 가운데 50%의 범위를 나타냅니다. 다음 코드에서는 breakpoint_threshold_amount를 0.5로 지정했는데, 문장의 유사도가 사분위수 범위의 0.5배 범위를 벗어나면 새로운 청크를 생성하도록 합니다.

```python
text_splitter = SemanticChunker(
    OpenAIEmbeddings(),           # SemanticChunker를 초기화
    breakpoint_threshold_type="interquartile",   # 사분위수 범위 기준
    breakpoint_threshold_amount=0.5,
)

docs = text_splitter.create_documents([file])

for i, doc in enumerate(docs[:5]):
    print(f"[Chunk {i}]", end="\n\n")
    print(doc.page_content)
    print("===" * 20)              # 첫 번째 문서의 내용을 출력

print(len(docs))   # docs의 길이를 출력(23개)
```

앞서 살펴본 기준 가운데 어느 것이 더 적합한지는 실제로 테스트해 보기 전에는 알 수 없으므로 다양한 설정을 적용해 결과를 비교해 보기 바랍니다. 만약 결과가 기대에 미치지 못한다면 다른 분할 전략을 시도한 후 결과를 다시 평가해 보면 됩니다.

(05) 코드 분할하기

RecursiveCharacterTextSplitter는 텍스트를 문자 단위로 재귀적으로 분할하는 텍스트 분할기입니다. 여기서 language 매개변수를 지정하면 다양한 프로그래밍 언어로 작성된 코드를 효과적으로 분할할 수 있습니다. 예를 들어, GitHub 저장소의 코드를 기반으로 코드 중심의 RAG 시스템을 구축하거나, 코드 관련 질문에 답변하는 서비스나 코드를 교정하는 시스템을 만들고자 할 때 유용합니다.

실습 파일 **07-TextSplitter/05-CodeSplitter.ipynb**를 열어 봅니다. language 매개변수에 파이썬 언어를 지정하고 예시 코드를 분할합니다.

```python
from langchain_text_splitters import (
    Language, RecursiveCharacterTextSplitter,
)

PYTHON_CODE = """
def hello_world():
```

```
    print("Hello, World!")

hello_world()
"""

python_splitter = RecursiveCharacterTextSplitter.from_language(
    language=Language.PYTHON, chunk_size=50, chunk_overlap=0
)

python_docs = python_splitter.create_documents([PYTHON_CODE])

for doc in python_docs:
    print(doc.page_content, end="\n=================\n")
```

```
def hello_world():
    print("Hello, World!")
=================
hello_world()
=================
```

파이썬 말고도 자바스크립트, 타입스크립트, 마크다운, LaTeX, HTML, Solidity, C# 등 다양한 언어에도 적용할 수 있으니 실습 파일을 확인해 보기 바랍니다.

(06) 마크다운 헤더로 분할하기

`MarkdownHeaderTextSplitter`는 문서를 지정된 헤더(header)를 기준으로 분할합니다. PDF 같은 일반 문서와 달리 마크다운 문서의 가장 큰 장점은 헤더와 같은 뚜렷한 구분점이 있어서 텍스트를 의미 단위로 분할하기 편리합니다. 보고서에서 소제목으로 내용을 나누듯이 마크다운 문서에서도 헤더를 기준으로 텍스트를 나누면 더 깔끔하고 체계적인 청크를 생성할 수 있습니다. 이는 단순히 글자 수로 나누는 것보다, 문서의 구조적 요소를 활용해 공통된 맥락을 유지하면서 연관된 정보를 묶는 데 효과적입니다.

01 실습 파일 **07-TextSplitter/06-MarkdownHeaderTextSplitter.ipynb**를 열어 봅니다. MarkdownHeaderTextSplitter를 사용하여 마크다운 형식의 텍스트를 헤더 단위(#, ##, ### 등)를 기준으로 텍스트를 분할합니다. markdown_document 변수에 마크다운 형식의 문서가 할당됩니다.

```
from langchain_text_splitters import MarkdownHeaderTextSplitter

# 마크다운 형식의 문서를 문자열로 정의
markdown_document = "# Title\n\n## 1. SubTitle\n\nHi this is Jim\n\nHi this is Joe\n\n### 1-1. Sub-SubTitle \n\nHi this is Lance \n\n## 2. Baz\n\nHi this is Molly"
print(markdown_document)
```

```
# Title
## 1. SubTitle
Hi this is Jim
Hi this is Joe
### 1-1. Sub-SubTitle
Hi this is Lance
## 2. Baz
Hi this is Molly
```

02 headers_to_split_on 리스트에는 마크다운 헤더 레벨과 해당 레벨의 이름이 튜플 형태로 정의됩니다. #은 대제목(Header 1), ##은 중제목(Header 2), ###은 소제목(Header 3)으로 헤더 레벨을 지정해서 메타데이터에 포함해 분할할 것입니다.

```
headers_to_split_on = [  # 문서를 분할할 헤더 레벨과 해당 레벨의 이름을 정의
    (
        "#",
        "Header 1",
    ),  # 헤더 레벨 1은 '#'로 표시되며, 'Header 1'이라는 이름을 가집니다.
    (
        "##",
        "Header 2",
    ),  # 헤더 레벨 2는 '##'로 표시되며, 'Header 2'라는 이름을 가집니다.
    (
        "###",
        "Header 3",
    ),  # 헤더 레벨 3은 '###'로 표시되며, 'Header 3'이라는 이름을 가집니다.
]
```

03 MarkdownHeaderTextSplitter 클래스를 사용하여 markdown_splitter 객체를 생성하며, headers_to_split_on 매개변수로 분할 기준이 되는 헤더 레벨을 전달합니다. split_text() 메서드를 호출하여 markdown_document를 헤더 레벨에 따라 분할합니다.

```
markdown_splitter = MarkdownHeaderTextSplitter(
  headers_to_split_on=headers_to_split_on
)

md_header_splits = markdown_splitter.split_text(markdown_document)
```

04 각 텍스트 청크(page_content)는 헤더를 기준으로 분할되었습니다. 출력 결과를 보면 헤더가 텍스트에서 제거되고 메타데이터로 표현되어 각 청크가 어떤 헤더와 연결되어 있는지 명확히 나타냅니다.

```
for header in md_header_splits:
  print(f"{header.page_content}")
  print(f"{header.metadata}", end="\n=====================\n")
```

```
Hi this is Jim
Hi this is Joe
{'Header 1': 'Title', 'Header 2': '1. SubTitle'}
=====================
Hi this is Lance
{'Header 1': 'Title', 'Header 2': '1. SubTitle', 'Header 3': '1-1. Sub-SubTitle'}
=====================
Hi this is Molly
{'Header 1': 'Title', 'Header 2': '2. Baz'}
=====================
```

05 앞에서 확인했듯 기본적으로 MarkdownHeaderTextSplitter는 분할되는 헤더를 출력 청크의 내용에서 제거합니다. 이는 strip_headers = False로 비활성화할 수 있습니다.

```
markdown_splitter = MarkdownHeaderTextSplitter(
  headers_to_split_on=headers_to_split_on,     # 분할할 헤더를 지정
  strip_headers = False,    # 헤더를 제거하지 않도록 설정
)

# 마크다운 문서를 헤더를 기준으로 분할
md_header_splits = markdown_splitter.split_text(markdown_document)
```

```python
for header in md_header_splits:  # 분할된 결과를 출력
    print(f"{header.page_content}")
    print(f"{header.metadata}", end="\n=====================\n")
```

```
# Intro
## History
Markdown[9] is a lightweight markup language for creating formatted text using a plain-
text editor. John Gruber created Markdown in 2004 as a markup language that is appealing
to human readers in its source code form.[9]
Markdown is widely used in blogging, instant messaging, online forums, collaborative
software, documentation pages, and readme files.
{'Header 1': 'Intro', 'Header 2': 'History'}
=====================
## Rise and divergence
As Markdown popularity grew rapidly, many Markdown implementations appeared, driven
mostly by the need for
additional features such as tables, footnotes, definition lists,[note 1] and Markdown
inside HTML blocks.
#### Standardization
From 2012, a group of people, including Jeff Atwood and John MacFarlane, launched what
Atwood characterised as a standardisation effort.
{'Header 1': 'Intro', 'Header 2': 'Rise and divergence'}
=====================
# Implementations
Implementations of Markdown are available for over a dozen programming languages.
{'Header 1': 'Implementations'}
=====================
```

06 마크다운 문서를 헤더 기준으로 분할한 뒤, 분할된 결과를 다시 문자 단위로 분할할 수도 있습니다. 먼저 `MarkdownHeaderTextSplitter` 사용하여 마크다운 문서를 Header 1(#) 기준으로 분할합니다.

```python
from langchain_text_splitters import RecursiveCharacterTextSplitter

markdown_document = "# Intro \n\n## History \n\nMarkdown[9] is a lightweight markup language for creating formatted text using a plain-text editor. John Gruber created Markdown in 2004 as a markup language that is appealing to human readers in its source code form.[9] \n\nMarkdown is widely used in blogging, instant messaging, online forums, collaborative software, documentation pages, and readme files. \n\n## Rise and divergence \n\nAs Markdown popularity grew rapidly, many Markdown implementations appeared, driven mostly by the need for \n\nadditional features such as tables, footnotes, definition lists,[note 1] and Markdown inside HTML blocks. \n\n#### Standardization \n\nFrom 2012,
```

```
a group of people, including Jeff Atwood and John MacFarlane, launched what Atwood
characterised as a standardisation effort. \n\n# Implementations \n\nImplementations of
Markdown are available for over a dozen programming languages."

headers_to_split_on = [
    ("#", "Header 1"),  # 분할할 헤더 레벨과 해당 레벨의 이름을 지정
]

# 마크다운 문서를 헤더 레벨에 따라 분할
markdown_splitter = MarkdownHeaderTextSplitter(
    headers_to_split_on=headers_to_split_on, strip_headers=False
)
md_header_splits = markdown_splitter.split_text(markdown_document)

for header in md_header_splits:  # 분할된 결과를 출력
    print(f"{header.page_content}")
    print(f"{header.metadata}", end="\n====================\n")
```

```
# Intro
## History
Markdown[9] is a lightweight markup language for creating formatted text using a plain-
text editor. John Gruber created Markdown in 2004 as a markup language that is appealing
to human readers in its source code form.[9]
Markdown is widely used in blogging, instant messaging, online forums, collaborative
software, documentation pages, and readme files.
## Rise and divergence
As Markdown popularity grew rapidly, many Markdown implementations appeared, driven
mostly by the need for additional features such as tables, footnotes, definition
lists,[note 1] and Markdown inside HTML blocks.
#### Standardization
From 2012, a group of people, including Jeff Atwood and John MacFarlane, launched what
Atwood characterised as a standardisation effort.
{'Header 1': 'Intro'}
====================
# Implementations
Implementations of Markdown are available for over a dozen programming languages.
{'Header 1': 'Implementations'}
====================
```

07 MarkdownHeaderTextSplitter로 분할된 결과를 다시 RecursiveCharacterTextSplitter를 이용해 문자 단위로 세부 분할합니다. 기존의 헤더 정보(metadata)는 그대로 유지됩니다.

```python
chunk_size = 200           # 분할된 청크 크기를 지정
chunk_overlap = 20         # 분할된 청크 간의 중복되는 문자 수를 지정
text_splitter = RecursiveCharacterTextSplitter(
    chunk_size=chunk_size, chunk_overlap=chunk_overlap
)

# 문자 단위로 분할
splits = text_splitter.split_documents(md_header_splits)

for header in splits:      # 분할된 결과를 출력
    print(f"{header.page_content}")
    print(f"{header.metadata}", end="\n====================\n")
```

```
# Intro
## History
{'Header 1': 'Intro'}
====================
Markdown[9] is a lightweight markup language for creating formatted text using a plain-text editor. John Gruber created Markdown in 2004 as a markup language that is appealing to human readers in its
{'Header 1': 'Intro'}
====================
readers in its source code form.[9]
{'Header 1': 'Intro'}
====================
Markdown is widely used in blogging, instant messaging, online forums, collaborative software, documentation pages, and readme files.
## Rise and divergence
{'Header 1': 'Intro'}
====================
As Markdown popularity grew rapidly, many Markdown implementations appeared, driven mostly by the need for
{'Header 1': 'Intro'}
====================
additional features such as tables, footnotes, definition lists,[note 1] and Markdown inside HTML blocks.
#### Standardization
{'Header 1': 'Intro'}
====================
```

```
From 2012, a group of people, including Jeff Atwood and John MacFarlane, launched what
Atwood characterised as a standardisation effort.
{'Header 1': 'Intro'}
====================
# Implementations
Implementations of Markdown are available for over a dozen programming languages.
{'Header 1': 'Implementations'}
====================
```

07 HTML 헤더로 분할하기

HTMLHeaderTextSplitter는 MarkdownHeaderTextSplitter와 개념적으로 유사합니다. 마크다운 문서에서는 # 기호로 헤더를 구분하지만, HTML 문서에서는 <h1>, <h2>, <h3>와 같은 h 태그를 사용해 헤더를 구분합니다. HTMLHeaderTextSplitter는 이러한 h 태그를 기준으로 텍스트를 분할합니다.

01 실습 파일 **07-TextSplitter/07-HTMLHeaderTextSplitter.ipynb**를 열어 봅니다. 예시 HTML을 보면 '헤더 1 → 헤더 2-1 제목 → 헤더 3-1 제목'과 같은 계층 구조를 따라 텍스트가 나뉩니다. 각 청크가 헤더 및 본문으로 분리되었습니다.

```
from langchain_text_splitters import HTMLHeaderTextSplitter

html_string = """
<!DOCTYPE html>
<html>
<body>
    <div>
        <h1>헤더1</h1>
        <p>헤더1에 포함된 본문</p>
        <div>
            <h2>헤더2-1 제목</h2>
            <p>헤더2-1에 포함된 본문</p>
            <h3>헤더3-1 제목</h3>
            <p>헤더3-1에 포함된 본문</p>
            <h3>헤더3-2 제목</h3>
            <p>헤더3-2에 포함된 본문</p>
        </div>
```

```
        <div>
            <h2>헤더2-2 제목2</h2>
            <p>헤더2-2에 포함된 본문</p>
        </div>
        <br>
        <p>마지막 내용</p>
    </div>
</body>
</html>
"""
```

02 headers_to_split_on 매개변수로 분할 기준이 되는 헤더 태그와 이름(h1, h2, h3)을 튜플 형태로 지정합니다.

```
headers_to_split_on = [
    ("h1", "Header 1"),    # 헤더 태그와 헤더 이름을 지정
    ("h2", "Header 2"),
    ("h3", "Header 3"),
]
```

03 split_text() 메서드를 호출하여 HTML 문서 구조를 탐색하며 설정된 헤더 태그를 찾고 각 헤더 아래의 내용을 분할하여 반환합니다. 분할된 결과는 리스트 형태로 저장되며, 각 요소는 분할된 텍스트와 해당 텍스트(page_content)와 연결된 헤더 정보(metadata)를 포함합니다.

```
html_splitter = HTMLHeaderTextSplitter(
    headers_to_split_on=headers_to_split_on
)
html_header_splits = html_splitter.split_text(html_string)
```

04 분할한 결과를 출력해 보겠습니다. 먼저 헤더 1을 탐지하여 독립적으로 분리하는데, 이때 메타데이터는 비어 있고 텍스트는 헤더 1만 포함됩니다. 헤더 1에 포함된 본문과 하위 헤더 제목들(헤더 2-1 제목, 헤더 3-1 제목, 헤더 3-2 제목)을 하나의 청크로 생성합니다. 헤더 2-1을 기준으로 본문을 분리하고, 하위 헤더인 헤더 3-1과 헤더 3-2의 본문도 각각 독립적인 청크로 생성됩니다. 헤더 2-2와 관련된 본문 역시 같은 방식으로 분리되며, 마지막에 위치한 텍스트는 헤더 1 메타데이터와 함께 별도의 청크로 저장됩니다.

```
for header in html_header_splits:      # 분할된 결과를 출력
    print(f"{header.page_content}")
    print(f"{header.metadata}", end="\n=====================\n")
```

```
헤더1
{}
=====================
헤더1 에 포함된 본문
헤더2-1 제목 헤더3-1 제목 헤더3-2 제목
{'Header 1': '헤더1'}
=====================
헤더2-1 에 포함된 본문
{'Header 1': '헤더1', 'Header 2': '헤더2-1 제목'}
=====================
헤더3-1 에 포함된 본문
{'Header 1': '헤더1', 'Header 2': '헤더2-1 제목', 'Header 3': '헤더3-1 제목'}
=====================
헤더3-2 에 포함된 본문
{'Header 1': '헤더1', 'Header 2': '헤더2-1 제목', 'Header 3': '헤더3-2 제목'}
=====================
헤더2-2 제목2
{'Header 1': '헤더1'}
=====================
헤더2-2 에 포함된 본문
{'Header 1': '헤더1', 'Header 2': '헤더2-2 제목2'}
=====================
마지막 내용
{'Header 1': '헤더1'}
=====================
```

05 앞의 과정과 같이 HTMLHeaderTextSplitter로 분할된 텍스트가 여전히 길 경우 RecursiveCharacterTextSplitter와 같은 분할기를 추가해서 내용의 길이를 기준으로 2차 분할을 수행할 수 있습니다. 이때 HTMLHeaderTextSplitter에서 생성된 메타데이터는 유지되며, 청크가 길이 기준으로 더 나뉘더라도 원래의 문서 구조 정보를 잃지 않습니다.

```python
from langchain_text_splitters import RecursiveCharacterTextSplitter

url = "https://plato.stanford.edu/entries/goedel/"   # 분할할 텍스트의 URL을 지정

headers_to_split_on = [   # HTML 헤더 태그와 헤더의 이름을 지정
    ("h1", "Header 1"),
    ("h2", "Header 2"),
    ("h3", "Header 3"),
    ("h4", "Header 4"),
]

html_splitter = HTMLHeaderTextSplitter(
    headers_to_split_on=headers_to_split_on
)
html_header_splits = html_splitter.split_text_from_url(url)

chunk_size = 500          # 청크의 크기를 지정
chunk_overlap = 30        # 청크 간의 중복되는 문자 수를 지정
# 텍스트를 재귀적으로 분할하는 RecursiveCharacterTextSplitter 객체를 생성
text_splitter = RecursiveCharacterTextSplitter(
    chunk_size=chunk_size, chunk_overlap=chunk_overlap
)

# HTML 헤더로 분할된 텍스트를 다시 청크 크기에 맞게 분할
splits = text_splitter.split_documents(html_header_splits)

# 분할된 텍스트 중 80번째부터 85번째까지의 청크를 출력
for header in splits[80:85]:
    print(f"{header.page_content}")
    print(f"{header.metadata}", end="\n=====================\n")
```

 **HTMLHeaderTextSplitter의 한계**

HTMLHeaderTextSplitter는 HTML 문서의 구조가 불규칙적이거나 예상과 다를 경우 원하는 결과를 얻지 못할 수도 있습니다. 실제 웹 문서에서는 <h1>→<h2>→<h3> 같은 계층 구조가 일관되지 않게 배치될 수도 있기 때문입니다. 이렇게 되면 HTMLHeaderTextSplitter는 특정 헤더와 연결된 텍스트를 제대로 인식하지 못하게 됩니다.

예를 들어, 특정 뉴스 웹사이트에서 <h1> 태그는 주요 헤드라인을 나타내지만, 관련 본문 텍스트는 전혀 다른 HTML 구조 내에 위치하는 경우가 있습니다. 이로 인해 HTMLHeaderTextSplitter는 <h1>의 텍스트를 청크 메타데이터에서 빠뜨리게 됩니다.

```python
from langchain_text_splitters import HTMLHeaderTextSplitter
# 분할할 HTML 페이지의 URL을 지정
url = "https://www.cnn.com/2023/09/25/weather/el-nino-winter-us-climate/index.html"
# 헤더 태그 기준으로 텍스트를 분할합니다.
headers_to_split_on = [
("h1", "Header 1"),
("h2", "Header 2"),
]
# HTMLHeaderTextSplitter 객체 생성
html_splitter = HTMLHeaderTextSplitter(headers_to_split_on=headers_to_split_on)
# 지정된 URL의 HTML 페이지를 분할
html_header_splits = html_splitter.split_text_from_url(url)
# 분할된 결과를 출력
for header in html_header_splits:
    print(f"{header.page_content[:100]}")
    print(f"{header.metadata}", end="\n=====================\n")
```

따라서 HTMLHeaderTextSplitter를 사용하기 전, 가져오고자 하는 웹사이트의 HTML 구조를 먼저 확인하는 것이 중요합니다. 만약 HTML 구조가 지나치게 불규칙하거나 원하는 데이터를 누락하는 경우 RecursiveCharacterTextSplitter 같은 다른 분할기를 사용하는 것이 더 낫습니다.

08 JSON 단위로 분할하기

RecursiveJsonSplitter는 JSON 데이터를 깊이 우선(depth-first traversal) 방식으로 탐색하여 더 작은 JSON 청크를 생성합니다. 이 분할기는 JSON 데이터가 중간에 잘리지 않도록 중첩된 JSON 객체를 가능한 한 유지하려고 시도하지만, 청크 크기를 min_chunk_size와 max_chunk_size 사이로 유지하기 위해 필요한 경우 객체를 분할합니다. 값이 중첩된 JSON이 아니라 매우 큰 문자열인 경우 해당 문자열은 분할되지 않습니다. 청크 크기에 대한 엄격한 제한이 필요하다면 이 RecursiveJsonSplitter 다음에 RecursiveTextSplitter를 사용하여 해당 청크를 처리하는 것도 고려해 볼 수 있습니다.

01 실습 파일 **07-TextSplitter/08-RecursiveJsonSplitter.ipynb**를 열어 봅니다. 먼저 openapi.json 데이터를 가져오겠습니다. 가져온 JSON 데이터는 json() 메서드를 통해 키와 값의 쌍으로 된 딕셔너리 형태로 변환되어 json_data 변수에 저장됩니다.

```python
import requests

# JSON 데이터를 로드
json_data = requests.get("https://api.smith.langchain.com/openapi.json").json()
```

02 RecursiveJsonSplitter를 사용하여 JSON 데이터를 분할해 보겠습니다. JSON 데이터를 최대 300자 크기의 청크로 분할하는 RecursiveJsonSplitter 객체를 생성합니다.

```python
from langchain_text_splitters import RecursiveJsonSplitter

splitter = RecursiveJsonSplitter(max_chunk_size=300)
```

03 split_json() 메서드를 사용하여 JSON 데이터를 재귀적으로 분할합니다. 작은 JSON 조각에 접근하거나 조작해야 하는 경우에 사용합니다. splitter.create_documents() 메서드를 사용하여 JSON 데이터를 document 형식으로 변환합니다. split_text() 메서드로 JSON 데이터를 문자열로 변환한 후 이를 max_chunk_size에 맞춰 청크 단위로 나눕니다.

```python
json_chunks = splitter.split_json(json_data=json_data)

# JSON 데이터를 기반으로 문서를 생성
docs = splitter.create_documents(texts=[json_data])

# JSON 데이터를 기반으로 문자열 청크를 생성
texts = splitter.split_text(json_data=json_data)
```

04 JSON 데이터를 기반으로 생성된 첫 번째 document 객체의 내용과 텍스트로 분할한 첫 번째 문자열 청크를 출력합니다. 두 결과 모두 300자 기준으로 JSON 파일이 잘 분할된 것을 확인할 수 있습니다.

```
print(docs[0].page_content)      # 첫 번째 문자열을 출력
print("===" * 20)
print(texts[0])                  # 분할된 문자열 청크를 출력
```

```
{"openapi": "3.1.0", "info": {"title": "LangSmith", "version": "0.1.0"}, "paths": {"/
api/v1/sessions/{session_id}": {"get": {"tags": ["tracer-sessions"], "summary": "Read
Tracer Session", "description": "Get a specific session."}}}}
========================================================
{"openapi": "3.1.0", "info": {"title": "LangSmith", "version": "0.1.0"}, "paths": {"/
api/v1/sessions/{session_id}": {"get": {"tags": ["tracer-sessions"], "summary": "Read
Tracer Session", "description": "Get a specific session."}}}}
```

05 그런데 texts[2]를 출력해 보면 크기 제한 300을 넘는 청크가 있는데, 해당 청크에 리스트 객체가 포함되어 있습니다. 이는 RecursiveJsonSplitter가 리스트 객체는 중간에 분할하지 않기 때문입니다. 그래서 리스트가 긴 경우 청크 역시 자칫 지나치게 길어질 수 있습니다.

```
print([len(text) for text in texts][:10])    # 청크 크기를 확인
print(texts[1])                               # 크기 제한 넘는 청크 출력
```

```
[232, 197, 469, 210, 213, 237, 271, 191, 232, 215]
{"paths": {"/api/v1/sessions/{session_id}": {"get": {"operationId": "read_tracer_
session_api_v1_sessions__session_id__get", "security": [{"API Key": []}, {"Tenant ID":
[]}, {"Bearer Auth": []}]}}}}
```

06 texts[2] 청크를 다음과 같이 json 모듈을 사용하여 파싱할 수 있습니다.

```
import json

json_data = json.loads(texts[2])
json_data["paths"]
```

07 이처럼 긴 청크를 분할하려면 convert_lists 매개변수를 True로 설정하여 JSON 내의 리스트를 키와 값의 쌍으로 변환할 수 있습니다. 결과를 출력해 보면 리스트가 제거되고 작은 청크로 분리되어 있습니다.

```
texts = splitter.split_text(json_data=json_data, convert_lists=True)
print(texts[1])          # 딕셔너리로 변환된 결과를 확인
```

```
{"paths": {"/api/v1/sessions/{session_id}/dashboard": {"post": {"parameters": {"1": {"name": "accept", "in": "header", "required": false, "schema": {"anyOf": {"0": {"type": "string"}, "1": {"type": "null"}}, "title": "Accept"}}}}}}}
```

PART 05

벡터 스토어와 리트리버

벡터 스토어는 RAG 시스템에서 임베딩 벡터를 저장하고 검색하는 데이터베이스로, 의미 검색을 통해 관련 정보를 빠르게 조회할 수 있습니다. 리트리버는 사용자의 질문과 가장 관련성이 높은 정보를 벡터 데이터베이스에서 찾아 제공하는 역할을 합니다. 검색 품질은 RAG 시스템의 답변 정확도와 LLM의 성능에 직접적인 영향을 미치므로, 효과적인 검색 전략을 적용하는 것이 중요합니다.

CHAPTER 11 임베딩

학습목표

임베딩은 RAG의 사전 처리 단계에서 세 번째에 해당합니다. 앞서 문서를 로드하면 여러 가지 텍스트 분할기를 이용해 문서를 청크로 잘게 쪼개는 작업을 했습니다. 이렇게 자른 청크들을 벡터 스토어라는 데이터베이스에 저장하기 전에 벡터화된 숫자 표현으로 변환하는 과정이 바로 임베딩입니다. 임베딩을 이해하는 것으로 시작해 보겠습니다.

임베딩(embedding)을 이해하기 위해 다음과 같이 텍스트 분할 단계에서 단락(청크)으로 쪼개 놓은 문서를 예로 들어 보겠습니다. 이 단락 각각에 대해 임베딩 변환을 하면 여러 개의 숫자(차원)로 이루어진 벡터 값이 나옵니다. 벡터의 차원이란 텍스트의 특징을 수학적으로 표현하는 공간의 크기를 나타내며, 가령 벡터 값이 1024차원이라면 여기에 1024개의 숫자가 저장되어 있다는 뜻입니다.

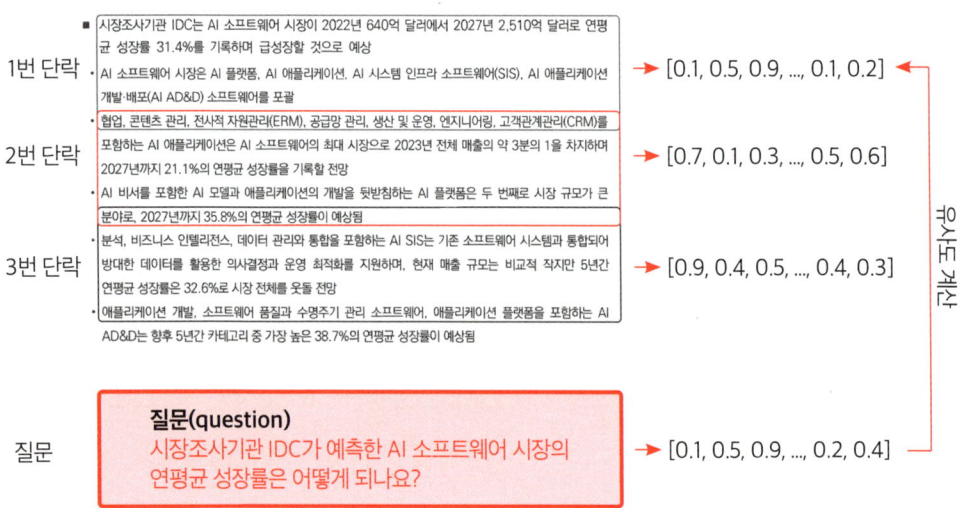

로드한 문서뿐만 아니라 사용자의 질문도 임베딩 변환이 필요합니다. 사용자가 리트리버 (retriever) 단계에서 질문을 할 때 이 질문은 텍스트 형태입니다. 그러나 LLM은 텍스트를 직접 처리하지 못하므로, 텍스트의 의미를 수학적으로 이해해서 0.1, 0.5, 0.9와 같은 숫자 벡터로 변환하는 것이죠. 벡터 스토어에 저장된 각 청크의 숫자 표현은 나중에 사용자가 질문을 입력했을 때 질문의 벡터 표현과 비교되어 유사도를 측정합니다. 이 과정에서 질문과 문서 청크의 의미적 유사도를 계산해 가장 관련성이 높은 문서를 반환합니다.

여기서 우리가 할 일은 청크나 질문을 임베딩하거나 유사도를 계산할 때 어떠한 알고리즘을 쓸지 정하는 것입니다. 임베딩 알고리즘마다 생성하는 벡터의 차원이 서로 다릅니다. 일반적으로 차원이 높아지면 데이터를 세부적이고 정교하게 표현할 수 있지만 차원이 높다고 해서 반드시 성능이 향상되는 것은 아닙니다. 또한 알고리즘마다 유사도를 계산하는 결과도 다르게 나옵니다. 따라서 특정 RAG 프로세스에 적합한 임베딩 알고리즘은 사용 목적과 데이터를 고려하여 직접 테스트해 보면서 선택하는 것이 중요합니다.

보통 입문 수준에서는 OpenAI 임베딩 모델을 자주 사용합니다. OpenAI 임베딩 모델은 다국어 지원이 가능하며, 다양한 환경에서 무난하게 활용될 수 있는 모델로 평가됩니다. OpenAI 임베딩 말고도 Hugging Face, Upstage, Ollama의 오픈소스 임베딩 모델을 활용할 수 있습니다.

OpenAI 임베딩을 사용하는 이유는 두 가지로 요약할 수 있습니다. 첫 번째 이유는 다국어 지원과 준수한 성능입니다. OpenAI 임베딩은 한국어를 포함한 여러 언어에서 상식적으로 타당한 수준의 결과를 내놓습니다. 특히 유사도를 계산한 결과가 기대치와 일치하는 수준으로 정확도가 안정적입니다.

두 번째 이유는 하드웨어 자원의 효율적 사용입니다. 임베딩을 처리하는 데는 많은 하드웨어 리소스가 필요합니다. 특히 고성능 임베딩 모델은 크기가 크고 GPU 자원이 필요해 일반 랩톱에서는 실행하기 어렵습니다. 이럴 때 OpenAI 임베딩 API를 사용하면 OpenAI가 제공하는 서버 자원을 활용하여 임베딩을 처리할 수 있으므로 고성능 하드웨어 없이도 작업을 원활히 진행할 수 있습니다.

다만 OpenAI 임베딩은 클라우드 기반 API를 통해 제공되기 때문에 사용자가 처리하는 데이터양에 따라 비용이 증가합니다. 가령 문서의 양이 많으면 각각의 문서 청크를 임베딩해야 하므로 처리해야 할 데이터가 많아지고, 이에 비례해 비용도 높아질 수밖에 없습니다.

대용량 문서 처리나 임베딩 작업이 필요한 경우 비용 부담을 크게 줄이는 대안으로, Hugging Face에서 공개된 임베딩 모델들을 고려할 수 있습니다. 특히 한국어 처리 성능이 우수하면서도 무료인 BGE-M3이나 E5 모델이 대표적입니다. 하지만 Hugging Face 모델은 크기가 커서 로컬 환경에서 GPU 없이 실행하려면 임베딩 작업이 오래 걸릴 수 있습니다. 그래서 GPU 자원을 임대하여 임베딩 작업을 수행한 뒤, 결과물을 벡터 스토어나 데이터베이스(DB)에 저장하는 방법도 고려해 볼 수 있겠습니다.

또한 대규모 데이터 처리가 아니라면 Ollama에서 제공하는 무료 오픈소스 임베딩 모델도 추가 비용 없이 사용할 수 있는 대안입니다. 이 모델은 어느 정도 성능이 좋은 랩톱 컴퓨터라면 실행 가능하며, GPU를 활용하면 더 빠르게 처리할 수 있습니다.

앞으로 실습 파일을 통해 각 임베딩 알고리즘의 성능을 비교하며, 유사도 계산 결과가 활용 가능 수준인지 판단해야 합니다. 만족스럽지 않다면 OpenAI 임베딩이나 Upstage 임베딩처럼 과금이 발생하는 모델을 고려할 수 있습니다. 이 경우 예상 비용을 사전에 계산해 프로젝트 예산과 맞는지 검토하는 것이 중요합니다.

(01) OpenAIEmbeddings

OpenAIEmbeddings는 많은 사람들이 활용하는 대표적인 임베딩 알고리즘입니다. 다국어 처리 성능이 준수하여 다양한 언어에 무난하게 적용할 수 있으며, 특히 GPT API를 통해 임베딩과 LLM 작업 모두 쉽게 구현할 수 있어 코딩 부담이 적습니다.

🐾 OpenAIEmbeddings는 유료 서비스이기 때문에 대량의 문서를 처리할 경우 높은 비용이 발생할 수 있습니다.

01 실습 파일 **08-Embeddings/01-OpenAIEmbeddings.ipynb**를 열어 봅니다. 먼저 필요한 환경 변수를 설정합니다.

```
from langchain_teddynote import logging
from dotenv import load_dotenv

load_dotenv()
logging.langsmith("CH08-Embeddings")
```

02 OpenAIEmbeddings 지원 모델은 주로 다음 세 가지입니다. 대부분 기본값으로 `text-embedding-ada-002`를 사용합니다. 여기서 비용 효율은 사용료 1달러당 몇 페이지의 임베딩을 할 수 있는지를 나타내고, MTEB(Massive Text Embedding Benchmark)는 임베딩 모델의 성능을 평가하기 위한 대규모 벤치마크입니다.

모델명	비용 효율(Pages per Dollar)	성능(MTEB 평가)	최대 입력 크기
text-embedding-3-small	62,500페이지	62.3%	8,191 토큰
text-embedding-3-large	9,615페이지	64.6%	8,191 토큰
text-embedding-ada-002	12,500페이지	61.0%	8,191 토큰

03 `text-embedding-3-small` 모델을 사용하여 임베딩을 생성합니다.

```
from langchain_openai import OpenAIEmbeddings

embeddings = OpenAIEmbeddings(model="text-embedding-3-small")
```

04 예시 텍스트의 한 문장을 임베딩해 보겠습니다.

```
text = "임베딩 테스트를 하기 위한 샘플 문장입니다."
```

05 쿼리 임베딩은 사용자가 질문을 입력했을 때, 그 질문을 임베딩하여 처리하는 데 사용됩니다. 그래서 질문의 의미를 벡터로 변환하고, 이를 기반으로 검색이나 매칭 작업을 수행할 수 있습니다. `embed_query()` 메서드는 주어진 텍스트를 임베딩 벡터로 변환하는 함수입니다.

```
query_result = embeddings.embed_query(text)        # 텍스트를 임베딩
```

06 생성된 쿼리 결과는 `query_result`에 담기는데, 벡터 리스트 안에 몇 개의 숫자가 있는지 세어 보면 1536이 출력됩니다. 즉, `query_result`는 1536차원입니다.

```
len(query_result)
```

```
1536
```

07 query_result 리스트에서 처음 다섯 개 항목을 출력해 봅니다. 이처럼 임베딩이 되면 텍스트가 출력 결과와 같은 숫자들로 변환됨을 확인할 수 있습니다.

```
query_result[:5]        # 쿼리 결과의 처음 5개 항목을 선택
```

```
[-0.00776276458054781,
 0.03680367395281792,
 0.019545823335647583,
 -0.0196656696498394,
 0.017203375697135925]
```

08 문서 임베딩은 문서를 구성하는 단락(청크)을 벡터로 변환하는 것입니다. embed_documents() 함수는 텍스트 분할기로 쪼개진 여러 단락들을 리스트 형태로 받아 각 항목을 임베딩합니다. 다음과 같이 text를 네 번 반복해 리스트 형태로 넣으면 각 text 항목이 따로 임베딩됩니다. 각각의 벡터는 1536차원의 값을 가집니다.

```
doc_result = embeddings.embed_documents(
    [text, text, text, text]
)  # 텍스트를 임베딩하여 문서 벡터를 생성
```

09 함수 호출 결과로 반환된 임베딩 벡터는 doc_result 변수에 할당되었습니다. 문서 결과의 첫 번째 요소에서 처음 다섯 개 항목을 선택합니다.

```
doc_result[0][:5]
```

```
[-0.00776276458054781,
 0.03680367395281792,
 0.019545823335647583,
 -0.0196656696498394,
 0.017203375697135925]
```

10 임베딩을 생성할 때 차원을 조정할 수 있습니다. 벡터 데이터베이스가 지원하는 임베딩 차원이 우리가 생성한 임베딩의 차원과 다를 경우 유용합니다. 예를 들어, OpenAI의 임베딩 모델은 기본적으로 1536차원의 벡터를 생성하지만, 사용하는 벡터 데이터베이스가 1024차원만 지원한다면 차원이 맞지 않아 오류가 발생할 수 있습니다.

```python
len(doc_result[0])    # 문서 결과의 첫 번째 요소의 길이를 반환
```

```
1536
```

11 dimensions 매개변수로 임베딩의 크기를 1024로 줄일 수 있습니다. OpenAI의 text-embedding-3-small 모델을 사용하여 1024차원의 임베딩을 생성하는 객체를 초기화합니다. 주어진 텍스트를 임베딩하고 첫 번째 임베딩 벡터의 길이를 반환합니다.

```python
embeddings_1024 = OpenAIEmbeddings(model="text-embedding-3-small", dimensions=1024)

len(embeddings_1024.embed_documents([text])[0])
```

```
1024
```

12 임베딩한 벡터 값이 어떻게 유사도 계산에 활용되는지 간단히 살펴보겠습니다. 다음과 같이 다섯 개의 문장을 임베딩해서 각 벡터 값으로 문장 사이의 코사인 유사도를 계산해서 비교해 보겠습니다. 각 문장을 1024차원 벡터로 변환합니다.

```python
from sklearn.metrics.pairwise import cosine_similarity

sentence1 = "안녕하세요? 반갑습니다."
sentence2 = "안녕하세요? 반갑습니다!"
sentence3 = "안녕하세요? 만나서 반가워요."
sentence4 = "Hi, nice to meet you."
sentence5 = "I like to eat apples."

sentences = [sentence1, sentence2, sentence3, sentence4, sentence5]
embedded_sentences = embeddings_1024.embed_documents(sentences)
```

🐾 상식적으로 봐도 sentence1 문장은 sentence2 문장과 가장 유사한 문장이며, sentence1과 sentence5는 의미가 완전히 다른 문장입니다. 유사도 계산을 할 때 이처럼 상식에 부합하는지 살펴보세요.

13 코사인 유사도 cosine_similarity는 두 벡터 간의 각도를 기준으로 유사도를 측정합니다. 반환 값은 -1에서 1 사이이며, 1에 가까울수록 두 벡터가 더 유사합니다.

```
def similarity(a, b):
  return cosine_similarity([a], [b])[0][0]
```

14 embedded_sentences의 각 벡터를 서로 비교하며 유사도를 계산합니다. 이중 반복문을 사용하여 모든 문장 쌍을 비교합니다. 문장 부호 하나만 다른 두 문장(결과 중 두 번째 줄)이 가장 유사도가 높게 나왔습니다. 또한 언어가 다른 문장끼리는 의미가 동일하더라도 유사도가 떨어지는 점도 확인해 볼 수 있습니다. 이처럼 모델을 사용할 때 직접 코드를 작성해 유사도를 계산하고 결과를 확인해서 직접 판단해 보기를 추천합니다.

```
for i, sentence in enumerate(embedded_sentences):
  for j, other_sentence in enumerate(embedded_sentences):
    if i < j:
      print(
        f"[유사도 {similarity(sentence, other_sentence):.4f}] {sentences[i]} \t <=====> \t {sentences[j]}"
      )
```

```
[유사도 0.9644] 안녕하세요? 반갑습니다.    <=====>    안녕하세요? 반갑습니다!
[유사도 0.8376] 안녕하세요? 반갑습니다.    <=====>    안녕하세요? 만나서 반가워요.
[유사도 0.5042] 안녕하세요? 반갑습니다.    <=====>    Hi, nice to meet you.
[유사도 0.1362] 안녕하세요? 반갑습니다.    <=====>    I like to eat apples.
[유사도 0.8142] 안녕하세요? 반갑습니다!    <=====>    안녕하세요? 만나서 반가워요.
[유사도 0.4790] 안녕하세요? 반갑습니다!    <=====>    Hi, nice to meet you.
[유사도 0.1318] 안녕하세요? 반갑습니다!    <=====>    I like to eat apples.
[유사도 0.5128] 안녕하세요? 만나서 반가워요.    <=====>    Hi, nice to meet you.
[유사도 0.1409] 안녕하세요? 만나서 반가워요.    <=====>    I like to eat apples.
[유사도 0.2249] Hi, nice to meet you.    <=====>    I like to eat apples.
```

(02) CacheBackedEmbeddings

OpenAIEmbeddings를 사용하여 텍스트를 벡터화하려면 변환 과정에서 비용이 발생합니다. 개별 문서를 변환하는 비용은 그리 높지 않지만, 대규모 문서를 처리한다면 부담이 될 수도 있을 것입니다.

CacheBackedEmbeddings는 임베딩을 한 번 수행한 후, 그 결과를 파일 형태로 저장하는 방식입니다. 이를 **캐시 파일**이라고 합니다. 이후 동일한 문서에 대해 다시 임베딩을 시도하면, 먼저 캐시 파일에 저장된 임베딩 값이 있는지 확인합니다. 캐시 파일에 값이 존재하면 저장된 임베딩을 그대로 사용하므로 추가 임베딩 작업이 필요하지 않습니다. 이 방식으로 처리 속도를 높일 수 있으며, 유료 임베딩 비용을 절감하거나 무료 모델을 사용할 경우 불필요한 연산을 줄이는 데 효과적입니다.

캐시 값 생성 방식에는 두 가지가 있습니다. 첫 번째는 임베딩 결과를 파일로 저장해 영구적으로 보관하는 방식으로, 추천되는 방법입니다. 두 번째는 인메모리 바이트 스토어를 활용한 비영구적 방식으로, 메모리에 임시 저장되며 프로그램 종료 시 데이터가 삭제됩니다.

영구적으로 임베딩을 저장하는 LocalFileStore

먼저 로컬 파일 시스템을 사용하여 임베딩을 저장하고 FAISS 벡터 스토어를 사용하여 검색하는 예제를 살펴보겠습니다.

01 실습 파일 **08-Embeddings/02-CacheBackedEmbeddings.ipynb**를 열어 봅니다. OpenAIEmbeddings를 기본 임베딩으로 설정하고 LocalFileStore를 활용해 캐시 데이터를 저장할 경로를 ./cache/로 지정합니다.

```
from langchain.storage import LocalFileStore
from langchain_openai import OpenAIEmbeddings
from langchain.embeddings import CacheBackedEmbeddings
from langchain_community.vectorstores.faiss import FAISS
from langchain_teddynote import logging
from dotenv import load_dotenv

load_dotenv()
logging.langsmith("CH08-Embeddings")

embedding = OpenAIEmbeddings()            # 기본 임베딩 설정

store = LocalFileStore("./cache/")        # 로컬 파일 저장소 설정
```

02 CacheBackedEmbeddings에서 from_bytes_store를 사용해 캐시 기능이 포함된 임베딩 객체를 생성합니다. 여기서 underlying_embeddings에는 기본 임베딩 모델 OpenAIEmbeddings를 지정하고, document_embedding_cache에는 로컬 저장소 store를 지정합니다. namespace 옵션은 생략해도 되지만, 보통 구분자를 주기 위해서 임베딩 모델 이름을 지정하는 편입니다.

```
cached_embedder = CacheBackedEmbeddings.from_bytes_store(
    underlying_embeddings=embedding,        # 임베딩 모델 지정
    document_embedding_cache=store,         # ./cache/ 폴더
    namespace=embedding.model,              # 임베딩 값 구분자
)
```

03 store에서 키들을 순차적으로 가져옵니다. 아직은 캐싱된 파일이 없으므로 출력해도 빈 리스트만 나타납니다.

```
list(store.yield_keys())
```

```
[]
```

04 실습 파일의 **data** 폴더에 있는 **appendix-keywords.txt**를 로드하고 문서를 분할한 후 청크의 리스트를 documents에 저장합니다.

```
from langchain.document_loaders import TextLoader
from langchain_text_splitters import CharacterTextSplitter

raw_documents = TextLoader("./data/appendix-keywords.txt").load()
text_splitter = CharacterTextSplitter(chunk_size=1000, chunk_overlap=0)
documents = text_splitter.split_documents(raw_documents)
```

05 documents는 cached_embedder로 임베딩을 생성해서 FAISS 벡터 스토어라는 데이터베이스에 저장됩니다. 코드 앞에 %time를 붙여서 코드 실행 시간도 측정해 보겠습니다.

```
%time db = FAISS.from_documents(documents, cached_embedder)
```

```
CPU times: user 477 ms, sys: 214 ms, total: 691 ms
Wall time: 2.4 s
```

06 벡터 스토어를 다시 생성하려고 하면 임베딩을 다시 계산할 필요가 없기 때문에 훨씬 더 빠르게 처리됩니다. 또한 캐시 값을 사용할 때는 첫 번째 임베딩 이후로는 추가 과금이 발생하지 않습니다.

```
%time db2 = FAISS.from_documents(documents, cached_embedder)
```

```
CPU times: user 10.3 ms, sys: 9.53 ms, total: 19.8 ms
Wall time: 65.5 ms
```

비영구적으로 임베딩을 저장하는 InMemoryByteStore

캐시 값을 로컬에 영구 저장하는 방법 말고도 InMemoryByteStore는 방법도 있습니다. 이 방식은 임베딩 값을 메모리에만 저장하며, 영구적으로 파일로 보관하지 않습니다. 예를 들어, 사용자가 웹사이트에서 문서를 업로드하고 이를 임베딩하는 경우를 생각해 볼 수 있습니다. 서비스가 실행 중인 동안에는 메모리에 임베딩 값이 유지되지만, 사용자가 서비스를 종료하거나 떠나면 임베딩 값도 삭제됩니다.

일반적으로는 영구 저장 방식을 추천하지만, 비영구적인 방식은 영구적인 저장이 필요하지 않은 상황에서 유용합니다. 예를 들어, 민감한 데이터를 다루거나 특정 사용자의 데이터를 서비스 종료 후 자동으로 삭제하고자 할 때 적합합니다.

다음은 비영구적인 InMemoryByteStore를 사용하여 동일한 캐시된 임베딩 객체를 생성하는 예시입니다.

```python
from langchain.embeddings import CacheBackedEmbeddings
from langchain.storage import InMemoryByteStore

store = InMemoryByteStore()   # 메모리 내 바이트 저장소 생성

# 캐시 지원 임베딩 생성
cached_embedder = CacheBackedEmbeddings.from_bytes_store(
  embedding, store, namespace=embedding.model
)
```

03 HuggingFaceEmbeddings

Hugging Face에는 다양한 임베딩 모델이 업로드되어 있는데, 이를 무료로 다운로드해 사용할 수 있습니다. 이번에는 `HuggingFaceEmbeddings` 모델을 활용해 무료로 임베딩을 수행하는 방법을 살펴보겠습니다.

`HuggingFaceEndpointEmbeddings`는 모델을 다운로드받아 사용하는 대신 Hugging Face에서 제공하는 Inference API를 통해 원격으로 임베딩을 요청하고 결과를 받을 수 있는 방식입니다. Hugging Face API 토큰만 입력하면 서버에 접근해 임베딩 요청을 보내고 결과를 받아올 수 있습니다. 이는 `OpenAIEmbeddings`를 사용하는 방식과 유사하며, API를 통해 작업이 이루어지므로 PC의 성능이 부족하더라도 충분히 사용할 수 있습니다. 다만 모든 모델이 Inference API를 지원하지는 않으므로 지원 여부를 테스트해 보고, 지원하지 않을 경우 로컬에 모델을 다운로드하여 사용하는 방법을 선택하면 됩니다.

HuggingFaceEndpointEmbeddings

01 실습 파일 **08-Embeddings/03-HuggingFaceEmbeddings.ipynb**를 열어 봅니다. 먼저 Hugging Face API 키를 로드해야 합니다. API 키는 `dotenv` 라이브러리를 통해 환경 변수로 관리됩니다.

```
from dotenv import load_dotenv

load_dotenv()
```

02 Hugging Face에서 모델을 다운로드할 때 모델 크기가 커서 기본값 경로에 저장하면 PC 용량이 예상보다 너무 많이 차지할 수 있습니다. 다운로드 경로를 환경 변수 `"HF_HOME"`에 지정하면 모델이 지정된 경로(예: ./cache/)에 저장되며, 용량 관리가 필요할 때 해당 폴더에서 모델 파일을 쉽게 확인하고 삭제할 수 있습니다.

```
from langchain_teddynote import logging
import os
import warnings

logging.langsmith("CH08-Embeddings")
```

```
warnings.filterwarnings("ignore")              # 경고 무시

os.environ["HF_HOME"] = "./cache/"             # 다운로드 경로 설정
```

03 임베딩할 때 테스트해 볼 문장 다섯 개를 texts에 넣어 보겠습니다.

```
texts = [
  "안녕, 만나서 반가워.",
  "LangChain simplifies the process of building applications with large language models",
  "랭체인 한국어 튜토리얼은 LangChain의 공식 문서, cookbook 및 다양한 실용 예제를 바탕으로 하여 사용자가 LangChain을 더 쉽고 효과적으로 활용할 수 있도록 구성되어 있습니다. ",
  "LangChain은 초거대 언어모델로 애플리케이션을 구축하는 과정을 단순화합니다.",
  "Retrieval-Augmented Generation (RAG) is an effective technique for improving AI responses.",
]
```

04 HuggingFaceEndpointEmbeddings는 Hugging Face의 Inference API를 호출하여 multilingual-e5-large-instruct와 같은 모델을 활용해 입력 데이터를 임베딩하는 기능을 제공합니다. 이 모델은 원격 서버에서 작업을 처리해 주는 Inference API를 제공하며, Hugging Face API 토큰만 입력하면 서버에 접근하여 임베딩 요청을 보내서 원격으로 처리된 임베딩 결과를 받을 수 있습니다. 이를 통해 로컬에 모델을 다운로드하지 않아도 간편하게 임베딩 작업을 수행할 수 있습니다.

```
from langchain_huggingface.embeddings import HuggingFaceEndpointEmbeddings

model_name = "intfloat/multilingual-e5-large-instruct"

hf_embeddings = HuggingFaceEndpointEmbeddings(
  model=model_name,
  task="feature-extraction",
  huggingfacehub_api_token=os.environ["HUGGINGFACEHUB_API_TOKEN"],
)
```

05 다섯 개의 문서(texts)를 임베딩한 결과 겨우 다섯 문장만 처리하는 데도 약 30초가 소요되었습니다. 이는 Hugging Face의 Inference API가 서버에서 요청을 처리한 뒤 응답을 반환하는 방식으로 작동하기 때문입니다. Inference API는 로컬에서 대형 모델을 실행할 수 없는 경우 유용하지만, 무료 서비스는 자원 제한으로 인해 속도가 느리다는 단점이 있습니다.

```
%%time
embedded_documents = hf_embeddings.embed_documents(texts)
```

```
CPU times: user 92 ms, sys: 15.8 ms, total: 108 ms
Wall time: 29.6 s
```

06 작업에 사용된 모델 정보와 임베딩된 문서의 첫 번째 결과 벡터의 차원을 출력하여 임베딩 결과가 1024차원으로 표현되었음을 알 수 있습니다.

```
print("[HuggingFace Endpoint Embedding]")
print(f"Model: \t\t{model_name}")
print(f"Dimension: \t{len(embedded_documents[0])}")
```

```
[HuggingFace Endpoint Embedding]
Model:          intfloat/multilingual-e5-large-instruct
Dimension:      1024
```

07 질문 문장을 입력하고 벡터로 변환해 보겠습니다. 질문을 embed_query() 메서드를 통해 임베딩하고, 변환된 벡터를 embedded_query 변수에 저장합니다. embedded_query를 출력해 보면 임베딩이 정상적으로 되었음을 알 수 있습니다.

```
embedded_query = hf_embeddings.embed_query("LangChain에 대해서 알려주세요.")
embedded_query
```

```
[0.009226548485457897,
 0.01639796793460846,
 0.0035652639344334602,
 ...
```

임베딩된 질문과 문서 간의 유사도 계산하기

질문(embedded_query)과 문서(embedded_documents)의 임베딩 벡터의 **내적**(dot product)을 통해 유사도를 구해서 쿼리와 문서 간의 관련성을 파악할 수 있습니다. 내적이란 두 벡터의 크기와 방향이 얼마나 일치하는지를 숫자로 나타냅니다. 내적은 두 벡터의 유사도를 측정하는 데 사용되며, 내적 값이 클수록 두 벡터가 더 비슷한 방향을 가지므로 질문과 문서가 더 유사하다고 판단합니다.

01 질문 벡터(embedded_query)와 여러 문서 벡터(embedded_documents) 사이의 유사도를 계산합니다. 질문에 대해 첫 번째부터 다섯 번째 문서에 대해 각각의 내적 값을 출력해 유사도를 표현합니다.

```
import numpy as np

# 질문(embedded_query): LangChain에 대해서 알려주세요.
np.array(embedded_query) @ np.array(embedded_documents).T
```

```
array([0.84186319, 0.86502318, 0.86470304, 0.89564882, 0.76847344])
```

02 내적 결과를 내림차순으로 정렬하여 가장 유사한 문서의 인덱스를 반환합니다. `argsort()`는 정렬된 인덱스를 반환하며, `[::-1]`는 내림차순으로 뒤집는 역할을 합니다. `sorted_idx`는 쿼리와 가장 관련 있는 문서부터 순서대로 나열된 인덱스 목록입니다. (0번부터 시작하여) 3번 인덱스, 즉 네 번째 문서가 질문에 대해 가장 유사도가 높게 나타납니다.

```
sorted_idx = (np.array(embedded_query) @ np.array(embedded_documents).T).argsort()[::-1]
sorted_idx
```

```
array([3, 1, 2, 0, 4])
```

03 쿼리와 관련된 문서를 유사도 순서대로 출력합니다. `sorted_idx`를 기반으로 정렬된 텍스트(texts)를 출력하여 사용자가 가장 유사한 문서부터 확인할 수 있습니다.

```
print("[Query] LangChain 에 대해서 알려주세요.\n===================================")
for i, idx in enumerate(sorted_idx):
    print(f"[{i}] {texts[idx]}")
    print()
```

```
[Query] LangChain 에 대해서 알려주세요.
==================================
[0] LangChain은 초거대 언어모델로 애플리케이션을 구축하는 과정을 단순화합니다.

[1] LangChain simplifies the process of building applications with large language models

[2] 랭체인 한국어 튜토리얼은 LangChain의 공식 문서, cookbook 및 다양한 실용 예제를 바탕
으로 하여 사용자가 LangChain을 더 쉽고 효과적으로 활용할 수 있도록 구성되어 있습니다.

[3] 안녕, 만나서 반가워.

[4] Retrieval-Augmented Generation (RAG) is an effective technique for improving AI
responses.
```

HuggingFaceEmbeddings

HuggingFaceEmbeddings는 로컬에 자신의 모델을 다운로드 받아서 사용합니다.

01 이번에는 intfloat/multilingual-e5-large-instruct 모델을 다운로드해 보겠습니다. model_kwargs의 device는 Hugging Face 모델을 실행할 때 사용할 장치를 지정합니다. 맥북의 경우 "mps"를 지정하는데, GPU를 지원하는 PC를 사용한다면 "cuda"를 지정하고, 없는 경우 "cpu"를 지정합니다.

```python
from langchain_huggingface.embeddings import HuggingFaceEmbeddings

model_name = "intfloat/multilingual-e5-large-instruct"

hf_embeddings = HuggingFaceEmbeddings(
    model_name=model_name,
    model_kwargs={"device": "mps"},   # cuda, cpu
    encode_kwargs={"normalize_embeddings": True},
)
```

02 texts 텍스트 데이터에 대해 임베딩을 생성하고 실행 시간을 측정합니다.

```python
%time
embedded_documents = hf_embeddings.embed_documents(texts)
```

```
CPU times: user 3 µs, sys: 1 µs, total: 4 µs
Wall time: 5.96 µs
```

03 모델 이름과 차원을 출력해 보겠습니다.

```
print(f"Model: \t\t{model_name}")
print(f"Dimension: \t{len(embedded_documents[0])}")
```

```
Model:     intfloat/multilingual-e5-large-instruct
Dimension:         1024
```

BGE-M3 임베딩

HuggingFaceEmbeddings의 BAAI/bge-m3 모델을 사용하여 텍스트 데이터를 임베딩으로 변환하고, 이를 활용해 자연어 쿼리와 문서 간의 유사도를 계산해 보겠습니다.

01 이전 실습처럼 모델을 다운로드한 후 문서를 임베딩하고 모델 이름 및 차원을 출력해 봅니다.

```
from langchain_huggingface import HuggingFaceEmbeddings

model_name = "BAAI/bge-m3"
model_kwargs = {"device": "mps"}
encode_kwargs = {"normalize_embeddings": True}
hf_embeddings = HuggingFaceEmbeddings(
    model_name=model_name,
    model_kwargs=model_kwargs,
    encode_kwargs=encode_kwargs
)

%time
embedded_documents = hf_embeddings.embed_documents(texts)

print(f"Model: \t\t{model_name}")
print(f"Dimension: \t{len(embedded_documents[0])}")
```

02 이 모델을 이용해서 질문과 문서 간의 유사도를 계산하고, 유사도가 높은 순서대로 문서를 정렬하여 출력합니다. 이런 방식으로 여러 모델의 결과를 비교해서 자신이 원하는 성능을 직접 측정해 볼 수 있습니다.

```python
import numpy as np

embedded_query = hf_embeddings.embed_query("LangChain에 대해서 알려주세요.")
embedded_documents = hf_embeddings.embed_documents(texts)

# 질문(embedded_query): LangChain에 대해서 알려주세요.
np.array(embedded_query) @ np.array(embedded_documents).T

sorted_idx = (np.array(embedded_query) @ np.array(embedded_documents).T).argsort()[::-1]

print("[Query] LangChain에 대해서 알려주세요.\n====================================")
for i, idx in enumerate(sorted_idx):
    print(f"[{i}] {texts[idx]}")
    print()
```

```
[Query] LangChain에 대해서 알려주세요.
====================================
[0] LangChain은 초거대 언어모델로 애플리케이션을 구축하는 과정을 단순화합니다.

[1] LangChain simplifies the process of building applications with large language models

[2] 랭체인 한국어 튜토리얼은 LangChain의 공식 문서, cookbook 및 다양한 실용 예제를 바탕으로 하여 사용자가 LangChain을 더 쉽고 효과적으로 활용할 수 있도록 구성되어 있습니다.

[3] 안녕, 만나서 반가워.

[4] Retrieval-Augmented Generation (RAG) is an effective technique for improving AI responses.
```

FlagEmbedding

bge-m3 모델은 FlagEmbedding이라는 패키지를 제공합니다. FlagEmbedding에는 Dense Vector, Sparse Embedding, Multi-Vector라는 세 가지 접근법이 있습니다.

- **Dense Vector(BGE-M3 기반)**: 밀집 벡터(dense vector)를 생성하여 텍스트를 표현합니다. 지금까지 실습해 온 임베딩 방식이 밀집 벡터에 해당합니다. 다국어 및 다중 작업 지원에 강점이 있으며, 벡터의 모든 값이 연속적인 데이터를 포함하므로 문맥적으로 유사한 문서를 찾는 의미 기반 검색에 적합합니다.

- **Sparse Embedding(Lexical Weight 활용)**: 특정 단어나 구문의 어휘적 중요도를 반영하여 희소 벡터(sparse vector)를 생성합니다. 단어의 중요도를 계산한 후(TF-IDF, BM25 등) 해당 가중치를 기반으로 벡터를 생성합니다. 결과적으로 생성된 벡터는 대부분의 값이 0이지만, 특정 단어나 구문과 정확히 매칭할 수 있는 높은 정밀도를 제공합니다. 계산 속도가 빠르고 단어의 중요도를 직접 반영할 수 있어 키워드 기반 검색이나 정확한 단어 매칭이 중요한 도메인에서 활용됩니다.

- **Multi-Vector(ColBERT 기반)**: 문서와 질문을 각각의 벡터로 표현하고 토큰 간 유사도를 계산해 문맥을 고려한 세밀한 매칭을 수행합니다. 다중 벡터 방식은 문맥적 중요성을 반영할 수 있고, 긴 문서에서도 효과적으로 작동합니다.

🐻 밀집 벡터와 희소 벡터

밀집 벡터는 문장의 의미를 숫자로 변환하여 표현하는 방식입니다. 모든 숫자가 연속적인 값을 가지며, 정보를 압축해서 저장하기 때문에 의미가 비슷한 문장들은 유사한 벡터 값을 갖습니다. 예를 들어 '고양이는 귀엽습니다'와 '강아지는 사랑스럽습니다'는 의미가 유사하기 때문에 벡터 값도 서로 가깝게 나옵니다. 문장의 전체적인 의미를 기반으로 비교할 때 유용합니다.

희소 벡터는 단어의 중요도를 반영하는 방식입니다. 대부분의 값이 0이며, 특정 단어나 구문에만 높은 값을 부여하여 표현합니다. 예를 들어 '인공지능 연구 논문'이라는 검색어를 입력하면 해당 단어들이 많이 포함된 문서가 높은 점수를 받도록 설계됩니다. 검색을 빠르게 수행할 수 있어 키워드 기반 검색이나 특정 용어 매칭이 중요한 경우에 효과적입니다.

01 FlagEmbedding을 설치하려면 터미널에서 다음 명령어를 실행합니다. 이 책의 실습 파일로 실습했다면 이미 설치된 상태입니다.

```
pip install -qU FlagEmbedding
```

02 모델을 불러옵니다. use_fp16을 True로 지정하면 약간 성능이 저하되지만 계산 속도가 빨라집니다. encode() 메서드를 호출하여 texts를 임베딩으로 변환합니다. max_length는 텍스트의 최대 길이를 지정합니다.

```
from FlagEmbedding import BGEM3FlagModel

model_name = "BAAI/bge-m3"
bge_embeddings = BGEM3FlagModel(
    model_name, use_fp16=True
)

bge_embedded = bge_embeddings.encode(
    texts,
    batch_size=12,
    max_length=8192,
)["dense_vecs"]
```

03 여기서 얻은 bge_encoded는 각 텍스트를 고차원 벡터로 변환한 데이터입니다. 임베딩 결과의 차원(shape)을 확인합니다.

```
bge_embedded.shape
```

```
(5, 1024)
```

04 return_dense를 True로 지정해 밀집 벡터 방식으로 texts를 벡터화합니다.

```
from FlagEmbedding import BGEM3FlagModel

bge_flagmodel = BGEM3FlagModel(
    "BAAI/bge-m3", use_fp16=True
)
bge_encoded = bge_flagmodel.encode(texts, return_dense=True)
```

05 임베딩 결과의 차원(shape)을 확인합니다.

```
bge_encoded["dense_vecs"].shape
```

```
(5, 1024)
```

06 이번에는 return_sparse를 True로 지정해 희소 벡터 방식으로 texts를 벡터화합니다.

```
bge_flagmodel = BGEM3FlagModel(
    "BAAI/bge-m3", use_fp16=True
)
bge_encoded = bge_flagmodel.encode(texts, return_sparse=True)
```

07 벡터화한 결과가 저장된 bge_encoded에는 각 텍스트의 어휘적 중요도를 표현하는 lexical_weights를 포함합니다. compute_lexical_matching_score() 메서드는 두 텍스트 간의 어휘적 매칭 점수를 계산합니다. 첫 번째 계산은 같은 텍스트의 어휘적 가중치를 비교하여 매칭 점수를 확인하며, 두 번째 계산은 서로 다른 텍스트의 어휘적 가중치를 비교합니다.

```
lexical_scores1 = bge_flagmodel.compute_lexical_matching_score(
    bge_encoded["lexical_weights"][0], bge_encoded["lexical_weights"][0]
)
lexical_scores2 = bge_flagmodel.compute_lexical_matching_score(
    bge_encoded["lexical_weights"][0], bge_encoded["lexical_weights"][1]
)

print(lexical_scores1)   # 0 <-> 0
print(lexical_scores2)   # 0 <-> 1
```

```
0.3019256591796875
0
```

08 마지막으로 return_colbert_vecs를 True로 지정해 다중 벡터 방식으로 texts를 벡터화합니다.

```
bge_flagmodel = BGEM3FlagModel(
    "BAAI/bge-m3", use_fp16=True
)
bge_encoded = bge_flagmodel.encode(texts, return_colbert_vecs=True)
```

09 `colbert_score()` 메서드는 두 텍스트 간의 문맥적 매칭 점수를 계산합니다. 첫 번째 계산은 같은 텍스트의 ColBERT 벡터를 비교하여 매칭 점수를 확인하며, 두 번째 계산은 서로 다른 텍스트의 ColBERT 벡터를 비교합니다.

```
colbert_scores1 = bge_flagmodel.colbert_score(
    bge_encoded["colbert_vecs"][0], bge_encoded["colbert_vecs"][0]
)
colbert_scores2 = bge_flagmodel.colbert_score(
    bge_encoded["colbert_vecs"][0], bge_encoded["colbert_vecs"][1]
)

print(colbert_scores1)  # 0 <-> 0
print(colbert_scores2)  # 0 <-> 1
```

```
tensor(1.)
tensor(0.3750)
```

(04) UpstageEmbeddings

Upstage는 LLM과 문서 AI 분야에 특화된 국내 스타트업입니다. `UpstageEmbeddings`를 사용하려면 Upstage API Console 웹사이트에서 API 키를 발급받아야 합니다.

URL https://console.upstage.ai/api-keys

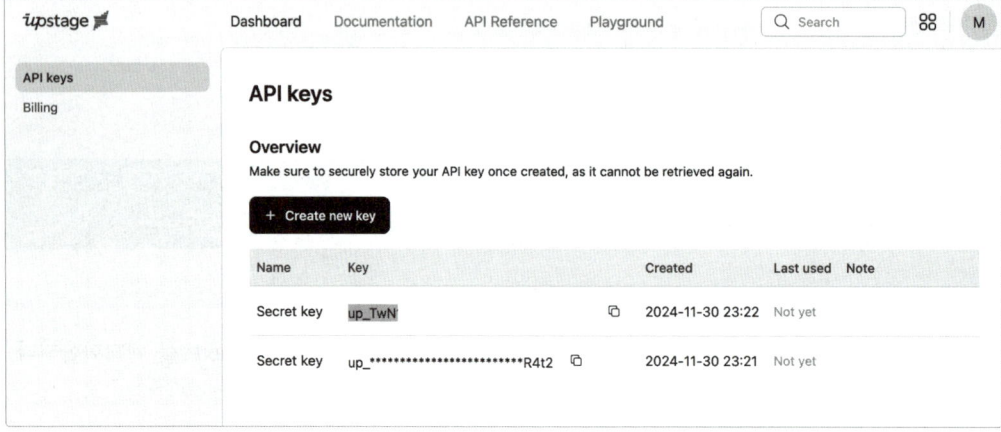

Upstage에서 제공하는 임베딩 모델은 solar-embedding-1-large-query와 solar-embedding-1-large-passage로 나뉘며, 각각 쿼리와 문서를 임베딩하는 데 최적화되어 있습니다. 두 모델은 4,000토큰의 컨텍스트 길이를 지원하며, 그 이상의 경우 제한을 초과하지 않도록 텍스트 분할기를 사용해야 합니다.

> 실습 파일의 코드가 동작하지 않을 경우 해당 링크에서 모델 정보를 확인한 후 올바른 모델 이름을 사용해 주세요.
>
> URL https://developers.upstage.ai/docs/apis/embeddings

01 발급받은 API 키를 .env 파일에 다음과 같이 추가합니다.

```
UPSTAGE_API_KEY=발급받은 API 키
```

02 예시 텍스트를 입력합니다.

```python
texts = [
  "안녕, 만나서 반가워.",
  "LangChain simplifies the process of building applications with large language models",
  "랭체인 한국어 튜토리얼은 LangChain의 공식 문서, cookbook 및 다양한 실용 예제를 바탕으로 하여 사용자가 LangChain을 더 쉽고 효과적으로 활용할 수 있도록 구성되어 있습니다. ",
  "LangChain은 초거대 언어모델로 애플리케이션을 구축하는 과정을 단순화합니다.",
  "Retrieval-Augmented Generation (RAG) is an effective technique for improving AI responses.",
]
```

03 쿼리와 문서를 임베딩하기 위한 Upstage 모델을 불러옵니다.

```python
from langchain_upstage import UpstageEmbeddings
from langchain_teddynote import logging
from dotenv import load_dotenv

logging.langsmith("CH08-Embeddings")
load_dotenv()

# 쿼리 전용 임베딩 모델
query_embeddings = UpstageEmbeddings(model="solar-embedding-1-large-query")

# 문서 전용 임베딩 모델
```

```
passage_embeddings = UpstageEmbeddings(model="solar-embedding-1-large-passage")
```

04 먼저 쿼리를 임베딩합니다. 차원을 출력해 보면 4096으로 매우 고차원의 임베딩 벡터를 생성함을 알 수 있습니다.

```
embedded_query = query_embeddings.embed_query("LangChain에 대해서 상세히 알려주세요.")
len(embedded_query)
```

```
4096
```

05 그다음으로 문서를 임베딩합니다.

```
embedded_documents = passage_embeddings.embed_documents(texts)
```

06 쿼리와 문서의 유사도 계산 결과를 출력합니다.

```
import numpy as np

# 질문(embedded_query): LangChain에 대해서 알려주세요.
similarity = np.array(embedded_query) @ np.array(embedded_documents).T

# 유사도 기준 내림차순 정렬
sorted_idx = (np.array(embedded_query) @ np.array(embedded_documents).T).argsort()[::-1]

# 결과 출력
print("[Query] LangChain에 대해서 알려주세요.\n====================================")
for i, idx in enumerate(sorted_idx):
    print(f"[{i}] 유사도: {similarity[idx]:.3f} | {texts[idx]}")
```

```
[Query] LangChain에 대해서 알려주세요.
====================================
[0] 유사도: 0.487 | LangChain은 초거대 언어모델로 애플리케이션을 구축하는 과정을 단순화합니다.
[1] 유사도: 0.465 | LangChain simplifies the process of building applications with large language models
[2] 유사도: 0.432 | 랭체인 한국어 튜토리얼은 LangChain의 공식 문서, cookbook 및 다양한 실용 예제를 바탕으로 하여 사용자가 LangChain을 더 쉽고 효과적으로 활용할 수 있도록 구성되어 있습니다.
```

```
[3] 유사도: 0.194 | Retrieval-Augmented Generation (RAG) is an effective technique for
improving AI responses.
[4] 유사도: 0.151 | 안녕, 만나서 반가워.
```

05 OllamaEmbeddings

이전 장에서 실습했던 Ollama에서도 임베딩 모델을 제공합니다. Ollama에서 임베딩 모델로 질문과 문서의 유사도를 계산해 보겠습니다. 지원되는 임베딩 모델은 다음 링크에서 확인해야 합니다.

URL https://ollama.com/library

01 Ollama 웹사이트에서 'embedding'을 검색한 후 원하는 모델을 선택합니다. 오른쪽 상단의 `pull` 명령어를 복사합니다. 여기서는 `nomic-embed-text`를 다운로드해서 실습을 진행하겠습니다.

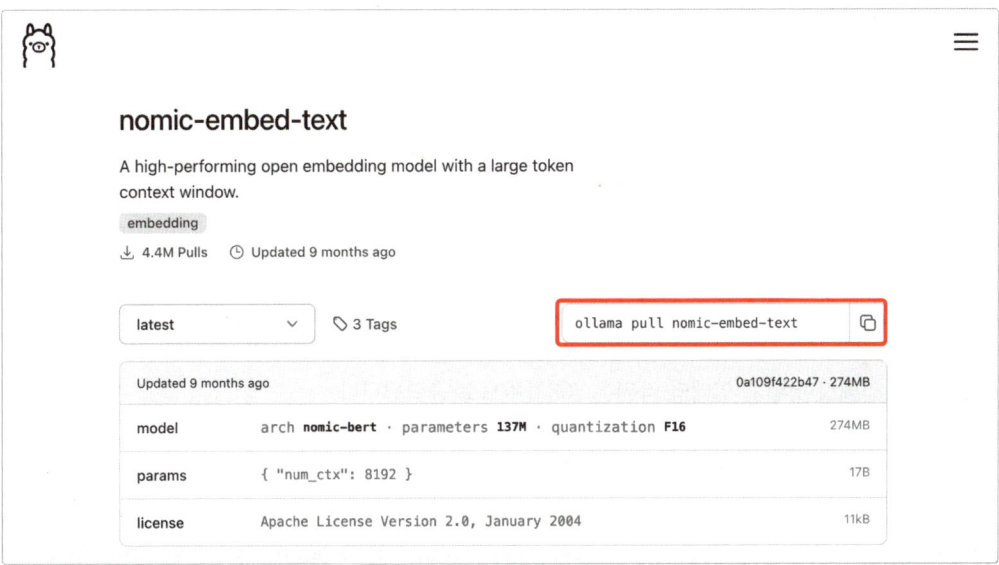

02 VS Code로 돌아와서 터미널에서 다음 `pull` 명령어를 실행합니다.

```
ollama pull nomic-embed-text
```

03 예시 텍스트를 입력합니다.

```
texts = [
  "안녕, 만나서 반가워.",
  "LangChain simplifies the process of building applications with large language models",
  "랭체인 한국어 튜토리얼은 LangChain의 공식 문서, cookbook 및 다양한 실용 예제를 바탕으로 하여 사용자가 LangChain을 더 쉽고 효과적으로 활용할 수 있도록 구성되어 있습니다. ",
  "LangChain은 초거대 언어모델로 애플리케이션을 구축하는 과정을 단순화합니다.",
  "Retrieval-Augmented Generation (RAG) is an effective technique for improving AI responses.",
]
```

04 OllamaEmbeddings 모델을 불러옵니다.

```
from langchain_community.embeddings import OllamaEmbeddings
from langchain_teddynote import logging
from dotenv import load_dotenv

logging.langsmith("CH08-Embeddings")
load_dotenv()

ollama_embeddings = OllamaEmbeddings(
  model="nomic-embed-text",
)
```

05 쿼리를 임베딩합니다. 임베딩 차원은 768차원으로 출력됩니다.

```
embedded_query = ollama_embeddings.embed_query("LangChain에 대해서 상세히 알려주세요.")
len(embedded_query)
```

```
768
```

06 문서를 임베딩합니다.

```
embedded_documents = ollama_embeddings.embed_documents(texts)
```

07 쿼리와 문서의 유사도 계산 결과를 출력합니다.

```
import numpy as np

similarity = np.array(embedded_query) @ np.array(embedded_documents).T
sorted_idx = (np.array(embedded_query) @ np.array(embedded_documents).T).argsort()[::-1]

print("[Query] LangChain에 대해서 알려주세요.\n===================================")
for i, idx in enumerate(sorted_idx):
    print(f"[{i}] 유사도: {similarity[idx]:.3f} | {texts[idx]}")
```

```
[Query] LangChain에 대해서 알려주세요.
===================================
[0] 유사도: 399.591 | LangChain은 초거대 언어모델로 애플리케이션을 구축하는 과정을 단순화합니다.
[1] 유사도: 356.428 | 랭체인 한국어 튜토리얼은 LangChain의 공식 문서, cookbook 및 다양한 실용 예제를 바탕으로 하여 사용자가 LangChain을 더 쉽고 효과적으로 활용할 수 있도록 구성되어 있습니다.
[2] 유사도: 322.361 | LangChain simplifies the process of building applications with large language models
[3] 유사도: 320.948 | 안녕, 만나서 반가워.
[4] 유사도: 224.701 | Retrieval-Augmented Generation (RAG) is an effective technique for improving AI responses.
```

CHAPTER 12 벡터 스토어

학습 목표 벡터 스토어는 RAG 시스템에서 임베딩 벡터를 저장·검색하며, 의미 검색을 통해 관련 정보를 빠르게 조회할 수 있습니다. 로컬 방식은 비용과 보안 면에서 유리하지만 확장성이 제한적이고, 클라우드 방식은 확장성이 뛰어나나 비용이 발생합니다. 벡터 스토어에 관해 알아보겠습니다.

벡터 스토어(vector store)는 RAG 시스템의 네 번째 단계로, 문서를 로드하고 텍스트를 분할한 후 임베딩을 생성해 벡터 데이터를 벡터 스토어에 저장합니다. 벡터 스토어는 임베딩 벡터를 효과적으로 저장하고 색인화하여 대량의 데이터에서도 관련 정보를 빠르게 검색할 수 있게 합니다. 또한 데이터 증가에 따라 확장 가능한 저장 구조를 통해 대규모 데이터를 성능 저하 없이 관리할 수 있는 **확장성**(scalability)을 보장합니다. 사용자의 질문과 의미적으로 유사한 단락을 조회할 수 있는 **의미론적 검색**(semantic search)을 지원합니다.

벡터 스토어는 RAG 시스템의 검색 기능과 직접적으로 연결되어 있으며, 전체 시스템의 응답 시간과 정확성에 큰 영향을 미칩니다. 벡터 스토어는 LangChain에 통합된 것만 해도 50가지가 넘습니다. 벡터 스토어를 선택할 때 먼저 로컬 데이터베이스를 사용할지 혹은 클라우드에 올려도 될지 결정해야 합니다. 로컬 환경을 활용하면 비용이 절감되고 데이터 보안 면에서 유리하지만, 문서 양이 늘어날수록 처리 속도가 떨어집니다. 반면 클라우드 서비스는 사용료를 부담하는 대신 확장성이 뛰어나 문서가 늘어나도 원활하게 검색할 수 있도록 최적화되어 있습니다.

01 Chroma

Chroma는 AI 네이티브 오픈소스 벡터 데이터베이스입니다.

01 실습 파일 **09-VectorStore/01-Chroma.ipynb**를 열어 봅니다. **data** 폴더에 준비해 둔 샘플 데이터셋을 로드합니다. 로드한 데이터의 텍스트를 분할하고 document 객체로 변환한 후 문서 개수도 출력해 보겠습니다.

```python
from langchain_community.document_loaders import TextLoader
from langchain_openai.embeddings import OpenAIEmbeddings
from langchain.text_splitter import RecursiveCharacterTextSplitter
from langchain_chroma import Chroma
from langchain_teddynote import logging
from dotenv import load_dotenv

logging.langsmith("CH09-VectorStores")
load_dotenv()

# 텍스트 분할
text_splitter = RecursiveCharacterTextSplitter(chunk_size=600, chunk_overlap=0)

# 텍스트 파일을 List[Document] 형태로 변환
loader1 = TextLoader("data/nlp-keywords.txt")
loader2 = TextLoader("data/finance-keywords.txt")

# 문서 분할
split_doc1 = loader1.load_and_split(text_splitter)
split_doc2 = loader2.load_and_split(text_splitter)

len(split_doc1), len(split_doc2) # 문서 개수 확인
```

```
(11, 6)
```

02 앞서 문서(split_doc1)를 document 타입으로 변환했으므로 from_documents() 메서드를 사용하여 벡터 스토어(Chroma)를 생성합니다. 문서 내용을 OpenAIEmbeddings를 사용해 임베딩(고차원 벡터)으로 변환하며, 변환된 벡터와 문서를 연결하여 데이터베이스(db)에 저장합니다. collection_name은 데이터베이스의 폴더 이름에 해당하며, 가급적 데이터를 관리하기 쉽도록 지정하기를 권장합니다.

```python
db = Chroma.from_documents(      # DB 생성
    documents=split_doc1, embedding=OpenAIEmbeddings(), collection_name="my_db"
)
```

🐾 임베딩 모델로 OpenAIEmbeddings를 지정했다면 추후 리트리버 모델도 OpenAI 모델을 사용해야 합니다.

03 persist_directory를 지정되면 컬렉션이 해당 디렉터리(DB_PATH)에 파일 형태로 저장됩니다. 지정되지 않으면 데이터는 메모리에 임시로 저장됩니다. 로컬 데이터베이스를 사용할 때는 persist_directory 지정을 권장합니다.

```
DB_PATH = "./chroma_db" # 저장할 경로 지정
# 문서를 디스크에 저장. 저장 시 persist_directory에 저장할 경로를 지정
persist_db = Chroma.from_documents(
  split_doc1,
  OpenAIEmbeddings(),
  persist_directory=DB_PATH,
  collection_name="my_db"
)
```

04 디스크의 DB_PATH에 저장된 Chroma 벡터 데이터베이스를 로드합니다. 임베딩 생성에 사용된 동일한 임베딩 함수(embedding_function)를 지정하고 앞에서 지정한 my_db 컬렉션 이름에서 정확히 해당 데이터를 로드할 수 있게 설정합니다.

```
persist_db = Chroma(     # 디스크에서 문서를 로드
  persist_directory=DB_PATH,
  embedding_function=OpenAIEmbeddings(),
  collection_name="my_db",
)
```

🐾 만약 collection_name을 다르게 지정하면 저장된 데이터가 없기 때문에 아무런 결과도 얻지 못합니다.

05 persist_db 객체는 디스크에서 로드한 Chroma 벡터 데이터베이스입니다. get() 메서드로 벡터 스토어에 저장된 정보를 조회해 보겠습니다. 저장된 문서의 ids(문서 식별을 위한 고유 키), 메타데이터, 문서 원본 텍스트 등을 확인할 수 있습니다.

```
persist_db.get()
```

```
{'ids': ['2777344c-baba-4506-bbf9-b4b440a21983',
  '60d8e92a-df4d-4bab-9249-97744189b71d',
...
 'metadatas': [{'source': 'data/nlp-keywords.txt'},
  {'source': 'data/nlp-keywords.txt'},
...
 'documents': ['정의: HuggingFace는 자연어 처리를 위한 다양한 사전 훈련된 모델과 도구를 제공하는 라이브러리입니다. 이는 연구자와 개발자들이 쉽게 NLP 작업을 수행할 수 있도록 ...
```

```
],
 'uris': None,
 'data': None}
```

06 문자열 리스트로부터 from_texts() 메서드로 벡터 스토어(Chroma)를 생성해 보겠습니다.

```
db2 = Chroma.from_texts(          # 문자열 리스트로 생성
  ["안녕하세요. 정말 반갑습니다.", "제 이름은 테디입니다."],
  embedding=OpenAIEmbeddings(),
)
```

07 데이터를 조회합니다. 텍스트가 documents 키에 저장된 것을 확인할 수 있습니다.

```
db2.get()
```

```
{'ids': ['8f505f3c-0cb6-43bf-8420-745b268209a8',
  'dedca0e1-3e21-40f9-a589-7e77f4e83f28'],
 'embeddings': None,
 'metadatas': [None, None],
 'documents': ['안녕하세요. 정말 반갑습니다.', '제 이름은 테디입니다.'],
 'uris': None,
 'data': None}
```

08 이제 데이터베이스에 저장한 데이터를 유사도 기준으로 검색해 보겠습니다. similarity_search() 메서드는 Chroma 데이터베이스에서 주어진 질문에 가장 잘 부합하는 문서를 내림차순으로 조회합니다.

```
db.similarity_search("TF IDF에 대하여 알려줘")
```

```
[Document(metadata={'source': 'data/nlp-keywords.txt'}, page_content='정의: TF-IDF는 문
서 내에서 단어의 중요도를 평가하는 데 사용되는 통계적 척도입니다. 이는 문서 내 단어의
...'),
 Document(metadata={'source': 'data/nlp-keywords.txt'}, page_content='정의: 오픈 소스는
소스 코드가 공개되어 누구나 자유롭게 사용, 수정, 배포할 수 있는 소프트웨어를 의미합니다.
이는 ...'),
 Document(metadata={'source': 'data/nlp-keywords.txt'}, page_content="정의: DataFrame은
행과 열로 이루어진 테이블 형태의 데이터 구조로, 주로 데이터 분석 및 처리에 ..."),
```

```
Document(metadata={'source': 'data/nlp-keywords.txt'}, page_content='정의: CSV(Comma-
Separated Values)는 데이터를 저장하는 파일 형식으로, 각 데이터 값은 쉼표로 …')]
```

09 k 값으로 몇 개의 문서를 조회해서 가져올지 지정할 수 있습니다. k 값을 따로 지정하지 않으면 기본값이 4이므로 네 개가 출력됩니다. 여기서는 k=2를 지정해서 두 개의 결과만 출력됩니다.

```
db.similarity_search("TF IDF에 대하여 알려줘", k=2)
```

```
[Document(metadata={'source': 'data/nlp-keywords.txt'}, page_content='정의: TF-IDF는 문
서 내에서 단어의 중요도를 평가하는 데 사용되는 통계적 척도입니다. 이는 문서 내 단어의
…'),
 Document(metadata={'source': 'data/nlp-keywords.txt'}, page_content='정의: 오픈 소스는
소스 코드가 공개되어 누구나 자유롭게 사용, 수정, 배포할 수 있는 소프트웨어를 의미합니다.
이는 …')]
```

10 filter에 metadata 정보를 활용하여 검색 결과를 필터링할 수 있습니다. 여기서는 data/nlp-keywords.txt 문서 안에서만 검색합니다.

```
db.similarity_search(    # filter 사용
  "TF IDF에 대하여 알려줘", filter={"source": "data/nlp-keywords.txt"}, k=2
)
```

```
[Document(metadata={'source': 'data/nlp-keywords.txt'}, page_content='정의: TF-IDF는 문
서 내에서 단어의 중요도를 평가하는 데 사용되는 통계적 척도입니다. 이는 문서 내 단어의
…'),
 Document(metadata={'source': 'data/nlp-keywords.txt'}, page_content='정의: 오픈 소스는
소스 코드가 공개되어 누구나 자유롭게 사용, 수정, 배포할 수 있는 소프트웨어를 의미합니다.
이는 …')]
```

11 이번에는 source에서 다른 파일을 지정하고 검색 결과를 확인합니다. 질문에 관련된 내용이 없어서 아무 값도 출력하지 않습니다.

```
db.similarity_search(    # filter 사용
  "TF IDF에 대하여 알려줘", filter={"source": "data/finance-keywords.txt"}, k=2
)
```

12 add_documents() 메서드는 벡터 스토어에 문서를 추가하거나 업데이트합니다. page_content에 내용을 입력하고, metadata와 id를 지정해서 document 객체 형식으로 감싸서 추가합니다.

```
from langchain_core.documents import Document

db.add_documents(
  [
    Document(
      page_content="안녕하세요! 이번엔 도큐먼트를 새로 추가해 볼게요",
      metadata={"source": "mydata.txt"},
      id="1",
    )
  ]
)
```
→ id를 따로 지정하지 않으면 기본값 id가 지정됩니다.

```
['1']
```

13 앞서 데이터베이스에 추가한 1번 문서를 출력해 봅니다.

```
db.get("1")     # id=1로 문서 조회
```

```
{'ids': ['1'],
 'embeddings': None,
 'metadatas': [{'source': 'mydata.txt'}],
 'documents': ['안녕하세요! 이번엔 도큐먼트를 새로 추가해 볼게요'],
 'uris': None,
 'data': None}
```

14 add_texts() 메서드는 텍스트를 임베딩하고 벡터 스토어에 추가합니다. 이미 앞에서 id 1번을 추가해 둔 상태에서 id 1번과 2번에 각각 텍스트를 추가하면 기존 1번 문서를 새로운 문서로 덮어씌웁니다(upset).

```
db.add_texts(
  ["이전에 추가한 Document를 덮어쓰겠습니다.", "덮어쓴 결과가 어떤가요?"],
  metadatas=[{"source": "mydata.txt"}, {"source": "mydata.txt"}],
  ids=["1", "2"],
)
```

15 `id` 1번 문서를 조회하면 새로 추가한 문서로 대체된 것을 확인할 수 있습니다.

```python
db.get(["1"])    # id=1로 문서 조회
```

```
{'ids': ['1'],
 'embeddings': None,
 'metadatas': [{'source': 'mydata.txt'}],
 'documents': ['이전에 추가한 Document를 덮어쓰겠습니다.'],
 'uris': None,
 'data': None}
```

16 `delete()` 메서드는 벡터 스토어에서 지정된 `id` 문서를 삭제합니다. 1번 문서를 삭제하고, 1번과 2번 문서를 조회해 보겠습니다. 남은 2번 문서만 출력됩니다.

```python
db.delete(ids=["1"])    # id=1 삭제
db.get(["1", "2"])      # 문서 조회
```

```
{'ids': ['2'],
 'embeddings': None,
 'metadatas': [{'source': 'mydata.txt'}],
 'documents': ['덮어쓴 결과가 어떤가요?'],
 'uris': None,
 'data': None}
```

17 `get()` 메서드로 문서를 조회할 때 `where` 조건으로 필터링할 수 있습니다. 메터데이터를 기준으로 mydata.txt 파일만 필터링해서 출력해 보겠습니다.

```python
db.get(where={"source": "mydata.txt"})    # where 조건으로 metadata 조회
```

```
{'ids': ['2'],
 'embeddings': None,
 'metadatas': [{'source': 'mydata.txt'}],
 'documents': ['덮어쓴 결과가 어떤가요?'],
 'uris': None,
 'data': None}
```

18 `reset_collection()` 메서드는 벡터 스토어의 컬렉션을 초기화합니다.

```
db.reset_collection()    # 컬렉션 초기화
db.get()                 # 초기화 후 문서 조회
```

```
{'ids': [],
 'embeddings': None,
 'metadatas': [],
 'documents': [],
 'uris': None,
 'data': None}
```

19 벡터 스토어를 리트리버(retriever)로 변환할 수 있습니다. 먼저 문서를 임베딩해서 데이터베이스를 생성합니다.

```
db = Chroma.from_documents(    # DB 생성
    documents=split_doc1 + split_doc2,
    embedding=OpenAIEmbeddings(),
    collection_name="nlp",
)
```

20 `as_retriever()` 메서드로 벡터 스토어에 내장된 검색 알고리즘을 쓰는 리트리버를 생성합니다. `invoke()` 메서드로 질문을 보냈을 때 리트리버(retriever)가 벡터 데이터베이스에서 유사도를 기준으로 검색해서 문서를 가져옵니다.

```
retriever = db.as_retriever()
retriever.invoke("Word2Vec에 대하여 알려줘")
```

```
[Document(metadata={'source': 'data/nlp-keywords.txt'}, page_content='정의: Word2Vec
은 단어를 벡터 공간에 매핑하여 단어 간의 의미적 관계를 나타내는 자연어 처리 기술입니다.
...'),
 Document(metadata={'source': 'data/nlp-keywords.txt'}, page_content='정의: HuggingFace
는 자연어 처리를 위한 다양한 사전 훈련된 모델과 도구를 제공하는 라이브러리입니다. ...'),
 Document(metadata={'source': 'data/nlp-keywords.txt'}, page_content='정의: 토크나이저는
텍스트 데이터를 토큰으로 분할하는 도구입니다. 이는 자연어 처리에서 데이터를 전처리하는
데 ...'),
 Document(metadata={'source': 'data/nlp-keywords.txt'}, page_content='정의: TF-IDF는 문
서 내에서 단어의 중요도를 평가하는 데 사용되는 통계적 척도입니다. 이는 문서 내 단어의 빈
도와 ...')]
```

21 리트리버를 생성하는 단계에서 검색 알고리즘(search_type), 출력할 문서 개수(k), MMR 알고리즘의 다양성 조절(lambda_mult), MMR 알고리즘에 전달할 문서 수(fetch_k) 같은 옵션을 지정할 수 있습니다. 여기서는 여섯 개의 결과를 출력했습니다.

```
retriever = db.as_retriever(
    search_type="mmr",
    search_kwargs={"k": 6, "lambda_mult": 0.25, "fetch_k": 10}
)
retriever.invoke("Word2Vec에 대하여 알려줘")
```

```
[Document(metadata={'source': 'data/nlp-keywords.txt'}, page_content='정의: Word2Vec은 단어를 벡터 공간에 매핑하여 단어 간의 의미적 관계를 나타내는 자연어 처리 ...'),
 Document(metadata={'source': 'data/nlp-keywords.txt'}, page_content='정의: Word2Vec은 단어를 벡터 공간에 매핑하여 단어 간의 의미적 관계를 나타내는 자연어 처리 ...'),
 Document(metadata={'source': 'data/nlp-keywords.txt'}, page_content='정의: HuggingFace는 자연어 처리를 위한 다양한 사전 훈련된 모델과 도구를 제공하는 ...'),
 Document(metadata={'source': 'data/nlp-keywords.txt'}, page_content='정의: 토크나이저는 텍스트 데이터를 토큰으로 분할하는 도구입니다. 이는 자연어 처리에서 데이터를 전처리하는 ...'),
 Document(metadata={'source': 'data/nlp-keywords.txt'}, page_content='정의: TF-IDF는 문서 내에서 단어의 중요도를 평가하는 데 사용되는 통계적 척도입니다. 이는 문서 내 ...'),
 Document(metadata={'source': 'data/nlp-keywords.txt'}, page_content='Semantic Search\n\n정의: 의미론적 검색은 사용자의 질의를 단순한 키워드 매칭을 넘어서 ...')]
```

🐾 lambda_mult는 1에 가까울수록 다양한 문서를 가져오고, 0에 가까우면 유사도만을 고려해서 문서를 검색합니다. 한편 fetch_k는 사전에 가져오는 문서 개수(기본값은 20)로, 최종적으로는 k 값 개수만큼 결과가 출력됩니다.

22 임계값(score_threshold) 이상의 유사도를 가진 문서만 검색할 수도 있습니다. 즉, 문서와 질문의 유사도인 0~1 사이의 값에서 특정 임계값을 지정해서 일정 수준의 유사도를 넘는 결과만 검색한다는 뜻입니다. 임계값을 지정할 때는 search_type을 반드시 similarity_score_threshold로 지정해야 합니다.

```
retriever = db.as_retriever(
    search_type="similarity_score_threshold",
    search_kwargs={"score_threshold": 0.8}
)
retriever.invoke("Word2Vec에 대하여 알려줘")
```

```
[Document(metadata={'source': 'data/nlp-keywords.txt'}, page_content='정의: Word2Vec은 단어를 벡터 공간에 매핑하여 단어 간의 의미적 관계를 나타내는 자연어 처리 ...')]
```

23 필터를 지정해서 메타데이터를 기준으로 특정 파일(finance-keywords.txt)의 문서만 가져올지도 지정할 수 있습니다.

```
retriever = db.as_retriever(
    search_kwargs={"filter": {"source": "data/finance-keywords.txt"}, "k": 2}
)
retriever.invoke("ESG에 대하여 알려줘")
```

```
[Document(metadata={'source': 'data/finance-keywords.txt'}, page_content='정의: ESG는 기업의 환경, 사회, 지배구조 측면을 고려하는 투자 접근 방식입니다.\n예시: S&P 500 ESG ...')]
```

🐾 filter의 기준으로는 메타데이터만 이용할 수 있습니다.

멀티모달 검색

Chroma는 이미지 등 여러 양식의 데이터를 포함하고 질의할 수 있는 멀티모달 컬렉션을 지원합니다. 데이터 세트의 모든 이미지 중 일부만 로컬로 다운로드하고 이를 사용하여 멀티모달 컬렉션을 생성합니다.

01 Hugging Face의 datasets 라이브러리를 사용하여 COCO 데이터셋을 로드하고, 해당 이미지 데이터를 시각화한 후 로컬 디렉터리에 저장합니다. 이미지를 저장할 폴더 이름을 tmp로 설정하고, 처리할 이미지 개수를 20개로 지정합니다.

```python
import os
from datasets import load_dataset
from matplotlib import pyplot as plt

dataset = load_dataset(  # COCO 데이터셋 로드
    path="detection-datasets/coco", name="default", split="train", streaming=True
)

IMAGE_FOLDER = "tmp"     # 이미지 저장 폴더 설정
N_IMAGES = 20            # 이미지 개수 설정
```

02 COCO 데이터셋에서 가져온 이미지와 레이블을 그래프 형태로 시각화하려고 합니다. 그래프는 총 20개의 이미지를 표시하며, 5개의 열과 4개의 행으로 구성됩니다.

```
plot_cols = 5
plot_rows = N_IMAGES // plot_cols
fig, axes = plt.subplots(
    plot_rows, plot_cols, figsize=(plot_rows * 2, plot_cols * 2)
)
axes = axes.flatten()
```

03 COCO 데이터셋에서 이미지를 순차적으로 가져와 지정된 폴더에 저장하고, 동시에 그래프에 표시합니다.

```
# 이미지를 폴더에 저장하고 그래프에 표시
dataset_iter = iter(dataset)
os.makedirs(IMAGE_FOLDER, exist_ok=True)
for i in range(N_IMAGES):
    data = next(dataset_iter)              # 데이터셋에서 이미지와 레이블 추출
    image = data["image"]
    label = data["objects"]["category"][0] # 첫 번째 객체의 카테고리를 레이블로 사용

    # 그래프에 이미지 표시 및 레이블 추가
    axes[i].imshow(image)
    axes[i].set_title(label, fontsize=8)
    axes[i].axis("off")

    image.save(f"{IMAGE_FOLDER}/{i}.jpg")   # 이미지 파일로 저장

plt.tight_layout()    # 그래프 레이아웃 조정
plt.show()            # 그래프 표시
```

04 이미지와 질문의 연관성을 측정하려면 멀티모달 임베딩 모델이 필요합니다. 즉 이미지와 텍스트를 모두 임베딩해 주는 모델입니다. 여기서는 open_clip 라이브러리를 사용해 보겠습니다. list_pretrained() 함수는 사용 가능한 사전 학습 모델의 이름과 체크포인트 정보를 리스트 형태로 반환합니다. 데이터프레임의 열 이름은 'model_name'과 'checkpoint'로 지정되며, 상위 10개의 결과만 출력합니다. 이 리스트에서 가장 성능이 좋은 모델을 선택하면 됩니다.

```
import open_clip
import pandas as pd

# 사용 가능한 모델과 Checkpoint를 출력
pd.DataFrame(open_clip.list_pretrained(), columns=["model_name", "checkpoint"]).head(10)
```

05 여기서는 ViT-H-14-378-quickgelu 모델을 가져오고 체크포인트도 지정합니다.

```
from langchain_experimental.open_clip import OpenCLIPEmbeddings

# OpenCLIP 임베딩 함수 객체 생성
image_embedding_function = OpenCLIPEmbeddings(
    model_name="ViT-H-14-378-quickgelu", checkpoint="dfn5b"
)
```

06 이미지의 경로를 리스트로 저장합니다. 결과를 출력하면 20개의 이미지 이름이 나열됩니다.

```
image_uris = sorted(
    [
        os.path.join("tmp", image_name)
        for image_name in os.listdir("tmp")
        if image_name.endswith(".jpg")
    ]
)

image_uris
```

07 멀티모달 모델을 이용해 이미지에 대한 설명(description)을 생성합니다. 모델에 invoke() 메서드로 이미지의 URI를 전달하면 이 이미지에 대한 설명이 생성됩니다.

```
from langchain_teddynote.models import MultiModal
from langchain_openai import ChatOpenAI

llm = ChatOpenAI(model="gpt-4o-mini")    # ChatOpenAI 모델 초기화

model = MultiModal(
  model=llm,
  system_prompt="Your mission is to describe the image in detail",
  user_prompt="Description should be written in one sentence(less than 60 characters)"
)

model.invoke(image_uris[0])        # 이미지 설명 생성
```

08 반복문으로 모든 이미지의 설명을 생성하고 출력합니다. 이미지 파일이 멀티모달 임베딩을 통해 벡터 데이터로 변환되며, 이미지에 대한 설명과 함께 키와 값 쌍의 형태로 벡터 데이터베이스에 저장해 둡니다.

```
descriptions = dict()    # 이미지 설명
for image_uri in image_uris:
    descriptions[image_uri] = model.invoke(image_uri, display_image=False)
descriptions            # 생성된 결과물 출력
```

09 저장된 이미지 파일을 가져와 각 이미지를 4×5 그리드 형태로 시각화하고 이미지 파일 이름과 설명을 제목으로 추가해 출력합니다.

```
import os
from PIL import Image
import matplotlib.pyplot as plt

# 원본 이미지, 처리된 이미지, 텍스트 설명을 저장할 리스트 초기화
original_images = []
images = []
texts = []
plt.figure(figsize=(20, 10))    # 그래프 크기 설정(20x10 인치)
```

```
# 'tmp' 디렉터리에 저장된 이미지 파일들을 처리
for i, image_uri in enumerate(image_uris):
    # 이미지 파일 열기 및 RGB 모드로 변환
    image = Image.open(image_uri).convert("RGB")
    plt.subplot(4, 5, i + 1)       # 4x5 그리드의 서브플롯 생성
    plt.imshow(image)              # 이미지 표시
    plt.title(    # 이미지 파일명과 설명을 제목으로 설정
        f"{os.path.basename(image_uri)}\n{descriptions[image_uri]}",
        fontsize=8
    )

    # x축과 y축의 눈금 제거
    plt.xticks([])
    plt.yticks([])

    # 원본 이미지, 처리된 이미지, 텍스트 설명을 각 리스트에 추가
    original_images.append(image)
    images.append(image)
    texts.append(descriptions[image_uri])

plt.tight_layout()       # 서브플롯 간 간격 조정
```

10 생성한 이미지 설명과 텍스트 간의 유사도를 계산합니다.

```
import numpy as np

# 이미지와 텍스트 임베딩. 이미지 URI를 사용하여 이미지 특징 추출
img_features = image_embedding_function.embed_image(image_uris)
# 텍스트 설명에 "This is" 접두사를 추가하고 텍스트 특징 추출
text_features = image_embedding_function.embed_documents(
    ["This is " + desc for desc in texts]
)

# 행렬 연산을 위해 리스트를 numpy 배열로 변환
img_features_np = np.array(img_features)
text_features_np = np.array(text_features)

# 텍스트와 이미지 특징 간의 코사인 유사도를 계산
similarity = np.matmul(text_features_np, img_features_np.T)
```

11 텍스트 대 이미지 설명 간의 유사도를 구하고 히트맵 형식으로 시각화합니다. 가운데 대각선으로 표시되는 수치가 이미지 설명과 텍스트의 정답 유사도로서 비교적 높은 값을 보임을 알 수 있습니다.

```
# 유사도 행렬을 시각화하기 위한 플롯 생성
count = len(descriptions)
plt.figure(figsize=(20, 14))

# 유사도 행렬을 히트맵으로 표시
plt.imshow(similarity, vmin=0.1, vmax=0.3, cmap="coolwarm")
plt.colorbar()  # 컬러 바 추가

# y축에 텍스트 설명 표시
plt.yticks(range(count), texts, fontsize=18)
plt.xticks([])  # x축 눈금 제거

# 원본 이미지를 x축 아래에 표시
for i, image in enumerate(original_images):
  plt.imshow(image, extent=(i - 0.5, i + 0.5, -1.6, -0.6), origin="lower")

# 유사도 값을 히트맵 위에 텍스트로 표시
for x in range(similarity.shape[1]):
  for y in range(similarity.shape[0]):
    plt.text(x, y, f"{similarity[y, x]:.2f}", ha="center", va="center", size=12)

for side in ["left", "top", "right", "bottom"]:    # 플롯 테두리 제거
  plt.gca().spines[side].set_visible(False)

# 플롯 범위 설정
plt.xlim([-0.5, count - 0.5])
plt.ylim([count + 0.5, -2])

plt.title("Cosine Similarity", size=20)  # 제목 추가
```

🐾 이미지의 설명과 이미지의 유사도를 보면 정답의 경우에도 0.4 수준을 보입니다. 이처럼 텍스트와 이미지가 둘 다 들어 있는 상황에서 나중에 질의를 보내서 조회하면 질의와 텍스트의 유사도가 더 높게 잡히기 때문에 이미지 검색이 잘 되지 않을 수 있습니다. 그래서 추후 두 개의 데이터베이스(혹은 네임스페이스)를 따로 만들어, 하나는 이미지만 저장하고 다른 하나는 텍스트만 저장하는 방식을 추천합니다. 그래서 질의를 이미지 데이터베이스와 텍스트 데이터에 각각 따로 전달해서 두 가지 검색 결과를 받아보고 각각의 유사도 임계값을 따로 계산할 수 있습니다.

12 multimodal이라는 컬렉션 이름으로 앞서 open_clip에서 가져온 image_embedding_function을 벡터 데이터베이스에 지정해 생성합니다. 그런 다음 add_image() 메서드로 이미지를 데이터베이스에 추가하겠습니다.

```
image_db = Chroma(                                # DB 생성
  collection_name="multimodal",
  embedding_function=image_embedding_function,
)

image_db.add_images(uris=image_uris)              # 이미지 추가
```

13 다음은 이미지 검색 결과를 이미지로 출력하기 위한 클래스입니다.

```
import base64
import io
from PIL import Image
from IPython.display import HTML, display
from langchain.schema import Document

class ImageRetriever:
  def __init__(self, retriever):
    """이미지 리트리버를 초기화합니다.

    인자:
    retriever: LangChain의 retriever 객체"""
    self.retriever = retriever

  def invoke(self, query):
    """쿼리를 사용하여 이미지를 검색하고 표시합니다.

    인자:
    query (str): 검색 쿼리"""
    docs = self.retriever.invoke(query)
    if docs and isinstance(docs[0], Document):
      self.plt_img_base64(docs[0].page_content)
    else:
      print("검색된 이미지가 없습니다.")
    return docs

  @staticmethod
```

```
def resize_base64_image(base64_string, size=(224, 224)):
    """Base64 문자열로 인코딩된 이미지의 크기를 조정합니다.

    인자:
    base64_string (str): 원본 이미지의 Base64 문자열.
    size (tuple): (너비, 높이)로 표현된 원하는 이미지 크기.

    반환:
    str: 크기가 조정된 이미지의 Base64 문자열."""
    img_data = base64.b64decode(base64_string)
    img = Image.open(io.BytesIO(img_data))
    resized_img = img.resize(size, Image.LANCZOS)
    buffered = io.BytesIO()
    resized_img.save(buffered, format=img.format)
    return base64.b64encode(buffered.getvalue()).decode("utf-8")

@staticmethod
def plt_img_base64(img_base64):
    """Base64로 인코딩된 이미지를 표시합니다.

    인자:
    img_base64 (str): Base64로 인코딩된 이미지 문자열"""
    image_html = f'<img src="data:image/jpeg;base64,{img_base64}" />'
    display(HTML(image_html))
```

14 as_retriever() 메서드로 이미지 리트리버에서 이미지 세 개를 조회할 수 있게 설정합니다.

```
retriever = image_db.as_retriever(search_kwargs={"k": 3})
image_retriever = ImageRetriever(retriever)
```

15 이미지 리트리버에 '거리에 있는 강아지'라는 질의를 보내 조회합니다. 즉, 이미지 자체를 임베딩해서 데이터베이스에 저장해 놓고 질의를 보내 검색하면, 저장된 20개의 이미지 중에서 질문과 유사도가 가장 높은 이미지가 검색될 것입니다.

```
result = image_retriever.invoke("A Dog on the street")
```

02 FAISS

FAISS(Facebook AI Similarity Search)도 Chroma처럼 로컬 데이터베이스로서 밀집 벡터의 효율적인 유사도 검색과 클러스터링을 위한 라이브러리입니다.

01 실습 파일 **09-VectorStore/02-FAISS.ipynb**를 열어 봅니다. **data** 폴더에 준비해 둔 샘플 데이터셋을 로드합니다. 로드한 데이터의 텍스트를 분할하고 document 객체로 변환한 후 문서 개수도 출력해 보겠습니다.

```python
from langchain_community.document_loaders import TextLoader
from langchain.text_splitter import RecursiveCharacterTextSplitter

# 텍스트 분할
text_splitter = RecursiveCharacterTextSplitter(chunk_size=600, chunk_overlap=0)

# 텍스트 파일을 List[Document] 형태로 변환
loader1 = TextLoader("data/nlp-keywords.txt")
loader2 = TextLoader("data/finance-keywords.txt")

# 문서 분할
split_doc1 = loader1.load_and_split(text_splitter)
split_doc2 = loader2.load_and_split(text_splitter)

len(split_doc1), len(split_doc2)    # 문서 개수 확인
```

02 문서 내용을 OpenAIEmbeddings의 text-embedding-3-small 모델을 사용해 임베딩(고차원 벡터)으로 변환합니다. FAISS에서는 벡터 데이터베이스를 만들 때 임베딩 모델의 차원 크기를 지정해야 합니다. 그래서 임의로 예시 텍스트의 임베딩을 생성하고 차원 크기(1536)를 계산해 출력합니다.

```python
import faiss
from langchain_community.vectorstores import FAISS
from langchain_community.docstore.in_memory import InMemoryDocstore
from langchain_openai import OpenAIEmbeddings

embeddings = OpenAIEmbeddings(model="text-embedding-3-small")    # 임베딩

# 임베딩 차원 크기를 계산
dimension_size = len(embeddings.embed_query("hello world"))
print(dimension_size)
```

03 FAISS 기반의 벡터 스토어를 생성합니다. `embedding_function`에서는 이전에 생성한 OpenAI 임베딩 모델을 사용합니다. 벡터를 검색하는 구조인 `index`에는 L2 알고리즘을 사용하며 벡터의 차원 크기를 지정합니다. 문서 저장소 `docstore`는 벡터와 연결된 문서를 메모리에 저장합니다.

```
db = FAISS(       # FAISS 벡터 스토어 생성
  embedding_function=embeddings,
  index=faiss.IndexFlatL2(dimension_size),
  docstore=InMemoryDocstore(),
  index_to_docstore_id={},
)
```

04 앞서 분할된 문서(`split_doc1`)를 사용하여 `from_documents()` 메서드를 호출해서 FAISS 벡터 스토어를 생성합니다. 이 메서드는 문서를 임베딩 벡터로 변환하고, 해당 벡터와 원본 문서를 연결하여 데이터베이스(db)에 저장합니다.

```
db = FAISS.from_documents(documents=split_doc1, embedding=OpenAIEmbeddings())
```

05 FAISS 벡터 스토어에서 각 벡터와 관련된 문서의 ID를 확인합니다. 11개의 문서가 있는데 각각 id가 부여됩니다.

```
db.index_to_docstore_id  # 문서 저장소 ID 확인
```

```
{0: '8d5670ec-38f6-4822-91c2-f8e3451541fa',
 1: '250feb6e-f08d-4fec-8f5f-221ed0124a12',
 2: 'bd753e02-47ae-48c9-879f-5d596e556c8e',
 3: '29f91b17-1445-460a-b75e-e454d06502ce',
 4: '2116ddde-4485-4f75-9f11-2c284ba6dd90',
 5: 'eb7c02d7-ef17-48e7-a245-be643cc8f919',
 6: 'bc3d71f3-463d-4301-b3f2-3044bc98f8d0',
 7: '6dbf639a-6f14-4f57-8249-80a43ca3f9ed',
 8: '07aefcdc-fa72-4aa4-9b55-3ab99ad5fa31',
 9: '7f1f9fd4-5d63-4779-b3ff-c478d6b8260c',
 10: '89e7f012-78b1-4fef-a084-3425c3476a7d'}
```

06 문서 저장소(docstore)에 저장된 문서의 id를 확인해 보겠습니다. _dict는 저장된 문서 데이터를 딕셔너리 형태로 제공합니다.

```
db.docstore._dict         # 저장된 문서의 ID: Document 확인
```

```
{'8d5670ec-38f6-4822-91c2-f8e3451541fa': Document(metadata={'source': 'data/nlp-
keywords.txt'}, page_content='Semantic Search\n\n정의: 의미론적 검색은 ...'),
...
```

07 이번에는 문자열 리스트로부터 from_texts() 메서드로 벡터 스토어를 생성해 보겠습니다.

```
db2 = FAISS.from_texts(    # 문자열 리스트로 생성
  ["안녕하세요. 정말 반갑습니다.", "제 이름은 테디입니다."],
  embedding=OpenAIEmbeddings(),
  metadatas=[{"source": "텍스트문서"}, {"source": "텍스트문서"}],
  ids=["doc1", "doc2"],
)
```

08 저장된 결과를 확인합니다. 지정한 id 값(doc1, doc2)이 잘 들어가 있는지 확인합니다.

```
db2.docstore._dict         # 저장된 내용
```

```
{'doc1': Document(metadata={'source': '텍스트문서'}, page_content='안녕하세요. 정말 반갑
습니다.'),
 'doc2': Document(metadata={'source': '텍스트문서'}, page_content='제 이름은 테디입니
다.')}
```

09 데이터베이스에 저장한 데이터를 유사도 기준으로 검색해 보겠습니다. similarity_search() 메서드는 FAISS 데이터베이스에서 주어진 질문에 가장 잘 부합하는 문서를 내림차순으로 조회합니다.

```
db.similarity_search("TF IDF에 대하여 알려줘")    # 유사도 검색
```

```
[Document(metadata={'source': 'data/nlp-keywords.txt'}, page_content='정의: TF-IDF는 문
서 내에서 단어의 중요도를 평가하는 데 사용되는 통계적 척도입니다. 이는 문서 내 ...'),
 Document(metadata={'source': 'data/nlp-keywords.txt'}, page_content='정의: 오픈 소스는
소스 코드가 공개되어 누구나 자유롭게 사용, 수정, 배포할 수 있는 소프트웨어를 ...'),
 Document(metadata={'source': 'data/nlp-keywords.txt'}, page_content="정의: DataFrame은
행과 열로 이루어진 테이블 형태의 데이터 구조로, 주로 데이터 분석 및 ..."),
```

```
Document(metadata={'source': 'data/nlp-keywords.txt'}, page_content='정의: CSV(Comma-
Separated Values)는 데이터를 저장하는 파일 형식으로, 각 데이터 ...)]
```

10 k 값으로 몇 개의 문서를 조회해서 가져올지 지정할 수 있습니다.

```
db.similarity_search("TF IDF 에 대하여 알려줘", k=2)        # k 값 지정
```

11 filter에 metadata 정보를 활용하여 검색 결과를 필터링할 수 있습니다. 여기서는 data/nlp-keywords.txt 문서 안에서만 검색합니다.

```
# filter 사용
db.similarity_search(
  "TF IDF 에 대하여 알려줘", filter={"source": "data/nlp-keywords.txt"}, k=2
)
```

12 source에서 다른 파일을 지정하고 검색 결과를 확인합니다. 질문에 관련된 내용이 없어서 아무 값도 출력하지 않습니다.

```
# filter 사용
db.similarity_search(
  "TF IDF에 대하여 알려줘", filter={"source": "data/finance-keywords.txt"}, k=2
)
```

13 add_documents() 메서드는 벡터 스토어에 문서를 추가하거나 업데이트합니다. page_content에 내용을 입력하고, metadata와 id를 지정해서 document 객체 형식으로 감싸서 추가합니다.

```
from langchain_core.documents import Document

db.add_documents(        # page_content, metadata 지정
  [
    Document(
      page_content="안녕하세요! 이번엔 도큐먼트를 새로 추가해 볼게요",
      metadata={"source": "mydata.txt"},
    )
  ],
  ids=["new_doc1"],
```

```
)
```

```
['new_doc1']
```

14 앞서 데이터베이스에 추가한 문서를 검색해서 출력해 봅니다.

```
db.similarity_search("안녕하세요", k=1)    # 추가된 데이터를 확인
```

```
[Document(metadata={'source': 'mydata.txt'}, page_content='안녕하세요! 이번엔 도큐먼트를
새로 추가해 볼게요')]
```

15 add_texts() 메서드는 텍스트를 임베딩하고 벡터 스토어에 추가합니다.

```
db.add_texts(     # 신규 데이터를 추가
    ["이번엔 텍스트 데이터를 추가합니다.", "추가한 2번째 텍스트 데이터 입니다."],
    metadatas=[{"source": "mydata.txt"}, {"source": "mydata.txt"}],
    ids=["new_doc2", "new_doc3"],
)
```

```
['new_doc2', 'new_doc3']
```

16 추가된 데이터의 ID를 확인하면 new_doc1, new_doc2, new_doc3이 추가된 것을 알 수 있습니다.

```
db.index_to_docstore_id    # 추가된 데이터를 확인
```

```
{0: '8d5670ec-38f6-4822-91c2-f8e3451541fa',
 1: '250feb6e-f08d-4fec-8f5f-221ed0124a12',
 ...
 11: 'new_doc1',
 12: 'new_doc2',
 13: 'new_doc3'}
```

17 벡터 스토어에서 문서를 삭제하는 방법을 알아보겠습니다. 그 전에 실습을 위해 삭제할 문서를 두 개 추가합니다.

```python
ids = db.add_texts(     # 삭제용 데이터를 추가
    ["삭제용 데이터를 추가합니다.", "2번째 삭제용 데이터입니다."],
    metadatas=[{"source": "mydata.txt"}, {"source": "mydata.txt"}],
    ids=["delete_doc1", "delete_doc2"],
)

print(ids)      # 삭제할 id를 확인
```

```
['delete_doc1', 'delete_doc2']
```

18 delete() 메서드는 벡터 스토어에서 지정된 ids의 문서를 삭제합니다. 출력 결과에서 delete_doc1과 delete_doc2가 삭제되어 없습니다.

```python
db.delete(ids)  # id 로 삭제
db.index_to_docstore_id # 삭제된 결과를 출력
```

19 다음은 문서 저장 및 로드 방법입니다. 앞서 Chroma에서 실습할 때는 persist_directory를 지정하면 추가한 문서를 자동으로 저장했는데요. 이와 달리 FAISS에서는 save_local() 함수로 문서를 로컬에 저장합니다. folder_path에서 저장할 폴더를 지정합니다. index_name은 데이터베이스의 이름입니다.

```python
db.save_local(folder_path="faiss_db", index_name="faiss_index")
```

20 저장한 데이터를 로드합니다.

```python
loaded_db = FAISS.load_local(     # 저장된 데이터를 로드
    folder_path="faiss_db",
    index_name="faiss_index",
    embeddings=embeddings,
    allow_dangerous_deserialization=True,
)

loaded_db.index_to_docstore_id    # 로드된 데이터를 확인
```

```
{0: '8d5670ec-38f6-4822-91c2-f8e3451541fa',
 1: '250feb6e-f08d-4fec-8f5f-221ed0124a12',
 ...
 11: 'new_doc1',
 12: 'new_doc2',
 13: 'new_doc3'}
```

FAISS 객체 병합하기

FAISS의 `merge_from()` 메서드는 현재 FAISS 객체(데이터베이스)에 다른 FAISS 객체를 병합하는 기능입니다.

01 먼저 db라는 데이터베이스에서 데이터를 로드해 보겠습니다.

```
db = FAISS.load_local(  # 저장된 데이터를 로드
    folder_path="faiss_db",
    index_name="faiss_index",
    embeddings=embeddings,
    allow_dangerous_deserialization=True,
)
```

02 db2라는 새로운 데이터베이스를 생성하고 새로운 문서(`split_doc2`)를 추가합니다.

```
db2 = FAISS.from_documents(documents=split_doc2, embedding=OpenAIEmbeddings())
```

03 db의 데이터를 출력해 봅니다.

```
db.index_to_docstore_id  # db의 데이터 확인
```

```
{0: '8d5670ec-38f6-4822-91c2-f8e3451541fa',
 1: '250feb6e-f08d-4fec-8f5f-221ed0124a12',
 2: 'bd753e02-47ae-48c9-879f-5d596e556c8e',
 3: '29f91b17-1445-460a-b75e-e454d06502ce',
 4: '2116ddde-4485-4f75-9f11-2c284ba6dd90',
 5: 'eb7c02d7-ef17-48e7-a245-be643cc8f919',
 6: 'bc3d71f3-463d-4301-b3f2-3044bc98f8d0',
 7: '6dbf639a-6f14-4f57-8249-80a43ca3f9ed',
 8: '07aefcdc-fa72-4aa4-9b55-3ab99ad5fa31',
```

```
  9: '7f1f9fd4-5d63-4779-b3ff-c478d6b8260c',
 10: '89e7f012-78b1-4fef-a084-3425c3476a7d',
 11: 'new_doc1',
 12: 'new_doc2',
 13: 'new_doc3'}
```

04 db2의 데이터를 출력해 봅니다.

```
db2.index_to_docstore_id
```

```
{0: 'a35f51d2-3ee2-44de-9b29-8b856a5f92c0',
 1: '351ce264-1fff-4ed5-a1c4-f021fc434ad0',
 2: '13282cb5-7da7-454e-a0f9-b27eaefd4a90',
 3: '81e0cb2e-6de4-44a7-a316-35d765e2fe03',
 4: '3307b7f3-891c-40df-ba00-41b197840256',
 5: '3ebe5120-447b-4292-ac76-dcc0ddec4ae8'}
```

05 merge_from() 메서드로 두 개의 데이터베이스를 병합합니다. 데이터를 출력해 보면 두 데이터베이스의 데이터가 모두 나타납니다.

```
db.merge_from(db2)          # db+db2를 병합
db.index_to_docstore_id     # 병합된 데이터 확인
```

```
{0: '8d5670ec-38f6-4822-91c2-f8e3451541fa',
 1: '250feb6e-f08d-4fec-8f5f-221ed0124a12',
 2: 'bd753e02-47ae-48c9-879f-5d596e556c8e',
 3: '29f91b17-1445-460a-b75e-e454d06502ce',
 4: '2116ddde-4485-4f75-9f11-2c284ba6dd90',
 5: 'eb7c02d7-ef17-48e7-a245-be643cc8f919',
 6: 'bc3d71f3-463d-4301-b3f2-3044bc98f8d0',
 7: '6dbf639a-6f14-4f57-8249-80a43ca3f9ed',
 8: '07aefcdc-fa72-4aa4-9b55-3ab99ad5fa31',
 9: '7f1f9fd4-5d63-4779-b3ff-c478d6b8260c',
 10: '89e7f012-78b1-4fef-a084-3425c3476a7d',
 11: 'new_doc1',
 12: 'new_doc2',
 13: 'new_doc3',
 14: 'a35f51d2-3ee2-44de-9b29-8b856a5f92c0',
 15: '351ce264-1fff-4ed5-a1c4-f021fc434ad0',
```

```
16: '13282cb5-7da7-454e-a0f9-b27eaefd4a90',
17: '81e0cb2e-6de4-44a7-a316-35d765e2fe03',
18: '3307b7f3-891c-40df-ba00-41b197840256',
19: '3ebe5120-447b-4292-ac76-dcc0ddec4ae8'}
```

리트리버로 변환하기

as_retriever() 메서드로 현재 벡터 스토어 데이터베이스에서 리트리버를 가져오겠습니다.

01 앞서 분할된 문서(split_doc1 + split_doc2)를 사용하여 from_documents() 메서드를 호출해서 FAISS 벡터 스토어를 생성합니다. 이 메서드는 문서를 임베딩 벡터로 변환하고, 해당 벡터와 원본 문서를 연결하여 데이터베이스(db)에 저장합니다.

```
db = FAISS.from_documents(          # 새로운 FAISS 벡터 스토어 생성
    documents=split_doc1 + split_doc2,
    embedding=OpenAIEmbeddings()
)
```

02 FAISS 저장소를 리트리버로 전환하고, invoke() 메서드로 질문을 전달해 유사한 문서를 검색합니다. 기본 리트리버(retriever)는 네 개의 문서를 반환합니다.

```
retriever = db.as_retriever()                          # 리트리버로 변환
retriever.invoke("Word2Vec에 대하여 알려줘")            # 검색 수행
```

```
[Document(metadata={'source': 'data/nlp-keywords.txt'}, page_content='정의: Word2Vec은 단어를 벡터 공간에 매핑하여 단어 간의 의미적 관계를 나타내는 자연어 처리 ...'),
 Document(metadata={'source': 'data/nlp-keywords.txt'}, page_content='정의: HuggingFace는 자연어 처리를 위한 다양한 사전 훈련된 모델과 도구를 제공하는 ...'),
 Document(metadata={'source': 'data/nlp-keywords.txt'}, page_content='정의: 토크나이저는 텍스트 데이터를 토큰으로 분할하는 도구입니다. 이는 자연어 처리에서 데이터를 전처리하는 ...'),
 Document(metadata={'source': 'data/nlp-keywords.txt'}, page_content='정의: TF-IDF는 문서 내에서 단어의 중요도를 평가하는 데 사용되는 통계적 척도입니다. 이는 문서 ...')]
```

🐾 k 값으로 반환할 문서 개수를 따로 지정하지 않으면 기본값으로 네 개가 출력됩니다.

03 리트리버를 생성하는 단계에서 검색 알고리즘(search_type), 출력할 문서 개수(k), MMR 알고리즘의 다양성 조절(lambda_mult), MMR 알고리즘에 전달할 문서 수(fetch_k) 같은 옵션을 지정할 수 있습니다. 여기서는 여섯 개의 결과를 출력했습니다.

```
retriever = db.as_retriever(    # MMR 검색 수행
  search_type="mmr",
  search_kwargs={"k": 6, "lambda_mult": 0.25, "fetch_k": 10}
)
retriever.invoke("Word2Vec에 대하여 알려줘")
```

04 문서와 질문의 유사도인 0~1 사이의 값에서 특정한 임계값(score_threshold)을 지정해서 일정 수준의 유사도를 넘는 결과만 검색할 수 있습니다. 임계값의 search_type은 반드시 similarity_score_threshold로 지정해야 합니다. 유사도 임계값 0.8이 넘는 결과 하나가 출력됩니다.

```
retriever = db.as_retriever(    # 임계값 기반 검색 수행
  search_type="similarity_score_threshold",
  search_kwargs={"score_threshold": 0.8}
)
retriever.invoke("Word2Vec 에 대하여 알려줘")
```

```
[Document(metadata={'source': 'data/nlp-keywords.txt'}, page_content='정의: Word2Vec은 단어를 벡터 공간에 매핑하여 단어 간의 의미적 관계를 나타내는 자연어 처리 ...')]
```

05 필터를 지정해서 메타데이터를 기준으로 특정 파일(finance-keywords.txt)의 문서만 가져올지도 지정할 수 있습니다.

```
retriever = db.as_retriever(    # 메타데이터 필터 적용
  search_kwargs={"filter": {"source": "data/finance-keywords.txt"}, "k": 2}
)
retriever.invoke("ESG에 대하여 알려줘")
```

03 Pinecone

Pinecone은 클라우드 기반의 고성능 벡터 데이터베이스입니다. 앞에서 살펴본 로컬 기반의 Chroma, FAISS는 무료이자 오픈소스이지만, 대용량 문서를 로드할 때 처리 속도가 느려지는 단점이 있습니다. 또한 로컬 데이터베이스는 사용자의 PC 사양에 성능이 좌우되기 때문에 검색 속도에도 영향을 줍니다.

반면 Pinecone은 확장성이 좋고 대용량 문서를 로드해도 속도 저하가 심하지 않으며 관리하기 쉽습니다. 또한 API 친화성도 중요한 장점인데, 클라우드에 데이터베이스를 업로드하거나 리트리버를 가져와서 조회하기도 쉽습니다.

Pinecone은 읽기/쓰기 작업 시점부터 비용이 발생하므로 사용자가 늘면 그만큼 비용이 발생합니다. 또한 완전 관리형 서비스이기 때문에 세세한 커스터마이즈를 하는 데는 제약이 있습니다. 데이터를 클라우드에 저장해서 관리하므로 회사에서 온프레미스 폐쇄형 네트워크에서 데이터베이스를 설치하는 경우에는 활용할 수 없습니다.

데이터 전처리

01 실습 파일 **09-VectorStore/03-Pinecone.ipynb**를 열어 봅니다. 이번 실습에서는 커스텀으로 구현해 놓은 기능을 추가하려고 합니다. langchain-teddynote 라이브러리를 업데이트한 후 실습을 진행하겠습니다.

```
!pip install -U langchain-teddynote
```

02 한글 처리를 위한 불용어(stop word) 사전을 가져옵니다. 불용어란 텍스트 데이터 처리에서 자주 등장하지만 문맥상 중요한 정보를 제공하지 않는 단어들을 말합니다. 주로 텍스트 전처리 과정에서 불용어를 제거하면 분석 효율을 높이고 의미 있는 데이터에 집중할 수 있습니다.

```
from langchain_teddynote.korean import stopwords
from langchain_teddynote import logging
from dotenv import load_dotenv

logging.langsmith("CH09-VectorStores")
load_dotenv()
```

```
stopword = stopwords()
stopword[:20]
```

```
['아',
 '휴',
 ...
 '에게',
 '뿐이다']
```

03 기본적인 전처리를 진행해 보겠습니다. ROOT_DIR 하위에 있는 모든 PDF 파일을 읽어와 문서 분할기로 분할합니다.

```
from langchain_community.document_loaders import PyMuPDFLoader
from langchain.text_splitter import RecursiveCharacterTextSplitter
import glob

# 텍스트 분할
text_splitter = RecursiveCharacterTextSplitter(chunk_size=300, chunk_overlap=50)
split_docs = []

# 텍스트 파일을 List[Document] 형태로 변환
files = sorted(glob.glob("data/*.pdf"))

for file in files:
    loader = PyMuPDFLoader(file)
    split_docs.extend(loader.load_and_split(text_splitter))

len(split_docs) # 문서 개수 확인
```

🐾 실습 전에 data 폴더에 실습용으로 SPRI_AI_Brief_2023년12월호_F.pdf 파일을 배치하세요.

04 문서의 metadata를 확인합니다. 앞으로 문서의 전처리를 활용해서 필요한 메타데이터만 넣도록 변경하려고 합니다. 그래서 검색이나 필터링을 적용할 때 미리 지정한 메타데이터를 활용할 수 있습니다.

```
split_docs[0].metadata
```

```
{'source': 'data/SPRI_AI_Brief_2023년12월호_F.pdf',
 'file_path': 'data/SPRI_AI_Brief_2023년12월호_F.pdf',
 'page': 0,
 'total_pages': 23,
```

```
'format': 'PDF 1.4',
'title': '',
'author': 'dj',
'subject': '',
'keywords': '',
'creator': 'Hwp 2018 10.0.0.13462',
'producer': 'Hancom PDF 1.3.0.542',
'creationDate': "D:20231208132838+09'00'",
'modDate': "D:20231208132838+09'00'",
'trapped': ''}
```

05 preprocess_documents() 메서드에 우리가 분할해 놓은 문서(split_docs)를 넣고 메타데이터 중 source, page, author만 뽑아서 문서에 포함시킵니다. min_length를 5로 지정하면 다섯 글자 이상인 문서만 필터링하겠다는 뜻입니다. use_basename은 메타데이터의 source 경로를 기준으로 파일 이름을 사용할지 여부를 지정합니다.

```python
from langchain_teddynote.community.pinecone import preprocess_documents

contents, metadatas = preprocess_documents(
    split_docs=split_docs,
    metadata_keys=["source", "page", "author"],
    min_length=5,
    use_basename=True,
)
```

06 벡터 스토어에 저장할 문서를 일부 출력해 보겠습니다. 앞 단계의 min_length 값을 바꿔 보며 짧은 문서가 걸러지는 것을 확인할 수 있습니다.

```python
contents[:5]
```

07 이전에 use_basename를 True로 지정했는데요. 이 경우 source를 출력하면 파일 이름만 표시됩니다. 만약 use_basename=False로 지정하면 파일 이름 앞에 디렉터리까지 포함합니다.

```python
metadatas["source"][:5]
```

08 문서 개수, 메타데이터 source 개수, page 개수를 각각 확인합니다. 데이터베이스를 저장하기 전에 오류를 방지하기 위해 이 세 가지의 개수가 동일한지 확인하는 게 좋습니다.

```
len(contents), len(metadatas["source"]), len(metadatas["page"])
```

새로운 벡터 스토어 인덱스 생성하기

이제 벡터 스토어의 인덱스를 생성해 보겠습니다. 여기서 **인덱스**란 하나의 데이터베이스를 지칭한다고 이해하면 됩니다. 인덱스 하위에 네임스페이스란 공간이 있는데, 폴더에 해당합니다. 나중에 리트리버에서 문서를 가져올 때 네임스페이스를 지정해서 가져올 수 있으므로 비슷한 문서는 같은 네임스페이스에 넣는 게 좋습니다. 별개의 범주에 있는 문서를 구분하려면 하나의 인덱스 아래에 여러 개의 네임스페이스를 두고 저장합니다.

01 Pinecone을 사용하려면 먼저 웹사이트(https://app.pinecone.io)에 접속해서 회원 가입 후 왼쪽 메뉴에서 **API Keys**를 클릭합니다. **Create API Key**를 클릭해서 API 키를 발급받습니다.

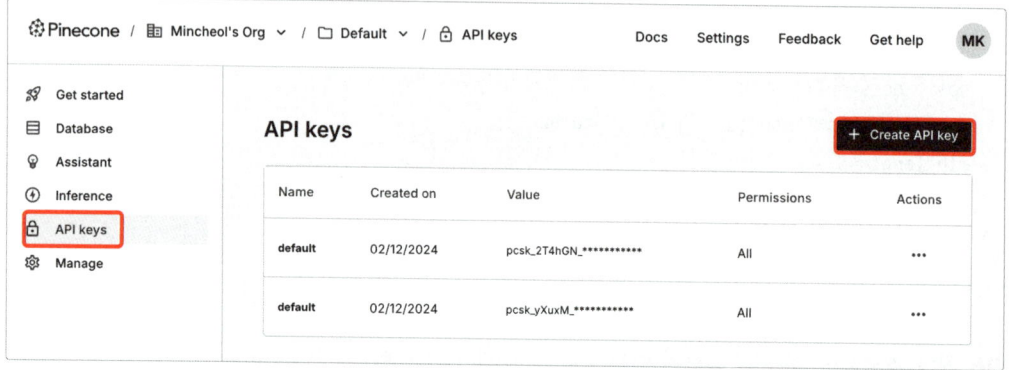

02 발급한 API 키를 .env에 다음과 같이 추가합니다.

```
PINECONE_API_KEY=발급받은 API 키
```

03 `create_index()` 함수로 Pinecone의 새로운 인덱스를 생성합니다. `index_name`에 자신의 데이터베이스 인덱스 이름을 임의로 작성합니다. `dimension` 값은 임베딩 모델 차원과 동일하게 맞춥니다. 가령 `OpenAIEmbeddings`라면 1536이고, `UpstageEmbeddings`면 4096입니다. `metric`은 유사도 측정 방법으로 `dotproduct`(내적)를 지정합니다. 이 옵션은 나중에 키워드 검색과 의미 검색을 결합

한 하이브리드 검색에 필요합니다.

```
import os
from langchain_teddynote.community.pinecone import create_index

pc_index = create_index(               # Pinecone 인덱스 생성
    api_key=os.environ["PINECONE_API_KEY"],
    index_name="teddynote-db-index",   # 인덱스 이름을 지정
    dimension=4096,
    metric="dotproduct",               # dotproduct, euclidean, cosine
)
```

04 Pinecone 웹사이트에서 왼쪽 메뉴의 Database를 확인하면 새 인덱스가 추가되어 있습니다.

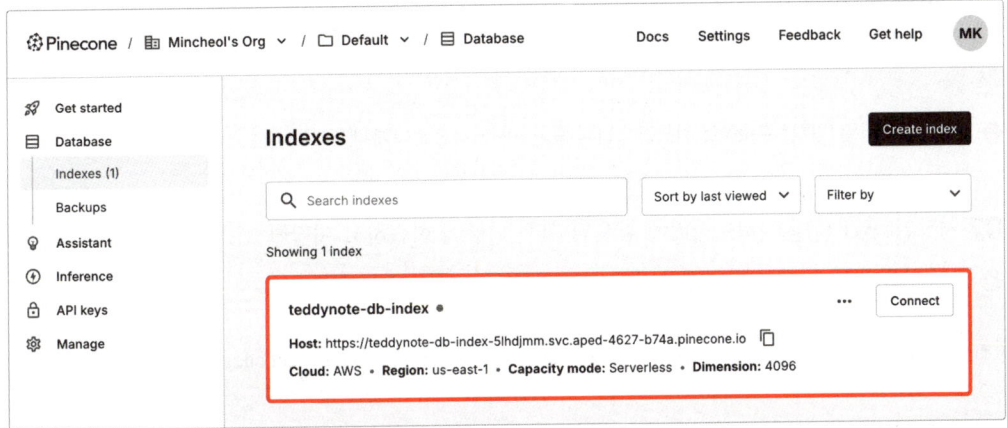

🐾 여기서는 무료인 Serverless Pod을 사용합니다. 더 확장된 기능을 사용하려면 유료 Pod을 사용할 수 있는데, 실습 파일의 예시 코드를 확인해 주세요.

희소 인코더 생성하기

희소 인코더(Sparse Encoder)는 텍스트 데이터를 희소 벡터(sparse vector)로 변환합니다. **희소 벡터**란 대부분의 값이 0이고, 소수의 값만 중요한 의미를 가지는 고차원 벡터를 말하며, 주로 키워드 기반 검색에서 사용됩니다. 희소 인코더는 영어에 맞춰져 있어서 그대로 쓰면 한국어를 처리할 때는 성능이 떨어질 수 있습니다. 그래서 여기서는 한국어 불용어 사전과 한국어 형태소 분석기인 Kiwi Tokenizer로 커스텀한 후 인코더를 생성하겠습니다.

```
from langchain_teddynote.community.pinecone import (
    create_sparse_encoder,
```

```
  fit_sparse_encoder,
)

# 한글 불용어 사전 + Kiwi 형태소 분석기를 사용
sparse_encoder = create_sparse_encoder(stopwords(), mode="kiwi")
```

영어를 분석하는 경우 english로 지정합니다.

🐾 형태소 분석이란 한국어처럼 조사와 어미 변화가 많은 언어에서 문장을 의미를 가진 가장 작은 단위인 형태소로 나누고, 각 단어에 명사, 동사 같은 품사 이름표를 붙여 문장을 분석하는 방법입니다.

01 희소 인코더를 활용해 우리가 업로드한 텍스트 데이터(contents)를 학습시키고, 학습한 결과를 지정된 경로에 저장합니다.

```
saved_path = fit_sparse_encoder(
    sparse_encoder=sparse_encoder,
    contents=contents,
    save_path="./sparse_encoder.pkl"
)
```

🐾 저장한 .pkl 파일 이름은 프로젝트 이름이나 날짜 등을 표시해서 인코더에 대해서도 버전 관리를 하면 됩니다.

02 저장된 .pkl 파일은 리트리버에 활용됩니다. 나중에 학습하고 저장한 희소 인코더를 다시 불러올 때는 다음과 같은 코드를 작성합니다.

```
from langchain_teddynote.community.pinecone import load_sparse_encoder

sparse_encoder = load_sparse_encoder("./sparse_encoder.pkl")
```

Pinecone 데이터베이스 인덱스에 문서 추가하기

Pinecone 데이터베이스 인덱스에 문서를 추가(upsert)해 보겠습니다. **upsert**란 이미 있는 문서는 업데이트(update)하고, 없는 문서는 그대로 추가(insert)하는 것입니다.

01 문서를 추가하려면 임베딩이 필요합니다. 여기서는 upstage_embeddings를 생성해 사용하겠습니다.

```
from langchain_openai import OpenAIEmbeddings
from langchain_upstage import UpstageEmbeddings

openai_embeddings = OpenAIEmbeddings(model="text-embedding-3-large")
upstage_embeddings = UpstageEmbeddings(model="solar-embedding-1-large-passage")
```

02 Pincone 인덱스 이름과 네임스페이스(teddynote-namespace-01)를 작성하고, 앞서 전처리한 내용(contents)와 메타데이터(metadatas)를 지정합니다. sparse_encoder는 키워드 검색에 사용하고, embedder는 의미 검색에 사용됩니다. batch_size는 문서를 한 번에 몇 개씩 업데이트할지를 설정합니다.

```
%%time
from langchain_teddynote.community.pinecone import upsert_documents
from langchain_upstage import UpstageEmbeddings

upsert_documents(
    index=pc_index,                              # Pinecone 인덱스
    namespace="teddynote-namespace-01",          # Pinecone 네임스페이스
    contents=contents,                           # 이전에 전처리한 문서 내용
    metadatas=metadatas,                         # 이전에 전처리한 문서 메타데이터
    sparse_encoder=sparse_encoder,
    embedder=upstage_embeddings,
    batch_size=32,
)
```

03 문서의 양이 많은 경우 다음과 같이 분산 처리를 하면 빠르게 처리할 수 있습니다. max_workers=30은 한 번에 최대 30개의 작업을 병렬로 처리하여 데이터 업로드 속도를 높였습니다.

```
%%time
from langchain_teddynote.community.pinecone import upsert_documents_parallel

upsert_documents_parallel(
    index=pc_index,                              # Pinecone 인덱스
    namespace="teddynote-namespace-02",          # Pinecone 네임스페이스
    contents=contents,                           # 이전에 전처리한 문서 내용
    metadatas=metadatas,                         # 이전에 전처리한 문서 메타데이터
    sparse_encoder=sparse_encoder,
    embedder=upstage_embeddings,
    batch_size=64,
    max_workers=30,
)
```

🐾 청크 크기를 크게 설정한 경우 한 번에 처리하는 벡터의 크기가 너무 커져서 오류가 발생할 수 있습니다. 이 경우 batch_size를 줄여 보세요.

04 Pinecone 데이터베이스 인덱스를 선택하면 추가된 벡터를 확인할 수 있습니다.

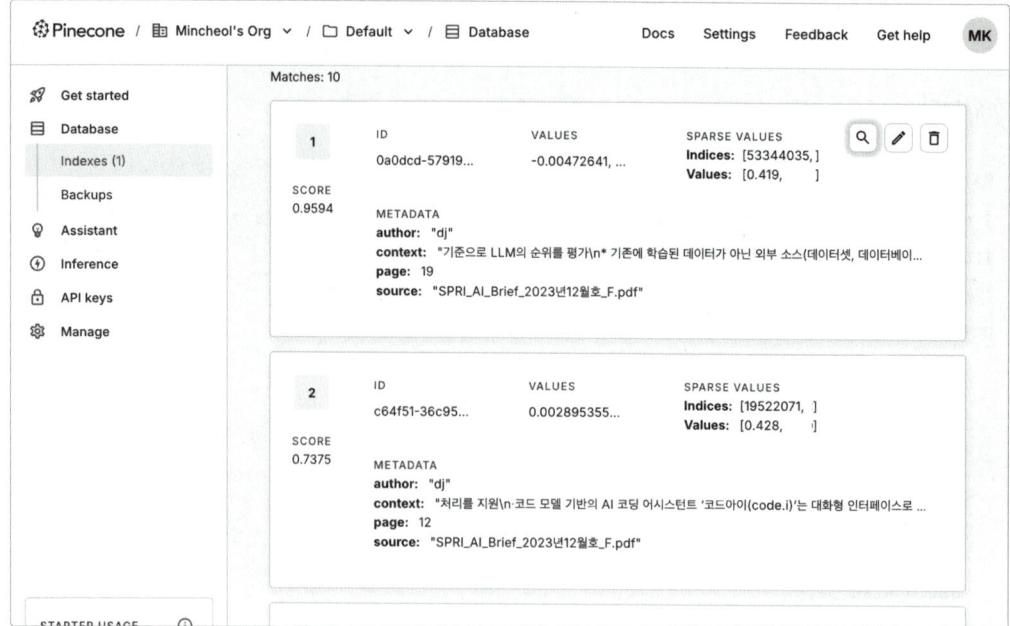

인덱스 조회 및 삭제하기

Pinecone의 describe_index_stats()와 delete_namespace() 메서드를 사용하여 특정 네임스페이스의 벡터 데이터를 삭제하고 인덱스 통계를 확인해 보겠습니다.

01 describe_index_stats() 메서드로 Pinecone 인덱스에 저장된 벡터의 수량, 벡터 차원, 사용된 저장 용량 등 주요 통계 정보를 확인할 수 있습니다.

```
pc_index.describe_index_stats()  # 인덱스 조회
```

```
{'dimension': 4096,
 'index_fullness': 0.0,
 'namespaces': {'teddynote-namespace-01': {'vector_count': 116},
                'teddynote-namespace-02': {'vector_count': 116}},
 'total_vector_count': 232}
```

02 `delete_namespace()` 메서드로 특정 네임스페이스에 저장된 데이터를 삭제할 수 있습니다.

```
from langchain_teddynote.community.pinecone import delete_namespace

delete_namespace(
    pinecone_index=pc_index,
    namespace="teddynote-namespace-01",
)
```

```
네임스페이스 'teddynote-namespace-01'의 모든 데이터가 삭제되었습니다.
```

03 `describe_index_stats()` 메서드로 삭제 작업이 제대로 수행되었는지 확인해 보겠습니다.

```
pc_index.describe_index_stats()
```

```
{'dimension': 4096,
 'index_fullness': 0.0,
 'namespaces': {'teddynote-namespace-02': {'vector_count': 116}},
 'total_vector_count': 116}
```

리트리버 생성하기

밀집 벡터와 희소 벡터를 결합한 하이브리드 리트리버를 생성합니다. 리트리버는 초기화 과정에서 인덱스 설정, 희소 인코더 로딩, 임베딩 모델 지정 등을 포함하며, 생성된 리트리버는 동적 매개변수를 통해 문서 검색 조건을 유연하게 조정할 수 있습니다.

01 `init_pinecone_index()` 함수에 Pinecone 인덱스 이름, 네임스페이스, 희소 인코더 저장 경로(.pkl 파일), 불용어 사전, 한국어 토크나이저, 임베딩 모델을 포함합니다. `top_k`는 반환할 문서의 개수를 지정합니다. `alpha`는 밀집 벡터와 희소 벡터 중 밀집 벡터의 비율을 설정합니다. 가령 `alpha=0.75`로 설정하면 밀집 벡터는 0.75이고, 희소 벡터는 0.25 비율이 됩니다. 다시 말해, 밀집 벡터의 비중을 높이면 질문과 문서의 유사도를 측정하는 의미 검색에 초점을 맞추고, 희소 벡터의 비중을 높이면 원하는 키워드가 검색어에 포함될 가능성이 높아집니다.

```
import os
from langchain_teddynote.korean import stopwords
from langchain_teddynote.community.pinecone import init_pinecone_index
from langchain_upstage import UpstageEmbeddings
```

```
pinecone_params = init_pinecone_index(
    index_name="teddynote-db-index",           # Pinecone 인덱스 이름
    namespace="teddynote-namespace-02",        # Pinecone 네임스페이스
    api_key=os.environ["PINECONE_API_KEY"],    # Pinecone API Key
    sparse_encoder_path="./sparse_encoder.pkl",# Sparse Encoder 저장 경로
    stopwords=stopwords(),                     # 불용어 사전
    tokenizer="kiwi",
    embeddings=UpstageEmbeddings(
        model="solar-embedding-1-large-query"
    ),                  # Dense Embedder
    top_k=5,            # Top-K 문서 반환 개수
    alpha=0.5,
)
```

```
[init_pinecone_index]
{'dimension': 4096,
 'index_fullness': 0.0,
 'namespaces': {'teddynote-namespace-02': {'vector_count': 116}},
 'total_vector_count': 116}
```

02 앞서 init_pinecone_index() 메서드로 지정한 매개변수 pinecone_params의 설정에 따라 리트리버를 가져옵니다.

```
from langchain_teddynote.community.pinecone import PineconeKiwiHybridRetriever

pinecone_retriever = PineconeKiwiHybridRetriever(**pinecone_params)
```

03 invoke() 메서드로 질문해 관련된 문서를 검색합니다. 유사도가 높은 순서대로 검색한 문서 내용(page_content)과 메타데이터(metadata)를 출력합니다.

```
search_results = pinecone_retriever.invoke("gpt-4o 미니 출시 관련 정보에 대해서 알려줘")
for result in search_results:
    print(result.page_content)
    print(result.metadata)
    print("\n====================\n")
```

```
앤트로픽의 클로드 하이쿠보다 높은 점수를 기록 ...
{'author': 'dj', 'context': '앤트로픽의 클로드 하이쿠보다 높은 점수를 기록\nKEY
```

```
Contents\n£ GPT-4o 미니, GPT-3.5 터보 대비 60% 이상 저렴하면서 성능은 우수\nn ...',
 'page': 13.0, 'source': 'SPRi AI Brief_8월호_산업동향.pdf'}
==================
...
```

04 search_kwargs를 사용해 검색 조건을 실행 시점에 맞춰 유연하게 변경합니다. 여기서는 k 값을 1로 설정하여 가장 관련성 높은 문서 한 개만 반환합니다.

```
search_results = pinecone_retriever.invoke(
  "gpt-4o 미니 출시 관련 정보에 대해서 알려줘", search_kwargs={"k": 1}
)
for result in search_results:
  print(result.page_content)
  print(result.metadata)
  print("\n===================\n")
```

05 alpha 값을 1로 설정하여 밀집 벡터의 가중치를 최대화합니다. 밀집 벡터를 통한 의미 검색에 의존하게 되며 문서 한 개만 반환합니다.

```
search_results = pinecone_retriever.invoke(
   "앤스로픽", search_kwargs={"alpha": 1, "k": 1}
)
for result in search_results:
   print(result.page_content)
   print(result.metadata)
   print("\n===================\n")
```

06 alpha 값을 0으로 설정해 희소 벡터를 통한 키워드 검색에만 의존하도록 조정합니다. 앞 단계의 의미 검색을 통한 결과와 다른 문서가 출력됨을 알 수 있습니다. 이런 식으로 alpha 값을 조정하면서 자신의 RAG 시스템에 적합한 답변 품질이 나오는지 확인할 수 있습니다.

```
# 실행 결과
search_results = pinecone_retriever.invoke(
   "앤스로픽", search_kwargs={"alpha": 0, "k": 1}
)
for result in search_results:
  print(result.page_content)
```

```
    print(result.metadata)
    print("\n==================\n")
```

07 메타데이터 필터링을 통해 특정 조건에 맞는 문서만 검색합니다. 여기서는 페이지 번호(page)가 5보다 작은 문서 두 개를 반환하도록 설정합니다.

```
search_results = pinecone_retriever.invoke(
    "앤스로픽의 claude 출시 관련 내용을 알려줘",
    search_kwargs={"filter": {"page": {"$lt": 5}}, "k": 2},
)
for result in search_results:
    print(result.page_content)
    print(result.metadata)
    print("\n==================\n")
```

🐾 Pinecone 문서에서 자세한 메타데이터 필터링 문법을 확인해 보세요.

URL https://docs.pinecone.io/guides/data/understanding-metadata

08 source가 특정 문서(**SPRi AI Brief_8월호_산업동향.pdf**)에 해당하는 결과만 반환하도록 필터링할 수도 있습니다.

```
search_results = pinecone_retriever.invoke(
    "앤스로픽의 claude 3.5 출시 관련 내용을 알려줘",
    search_kwargs={
        "filter": {"source": {"$eq": "SPRi AI Brief_8월호_산업동향.pdf"}},
        "k": 3,
    },
)
for result in search_results:
    print(result.page_content)
    print(result.metadata)
    print("\n==================\n")
```

CHAPTER 13 리트리버

학습 목표
리트리버는 RAG 시스템에서 사용자의 질문과 가장 관련성 높은 정보를 벡터 데이터베이스에서 찾아 제공하는 단계입니다. 효과적인 검색 없이는 정확한 답변 생성이 어렵고, 검색 품질이 LLM의 성능에도 큰 영향을 미칩니다.

리트리버(retriever) 단계는 RAG 시스템의 다섯 번째 단계로, 저장된 벡터 데이터베이스에서 사용자 질문이 들어오면 그 질문으로 우리가 저장한 문서에서 검색하는 과정입니다. 리트리버는 사용자 질문과 가장 관련성 높은 정보를 검색하여 시스템이 정확하고 유용한 답변을 생성할 수 있도록 합니다. 효율적인 리트리버 없이는 대규모 데이터베이스에서 관련 정보를 신속하고 정확하게 찾아내는 것이 매우 어렵습니다. LLM은 검색된 문서를 기반으로 답변하므로 질문에 부합하는 문서를 검색하지 못하면 LLM의 성능이 아무리 좋더라도 제대로 된 결과를 내놓을 수 없습니다.

리트리버의 작동 방식

리트리버는 사용자의 질문을 처리하기 위해 먼저 질문을 벡터 형태로 변환합니다. 이 과정은 임베딩 단계와 유사한 기술을 사용하며, 변환된 질문 벡터는 후속 검색 작업의 기준점이 됩니다. 이후 저장된 문서 벡터들과 질문 벡터 간의 유사성을 계산하는데, 이를 위해 코사인 유사성(cosine similarity)이나 MMR(Max Marginal Relevance) 같은 수학적 방법이 주로 사용됩니다. 계산된 유사성 점수를 기준으로 상위 N개의 가장 관련성 높은 문서를 선정하며, 이 문서들은 사용자의 질문에 대한 답변을 생성하는 데 활용됩니다. 마지막으로 선정된 문서들의 정보(문서 내용, 위치, 메타데이터 등)는 다음 단계인 프롬프트 생성으로 전달됩니다.

이번 CHAPTER의 목표는 검색 품질을 높여 사용자 질문에 가장 적합한 정보를 신속하게 찾아내는 것입니다. 즉, 꼭 필요한 정보는 반드시 검색 결과에 포함되고, 불필요한 정보는 최소화하는 검색 로직을 찾아나가는 것입니다. 효율적인 검색 알고리즘을 사용하여 데이터베이스에서 적절한 정보를 빠르게 검색함으로써 전체적인 시스템 응답 시간을 단축시킵니다. 리트리버 알고리즘은 대부분 벡터 스토어 기반의 리트리버를 그대로 사용합니다. 하지만 그것만으로는 부족합니다. 이를 위해 LangSmith 같은 도구를 활용해 여러 가지 리트리버를 살펴보고 실험해 가며 검색 품질을 높일 수 있는 방법을 찾아보기 바랍니다.

희소 리트리버와 밀집 리트리버

희소 리트리버(sparse retriever)와 **밀집 리트리버**(dense retriever)는 자연어 처리 분야, 특히 대규모 문서 집합에서 관련 문서를 검색할 때 사용되는 두 가지 주요 방법입니다.

희소 리트리버는 문서와 질문을 이산적인 키워드 벡터로 변환하여 처리합니다. 이 방법은 주로 TF-IDF나 BM25와 같은 전통적인 정보 검색 기법을 사용합니다.

- **TF-IDF(Term Frequency-Inverse Document Frequency)**: 단어가 문서에 나타나는 빈도와 그 단어가 몇 개의 문서에서 나타나는지를 반영하여 단어의 중요도를 계산합니다. 여기서 자주 나타나면서도 문서 집합 전체에서 드물게 나타나는 단어가 높은 가중치를 받습니다.
- **BM25**: TF-IDF를 개선한 모델로, 문서의 길이를 고려하여 검색 정확도를 향상시킵니다. 긴 문서와 짧은 문서 간의 가중치를 조정하여 단어 빈도의 영향을 상대적으로 조절합니다.

희소 리트리버는 각 단어의 존재 여부만을 고려하기 때문에 계산 비용이 낮고 구현이 간단합니다. 그러나 단어의 의미적 연관성을 고려하지 않으며, 검색 결과의 품질이 키워드의 선택에 크게 의존합니다.

밀집 리트리버는 최신 딥러닝 기법을 사용하여 문서와 쿼리를 연속적인 고차원 벡터로 인코딩합니다. 문서의 의미적 내용을 보다 풍부하게 표현할 수 있으며, 키워드가 완벽히 일치하지 않더라도 의미적으로 관련된 문서를 검색할 수 있습니다. 밀집 리트리버는 벡터 공간에서의 거리(코사인 유사도 등)를 사용하여 질문과 가장 관련성 높은 문서를 찾습니다. 이 방식은 특히 언어의 뉘앙스와 문맥을 이해하는 데 유리하며, 복잡한 질문에 대해 더 정확한 검색 결과를 제공할 수 있습니다.

01 벡터 스토어 기반 리트리버

벡터 스토어 기반 리트리버(Vector Store-backed Retriever)는 벡터 스토어에 구현된 유사도 검색이나 MMR과 같은 검색 메서드를 사용하여 벡터 스토어 내의 텍스트를 검색합니다. 벡터 스토어를 생성하고 as_retriever() 메서드로 호출하면 Chroma나 FAISS 같은 벡터 스토어에 종속된 리트리버를 얻을 수 있습니다. as_retriever() 메서드에서 리트리버를 가져올 때 설정할 수 있는 주요 매개변수는 다음과 같습니다.

- **search_type**: 검색 유형을 정하며, 기본값은 유사도만 보는 "similarity"입니다. "mmr"은 검색된 결과에서 다양성을 적용하고, "similarity_score_threshold"는 유사도 기반 검색을 하되 특정 임계값을 넘는 결과만 걸러냅니다.
- **search_kwargs**: 검색 유형에 따라 검색 옵션을 추가합니다.
  - **k**: 반환할 문서 수를 지정하며, 기본값은 4입니다.
  - **score_threshold**: similarity_score_threshold 검색의 최소 유사도 임계값을 지정합니다. 이 값을 0.8로 지정했다면 유사도가 0.8을 넘는 문서만 반환합니다.
  - **fetch_k**: 초기에 MMR 알고리즘에 전달할 문서 수를 지정하며, 기본값은 20입니다. 예를 들어 이 값이 20이면 질문이 들어왔을 때 먼저 MMR 알고리즘에 따라 20개의 문서를 검색하고, 그중에서 다양성을 고려해서 k개의 문서를 걸러내는 작업을 한 번 더 합니다.
  - **lambda_mult**: MMR 결과의 다양성을 조절합니다. 값은 0에서 1 사이이며, 기본값은 0.5입니다. 0이면 다양성을 완전히 고려하지 않고, 1은 다양성만 보고 검색하는 것입니다.
  - **filter**: 문서의 메타데이터를 기준으로 필터링합니다. 가령 문서의 source가 여러 군데인 경우 filter를 통해 특정한 source에 속하는 문서만 검색할 수 있습니다.

01 실습 파일 **10-Retriever/01-VectorStoreRetriever.ipynb**를 열어 봅니다. **data** 폴더에 있는 appendix-keywords.txt 문서 내용을 로드하고 문서 분할기로 분할합니다. 문서를 OpenAI 임베딩으로 변환하고 FAISS 데이터베이스(벡터 스토어)에 저장합니다.

```
from langchain_community.vectorstores import FAISS
from langchain_openai import OpenAIEmbeddings
from langchain_text_splitters import CharacterTextSplitter
from langchain_community.document_loaders import TextLoader
from dotenv import load_dotenv
from langchain_teddynote import logging
```

```python
logging.langsmith("CH10-Retriever")
load_dotenv()

loader = TextLoader("./data/appendix-keywords.txt")      # 파일을 로드
documents = loader.load()                                 # 문서를 로드

# 문자 기반으로 텍스트를 분할하는 CharacterTextSplitter를 생성
text_splitter = CharacterTextSplitter(chunk_size=300, chunk_overlap=0)

# 로드된 문서를 분할
split_docs = text_splitter.split_documents(documents)

embeddings = OpenAIEmbeddings()  # OpenAI 임베딩을 생성

# 분할된 텍스트와 임베딩을 사용하여 FAISS 벡터 데이터베이스를 생성
db = FAISS.from_documents(split_docs, embeddings)
```

02 이렇게 데이터베이스를 만들었으면 as_retriever() 메서드를 호출해서 벡터 스토어 객체를 기반으로 리트리버를 초기화하고 반환합니다.

```python
retriever = db.as_retriever()    # 데이터베이스를 리트리버로 사용
```

03 invoke() 메서드로 리트리버를 호출한 후 주어진 질문과 관련된 문서를 검색해 반환합니다. 앞서 as_retriever() 메서드의 k 매개변수를 별도로 지정하지 않았으므로, 기본값으로 네 개의 문서가 유사도 기반으로 내림차순 출력됩니다.

```python
docs = retriever.invoke("임베딩(Embedding)은 무엇인가요?")    # 관련 문서를 검색

for doc in docs:
    print(doc.page_content)
    print("======================================================")
```

```
정의: 임베딩은 단어나 문장 같은 텍스트 데이터를 저차원의 연속적인 벡터로 ...
======================================================
정의: Word2Vec은 단어를 벡터 공간에 매핑하여 단어 간의 의미적 관계를 ...
======================================================
Semantic Search ...
======================================================
```

```
정의: 크롤링은 자동화된 방식으로 웹 페이지를 방문하여 데이터를 수집하는 과정입니다. ...
================================================
```

04 MMR 알고리즘은 단순히 관련성이 가장 높은 항목만을 검색하는 대신, 문서의 관련성과 더불어 이미 선택된 문서들과의 차별성(다양성)을 동시에 고려해 검색된 문서의 중복을 피합니다. 아래 코드에서는 검색 유형을 MMR 알고리즘으로 지정하고 다양성(lambda_mult)에 약간 더 가중치를 두어 처음에 10개의 문서를 검색한 후 최종적으로 두 개의 문서를 선택합니다.

```python
retriever = db.as_retriever(      # MMR 검색 유형을 지정
    search_type="mmr", search_kwargs={"k": 2, "fetch_k": 10, "lambda_mult": 0.6}
)
docs = retriever.invoke("임베딩(Embedding)은 무엇인가요?")

for doc in docs:              # 관련 문서를 검색
    print(doc.page_content)
    print("======================================================")
```

```
정의: 임베딩은 단어나 문장 같은 텍스트 데이터를 저차원의 연속적인 벡터로 변환하는 ...
================================================
Semantic Search ...
================================================
```

05 다음은 유사도 검색에 임계값을 적용해서 검색해 보겠습니다. 검색 유형을 similarity_score_threshold로, 임계값을 0.8로 지정합니다.

```python
retriever = db.as_retriever(
    search_type="similarity_score_threshold",      # 검색 유형 설정
    search_kwargs={"score_threshold": 0.8},        # 임계값 설정
)

for doc in retriever.invoke("Word2Vec은 무엇인가요?"):    # 관련 문서를 검색
    print(doc.page_content)
    print("======================================================")
```

```
정의: Word2Vec은 단어를 벡터 공간에 매핑하여 단어 간의 의미적 관계를 나타내는 자연어 처리 ...
================================================
```

🐾 similarity_score_threshold 매개변수를 적용하는 경우 문서의 개수가 아닌 유사도 점수를 기준으로 결과를 반환하므로, k 매개변수를 지정할 필요가 없습니다.

06 k 매개변수(top_k)는 검색 결과에서 반환할 상위 결과의 개수를 나타냅니다. k 값을 1로 지정하면 한 개의 문서를 반환한다는 의미입니다.

```
retriever = db.as_retriever(search_kwargs={"k": 1})    # k 값 설정

docs = retriever.invoke("임베딩(Embedding)은 무엇인가요?")

for doc in docs:            # 관련 문서를 검색
    print(doc.page_content)
    print("==============================================================")
```

```
정의: 임베딩은 단어나 문장 같은 텍스트 데이터를 저차원의 연속적인 벡터로 변환하는 ...
==============================================================
```

07 지금까지 지정한 매개변수는 as_retriever() 메서드로 리트리버를 생성하는 단계에서 설정했습니다. 그런데 invoke() 메서드를 호출하는 시점에서 검색 유형과 방식을 변경하려면 ConfigurableField(동적 구성)를 불러와야 합니다. 아래 코드에서는 as_retriever() 메서드를 호출할 때 configurable_fields를 지정하고 여기서 search_type과 search_kwargs라는 검색 매개변수를 추가합니다.

```
from langchain_core.runnables import ConfigurableField

retriever = db.as_retriever(search_kwargs={"k": 1}).configurable_fields(
    search_type=ConfigurableField(
        id="search_type",
        name="Search Type",
        description="The search type to use",
    ),
    search_kwargs=ConfigurableField(
        id="search_kwargs",         # 검색 매개변수의 고유 식별자
        name="Search Kwargs",       # 검색 매개변수의 이름
        description="The search kwargs to use",    # 검색 매개변수 설명
    ),
)
```

08 config에 설정 값을 넣으면 invoke() 메서드를 호출했을 때 config 설정이 적용됩니다. 앞서 리트리버 생성 시점에는 k 값이 1로 지정되어 있었지만, 여기서는 config의 설정대로 "k": 3에 따라 세 개의 문서가 반환됩니다.

```
# FAISS 검색에서 가장 유사한 문서 3개를 반환
config = {"configurable": {"search_kwargs": {"k": 3}}}

# 관련 문서를 검색
docs = retriever.invoke("임베딩(Embedding)은 무엇인가요?", config=config)

for doc in docs:          # 관련 문서를 검색
    print(doc.page_content)
    print("=============================================================")
```

```
정의: 임베딩은 단어나 문장 같은 텍스트 데이터를 저차원의 연속적인 벡터로 변환하는 ...
=================================================
정의: Word2Vec은 단어를 벡터 공간에 매핑하여 단어 간의 의미적 관계를 나타내는 자연어 처
리 ...
=================================================
Semantic Search ...
=================================================
```

🐾 실습 파일에 similarity_score_threshold와 mmr 설정을 동적으로 변경하는 예시도 있으니 참고해 주세요.

09 보통 문서를 저장할 때 임베딩하거나 질문을 임베딩하는 모델이 동일하지만, Upstage 임베딩에서는 질문용 query 임베딩 모델과 문서 저장용 passage 임베딩 모델이 따로 있습니다. 이 경우 벡터 스토어에 as_retriever() 메서드로 리트리버를 가져와서 invoke() 메서드를 호출하려면 passage 임베딩 모델을 씁니다. 그래서 Upstage 임베딩 모델에 query 임베딩 모델을 가져와서 embed_query() 메서드에서 사용자 질문을 넣고 벡터 형식으로 받습니다. 이렇게 받은 벡터를 similarity_search_by_vector() 메서드로 넘겨 받아 검색합니다.

```
from langchain_community.vectorstores import FAISS
from langchain_text_splitters import CharacterTextSplitter
from langchain_community.document_loaders import TextLoader
from langchain_upstage import UpstageEmbeddings

loader = TextLoader("./data/appendix-keywords.txt")    # 파일을 로드
documents = loader.load()                              # 문서를 로드
```

```python
# 문자 기반으로 텍스트를 분할하는 CharacterTextSplitter를 생성
text_splitter = CharacterTextSplitter(chunk_size=300, chunk_overlap=0)

# 로드된 문서를 분할
split_docs = text_splitter.split_documents(documents)

# Upstage 임베딩을 생성 문서용 모델로 사용
doc_embedder = UpstageEmbeddings(model="solar-embedding-1-large-passage")

# 분할된 텍스트와 임베딩을 사용하여 FAISS 벡터 데이터베이스를 생성
db = FAISS.from_documents(split_docs, doc_embedder)

# 쿼리용 Upstage 임베딩을 생성. 쿼리용 모델을 사용
query_embedder = UpstageEmbeddings(model="solar-embedding-1-large-query")

# 쿼리 문장을 벡터로 변환
query_vector = query_embedder.embed_query("임베딩(Embedding)은 무엇인가요?")

# 벡터 유사도 검색을 수행하여 가장 유사한 2개의 문서를 반환
db.similarity_search_by_vector(query_vector, k=2)
```

02 문서 압축기

검색 시스템에는 어떤 질문이 들어올지 알 수 없습니다. 질문에 답변하기 위해 필요한 문서 말고도 이와 무관한 텍스트가 많이 포함되어 있기 마련입니다. 이런 상태에서 검색한 문서 내용을 그대로 다 넣으면 불필요한 정보가 섞여 있어서 할루시네이션이 많이 일어날 수 있습니다. **문서 압축기**(ContextualCompressionRetriever)는 검색된 문서를 즉시 반환하는 대신, 주어진 질문과의 관련된 정보를 추려내고 불필요한 문서를 제거하여 압축합니다.

동작하는 방식은 다음과 같습니다. 질문이 들어오면 기본 리트리버가 검색한 후 압축기에서 문서 내용을 압축합니다. 이 과정에서 문서를 삭제하거나 내용 자체를 압축할 수도 있습니다.

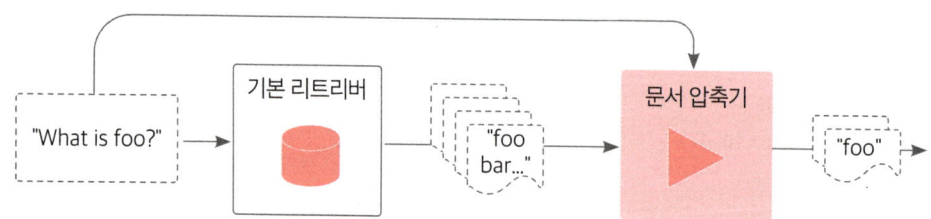

01 실습 파일 **10-Retriever/02-ContextualCompressionRetriever.ipynb**를 열어 봅니다. 실습 전에 다음 패키지를 업데이트해 주세요.

```
!pip install -qU langchain-teddynote
```

02 문서를 보기 좋게 출력하기 위해 다음과 같이 pretty_print_docs() 함수를 정의합니다.

```
def pretty_print_docs(docs):      # 문서를 보기 좋게 출력하는 도우미 함수
    print(
        f"\n{'-' * 100}\n".join(
            [f"문서 {i+1}:\n" + d.page_content for i, d in enumerate(docs)]
        )
    )
```

03 문서를 로드 및 분할하고 기본 리트리버 설정을 합니다. 기본값 설정대로 네 개의 문서가 반환되는데, 여기에는 예시 질문과 관련이 없는 문서도 포함되어 있습니다.

```
from langchain_community.document_loaders import TextLoader
from langchain_community.vectorstores import FAISS
from langchain_openai import OpenAIEmbeddings
from langchain_text_splitters import CharacterTextSplitter
from dotenv import load_dotenv
from langchain_teddynote import logging

load_dotenv()
logging.langsmith("CH10-Retriever")

# appendix-keywords.txt 파일에서 문서 로드
loader = TextLoader("./data/appendix-keywords.txt")

# 문서를 청크 크기 300자와 청크 간 중복 0으로 분할
text_splitter = CharacterTextSplitter(chunk_size=300, chunk_overlap=0)
texts = loader.load_and_split(text_splitter)

# FAISS 벡터 스토어를 생성하고 리트리버로 변환
retriever = FAISS.from_documents(texts, OpenAIEmbeddings()).as_retriever()

# 질문을 정의하고 관련 문서를 검색
docs = retriever.invoke("Semantic Search에 대해서 알려줘.")
```

```
pretty_print_docs(docs)  # 검색된 문서를 출력
```

04 LLMChainExtractor를 리트리버에 적용해 보겠습니다. 먼저 ChatOpenAI에서 LLM을 가져와 LLMChainExtractor를 생성합니다.

```
from langchain_teddynote.document_compressors import LLMChainExtractor
from langchain.retrievers import ContextualCompressionRetriever

# from langchain.retrievers.document_compressors import LLMChainExtractor
from langchain_openai import ChatOpenAI

# OpenAI 언어 모델 초기화
llm = ChatOpenAI(temperature=0, model="gpt-4o-mini")
```

🐾 원래 기본값으로 LangChain에 통합된 LLMChainExtractor는 지원 중단(deprecated)된 LLM 체인을 쓰고 있어서 여기서는 최신 라이브러리 형태로 별도로 구현한 LLMChainExtractor를 사용합니다.

05 LLMChainExtractor에서 주어진 LLM을 활용한 문서 압축기를 생성합니다. ContextualCompressionRetriever를 초기화하면서 앞서 생성한 문서 압축기(base_compressor)와 기존의 리트리버(base_retriever)를 결합하여 설정합니다. 그러면 LLM이 검색된 문서에서 질문과 유사도를 계산해서 엔티티를 추출한 후 필터링을 합니다.

```
# LLM을 사용하여 문서 압축기 생성
compressor = LLMChainExtractor.from_llm(llm)
compression_retriever = ContextualCompressionRetriever(
    # 문서 압축기와 리트리버를 사용하여 컨텍스트 압축 리트리버 생성
    base_compressor=compressor,
    base_retriever=retriever,
)
```

06 기존 리트리버(retriever)로 질문을 전달해서 나온 결과와 압축기(compressor)로 검색한 결과를 비교해 보겠습니다. 기존 리트리버로는 네 개의 문서가 반환됩니다.

```
pretty_print_docs(retriever.invoke("Semantic Search에 대해서 알려줘."))
```

```
문서 1:
Semantic Search
```

```
정의: 의미론적 검색은 사용자의 질의를 단순한 키워드 매칭을 넘어서 그 의미를 파악하여 관
련된 결과를 반환하는 검색 방식입니다.
예시: 사용자가 "태양계 행성"이라고 검색하면, "목성", "화성" 등과 같이 관련된 행성에 대한
정보를 반환합니다.
연관키워드: 자연어 처리, 검색 알고리즘, 데이터 마이닝

Embedding
----------------------------------------------------
문서 2: ...
----------------------------------------------------
문서 3: ...
----------------------------------------------------
문서 4: ...

데이터 마이닝
```

07 압축기로 검색한 결과를 출력하면 질문과 관련된 문서 하나만 내놓습니다. 기존 리트리버의 결과와 비교해서 '문서 1'을 보면 뒤쪽에 연관 키워드 등 일부 정보가 제외된 것을 알 수 있습니다. 이처럼 필요한 내용만 추려서 반환하므로 LLM 활용 시 일반 리트리버보다 토큰을 아낄 수 있습니다. 물론 비용 차이가 크게 나지는 않지만, 검색 시 불필요한 내용을 제거함으로써 더 좋은 답변을 얻을 수 있습니다.

```python
compressed_docs = (
    compression_retriever.invoke("Semantic Search에 대해서 알려줘.")
)
pretty_print_docs(compressed_docs)
```

```
문서 1:
Semantic Search

정의: 의미론적 검색은 사용자의 질의를 단순한 키워드 매칭을 넘어서 그 의미를 파악하여 관
련된 결과를 반환하는 검색 방식입니다.
예시: 사용자가 "태양계 행성"이라고 검색하면, "목성", "화성" 등과 같이 관련된 행성에 대한
정보를 반환합니다.
----------------------------------------------------
```

08 LLMChainFilter는 LLM 체인을 사용해 초기에 검색된 문서 중 어떤 문서를 필터링하고 어떤 문서를 반환할지 결정합니다. 이 필터는 문서 내용을 변경(압축)하지 않고 문서를 선택적으로 반환합니다.

```python
from langchain_teddynote.document_compressors import LLMChainFilter

_filter = LLMChainFilter.from_llm(llm)

compression_retriever = ContextualCompressionRetriever(
    base_compressor=_filter,
    base_retriever=retriever,
)

compressed_docs = compression_retriever.invoke(
    "Semantic Search에 대해서 알려줘."   # 쿼리
)
pretty_print_docs(compressed_docs)       # 압축된 문서를 출력
```

```
문서 1:
Semantic Search

정의: 의미론적 검색은 사용자의 질의를 단순한 키워드 매칭을 넘어서 그 의미를 파악하여 관련된 결과를 반환하는 검색 방식입니다.
예시: 사용자가 "태양계 행성"이라고 검색하면, "목성", "화성" 등과 같이 관련된 행성에 대한 정보를 반환합니다.
연관키워드: 자연어 처리, 검색 알고리즘, 데이터 마이닝

Embedding
```

09 앞서 살펴본 LLMChainExtractor와 LLMChainFilter는 LLM을 사용하므로 비용이 많이 들고 속도도 느립니다. 그 대신 EmbeddingsFilter는 쿼리와 문서를 임베딩하고, 쿼리와 충분히 유사한 임베딩을 가진 문서만 반환할 수 있습니다. 다음 예시에서는 EmbeddingsFilter를 사용하여 유사도 임계값이 0.86 이상인 문서를 필터링합니다.

```python
from langchain.retrievers.document_compressors import EmbeddingsFilter
from langchain_openai import OpenAIEmbeddings

embeddings = OpenAIEmbeddings()

embeddings_filter = EmbeddingsFilter(
    embeddings=embeddings,
```

```
    similarity_threshold=0.86
)

compression_retriever = ContextualCompressionRetriever(
  base_compressor=embeddings_filter,
  base_retriever=retriever
)

compressed_docs = compression_retriever.invoke("Semantic Search에 대해서 알려줘.")
pretty_print_docs(compressed_docs)      # 압축된 문서를 출력
```

10 DocumentCompressorPipeline을 사용하면 여러 압축기를 파이프라인에 추가해 순차적으로 결합할 수 있습니다. 여기서 **파이프라인**이란 절차를 만들어서 순서대로 시행되도록 만든다는 뜻입니다. 여기서는 먼저 분할기(splitter)로 문서를 청크로 쪼갭니다. 그다음 중복 필터(redundant_filter)로 검색된 문서 사이에서 유사도 계산을 해서 유사도가 0.95를 넘는 문서는 중복된 문서라고 판단하여 제외합니다. 관련성 필터(relevant_filter)는 임베딩 필터로 유사도가 0.86 이상인 관련성 높은 문서를 걸러낸 후 마지막으로 LLMChainExtractor가 문서를 압축합니다.

```
from langchain.retrievers.document_compressors import DocumentCompressorPipeline
from langchain_community.document_transformers import EmbeddingsRedundantFilter
from langchain_text_splitters import CharacterTextSplitter

# 문자 기반 텍스트 분할기를 생성
splitter = CharacterTextSplitter(chunk_size=300, chunk_overlap=0)

# 임베딩을 사용하여 중복 필터를 생성
redundant_filter = EmbeddingsRedundantFilter(embeddings=embeddings)

# 임베딩을 사용하여 관련성 필터를 생성하고, 유사도 임계값을 0.86으로 설정
relevant_filter = EmbeddingsFilter(
  embeddings=embeddings,
  similarity_threshold=0.86
)

pipeline_compressor = DocumentCompressorPipeline(
  transformers=[       # 문서 압축 파이프라인 생성
    splitter,          # 분할기
    redundant_filter,  # 중복 필터
    relevant_filter,   # 관련성 필터
```

```
    LLMChainExtractor.from_llm(llm),     # LLMChainExtractor를 변환기로 설정
  ]
)
```

🐾 여기서는 예시로 보여 주기 위해 세 가지 필터와 압축기를 한 파이프라인에 넣은 것입니다. 위와 같이 여러 필터와 압축기를 많이 쓸 필요는 없습니다.

11 ContextualCompressionRetriever를 초기화하며, `base_compressor`로 `pipeline_compressor`를 사용하고, `base_retriever`로 `retriever`를 사용합니다. 파이프라인의 작업대로 압축된 결과를 출력해 볼 수 있습니다.

```
compression_retriever = ContextualCompressionRetriever(
  base_compressor=pipeline_compressor,
  base_retriever=retriever,
)

compressed_docs = compression_retriever.invoke(
  "Semantic Search에 대해서 알려줘."    # 쿼리
)
pretty_print_docs(compressed_docs)       # 압축된 문서를 출력
```

(03) 앙상블 리트리버

앙상블 리트리버(EnsembleRetriever)는 여러 리트리버를 입력으로 받아 하나의 문서 검색 결과로 결합하는 LangChain 기능입니다. 이 리트리버는 다양한 검색 알고리즘의 장점을 활용하여 단일 알고리즘보다 더 나은 성능을 달성할 수 있습니다. RRF(Reciprocal Rank Fusion) 알고리즘을 사용해 여러 리트리버의 결과 순위를 조정합니다. 여기서 순위가 높아지는 경우를 따져 보면 비슷한 알고리즘을 쓸 때보다 완전히 다른 기반의 리트리버를 쓸 때가 많았습니다. 특히 키워드 기반의 희소 리트리버(sparse retriever)와 의미 유사성 기반의 밀집 리트리버(dense retriever)를 결합하는 하이브리드 검색이 효과적입니다. 여기서는 희소 리트리버의 대표주자인 BM25 알고리즘과 FAISS 희소 리트리버의 임베딩 유사도 방식을 결합하는 방법을 알아보겠습니다.

01 실습 파일 **10-Retriever/03-EnsembleRetriever.ipynb**를 열어 봅니다. 샘플 문서 리스트 (doc_list)를 준비합니다.

```python
from langchain.retrievers import BM25Retriever, EnsembleRetriever
from langchain.vectorstores import FAISS
from langchain_openai import OpenAIEmbeddings
from dotenv import load_dotenv
from langchain_teddynote import logging

load_dotenv()
logging.langsmith("CH10-Retriever")

doc_list = [   # 샘플 문서 리스트
  "I like apples",
  "I like apple company",
  "I like apple's iphone",
  "Apple is my favorite company",
  "I like apple's ipad",
  "I like apple's macbook",
]
```

02 키워드 기반 리트리버인 **BM25Retriever**와 의미 유사도를 검색하는 FAISS 리트리버를 각각 초기화합니다. 각 리트리버의 검색 결과는 한 개로 제한되도록 설정합니다.

```python
# BM25 retriever와 FAISS retriever를 초기화
bm25_retriever = BM25Retriever.from_texts(
  doc_list,
)
bm25_retriever.k = 1  # BM25 Retriever의 검색 결과 개수를 1로 설정

embedding = OpenAIEmbeddings()  # OpenAI 임베딩을 사용
faiss_vectorstore = FAISS.from_texts(
  doc_list,
  embedding,
)
faiss_retriever = faiss_vectorstore.as_retriever(search_kwargs={"k": 1})
```

03 EnsembleRetriever로 두 리트리버의 결과를 조합합니다. 이때 BM25 검색 결과에 70%, FAISS 검색 결과에 30%의 가중치를 부여합니다.

```
# 앙상블 retriever를 초기화
ensemble_retriever = EnsembleRetriever(
    retrievers=[bm25_retriever, faiss_retriever],
    weights=[0.7, 0.3],
)
```

04 앙상블 리트리버(ensemble_retriever), BM25 리트리버(bm25_retriever), FAISS 리트리버(faiss_retriever)를 각각 호출하여 검색 결과를 비교해 보겠습니다. BM25는 질의(my favorite fruit is apple)에 대해 키워드 일치에 중점을 둔 결과를 반환했고, 앙상블 리트리버 역시 BM25에 더 높은 가중치를 둔 만큼 이와 동일한 결과를 반환했습니다. FAISS는 의미적 유사성을 기준으로 'I like apples'를 반환했습니다. 이처럼 앙상블의 가중치를 조절해서 자신이 원하는 값이 선택되는지 확인해 보는 것이 중요합니다.

```
# 검색 결과 문서를 가져옵니다.
query = "my favorite fruit is apple"
ensemble_result = ensemble_retriever.invoke(query)
bm25_result = bm25_retriever.invoke(query)
faiss_result = faiss_retriever.invoke(query)

# 가져온 문서를 출력
print("[Ensemble Retriever]")
for doc in ensemble_result:
    print(f"Content: {doc.page_content}")
    print()

print("[BM25 Retriever]")
for doc in bm25_result:
    print(f"Content: {doc.page_content}")
    print()

print("[FAISS Retriever]")
for doc in faiss_result:
    print(f"Content: {doc.page_content}")
    print()
```

```
[Ensemble Retriever]
Content: Apple is my favorite company

Content: I like apples

[BM25 Retriever]
Content: Apple is my favorite company

[FAISS Retriever]
Content: I like apples
```

05 ConfigurableField를 사용해 앙상블 리트리버(EnsembleRetriever)를 생성하는 시점에 가중치(ensemble_weights)와 같은 리트리버의 속성을 변경할 수 있습니다.

```
from langchain_core.runnables import ConfigurableField

ensemble_retriever = EnsembleRetriever(
    # 리트리버 목록을 설정. 여기서는 bm25_retriever와 faiss_retriever를 사용
    retrievers=[bm25_retriever, faiss_retriever],
).configurable_fields(
    weights=ConfigurableField(
        id="ensemble_weights",           # 검색 매개변수의 고유 식별자를 설정
        name="Ensemble Weights",         # 검색 매개변수의 이름을 설정
        description="Ensemble Weights",  # 검색 매개변수 설명 작성
    )
)
```

06 앙상블 리트리버의 가중치를 BM25 리트리버에만 100%로 설정해 보겠습니다. config 딕셔너리를 통해 가중치를 정의하고, invoke() 메서드를 호출하여 질문에 대해 검색 결과를 가져옵니다. BM25 리트리버의 결과만 반환됩니다.

```
config = {"configurable": {"ensemble_weights": [1, 0]}}

# config 매개변수를 사용하여 검색 설정을 지정
docs = ensemble_retriever.invoke("my favorite fruit is apple", config=config)
docs  # 검색 결과인 docs를 출력
```

07 반대로 앙상블 리트리버의 가중치를 FAISS 리트리버에만 100%로 설정해 보겠습니다. 앙상블 리트리버를 만들 때 미리 가중치를 정하기 어려운데, 이처럼 `ConfigurableField`로 필요한 설정을 동적으로 구성한 다음에 `invoke()` 메서드를 호출하는 시점에 가중치를 변경할 수 있게끔 만들면 다양한 테스트를 해 볼 수 있는 환경이 됩니다.

```
config = {"configurable": {"ensemble_weights": [0, 1]}}

# config 매개변수를 사용하여 검색 설정을 지정
docs = ensemble_retriever.invoke("my favorite fruit is apple", config=config)
docs  # 검색 결과인 docs를 출력
```

04 긴 문맥 재정렬

모델의 아키텍처와 상관없이 10개 이상의 검색된 문서를 포함할 경우 성능이 상당히 저하됩니다. 모델이 긴 컨텍스트 중간에 있는 관련 정보에 접근해야 할 때 제공된 문서를 무시하는 경향이 있기 때문입니다. 이 문제를 피하기 위해 검색 후 문서의 순서를 재배열하여 성능 저하를 방지할 수 있습니다.

긴 문맥 재정렬(LongContextReorder)은 논문 〈Lost in the Middle: How Language Models Use Long Context〉에 기초한 개념입니다. 이 논문에 실험에 따르면 20개의 문서를 검색했을 때 정확도와 문서의 위치를 그래프를 나타냈더니 다음과 같은 패턴이 나타났습니다.

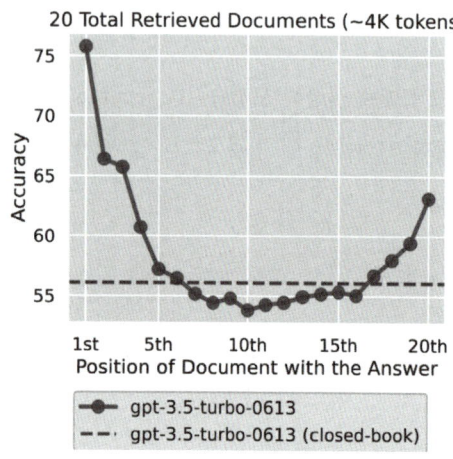

이 그래프를 보면 중요한 정보가 문장의 맨 앞이나 맨 끝에 있을 때는 성능이 좋지만, 중간에 있을 때는 성능이 뚝 떨어집니다. 즉, 중요도를 기준으로 검색 결과를 내림차순으로 배열했을 때 LLM이 중간에 있는 문서는 참고하지 않고 오히려 하위 문서를 더 많이 참고했습니다. 그래서 검색 결과에서 중요한 정보를 양 끝단에 배치하고, 관련성이 떨어지는 정보는 중간에 배치하자는 것이 이 논문의 핵심입니다.

> 자세한 내용은 다음 논문 <Lost in the Middle: How Language Models Use Long Context>를 참조하세요.
> URL https://arxiv.org/abs/2307.03172

01 실습 파일 **10-Retriever/04-LongContextReorder.ipynb**를 열어 봅니다. 임베딩 모델을 가져옵니다. 샘플 텍스트를 가져옵니다. 여기에는 관련 있는 문서도 있고 그렇지 않은 문서도 있습니다. Chroma 벡터 스토어에 우리가 샘플 텍스트를 임베딩해서 저장하겠습니다.

```
from langchain_core.prompts import PromptTemplate
from langchain_community.document_transformers import LongContextReorder
from langchain_community.vectorstores import Chroma
from langchain_openai import OpenAIEmbeddings
from dotenv import load_dotenv
from langchain_teddynote import logging

logging.langsmith("CH10-Retriever")
load_dotenv()

# 임베딩을 가져옵니다.
embeddings = OpenAIEmbeddings(model="text-embedding-3-small")

texts = [
    "이건 그냥 내가 아무렇게나 적어본 글입니다.",
    "사용자와 대화하는 것처럼 설계된 AI인 ChatGPT는 다양한 질문에 답할 수 있습니다.",
    "아이폰, 아이패드, 맥북 등은 애플이 출시한 대표적인 제품들입니다.",
    "챗GPT는 OpenAI에 의해 개발되었으며, 지속적으로 개선되고 있습니다.",
    "챗지피티는 사용자의 질문을 이해하고 적절한 답변을 생성하기 위해 대량의 데이터를 학습했습니다.",
    "애플 워치와 에어팟 같은 웨어러블 기기도 애플의 인기 제품군에 속합니다.",
    "ChatGPT는 복잡한 문제를 해결하거나 창의적인 아이디어를 제안하는 데에도 사용될 수 있습니다.",
    "비트코인은 디지털 금이라고도 불리며, 가치 저장 수단으로서 인기를 얻고 있습니다.",
    "ChatGPT의 기능은 지속적인 학습과 업데이트를 통해 더욱 발전하고 있습니다.",
    "FIFA 월드컵은 네 번째 해마다 열리며, 국제 축구에서 가장 큰 행사입니다.",
]
```

```python
retriever = Chroma.from_texts(texts, embedding=embeddings).as_retriever(
    search_kwargs={"k": 10}     # 리트리버를 생성
)
```

02 리트리버에 질문(query)을 전달하면 ChatGPT와 관련성이 높은 문서가 상위에 출력됩니다. 즉, 검색 결과가 중요도를 기준으로 내림차순 정렬됩니다. 이 상태로는 LLM이 검색 결과의 상위뿐 아니라 (중간 부분을 제외하고) 하위에 있는 무관한 결과도 많이 참고할 수 있는 문제가 발생합니다.

```python
query = "ChatGPT에 대해 무엇을 말해줄 수 있나요?"

docs = retriever.invoke(query)     # 관련성 점수에 따라 정렬된 문서 가져오기
docs
```

```
[Document(metadata={}, page_content='ChatGPT는 복잡한 문제를 해결하거나 창의적인 아이디어를 제안하는 데에도 사용될 수 있습니다.'),
 Document(metadata={}, page_content='ChatGPT의 기능은 지속적인 학습과 업데이트를 통해 더욱 발전하고 있습니다.'),
 ...
 Document(metadata={}, page_content='FIFA 월드컵은 네 번째 해마다 열리며, 국제 축구에서 가장 큰 행사입니다.')]
```

03 LongContextReorder를 쓰면 검색 결과에서 관련성이 낮은 문서는 목록의 중간에 배치하고 관련성이 높은 문서는 시장 및 끝 부분에 위치하도록 재정렬됩니다. 출력 결과를 보면 당초 내림차순 정렬에서 중간에 있던 결과들이 하위로 재정렬됩니다.

```python
reordering = LongContextReorder()     # 문서를 재정렬
reordered_docs = reordering.transform_documents(docs)

reordered_docs     # 4개의 관련 문서가 시작과 끝에 위치하는지 확인
```

```
[Document(metadata={}, page_content='ChatGPT의 기능은 지속적인 학습과 업데이트를 통해 더욱 발전하고 있습니다.'),
 Document(metadata={}, page_content='챗GPT는 OpenAI에 의해 개발되었으며, 지속적으로 개선되고 있습니다.'),
 Document(metadata={}, page_content='챗지피티는 사용자의 질문을 이해하고 적절한 답변을 생성하기 위해 대량의 데이터를 학습했습니다.'),
 Document(metadata={}, page_content='아이폰, 아이패드, 맥북 등은 애플이 출시한 대표적인
```

```
                              제품들입니다.'),
 Document(metadata={}, page_content='FIFA 월드컵은 네 번째 해마다 열리며, 국제 축구에서
가장 큰 행사입니다.'),
 Document(metadata={}, page_content='애플 워치와 에어팟 같은 웨어러블 기기도 애플의 인기
제품군에 속합니다.'),
 Document(metadata={}, page_content='비트코인은 디지털 금이라고도 불리며, 가치 저장 수단
으로서 인기를 얻고 있습니다.'),
 Document(metadata={}, page_content='이건 그냥 내가 아무렇게나 적어본 글입니다.'),
 Document(metadata={}, page_content='사용자와 대화하는 것처럼 설계된 AI인 ChatGPT는 다양
한 질문에 답할 수 있습니다.'),
 Document(metadata={}, page_content='ChatGPT는 복잡한 문제를 해결하거나 창의적인 아이디
어를 제안하는 데에도 사용될 수 있습니다.')]
```

04 먼저 format_docs() 메서드는 문서 리스트(docs)를 받아서 각 문서의 내용(page_content)을 줄 바꿈으로 연결한 단일 문자열을 반환합니다. 결과는 중요도에 따라 내림차순으로 배열됩니다.

```
def format_docs(docs):
    return "\n".join([doc.page_content for i, doc in enumerate(docs)])

print(format_docs(docs))
```

```
ChatGPT는 복잡한 문제를 해결하거나 창의적인 아이디어를 제안하는 데에도 사용될 수 있습니
다.
ChatGPT의 기능은 지속적인 학습과 업데이트를 통해 더욱 발전하고 있습니다.
사용자와 대화하는 것처럼 설계된 AI인 ChatGPT는 다양한 질문에 답할 수 있습니다.
챗GPT는 OpenAI에 의해 개발되었으며, 지속적으로 개선되고 있습니다.
이건 그냥 내가 아무렇게나 적어본 글입니다.
챗지피티는 사용자의 질문을 이해하고 적절한 답변을 생성하기 위해 대량의 데이터를 학습했습
니다.
비트코인은 디지털 금이라고도 불리며, 가치 저장 수단으로서 인기를 얻고 있습니다.
아이폰, 아이패드, 맥북 등은 애플이 출시한 대표적인 제품들입니다.
애플 워치와 에어팟 같은 웨어러블 기기도 애플의 인기 제품군에 속합니다.
FIFA 월드컵은 네 번째 해마다 열리며, 국제 축구에서 가장 큰 행사입니다.
```

05 이번에는 LongContextReorder로 문서의 내용을 재정렬해 보겠습니다. 출력 결과를 보면 중요한 문서들이 양 끝단에 위치하고, 상대적으로 중요성이 떨어지는 문서는 중간에 배치됩니다.

```
def format_docs(docs):
    return "\n".join(
```

```
    [
        f"[{i}] {doc.page_content} [source: teddylee777@gmail.com]"
        for i, doc in enumerate(docs)
    ]
)

def reorder_documents(docs):      # 재정렬
    reordering = LongContextReorder()
    reordered_docs = reordering.transform_documents(docs)
    combined = format_docs(reordered_docs)
    print(combined)
    return combined

_ = reorder_documents(docs)       # 재정렬된 문서를 출력
```

> 메타데이터를 임의로 추가했습니다.

06 긴 문맥 재정렬을 이용해 질의-응답 체인을 생성해 보겠습니다. 체인을 정의할 때 앞서 만든 파이썬 함수를 RunnableLambda로 매핑해서 가져오겠습니다. question이라는 키 값으로 질문을 받아와서 리트리버에 전달하면 검색을 수행합니다. 여기서 검색한 내용을 reorder_documents로 순위 재조정이 일어나고 그 결과가 context에 담깁니다. 여기에서 완성된 context, question, language 세 키 값이 프롬프트에 변수로 전달됩니다.

```
from langchain.prompts import ChatPromptTemplate
from operator import itemgetter
from langchain_openai import ChatOpenAI
from langchain_core.output_parsers import StrOutputParser
from langchain_core.runnables import RunnableLambda


template = """Given this text extracts:    # 프롬프트 템플릿
{context}

-----
Please answer the following question:
{question}

Answer in the following languages: {language}"""

prompt = ChatPromptTemplate.from_template(template)      # 프롬프트 정의

chain = (         # 체인 정의
    {
```

```
    "context": itemgetter("question")
    | retriever
    | RunnableLambda(reorder_documents),    # 질문 기반으로 문맥 검색
    "question": itemgetter("question"),     # 질문을 추출
    "language": itemgetter("language"),     # 답변 언어를 추출
  }
  | prompt                                  # 프롬프트 템플릿에 값을 전달
  | ChatOpenAI(model="gpt-4o-mini")         # 언어 모델에 프롬프트를 전달
  | StrOutputParser()                       # 모델의 출력을 문자열로 파싱
)
```

07 질문을 입력하면 순위가 재조정된 결과가 출력됩니다.

```
answer = chain.invoke(
    {"question": "ChatGPT에 대해 무엇을 말해줄 수 있나요?", "language": "KOREAN"}
)
```

```
[0] ChatGPT의 기능은 지속적인 학습과 업데이트를 통해 더욱 발전하고 있습니다. [source: teddylee777@gmail.com]
[1] 챗GPT는 OpenAI에 의해 개발되었으며, 지속적으로 개선되고 있습니다. [source: teddylee777@gmail.com]
[2] 챗지피티는 사용자의 질문을 이해하고 적절한 답변을 생성하기 위해 대량의 데이터를 학습했습니다. [source: teddylee777@gmail.com]
[3] 아이폰, 아이패드, 맥북 등은 애플이 출시한 대표적인 제품들입니다. [source: teddylee777@gmail.com]
[4] FIFA 월드컵은 네 번째 해마다 열리며, 국제 축구에서 가장 큰 행사입니다. [source: teddylee777@gmail.com]
[5] 애플 워치와 에어팟 같은 웨어러블 기기도 애플의 인기 제품군에 속합니다. [source: teddylee777@gmail.com]
[6] 비트코인은 디지털 금이라고도 불리며, 가치 저장 수단으로서 인기를 얻고 있습니다. [source: teddylee777@gmail.com]
[7] 이건 그냥 내가 아무렇게나 적어본 글입니다. [source: teddylee777@gmail.com]
[8] 사용자와 대화하는 것처럼 설계된 AI인 ChatGPT는 다양한 질문에 답할 수 있습니다. [source: teddylee777@gmail.com]
[9] ChatGPT는 복잡한 문제를 해결하거나 창의적인 아이디어를 제안하는 데에도 사용될 수 있습니다. [source: teddylee777@gmail.com]
```

08 검색된 결과를 기초로 답변을 출력합니다.

```
print(answer)
```

<pre style="background:#000;color:#fff">
ChatGPT는 OpenAI에 의해 개발된 인공지능으로, 사용자의 질문을 이해하고 적절한 답변을 생성하기 위해 대량의 데이터를 학습했습니다. 이 AI는 지속적인 학습과 업데이트를 통해 더욱 발전하고 있으며, 다양한 질문에 답할 수 있도록 설계되었습니다. 또한, 복잡한 문제를 해결하거나 창의적인 아이디어를 제안하는 데에도 활용될 수 있습니다.
</pre>

(05) 부모 문서 리트리버

부모 문서 리트리버(ParentDocumentRetriever)는 부모 문서를 찾아 반환하는 리트리버로, 부모 문서는 문서를 청크(sub-document)로 나누기 전의 원본 문서를 의미합니다. 부모 문서 리트리버는 문서를 청크로 분할해 저장한 후, 검색 시 관련된 청크와 함께 해당 청크가 속한 원본 문서 전체의 정보와 맥락을 제공할 때 유용합니다.

작은 청크는 임베딩의 의미를 정확히 반영하지만 맥락을 잃기 쉽고, 긴 청크는 맥락을 유지하지만 의미가 흐려질 위험이 있습니다. ParentDocumentRetriever는 관련 청크를 먼저 찾아낸 뒤 청크의 부모 문서를 참조해 전체 맥락을 파악합니다.

01 실습 파일 **10-Retriever/05-ParentDocumentRetriever.ipynb**를 열어 봅니다. **data** 폴더의 appendix-keywords.txt 문서를 로드합니다. PDF의 경우 한 페이지가 부모 문서의 단위가 되지만, TXT 파일의 경우 문서 전체가 부모 문서가 됩니다.

```
from langchain.storage import InMemoryStore
from langchain_community.document_loaders import TextLoader
from langchain_chroma import Chroma
from langchain_openai import OpenAIEmbeddings
from langchain_text_splitters import RecursiveCharacterTextSplitter
from langchain.retrievers import ParentDocumentRetriever
from dotenv import load_dotenv
from langchain_teddynote import logging

load_dotenv()
logging.langsmith("CH10-Retriever")

loaders = [    # 파일을 로드
```

```
    TextLoader("./data/appendix-keywords.txt"),
]

docs = []                          # docs는 문서 목록
for loader in loaders:
    docs.extend(loader.load())     # 문서를 로드하고 docs 리스트에 추가
```

02 먼저 child_splitter만 지정해 200자 단위로 문서를 청크 분할하고 Chroma 벡터 스토어를 생성합니다. 원본 문서를 임시 저장하기 위해 store를 생성합니다. ParentDocumentRetriever 리트리버는 청크 단위로 분할된 문서를 벡터 스토어에 저장하고, 검색된 청크가 어떤 부모 문서에 속하는지 확인하기 위해 docstore를 참조합니다.

```
# 자식 분할기를 생성
child_splitter = RecursiveCharacterTextSplitter(chunk_size=200)

vectorstore = Chroma(    # 데이터베이스를 생성
    collection_name="full_documents",
    embedding_function=OpenAIEmbeddings()
)

store = InMemoryStore()

retriever = ParentDocumentRetriever(    # 리트리버 생성
    vectorstore=vectorstore,
    docstore=store,
    child_splitter=child_splitter,
)
```

03 문서를 리트리버에 추가하고 임베딩해서 저장합니다.

```
# 문서를 리트리버에 추가. ids는 문서의 고유 식별자 목록
retriever.add_documents(docs, ids=None, add_to_docstore=True)
```

04 저장소(store)에 저장된 모든 키를 리스트로 가져옵니다. 저장된 문서는 한 개입니다.

```
list(store.yield_keys())    # 저장소의 모든 키를 리스트로 반환
```

```
['04d39eb4-9d24-4320-98e8-ece4e025a2b0']
```

05 벡터 스토어에 `similarity_search()` 메서드를 사용하여 검색된 청크에 대해 유사도 검색을 수행합니다.

```
sub_docs = vectorstore.similarity_search("Word2Vec")      # 유사도 검색 수행
```

06 청크에 대해 검색을 수행한 결과를 출력합니다.

```
# sub_docs 리스트의 첫 번째 요소의 page_content 속성을 출력
print(sub_docs[0].page_content)
```

```
정의: Word2Vec은 단어를 벡터 공간에 매핑하여 단어 간의 의미적 관계를 나타내는 자연어 처
리 기술입니다. 이는 단어의 문맥적 유사성을 기반으로 벡터를 생성합니다.
예시: Word2Vec 모델에서 "왕"과 "여왕"은 서로 가까운 위치에 벡터로 표현됩니다.
연관키워드: 자연어 처리, 임베딩, 의미론적 유사성
```

07 이번에는 특정 청크의 부모 문서를 검색해 보겠습니다. 입력된 질문을 기반으로 리트리버는 먼저 벡터 스토어에서 청크 단위로 유사한 내용을 검색합니다. `retriever`의 `docstore`를 참고해 부모 문서를 식별해 검색된 청크가 속한 부모 문서를 반환합니다.

```
retrieved_docs = retriever.invoke("Word2Vec")
```

08 검색된 문서(`retrieved_docs[0]`)의 일부 내용을 출력합니다.

```
print( # 검색된 문서의 문서의 페이지 내용의 길이를 출력
    f"문서의 길이: {len(retrieved_docs[0].page_content)}",
    end="\n\n=====================\n\n",
)

print(retrieved_docs[0].page_content[2000:2500])     # 문서의 일부 출력
```

```
문서의 길이: 5733

=====================

 컴퓨팅을 도입하여 데이터 저장과 처리를 혁신하는 것은 디지털 변환의 예입니다. ... 정의:
LLM은 대규모의 텍스트 데이터로 훈련된 큰 규모의 언어 모델을
```

09 이전 결과에서 전체 문서가 너무 커서 그대로 검색하기에는 적합하지 않을 수 있습니다. 이런 경우 먼저 원본 문서를 큰 청크로 나누어 부모(상위) 문서를 생성한 후, 이를 다시 작은 청크로 분할하여 자식(하위) 문서를 생성합니다. 작은 청크를 벡터 스토어에 색인화하여 검색의 효율성을 높이고, 검색 시에는 부모 문서를 반환하여 더 큰 문맥을 제공합니다. RecursiveCharacterTextSplitter로 부모 문서(청크 크기 1000)와 자식 문서(청크 크기 200)를 생성하고 벡터 스토어에 저장합니다.

```python
# 부모 문서를 생성하는 데 사용되는 텍스트 분할기
parent_splitter = RecursiveCharacterTextSplitter(chunk_size=1000)
# 자식 문서를 생성하는 데 사용되는 텍스트 분할기
child_splitter = RecursiveCharacterTextSplitter(chunk_size=200)
# 자식 청크를 인덱싱하는 데 사용할 벡터 스토어
vectorstore = Chroma(
    collection_name="split_parents", embedding_function=OpenAIEmbeddings()
)
store = InMemoryStore() # 부모 문서의 저장 계층
```

10 이전과 달리 원본 문서를 그대로 저장하지 않고 `parent_splitter`로 부모 문서 분할기를 지정합니다.

```python
retriever = ParentDocumentRetriever(    # 벡터 스토어를 지정
    vectorstore=vectorstore,             # 문서 저장소를 지정
    docstore=store,
    child_splitter=child_splitter,       # 하위 문서 분할기를 지정
    parent_splitter=parent_splitter,     # 상위 문서 분할기를 지정
)
```

11 이렇게 되면 처음부터 끝까지 모든 문서를 검색하는 게 아니라 1000글자 단위의 부모 문서 청크 단위로 검색됩니다.

```python
retriever.add_documents(docs) # 문서를 리트리버에 추가
```

12 저장소에서 키를 생성하고 리스트로 변환한 후 길이(문서의 개수)를 출력하면 이전의 한 개가 아닌 일곱 개가 나타납니다. 앞서 `parent_splitter`가 전체 문서를 일곱 개로 분할했기 때문입니다.

```python
len(list(store.yield_keys()))
```

7

13 자식 문서로 유사도 검색을 수행하면 이전과 마찬가지로 작은 청크로 검색한 결과가 나타납니다.

```
# 유사도 검색을 수행
sub_docs = vectorstore.similarity_search("Word2Vec")
# sub_docs 리스트의 첫 번째 요소의 page_content 속성을 출력
print(sub_docs[0].page_content)
```

```
정의: Word2Vec은 단어를 벡터 공간에 매핑하여 단어 간의 의미적 관계를 나타내는 자연어 처
리 기술입니다. 이는 단어의 문맥적 유사성을 기반으로 벡터를 생성합니다.
예시: Word2Vec 모델에서 "왕"과 "여왕"은 서로 가까운 위치에 벡터로 표현됩니다.
연관키워드: 자연어 처리, 임베딩, 의미론적 유사성
```

14 반면 부모 문서를 검색하면 비교적 큰 청크가 출력됩니다. 그렇지만 전체 문서가 아니라 7개로 분할된 부모 문서 중 하나입니다. 이처럼 큰 청크를 만들어서 프롬프트에 직접 전달하거나 엔티티 생성 혹은 요약해서 답변의 성능을 높이는 데 활용할 수 있습니다.

```
retrieved_docs = retriever.invoke("Word2Vec")

print(retrieved_docs[0].page_content)
```

(06) 다중 쿼리 생성 리트리버

다중 쿼리 생성 리트리버(MultiQueryRetriever)는 LLM을 이용해 사용자가 입력한 질문(쿼리)을 다양한 관점에 따라 여러 질문으로 변환하는 리트리버입니다. 여러 질문으로 검색을 수행한 문서들에서 공통된 부분을 추출함으로써 더욱 관련성 높은 검색 결과를 얻는 방식입니다.

사용자는 질문을 작성할 때 생각보다 자세하고 친절하게 내용을 써 주지 않습니다. 다중 쿼리 생성 리트리버는 사용자의 불친절한 질문을 더욱 정확한 쿼리로 다듬어 주는 후처리 역할을 합니다. 또한 우리가 이렇게 입력된 쿼리를 가지고 결국엔 임베딩 검색을 하는데, 검색할 때 우리가 그냥 입력한 '날것의 질문'보다는 LLM이 만든 쿼리를 가지고 질문하면 성능이 더 좋습니다.

01 실습 파일 **10-Retriever/06-MultiQueryRetriever.ipynb**를 열어 봅니다. 먼저 리트리버에서 일반적인 질문으로 답변을 검색하는 과정을 살펴보겠습니다. 임의의 블로그 글을 가져와서 문서를 분할하고 임베딩해서 FAISS 벡터 스토어에 저장합니다. 리트리버를 생성하고 질문을 입력합니다. 네 개의 관련된 문서가 검색됩니다.

```python
from langchain_community.document_loaders import WebBaseLoader
from langchain.vectorstores import FAISS
from langchain_openai import OpenAIEmbeddings
from langchain_text_splitters import RecursiveCharacterTextSplitter
from dotenv import load_dotenv
from langchain_teddynote import logging

load_dotenv()
logging.langsmith("CH10-Retriever")

loader = WebBaseLoader(  # 블로그 포스트 로드
    "https://teddylee777.github.io/openai/openai-assistant-tutorial/", encoding="utf-8"
)

# 문서 분할
text_splitter = RecursiveCharacterTextSplitter(chunk_size=500, chunk_overlap=0)
docs = loader.load_and_split(text_splitter)

openai_embedding = OpenAIEmbeddings()           # 임베딩 정의

db = FAISS.from_documents(docs, openai_embedding)  # 벡터 데이터베이스 생성

retriever = db.as_retriever()                   # 리트리버 생성

# 문서 검색
query = "OpenAI Assistant API의 Functions 사용법에 대해 알려주세요."
relevant_docs = retriever.invoke(query)

len(relevant_docs)      # 검색된 문서의 개수 출력
```

4

02 검색된 문서 중 1번을 출력해 보겠습니다.

```
print(relevant_docs[1].page_content)    # 1번 문서를 출력
```

> 가장 강력한 도구로서, Assistant에게 사용자 정의 함수를 지정할 수 있습니다. 이는 Chat Completions API에서의 함수 호출과 매우 유사합니다.
>
> Function calling(함수 호출) 도구를 사용하면 Assistant 에게 사용자 정의 함수 를 설명하여 호출해야 하는 함수를 인자와 함께 지능적으로 반환하도록 할 수 있습니다.
>
> Assistant API는 실행 중에 함수를 호출할 때 실행을 일시 중지하며, 함수 호출 결과를 다시 제공하여 Run 실행을 계속할 수 있습니다. (이는 사용자 피드백을 받아 재개할 수 있는 의미이기도 합니다. 아래 튜토리얼에서 상세히 다룹니다).

03 MultiQueryRetriever를 가져와서 from_llm() 메서드를 호출한 다음 retriever에 벡터 스토어에서 검색할 리트리버를 넣고 추가로 LLM을 지정합니다.

```python
from langchain.retrievers.multi_query import MultiQueryRetriever
from langchain_openai import ChatOpenAI

# ChatOpenAI 언어 모델을 초기화
llm = ChatOpenAI(temperature=0, model="gpt-4o-mini")

# MultiQueryRetriever를 언어 모델을 사용하여 초기화
multiquery_retriever = MultiQueryRetriever.from_llm(
    # 벡터 데이터베이스의 retriever와 언어 모델을 전달
    retriever=db.as_retriever(),
    llm=llm,
)
```

04 다중 쿼리 생성 과정의 로그를 보기 쉽도록 로거를 가져오고, 로그 레벨 INFO 이상의 로그만 출력되도록 조정합니다.

```python
import logging  # 쿼리에 대한 로깅 설정

logging.basicConfig()
logging.getLogger("langchain.retrievers.multi_query").setLevel(logging.INFO)
```

05 질문을 정의하고 invoke() 메서드로 질문과 관련된 문서를 검색합니다. 출력 결과를 보면 세 개의 질문이 생성되었으며, 여러 질문으로 검색함으로써 검색된 문서의 개수가 다섯 개로 늘었습니다.

```
# 질문을 정의
question = "OpenAI Assistant API의 Functions 사용법에 대해 알려주세요."
# 문서 검색
relevant_docs = multiquery_retriever.invoke(question)

print(  # 검색된 고유한 문서의 개수를 반환
    f"==============\n검색된 문서 개수: {len(relevant_docs)}",
    end="\n==============\n",
)

print(relevant_docs[0].page_content)      # 검색된 문서의 내용 출력
```

```
INFO:langchain.retrievers.multi_query:Generated queries: ['OpenAI Assistant API에서 Functions를 사용하는 방법에 대해 설명해 주세요. ', 'OpenAI Assistant API의 Functions 기능을 활용하는 방법은 무엇인가요? ', 'OpenAI Assistant API의 Functions를 효과적으로 사용하는 방법에 대한 정보를 제공해 주세요.']

==============
검색된 문서 개수: 5
==============
OpenAI의 새로운 Assistants API는 대화와 더불어 강력한 도구 접근성을 제공합니다. 본 튜토리얼은 OpenAI Assistants API를 활용하는 내용을 다룹니다. 특히, Assistant API 가 제공하는 도구인 Code Interpreter, Retrieval, Functions 를 활용하는 방법에 대해 다룹니다. 이와 더불어 파일을 업로드 하는 내용과 사용자의 피드백을 제출하는 내용도 튜토리얼 말미에 포함하고 있습니다.
```

06 다중 쿼리 리트리버를 LCEL 체인에서 활용해 보겠습니다. 프롬프트에서 생성할 질문의 개수를 다섯 개로 지정하고 어떤 방식으로 질문을 만들지에 대한 가이드도 추가합니다.

```
from langchain_core.runnables import RunnablePassthrough
from langchain_core.prompts import PromptTemplate
from langchain_core.output_parsers import StrOutputParser

# 프롬프트 템플릿을 정의(다섯 개의 질문을 생성하도록 프롬프트를 작성)
prompt = PromptTemplate.from_template(
    """You are an AI language model assistant.
```

```
Your task is to generate five different versions of the given user question to retrieve
relevant documents from a vector database.
By generating multiple perspectives on the user question, your goal is to help the user
overcome some of the limitations of the distance-based similarity search.
Your response should be a list of values separated by new lines, eg: `foo\nbar\nbaz\n`

#ORIGINAL QUESTION:
{question}

#Answer in Korean:
"""
)
```

― 사용자의 질문에 기반해서 다섯 개의 서로 다른 버전의 질문을 만들어 주세요.

― 답변을 줄바꿈해서 구분합니다. 나중에 다중 쿼리를 리스트로 구성할 때 줄바꿈 문자를 기준으로 분할됩니다.

07 ChatOpenAI LLM을 가져오고 다중 쿼리를 만드는 체인(custom_multiquery_chain)을 생성합니다. 질문을 정의하고 체인을 실행해 결과를 확인해 보겠습니다. 줄바꿈 문자(\n)로 구분된 다섯 개의 쿼리가 출력됩니다. 여기에서 만들어진 쿼리는 질문(question)을 기반으로 만들어졌습니다.

```python
# 언어 모델 인스턴스를 생성
llm = ChatOpenAI(temperature=0, model="gpt-4o-mini")

custom_multiquery_chain = (     # LLM 체인을 생성
    {"question": RunnablePassthrough()} | prompt | llm | StrOutputParser()
)

# 질문을 정의
question = "OpenAI Assistant API의 Functions 사용법에 대해 알려주세요."

# 체인을 실행하여 생성된 다중 쿼리를 확인
multi_queries = custom_multiquery_chain.invoke(question)
multi_queries   # 결과 확인(다섯 개 질문 생성)
```

```
'OpenAI Assistant API의 Functions 기능을 어떻게 활용할 수 있나요? \nOpenAI Assistant API에서 Functions를 사용하는 방법은 무엇인가요? \nOpenAI Assistant API의 Functions에 대한 설명을 부탁드립니다. \nFunctions를 사용하여 OpenAI Assistant API를 어떻게 활용할 수 있습니까? \nOpenAI Assistant API의 Functions 사용법에 대한 가이드를 제공해 주실 수 있나요? '
```

08 `from_llm()` 메서드로 LLM과 리트리버를 결합하여 다중 쿼리 리트리버를 초기화합니다. 이때 이전과 달리 LLM에는 우리가 커스텀으로 만든 `custom_multiquery_chain`을 지정합니다.

```
multiquery_retriever = MultiQueryRetriever.from_llm(
    llm=custom_multiquery_chain,
    retriever=db.as_retriever()
)
```

09 `invoke()` 메서드로 질문을 전달하면 다섯 개의 쿼리를 생성합니다. 이 다섯 개의 질문을 `invoke()` 메서드로 전달해서 검색 결과를 종합한 결과를 확인할 수 있습니다.

```
relevant_docs = multiquery_retriever.invoke(question)      # 결과

print(  # 검색된 고유한 문서의 개수를 반환
    f"===============\n검색된 문서 개수: {len(relevant_docs)}",
    end="\n===============\n",
)

print(relevant_docs[0].page_content)      # 검색된 문서의 내용 출력
```

```
INFO:langchain.retrievers.multi_query:Generated queries: ['OpenAI Assistant API의
Functions 사용법에 대해 설명해 주세요. ', 'OpenAI Assistant API에서 Functions를 사용
하는 방법을 알려주세요. ', 'OpenAI Assistant API의 Functions 기능에 대한 정보를 제공
해 주세요. ', 'Functions를 활용한 OpenAI Assistant API 사용법에 대해 알고 싶습니다. ',
'OpenAI Assistant API의 Functions 사용에 대한 가이드를 부탁드립니다.']

===============
검색된 문서 개수: 5
===============
OpenAI의 새로운 Assistants API는 대화와 더불어 강력한 도구 접근성을 제공합니다. 본 튜토
리얼은 OpenAI Assistants API를 활용하는 내용을 다룹니다. 특히, Assistant API 가 제공하는
도구인 Code Interpreter, Retrieval, Functions 를 활용하는 방법에 대해 다룹니다. 이와 더
불어 파일을 업로드 하는 내용과 사용자의 피드백을 제출하는 내용도 튜토리얼 말미에 포함하
고 있습니다.
```

07 다중 벡터 스토어 리트리버

다중 벡터 스토어 리트리버(MultiVectorRetriever)는 하나의 문서에서 여러 개의 벡터 표현을 생성하여 문서의 다양한 부분을 별도로 검색할 수 있도록 지원하는 리트리버입니다. 일반적인 벡터 검색은 문서 전체를 하나의 벡터로 표현하지만, MultiVectorRetriever는 문서를 청크로 분할하거나 요약 임베딩을 생성하거나 특정 질문에 대한 답을 포함하는 벡터를 생성하는 등 여러 방식으로 문서를 표현합니다.

첫 번째 방법은 작은 청크 생성으로, 문서를 더 작은 단위로 분할하고 각 청크에 대해 별도의 임베딩을 생성하는 방식입니다. 이 방법은 문서의 특정 부분에 대해 세밀하게 검색하거나 분석할 때 유용합니다.

두 번째 방법은 요약 임베딩을 사용하는 것으로, 문서의 핵심 내용을 요약한 후 이 요약본에 대해 임베딩을 생성합니다. 이 방식은 문서 전체를 분석하지 않고도 중요한 내용을 빠르게 파악할 수 있어 효율성을 높입니다.

세 번째 방법은 가설 쿼리 활용으로, 각 문서에 적합한 가설 질문을 만들고 이를 기반으로 임베딩을 생성합니다. 이 방법은 특정 주제에 대해 깊이 있는 탐색을 원할 때 적합합니다.

청크와 원본 문서 검색하기

대용량 정보를 검색하는 경우 더 작은 단위로 정보를 임베딩하는 것이 유용할 수 있습니다. MultiVectorRetriever를 통해 문서를 여러 벡터로 저장하고 관리할 수 있습니다. docstore에 원본 문서를 저장하고, vectorstore에 임베딩된 문서를 저장합니다. 이로써 문서를 더 작은 단위로 나누어 더 정확한 검색이 가능해집니다. 때에 따라서는 원본 문서의 내용을 조회할 수도 있습니다.

01 실습 파일 **10-Retriever/07-MultiVectorRetriever.ipynb**를 열어 봅니다. 실습 전에 **data** 폴더에 **SPRI_AI_Brief_2023년12월호_F.pdf** 파일을 넣습니다. PDF 파일을 로드합니다.

```
from langchain_community.document_loaders import PyMuPDFLoader
from langchain_teddynote import logging
from dotenv import load_dotenv

load_dotenv()
```

```
logging.langsmith("CH10-Retriever")

loader = PyMuPDFLoader("data/SPRI_AI_Brief_2023년12월호_F.pdf")
docs = loader.load()
```

02 데이터에서 로드한 원본 document(여기서는 PDF의 각 페이지 문서)는 docs 변수에 담았습니다. 제대로 로드되었는지 확인하기 위해 로드된 원본 문서가 저장된 docs 리스트의 여섯 번째 문서 일부를 출력합니다.

```
print(docs[5].page_content[:500])
```

```
1. 정책/법제
2. 기업/산업 …
·선언은 AI 안전 보장을 위해 국가, 국제기구, 기업, 시민사회, 학계를 포함한 모든 이해관계자의 협력이
중요하다고 강조했으며,
```

03 자식 문서(청크)를 저장할 Chroma 벡터 스토어를 초기화하고, 부모(원본) 문서를 저장할 인메모리 저장소(store)를 만듭니다. 벡터 스토어와 인메모리 저장소의 데이터를 연결할 때 문서를 식별할 수 있도록 id_key를 지정합니다.

```
import uuid
from langchain.storage import InMemoryStore
from langchain_chroma import Chroma
from langchain_openai import OpenAIEmbeddings
from langchain_text_splitters import RecursiveCharacterTextSplitter
from langchain.retrievers.multi_vector import MultiVectorRetriever

vectorstore = Chroma(
    collection_name="small_bigger_chunks",
    embedding_function=OpenAIEmbeddings(model="text-embedding-3-small"),
)
store = InMemoryStore()  # 부모 문서의 저장소 계층

id_key = "doc_id"
```

04 MultiVectorRetriever로 벡터 스토어와 인메모리 저장소를 결합하여 리트리버를 생성합니다. id_key를 통해 벡터 데이터와 원본 문서를 연결하며, 고유한 doc_ids를 생성해 문서를 식별할 수 있도록 설정합니다. 결과를 보면 23개의 문서를 위한 23개의 고유 식별자가 생성되며, 각 문서를 검색하거나 처리할 때 이 식별자를 사용합니다.

```
retriever = MultiVectorRetriever(        # 리트리버(시작 시 비어 있음)
    vectorstore=vectorstore,
    byte_store=store,
    id_key=id_key,
)

doc_ids = [str(uuid.uuid4()) for _ in docs]    # 문서 ID 생성
doc_ids                                         # 두 개의 생성된 ID를 확인
```

```
['946ad68a-72a0-41da-931e-90a47f36233c',
 'c2714ec3-a9ae-4c98-bc37-2aa9d4811e19',
 ...
 'b37c7857-9682-409e-a1a6-6ec04b195e8c']
```

05 parent_text_splitter는 부모 문서를 청크 단위 600으로 나누고, child_text_splitter는 자식 문서를 청크 단위 200으로 나눕니다.

```
# RecursiveCharacterTextSplitter 객체를 생성
parent_text_splitter = RecursiveCharacterTextSplitter(chunk_size=600)

# 더 작은 청크를 생성하는 데 사용할 분할기
child_text_splitter = RecursiveCharacterTextSplitter(chunk_size=200)
```

06 각 문서를 parent_text_splitter를 사용해 분할한 후, 분할된 청크들을 parent_docs 리스트에 넣으려고 합니다. 먼저 반복문을 통해 각 문서와 해당 문서의 고유 ID(doc_ids[i])를 가져옵니다. 그런 다음 parent_text_splitter를 사용해 문서를 작은 청크로 나눕니다. 분할된 각 청크에는 원래 어느 문서에서 분할되었는지 추적할 수 있도록 메타데이터에 고유 ID(_id)가 추가됩니다. 모든 청크를 parent_docs 리스트에 확장하여 저장합니다.

```
parent_docs = []

for i, doc in enumerate(docs):
```

```
    _id = doc_ids[i]                    # 현재 문서의 ID를 가져옵니다.
    # 현재 문서를 하위 문서로 분할
    parent_doc = parent_text_splitter.split_documents([doc])

    for _doc in parent_doc:
        _doc.metadata[id_key] = _id     # metadata에 문서 ID를 저장
    parent_docs.extend(parent_doc)
```

07 parent_docs 리스트의 0번째 문서에 저장된 메타데이터를 확인합니다. doc_id를 보면 맨 첫 단계에서 출력해 본 각 문서의 doc_id와 동일함을 알 수 있습니다.

```
parent_docs[0].metadata   # 생성된 부모 문서의 메타데이터를 확인
```

```
{'source': 'data/SPRI_AI_Brief_2023년12월호_F.pdf',
...
 'doc_id': '946ad68a-72a0-41da-931e-90a47f36233c'}
```

08 자식 문서를 생성하기 위해 각 문서를 child_text_splitter를 사용해 상대적으로 더 작은 청크로 분할합니다. 분할된 청크에도 문서 ID를 메타데이터로 추가하고, 결과는 child_docs 리스트에 저장합니다.

```
child_docs = []
for i, doc in enumerate(docs):
    _id = doc_ids[i]                    # 현재 문서의 ID를 가져옵니다.
    # 현재 문서를 하위 문서로 분할
    child_doc = child_text_splitter.split_documents([doc])
    for _doc in child_doc:
        _doc.metadata[id_key] = _id     # metadata에 문서 ID를 저장
    child_docs.extend(child_doc)
```

09 child_docs 리스트의 첫 번째 문서에 저장된 메타데이터에서 doc_id를 확인합니다. 역시 동일한 ID를 공유함을 알 수 있습니다.

```
child_docs[0].metadata   # 생성된 Child 문서의 메타데이터 확인
```

```
{'source': 'data/SPRI_AI_Brief_2023년12월호_F.pdf',
 ...
 'doc_id': '946ad68a-72a0-41da-931e-90a47f36233c'}
```

10 부모 문서와 자식 문서의 분할된 청크 수를 확인합니다.

```
print(f"분할된 parent_docs의 개수: {len(parent_docs)}")
print(f"분할된 child_docs의 개수: {len(child_docs)}")
```

```
분할된 parent_docs의 개수: 74
분할된 child_docs의 개수: 442
```

11 분할된 부모 문서와 자식 문서를 벡터 스토어(vectorstore)에 추가합니다. 동시에 원본 문서는 인메모리 저장소(docstore)에 페이지 단위로 저장합니다. mset() 메서드를 사용해서 doc_ids를 원본 문서에 매핑해 줍니다.

```
# 벡터 스토어에 parent + child 문서를 추가
retriever.vectorstore.add_documents(parent_docs)
retriever.vectorstore.add_documents(child_docs)

# docstore에 원본 문서를 저장
retriever.docstore.mset(list(zip(doc_ids, docs)))
```

12 벡터 스토어에서 질문을 기반으로 유사도 검색을 수행합니다. 즉, 우리가 쪼개 놓은 청크에서 검색을 수행합니다. 검색된 문서 청크의 개수를 확인합니다.

```
# vectorstore의 유사도 검색을 수행
relevant_chunks = retriever.vectorstore.similarity_search(
    "삼성전자가 만든 생성형 AI 의 이름은?"
)
print(f"검색된 문서의 개수: {len(relevant_chunks)}")
```

```
검색된 문서의 개수: 4
```

13 검색된 문서 청크의 내용을 출력하여 검색 결과를 확인합니다. 이것은 우리가 부모 문서와 자식 문서를 임베딩해서 넣어 준 내용에 대한 검색 결과입니다. 잘게 쪼개진 검색 결과를 원한다면 벡터 스토어에서 유사도 검색을 하면 됩니다.

```
for chunk in relevant_chunks:
    print(chunk.page_content, end="\n\n")
    print(">" * 100, end="\n\n")
```

```
☞ 출처 : 삼성전자, '삼성 AI 포럼'서 자체 개발 생성형 AI '삼성 가우스' 공개, 2023.11.08.
...
>>>>>>>>>>>>>>>>>>>>>>>>>>>>>>>>>>>>>>>>> ...
SPRi AI Brief |
2023-12월호 ...
>>>>>>>>>>>>>>>>>>>>>>>>>>>>>>>>>>>>>>>>> ...
▷ 삼성전자, 자체 개발 생성 AI '삼성 가우스' 공개 ...
>>>>>>>>>>>>>>>>>>>>>>>>>>>>>>>>>>>>>>>>> ...
SPRi AI Brief |
2023-12월호 ...
>>>>>>>>>>>>>>>>>>>>>>>>>>>>>>>>>>>>>>>>> ...
```

14 만약 잘게 쪼개진 문서들의 원본 문서를 보고 싶다면 리트리버(retriever)에 invoke()를 호출해서 질문과 관련된 문서를 검색합니다. 검색된 문서의 개수를 출력하고, 첫 번째 문서의 전체 내용을 출력합니다.

```
relevant_docs = retriever.invoke("삼성전자가 만든 생성형 AI 의 이름은?")
print(f"검색된 문서의 개수: {len(relevant_docs)}", end="\n\n")
print("=" * 100, end="\n\n")
print(relevant_docs[0].page_content)
```

15 리트리버가 벡터 스토어에서 기본적으로 수행하는 검색 유형은 유사도 검색입니다. LangChain 벡터 스토어는 다양성과 유사도를 같이 고려하는 MMR 알고리즘을 통한 검색도 지원하므로 이를 대신 사용하고 싶다면 다음과 같이 search_type 속성을 SearchType.mmr로 설정하면 됩니다.

```
from langchain.retrievers.multi_vector import SearchType

retriever.search_type = SearchType.mmr

print(retriever.invoke("삼성전자가 만든 생성형 AI의 이름은?")[0].page_content)
```

16 검색 유형을 유사도 점수 임계값(similarity_score_threshold)으로 설정하고, 점수 임계값을 0.3으로 지정합니다. 이 설정을 통해 점수 기준에 부합하는 문서만 검색 결과로 반환합니다.

```
from langchain.retrievers.multi_vector import SearchType

retriever.search_type = SearchType.similarity_score_threshold
retriever.search_kwargs = {"score_threshold": 0.3}

print(retriever.invoke("삼성전자가 만든 생성형 AI 의 이름은?")[0].page_content)
```

17 검색 유형을 유사도 기반 검색으로 설정하고 가장 유사한 문서 하나를 검색하고 결과를 확인합니다.

```
from langchain.retrievers.multi_vector import SearchType

retriever.search_type = SearchType.similarity
retriever.search_kwargs = {"k": 1}

print(len(retriever.invoke("삼성전자가 만든 생성형 AI 의 이름은?")))
```

요약본을 벡터 스토어에 저장하기

요약을 하면 종종 청크의 내용을 더 정확하게 추출할 수 있어 더 나은 검색 결과를 얻을 수 있습니다. 요약본을 만들고 요약본을 아우르는 원본 문서와 같이 임베딩해서 벡터 스토어에 저장해 보겠습니다.

01 PDF 파일을 로드하고 문서를 600자 크기의 청크로 나눕니다. 잘라진 청크와 그 청크의 원본 문서를 만들어서 동시에 운용해 보겠습니다. 분할된 문서 청크의 개수를 출력하여 문서가 올바르게 나뉘었는지 확인합니다.

```
from langchain_community.document_loaders import PyMuPDFLoader
from langchain_text_splitters import RecursiveCharacterTextSplitter

# PDF 파일 로더 초기화
loader = PyMuPDFLoader("data/SPRI_AI_Brief_2023년12월호_F.pdf")

# 텍스트 분할
```

```python
text_splitter = RecursiveCharacterTextSplitter(chunk_size=600, chunk_overlap=50)

# PDF 파일 로드 및 텍스트 분할 실행
split_docs = loader.load_and_split(text_splitter)

# 분할된 문서의 개수 출력
print(f"분할된 문서의 개수: {len(split_docs)}")
```

```
분할된 문서의 개수: 61
```

02 summary_chain을 만들어 보겠습니다. 프롬프트에서 문서를 세 문장으로 요약하라는 지시 사항을 정의합니다. 문자열로 결과를 반환하기 위한 출력 파서를 연결합니다.

```python
from langchain_core.documents import Document
from langchain_core.output_parsers import StrOutputParser
from langchain_core.prompts import ChatPromptTemplate
from langchain_openai import ChatOpenAI

summary_chain = (
  {"doc": lambda x: x.page_content}
  | ChatPromptTemplate.from_messages(
    [
      ("system", "You are an expert in summarizing documents in Korean."),
      (
        "user",
        "Summarize the following documents in 3 sentences in bullet points format.\n\n{doc}",
      ),
    ]
  )
  | ChatOpenAI(temperature=0, model="gpt-4o-mini")
  | StrOutputParser()
)
```

03 summary_chain에 batch() 메서드를 써서 동시다발적으로 빠르게 요약을 수행해 보겠습니다. batch() 메서드는 max_concurrency 값을 통해 병렬 처리의 동시 실행 수(최대 10)를 제한하며, 모든 문서에 대해 요약 작업을 수행합니다.

```
summaries = summary_chain.batch(split_docs, {"max_concurrency": 10})
```

04 생성된 요약의 총 개수를 확인합니다. 분할한 문서의 개수와 동일한 61개입니다.

```
len(summaries)
```

```
61
```

05 분할된 문서 청크 중 하나인 33번째의 원본 내용을 출력하고 요약 내용을 출력합니다.

```
print(split_docs[33].page_content, end="\n\n")   # 원본 문서 내용 출력
print("[요약]")
print(summaries[33])                              # 요약을 출력
```

```
SPRi AI Brief |
2023-12월호 ...
[요약]
- 삼성전자가 온디바이스에서 작동 가능한 생성 AI 모델 '삼성 가우스'를 공개하였으며, 이 모
델은 언어, 코드, 이미지의 3개 모델로 구성되어 있다.
- '삼성 가우스'는 정규분포 이론을 정립한 수학자 가우스의 이름을 따왔으며, 다양한 상황에
최적화된 모델 선택이 가능하다.
- 삼성전자는 이 AI 모델이 사용자 정보를 외부로 유출하지 않도록 설계되었으며, 향후 다양한
제품에 단계적으로 탑재할 계획이다.
```

06 요약된 데이터를 저장하기 위해 Chroma를 이용해 벡터 스토어(summary_vectorstore)를 생성합니다. 원본 문서를 저장할 InMemoryStore를 초기화하고 MultiVectorRetriever를 통해 벡터 스토어와 메타데이터 저장소를 결합한 리트리버를 설정합니다. 이 과정에서 각 문서에 대해 고유 ID를 생성합니다.

```
import uuid

summary_vectorstore = Chroma(     # 요약 정보를 저장할 벡터 스토어 생성
```

```
    collection_name="summaries",
    embedding_function=OpenAIEmbeddings(model="text-embedding-3-small"),
)

store = InMemoryStore()   # 부모 문서를 저장할 저장소를 생성

id_key = "doc_id"         # 문서 ID를 저장할 키 이름을 지정

retriever = MultiVectorRetriever(        # 리트리버를 초기화(시작 시 비어 있음)
    vectorstore=summary_vectorstore,     # 벡터 스토어
    byte_store=store,     # 바이트 저장소
    id_key=id_key,        # 문서 ID 키
)
# 문서 ID를 생성
doc_ids = [str(uuid.uuid4()) for _ in split_docs]
```

07 요약된 내용(summary_docs)을 기반으로 document 객체를 변환합니다.

```
summary_docs = [
    Document(page_content=s, metadata={id_key: doc_ids[i]})
    for i, s in enumerate(summaries)
]
```

08 생성된 요약본의 개수를 확인하여 문서 청크 개수와 요약된 데이터 개수가 일치하는지 검증합니다. 요약본의 개수는 원본 문서의 개수와 일치합니다.

```
len(summary_docs)
```

```
61
```

09 생성된 요약본을 벡터 스토어에 추가하여 검색 가능하게 만듭니다. 또한 고유 ID와 원본 문서를 매핑하여 원본 문서를 메모리 저장소에 저장합니다.

```
retriever.vectorstore.add_documents(
    summary_docs
)   # 요약된 문서를 벡터 스토어에 추가
```

```
# 문서 ID와 문서를 매핑하여 문서 저장소에 저장
retriever.docstore.mset(list(zip(doc_ids, split_docs)))
```

10 벡터 스토어에서 질문과 유사한 요약본을 검색합니다. 검색 결과는 관련성이 높은 요약 문서를 반환합니다.

```
result_docs = summary_vectorstore.similarity_search(
    "삼성전자가 만든 생성형 AI 의 이름은?"
)
```

11 유사도 검색 결과 중 첫 번째 문서를 출력하여 검색된 요약 데이터의 내용을 확인합니다.

```
print(result_docs[0].page_content)         # 1개의 결과 문서를 출력
```

```
- 삼성전자가 온디바이스에서 작동 가능한 생성 AI 모델 '삼성 가우스'를 공개하였으며, 이 모
델은 언어, 코드, 이미지의 3개 모델로 구성되어 있다.
- '삼성 가우스'는 정규분포 이론을 정립한 수학자 가우스의 이름을 따왔으며, 다양한 상황에
최적화된 모델 선택이 가능하다.
- 삼성전자는 이 AI 모델이 사용자 정보를 외부로 유출하지 않도록 설계되었으며, 향후 다양한
제품에 단계적으로 탑재할 계획이다.
```

12 retriever에 invoke() 메서드를 사용해 동일한 질의에 대해 리트리버를 호출합니다. 리트리버를 통해 반환된 요약 문서의 내용을 출력하여 검색 결과를 확인합니다.

```
retrieved_docs = retriever.invoke("삼성전자가 만든 생성형 AI의 이름은?")
print(retrieved_docs[0].page_content)
```

가설 쿼리로 문서 내용 탐색하기

가설 쿼리란 사용자의 질문으로 어떤 질문이 들어올지 예상해서 미리 임베딩해서 저장해 둔 것입니다. 사용자의 질문이 들어오면 미리 가상으로 만들어 둔 쿼리 간의 임베딩 유사도를 계산해 매칭될 확률을 높이는 것입니다.

01 functions 변수는 가설 쿼리를 생성하기 위한 함수를 정의합니다. 이 함수는 JSON 형식으로 매개변수를 설정하며, questions라는 배열을 필수 매개변수로 포함해 생성된 가설 쿼리를 저장하는 데 사용됩니다.

```
functions = [
  {
    "name": "hypothetical_questions",                    # 함수의 이름을 지정
    "description": "Generate hypothetical questions",    # 함수 설명 작성
    "parameters": {              # 함수의 매개변수를 정의
      "type": "object",          # 매개변수의 타입을 객체로 지정
      "properties": {            # 객체의 속성을 정의
        "questions": {           # questions 속성을 정의
          "type": "array",       # questions의 타입을 배열로 지정
          "items": {
            "type": "string"
          },                     # 배열의 요소 타입을 문자열로 지정
        },
      },
      "required": ["questions"], # 필수 매개변수로 questions를 지정
    },
  }
]
```

02 hypothetical_query_chain을 구성합니다. 문서의 내용을 입력으로 받아 해당 문서로 답변할 수 있는 세 개의 가설 쿼리를 생성하도록 요청합니다. 프롬프트 템플릿에서는 문서의 잠재적인 사용자를 AI 산업에 관심이 있는 사람들로 정의하고, 그들이 흥미를 가질 만한 질문을 생성하도록 설정합니다. OpenAI의 ChatGPT 모델을 사용하여 가상의 질문을 생성하고, 생성된 JSON 데이터에서 questions 키에 해당하는 값만 추출합니다.

```
from langchain_core.prompts import ChatPromptTemplate
from langchain.output_parsers.openai_functions import JsonKeyOutputFunctionsParser
from langchain_openai import ChatOpenAI

hypothetical_query_chain = (
  {"doc": lambda x: x.page_content}
  # 아래 문서를 사용하여 답변할 수 있는 가상의 질문을 정확히 3개 생성하도록 요청
  | ChatPromptTemplate.from_template(
     "Generate a list of exactly 3 hypothetical questions that the below document could be used to answer. "
```

```
    "Potential users are those interested in the AI industry. Create questions that they
would be interested in. "
    "Output should be written in Korean:\n\n{doc}"
 )
 | ChatOpenAI(max_retries=0, model="gpt-4o-mini").bind(
     functions=functions, function_call={"name": "hypothetical_questions"}
 )
 # 출력에서 "questions" 키에 해당하는 값을 추출
 | JsonKeyOutputFunctionsParser(key_name="questions")
)
```

03 체인을 실행해 예시로 33번째 청크에서 답변할 수 있는 세 개의 가설 쿼리를 생성합니다.

```
hypothetical_query_chain.invoke(split_docs[33])
```

```
['삼성 가우스가 다른 생성 AI 모델과 비교했을 때, 어떤 점에서 더 안전하다고 평가될 수 있
을까요?',
 '온디바이스에서 작동하는 삼성 가우스의 사용 사례가 증가함에 따라 AI 산업에 미치는 영향
은 무엇일까요?',
 '삼성전자가 개발한 삼성 가우스가 향후 AI 기술 발전에 어떤 기여를 할 것으로 예상되나
요?']
```

04 batch() 메서드를 사용해 split_docs에 대해 각 문서 청크마다 세 개의 질문을 동시에 생성합니다.

```
# 문서 목록에 대해 가설 쿼리를 배치로 생성
hypothetical_questions = hypothetical_query_chain.batch(
    split_docs, {"max_concurrency": 10}
)
```

05 33번째 문서의 가설 쿼리 리스트를 출력합니다. 나중에 사용자의 질문이 들어왔을 때 그 질문과 여기서 만든 가설 쿼리들의 유사도를 계산해서 좀 더 정확한 답변을 얻을 수 있습니다.

```
hypothetical_questions[33]
```

```
['삼성 가우스가 향후 AI 산업에 미치는 영향은 무엇일까요?',
 '온디바이스에서 작동하는 생성 AI 모델이 사용자 개인정보 보호에 어떻게 기여할 수 있을까요?',
 '삼성 가우스를 다양한 제품에 적용하는 데 따른 기술적 도전 과제는 무엇일까요?']
```

06 가설 쿼리 데이터를 저장하고 검색하기 위해 Chroma를 사용해 벡터 스토어를 생성합니다. 원본 문서를 저장할 InMemoryStore도 초기화합니다. MultiVectorRetriever를 통해 두 저장소를 결합한 리트리버를 생성하며, 각 문서에 대해 고유 ID를 생성해 저장소와 문서를 연결합니다.

```
# 자식 청크를 색인화하는 데 사용할 벡터 스토어
hypothetical_vectorstore = Chroma(
  collection_name="hypo-questions",
  embedding_function=OpenAIEmbeddings()
)
store = InMemoryStore()                        # 부모 문서의 저장소 계층

id_key = "doc_id"
retriever = MultiVectorRetriever(              # 리트리버(시작 시 비어 있음)
  vectorstore=hypothetical_vectorstore,
  byte_store=store,
  id_key=id_key,
)
doc_ids = [str(uuid.uuid4()) for _ in split_docs]   # 문서 ID 생성
```

07 가설 쿼리를 담은 question_docs 리스트를 기반으로 document 객체를 생성합니다. 이를 통해 쿼리와 문서 간 연결을 유지할 수 있습니다.

```
question_docs = []
# hypothetical_questions 저장
for i, question_list in enumerate(hypothetical_questions):
  question_docs.extend(
    # 질문 리스트의 각 질문에 대해 Document 객체를 생성. 메타데이터에 해당 질문의 문서 ID를 포함
    [Document(page_content=s, metadata={id_key: doc_ids[i]}) for s in question_list]
  )
```

08 생성된 가설 쿼리 document 객체들을 벡터 스토어에 추가하여 검색 가능하게 만듭니다. 원본 문서를 docstore에 저장합니다. 이를 통해 검색 결과에서 가설 쿼리와 원본 문서를 연결할 수 있습니다.

```
retriever.vectorstore.add_documents(question_docs)

retriever.docstore.mset(list(zip(doc_ids, split_docs)))
```

09 벡터 스토어에서 질문과 유사한 가설 쿼리를 검색합니다. 검색 결과는 사용자가 입력한 질문과 가장 관련성이 높은 질문을 반환합니다.

```
result_docs = hypothetical_vectorstore.similarity_search(
    "삼성전자가 만든 생성형 AI의 이름은?"
)
```

10 유사도 검색 결과로 생성한 가설 쿼리 중 유사도가 가장 높은 문서와 원본 청크의 ID를 반환합니다.

```
for doc in result_docs:
    print(doc.page_content)
    print(doc.metadata)
```

```
삼성전자의 개발자 콘퍼런스에서 발표될 새로운 AI 기술은 어떤 영향을 미칠까요?
{'doc_id': 'c9401380-95c5-4add-a811-5b906c0ca5eb'}
삼성전자가 AI 산업의 미래를 어떻게 구상하고 있는지에 대한 통찰을 얻기 위해 어떤 질문을 던져야 할까요?
{'doc_id': 'c9401380-95c5-4add-a811-5b906c0ca5eb'}
삼성의 생성적 AI 기술이 다른 기업들과의 경쟁에서 어떤 차별점을 제공할까요?
{'doc_id': 'c9401380-95c5-4add-a811-5b906c0ca5eb'}
삼성 가우스의 다양한 모델이 향후 AI 산업에 미치는 영향은 무엇일까?
{'doc_id': '28997ac4-ab5b-47b1-86e2-6dee8375042f'}
```

11 리트리버(retriever)를 통해 검색된 질문에 해당하는 원본 문서를 가져올 수도 있습니다. 검색된 문서를 출력하여 가설 쿼리와 실제 문서의 연결 관계를 확인합니다.

```
retrieved_docs = retriever.invoke(result_docs[1].page_content)

for doc in retrieved_docs:
    print(doc.page_content)
```

```
삼성전자, '삼성 개발자 콘퍼런스 코리아 2023' 개최, 2023.11.14.
TechRepublic, Samsung Gauss: Samsung Research Reveals Generative AI, 2023.11.08.
SPRi AI Brief |
2023-12월호
10
삼성전자, 자체 개발 생성 AI '삼성 가우스' 공개
n 삼성전자가 온디바이스에서 작동 가능하며 언어, 코드, 이미지의 3개 모델로 구성된 자체 개
발 생성
AI 모델 '삼성 가우스'를 공개
n 삼성전자는 삼성 가우스를 다양한 제품에 단계적으로 탑재할 계획으로, 온디바이스 작동이
가능한
삼성 가우스는 외부로 사용자 정보가 유출될 위험이 없다는 장점을 보유
KEY Contents
£ 언어, 코드, 이미지의 3개 모델로 구성된 삼성 가우스, 온디바이스 작동 지원
n 삼성전자가 2023년 11월 8일 열린 '삼성 AI 포럼 2023' 행사에서 자체 개발한 생성 AI 모델
'삼성 가우스'를 최초 공개
·정규분포 이론을 정립한 천재 수학자 가우스(Gauss)의 이름을 본뜬 삼성 가우스는 다양한 상
황에
최적화된 크기의 모델 선택이 가능
·삼성 가우스는 라이선스나 개인정보를 침해하지 않는 안전한 데이터를 통해 학습되었으며,
온디바이스에서 작동하도록 설계되어 외부로 사용자의 정보가 유출되지 않는 장점을 보유
·삼성전자는 삼성 가우스를 활용한 온디바이스 AI 기술도 소개했으며, 생성 AI 모델을 다양한
제품에
```

08 셀프 쿼리 리트리버

셀프 쿼리 리트리버(SelfQueryRetriever)는 사용자가 제공한 자연어 질의를 바탕으로 query-constructing LLM 체인을 사용해 쿼리를 구조화하는 리트리버입니다. SelfQueryRetriever는 단순히 사용자의 입력 질의를 저장된 문서의 내용과 의미적으로 비교할 뿐만 아니라 사용자의 질의에서 문서의 메타데이터를 기준으로 필터링해서 관련된 문서를 찾습니다. 특히 SQL이나 CSV처럼 테이블 구조로 되어 있는 데이터가 SelfQueryRetriever에 사용하기 적합합니다.

샘플 데이터 생성하기

01 실습 파일 **10-Retriever/08-SelfQueryRetriever.ipynb**를 열어 봅니다. 화장품 관련 샘플 데이터를 활용하여 벡터 검색 기능을 실습하기 위한 환경을 설정하고 실행합니다. docs에서는 출시 연도(year), 카테고리(category), 사용자 평점(user_rating)과 같은 메타데이터를 포함하는데, 이 메타데이터를 기준으로 필터링이 들어갑니다.

```python
from langchain_chroma import Chroma
from langchain_core.documents import Document
from langchain_openai import OpenAIEmbeddings
from langchain_teddynote import logging
from dotenv import load_dotenv

load_dotenv()
logging.langsmith("CH10-Retriever")

docs = [      # 화장품 상품의 설명과 메타데이터 생성
    Document(
        page_content="수분 가득한 히알루론산 세럼으로 피부 속 깊은 곳까지 수분을 공급합니다.",
        metadata={"year": 2024, "category": "스킨케어", "user_rating": 4.7},
    ),
    Document(
        page_content="24시간 지속되는 매트한 피니시의 파운데이션, 모공을 커버하고 자연스러운 피부 표현이 가능합니다.",
        metadata={"year": 2023, "category": "메이크업", "user_rating": 4.5},
    ),
    Document(
        page_content="식물성 성분으로 만든 저자극 클렌징 오일, 메이크업과 노폐물을 부드럽게 제거합니다.",
        metadata={"year": 2023, "category": "클렌징", "user_rating": 4.8},
    ),
    Document(
        page_content="비타민 C 함유 브라이트닝 크림, 칙칙한 피부톤을 환하게 밝혀줍니다.",
        metadata={"year": 2023, "category": "스킨케어", "user_rating": 4.6},
    ),
    Document(
        page_content="롱래스팅 립스틱, 선명한 발색과 촉촉한 사용감으로 하루종일 편안하게 사용 가능합니다.",
        metadata={"year": 2024, "category": "메이크업", "user_rating": 4.4},
    ),
```

```
Document(
    page_content="자외선 차단 기능이 있는 톤업 선크림, SPF50+/PA++++ 높은 자외선 차단 지수로 피부를 보호합니다.",
    metadata={"year": 2024, "category": "선케어", "user_rating": 4.9},
),
]
```

02 생성된 문서 docs를 임베딩해서 Chroma 벡터 스토어에 저장합니다.

```
vectorstore = Chroma.from_documents(     # 벡터 스토어 생성
    docs, OpenAIEmbeddings(model="text-embedding-3-small")
)
```

SelfQueryRetriever 생성하기

이제 리트리버를 인스턴스화할 수 있습니다. 이를 위해서는 문서가 지원하는 메타데이터 필드와 문서 내용에 대한 간단한 설명을 미리 제공해야 합니다.

01 `AttributeInfo`에서 화장품 메타데이터 필드에 대한 정보를 정의합니다. `name` 부분은 `docs`의 메타데이터와 매핑이 되어야 합니다. 또한 `description`은 LLM이 나중에 참고할 수 있게끔 상세하게 적어 주세요.

- **category**: 문자열 타입, 화장품의 카테고리를 나타내며 ['스킨케어', '메이크업', '클렌징', '선케어'] 중 하나의 값을 가집니다.
- **year**: 정수 타입, 화장품이 출시된 연도를 나타냅니다.
- **user_rating**: 실수 타입, 1~5 범위의 사용자 평점을 나타냅니다.

```
from langchain.chains.query_constructor.base import AttributeInfo

metadata_field_info = [ # 메타데이터 필드 정보 생성
    AttributeInfo(
        name="category",
        description="The category of the cosmetic product. One of ['스킨케어', '메이크업', '클렌징', '선케어']",
        type="string",
    ),
    AttributeInfo(
```

```
        name="year",
        description="The year the cosmetic product was released",
        type="integer",
    ),
    AttributeInfo(
        name="user_rating",
        description="A user rating for the cosmetic product, ranging from 1 to 5",
        type="float",
    ),
]
```

02 LLM을 활용해 SelfQueryRetriever를 생성합니다. 앞서 정의한 메타데이터 필드 정보 (metadata_field_info)와 문서 내용에 대한 간단한 설명(document_contents)을 입력합니다.

```
from langchain.retrievers.self_query.base import SelfQueryRetriever
from langchain_openai import ChatOpenAI

llm = ChatOpenAI(model="gpt-4o-mini", temperature=0)       # LLM 정의

# SelfQueryRetriever 생성
retriever = SelfQueryRetriever.from_llm(
    llm=llm,
    vectorstore=vectorstore,
    document_contents="Brief summary of a cosmetic product",
    metadata_field_info=metadata_field_info,
)
```

쿼리 테스트

필터를 걸 수 있는 질의를 입력하여 검색을 수행합니다.

01 invoke() 메서드를 사용해 특정 조건에 맞는 문서를 검색합니다.

```
retriever.invoke("평점이 4.8 이상인 제품을 추천해주세요") # Self-query 검색
retriever.invoke("2023년에 출시된 상품을 추천해주세요")
retriever.invoke("카테고리가 선케어인 상품을 추천해주세요")
```

02 카테고리와 평점이라는 두 가지 조건을 동시에 만족하는 문서를 검색할 수도 있습니다.

```
retriever.invoke(          # Self-query 검색
    "카테고리가 메이크업인 상품 중에서 평점이 4.5 이상인 상품을 추천해주세요"
)
```

03 enable_limit 옵션을 사용해 검색 결과 개수를 제한할 수 있습니다.

```
retriever = SelfQueryRetriever.from_llm(
    llm=llm,
    vectorstore=vectorstore,
    document_contents="Brief summary of a cosmetic product",
    metadata_field_info=metadata_field_info,
    enable_limit=True,   # 검색 결과 제한 기능을 활성화
    search_kwargs={"k": 2},  # 검색 결과를 두 개로 제한
)
```

04 2023년도 출시된 상품은 세 개가 있지만 k 값을 2로 지정하여 두 개만 반환하도록 합니다.

```
retriever.invoke("2023년에 출시된 상품을 추천해주세요")    # Self-query 검색
```

05 하지만 코드로 명시적으로 search_kwargs를 지정하지 않고 쿼리에서 검색 결과를 제한할 수 있습니다. 쿼리에 포함된 '1개', '2개'와 같은 조건이 필터에 반영됩니다.

```
retriever = SelfQueryRetriever.from_llm(
    llm=llm,
    vectorstore=vectorstore,
    document_contents="Brief summary of a cosmetic product",
    metadata_field_info=metadata_field_info,
    enable_limit=True,   # 검색 결과 제한 기능을 활성화
)

retriever.invoke("2023년에 출시된 상품 1개를 추천해주세요")    # Self-query 검색
retriever.invoke("2023년에 출시된 상품 2개를 추천해주세요")
```

```
[Document(id='4f316a0b-5d1b-4d43-9898-d5b66b076308', metadata={'category': '메이크업',
'user_rating': 4.5, 'year': 2023}, page_content='24시간 지속되는 매트한 피니시의 파운데
이션, 모공을 커버하고 자연스러운 피부 표현이 가능합니다.')] ...
```

쿼리 생성기 프롬프트를 체인에 연결하기

쿼리를 만들어 주는 query_constructor 체인을 사용할 수도 있습니다.

01 get_query_constructor_prompt() 함수를 사용하여 쿼리를 생성하는 프롬프트를 가져옵니다. 프롬프트 안에 요약 지시와 메타데이터 필드 정보를 넣습니다. 프롬프트와 LLM, 출력 파서를 LCEL 문법으로 연결해서 query_constructor를 생성합니다.

```python
from langchain.chains.query_constructor.base import (
    StructuredQueryOutputParser,
    get_query_constructor_prompt,
)

prompt = get_query_constructor_prompt(   # 쿼리 생성기 프롬프트를 가져오기
    "Brief summary of a cosmetic product",  # 문서 내용 설명
    metadata_field_info,                    # 메타데이터 필드 정보
)

output_parser = StructuredQueryOutputParser.from_components()

query_constructor = prompt | llm | output_parser
```

02 프롬프트에 format() 메서드를 사용하여 쿼리에 dummy question 문자열을 전달하고, 그 결과를 출력하여 프롬프트 내용을 확인해 보겠습니다.

```python
print(prompt.format(query="dummy question"))   # prompt 출력
```

```
Your goal is to structure the user's query to match the request schema provided below.
<< Structured Request Schema >> When responding use a markdown code snippet with a JSON object formatted in the following schema:
json
{
    "query": string \ text string to compare to document contents
    "filter": string \ logical condition statement for filtering documents
}
...
User Query: What are songs by Taylor Swift or Katy Perry about teenage romance under 3 minutes long in the dance pop genre Structured Request:
json
{
```

```
    "query": "teenager love",
    "filter": "and(or(eq(\"artist\", \"Taylor Swift\"), eq(\"artist\", \"Katy Perry\")),
lt(\"length\", 180), eq(\"genre\", \"pop\"))"
}
...
```

03 invoke() 메서드를 호출하여 사용자가 입력한 질문에 대해 쿼리를 생성합니다.

```
query_output = query_constructor.invoke(
    {       # 쿼리 생성기를 호출하여 주어진 질문에 대한 쿼리를 생성
     "query": "2023년도에 출시한 상품 중 평점이 4.5 이상인 상품 중에서 스킨케어 제품을 추
천해주세요"
    }
)
```

04 생성된 쿼리를 확인해 보겠습니다. 여기서 `filter`란 생성된 쿼리를 가지고 내부적으로 데이터 베이스에 대한 필터링을 걸어 주는 것입니다.

```
query_output.filter.arguments       # 쿼리 출력
```

```
[Comparison(comparator=<Comparator.GTE: 'gte'>, attribute='year', value=2023),
 Comparison(comparator=<Comparator.GTE: 'gte'>, attribute='user_rating', value=4.5),
 Comparison(comparator=<Comparator.EQ: 'eq'>, attribute='category', value='스킨케어')]
```

05 구조화된 쿼리 변환기(StructuredQueryTranslator)를 사용해 구조화된 쿼리를 벡터 스토어에서 사용할 수 있는 구문으로 변환합니다. ChromaTranslator는 메타데이터 필터를 Chroma 형식으로 매핑합니다.

```
from langchain.retrievers.self_query.chroma import ChromaTranslator

retriever = SelfQueryRetriever(
    query_constructor=query_constructor,    # 이전에 생성한 query_constructor 체인 지정
    vectorstore=vectorstore,    # 벡터 스토어를 지정
    structured_query_translator=ChromaTranslator(),    # 쿼리 변환기
)
```

06 invoke() 메서드를 사용하여 주어진 질문에 대한 답변을 생성합니다.

```
retriever.invoke(        # 질문
    "2023년도에 출시한 상품 중 평점이 4.5 이상인 상품중에서 스킨케어 제품을 추천해주세요"
)
```

```
[Document(id='ff655a0c-6ceb-4616-8d91-d5d305816275', metadata={'category': '스킨케어',
'user_rating': 4.6, 'year': 2023}, page_content='비타민 C 함유 브라이트닝 크림, 칙칙한
피부톤을 환하게 밝혀줍니다.')]
```

(09) 시간 가중 벡터 스토어 리트리버

시간 가중 벡터 스토어 리트리버(TimeWeightedVectorStoreRetriever)는 시간이 지날수록 중요성을 잃는 데이터는 하위로 밀려나고, 신선함과 관련성을 동시에 고려하는 리트리버입니다. 검색 결과는 의미 유사도와 시간에 따른 감쇠를 결합한 점수를 기반으로 정렬됩니다. 시간 감쇠는 **감쇠율**(decay_rate)로 설정되며, 이는 시간이 지남에 따라 점수가 얼마나 줄어드는지 결정하는 비율입니다. 자주 접근되는 문서는 시간이 지나도 신선함을 유지해 높은 점수를 받음으로써 자주 사용되거나 중요한 정보가 검색 결과 상위에 위치합니다.

감쇠율이 낮은 경우 시간이 지나도 문서의 점수가 크게 감소하지 않아 오래된 문서와 최신 문서 간의 시간 가중치 차이가 거의 없습니다. 이때는 문서 간 의미 유사도가 검색 결과에 더 큰 영향을 미칩니다. 반면, 감쇠율이 높으면 오래된 문서의 점수가 급격히 감소해 최신 문서가 검색 결과에서 우선합니다. 감쇠율은 객체가 생성된 시간이 아니라 마지막으로 접근된 시점을 기준으로 계산되므로 자주 접근되는 문서는 최신 상태로 유지됩니다.

낮은 감쇠율

감쇠율이 낮다는 것은 기억이 더 오래 유지된다는 뜻입니다. 감쇠율이 0이면 기억이 절대 잊혀지지 않는다는 뜻이며, 이 경우 리트리버가 검색을 수행할 때 의미 유사도만 고려하게 됩니다.

01 실습 파일 **10-Retriever/09-TimeWeightedVectorStoreRetriever.ipynb**를 열어 봅니다. `TimeWeightedVectorStoreRetriever`를 초기화합니다. 감쇠율(decay_rate)을 매우 낮은 값으로 설정하여 시간이 지나도 문서의 신선함이 유지되도록 만듭니다.

```
from datetime import datetime, timedelta
import faiss
from langchain.docstore import InMemoryDocstore
from langchain.retrievers import TimeWeightedVectorStoreRetriever
from langchain_community.vectorstores import FAISS
from langchain_core.documents import Document
from langchain_openai import OpenAIEmbeddings
from langchain_teddynote import logging
from dotenv import load_dotenv

load_dotenv()
logging.langsmith("CH10-Retriever")

# 임베딩 모델을 정의
embeddings_model = OpenAIEmbeddings(model="text-embedding-3-small")

# 벡터 스토어를 빈 상태로 초기화
embedding_size = 1536
index = faiss.IndexFlatL2(embedding_size)
vectorstore = FAISS(embeddings_model, index, InMemoryDocstore({}), {})
# 시간 가중치가 적용된 벡터 스토어 리트리버를 초기화 (여기서는 낮은 감쇠율을 적용)
retriever = TimeWeightedVectorStoreRetriever(
    vectorstore=vectorstore, decay_rate=0.0000000000000000000000001, k=1
)
```

02 간단한 예제 데이터를 두 개 추가합니다. 첫 번째 문서의 메타데이터에는 어제 날짜(yesterday)가 마지막 접근 시간으로 설정됩니다. 두 번째 문서는 별도의 메타데이터 없이 추가됩니다.

```
yesterday = datetime.now() - timedelta(days=1)    # 어제 날짜 계산

retriever.add_documents(    # 문서 추가. metadata에 어제 날짜 설정
  [
    Document(
      page_content="테디노트 구독해 주세요.",
      metadata={"last_accessed_at": yesterday},
    )
```

```
    ]
)

# 다른 문서 추가. metadata는 별도로 설정하지 않았습니다.
retriever.add_documents([Document(page_content="테디노트 구독 해주실꺼죠? Please!")])
```

03 invoke() 메서드를 호출하여 검색을 수행합니다. 감쇠율(decay_rate)이 0에 가까워 신선함 점수가 감소하지 않으므로 첫 번째 문서가 가장 두드러진(salient) 문서로 반환됩니다. 이는 시간이 지나도 문서가 최신(recent) 상태로 간주된다는 뜻입니다.

```
retriever.invoke("테디노트")
```

```
[Document(metadata={'last_accessed_at': datetime.datetime(2025, 4, 24, 17, 9, 46, 456818), 'created_at': datetime.datetime(2025, 4, 24, 17, 9, 41, 162955), 'buffer_idx': 0}, page_content='테디노트 구독해 주세요.')]
```

높은 감쇠율

감쇠율이 높다는 것은 기억이 빠르게 사라진다는 뜻입니다. 감쇠율이 1에 가까울수록 기억이 금방 잊혀지며, 이 경우 리트리버가 검색 수행 시 과거의 정보를 거의 참조하지 않고 최신 정보에 더 의존하게 됩니다.

01 TimeWeightedVectorStoreRetriever를 사용하여 리트리버를 초기화합니다. 감쇠율(decay_rate)을 0.999로 높게 설정하여 새로운 리트리버를 초기화합니다.

```python
# 임베딩 모델을 정의
embeddings_model = OpenAIEmbeddings(model="text-embedding-3-small")

# 벡터 스토어를 빈 상태로 초기화
embedding_size = 1536
index = faiss.IndexFlatL2(embedding_size)
vectorstore = FAISS(embeddings_model, index, InMemoryDocstore({}), {})

# 시간 가중치가 적용된 벡터 스토어 리트리버를 초기화
retriever = TimeWeightedVectorStoreRetriever(
    vectorstore=vectorstore, decay_rate=0.999, k=1
)
```

❣ 만약 감쇠율을 1로 설정하면 모든 객체의 recency 값이 0이 되어, Vector Lookup과 동일한 결과를 얻게 됩니다.

02 이전에 사용한 두 문서를 다시 추가합니다. 첫 번째 문서는 어제 날짜를 마지막 접근 시간으로 설정하여 추가되고, 두 번째 문서는 별도의 메타데이터 없이 추가됩니다. 이 상태에서 리트리버를 초기화하면 감쇠율이 높은 설정을 통해 시간 경과에 따른 문서 신선도 변화가 반영됩니다.

```python
yesterday = datetime.now() - timedelta(days=1)    # 어제 날짜 계산

retriever.add_documents(   # 문서 추가. metadata에 어제 날짜를 설정
  [
    Document(
      page_content="테디노트 구독해 주세요.",
      metadata={"last_accessed_at": yesterday},
    )
  ]
)

# 다른 문서 추가. metadata는 별도로 설정하지 않았습니다.
retriever.add_documents([Document(page_content="테디노트 구독 해주실거죠? Please!")])
```

03 리트리버를 사용하여 invoke() 메서드를 호출하면 이번에는 두 번째 문서가 반환됩니다. 이는 첫 번째 문서가 높은 감쇠율에 의해 신선함 점수가 빠르게 감소해 대부분 잊혀졌기 때문입니다. 반면 메타데이터가 없는 두 번째 문서는 최신 문서로 간주되어 상위에 위치합니다.

```python
retriever.invoke("테디노트")    # 검색 후 결과 확인
```

```
[Document(metadata={'last_accessed_at': datetime.datetime(2025, 4, 24, 17, 11, 0, 673550), 'created_at': datetime.datetime(2025, 4, 24, 17, 10, 53, 618216), 'buffer_idx': 1}, page_content='테디노트 구독 해주실꺼죠? Please!')]
```

가상의 시간으로 감쇠율 조정하기

LangChain 유틸리티 함수인 mock_now() 함수를 사용하여 현재 시간을 조작할 수 있습니다. 이 설정은 검색 시점의 시간 감쇠 효과를 테스트하거나 적절한 decay_rate 값을 결정하는 데 유용합니다.

01 mock_now() 함수로 현재 시간을 특정 날짜와 시간으로 설정합니다.

```
import datetime
from langchain.utils import mock_now

# 현재 시간을 특정 시점으로 설정
mock_now(datetime.datetime(2024, 8, 30, 00, 00))

print(datetime.datetime.now())   # 현재 시간 출력
```

02 mock_now() 함수로 사용하여 검색 시점을 임의로 변경한 후 검색을 수행합니다. 변경된 시간 기준으로 문서의 신선함 점수가 다시 계산되며, 감쇠율 설정에 따라 결과가 달라질 수 있습니다.

```
# 현재 시간을 임의의 시간으로 변경
with mock_now(datetime.datetime(2024, 8, 29, 00, 00)):
    print(retriever.invoke("테디노트"))   # 변경된 시점에서 문서를 검색
```

🐾 너무 오래전 시간으로 설정하면, 감쇠율 계산 시 오류가 발생할 수 있습니다.

PART

06

LangChain 실습

앞서 배운 내용을 토대로 실제 프로젝트로 확장해 보겠습니다.
Streamlit을 활용하여 직접 웹 애플리케이션을 개발하고,
출력 파서를 실전에 적용하는 연습을 진행할 예정입니다.
RAG 기반의 챗봇을 제작하여 이메일 업무 자동화 등 실용적인 기능을
직접 구현해 보겠습니다.

CHAPTER 14 Streamlit으로 ChatGPT 웹 앱 제작하기

지금까지 RAG를 구현하는 과정을 모두 살펴봤습니다. 이제 단순한 실습에서 벗어나 직접 웹 애플리케이션을 만들어 보겠습니다.

(01) 기본적인 웹 앱 형태 만들기

웹사이트를 만들어야 한다고 하면 대부분 백엔드나 프런트엔드 지식이 필요하다고 생각하겠지만, **Streamlit**(https://streamlit.io)이라는 도구를 사용하면 아주 간단한 코딩만으로도 여러분만의 웹사이트를 쉽게 만들 수 있습니다. 앞에서 배운 LLM과 LangChain 지식을 활용해 ChatGPT 스타일의 웹 애플리케이션을 직접 만들어 보겠습니다.

01 VS Code에서 **19-Streamlit** 폴더의 **MyProject** 폴더에 **새 파일**을 만든 후 파일 이름을 **main.py**로 지정합니다. .py 파일은 파이썬 스크립트 파일을 말합니다. 먼저 `streamlit`을 임포트하는데 이때 별칭(alias)을 **st**로 입력합니다.

```
import streamlit as st
```

02 타이틀 요소를 추가합니다.

```
st.title("나만의 챗GPT 만들기")
```

🐾 웹사이트의 버튼이나 텍스트 박스 같은 요소를 컴포넌트(component)라고 합니다. 타이틀 같은 컴포넌트를 설정할 때 일일이 설정 방식을 외울 필요 없이 Streamlit의 문서에서 해당 항목(https://docs.streamlit.io/develop/api-reference/text)을 참고한 후 복사해서 붙여 넣으면 됩니다.

03 Streamlit을 이용하면 웹 화면을 간단하게 띄워 볼 수 있습니다. VS Code의 상단 메뉴에서 **Terminal - New Terminal**을 선택합니다. 앞서 실습에 필요한 라이브러리를 설치하면서 이미 **streamlit** 라이브러리도 함께 설치한 상태입니다. 터미널 창에서 실습 파일이 있는 폴더 위치로 이동한 후 다음 명령을 실행합니다.

```
cd 19-Streamlit
cd 01-MyProject
streamlit run main.py   ← 실행할 파일 이름을 지정합니다.
```

😺 streamlit run 명령을 실행한 후 터미널 창에 이메일을 입력하라고 요청하는 경우가 있습니다. 이때는 임의로 이메일 형식에 맞는 주소를 입력하면 됩니다.

04 웹 브라우저에 웹사이트 화면이 바로 나타납니다. 앞으로도 코드를 수정할 때마다 파이썬 파일을 저장한 다음 웹 브라우저에서 새로고침해서 확인해 보기 바랍니다.

나만의 챗GPT 만들기

05 ChatGPT 앱을 만들기 위해 채팅 창을 추가해 보겠습니다. Streamlit 문서의 Chat elements 항목(https://docs.streamlit.io/develop/api-reference/chat)에서 Chat input 예시를 참고해 다음 코드를 작성합니다. 플레이스홀더에 사용자가 메시지를 입력하면 **user_input**에 그 내용이 담기고, 입력한 내용을 반복문으로 그대로 출력해 주는 코드입니다. VS Code에서 파일을 저장한 후 웹 브라우저를 새로고침하면 수정된 코드가 반영됩니다.

```
st.title("나만의 챗GPT 만들기")

user_input = st.chat_input("궁금한 내용을 물어보세요!")

if user_input:
    st.write(f"사용자 입력: {user_input}")
```

06 출력 부분을 ChatGPT의 UI처럼 사용자와 AI 아바타 그리고 메시지가 각각 나타나도록 꾸며 보겠습니다. Chat elements의 Chat message 예시를 참고해 출력 부분을 다음과 같이 수정합니다. 여기서는 아직 AI도 사용자의 입력 내용을 앵무새처럼 그대로 출력합니다.

```
if user_input:
    st.chat_message("user").write(user_input)
    st.chat_message("assistant").write(user_input)
```

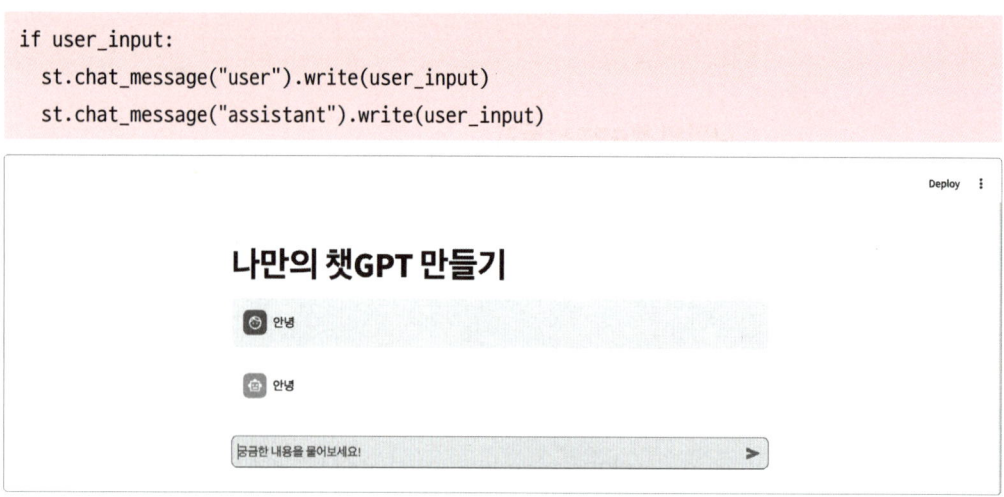

07 지금까지는 새로운 내용을 입력하면 이전에 입력한 내용은 사라지고 매번 새로고침이 일어나는 구조였습니다. 이제 사용자가 입력한 질문과 AI가 출력한 답변을 차곡차곡 쌓아서 대화 내역으로 보일 수 있게 만들겠습니다. 이전 대화 내역은 session_state에 저장합니다. session_state에는 messages라는 키로 빈 리스트를 만들어 줍니다. 페이지가 새로고침되어도 session_state에 담아 놓은 정보는 계속 저장됩니다.

```
st.title("나만의 챗GPT 만들기")

if "messages" not in st.session_state:
    st.session_state["messages"] = []
```

처음 한 번만 session_state를 생성하라는 뜻입니다.

```
user_input = st.chat_input("궁금한 내용을 물어보세요!")
```

08 대화 기록을 저장하는 코드를 추가합니다.

```
if user_input:
    st.chat_message("user").write(user_input)
    st.chat_message("assistant").write(user_input)

    st.session_state["messages"].append(("user", user_input))
    st.session_state["messages"].append(("assistant", user_input))
```

09 코드를 좀 더 간결하게 다듬어 보겠습니다. 메시지를 저장하는 코드를 add_message() 함수로 바꿔 보겠습니다. 역할(role)과 메시지 내용(content)의 키와 값 쌍으로 구성된 ChatMessage 객체를 생성해 session_state의 messages 리스트에 추가합니다.

```
import streamlit as st
from langchain_core.messages.chat import ChatMessage
...
def add_message(role, message):
    st.session_state["messages"].append(ChatMessage(role=role, content=message))

user_input = st.chat_input("궁금한 내용을 물어보세요!")

if user_input:
    st.chat_message("user").write(user_input)
    st.chat_message("assistant").write(user_input)

    add_message("user", user_input)
    add_message("assistant", user_input)
```

10 저장된 이전 대화를 화면에 출력하는 함수를 추가합니다. session_state에 리스트로 저장된 각각의 chat_message 객체를 반복하고, print() 함수로 출력합니다. 이렇게 채팅 애플리케이션을 간단하게 완성해 봤습니다.

```
import streamlit as st
from langchain_core.messages.chat import ChatMessage
```

```
st.title("나만의 챗GPT 만들기")

if "messages" not in st.session_state:
    st.session_state["messages"] = []

def print_messages():
    for chat_message in st.session_state["messages"]:
        st.chat_message(chat_message.role).write(chat_message.content)

def add_message(role, message):
    st.session_state["messages"].append(ChatMessage(role=role, content=message))

print_messages()

user_input = st.chat_input("궁금한 내용을 물어보세요!")

if user_input:
    st.chat_message("user").write(user_input)
    st.chat_message("assistant").write(user_input)

    add_message("user", user_input)
    add_message("assistant", user_input)
```

(02) 웹 앱에 체인 생성하기

앞에서 만든 웹 앱의 기본적인 틀을 바탕으로 프롬프트와 LLM, 출력 파서를 체인으로 연결해 보겠습니다.

01 실습에 필요한 몇 가지 라이브러리를 가져오겠습니다. 환경 변수 설정도 추가합니다.

```
import streamlit as st
from langchain_core.messages.chat import ChatMessage
from langchain_core.prompts import ChatPromptTemplate
from langchain_openai import ChatOpenAI
from langchain_core.output_parsers import StrOutputParser
from dotenv import load_dotenv

load_dotenv()
```

02 체인을 만드는 함수를 추가합니다. 이제 create_chain() 함수를 호출할 때마다 체인이 만들어집니다.

```
def add_message(role, message):
  st.session_state["messages"].append(ChatMessage(role=role, content=message))

def create_chain():
  prompt = ChatPromptTemplate.from_messages(
    [
      ("system", "당신은 친절한 AI 어시스턴트입니다."),
      ("user", "#Question:\n{question}"),
    ]
  )
  llm = ChatOpenAI(model_name="gpt-4o", temperature=0)
  output_parser = StrOutputParser()

  chain = prompt | llm | output_parser
  return chain
```

03 앞서 입력한 내용을 그대로 출력하는 코드에서 AI의 응답을 생성해 스트리밍 방식으로 출력하도록 수정하겠습니다. create_chain() 메서드로 chain을 생성합니다. 그리고 chain에서 사용자 프롬프트의 question 키 값으로 사용자의 입력 내용(user_input)을 받아 AI의 응답을 받습니다.

```
user_input = st.chat_input("궁금한 내용을 물어보세요!")

if user_input:
  st.chat_message("user").write(user_input)
  chain = create_chain()
  response = chain.stream({"question": user_input})
```

04 AI의 응답을 처리해 화면에 표시하는 with 블록을 추가합니다. container는 실시간으로 응답을 표시하기 위한 빈 공간입니다. AI의 응답을 토큰 단위로 받아 순차적으로 추가해 최종 답변을 ai_answer에 누적해서 저장하고 실시간으로 container에 표시해 화면에 출력합니다.

```
with st.chat_message("assistant"):
  container = st.empty()

  ai_answer = ""
```

```
    for token in response:
        ai_answer += token
        container.markdown(ai_answer)

    add_message("user", user_input)
    add_message("assistant", ai_answer)
```

05 사이드바를 추가하고 여기에 초기화 버튼을 만듭니다.

```
if "messages" not in st.session_state:
    st.session_state["messages"] = []

with st.sidebar:
    clear_btn = st.button("대화 초기화")
...
if clear_btn:
    st.session_state["messages"] = []

print_messages()
```

06 지금까지 만든 전체 코드는 다음과 같습니다. 파일을 저장하고 웹 브라우저에서 직접 확인해 보세요.

```
import streamlit as st
from langchain_core.messages.chat import ChatMessage
from langchain_core.prompts import ChatPromptTemplate
from langchain_openai import ChatOpenAI
from langchain_core.output_parsers import StrOutputParser
from dotenv import load_dotenv

load_dotenv()

st.title("나만의 챗GPT")

if "messages" not in st.session_state:
    st.session_state["messages"] = []

with st.sidebar:
    clear_btn = st.button("대화 초기화")
```

```python
def print_messages():
    for chat_message in st.session_state["messages"]:
        st.chat_message(chat_message.role).write(chat_message.content)

def add_message(role, message):
    st.session_state["messages"].append(ChatMessage(role=role, content=message))

def create_chain():
    prompt = ChatPromptTemplate.from_messages(
        [
            ("system", "당신은 친절한 AI 어시스턴트입니다."),
            ("user", "#Question:\n{question}"),
        ]
    )
    llm = ChatOpenAI(model_name="gpt-4o", temperature=0)
    output_parser = StrOutputParser()

    chain = prompt | llm | output_parser
    return chain

if clear_btn:
    st.session_state["messages"] = []

print_messages()

user_input = st.chat_input("궁금한 내용을 물어보세요!")

if user_input:
    st.chat_message("user").write(user_input)
    chain = create_chain()
    response = chain.stream({"question": user_input})
    with st.chat_message("assistant"):
        container = st.empty()

        ai_answer = ""
        for token in response:
            ai_answer += token
            container.markdown(ai_answer)

    add_message("user", user_input)
    add_message("assistant", ai_answer)
```

03 프롬프트 타입 선택 기능 추가하기

앞서 어느 정도 만들어 둔 웹 앱의 사이드바에 부가 기능을 추가해 보려고 합니다.

01 여러 가지 프롬프트 타입을 바꿔서 응답할 수 있게 만들어 보려고 합니다. 기존에 작성했던 create_chain() 함수 선언부에 prompt_type이라는 매개변수를 받도록 넣습니다.

```python
def create_chain(prompt_type):
```

02 사이드바에 선택 상자(select box)를 추가해 보겠습니다. Streamlit 문서를 참고해서 with 구문 안에 선택 상자 UI를 추가합니다. 이곳 선택 상자에서 기본모드, SNS 게시글, 요약이라는 세 가지 프롬프트 타입 중 하나를 선택하면 selected_prompt 변수에 할당됩니다.

```python
with st.sidebar:
    clear_btn = st.button("대화 초기화")
    selected_prompt = st.selectbox(
        "프롬프트를 선택해 주세요", ("기본모드", "SNS 게시글", "요약"), index=0
    )
```

기본값으로 첫 번째에 있는 '기본모드'를 선택한다는 뜻입니다.

03 prompt_type에 따라 서로 다른 프롬프트 템플릿을 적용하는 if문을 구성합니다.

```python
def create_chain(prompt_type):
    prompt = ChatPromptTemplate.from_messages(
        [
            ("system", "당신은 친절한 AI 어시스턴트입니다. 다음의 질문에 간결하게 답변해 주세요."),
            ("user", "#Question:\n{question}"),
        ]
    )
    if prompt_type == "SNS 게시글":
        pass
    elif prompt_type == "요약":
        pass

    llm = ChatOpenAI(model_name="gpt-4o", temperature=0)
    output_parser = StrOutputParser()
```

04 SNS 게시글 프롬프트 타입을 선택했을 경우의 프롬프트 템플릿은 외부 파일에서 가져와 보겠습니다. 프롬프트로는 prompts/sns.yaml이라는 파일을 가져오려고 합니다.

```
from langchain_teddynote.prompts import load_prompt
...
  if prompt_type == "SNS 게시글":
    prompt = load_prompt("prompts/sns.yaml", encoding="utf-8")
```

🐾 이때 윈도우 사용자는 encoding을 cp949로 설정해야 오류가 생기지 않습니다.

05 현재 main.py 파일과 같은 위치에서 prompts 폴더를 생성하고 그 안에 sns.yaml 파일을 만들어 다음과 같이 작성합니다. 이처럼 파일을 분리해 두면 나중에 프롬프트를 수정할 때 관리하기 편리합니다.

```
_type: "prompt"
template: |
  당신은 20년차 SNS 마케팅 AI 어시스턴트입니다. 사용자의 요청사항에 따라 적절한 SNS 게시글을 작성해 주세요.
  반드시 답변에는 emoji를 포함해야 합니다. 답변의 끝에는 적절한 해시태그를 포함해 주세요.
  #Question:
  {question}

  #Answer:
input_variables: ["question"]
```

🐾 이때 코드를 일일이 작성하는 대신 이전에 실습한 02-Prompts 폴더의 capital.yaml 파일을 복사해서 필요한 부분만 수정하는 게 더 편리합니다.

06 요약 타입의 경우는 LangChain Hub에서 `chain-of-density-map`이라는 프롬프트를 가져와서 써 보겠습니다.

```
from langchain import hub
...
  elif prompt_type == "요약":
    prompt = hub.pull("teddynote/chain-of-density-map-korean")
```

07 선택된 프롬프트 타입(selected_prompt)을 체인에 넣는 코드를 작성해 보겠습니다.

```
if user_input:
    st.chat_message("user").write(user_input)
    chain = create_chain(selected_prompt)
```

08 최종 완성된 코드는 다음과 같습니다. 웹 브라우저에서도 최종 화면을 확인해 보세요.

```
import streamlit as st
from langchain_core.messages.chat import ChatMessage
from langchain_core.prompts import ChatPromptTemplate
from langchain_openai import ChatOpenAI
from langchain_core.output_parsers import StrOutputParser
from langchain_teddynote.prompts import load_prompt
from dotenv import load_dotenv
from langchain import hub

load_dotenv()

st.title("나만의 챗GPT")

if "messages" not in st.session_state:
    st.session_state["messages"] = []

with st.sidebar:
    clear_btn = st.button("대화 초기화")
    selected_prompt = st.selectbox(
        "프롬프트를 선택해 주세요", ("기본모드", "SNS 게시글", "요약"), index=0
    )

def print_messages():
    for chat_message in st.session_state["messages"]:
        st.chat_message(chat_message.role).write(chat_message.content)

def add_message(role, message):
    st.session_state["messages"].append(ChatMessage(role=role, content=message))

def create_chain(prompt_type):
    prompt = ChatPromptTemplate.from_messages(
        [
            ("system", "당신은 친절한 AI 어시스턴트입니다. 다음의 질문에 간결하게 답변해 주세
```

```python
            요."),
            ("user", "#Question:\n{question}"),
        ]
    )
    if prompt_type == "SNS 게시글":
        # Windows 사용자 only: 인코딩을 cp949로 설정
        prompt = load_prompt("prompts/sns.yaml", encoding="utf-8")
    elif prompt_type == "요약":
        prompt = hub.pull("teddynote/chain-of-density-map-korean")

    llm = ChatOpenAI(model_name="gpt-4o", temperature=0)
    output_parser = StrOutputParser()

    chain = prompt | llm | output_parser
    return chain


if clear_btn:
    st.session_state["messages"] = []

print_messages()

user_input = st.chat_input("궁금한 내용을 물어보세요!")

if user_input:
    st.chat_message("user").write(user_input)
    chain = create_chain(selected_prompt)

    response = chain.stream({"question": user_input})
    with st.chat_message("assistant"):
        container = st.empty()

        ai_answer = ""
        for token in response:
            ai_answer += token
            container.markdown(ai_answer)

    add_message("user", user_input)
    add_message("assistant", ai_answer)
```

CHAPTER 15 이메일 업무 자동화 챗봇

이번에는 이메일 본문에서 주요 정보를 추출하고, 해당 정보를 기반으로 구글 검색 결과를 결합해 요약 보고서를 생성해 보겠습니다. LangChain과 SerpAPI를 활용해 구조화된 데이터 추출, 검색, 요약을 자동화하며, 이를 Streamlit 챗봇으로 구현해 웹에서 손쉽게 활용할 수 있습니다.

01 이메일 내용으로부터 구조화된 정보 추출하기

이번 실습에서는 이메일 내용을 기반으로 주요 정보를 추출하여 자동 응답 기능을 구현하거나, 주요 엔티티를 추출해 필요한 정보만 저장하는 작업을 해 보겠습니다.

01 실습 파일 **20-Projects/01-ParsingOutput/01-concept.ipynb**를 엽니다. 실습 파일을 참고해 이메일 본문인 email_conversation 내용을 복사해 붙여 넣습니다. 샘플 이메일 본문에서 주요 엔티티(보낸 사람, 회사, 이메일 주소 등)를 추출할 예정입니다.

```
email_conversation = """From: 테디 (teddy@teddynote.com)
To: 이은채 대리님 (eunchae@teddyinternational.me)
Subject: RAG 솔루션 시연 관련 미팅 제안

안녕하세요, 이은채 대리님,

저는 테디노트의 테디입니다. 최근 귀사에서 AI를 활용한 혁신적인 솔루션을 모색 중이라는 소식을 들었습니다. 테디노트는 AI 및 RAG 솔루션 분야에서 다양한 경험과 노하우를 가진 기업으로, 귀사의 요구에 맞는 최적의 솔루션을 제공할 수 있다고 자부합니다.

저희 테디노트의 RAG 솔루션은 귀사의 데이터 활용을 극대화하고, 실시간으로 정확한 정보 제공을 통해 비즈니스 의사결정을 지원하는 데 탁월한 성능을 보입니다. 이 솔루션은 특히 다양한 산업에서의 성공적인 적용 사례를 통해 그 효과를 입증하였습니다.

귀사와의 협력 가능성을 논의하고, 저희 RAG 솔루션의 구체적인 기능과 적용 방안을 시연하기
```

위해 미팅을 제안드립니다. 다음 주 목요일(7월 18일) 오전 10시에 귀사 사무실에서 만나 뵐 수 있을까요?

미팅 시간을 조율하기 어려우시다면, 편하신 다른 일정을 알려주시면 감사하겠습니다. 이은채 대리님과의 소중한 만남을 통해 상호 발전적인 논의가 이루어지길 기대합니다.

감사합니다.

테디
테디노트 AI 솔루션팀"""

02 PydanticOutputParser를 사용하기 위해 BaseModel을 상속받아 EmailSummary 클래스를 정의할 것입니다. EmailSummary 클래스는 이메일을 보낸 사람, 회사 정보, 이메일 주소, 메일 제목, 요약된 본문, 미팅 날짜와 시간을 포함하는 변수를 가집니다.

```python
from langchain_core.pydantic_v1 import BaseModel, Field

class EmailSummary(BaseModel):    # 주요 엔티티 추출
    person: str = Field(description="메일을 보낸 사람")
    company: str = Field(description="메일을 보낸 사람의 회사 정보")
    email: str = Field(description="메일을 보낸 사람의 이메일 주소")
    subject: str = Field(description="메일 제목")
    summary: str = Field(description="메일 본문을 요약한 텍스트")
    date: str = Field(description="메일 본문에 언급된 미팅 날짜와 시간")
```

03 ChatOpenAI 모델을 사용하는 llm 객체를 생성합니다.

```python
from langchain_openai import ChatOpenAI

llm = ChatOpenAI(temperature=0, model_name="gpt-4o")
```

04 텍스트나 언어 모델이 구조화된 데이터로 출력하도록 변환하는 PydanticOutputParser를 생성하겠습니다. 앞서 정의한 데이터 모델인 EmailSummary 클래스를 사용하여 output_parser를 설정합니다. output_parser는 출력을 데이터 모델의 변수에 맞게 변환하는 역할을 합니다.

```
from langchain_core.output_parsers import PydanticOutputParser

output_parser = PydanticOutputParser(pydantic_object=EmailSummary)
```

05 PromptTemplate을 사용하여 프롬프트 템플릿을 생성하겠습니다. 이메일 본문(email_conversation)을 입력으로 받아 주요 정보를 EmailSummary 구조에 맞춰 추출하는 템플릿입니다.

```
from langchain_core.prompts import PromptTemplate

prompt = PromptTemplate.from_template(
    """
You are a helpful assistant. Please answer the following questions in KOREAN.

#QUESTION:
다음의 이메일 내용 중에서 주요 내용을 추출해 주세요.

#EMAIL CONVERSATION:
{email_conversation}

#FORMAT:
{format}
"""
)

# format에 PydanticOutputParser의 부분 포매팅(partial) 추가
prompt = prompt.partial(format=output_parser.get_format_instructions())
```

06 모든 구성 요소를 연결하여 체인을 생성하고 실행합니다. chain을 호출할 때 이메일 본문(email_conversation)을 입력하면 주요 엔티티를 추출합니다.

```
chain = prompt | llm | output_parser

answer = chain.invoke({"email_conversation": email_conversation})
print(answer.summary)
```

> 테디노트의 테디가 이은채 대리님에게 RAG 솔루션 시연을 위한 미팅을 제안합니다. 미팅은 다음 주 목요일(7월 18일) 오전 10시에 귀사 사무실에서 진행되기를 희망하며, 다른 일정이 필요하면 조율을 요청합니다.

02 SerpAPI를 정보 검색에 활용하기

이번에는 검색 기능을 추가해 보겠습니다. 이를 위해 SerpAPI를 먼저 발급받아야 합니다. SerpAPI는 구글 검색을 포함한 다양한 검색 엔진을 통합하여 검색할 수 있도록 지원합니다. SerpAPI의 API 키 하나로 구글 검색뿐만 아니라 특정 웹 검색, 쇼핑 검색 등도 사용할 수 있습니다. 따라서 여러 개의 API 키를 발급받을 필요 없이 여기서 한 번에 발급받아 사용할 수 있습니다.

다만 무료 플랜은 검색이 100건으로 제한됩니다. 테스트 용도로는 충분하지만, 상업적인 용도로는 제한적일 수 있습니다. 왼쪽 메뉴에서 호텔 검색, 항공권 검색 등도 제공됩니다. 구글 외에도 바이두, 빙, 덕덕고, 야후, 유튜브, 네이버 검색 API 등 다양한 옵션이 있으니 살펴보세요.

01 발급을 위해 다음 링크를 통해 사이트에 접속합니다. **Register** 버튼을 클릭해 회원 가입 후 진행해 주세요. 결제 정보는 입력하지 않아도 프리 플랜으로 제공됩니다.

> URL https://serpapi.com/integrations/python

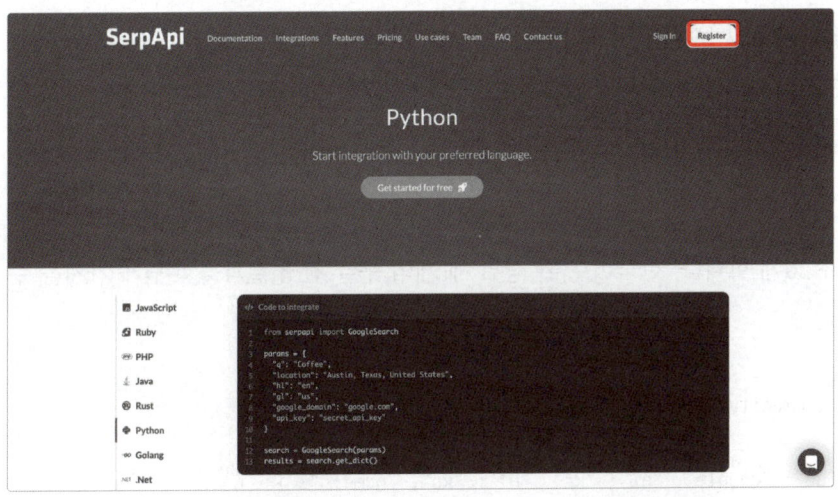

🐾 첫 페이지에서 스크롤을 내리면 Quickstart 섹션에서 SerpAPI의 사용법을 확인할 수 있습니다. 여기서는 langchain 모듈을 사용하므로 약간 차이는 있지만, Quickstart에 사용 가능한 매개변수도 소개되어 있습니다.

02 Manage API Keys 메뉴에서 발급된 API 키를 확인하거나 발급받을 수 있습니다. 키를 발급받은 후 복사 버튼을 클릭해 실습 코드의 API 키 입력란에 붙여 넣으면 됩니다.

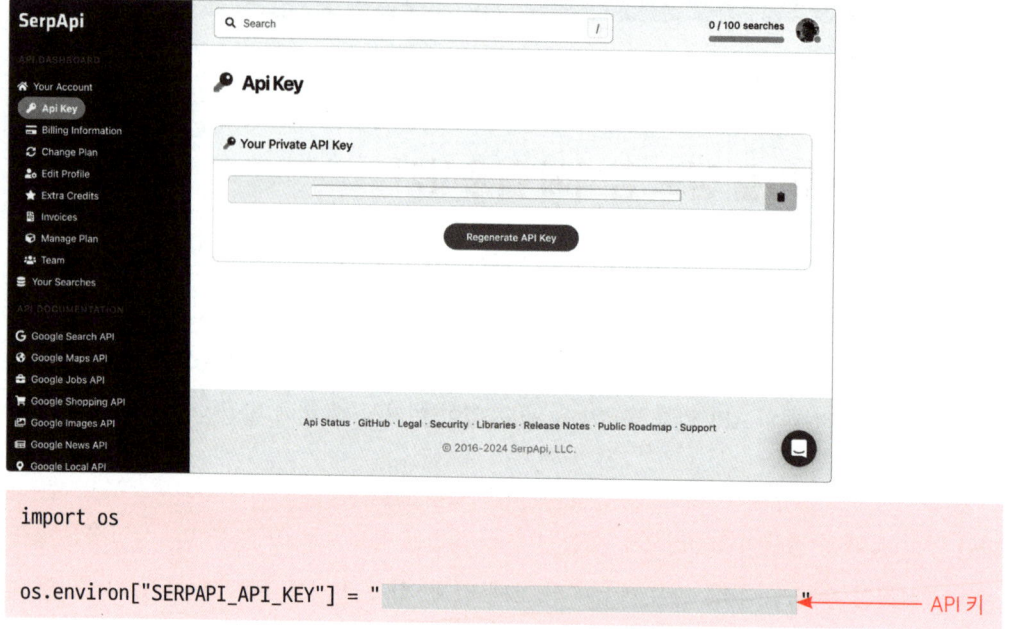

```
import os

os.environ["SERPAPI_API_KEY"] = "▓▓▓▓▓▓▓▓▓▓▓▓▓▓▓▓▓▓▓▓▓▓▓▓▓▓▓▓"
```
← API 키

03 SerpAPIWrapper 클래스를 가져와 구글 검색 엔진을 이용해 검색해 보겠습니다. params에서 검색 조건을 설정합니다.

- "engine": "google": 구글 검색 엔진을 사용하도록 지정합니다.
- "gl": "kr": 검색 결과를 한국에 맞춰 지역화합니다.
- "hl": "ko": 구글 UI 언어를 한국어(영어는 "en")로 설정하여 한국어로 된 검색 결과를 우선으로 가져옵니다.
- "num": "3": 상위 3개의 검색 결과만 반환하도록 설정하는 옵션입니다.

SerpAPIWrapper 클래스의 search 인스턴스를 생성하면서 params를 전달해 설정 조건에 맞춰 검색 결과를 얻을 수 있게 합니다. 한국어로 된 상위 세 개의 구글 검색 결과를 손쉽게 가져올 수 있습니다.

```
from langchain_community.utilities import SerpAPIWrapper

params = {"engine": "google", "gl": "kr", "hl": "ko", "num": "3"}

search = SerpAPIWrapper(params=params)
```

04 run() 메서드 안에 검색어를 입력하면 구글 검색 결과를 출력합니다.

```
search.run("테디노트")
```

```
'[\'데이터 분석, 머신러닝, 딥러닝, LLM 에 대한 내용을 다룹니다. 연구보다는 개발에 관심이
많습니다 \\u200d♂ ...more ...more fastcampus.co.kr/data_online_teddyand 2 ...\', \'자동
화된 메타데이터 태깅으로 문서의 메타데이터(metadata) 생성 및 자동 라벨링 ... 문서 관리를
위한 메타데이터 태깅은 필수적이지만 번거로울 수 있습니다. OpenAI 기반 ...\', \'블로그와
유튜브 "테디노트"를 운영하고 있으며, "파이썬 딥러닝 텐서플로"를 집필하였습니다. 데이터분
석과 AI를 사랑하고 지식공유에 활발히 참여하고 있습니다.\']'
```

05 만약 특정 웹사이트 내에서 키워드의 검색 결과를 보고 싶다면 검색어 뒤에 'site:'와 웹사이트 주소를 입력하면 됩니다.

```
search.run("테디노트 site: github.com")
```

06 이번 실습에서 우리의 목표는 EmailSummary로 이메일 본문에서 추출한 엔티티를 검색에 활용하는 것입니다. 앞서 이메일 본문에서 체인이 생성한 응답 결과를 answer 변수로 정의했는데, 이 answer에 email 같은 엔티티 이름을 붙이면 이메일 주소를 추출할 수 있습니다.

```
answer.email
```

```
'teddy@teddynote.com'
```

07 같은 방식으로 answer 객체에서 person(보낸 사람 이름), company(회사 이름), email(이메일 주소)을 추출하여 검색어 query를 생성합니다. f 문자열 포매팅 방식을 이용해 세 개의 정보를 문자열로 결합합니다.

```
query = f"{answer.person} {answer.company} {answer.email}"
query
```

```
'테디 테디노트 teddy@teddynote.com'
```

08 검색어를 구성한 후 SerpAPI의 `run()` 메서드에 입력하면 검색 결과를 얻을 수 있습니다. 결과가 따옴표로 감싸져 있어 리스트가 아닌 문자열로 표시됩니다.

```
search.run(query)
```

```
'[\'테디노트 X 패스트캠퍼스 "RAG 비법노트" · 환경 설정 (Mac) · 환경 설정 (Windows).
LocalModels. GGUF · HuggingFace gguf 파일을 Ollama 로딩 · TeddyNote.\', \'테디노트 데이
터와 인공지능을 좋아하는 개발자 노트 · 검색. 토글 메뉴. 카테고리 · 태그 · 연도 · 강의 ·
어바웃미 · Teddy. Creator & Data Lover. 팔로우. Pangyo, ...\', \'데이터 분석, 머신러닝,
딥러닝, LLM 에 대한 내용을 다룹니다. 연구보다는 개발에 관심이 많습니다 \\u200d♂ ...more
...more fastcampus.co.kr/data_online_teddyand 2 ...\']'
```

09 결과의 타입을 직접 확인해 봅시다. 검색 결과를 `search_result` 변수에 저장합니다. 검색 결과의 데이터 형식을 확인하면 문자열이라고 나오는 것을 알 수 있습니다.

```
search_result = search.run(query)
type(search_result)
```

```
str
```

10 검색 결과를 리스트 형식으로 변환해 보겠습니다. `eval` 함수는 문자열로 표현된 파이썬 코드를 실행하여 그 결과를 반환하는 함수입니다.

```
search_result = eval(search_result)
type(search_result)
```

```
list
```

🐾 검색 결과를 리스트 형식으로 변환하면 각 인덱스에 접근할 수 있습니다. 예를 들어, search_results[0]으로 첫 번째 결과를 확인하고, search_results[1]로 두 번째 결과를 확인할 수 있습니다.

(03) 구조화된 답변을 다음 체인의 입력으로 추가하기

이번에는 이메일에서 추출한 엔티티 정보를 검색 결과와 조합하여 LLM에 검색된 정보를 바탕으로 요약을 생성하도록 요청하겠습니다. 새로운 프롬프트 템플릿을 추가하고, 체인을 하나 더 생성해 이메일을 보낸 사람의 이름, 회사 이름, 이메일 주소 등 핵심 정보를 활용해 추가 검색 결과를 결합할 수 있습니다.

01 검색 결과 search_result는 여러 개의 항목을 담은 리스트로 반환되므로 검색어로 활용하려면 이를 하나의 문자열로 병합해야 합니다. 줄바꿈(\n)을 하나 넣고 join() 메서드로 연결해서 search_result_string 변수에 병합된 결과를 저장합니다.

```
search_result_string = "\n".join(search_result)
```

02 answer 변수에는 발신자 이름, 회사명, 이메일 등 필요한 정보가 포함되어 있습니다.

```
answer
```

```
EmailSummary(person='테디', company='테디노트', email='teddy@teddynote.com', subject='RAG 솔루션 시연 관련 미팅 제안', summary='테디노트의 테디가 이은채 대리님에게 AI 및 RAG 솔루션 시연을 위한 미팅을 제안하며, 솔루션의 기능과 적용 방안을 설명하고 협력 가능성을 논의하고자 한다.', date='7월 18일 오전 10시')
```

03 answer의 정보를 LLM에 다시 넣어 요약과 같은 추가 작업을 요청할 수 있습니다. 이메일 정보를 바탕으로 보고서 형식의 요약을 생성하도록 지시하는 프롬프트 템플릿 report_prompt를 새로 작성합니다.

```
from langchain_core.prompts import PromptTemplate

report_prompt = PromptTemplate.from_template(
    """당신은 이메일의 주요 정보를 바탕으로 요약 정리해 주는 전문가입니다.
당신의 임무는 다음의 이메일 정보를 바탕으로 보고서 형식의 요약을 작성하는 것입니다.
주어진 정보를 기반으로 양식(format)에 맞추어 요약을 작성해 주세요.

#Information:
- Sender: {sender}
- Additional Information about sender: {additional_information}
```

```
    - Company: {company}
    - Email: {email}
    - Subject: {subject}
    - Summary: {summary}
    - Date: {date}

    #Format(in markdown format):
    ✉ 보낸 사람:
    - (보낸 사람의 이름, 회사 정보)

    ⏰ 이메일 주소:
    - (보낸 사람의 이메일 주소)

    ✅ 보낸 사람과 관련하여 검색된 추가 정보:
    - (검색된 추가 정보)

    ⏰ 주요 내용:
    - (이메일 제목, 요약)

    👤 일정:
    - (미팅 날짜 및 시간)

    #Answer:"""
)
```

04 이메일 요약 보고서를 작성하는 report_prompt를 LLM, 출력 파서와 연결하여 새로운 체인을 생성합니다. 출력 파서는 모델의 출력을 단순히 문자열 형태로 바로 반환하기 위해 StrOutputParser를 사용합니다.

```
from langchain_core.output_parsers import StrOutputParser

report_chain = (
    report_prompt | ChatOpenAI(model="gpt-4-turbo", temperature=0) | StrOutputParser()
)
```

StrOutputParser

LangChain의 StrOutputParser는 가장 기본적인 출력 파서로, LLM의 출력을 어떤 추가적인 파싱이나 변환 없이 원본 문자열(str) 그대로 반환합니다. StrOutputParser는 구조화된 데이터를 필요로 하지 않는 경우나, LLM의 응답을 단순한 텍스트로 받아 직접 처리하고 싶을 때 유용합니다.

따라서 특정 형식으로 변환하거나 데이터를 추출해야 하는 경우에는 한계가 있습니다. JSON, 리스트, 딕셔너리 등의 구조화된 데이터를 다룰 필요가 있다면, JsonOutputParser 또는 커스텀 출력 파서를 활용하는 것이 더 낫습니다.

05 `report_chain` 체인을 실행한 결과를 `report_response`에 저장합니다. 입력 값 중 sender, company, email, subject, summary, date는 구조화된 정보인 answer에서 추출해 넣고, additional_ information은 검색 결과(search_result_string)를 넣습니다.

```
report_response = report_chain.invoke(
  {
    "sender": answer.person,
    "additional_information": search_result_string,
    "company": answer.company,
    "email": answer.email,
    "subject": answer.subject,
    "summary": answer.summary,
    "date": answer.date,
  }
)
```

06 결과를 출력하면 프롬프트 템플릿에서 강제한 양식(Format)에 맞춰 추출한 정보와 검색 결과로 구성된 요약 보고서를 확인할 수 있습니다.

```
print(report_response)
```

```
📧 보낸 사람:
- 테디, 테디노트

📧 이메일 주소:
- teddy@teddynote.com

☑ 보낸 사람과 관련하여 검색된 추가 정보:
```

```
- 테디노트 X 패스트캠퍼스 "RAG 비법노트" · 환경 설정 (Mac) · 환경 설정 (Windows).
LocalModels. GGUF · HuggingFace gguf 파일을 Ollama 로딩 · TeddyNote.
테디노트 데이터와 인공지능을 좋아하는 개발자 노트 · 검색. 토글 메뉴. 카테고리 · 태그 ·
연도 · 강의 · 어바웃미 · Teddy. Creator & Data Lover. 팔로우. Pangyo, ...
데이터 분석, 머신러닝, 딥러닝, LLM 에 대한 내용을 다룹니다. 연구보다는 개발에 관심이 많
습니다.

☑ 주요 내용:
- 제목: RAG 솔루션 시연 관련 미팅 제안
- 요약: 테디노트의 테디가 이은채 대리님에게 AI 및 RAG 솔루션 시연을 위한 미팅을 제안하
며, 솔루션의 기능과 적용 방안을 설명하고 협력 가능성을 논의하고자 한다.

🗓 일정:
- 7월 18일 오전 10시
```

(04) 이메일의 주요 정보 및 검색 정보 기반 요약 보고서 챗봇

이전에 했던 실습을 참고해서 Streamlit으로 챗봇을 만드는 과정을 처음부터 끝까지 하나씩 살펴보겠습니다. 이 챗봇은 사용자가 입력한 이메일 내용을 분석하여 주요 정보를 추출하고, 구글에서 관련된 정보를 검색해서 종합적인 요약 보고서를 생성합니다.

01 **19-Streamlit** 폴더에 **02-Email** 폴더를 추가합니다. 여기에 **prompts** 폴더를 추가하고 프롬프트 템플릿 **email.yaml** 파일을 새로 만들어 다음과 같이 작성합니다.

```yaml
_type: "prompt"
template: |
  당신은 이메일의 주요 정보를 바탕으로 요약 정리해 주는 전문가 입니다.
  당신의 임무는 다음의 이메일 정보를 바탕으로 보고서 형식의 요약을 작성하는 것입니다.
  주어진 정보를 기반으로 양식(format)에 맞추어 요약을 작성해 주세요.

  #Information:
  - Sender: {sender}
  - Additional Information about sender: {additional_information}
  - Company: {company}
  - Email: {email}
  - Subject: {subject}
  - Summary: {summary}
  - Date: {date}
```

```
#Format(in markdown format):
🧑 보낸 사람:
- (보낸 사람의 이름, 회사 정보)

📧 이메일 주소:
- (보낸 사람의 이메일 주소)

😀 보낸 사람과 관련하여 검색된 추가 정보:
- (검색된 추가 정보)

✅ 주요 내용:
- (이메일 제목, 요약)

⏰ 일정:
- (미팅 날짜 및 시간)

#Answer:
input_variables: ["sender", "additional_information", "company", "email", "subject", "summary", "date"]
```

02 02-Email 폴더에 **main.py** 파일을 새로 만들고 코드를 작성합니다. dotenv, streamlit, langchain 관련 모듈 등 라이브러리들을 불러오고 SerpAPI 키를 설정합니다. 화면 위에 타이틀도 배치합니다.

```python
import os
from dotenv import load_dotenv
import streamlit as st
from langchain_core.messages.chat import ChatMessage
from langchain_core.prompts import PromptTemplate
from langchain_core.output_parsers import StrOutputParser
from langchain_core.output_parsers import PydanticOutputParser
from langchain_openai import ChatOpenAI
from langchain_community.utilities import SerpAPIWrapper
from langchain_teddynote.prompts import load_prompt
from pydantic import BaseModel, Field

os.environ["SERPAPI_API_KEY"] = (       # 검색을 위한 API KEY 설정
    
)
```

```
load_dotenv()

st.title("Email 요약기 📌")
```

03 이메일 본문에서 주요 정보를 추출하고 구조화하기 위한 데이터 모델 `EmailSummary`를 정의합니다. 이메일을 분석해 필요한 정보(보낸 사람, 회사, 이메일 주소, 제목, 요약된 본문, 미팅 날짜 등)를 추출하여 각각의 필드(Field)에 저장합니다.

```
class EmailSummary(BaseModel):
    person: str = Field(description="메일을 보낸 사람")
    company: str = Field(description="메일을 보낸 사람의 회사 정보")
    email: str = Field(description="메일을 보낸 사람의 이메일 주소")
    subject: str = Field(description="메일 제목")
    summary: str = Field(description="메일 본문을 요약한 텍스트")
    date: str = Field(description="메일 본문에 언급된 미팅 날짜와 시간")
```

04 Streamlit을 이용해 `st.session_state`에 "messages" 리스트가 없을 때만 빈 리스트로 초기화하여 대화 기록을 저장합니다. 대화 기록은 앱이 처음 실행될 때 한 번만 생성되며 사용자가 채팅을 하는 동안 대화 기록이 계속 유지됩니다. 사이드바에 '대화 초기화' 버튼을 추가해 사용자가 클릭하면 대화 기록을 새로고침 없이 초기화할 수 있습니다.

```
if "messages" not in st.session_state:
    st.session_state["messages"] = []

with st.sidebar:
    clear_btn = st.button("대화 초기화")
```

05 `print_messages()` 함수는 저장된 대화 기록을 불러와 각 메시지의 역할과 내용을 화면에 표시합니다. `add_message()` 함수는 새 메시지를 "messages" 리스트에 추가해 대화 기록에 저장합니다.

```
def print_messages():
    for chat_message in st.session_state["messages"]:
        st.chat_message(chat_message.role).write(chat_message.content)

def add_message(role, message):
```

```
st.session_state["messages"].append(ChatMessage(role=role, content=message))
```

06 이메일 본문에서 주요 정보를 추출하고 구조화하는 체인을 생성합니다. EmailSummary 모델을 이용해 이메일에서 필요한 정보를 뽑아내고 정리하는 output_parser 객체를 만듭니다. 프롬프트 템플릿의 {email_conversation}에는 이메일 본문이 들어가고, output_parser가 요구하는 형식 지침을 {format} 자리 부분에 채워 넣습니다. 프롬프트 템플릿과 ChatOpenAI 출력 파서를 연결하여 체인을 생성한 후 반환합니다.

```
def create_email_parsing_chain():
    output_parser = PydanticOutputParser(pydantic_object=EmailSummary)

    prompt = PromptTemplate.from_template(
        """
    You are a helpful assistant. Please answer the following questions in KOREAN.

    #QUESTION:
    다음의 이메일 내용 중에서 주요 내용을 추출해 주세요.

    #EMAIL CONVERSATION:
    {email_conversation}

    #FORMAT:
    {format}
    """
    )

    prompt = prompt.partial(format=output_parser.get_format_instructions())

    chain = prompt | ChatOpenAI(model="gpt-4-turbo") | output_parser

    return chain
```

07 앞에서 만든 create_email_parsing_chain()은 이메일 본문에서 발신자, 회사, 날짜 등 주요 정보를 추출해 구조화했습니다. 앞서 정리된 정보를 사용해 최종 요약하는 별도의 체인 create_report_chain을 만들어 반환하겠습니다. 외부 파일 prompts/email.yaml로 프롬프트 템플릿을 불러왔습니다.

```python
def create_report_chain():
    prompt = load_prompt("prompts/email.yaml", encoding="utf-8")

    output_parser = StrOutputParser()

    chain = prompt | ChatOpenAI(model="gpt-4-turbo") | output_parser

    return chain
```

08 초기화 버튼이 눌리면 대화 기록을 비우고, 이후 현재까지의 대화 기록을 화면에 출력합니다.

```python
if clear_btn:
    st.session_state["messages"] = []

print_messages()
```

09 입력 창에 안내 문구가 표시되며, 사용자가 입력한 텍스트가 user_input 변수에 저장됩니다.

```python
user_input = st.chat_input("궁금한 내용을 물어보세요!")
```

10 지금부터 10~13단계는 사용자 입력을 받고, 이메일 정보를 추출하고, 구글 검색으로 추가 정보를 수집하고, 최종 요약 보고서를 생성하는 과정입니다. 먼저 사용자 입력(user_input)이 있다면 채팅 메시지로 기록합니다.

```python
if user_input:
    st.chat_message("user").write(user_input)
    ...
```

11 이메일 파싱 체인(create_email_parsing_chain())을 생성하고, 사용자 입력을 이 체인에 적용하여 이메일 관련 정보(보낸 사람, 회사, 이메일, 제목, 요약, 날짜 등)를 추출합니다.

```
email_chain = create_email_parsing_chain()
answer = email_chain.invoke({"email_conversation": user_input})
...
```

12 구글 검색을 위한 매개변수(검색 엔진, 국가, 언어, 검색 결과 수)를 지정합니다. 구글 검색 엔진으로 한국 지역을 대상으로 한국어 결과를 세 개만 가져오는 검색 객체 search를 만듭니다. 이메일 본문에서 추출한 person, company, email 정보를 하나의 문자열로 합쳐서 검색어를 만든 다음 검색 결과를 search_result에 담고 리스트 형태로 변환합니다. 검색 결과를 각각 줄바꿈으로 나눈 문자열로 변환합니다.

```
params = {"engine": "google", "gl": "kr", "hl": "ko", "num": "3"}   # 검색 매개변수
search = SerpAPIWrapper(params=params)                              # 검색 객체 생성
search_query = f"{answer.person} {answer.company} {answer.email}"   # 검색 쿼리
search_result = search.run(search_query)                            # 검색 실행
search_result = eval(search_result)                                 # 리스트 형태로 변환

search_result_string = "\n".join(search_result)
...
```

13 요약 보고서를 작성하는 create_report_chain()으로 체인을 생성합니다. answer에는 이메일에서 추출된 주요 정보가 담겨 있는데, 여기서 보낸 사람, 회사, 이메일 주소, 주제, 요약, 날짜를 가져오고, 구글 검색 결과로 추가 정보도 가져옵니다.

```
report_chain = create_report_chain()
report_chain_input = {
    "sender": answer.person,
    "additional_information": search_result_string,
    "company": answer.company,
    "email": answer.email,
    "subject": answer.subject,
    "summary": answer.summary,
    "date": answer.date,
}
```

14 생성한 보고서를 스트리밍으로 출력하고 대화 기록을 저장합니다.

```
response = report_chain.stream(report_chain_input)
with st.chat_message("assistant"):
    container = st.empty()

    ai_answer = ""
    for token in response:
        ai_answer += token
        container.markdown(ai_answer)

add_message("user", user_input)
add_message("assistant", ai_answer)
```

15 터미널 창을 열고 main.py가 있는 폴더로 이동합니다. Streamlit 실행 명령어를 입력합니다.

```
cd 19-Streamlit
cd 02-Email
streamlit run main.py
```

16 웹 브라우저에 웹 앱이 표시됩니다. 입력 창에 이메일 본문 내용을 붙여 넣으면 요약 보고서를 출력해 줍니다.

❖ 이전의 요약 결과와 비교하려면 이메일 본문 내용은 20-Projects/01-ParsingOutput/01-concept.ipynb 실습 파일을 참고합니다.

CHAPTER 16 다양한 모델을 활용한 챗봇

앞서 실습한 내용을 바탕으로 코드를 모듈로 나눠서 가독성을 높이고, 무료 모델인 Deepseek와 Ollama를 활용해 로컬 환경에서 RAG를 구현하며, 각 모델의 특성에 맞게 프롬프트 템플릿을 최적화하는 방법을 알아보겠습니다.

01 별도의 파이썬 파일로 기능 분리하기

로컬 RAG로 구현하기 전에 파이썬 파일을 분리하여 코드의 간결성과 가독성을 높이는 방법을 살펴보겠습니다. 예를 들어, 문서를 로드하는 로직을 변경하거나 텍스트 분할을 다른 방식으로 적용한다거나 임베딩과 벡터 스토어, 리트리버 전략을 바꿔 볼 수 있습니다.

앞서 작업했던 **19-Streamlit/01-MyProject/pages** 폴더의 **01_PDF.py** 파일에 이어서 실습하겠습니다. 이번 실습에서는 01_PDF.py에서 리트리버를 만드는 로직을 따로 분리해서 retriever.py로 만들려고 합니다. 더 나아가 각 단계의 모듈 하나하나를 별도의 파일로 관리하는 것도 좋은 방법이니 한번 시도해 보길 추천합니다.

01 pages 폴더에서 **01_PDF.py**를 복제해서 파일 이름을 **02_Local_RAG.py**로 수정합니다. 페이지 제목도 구분하기 쉽게 수정합니다.

```
st.title("Local 모델 기반 RAG")
```

02 02_Local_RAG.py에서 단계 1~4에 해당하는 코드를 별개의 파일로 분리하려고 합니다. 물론 하나의 파일 안에서 코드를 작성해도 되지만, 추후 개발하면서 코드가 더 복잡해지면 관리하기 어려워지기 때문입니다. main.py가 있는 **19-Streamlit/01-MyProject** 폴더 위치에 새 파일 **retriever.py**를 만들고, 다음 부분을 잘라내어 붙여 넣습니다.

```python
# 단계 1: 문서 로드(Load Documents)
loader = PDFPlumberLoader(file_path)
docs = loader.load()

# 단계 2: 문서 분할(Split Documents)
text_splitter = RecursiveCharacterTextSplitter(chunk_size=1000, chunk_overlap=50)
split_documents = text_splitter.split_documents(docs)

# 단계 3: 임베딩(Embedding) 생성
embeddings = OpenAIEmbeddings()

# 단계 4: DB 생성(Create DB) 및 저장
vectorstore = FAISS.from_documents(documents=split_documents, embedding=embeddings)

# 단계 5: 리트리버(Retriever) 생성
retriever = vectorstore.as_retriever()
```

03 retriever.py에 붙여 넣은 부분을 함수로 감싸 보겠습니다. 함수 끝부분에는 `retriever`를 반환하는 부분을 추가합니다. 그러면 `create_retriever()` 함수를 호출할 때 `file_path`만 넘겨 주면 최종적으로 리트리버에서 검색한 정보 `retriever`를 반환하게 됩니다.

```python
def create_retriever(file_path):
    # 단계 1: 문서 로드(Load Documents)
    ...
    retriever = vectorstore.as_retriever()
    return retriever
```

04 VS Code 화면에서 지금 상태로는 코드의 각 메서드에 노란 줄이 표시되어 있을 것입니다. import 구문이 없기 때문에 발생하는 오류입니다. 필요한 모듈을 불러오기 위해 02_Local_RAG.py 앞에 있는 모든 import 구문을 복사해 retriever.py에 붙여 넣은 다음에, 모듈 이름이 옅은 회색으로 표시되는 부분만 지우면 필요한 모듈만 남습니다.

```python
from langchain_text_splitters import RecursiveCharacterTextSplitter
from langchain_community.document_loaders import PDFPlumberLoader
from langchain_community.vectorstores import FAISS
from langchain_openai import OpenAIEmbeddings

def create_retriever(file_path):
    ...
```

05 다시 02_Local_RAG.py로 돌아옵니다. 단계 1~4에 해당하는 코드는 모두 삭제합니다. 이제 retriever.py 파일을 임포트해서 retriever를 반환할 수 있게 해야 합니다.

```python
import os
from retriever import create_retriever
          └─ 파일 이름      └─ 함수 이름
...
```

06 retriever를 반환하는 부분도 create_retriever() 함수에 file_path를 넣은 값을 반환하도록 수정합니다. 이런 식으로 리트리버 생성과 관련된 코드를 별도의 파일로 분리하여 코드의 가독성이 높아졌습니다.

```python
def embed_file(file):
    file_content = file.read()
    file_path = f"./.cache/files/{file.name}"
    with open(file_path, "wb") as f:
        f.write(file_content)

    return create_retriever(file_path)
```

> 🐾 체인 생성과 관련된 코드도 같은 방식으로 별개 파일로 분리할 수 있습니다.

(02) GPT 대신 Deepseek 모델 사용하기

이번 실습에서는 기존 GPT-4o 모델 대신 Deepseek 모델을 활용하여 로컬 RAG 시스템을 구현해 보겠습니다.

01 **02_Local_RAG.py**에서 7단계의 llm을 생성하는 부분을 주석 처리하고 구현 코드를 작성합니다. 웹 브라우저를 새로고침한 후 PDF 파일을 업로드하고 질문을 입력하면 조금 시간이 걸리지만 답변이 출력되는 것을 볼 수 있습니다.

```
# 단계 7: 언어 모델(LLM) 생성
# llm = ChatOpenAI(model_name="gpt-4o", temperature=0)
  llm = ChatDeepSeek(
    model="deepseek-chat",
    temperature=0,
  )
```

🐾 앞서 살펴본 01-Chat-Models.ipynb를 보면 Deepseek 모델을 구현하는 코드를 소개했으니 이 부분을 복사해 붙여 넣고 수정하면 됩니다.

02 이후 실습을 위한 몇 가지 정리 작업을 해 보겠습니다. 먼저 사이드바에서 여러 무료 모델을 선택할 수 있게 변경하려고 합니다. 02_Local_RAG.py의 사이드바 생성 부분 중 모델 옵션을 Deepseek와 Ollama로 수정합니다. 나중에 필요에 따라 모델은 얼마든지 추가할 수 있습니다.

```
# 모델 선택 메뉴
selected_model = st.selectbox(
  "LLM 선택", ["Deepseek", "Ollama"], index=0
)
```

03 체인을 생성할 때 기본값 LLM을 deepseek로 수정합니다. model_name을 deepseek로 지정하면 Deepseek 모델을 생성하도록 코드를 수정합니다.

```
# 체인 생성
def create_chain(retriever, model_name="deepseek"):
  # 단계 6: 프롬프트 생성(Create Prompt)
  if model_name == "deepseek":
    prompt = load_prompt("prompts/pdf-rag.yaml", encoding="utf-8")

    # 단계 7: 언어 모델(LLM) 생성
    llm = ChatDeepSeek(
      model="deepseek-chat",
      temperature=0,
    )
```

03 Ollama 모델을 사용한 RAG

온프레미스 방식으로 완전히 폐쇄된 로컬 환경에서 RAG 시스템을 구현하려면 Hugging Face 모델을 로컬에 다운로드해 사용하거나 Ollama 모델을 사용하는 방법이 있습니다. Hugging Face 모델은 PC 사양이 높아야 하지만, Ollama는 GPU 사양이 월등히 좋지 않더라도 개인이 어느 정도 구동해 볼 수 있습니다.

다만 Ollama는 고성능 GPT와 비교해 매개변수가 적어 상대적으로 지능이 떨어지기 때문에 원하는 수준의 답변을 얻기 어려울 수 있습니다. 또한 컨텍스트 길이도 작아서 많은 정보를 입력하기에 제약이 있습니다. 그러나 모델이 잘 이해할 수 있도록 프롬프트를 조정하면 더 나은 결과를 얻을 수 있습니다.

01 앞서 작업하던 02_local_RAG.py 파일을 엽니다. `ChatOllama` 모듈을 불러옵니다.

```python
import streamlit as st
from langchain_core.messages.chat import ChatMessage
from langchain_core.output_parsers import StrOutputParser
from langchain_teddynote.prompts import load_prompt
from langchain_core.output_parsers import StrOutputParser
from langchain_core.runnables import RunnablePassthrough
from langchain_openai import ChatOpenAI
from langchain_deepseek import ChatDeepSeek
from langchain_community.chat_models import ChatOllama
from langchain_teddynote import logging
from dotenv import load_dotenv
import os
from retriever import create_retriever
```

02 앞서 사이드바의 모델 선택 상자에서 deepseek와 ollama를 선택할 수 있게 만들어 두었습니다. ollama를 선택하는 경우, 즉 `model_name`이 ollama가 되는 조건을 추가합니다. llm은 앞서 다운로드한 `EEVV-Korean-10.8B:latest` 모델을 사용하겠습니다.

```python
# 체인 생성
def create_chain(retriever, model_name="deepseek"):
    # 단계 6: 프롬프트 생성(Create Prompt)
    if model_name == "deepseek":
        prompt = load_prompt("prompts/pdf-rag.yaml", encoding="utf-8")

        # 단계 7: 언어 모델(LLM) 생성
        llm = ChatDeepSeek(
            model="deepseek-chat",
            temperature=0,
        )

    elif model_name == "ollama":
        prompt = load_prompt("prompts/pdf-rag.yaml", encoding="utf-8")

        # 단계 7: 언어 모델(LLM) 생성. Ollama 모델을 불러옵니다.
        llm = ChatOllama(model="EEVV-Korean-10.8B:latest", temperature=0)
```

03 이 상태에서 웹 브라우저에 질문을 입력해서 답변을 확인해 보면 엉뚱한 답변이 나올 가능성이 높습니다. Ollama의 지능이 상대적으로 떨어지는 탓도 있겠지만, 현재 지정해 둔 pdf-rag.yaml의 프롬프트가 Ollama 모델에 맞지 않을 가능성도 큽니다.

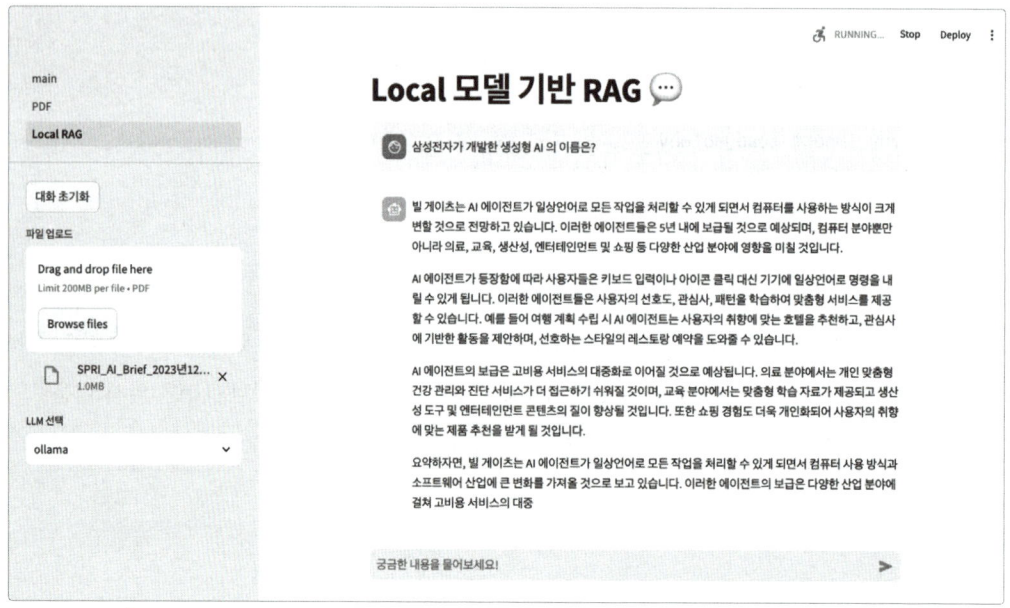

04 문제를 찾고 프롬프트를 조정하는 과정을 살펴보겠습니다. 먼저 LangSmith에 접속해서 직전 질문과 답변 내역을 확인합니다. **ChatOllama**를 선택하면 Input에서 프롬프트 템플릿 내용이 나옵니다. 그런데 Context에는 복잡한 Document 리스트가 그대로 들어가서 모델이 인식하지 못할 가능성이 있습니다.

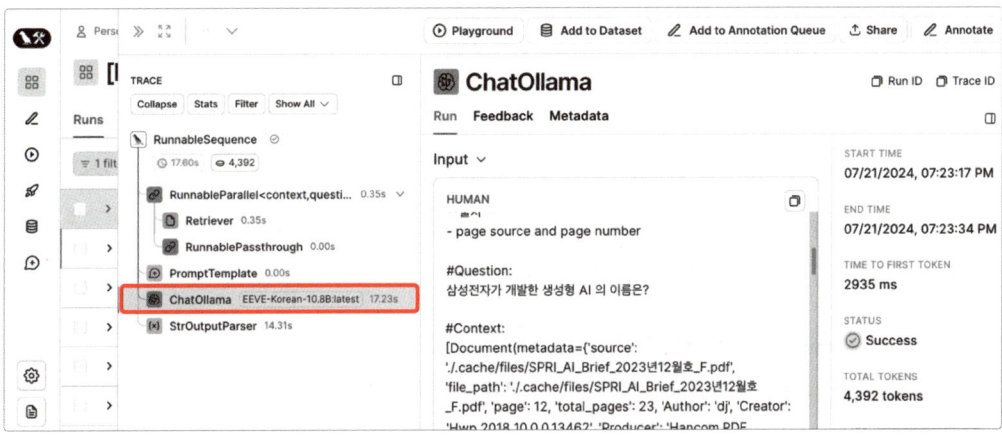

05 실습 파일 **12-RAG/00-RAG-Basic-PDF.ipynb**를 열어 보겠습니다. 프롬프트 템플릿의 Context에 들어가는 내용은 리트리버의 검색 결과인 retriever입니다. 시험 삼아 코드 셀을 추가하고 이 내용을 document_list 변수로 만들어 출력해 보겠습니다. 프롬프트에 들어가는 메타데이터가 나오는데, Ollama는 이 부분을 충분히 인지하지 못하는 것 같습니다.

```
document_list = retriever.invoke("삼성전자가 자체 개발한 AI의 이름은?")
document_list
```

06 그래서 page_content 안에 있는 텍스트를 추출해서 프롬프트 Context에 바로 넣는 작업을 하려고 합니다. document_list에서 page_content만 추출해서 줄바꿈 후 병합하는 코드를 작성해 출력해 보겠습니다.

```
print("\n\n".join([doc.page_content for doc in document_list]))
```

07 이 작업을 함수로 만듭니다. 결과를 출력하면 리트리버로 검색한 결과가 하나의 문자열로 합쳐지는 것을 알 수 있습니다.

```
def format_doc(document_list):
    return "\n\n".join([doc.page_content for doc in document_list])

format_doc(document_list)
```

08 체인을 생성하는 단계 8을 다음과 같이 수정합니다. 먼저 format_doc() 함수를 정의하는 부분을 추가합니다. 그리고 chain의 context에서 파이프 연산자(|)를 이용해 retriever로 가져온 정보를 format_doc으로 변환하는 가공 단계를 추가했습니다.

```
def format_doc(document_list):
    return "\n\n".join([doc.page_content for doc in document_list])

# 단계 8: 체인(Chain) 생성
chain = (
    {"context": retriever | format_doc, "question": RunnablePassthrough()}
)
```

09 이 상태에서 웹브라우저에서 다시 질문을 입력하고 답변을 확인해 봅니다. 아마 여전히 할루시네이션이 발생할 가능성이 높습니다. LangSmith에서 ChatOllama의 Input 부분을 확인해 보겠습니다. Context를 보면 document_list가 아니라 하나의 문자열이 입력되어 있어 전보다 모델이 인식하기 더 유리해졌습니다.

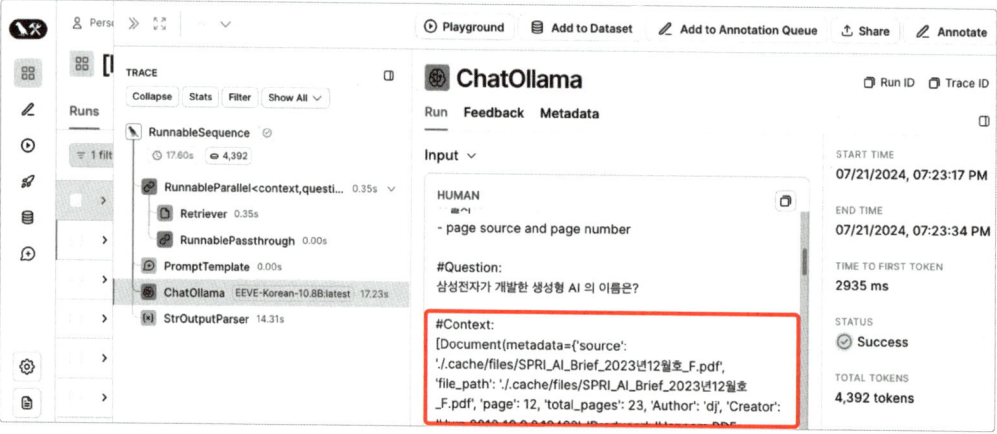

10 할루시네이션을 해결하기 위해 프롬프트를 조정해 보겠습니다. 프롬프트 템플릿으로 pdf-rag. yaml 대신 pdf-rag-ollama.yaml이라는 새 파일을 만들고 기존 템플릿을 다음과 같이 수정합니다. 템플릿에 information을 명시하고 context를 <information>으로 감싸서, 제공된 context 내용이 정확히 답변의 information 부분에 들어가도록 지정했습니다. 표 형식 출력과 요약문 요청은 삭제하고 단순하게 question과 answer를 지정했습니다.

```
_type: "prompt"
template: |
  """You are an assistant for question-answering tasks.
  Use the following pieces of retrieved context to answer the question.
  If you don't know the answer, just say that you don't know.
  Please write your answer in a markdown table format with the main points.
  Be sure to include your source and page number in your answer.
  Answer in Korean.

  <information>
  {context}
  </information>

  #Question:
  {question}

  #Answer:"""
input_variables: ["question", "context"]
```

11 02_Local_RAG.py로 돌아와서 프롬프트 템플릿 경로를 수정합니다.

```
# 체인 생성
def create_chain(retriever, model_name="deepseek"):
...
  if model_name == "deepseek":
    prompt = load_prompt("prompts/pdf-rag.yaml", encoding="utf-8")
...
  elif model_name == "ollama":
    prompt = load_prompt("prompts/pdf-rag-ollama.yaml", encoding="utf-8")
```

12 웹 브라우저에서 다시 질문을 테스트하면 제대로 답변해 주는 것을 볼 수 있습니다.

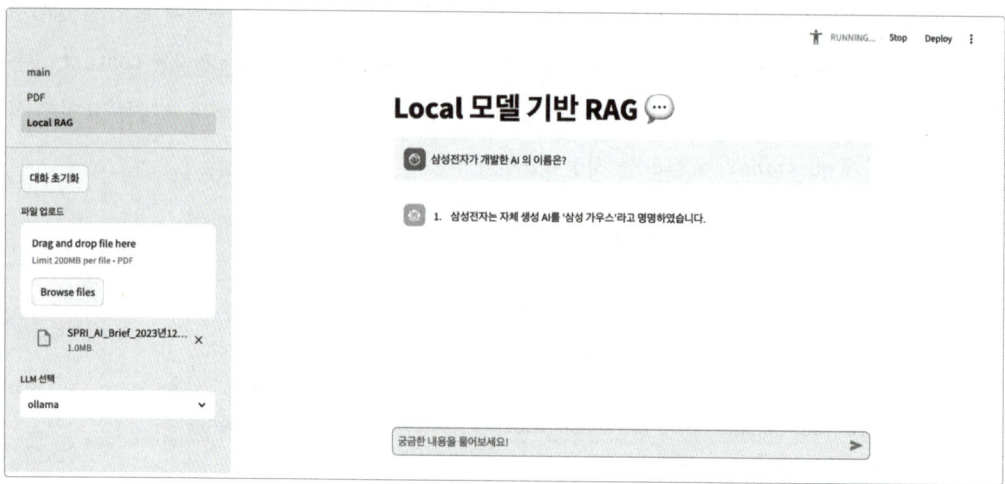

(04) 멀티모달 모델을 활용한 이미지 인식 기반 챗봇

이번에는 멀티모달 모델을 활용해 이미지를 업로드하면 재무제표를 분석해 주는 웹사이트를 만들어 보겠습니다.

01 이전에 작업한 **02_Local_RAG.py** 파일을 같은 폴더 위치에 복제하고 이름을 **03_Multi_Modal.py**로 바꿉니다. 실습할 때는 기존 코드를 수정하며 작업하되, 여기서는 코드 앞부분부터 하나씩 설명하겠습니다. 관련 모듈을 임포트하고 환경 변수 및 LangSmith 추적 설정을 합니다.

```python
import streamlit as st
from langchain_core.messages.chat import ChatMessage
from langchain_openai import ChatOpenAI
from langchain_teddynote import logging
from langchain_teddynote.models import MultiModal

from dotenv import load_dotenv
import os

load_dotenv()
logging.langsmith("[Project] 이미지 인식")
```

02 .cache 디렉터리와 그 하위 디렉터리 files와 embeddings를 생성하여 이미지 파일과 관련 데이터가 저장될 수 있는 공간을 마련합니다.

```python
# 캐시 디렉터리 생성
if not os.path.exists(".cache"):
    os.mkdir(".cache")

# 파일 업로드 전용 폴더
if not os.path.exists(".cache/files"):
    os.mkdir(".cache/files")

if not os.path.exists(".cache/embeddings"):
    os.mkdir(".cache/embeddings")
```

03 앱 타이틀을 지정합니다. 메시지를 기록하기 위해 빈 리스트를 초기화합니다.

```python
st.title("이미지 인식 기반 챗봇")

# 처음 1번만 실행하기 위한 코드
if "messages" not in st.session_state:
    # 대화 기록을 저장하기 위한 용도로 생성
    st.session_state["messages"] = []
```

04 '이미지'와 '대화내용' 탭을 만듭니다. 이후 main_tab1에는 업로드한 이미지를 보여 주고, main_tab2에는 질문 및 답변을 보여 줄 예정입니다. 사이드바에는 초기화 버튼, 이미지 업로드 기능(jpg, jpeg, png 파일), 멀티모달 모델 선택 메뉴(gpt-4o, gpt-4o-mini) 선택 상자, 시스템 프롬프트 입력란을 배치합니다.

```python
# 탭을 생성
main_tab1, main_tab2 = st.tabs(["이미지", "대화내용"])

# 사이드바 생성
with st.sidebar:
    # 초기화 버튼 생성
    clear_btn = st.button("대화 초기화")

    # 이미지 업로드
    uploaded_file = st.file_uploader("이미지 업로드", type=["jpg", "jpeg", "png"])
```

```python
# 모델 선택 메뉴
selected_model = st.selectbox("LLM 선택", ["gpt-4o", "gpt-4o-mini"], index=0)

# 시스템 프롬프트 추가
system_prompt = st.text_area(
    "시스템 프롬프트",
    "당신은 표(재무제표)를 해석하는 금융 AI 어시스턴트 입니다.\n\n당신의 임무는 주어진 테이블 형식의 재무제표를 바탕으로 흥미로운 사실을 정리하여 친절하게 답변하는 것입니다.",
    height=200,
)
```

05 저장된 대화 기록을 화면에 출력합니다. 새로운 대화 내용을 세션 상태에 추가합니다.

```python
# 이전 대화를 출력
def print_messages():
    for chat_message in st.session_state["messages"]:
        st.chat_message(chat_message.role).write(chat_message.content)

# 새로운 메시지를 추가
def add_message(role, message):
    main_tab2.session_state["messages"].append(ChatMessage(role=role, content=message))
```

06 업로드된 이미지 파일을 처리하고 캐시에 저장하는 함수 `process_imagefile()`을 정의합니다. 파일을 여러 번 업로드했을 때 재사용할 수 있도록 사용자가 업로드한 이미지를 `.cache/files`에 저장합니다. 저장된 이미지 파일의 경로(`file_path`)를 반환합니다. `file_path`는 이후 다른 함수에서 업로드된 이미지를 불러와 분석하거나 화면에 표시하는 데 사용됩니다.

```python
# 이미지를 캐시 저장(시간이 오래 걸리는 작업을 처리할 예정)
@st.cache_resource(show_spinner="업로드한 이미지를 처리 중입니다...")
def process_imagefile(file):
    # 업로드한 파일을 캐시 디렉터리에 저장합니다.
    file_content = file.read()
    file_path = f"./.cache/files/{file.name}"
    with open(file_path, "wb") as f:
        f.write(file_content)

    return file_path
```

07 generate_answer() 함수는 업로드한 이미지(image_filepath)와 모델의 역할(sytem_prompt), 사용자의 질문(user_prompt)을 바탕으로 멀티모달 객체를 생성합니다. 모델 이름은 gpt-4o를 기본값으로 지정해 두었습니다. 결과를 스트리밍 방식으로 출력합니다.

```python
# 체인 생성
def generate_answer(image_filepath, sytem_prompt, user_prompt, model_name="gpt-4o"):
    # 객체 생성
    llm = ChatOpenAI(
        temperature=0,
        model_name=model_name,  # 모델명
    )

    # 멀티모달 객체 생성
    multimodal = MultiModal(llm, system_prompt=system_prompt, user_prompt=user_prompt)

    # 이미지 파일로부터 질의(스트림 방식)
    answer = multimodal.stream(image_filepath)
    return answer
```

08 사이드바의 초기화 버튼을 클릭하면 세션을 초기화합니다. 대화 기록이 남아 있을 경우 이를 화면에 출력합니다.

```python
# 초기화 버튼이 눌리면...
if clear_btn:
    st.session_state["messages"] = []

# 이전 대화 기록 출력
print_messages()
```

09 사용자가 질문을 입력할 수 있는 입력 창을 제공합니다. 질문 내용은 user_input 변수에 저장됩니다. main_tab2(대화내용 탭)에 빈 영역을 만들어 두고, 나중에 사용자가 이미지를 업로드하지 않았을 때 경고 메시지를 이곳에 띄웁니다.

```python
# 사용자의 입력
user_input = st.chat_input("궁금한 내용을 물어보세요!")

# 경고 메시지를 띄우기 위한 빈 영역
warning_msg = main_tab2.empty()
```

10 사용자가 이미지를 업로드하면 process_imagefile() 함수를 통해 이미지를 저장하고 경로(image_filepath)를 반환합니다. 그런 다음 main_tab1(이미지 탭) 화면에 업로드된 이미지를 표시합니다.

```python
# 이미지가 업로드된다면...
if uploaded_file:
    # 이미지 파일을 처리
    image_filepath = process_imagefile(uploaded_file)
    main_tab1.image(image_filepath)
```

11 사용자 입력이 들어오면 이미지가 업로드되었는지 확인한 후 generate_answer() 함수를 호출해 답변(response)을 생성합니다. 이미지가 없는 경우에는 경고 메시지를 출력해 업로드를 유도합니다. 사용자가 입력한 질문을 표시하고 모델의 응답을 스트리밍 방식으로 출력합니다. 대화 기록을 저장합니다. 사용자 입력이 들어가지 않았다면 경고 메시지를 출력합니다.

```python
if user_input:              # 만약에 사용자 입력이 들어오면
    if uploaded_file:       # 파일이 업로드되었는지 확인
        # 이미지 파일을 처리
        image_filepath = process_imagefile(uploaded_file)
        response = generate_answer(      # 답변 요청
            image_filepath, system_prompt, user_input, selected_model
        )

        # 사용자의 입력
        main_tab2.chat_message("user").write(user_input)

        with main_tab2.chat_message("assistant"):
            # 빈 공간(컨테이너)을 만들어서, 여기에 토큰을 스트리밍 출력
            container = st.empty()

            ai_answer = ""
            for token in response:
                ai_answer += token.content
                container.markdown(ai_answer)

        # 대화 기록을 저장
        add_message("user", user_input)
        add_message("assistant", ai_answer)
    else:
        # 이미지를 업로드하라는 경고 메시지 출력
        warning_msg.error("이미지를 업로드 해주세요.")
```

CHAPTER 17 RAG 챗봇

학습 목표 RAG를 직접 구현하는 실습을 하면서 이번 장을 다시 살펴보면 RAG 시스템에 대해 좀 더 이해도를 높일 수 있을 것입니다.

(01) PDF 문서 기반 질의응답 RAG 만들기

첫 실습으로 PDF 문서를 로드해서 질문에 답변하는 PDF 기반의 질의 응답 시스템을 만들어 보겠습니다.

01 실습 파일 **12-RAG/00-RAG-Basic-PDF.ipynb**를 엽니다. 다음 PDF 파일(SPRI_AI_Brief_2023년12월호_F.pdf)을 다운로드한 후 실습 폴더인 **12-RAG/data**에 넣어 주세요.

URL https://spri.kr/posts/view/23669

02 환경 변수를 설정하고 LangSmith 추적을 시작합니다.

```
from dotenv import load_dotenv
load_dotenv()

from langchain_teddynote import logging
logging.langsmith("CH12-RAG")
```

03 실습에 필요한 라이브러리를 불러옵니다.

```python
from langchain_text_splitters import RecursiveCharacterTextSplitter
from langchain_community.document_loaders import PyMuPDFLoader
from langchain_community.vectorstores import FAISS
from langchain_core.output_parsers import StrOutputParser
from langchain_core.runnables import RunnablePassthrough
from langchain_core.prompts import PromptTemplate
from langchain_openai import ChatOpenAI, OpenAIEmbeddings
```

04 기본적인 RAG 구조 이해를 위한 뼈대 코드(skeleton code)를 단계별로 만들어 보겠습니다. 첫 번째 문서 로드 단계에서는 PyMuPDFLoader에 현재 실행되는 파일을 기준으로 PDF 파일의 폴더 경로를 지정합니다. 로드한 문서가 저장된 docs를 출력해 보겠습니다. 문서 내용은 Document 타입으로 래핑되어 있으며 PyMuPDFLoader로 문서를 로드하면 기본적으로 페이지 단위로 분할합니다.

```python
# 단계 1: 문서 로드(Load Documents)
loader = PyMuPDFLoader("data/SPRI_AI_Brief_2023년12월호_F.pdf")
docs = loader.load()
docs
```

```
[Document(metadata={'source': 'data/SPRI_AI_Brief_2023년12월호_F.pdf', 'file_path': 'data/SPRI_AI_Brief_2023년12월호_F.pdf', 'page': 0, 'total_pages': 23, 'format': 'PDF 1.4', 'title': '', 'author': 'dj', 'subject': '', 'keywords': '', 'creator': 'Hwp 2018 10.0.0.13462', 'producer': 'Hancom PDF 1.3.0.542', 'creationDate': "D:20231208132838+09'00'", 'modDate': "D:20231208132838+09'00'", 'trapped': ''}, page_content='2023년 12월호\n'),
...
```

05 출력 결과에서 Document 타입 안을 보면 page_content에서 PDF 문서의 내용을 가져올 수 있습니다. 문서(docs)에서 두 번째 페이지(인덱스 번호로 [1])를 print()로 출력하면 다음과 같이 본문 내용을 볼 수 있습니다.

```python
print(docs[1].page_content)
```

```
2023년 12월호
Ⅰ. 인공지능 산업 동향 브리프
 1. 정책/법제
   ▹ 미국, 안전하고 신뢰할 수 있는 AI 개발과 사용에 관한 행정명령 발표...
```

06 Document 안의 `metadata`에는 파일과 관련된 정보들이 들어 있습니다. 두 번째 페이지의 메타데이터를 출력해 보겠습니다. 여기서 `source`, `file_path`, `page`, `total_pages`, `author`와 같은 정보를 유용하게 활용할 수 있습니다.

```
docs[1].metadata
```

```
{'source': 'data/SPRI_AI_Brief_2023년12월호_F.pdf',
 'file_path': 'data/SPRI_AI_Brief_2023년12월호_F.pdf',
 'page': 1,
 'total_pages': 23,
 'format': 'PDF 1.4',
 'title': '',
 'author': 'dj',
 ...
 'trapped': ''}
```

07 두 번째 단계에서는 `text_splitter`로 문서를 청크 단위로 분할하는데, 청크 크기는 500글자로, 청크 오버랩 구간은 50글자로 지정했습니다. 분할된 청크 결과물은 `split_documents`로 나옵니다.

```
# 단계 2: 문서 분할(Split Documents)
text_splitter = RecursiveCharacterTextSplitter(chunk_size=500, chunk_overlap=50)
split_documents = text_splitter.split_documents(docs)
```

🐾 이때 청크 크기를 무조건 크게 지정한다고 무조건 좋은 것은 아닙니다. 문서에서 같은 맥락이 이어지는 단락의 크기를 가늠해서 그 정도의 글자 수를 청크 크기로 지정하는 게 좋습니다.

08 전체 청크의 개수와 두 번째 청크의 본문을 출력해 보겠습니다. PDF 전체 본문 내용이 72개의 청크로 분할되었으며, 해당 청크의 본문 텍스트도 확인할 수 있습니다.

```
print(len(split_documents))
print(split_documents[1].page_content)
```

```
72
2023년 12월호
Ⅰ. 인공지능 산업 동향 브리프
 1. 정책/법제
   ▷ 미국, 안전하고 신뢰할 수 있는 AI 개발과 사용에 관한 행정명령 발표 ·················· 1
   ▷ G7, 히로시마 AI 프로세스를 통해 AI 기업 대상 국제 행동강령에 합의 ·················· 2
   ▷ 영국 AI 안전성 정상회의에 참가한 28개국, AI 위험에 공동 대응 선언 ·················· 3
```

▷ 미국 법원, 예술가들이 생성 AI 기업에 제기한 저작권 소송 기각 ········· 4
▷ 미국 연방거래위원회, 저작권청에 소비자 보호와 경쟁 측면의 AI 의견서 제출 ········· 5

09 임베딩은 잘게 쪼개진 단락들을 숫자 표현으로 바꿔 주는 작업입니다. 세 번째 단계에서는 OpenAI 임베딩 알고리즘을 가져오겠습니다.

```
# 단계 3: 임베딩(Embedding) 생성
embeddings = OpenAIEmbeddings()
```

10 네 번째 단계에서는 임베딩한 벡터 값을 저장하기 위해 FAISS 벡터 스토어 데이베이스를 생성합니다. from_documents() 메서드로 documents를 데이터베이스에 넣어 주는데, 여기서 documents는 72개의 분할된 단락(청크)을 의미합니다. 또한 embedding에는 세 번째 단계에서 가져온 임베딩 알고리즘을 지정합니다.

```
# 단계 4: DB 생성(Create DB) 및 저장
vectorstore = FAISS.from_documents(documents=split_documents, embedding=embeddings)
```

11 다섯 번째 단계에서는 리트리버를 생성합니다.

```
# 단계 5: 리트리버(Retriever) 생성. 문서에 포함되어 있는 정보를 검색하고 생성합니다.
retriever = vectorstore.as_retriever()
```

12 리트리버에 직접 질문을 입력하고 질문과의 유사도를 기준으로 어떤 단락이 검색되었는지 확인할 수도 있습니다. invoke() 함수에 '삼성전자가 자체 개발한 AI의 이름은'과 같은 질문을 입력해서 네 개의 Document가 출력되었습니다. 이 문서는 질문과 관련성이 높은 순서대로 내림차순으로 정렬되었습니다. 질문의 정답은 '가우스'입니다. page_content를 보면 정답에 부합하는 문서를 검색했음을 알 수 있습니다. 결국 이 단락들이 다음 단계에서 프롬프트에 들어갑니다.

```
retriever.invoke("삼성전자가 자체 개발한 AI의 이름은?")

[Document(metadata={ ... , page_content='SPRi AI Brief |   \n2023-12월호\n10\n삼성전자,
 자체 개발 생성 AI '삼성 가우스' 공개\nn 삼성전자가 온디바이스에서 작동 가능하며 ... '),
  Document(metadata= ... , page_content='저해상도 이미지의 고해상도 전환도 지원\nn IT 전
문지 테크리퍼블릭(TechRepublic)은 온디바이스 AI가 주요 기술 트렌드로 부상했다며, \n2024
```

```
년부터 가우스를 탑재한 삼성 스마트폰이 ... '),
 Document(metadata= ... , page_content='•삼성 가우스는 라이선스나 개인정보를 침해하지 않
는 안전한 데이터를 통해 학습되었으며, ... '),
 Document(metadata= ... , page_content='정보공유를 위해 '히로시마 AI 프로세스'를 출
범**\n•기업의 자발적 채택을 위해 마련된 이번 행동강령은 ... ')]
```

13 여섯 번째 단계는 프롬프트 생성 단계입니다. {question}에는 사용자의 질문이 들어가고, {context}에는 리트리버에서 검색한 단락들이 합쳐져서 들어갑니다.

```
# 단계 6: 프롬프트 생성(Create Prompt)
prompt = PromptTemplate.from_template(
    """You are an assistant for question-answering tasks. Use the following pieces of
retrieved context to answer the question. If you don't know the answer, just say that
you don't know. Answer in Korean.

#Context:
{context}

#Question:
{question}

#Answer:"""
)
```

당신은 질문에 응답하는 임무를 가진 조수입니다. 검색된 단락을 참고해 주세요. 답변을 모르겠다면 그냥 모르겠다고 답변하세요. 한국어로 답변하세요.

🐾 여기서는 영어로 프롬프트를 작성했는데, 요즘에는 한글로 프롬프트를 작성해도 성능 차이가 전혀 없습니다.

14 일곱 번째 단계에서는 LLM을 생성하고, 여덟 번째 단계에서는 체인을 구성합니다. 체인을 보면 프롬프트에 반드시 전달해야 할 context와 question은 딕셔너리 형식으로 구현되어 있습니다. 질문을 입력하면 retriever로 전달되어 문서를 검색한 후 context에 입력되며, question에는 질문한 내용이 곧장 전달됩니다. 이 내용이 프롬프트로 전달되고 LLM을 거쳐 출력 파서로 출력되는 구조입니다.

```
# 단계 7: 언어 모델(LLM) 생성
llm = ChatOpenAI(model_name="gpt-4o", temperature=0)

# 단계 8: 체인(Chain) 생성
chain = (
    {"context": retriever, "question": RunnablePassthrough()}
    | prompt
```

```
    | llm
    | StrOutputParser()
)
```

15 생성된 체인에 질문(쿼리)을 입력해 실행합니다.

```
# 체인 실행(Run Chain). 문서에 대한 질의를 입력하고, 답변을 출력
question = "삼성전자가 자체 개발한 AI의 이름은?"
response = chain.invoke(question)
print(response)
```

삼성전자가 자체 개발한 AI의 이름은 '삼성 가우스'입니다.

16 지금까지의 과정을 LangSmith에서 확인해 보겠습니다. LangSmith 웹사이트의 Projects에서 **CH12-RAG**로 들어갑니다. 앞서 실행한 질문을 열어서 **Retriever**를 클릭하면 Input에는 질문 쿼리가 나오고, Output에는 질문과 유사도가 높아 리트리버에서 검색된 네 개의 문서가 표시됩니다.

😺 그 밖에도 리트리버의 알고리즘, PDF 로더의 문제, 단락 구분이 잘못된 경우, 임베딩 알고리즘, 데이터베이스 선택과 같은 여러 원인을 종합적으로 따져 봐야 합니다.

02 프롬프트를 개선해 주는 프롬프트 메이커

앞에서 Streamlit을 이용해 만들었던 웹 앱을 좀 더 확장해 보겠습니다. 기본모드 프롬프트 템플릿 대신 입력한 프롬프트를 개선해 주는 프롬프트 메이커를 추가해 보겠습니다. 이 템플릿에서는 사용자가 원하는 작업을 task라는 변수로 따로 지정하고 그에 따라 사용자가 입력한 프롬프트를 더욱 구체적으로 바꿔 줍니다.

01 19-Streamlit/01-MyProject 폴더에 있는 **main.py** 파일을 엽니다. 터미널 창에서 실습 파일이 있는 폴더로 이동하고 Streamlit을 활성화합니다. 웹 브라우저에서 앱 화면을 확인할 수 있습니다.

```
cd 19-Streamlit
cd 01-MyProject
streamlit run main.py
```

02 요약 기능을 수정해 보겠습니다. 먼저 **prompts** 폴더에 **summary.yaml** 파일을 새로 만들고 다음과 같이 프롬프트 템플릿을 작성합니다. 변수는 질문을 위한 question 하나만 있습니다.

```
_type: "prompt"
template: |
    당신은 20년차 요약 전문가입니다. 주어진 글을 요약해 주세요.
    요약할 때는 핵심 내용을 bullet points로 정리해 주세요.
    각 문장의 시작은 적절한 emoji로 시작하세요.
    #Example Format:
    - 📌 첫 번째 문장
    - 🔥 두 번째 문장
    - 📖 세 번째 문장
    - ...

    #Given Text:
    {question}

    #Summary:

input_variables: ["question"]
```

03 내가 입력한 프롬프트를 개선해 주는 프롬프트 메이커를 추가하겠습니다. **prompts** 폴더에 **prompt-maker.yaml** 파일을 추가하고 다음과 같은 프롬프트 템플릿을 작성합니다. 여기에는 task와 question 두 개의 변수가 있습니다.

```
_type: "prompt"
template: |
  You are an expert Prompt Writer for Large Language Models.
  Your goal is to improve the prompt given below for {task} :
  --------------------

  Prompt: {question}


  --------------------

  Here are several tips on writing great prompts:
  -------
  Start the prompt by stating that it is an expert in the subject.
   Put instructions at the beginning of the prompt and use ### or to separate the instruction and context
   Be specific, descriptive and as detailed as possible about the desired context, outcome, length, format, style, etc
  ---------
  Here's an example of a great prompt:
   As a master YouTube content creator, develop an engaging script that revolves around the theme of "Exploring Ancient Ruins."
   Your script should encompass exciting discoveries, historical insights, and a sense of adventure.
   Include a mix of on-screen narration, engaging visuals, and possibly interactions with co-hosts or experts.
   The script should ideally result in a video of around 10-15 minutes, providing viewers with a captivating journey through the secrets of the past.

   Example:
   "Welcome back, fellow history enthusiasts, to our channel! Today, we embark on a thrilling expedition..."
   -----
   Now, improve the prompt.
   Write in Korean. Answer must be wrapped in triple quotes.

   IMPROVED PROMPT:
input_variables: ["task", "question"]
```

04 기본모드 프롬프트를 대신할 일반적인 프롬프트 템플릿인 general.yaml도 추가합니다.

```
_type: "prompt"
template: |
  당신은 친절한 AI 어시스턴트입니다. 사용자의 요청사항에 따라 적절한 답변을 작성해 주세요.
  #Question:
  {question}

  #Answer:
input_variables: ["question"]
```

05 사이드바의 선택 상자에서 템플릿을 선택할 수 있도록 동적으로 가져와서 로드해 보겠습니다. 사이드바 구현부에 glob 라이브러리를 추가합니다. glob는 우리가 특정한 문자 규칙을 주면 해당 규칙에 해당하는 파일을 가져와서 리스트로 만들어 줍니다. glob() 메서드로 prompts 폴더 안에 있는 모든 .yaml 파일을 가져와서 prompt_files 변수에 넣습니다. 그리고 선택 상자에서 기본모드, SNS 게시글, 요약 타입을 삭제하고 prompt_files를 넣습니다.

```
from langchain import hub        ← 이후 실습에서는 hub 모듈을 쓰지
import glob                         않으므로 삭제하세요.
...
with st.sidebar:
    clear_btn = st.button("대화 초기화")

    prompt_files = glob.glob("prompts/*.yaml")
    selected_prompt = st.selectbox("프롬프트를 선택해 주세요", prompt_files, index=0)
```

06 웹 브라우저를 새로고침해서 사이드바 선택 상자를 확인하면 prompts 폴더에 있는 summary.yaml, prompt-maker.yaml, sns.yaml이 표시됩니다.

😺 이후 단계에서도 마찬가지로 사소한 수정을 하더라도 항상 웹 브라우저를 새로고침해서 바뀐 부분을 직접 확인해 보기 바랍니다.

07 체인을 생성하는 부분에서 ChatPromptTemplate.from_messages에서 기본모드 프롬프트를 가져오는 부분을 삭제하고, create_chain() 함수가 prompt_filepath를 받아서 바로 prompt에 전달하도록 변경합니다.

```
def create_chain(prompt_filepath):
    prompt = load_prompt(prompt_filepath, encoding="utf-8")

    llm = ChatOpenAI(model_name="gpt-4o", temperature=0)
```

08 사이드바 선택 상자 아래에 task를 입력할 수 있는 UI 요소를 추가하겠습니다.

```
with st.sidebar:
    clear_btn = st.button("대화 초기화")
    selected_prompt = st.selectbox(
    "프롬프트를 선택해 주세요", ("기본모드", "SNS 게시글", "요약"), index=0
    )
    task_input = st.text_input("TASK 입력", "")
```

09 사용자 입력을 처리하는 부분에서 create_chain() 메서드 안에 task_input을 추가합니다. 즉, 사이드바의 'TASK 입력' UI에 사용자가 원하는 임무를 입력하면 그 값이 task_input에 저장되고 체인을 생성할 때 chain 변수에 전달됩니다.

```
if user_input:
  st.chat_message("user").write(user_input)
  chain = create_chain(selected_prompt, task=task_input)
```

10 체인을 생성하는 부분에서 task가 들어올 부분을 빈 문자열로 추가해 둡니다. 그리고 if문을 추가해서 task가 입력되지 않으면 prompt_filepath를 그대로 로드하고, task가 입력되면 프롬프트 메이커에서 task 변수를 채우도록 처리합니다.

```
def create_chain(prompt_filepath, task=""):
  prompt = load_prompt(prompt_filepath, encoding="utf-8")
  if task:
    prompt = prompt.partial(task=task)
```

11 이제 프롬프트 메이커가 동작하는지 확인해 보겠습니다. 사이드바 선택 상자에서 prompt-maker.yaml을 선택하고, 'TASK 입력'에는 '블로그 글 작성'이라고 입력하고 Enter를 누릅니다. 예시로 '당신은 NAVER 블로그 글 작성 전문가입니다. 당신의 임무는 전문적인 블로그 게시물을 작성하는 것입니다. "대한민국"이라는 주제로 글을 작성해 주세요.'라고 프롬프트를 입력합니다. 출력 결과를 보면 기존 프롬프트보다 훨씬 구체적이고 정교한 프롬프트가 나타납니다. 출력 결과를 복사합니다.

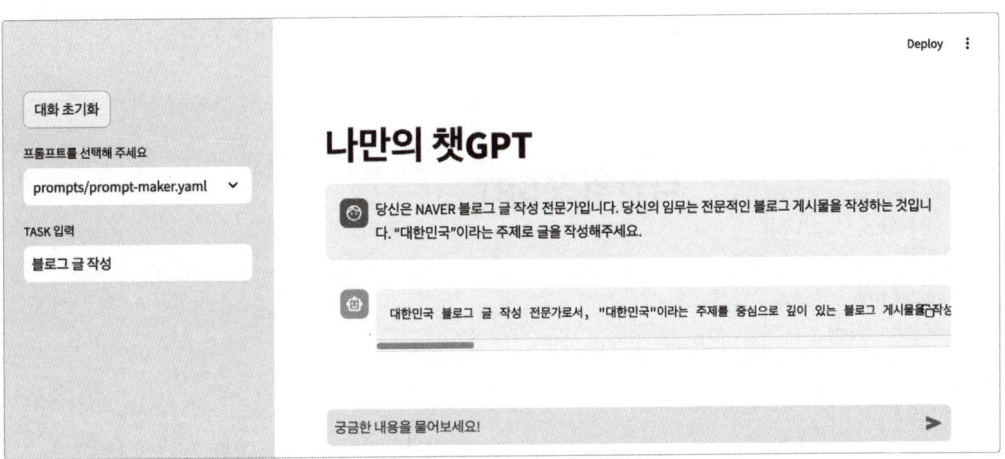

12 general.yaml을 선택하고 복사한 프롬프트를 붙여 넣고 출력 결과를 확인합니다. 일반적인 프롬프트보다 훨씬 높은 품질의 답변을 얻을 수 있습니다.

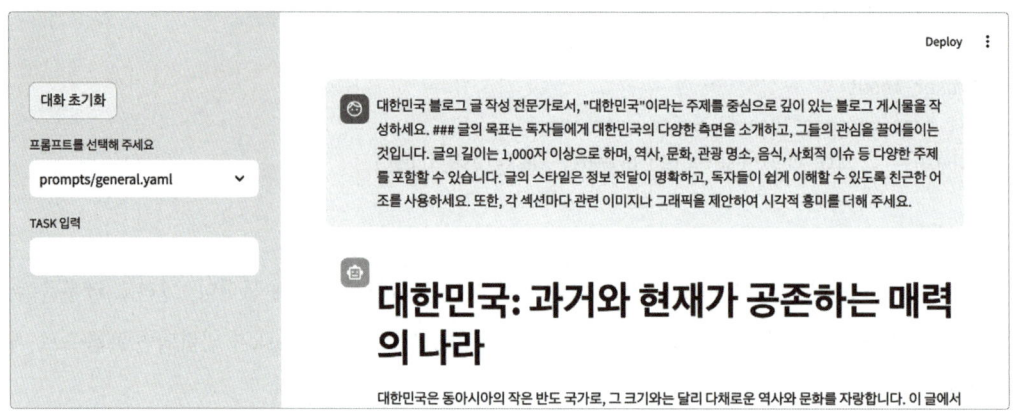

(03) 페이지 분할 후 파일 업로드 기능 추가하기

이번에는 우리가 만들고 있는 프로젝트를 좀 더 깔끔하게 정리하는 방법을 안내하겠습니다. 별도의 페이지를 추가하고 기존 main.py의 코드를 수정해서 이곳에 파일 업로드 기능을 추가하겠습니다.

01 페이지를 추가해 보겠습니다. **01-MyProject** 폴더 아래에 **Pages**라는 새 폴더를 만듭니다. 여기서 새 파일을 추가하고 파일명을 **01-PDF.py**라고 짓습니다. Streamlit 모듈만 가져온 후 **main.py**를 실행해서 웹 화면을 확인합니다. 사이드바에 PDF라는 페이지가 추가된 것이 보입니다.

```
import streamlit as st
```

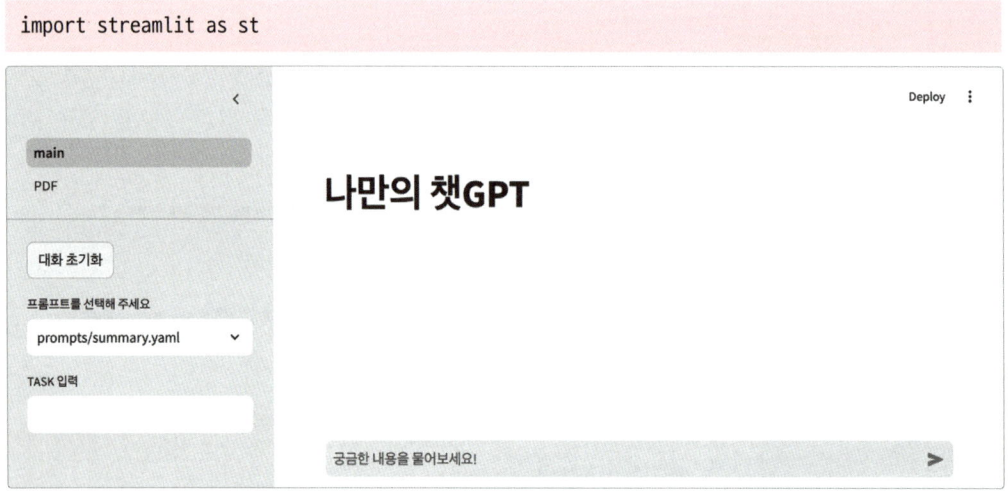

02 PDF 기반의 RAG 시스템을 챗봇 형식으로 만들어 보겠습니다. main.py의 코드에서 다음 내용을 복사해서 01-PDF.py에 붙여 넣습니다. 제목은 'PDF 기반 QA'라고 작성했습니다.

```python
import streamlit as st
from langchain_core.messages.chat import ChatMessage
from langchain_openai import ChatOpenAI
from langchain_core.output_parsers import StrOutputParser
from langchain_teddynote.prompts import load_prompt
from dotenv import load_dotenv
from langchain import hub
import glob

load_dotenv()

st.title("PDF 기반 QA")
```

03 main.py의 코드에서 다음 내용도 복사해서 01-PDF.py에 붙여 넣습니다.

```python
...
if "messages" not in st.session_state:
    st.session_state["messages"] = []

with st.sidebar:
    clear_btn = st.button("대화 초기화")

    prompt_files = glob.glob("prompts/*.yaml")
    selected_prompt = st.selectbox("프롬프트를 선택해 주세요", prompt_files, index=0)
    task_input = st.text_input("TASK 입력", "")

def print_messages():
    for chat_message in st.session_state["messages"]:
        st.chat_message(chat_message.role).write(chat_message.content)

def add_message(role, message):
    st.session_state["messages"].append(ChatMessage(role=role, content=message))
```

04 사이드바에 프롬프트 타입을 선택하는 부분에서 pdf-rag.yaml 파일을 불러오는 방식으로 수정합니다.

```
with st.sidebar:
    clear_btn = st.button("대화 초기화")
    selected_prompt = "prompts/pdf-rag.yaml"
```

05 **01-MyProject/prompts** 폴더에 **pdf-rag.yaml** 파일을 새로 만들고 다음과 같이 기본적인 프롬프트 템플릿을 작성합니다. 구체적인 내용은 이후에 채울 예정입니다.

```
_type: "prompt"
template: |
    당신은 친절한 AI 어시스턴트입니다. 사용자의 요청 사항에 따라 적절한 답변을 작성해 주세요.

    #Question:
    {question}

    #Answer:
input_variables: ["question"]
```

06 main.py에서 체인을 생성하는 부분부터 끝까지 모두 01-PDF.py로 가져옵니다.

```
...
def create_chain(prompt_filepath, task=""):
    prompt = load_prompt(prompt_filepath, encoding="utf-8")

    if task:
        prompt = prompt.partial(task=task)

    llm = ChatOpenAI(model_name="gpt-4o", temperature=0)

    output_parser = StrOutputParser()

    chain = prompt | llm | output_parser
    return chain

if clear_btn:
    st.session_state["messages"] = []
```

```
print_messages()

user_input = st.chat_input("궁금한 내용을 물어보세요!")

if user_input:
    st.chat_message("user").write(user_input)
    chain = create_chain(selected_prompt, task=task_input)

    response = chain.stream({"question": user_input})
    with st.chat_message("assistant"):
        container = st.empty()

        ai_answer = ""
        for token in response:
            ai_answer += token
            container.markdown(ai_answer)

    add_message("user", user_input)
    add_message("assistant", ai_answer)
```

07 01-PDF.py 페이지에서는 task 변수를 쓰지 않으므로 사이드바와 create_chain()에서 관련된 코드는 모두 삭제하겠습니다.

```
with st.sidebar:
    clear_btn = st.button("대화 초기화")
    selected_prompt = "prompts/pdf-rag.yaml"

def print_messages():
    ...
def create_chain(prompt_filepath):
    prompt = load_prompt(prompt_filepath, encoding="utf-8")

    llm = ChatOpenAI(model_name="gpt-4o", temperature=0)
    ...
if user_input:
    st.chat_message("user").write(user_input)
    chain = create_chain(selected_prompt)
```

😺 VS Code에서는 사용되지 않는 변수에는 노란색 밑줄이 표시되므로 이를 참고해서 정리하면 됩니다.

08 PDF 파일을 업로드해서 RAG 시스템이 작동할 수 있도록 사이드바에 파일 업로더 UI를 추가해야 합니다. Streamlit 문서에서 Input widgets를 참고해서 업로더 UI를 작성합니다. 업로더에서 받을 파일 유형을 pdf로 지정합니다.

```python
with st.sidebar:
    clear_btn = st.button("대화 초기화")
    uploaded_file = st.file_uploader("파일 업로드", type=["pdf"])
    selected_prompt = "prompts/pdf-rag.yaml"
```

09 파일이 업로드될 때 처리할 부분을 다음과 같이 작성합니다. cache_resource는 파일을 캐싱해 주는 역할을 합니다. 그래서 같은 파일을 두세 번 업로드하더라도 이미 업로드되어 처리된 파일은 캐싱된 값을 사용하도록 만들어 주는 데코레이터입니다. 그리고 보통 캐싱하는 파일은 처리 시간이 오래 걸리므로 파일이 처리 중임을 나타내는 메시지와 스피너 UI도 추가합니다.

```python
def add_message(role, message):
    st.session_state["messages"].append(ChatMessage(role=role, content=message))

@st.cache_resource(show_spinner="업로드한 파일을 처리 중입니다...")
def embed_file(file):
    file_content = file.read()
    file_path = f"./.cache/files/{file.name}"
    with open(file_path, "wb") as f:
        f.write(file_content)

if uploaded_file:
    embed_file(uploaded_file)
```

```
PDF 기반 QA
○ 업로드한 파일을 처리 중입니다...
```

10 캐시 디렉터리도 생성하겠습니다. 먼저 cache라는 폴더를 만들고, 그 아래에 files라는 폴더도 추가합니다. 사용자가 파일을 업로드하면 해당 파일을 임시로 이곳에 저장하게 됩니다. 또한 cache, files 폴더가 없는 경우 if문으로 해당 폴더를 자동으로 만들어 주도록 처리합니다.

```
import os

load_dotenv()

st.title("PDF 기반 QA")

if not os.path.exists(".cache"):
    os.mkdir(".cache")

if not os.path.exists(".cache/files"):
    os.mkdir(".cache/files")

if not os.path.exists(".cache/embeddings"):
    os.mkdir(".cache/embeddings")
```

> 폴더 이름 앞에 .을 붙이면 폴더를 숨김 처리한다는 뜻입니다.

11 지금까지 작성한 코드에서 업로드된 파일의 흐름을 살펴보겠습니다. (1) 사용자가 파일을 업로드하면 uploaded_file에 들어갑니다. (2) uploaded_file 변수에 값이 할당되면 embed_file() 함수로 호출합니다. (3) embed_file() 함수의 file을 읽으면 (4) 새로 만들어지는 .cache/files 폴더에 저장합니다.

```
with st.sidebar:
    clear_btn = st.button("대화 초기화")
    uploaded_file = st.file_uploader("파일 업로드", type=["pdf"])    # (1)
    selected_prompt = "prompts/pdf-rag.yaml"
...
@st.cache_resource(show_spinner="업로드한 파일을 처리 중입니다...")
def embed_file(file):
    file_content = file.read()       # (3)
    file_path = f"./.cache/files/{file.name}"      # (4)
    with open(file_path, "wb") as f:
        f.write(file_content)

if uploaded_file:          # (2)
    embed_file(uploaded_file)
```

12 웹 브라우저를 새로고침해서 웹 앱을 확인해 보겠습니다. PDF 페이지의 사이드바에서 파일을 업로드합니다.

13 VS Code의 탐색 창을 보면 .cache/files 숨김 폴더가 생기고 그 안에 업로드된 PDF 파일이 저장되어 있습니다.

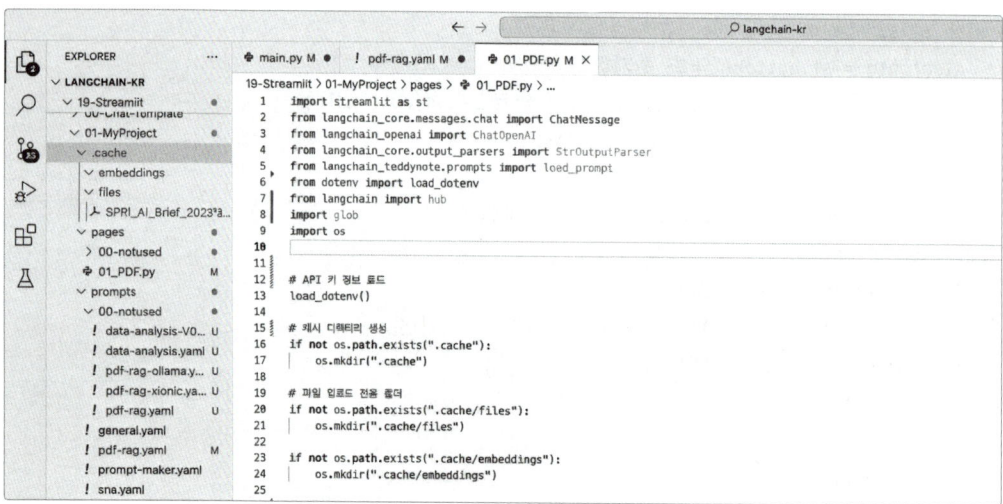

(04) PDF 기반 QA 챗봇 만들기

파일이 업로드되면 cache 폴더에 저장되는 과정까지 구현해 봤습니다. 이어서 RAG 시스템을 챗봇으로 만들어 보겠습니다. 먼저 저장된 파일을 처리하는 과정입니다.

01 앞에서 작업했던 실습 파일 **12-RAG/00-RAG-Basic-PDF.ipynb**의 코드에서 1~5단계에 해당하는 코드를 복사해 01_PDF.py에 붙여 넣습니다. 가독성을 고려해 임포트 구문은 코드 상단으로 빼고, 1~5단계 코드는 embed_file() 함수 선언부 안에 들여쓰기를 적용해서 붙여 넣습니다.

```python
import streamlit as st
from langchain_core.messages.chat import ChatMessage
from langchain_openai import ChatOpenAI
from langchain_core.output_parsers import StrOutputParser
from langchain_teddynote.prompts import load_prompt
from langchain_text_splitters import RecursiveCharacterTextSplitter
from langchain_community.document_loaders import PDFPlumberLoader
from langchain_community.vectorstores import FAISS
from langchain_core.runnables import RunnablePassthrough
from langchain_core.prompts import PromptTemplate
from langchain_openai import ChatOpenAI, OpenAIEmbeddings
from dotenv import load_dotenv
import os
...
@st.cache_resource(show_spinner="업로드한 파일을 처리 중입니다...")
def embed_file(file):
    file_content = file.read()
    file_path = f"./.cache/files/{file.name}"
    with open(file_path, "wb") as f:
        f.write(file_content)

    # 단계 1: 문서 로드(Load Documents)
    loader = PDFPlumberLoader("data/SPRI_AI_Brief_2023년12월호_F.pdf")
    docs = loader.load()

    # 단계 2: 문서 분할(Split Documents)
    text_splitter = RecursiveCharacterTextSplitter(chunk_size=1000, chunk_overlap=50)
    split_documents = text_splitter.split_documents(docs)

    # 단계 3: 임베딩(Embedding) 생성
    embeddings = OpenAIEmbeddings()
```

```
# 단계 4: DB 생성(Create DB) 및 저장
vectorstore = FAISS.from_documents(documents=split_documents, embedding=embeddings)

# 단계 5: 리트리버(Retriever) 생성
retriever = vectorstore.as_retriever()
...
```

02 1단계에서 PDFlumberLoader()에서 파일 경로를 받도록 `file_path`로 수정합니다.

```
# 단계 1: 문서 로드(Load Documents)
loader = PDFPlumberLoader(file_path)
docs = loader.load()
```

03 5단계에서 `retriever`를 반환하는 코드를 추가합니다. 이제 `embed_file()` 함수를 호출하면 `retriever`를 반환받게 됩니다.

```
# 단계 5: 리트리버(Retriever) 생성
retriever = vectorstore.as_retriever()
return retriever
```

04 6~8단계에 해당하는 코드를 `create_chain()` 함수 선언부 안에 붙여 넣습니다. 기존에 만든 프롬프트 적용, GPT, 출력 파서, 체인 생성 관련 코드는 삭제합니다.

```
def create_chain(prompt_filepath):

# 단계 6: 프롬프트 생성(Create Prompt)
    prompt = PromptTemplate.from_template(
        """You are an assistant for question-answering tasks.
    Use the following pieces of retrieved context to answer the question.
    If you don't know the answer, just say that you don't know.
    Answer in Korean.

    #Context:
    {context}

    #Question:
    {question}
```

```
    #Answer:"""
)

# 단계 7: 언어 모델(LLM) 생성
llm = ChatOpenAI(model_name="gpt-4o", temperature=0)

# 단계 8: 체인(Chain) 생성
chain = (
    {"context": retriever, "question": RunnablePassthrough()}
    | prompt
    | llm
    | StrOutputParser()
)
return chain
```

05 create_chain() 함수에서 retriever 변수를 전달받도록 수정합니다.

```
def create_chain(retriever):
```

06 파일이 업로드된 후 retriever를 생성하는 코드를 추가합니다. retriever가 나왔으면 create_chain() 함수 안에 넣어야 하는데, create_chain() 함수가 retriever 생성 코드 아래에 있으면 안 됩니다. 그래서 파일 업로드 후 retriever를 생성하는 코드를 create_chain() 코드 아래로 옮깁니다. if uploaded_file: 아래에 create_chain() 함수를 호출해서 chain을 만드는 코드도 추가합니다.

```
    # 단계 5: 리트리버(Retriever) 생성
    retriever = vectorstore.as_retriever()
    return retriever

def create_chain(retriever):
...
    return chain

if uploaded_file:
    retriever = embed_file(uploaded_file)
    chain = create_chain(retriever)

if clear_btn:
...
```

07 웹사이트를 새로고침했을 때 chain 변수가 사라지지 않도록 session_state에 저장해야 합니다. if문으로 chain이 session_state에 없는 상태(None)를 지정합니다.

```
if "messages" not in st.session_state:
    st.session_state["messages"] = []

if "chain" not in st.session_state:
    st.session_state["chain"] = None
```

08 st.session_state의 chain이라는 변수에 우리가 만든 chain을 대입하는 코드를 추가합니다.

```
if uploaded_file:
    retriever = embed_file(uploaded_file)
    chain = create_chain(retriever)
    st.session_state["chain"] = chain
```

09 파일을 업로드한 상태(즉, chain 값이 None이 아닌 상태)가 되면 스트리밍 호출을 하고 대화 기록을 저장하는 코드를 연결합니다.

```
if user_input:
    chain = st.session_state["chain"]

    if chain is not None:
        st.chat_message("user").write(user_input)
        response = chain.stream(user_input)
        with st.chat_message("assistant"):
            container = st.empty()

            ai_answer = ""
            for token in response:
                ai_answer += token
                container.markdown(ai_answer)

        add_message("user", user_input)
        add_message("assistant", ai_answer)
```

10 chain이 None인 경우 파일을 업로드해 달라는 경고 메시지를 띄우는 코드도 추가합니다. 먼저 경고 메시지를 띄울 빈 영역을 설정합니다. 그리고 앞서 만든 if문에 else절을 추가합니다.

```
user_input = st.chat_input("궁금한 내용을 물어보세요!")

warning_msg = st.empty()
...
    add_message("user", user_input)
    add_message("assistant", ai_answer)
  else:
    warning_msg.error("파일을 업로드해 주세요.")
```

11 사용자 입력을 출력하는 부분을 chain이 생성된 이후로 옮기겠습니다. 또한 스트리밍 호출에는 user_input만 들어가도록 수정합니다.

```
if user_input:
  chain = st.session_state["chain"]

  if chain is not None:
    st.chat_message("user").write(user_input)
    response = chain.stream(user_input)
    with st.chat_message("assistant"):
      container = st.empty()
```

12 웹 페이지를 새로고침하고 파일을 업로드한 후 질문을 입력해 보겠습니다. 올바른 답변을 출력해 주는 것을 확인할 수 있습니다.

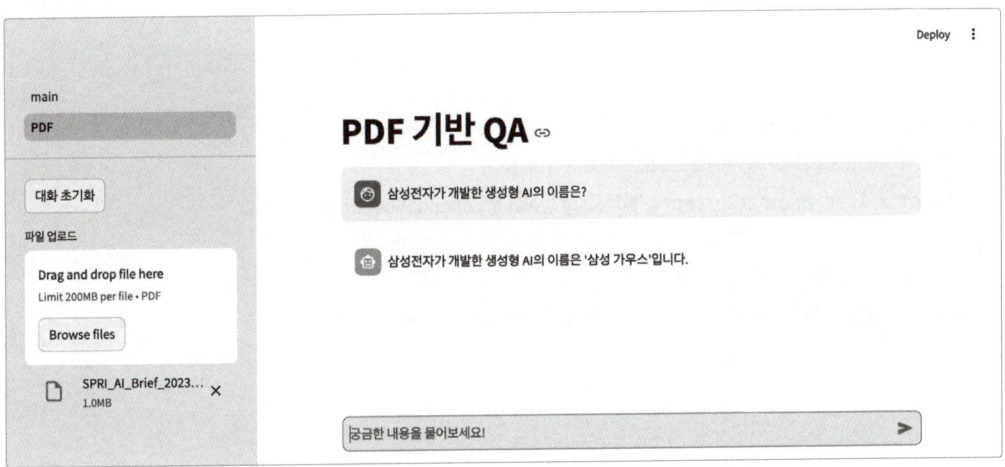

05 LangSmith 추적, 다양한 LLM을 RAG에 적용하기

코드 가독성을 높이기 위해 prompt 부분의 텍스트를 별도의 파일로 분리하고, 여러 LLM 모델의 성능을 비교 및 분석할 수 있는 기능을 추가해 보겠습니다.

01 실습 파일 **01-PDF.py**의 6단계 코드에서 prompt 부분의 분량이 많은데, 이 부분을 별도의 .yaml 파일로 분리하려고 합니다. 앞서 만들었던 pdf-rag.yaml 파일에 프롬프트 텍스트를 다음과 같이 붙여 넣습니다. input_variables에는 context도 추가합니다.

```yaml
_type: "prompt"
template: |
  """You are an assistant for question-answering tasks.
  Use the following pieces of retrieved context to answer the question.
  If you don't know the answer, just say that you don't know.
  Answer in Korean.

  #Context:
  {context}

  #Question:
  {question}

  #Answer:"""
input_variables: ["question", "context"]
```

🐾 여러 행을 선택한 상태에서 tab 을 누르면 오른쪽으로 들여쓰기가 되고, Shift + tab 을 누르면 왼쪽으로 들여쓰기가 됩니다.

02 01-PDF.py에서 6단계의 prompt는 다음과 같이 수정합니다. 코드가 좀 더 깔끔하게 정리되었습니다.

```python
def create_chain(retriever):
    # 단계 6: 프롬프트 생성(Create Prompt)
    prompt = load_prompt("prompts/pdf-rag.yaml", encoding="utf-8")

    # 단계 7: 언어 모델(LLM) 생성
    llm = ChatOpenAI(model_name="gpt-4o", temperature=0)
```

폴더 경로는 01-PDF.py가 아닌 main.py의 위치를 기준으로 지정합니다.

03 여러 모델을 바꿔 가면서 RAG의 성능을 평가할 수 있도록 모델도 지정해 보겠습니다. 모델은 model_name 매개변수로 지정할 수 있습니다. 기본값은 gpt-4o로 지정했습니다.

```
def create_chain(retriever, model_name="gpt-4o"):
```

04 사이드바에도 모델을 선택할 수 있는 선택 상자를 추가합니다.

```
with st.sidebar:
    clear_btn = st.button("대화 초기화")
    uploaded_file = st.file_uploader("파일 업로드", type=["pdf"])
    selected_model = st.selectbox(
        "LLM 선택", ["gpt-4o", "gpt-4-turbo", "gpt-4o-mini"], index=0
    )
```

05 create_chain() 함수에 model_name으로 selected_model을 넣습니다. 그러면 파일을 업로드했을 때 사이드바에 선택해 둔 selected_model에 따라 체인을 생성하게 됩니다.

```
if uploaded_file:
    retriever = embed_file(uploaded_file)
    chain = create_chain(retriever, model_name=selected_model)
    st.session_state["chain"] = chain
```

06 웹 앱에서 질의 응답했을 때 모델 이름을 확인하기 쉽도록 LangSmith 추적을 설정하겠습니다.

```
from langchain_teddynote import logging
from dotenv import load_dotenv
import os

load_dotenv()

logging.langsmith("[Project] PDF RAG")
```

07 웹 브라우저를 새로고침한 후 PDF 문서를 업로드하고 질문해 응답을 받습니다. 그런 다음 LangSmith에서 내역을 확인해 보면 모델 이름을 확인할 수 있습니다. 그밖에도 입력 및 출력, 컨텍스트에 사용된 단락의 내용과 메타데이터, 사용 토큰 및 비용 등 유용한 정보가 많으므로 RAG 성능을 테스트할 때 참고하기 바랍니다.

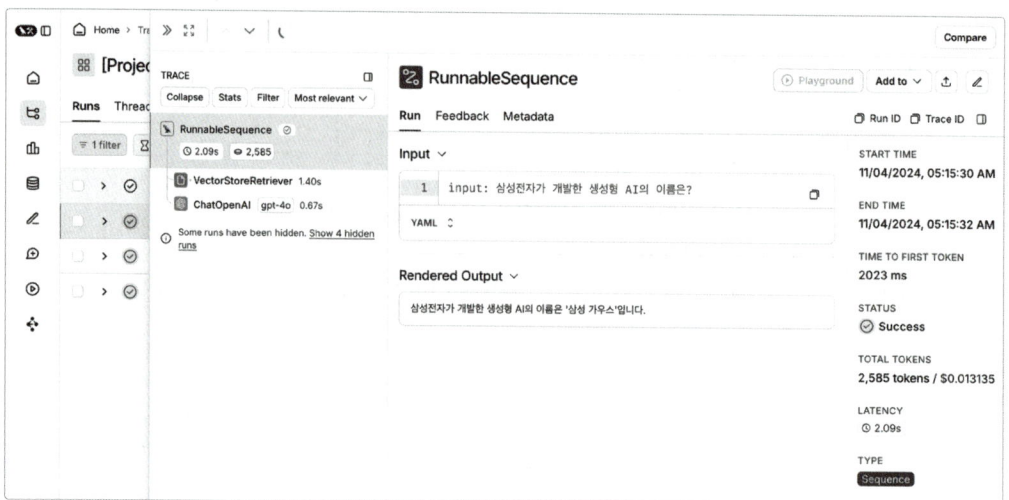

06 프롬프트에 출처 표시하고 표 기능 추가하기

프롬프트에서 답변의 출처를 밝히는 기능을 추가해 보겠습니다. 또 답변에서 주요한 형식을 표 형태로 출력하도록 지정하면 결과를 일목요연하게 살펴볼 수 있습니다.

01 프롬프트 템플릿 pdf-rag.yaml에서 출처와 페이지 번호를 포함하라는 프롬프트와 예시를 추가합니다.

```
_type: "prompt"
template: |
  """You are an assistant for question-answering tasks.
  Use the following pieces of retrieved context to answer the question.
  If you don't know the answer, just say that you don't know.
  Be sure to include your source and page number in your answer.
  Answer in Korean.

  #Example Format:
  (answer to the question)
```

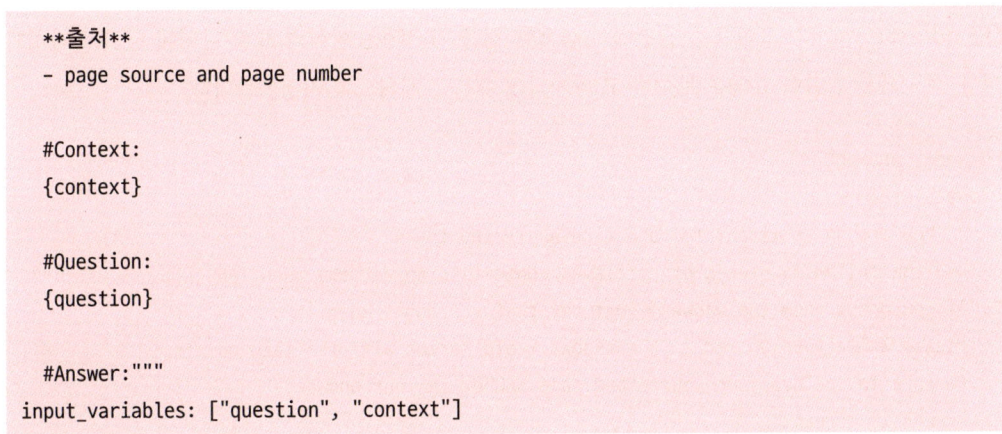

```
**출처**
- page source and page number

#Context:
{context}

#Question:
{question}

#Answer:"""
input_variables: ["question", "context"]
```

02 웹 페이지를 확인해 보겠습니다. 보고서 PDF를 업로드한 후 질문을 하면 답변에 출처와 페이지 번호를 병기해 줍니다.

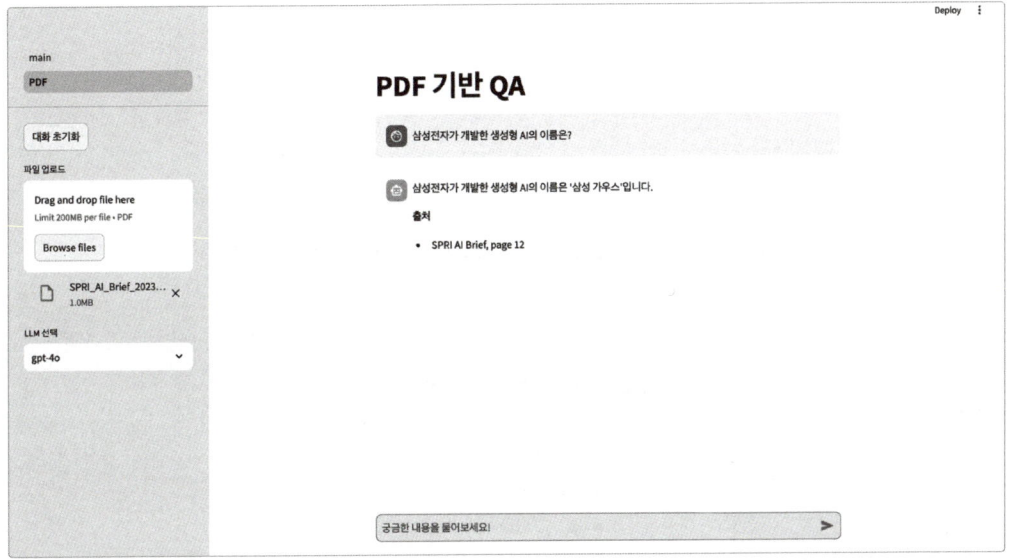

😺 사실 보고서 PDF에서 해당 내용은 13페이지에 있습니다. 페이지 번호를 0페이지부터 매기기 때문에 오차가 발생했습니다. 메타데이터의 페이지 번호를 1씩 늘려서 저장하면 쉽게 해결할 수 있습니다.

03 pdf-rag.yaml의 프롬프트 답변에서 중요한 점을 마크다운 형식의 표로 나타내 달라고 작성합니다. 예시에는 간단한 요약을 보여 주고 마지막에 표를 표시하도록 지정했습니다.

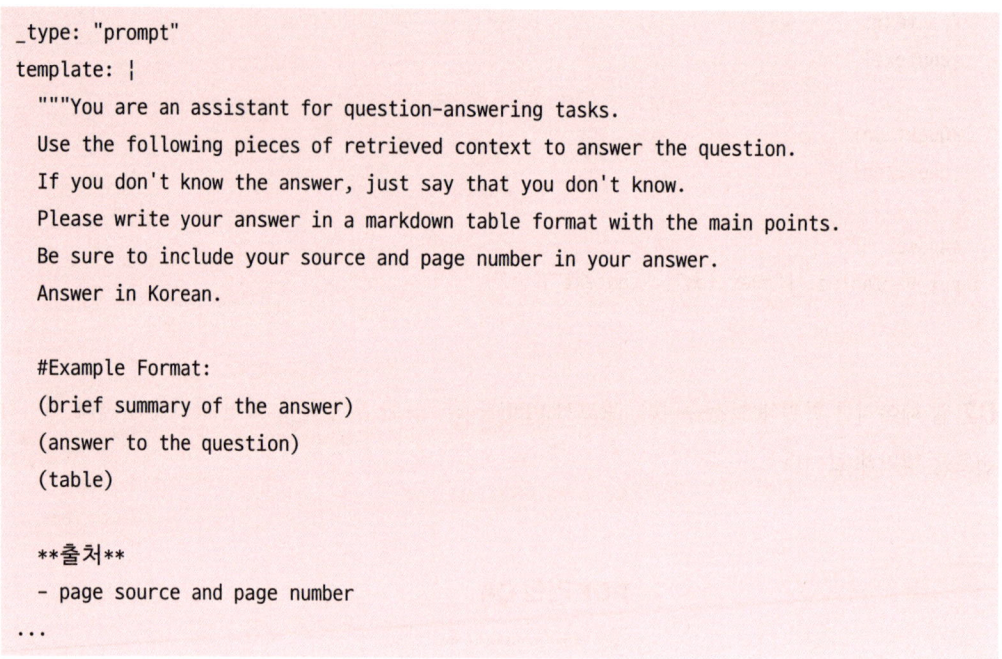

04 웹 페이지에서 보고서 PDF 업로드한 후 질문을 하면 답변을 표로 보여 줍니다.

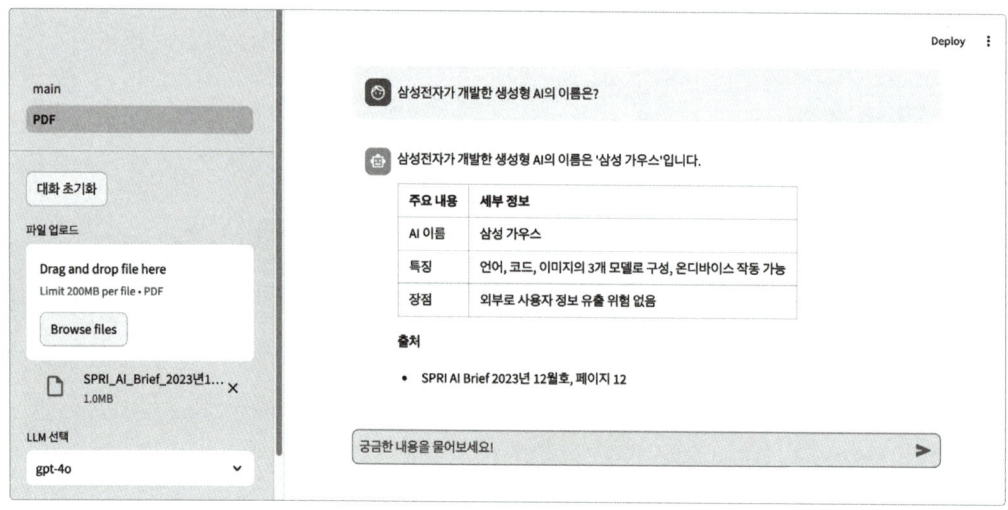

에필로그

"기본에서 심화로, RAG 여정의 다음 단계인 <심화편>에서 만나길 기대합니다."

여러분은 방금 의미 있는 여정을 완주했습니다. LangChain과 RAG의 기본 개념부터 시작하여 벡터 데이터베이스의 미지의 영역을 탐험하고, 검색 알고리즘의 비밀을 하나씩 풀어가며, 마침내 여러분만의 지식을 담은 챗봇을 탄생시켰습니다. 이 모든 과정이 결코 평탄하지만은 않았을 것입니다.

때로는 코드가 예상대로 작동하지 않아 좌절했을 수도 있고, 복잡한 개념을 이해하기 위해 여러 번 같은 페이지를 읽으며 고뇌했을지도 모릅니다. 오류 메시지와 씨름하는 밤을 보냈을 수도 있습니다. 하지만 여러분은 포기하지 않고 계속해서 나아갔고, 그 모든 장애물을 극복하여 지금 이 에필로그를 읽고 있는 것입니다. 그것은 단순한 학습 이상의 성취입니다.

이제 여러분은 RAG의 기본 원리와 구현 방법을 알게 되었습니다. 여러분은 이미 RAG 시스템의 핵심 구성 요소를 이해하고, 데이터를 준비하고, 벡터로 변환하며, 검색 엔진을 구축하고, 최종적으로 챗봇으로 통합하는 방법을 배웠습니다. 이러한 지식은 여러분의 AI 여정에 있어 탄탄한 기반이 될 것입니다.

하지만 RAG의 세계는 우리가 이 책에서 다룬 것보다 훨씬 더 넓고 깊습니다. 마치 거대한 산의 일부만을 오른 등산가처럼 여러분이 지금까지 배운 것은 단지 시작에 불과합니다.

이제 여러분의 여정은 『테디노트의 랭체인을 활용한 RAG 비법노트』의 2권 <심화편>으로 이어집니다. <심화편>에서는 RAG 시스템의 성능을 획기적으로 향상시키는 고급 기술들을 만나게 될 것입니다. 다양한 고급 RAG 기법을 통해 검색 결과의 정확도를 높이고 복잡한 워크플로를 효율적으로 구축하는 방법을 배우게 됩니다. 또한 자율적으로 행동하는 에이전트 시스템과 프로덕션 환경에서 RAG 시스템을 배포하고 관리하는 기술까지 다룹니다.

이 모든 주제들은 <기본편>에서 배운 기본 개념 위에 자연스럽게 구축됩니다. 여러분이 <기본편>에서 쌓은 기반 위에, <심화편>에서는 더 정교하고 강력한 RAG 시스템을 구축하기 위한 도구와 기술을 제공할 것입니다.

에필로그

이제 책을 덮고 여러분만의 RAG 여정을 시작해 보세요. 그리고 언제든 이 책으로 돌아와 필요한 지식과 영감을 얻어 가시길 바랍니다. 여러분의 아이디어가 세상을 바꿀 다음 혁신이 될지도 모릅니다. 아인슈타인이 말했듯이, '상상력은 지식보다 중요하다'는 것을 기억하세요. 항상 호기심을 잃지 말고 끊임없이 질문하며, 두려움 없이 실험하세요. RAG는 기술이지만, 그 기술을 통해 표현되는 것은 여러분의 창의성과 혁신입니다.

RAG의 광활한 세계에서 여러분의 모험이 계속되기를 진심으로 응원합니다. 여러분의 코드가 작동하고 여러분의 모델이 정확하며, 여러분의 지식이 끊임없이 확장되기를, 그리고 이 여정의 다음 단계인 『테디노트의 랭체인을 활용한 RAG 비법노트』의 〈심화편〉에서 다시 만나길 기대합니다.

테디노트 드림

찾아보기

기호

.env	072
.ipynb	077
%%time	203

A

abatch()	116
ainvoke()	116
aload()	281
alpha	403
as_retriever()	391
astream()	115

B

batch()	112, 450
BGE-M3	355
BM25	406
BPE	082
breakpoint_threshold_amount	322
bs4	292

C

CacheBackedEmbeddings	346
caching	201
chain	105
CharacterTextSplitter	306
chat_history	264
ChatOllama	232
ChatOpenAI	088
ChatPromptTemplate	140
Chroma	366
Claude 모델	199
Cohere 모델	200
CommaSeparatedListOutputParser	177
configurable	274
context length	085
ContextualCompressionRetriever	412
context window	085
ConversationBufferMemory	241
ConversationBufferWindowMemory	247
ConversationEntityMemory	250
ConversationKGMemory	253
ConversationSummaryMemory	255
ConversationTokenBufferMemory	249
CSV	177
CSVLoader	285

D

DataFrameLoader	290
DatetimeOutputParser	189
decay_rate	460
Dedicated Inference Endpoint	224
Deepseek	497
Deepseek 모델	199
dense retriever	406
deserialization	205
DirectoryLoader	296
document 객체	276
document loader	276
dot product	353
dumpd	207
dumps	208

E

embedding	340
EnsembleRetriever	418
entitiy	250
EnumOutputParser	192
example selector	150
ExampleSelector	150
Extensions	057

F

FAISS	383
Few-shot	146
FewShotChatMessagePromptTemplate	153
FewShotPromptTemplate	146
FlagEmbedding	356
format()	144
format_docs()	425
format_messages()	142
from_message()	142
from_template()	131

찾아보기

full fine-tuning	029	

G

get_format_instructions()	168
get_openai_callback()	212
Git	043
Google Generative AI 모델	213
GPT4All	238

H

Homebrew	060
HTMLHeaderTextSplitter	331
Hugging Face	219
Hugging Face 로컬 모델	228
Hugging Face 토크나이저	318
HuggingFaceEmbeddings	354
HuggingFaceEndpoint Embeddings	351
HWP 로더	284

I

Inference API	219
InMemoryByteStore	349
invoke()	089
itemgetter	127

J

JSON	182
JSON 형식 출력 파서	182
JsonOutputParser	182

Jupyter Notebook	077

K

k 값	248
KG	253
KoNLPy	317

L

LangChain	032
LangChain Hub	158
langchain_teddynote	089
LangSmith	074, 095, 174
lazy_load()	281
LCEL	104
LlamaParse	301
LLM	024
load_and_split()	280
loader_cls	297
load_memory_variables()	242
LocalFileStore	347
logprob	092
LongContextReorder	422

M

MarkdownHeader TextSplitter	325
MaxMarginalRelevance	150
max_tokens	085
merge_from()	389
MessagesPlaceholder	143
MMR	152

Modelfile	231
Multimodal	098
MultiQueryRetriever	432
MultiVectorRetriever	438

N

NLTK	316

O

Ollama	230
OllamaEmbeddings	363
One-shot	146
OpenAI 모델	198
OpenAI API	066
OpenAIEmbeddings	342
Output Parser	163

P

Pandas 데이터프레임 출력 파서	185
PandasDataFrame OutputParser	185
ParentDocument Retriever	428
Parsing	108
partial_variables	133
PDF 로더	281
PDFMiner	283
PDFPlumber	283
PEFT	029
Pickle	208

Pinecone	393	SelfQueryRetriever	453	**U**		
pip	073	SemanticChunker	319	UnstructuredCSVLoader	289	
poetry	065	SemanticSimilarityExampleSelector	150	UnstructuredPDF	283	
Poetry	051	SentenceTransformers	315	upsert	398	
predict()	252	serialization	205	Upstage 모델	201	
prompt	103	SerpAPI	481	UpstageDocumentParseLoader	298	
PydanticOutputParser	165	spaCy	314	UpstageEmbeddings	360	
pyenv	048, 064	Sparse Encoder	397	user_prompt	101	
PyMuPDF	283	sparse retriever	406			
PyPDFDirectory	283	SQL	267	**V**		
PyPDFium2	283	SQLite 캐시	202	validation	165	
PyPDFLoader	282	SSL	294	vector store	366	
		stop word	393	VectorStoreRetrieverMemory	260	
R		stream()	093	VS Code	053	
RAG	024	Streamlit	466			
RAG 챗봇	509	StrOutputParser	108, 487	**W**		
RecursiveCharacterTextSplitter	309	StructuredOutputParser	179	wb	209	
RecursiveJsonSplitter	335	subword	082	WebBaseLoader	292	
retriever	405	system_prompt	101	with_structured_output()	172	
RRF	418					
Runnable	112, 116	**T**		**Y**		
RunnableLambda	125	TF-IDF	406	YAML	138	
RunnableParallel	117, 122	tiktoken	312			
RunnablePassthrough	119	Tiktokenizer	084	**ㄱ**		
		TimeWeightedVectorStoreRetriever	460	가상 환경	052	
S		token	081	가설 쿼리	448	
save_context()	241	TokenTextSplitter	311, 314	감쇠율	460	
schema	164			거대 언어 모델	024	
search_kwargs	407			구조화된 출력 파서	179	
search_type	407					
select_examples()	151					

찾아보기

긴 문맥 재정렬	422
깃	043

ㄴ

날짜 형식 출력 파서	189
내적	353

ㄷ

다중 벡터 스토어 리트리버	438
다중 쿼리 생성 리트리버	432
단어 기반 토큰화	082
대화 버퍼 메모리	241
대화 버퍼 윈도우 메모리	247
대화 엔티티 메모리	250
대화 요약 메모리	255
대화 지식 그래프 메모리	253
대화 토큰 버퍼 메모리	249

ㄹ

랭체인	032
리트리버	405

ㅁ

마크다운 셀	079
멀티모달	098
멀티 턴	240
메모리	240
모델	196
문서 로더	276
문서 압축기	412
문자 기반 토큰화	081

밀집 리트리버	406
밀집 벡터	357

ㅂ

바이트 페어 인코딩	082
벡터 스토어	366
벡터 스토어 검색 메모리	260
벡터 스토어 기반 리트리버	407
병렬 체인	116
부모 문서 리트리버	428
부분 변수	135
분할 기준점	321
불용어	393
비동기 스트림	114

ㅅ

사용자 프롬프트	101
사전 단계	034
샘플 데이터	454
서브워드 기반 토큰화	082
셀프 쿼리 리트리버	453
쉼표로 구분된 리스트 출력 파서	177
스크래핑	295
스키마	164
스트리밍 출력	093
시간 가중 벡터 스토어 리트리버	460
시스템 프롬프트	101
실행 단계	038
싱글 턴	240

ㅇ

앙상블 리트리버	418
엔티티	250
역직렬화	205
열거형 출력 파서	192
예제 선택기	150
완전 파인 튜닝	029
원샷	146
유효성 검사	165
이메일 업무 자동화	478
이미지 인식	504
인덱스	396
인메모리 방식	272
인메모리 캐시	201
인코딩	138
임베더	033
임베딩	340
입력 모드	078

ㅈ

전처리 과정	038
지식 그래프	253
지연 로드	291
직렬화	205

ㅊ

체인	105
출력 파서	108, 163

ㅋ

캐싱	201

커널	059	희소 벡터	357
커맨드 모드	079	희소 인코더	397
컨텍스트 길이	085		
컨텍스트 윈도우	085		
코드 셀	078		
쿼리	038		
쿼리 테스트	456		

ㅌ

텍스트 분할	305
토크나이저	311
토큰	081
토큰 사용량	211

ㅍ

파싱	108
파이썬	050
파이프 연산자	105
파일 업로드	520
퓨샷	146
프롬프트	103
프롬프트 메이커	515
프롬프트 템플릿	130

ㅎ

하이브리드 리트리버	401
할루시네이션	032
형태소 분석	398
확장 프로그램	059
환경 설치	043
희소 리트리버	406